Jakob Schipper

Englische Metrik in historischer und systematischer Entwickelung

dargestellt

Jakob Schipper

Englische Metrik in historischer und systematischer Entwickelung dargestellt

ISBN/EAN: 9783743327566

Hergestellt in Europa, USA, Kanada, Australien, Japan

Cover: Foto ©ninafisch / pixelio.de

Manufactured and distributed by brebook publishing software
(www.brebook.com)

Jakob Schipper

Englische Metrik in historischer und systematischer Entwickelung dargestellt

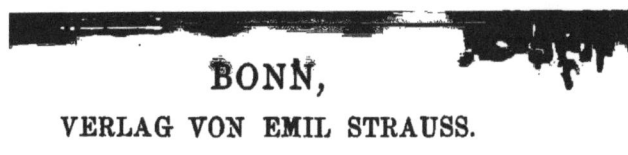

BONN,

VERLAG VON EMIL STRAUSS.

1881.

MEINEM WERTHEN FREUNDE,

HERRN PROF. DR. F. A. LEO,

VORSTANDSMITGLIED DER DEUTSCHEN SHAKESPEARE-GESELLSCHAFT
UND HERAUSGEBER DES SHAKESPEARE-JAHRBUCHES

GEWIDMET.

Vorwort.

Indem ich das vorliegende Werk der Oeffentlichkeit übergebe, habe ich demselben an diesem Orte nur einige wenige, einführende Worte voranzustellen, da ich für die bei der Anlage und Ausführung des Buches befolgten Grundsätze auf die beiden ersten, einleitenden Kapitel desselben verweisen kann.

Der früher angekündigte, ursprüngliche Plan, den Gegenstand in Form eines Grundrisses zu behandeln, wurde veranlasst durch das bei keiner anderen wissenschaftlichen Vorlesung aus dem Gebiete der neueren Philologie in stärkerem Masse, als bei einem Colleg über mittelalterliche Metrik sich geltend machende Bedürfniss, den Zuhörern durch einen die wichtigsten Regeln und die dazu gehörigen Beispiele enthaltenden Leitfaden, an welchen die erforderlichen Ausführungen im Einzelnen in um so erspriesslicherer Weise angeknüpft werden können, die Auffassung des Vortrags zu erleichtern.

Indess bei der Bearbeitung eines derartigen Grundrisses für den Druck stellte sich sehr bald heraus, dass derselbe bei dem jetzigen Stande der Wissenschaft nur etwa als Manuscript gedruckt meinen eigenen Zuhörern hätte von Nutzen sein können, denen im zusammenhängenden Vortrage und in den Seminarübungen die nöthigen Ergänzungen und Aufschlüsse über meine Stellung zu den verschiedenen, in Zeitschriften, Monographien und Textausgaben veröffentlichten metrischen Abhandlungen anderer Forscher gegeben werden konnten. Sobald aber das Buch auf einen grösseren Leserkreis Anspruch erheben wollte, musste gerade diesen Erörterungen umsomehr die Aufnahme in dasselbe gewährt und sogar ein breiterer Raum gestattet werden, als es sich darum handelte, meine eigenen, von den Ausführungen einiger Fachgenossen wesentlich abweichenden Ansichten über die altenglische Wortbetonung, diesen Angelpunkt der ganzen altenglischen Metrik, nicht nur darzulegen, sondern auch im Gegensatze zu jenen, ernsthafteste Berücksichtigung erheischenden Arbeiten zu begründen.

Damit wurde die ganze Aufgabe eine erheblich andere: an die Stelle des Grundrisses der englischen Metrik, dessen Ausarbeitung ich mir für ein auch durch das vorliegende Werk inzwischen hoffentlich gefördertes, fortgeschrittenes Stadium der Wissenschaft der englischen Philologie vorbehalte, musste zunächst eine ausführlichere, auf entgegengesetzte Ansichten, wo es erforderlich war, auch eingehender Bezug nehmende Entwickelungsgeschichte der altenglischen Verskunst treten, womit ich einem noch dringenderen Bedürfnisse entgegenzukommen überzeugt sein konnte.

Schon vor zehn Jahren, einem langen Zeitraume bei einer so jungen Wissenschaft, wie die englische Philologie es ist, wies Eduard Mall in seiner verdienstlichen Ausgabe von *The Harrowing of Hell*, Breslau, 1871, einer Arbeit, die vielfach anregend gewirkt hat, auf die Nothwendigkeit eines derartigen Buches hin, indem er zum Schlusse seiner Einleitung (p. 20) bemerkte: „Auf den Versbau einzugehen unterlasse ich, da über diesen schwierigen Gegenstand nur eine umfassende, zusammenhängende Untersuchung Licht verbreiten kann."

Diesen beiden Anforderungen, für deren Berechtigung und eingehendere Begründung besonders auf §§ 58 und 59 des vorliegenden Werkes verwiesen werden möge, sucht dasselbe gerecht zu werden, und eben dadurch, dass die in dem Buche aufgestellten, von den Ausführungen verschiedener Specialuntersuchungen abweichenden metrischen Grundsätze als die aus einer umfassenden und vor allen Dingen zusammenhängenden Untersuchung des ganzen Gebietes der altenglischen Verskunst gewonnenen Resultate aufgenommen und gewürdigt zu werden beanspruchen können, rechtfertigt sich — abgesehen von der höchst werthvollen Uebereinstimmung englischer Mitforscher bezüglich der wesentlichsten Punkte — die Veröffentlichung jener Resultate im Zusammenhange eines Lehrbuches.

Wer ein derartiges, umfassendes Werk zum. Abschluss gebracht hat, ist sich, je mehr er hofft und wünscht, der Wissenschaft damit einen Dienst geleistet zu haben, der Schwächen desselben um so deutlicher bewusst. Indess, ähnlich wie mein werthgeschätzter Studienfreund und College ten Brink, dessen „Geschichte der Englischen Litteratur" mir bei der Ausarbeitung meines Buches die wesentlichste Förderung gewährt hat, wie ich einzelnen, von mir aufgestellten, abweichenden Ansichten gegenüber nur um so dankbarer anerkenne und hervorhebe, bemerke auch ich, dass es nicht in meiner Absicht liegen kann, die Kritik im Voraus auf die Mängel desselben aufmerksam zu machen. Nur einige, zum Theil äusserliche Punkte seien hier noch berührt, um missverständlichen Auffassungen vorzubeugen.

Die Eintheilung eines längeren Zeitraumes in der Entwickelung der Literatur- und Culturgeschichte eines Volkes, resp. eines Zweiges derselben in bestimmte Epochen kann unter Berücksichtigung des historischen Fortganges, sowie der stofflichen Continuität in der Anordnung des Gegenstandes selbstverständlich stets nur eine annäherungsweise richtige sein. Es wird daher, zumal da es ohnehin etwas rein Aeusserliches ist, nicht befremden, dass die in der zweiten Epoche der altenglischen Zeit (nach meiner Eintheilung) erfolgte, weitere Entwickelung der meisten altenglischen Versarten noch in dem dritten Abschnitte, der die Zeit ihres ersten Auftretens umfasst, behandelt, und nicht mit dem zehnten Kapitel des dritten Abschnittes der vierte Abschnitt eröffnet wurde, sowie es andererseits zweckmässig erschien, die einfacheren, schon im zwölften und dreizehnten Jahrhundert auftauchenden Strophenformen erst im Zusammenhange mit dem ganzen Stoffe im vierten Abschnitte zu behandeln.

Für einzelne Partien des Werkes, so z. B. die in Kapitel 12—14 des dritten Abschnittes dargestellten, musste es genügen, um den Umfang des Buches nicht zu sehr anschwellen zu lassen, den Gang der Entwickelung nur in den Grundzügen anzugeben und die genauere Ausführung künftigen Forschungen zu überlassen, denen hier noch ein ergiebiges Feld offen steht. Der nämliche Grund kam mit in Betracht bei dem Entschlusse, eine Darstellung der Entwickelungs-

geschichte der altenglischen Reimkunst in Bezug auf die
Reinheit des Reimes erst im Zusammenhange mit der ohnehin von jener beeinflussten, neuenglischen, gleichfalls von
diesem Gesichtspunkte aus zu untersuchenden Reimkunst im
zweiten Bande des Werkes zu bringen. Ferner war aber
dabei noch der Umstand massgebend, dass gerade eine derartige Untersuchung auf zuverlässige, kritische Textausgaben,
an denen es noch so sehr gebricht, ganz besonders angewiesen ist, und dass die meisten Editoren es versäumt haben,
bei der Drucklegung der von ihnen herausgegebenen Texte
auf diesen, für Ort- und Zeitbestimmung der betreffenden
Denkmäler so wichtigen Punkt ihr Augenmerk zu richten.
Skeats Einleitung zu seiner Ausgabe des *Havelok*, Wissmanns Ausführungen in seinen Untersuchungen über *King
Horn*, Zupitzas sorgfältige Zusammenstellungen in der Einleitung seiner Ausgabe des *Guy of Warwick* bilden rühmliche,
leider sehr vereinzelte Ausnahmen, die jüngeren Forschern zu
ähnlichen, verdienstlichen Arbeiten als Muster dienen können.

Mussten hinsichtlich dieses Punktes vorläufig einige ge-
legentliche Bemerkungen ausreichen, um dafür der wichtigen
Erscheinung des Eingreifens des Reimes in den Rhythmus
desto mehr Beachtung widmen zu können, so erschien es
auf anderen Gebieten eher rathsam, Vollständigkeit anzustre-
ben; so namentlich bei der Betrachtung der strophischen
Formen. Wenn dieselbe indess auch dort nicht erreicht
werden konnte, so wird dies von jedem billig Denkenden,
der erwägt, welches ungemein grosse Material zu bewäl-
tigen war, begreiflich gefunden und hoffentlich als ein um
so unwesentlicherer Mangel empfunden werden, als jede über-
sehene oder neu auftauchende Form in der Regel nach den
für die Eintheilung der verschiedenen Strophenarten in dem
Werke aufgestellten Grundsätzen untergebracht werden kann,
wie ich es bei Nachträgen zum Manuscript, z. B. aus Horstmanns grosser Legendensammlung (Neue Folge, 1881), die
noch für diesen Theil des Buches benutzt werden konnte,
selber wiederholentlich erprobt habe.

Hinsichtlich der in dem Werke als Beispiele citierten Verse,
Strophen und längeren metrischen Proben ist zu bemerken,
dass dieselben, da es sich um die Form, nicht aber um

den Ausdruck oder die Schreibung handelte, gegeben wurden in der Gestalt, wie sie vorlagen. Nur bei den aus Greins Sprachschatz citierten angelsächsischen Texten wurde insofern abgewichen, als für die dort gebrauchten Lettern v, ä, œ die nun in der englischen Philologie wohl ziemlich allgemein gültigen Zeichen w, æ, ǽ substituiert worden sind.

Textemendationen wurden aus dem oben angegebenen Grunde ebenfalls nur in seltenen Fällen vorgenommen, und dann nur aus metrischen Rücksichten. Es musste ausreichen, die zuverlässigsten Texte, unter denen, wie ich mit Vergnügen als Zusatz zu meiner in der Anglia II, 507 ff. veröffentlichten Recension des betreffenden Buches hervorhebe, Böddekers handliche Ausgabe der Altenglischen Dichtungen des *MS. Harl* 2253 mir sehr zu Statten kam, zu Grunde zu legen, die in ihrer Gesammtheit m. E. ausreichend sind, von der altenglischen Metrik ein einigermassen deutliches Gesammtbild zu geben, zumal da auch der Einfluss der zahlreichen, mangelhaft überlieferten Handschriften auf die Entwickelung der Rhythmik, sowie gleichfalls, wenn auch in geringerem Grade, auf die Entwickelung der Reimkunst nicht verkannt oder unterschätzt werden darf.

Nach dem Vorgange Anderer war ich bemüht, durch Anwendung typographischer Hilfsmittel: stärkerer Typen für die Stabreime und Accente für die Hebungen, wo es rathsam erschien, sowie besonderer Zeichen (s. p. 99 und p. 481) vor den einzelnen Zeilen der in dem Buche mitgetheilten, zusammenhängenden Textproben gleichtaktiger Rhythmen dem metrischen Verständnisse zu Hilfe zu kommen. Metrische Zeichen neben den Texten, wie ich sie nach dem Vorgange von A. J. Ellis, aber in grösserer Mannigfaltigkeit einführte, erschienen mir aus dem Grunde besonders praktisch, weil sie das Auge sofort auf die charakteristischen Eigenthümlichkeiten und Unterschiede des Metrums in den verschiedenen Dichtungen hinlenken (man vgl. z. B. den aus dem *Ormulum* citierten Passus mit demjenigen des *Poema Morale* oder Gower mit Chaucer) und doch den Leser nicht in so aufdringlicher Weise zu der Scansion des Herausgebers nöthigen, als es durch metrische Zeichen über den Silben geschieht.

Hinsichtlich der Auswahl der mitgetheilten Texte wurde,

so weit es möglich war, auf einen ansprechenden, einigermassen in sich abgeschlossenen Inhalt, in erster Linie aber selbstverständlich auf die für die betreffenden Dichtungen charakteristischen metrischen Eigenthümlichkeiten Rücksicht genommen, wobei es zweckmässig erschien, nicht nur auf die Vorzüge der bedeutenderen Dichter, sondern, schon aus dem Grunde, um einem m. E. zum Schaden des Studiums der neuenglischen Dichtung zu sehr überhand nehmenden, oft kritiklosen Enthusiasmus für die altenglische Literatur entgegenzutreten, in gleicher Weise auch auf die Rohheit und Dürftigkeit der untergeordneten dichterischen Erzeugnisse jener Zeit aufmerksam zu machen.

Gleichwohl werden doch die meisten der in dem Buche enthaltenen Textproben erkennen lassen, dass die englische Sprache schon in früher Zeit nicht nur einen hohen Grad der Geschmeidigkeit und rhythmischen Wohllauts erlangt hatte, sondern auch, dass die hervorragenden englischen Dichter sich dieses Idioms für die einfacheren Metren mit genialer Leichtigkeit, bei der Bildung und Verwendung der schwierigsten strophischen Formen aber mit einer geradezu erstaunlichen Kunstfertigkeit bedienten. Trotz aller Abhängigkeit von der romanischen Poesie muss der altenglische Strophenbau in technischer Hinsicht als die glänzendste Seite dieser frühen Epoche der englischen Dichtkunst bezeichnet werden, und wenn auch hier das Wort gilt „Es ist nicht alles Gold, was glänzt", indem die übertriebene Künstlichkeit manchmal auch in Geschmacklosigkeit ausartet, so lohnte sich doch die mühsame Arbeit reichlich, auch hier in möglichst eingehender Weise dem Entwicklungsgange der englischen Dichtkunst nachzuspüren.

Nur ein Volk, welches schon im Ausgange des vierzehnten und fünfzehnten Jahrhunderts sich eines Chaucer und Dunbar rühmen durfte, konnte einen Spenser und Shakspere, einen Pope und Byron hervorbringen!

Es erübrigt mir noch die angenehme Pflicht, der wesentlichen Förderung, welche mir durch die in meinem Buche vielfach benutzten und citierten, hervorragenden Arbeiten anderer Forscher auf demselben oder verwandten Gebiete zu Theil wurde, sowie auch der vielen, werthvollen Rathschläge und

Aufschlüsse, mit denen mich meine gelehrten Collegen, die Professoren Dr. Hartel und Dr. Heinzel stets in liebenswürdigster Weise bei der Ausarbeitung und Drucklegung des Werkes unterstützten, dankbar zu gedenken. Bei der letzteren Arbeit war mir namentlich auch ein fleissiger und strebsamer Schüler, Herr stud. phil. M. Reiniger, Mitglied des hiesigen englischen Seminars, in unermüdlicher, sorgsamer Weise behilflich, während ein anderer, begabter, nicht minder von ernstem, wissenschaftlichem Streben erfüllter Jünger der neueren Philologie, Herr stud. phil. A. Kanner, gleichfalls Seminarmitglied, sich ein hervorragendes Verdienst um die Brauchbarkeit des Buches und gleichen Anspruch auf meinen Dank erwarb durch die Ausarbeitung eines Inhaltsverzeichnisses und namentlich eines ausführlichen (von mir revidierten) Registers zu dem Werke. Dasselbe soll aber dadurch nicht etwa in erster Linie als ein Nachschlagebuch hingestellt werden; im Gegentheil, es wird, wie ich für Anfänger bemerken zu müssen glaube, als solches nur Denjenigen verständlich und nützlich sein können, die sich mit seinem Inhalt im Zusammenhange bekannt gemacht haben, sowie es auch für den bereits in Angriff genommenen zweiten, die neuenglische Metrik umfassenden Theil um so mehr als die unerlässliche Grundlage anzusehen sein wird, als die in dem vorliegenden Bande enthaltenen Definitionen und Entwickelungen, sowohl der einfachen metrischen Grundbegriffe, als auch der complicierteren Formen, z. B. des Strophenbaues, grösstentheils für das gesammte Gebiet der englischen Metrik Gültigkeit haben und daher in dem zweiten Bande nicht nochmals erörtert werden können. Aufrichtigen und herzlichen Dank schulde ich ferner Herrn Dr. Kaltenleitner, Beamten der hiesigen k. k. Hofbibliothek, durch dessen freundliches Entgegenkommen es mir ermöglicht wurde, die Schätze derselben in einer der ununterbrochenen Ausarbeitung des Buches dienlichen Weise zu benutzen. Gegründeten Anspruch auf meine dankbare Anerkennung hat sich endlich auch mein Verleger und werther Freund, Herr Emil Strauss, durch die nicht nur würdige, sondern, wie man zugestehen wird, sogar schöne Ausstattung erworben, welche er dem Buche unerachtet der bedeutenden Herstellungskosten gegeben hat.

Auch in seinem Interesse schliessse ich mit dem Wunsche, dass dasselbe einsichtsvolle uud vorurtheilsfreie Beurtheiler finden möge, welche Kritik üben in gleicher Weise, wie ich es hinsichtlich der von mir in Betracht gezogenen Arbeiten Anderer gethan zu haben mir bewusst bin —: *sine ira et studio.*

Wien, im Sept. 1881.

J. Sch.

Inhalt.

I. Abschnitt.

Allgemeine Betrachtungen. Grundbegriffe.

Kapitel 1.
Stand und Methode der Forschung. Stoffeintheilung.

Kapitel 2.
Begriff der Metrik. Bildende und musische Künste. Rhythmus. Takt.

Kapitel 3.
Quantität und Accent. Accentarten. Tonstufen. Accentzeichen.

II. Abschnitt.

Die angelsächsische Zeit.

Kapitel 1.

Die alliterierende Langzeile während der Blüthezeit der angelsächsischen Dichtung.

Kapitel 2.

Die alliterierende Langzeile während des Verfalls der angelsächsischen Dichtung.

Kapitel 3.

Uebergangsformen: Reim und Alliteration combiniert.

*

III. Abschnitt.

Erste Epoche der altenglischen Zeit.
Normännische Periode.

Kapitel 1.

Allgemeine Einleitung zu den in Betracht kommenden lateinischen u. französischen Rhythmen u. Formen.

Kapitel 2.

Der altenglische gereimte Septenar des Poema Morale.

Kapitel 3.

Der reimlose Septenar des Ormulum.

Kapitel 4.

Das kurze Reimpaar des altenglischen Pater Noster.

Kapitel 5.

Der altenglische Alexandriner.

Kapitel 6.

Ueber die altenglische Wortbetonung im zwölften und dreizehnten Jahrhundert.

Kapitel 7.

Die alliterierende Langzeile freier Richtung im zwölften und dreizehnten Jahrhundert.

Kapitel 10.

Die alliterierende Langzeile strenger Richtung im dreizehnten bis fünfzehnten Jahrhundert. Nachblüthe und Ausartung.

Kapitel 11.

Die alliterierende Langzeile strenger Richtung im fünfzehnten und sechzenten Jahrhundert. Strophische Gliederung und Zerfall. Nachwirkungen.

Kapitel 12.

Die vierhebige Langzeile im altenglischen Drama.
Der Skelton'sche Vers.

Kapitel 13.

Die septenarisch-alexandrinische Langzeile in ihrer weiteren Entwickelung und Verwendung.

Kapitel 14.

Das viertaktige kurze Reimpaar in seiner weiteren Entwickelung und Verwendung.

IV. Abschnitt.

Zweite Epoche der altenglischen Zeit. Formen der späteren Uebergangszeit.

Kapitel 1.

Die altenglischen Reimarten in ihrer Stellung zu den mittellateinischen, provenzalischen und altfranzösischen Reimen.

Kapitel 2.

Die Verwendung des Reimes zur altenglischen Strophen- bildung und das Verhältniss derselben zu den mittella- teinischen, provenzalischen u. altfranzösischen Strophen.

Kapitel 3.

Die Gliederung der Strophe.

Kapitel 6.

Einreimige, untheilbare und zweitheilige ungleichgliedrige Strophen.

Kapitel 7.

Dreitheilige Strophen.

Kapitel 8.

Der gereimte, fünftaktige, jambische Vers vor und
bei Chaucer.

Kapittl 9.

Die weitere Entwickelung des gereimten, fünftaktigen,
jambischen Verses.

Von Gower bis Lindesay.

I. Abschnitt.

Allgemeine Betrachtungen. Grundbegriffe.

Kapitel 1.
Stand und Methode der Forschung. Stoffeintheilung.

§ 1. Wie die englische Philologie überhaupt erst eine
junge Wissenschaft ist, so ist es ganz besonders auch
das Zweiggebiet derselben: die englische Metrik. Zwar sind
schon in verhältnissmässig früher Zeit Abhandlungen über
die englische Verskunst geschrieben worden. Gleichzeitig mit
dem Emporblühen der englischen Poesie zu üppig sich ent-
faltender Pracht während der Regierungszeit der Königin
Elisabeth macht sich unter dem Einfluss des Studiums der
Alten das intensive Streben unter den englischen Gelehrten
und Poeten bemerkbar, sich und der Welt Rechenschaft zu
geben über die von ihnen empfohlenen und gepflegten poetischen Formen. Wir besitzen gerade aus jener Zeit, wie
auch aus den folgenden Epochen der englischen Literatur
eine stattliche Reihe metrischer Schriften[1]), unter denen diejenige von George Puttenham: The Arte of English Poesie,
1589, edited by Edw. Arber, London, 1869 eine der
ältesten und umfangreichsten ist. Indess begreiflicherweise
betrachtet dies Werk, wie fast alle nachfolgenden, die zu erörternden Fragen, soweit die damalige englische Poesie in
Betracht kommt, vom rein empirischen und ästhetischen
Standpunkt (der freilich für uns wegen des beträchtlichen,
seitdem verflossenen Zeitraumes schon wieder historisches

---

1) Diejenigen der Shakspere'schen Zeit sind besprochen in dem
bekannten Werk von Drake: Shakspere and his times, Band II. Kap. 2.

Interesse erlangt hat), während für die moderne Wissenschaft
der englischen Philologie, ähnlich wie auf dem Gebiete grammatischer und literarhistorischer Forschung nur die historische Betrachtungsweise als wahrhaft fruchtbrin-
gend und in das Wesen der Sache eindringend, sowie auch die empirische und ästhetische Betrachtungsweise
fördernd angesehen werden kann.

Aus diesem Grunde namentlich, aber auch, weil es aus
Mangel an zugänglichen literarischen Hilfsmitteln hier nicht möglich sein würde, eine auch nur annähernd vollständige Geschichte der Wissenschaft der englischen Metrik zu geben, glauben
wir es unterlassen zu dürfen, auf die Charakteristik der einzelnen
metrischen Schriften älterer und neuerer Zeit, von denen wir
Kunde haben, näher einzugehen. Nur ein Werk macht entschieden Anspruch darauf erwähnt zu werden, da es sich
schon auf dem Titel zu dem historischen Standpunkt bekennt.
Es ist dies das bekannte Buch: A History of English Rhythms
by Edwin Guest, London, Pickering. 1838. 2 vols. Das Werk
ist längst nicht mehr im Buchhandel und auch antiquarisch
nur verhältnissmässig selten zu haben, was indess nicht als
ein empfindlicher Mangel anzusehen ist, und auch vom Verfasser nicht als ein solcher betrachtet zu werden scheint, da
er sich bisher nicht hat bereit finden lassen, eine neue Ausgabe des Buches zu veranstalten. Dr. Guest macht die älteste
Form englischer Poesie, nämlich die alliterierende Langzeile,
oder vielmehr die rhythmische Section derselben, wie er sich
ausdrückt, zur Basis auch der späteren unter ganz anderen
Einflüssen sich entwickelnden englischen Verskunst und zieht
aus dieser Voraussetzung dann natürlich ganz falsche Schlüsse.
Eine weitere Folge davon ist, dass es so verworren angelegt
und durchgeführt ist, dass man sich nur mit grosser Mühe,
selbst wenn man von seinem Gedankengange sich leiten lässt,
hindurchfinden kann, und so ist denn das Werk, trotz der
grossen Fülle von Material, die es bietet, als gänzlich ver-
altet und unbrauchbar zu bezeichnen. Eine eingehende Kritik
desselben, die mit den obigen Bemerkungen durchaus übereinstimmt, findet sich in den Transactions of the Philol. Society 1873—74 in einem Artikel von Prof. J. B. Mayor: Dr.
Guest and Dr. Abbott On English Metre p. 624—645.

Indess, wenn es auch bisher noch keine den Anforderungen des heutigen Standes der Wissenschaft entsprechende Gesammtdarstellung der englischen Metrik giebt, so besitzen wir doch eine Anzahl mehr oder minder wichtiger Specialuntersuchungen über einzelne Fragen und einzelne Gebiete derselben, Untersuchungen, zu denen theils die unmittelbare Anregung in dem Aufschwunge lag, den unsere Wissenschaft im Laufe der letzten anderthalb bis zwei Decennien genommen hat, und die theils, soweit sie früherer Zeit angehören, sich vielfach mit allgemein metrischen Untersuchungen oder solchen, die den germanischen Völkern im Allgemeinen oder zum Theil auch den romanischen gewidmet sind, berühren. Die Erwähnung dieser Specialuntersuchungen wird am zweckmässigsten bei der Betrachtung der betreffenden Gegenstände selber geschehen.

§ 2. Zunächst nun wird es rathsam sein, uns über die Hauptgebiete, die wir zu durchwandern haben werden, zu orientieren. Dieselben werden im Wesentlichen zusammenfallen müssen mit den Hauptabschnitten in der Entwickelungsgeschichte der englischen Sprache und Literatur. Also wir werden die englische Metrik in ihrer geschichtlichen Entwickelung zu betrachten haben:

I. **Während der angelsächsischen Zeit,** in welcher sich die Poesie fast ausschliesslich in der Form der alten, gemein-germanischen, alliterierenden Langzeile bewegt.

II. **Während der altenglischen Zeit,** die wieder in zwei Hauptepochen zerfällt, nämlich

1) in die eigentlich normännische Zeit, in welcher mit dem normännisch-französischen und mittelalterlich-lateinischen Einfluss auch in der englischen Metrik ein ganz neuer Factor auftritt, und

2) in die spätere Uebergangszeit, in welcher mit den zum Theil schon vor Chaucer unter französischem Einfluss eingeführten, von ihm und seinen Nachfolgern weiter gepflegten kunstvolleren Rhythmen die neue Zeit vorbereitet wird, wobei indess zu bemerken ist, dass während dieser ganzen Zeit noch der angelsächsische Einfluss fortdauert, theils in mehr oder weniger modificierter Pflege der

älteren angelsächsischen Versform, theils in dem Einfluss, den dieselbe auf die neuen Dichtungsformen ausübt.

III. Während der neuenglischen Zeit, in der sich schon während der Regierung Heinrichs VIII. und der Königin Elisabeth die Formen der neueren englischen Metrik auf Grundlage der bisher vorhandenen Formen und neuer, zum Theil italienischer Bildungen der Renaissancezeit vollständig und nach den verschiedenartigsten Richtungen hin ausbauen. — Bevor wir aber zu der so geordneten Hauptbetrachtung unseres Gegenstandes übergehen, haben wir uns noch in einigen weiteren einleitenden Kapiteln zu orientieren über das Wesen und die Bedeutung verschiedener Grundbegriffe.

Kapitel 2.

**Begriff der Metrik. Bildende und musische Künste.
Rhythmus. Takt.**

§ 3. Was ist Metrik? Unter Metrik versteht man, um die Definition Westphals [1]) zu adoptieren, die Beschreibung der in der Sprache zur Erscheinung kommenden rhythmischen Formen. Sie ist daher etwas, was die Poesie allein betrifft, nicht auch die Prosa. Die Poesie aber gehört zu den Künsten und zwar zu den musischen Künsten, wozu ausserdem noch die Musik und die Tanzkunst zu rechnen sind, während die andere Gruppe der Künste, die der sogenannten bildenden Künste, aus Malerei, Architektur und Plastik besteht. Der Hauptunterschied zwischen den beiden Gruppen liegt bekanntlich darin, dass sich die Erzeugnisse der bildenden Künste sofort nach der Vollendung dem Auge unmittelbar zum Genuss darbieten, ohne weitere Beihilfe und ohne Rücksicht auf Zeitdauer, aber stets nur in der Weise, dass sie bedingt sind von räumlichen Verhältnissen, indem immer nur eine unveränderliche Situation, oder nur ein bestimmter Zeitmoment einer Handlung in der künstlerischen Darstellung vorgeführt werden kann. Die musischen Künste da-

---

1) Theorie der neuhochdeutschen Metrik von ·Rud. Westphal. Jena, Doebereiner 1877 p. 1. ff.

gegen, Musik, Tanzkunst und Poesie, bedürfen, um zu voller
Wirkung und Gestaltung zu kommen, abgesehen von der
vorangegangenen Wirksamkeit des componirenden Künstlers,
noch der Unterstützung des ausübenden Künstlers: das Musik-
stück bedarf des Sängers oder des Spielers, das Tanzstück,
das Ballet oder die Pantomime des Tänzers, die Poesie des
Vortragenden, im Drama des Schauspielers, in der Epik und
Lyrik des Recitators. Denn auch hier wird die kunstmässige
Form, die den Inhalt einkleidet, erst durch lautes Lesen vollends lebendig und wirksam. Der zweite, noch wesentlichere
Unterschied der musischen Künste von den bildenden
Künsten ist der, dass ihre Produkte zwar nicht wie diejenigen der letzteren durch räumliche Ausdehnung bedingt, dagegen aber von zeitlicher Ausdehnung abhängig sind.
Alle drei haben es zu thun mit einer, durch eine bestimmte
Zeit hin sich erstreckenden Bewegung; die Tanzkunst mit
der Bewegung des menschlichen Körpers, die Musik mit Bewegung in Tönen, die Poesie mit Bewegung in Worten. „Die
bildenden Künste sind demnach zu bezeichnen als die Künste
der Ruhe und des Raumes, die musischen als die der Zeit
und der Bewegung."

Damit ist nun aber betreffs der letzteren, mit denen wir
es hier hauptsächlich zu thun haben, nur eine Seite ihres
Wesens, die rein äussere, angedeutet. Die innere Seite desselben, die künstlerische Beschaffenheit der Bewegung
an sich, die aus dem Schönheitsgefühl des erfindenden oder
ausübenden Künstlers entspringt, und die Beschaffenheit
des Materials, also des menschlichen Körpers und seiner verschiedenen Stellungen, der Stimme oder des Instrumentes und
seines Klanges, der Wahl und Stellung der Worte und des
dadurch ausgedrückten Gedankens, bleibt dabei zunächst unberücksichtigt, wenigstens in der Poesie der indo-europäischen
Völker; in der hebräischen Sprache beruht bekanntlich schon
hierin das eigentliche Wesen der Poesie, ohne weitere Abhängigkeit von äusserer Form. Bei den indo-europäischen
Nationen liegt aber gerade das charakteristische Kennzeichen
der Poesie in der äusseren Form der Bewegung, die in gleicher Weise auch den beiden anderen musischen Künsten eigen
ist, nämlich in dem Gleichmass, in der zeitlichen Ord-

nung der Bewegung; dieselbe ist bekanntlich das herrschende Gesetz in dem Tanz, wo wesentlich das Zeitmass, das Tempo in Betracht kommt und also die Eigenschaften schnell und langsam in ihren verschiedenartigsten Verhältnissen zu einander massgebend sind. Sie ist auch das herrschende Gesetz in der Musik und in der Poesie, wo neben dem Zeitmass (also dem Unterschied von schnell und langsam oder zeitlich lang und kurz), da sie nicht wie der Tanz, lediglich auf stummer Bewegung von Körpern, sondern auf Bewegung oder Aufeinanderfolge von Lauten (unartikulierten in der Musik, artikulierten in der Poesie) beruhen, noch die Intensität des Lautes, also der Unterschied zwischen stark und schwach in Betracht kommen kann oder thatsächlich in Betracht kommt. Diese gleichmässige Ordnung in der Wiederholung verschiedenartiger Bewegungen ist es was wir Rhythmus nennen, als Eigenschaft rhythmisch.

§ 3. So entsteht also aus der rhythmischen Bewegung des Körpers der Tanz, aus rhythmischer Bewegung oder Aufeinanderfolge von unartikulierten Lauten die Musik, aus rhythmischer Bewegung von artikulierten Lauten oder Silben und Worten die Poesie oder die poetische Form im weiteren Sinne.

Die Poesie unterscheidet sich also äusserlich von der Prosa dadurch, dass in der letzteren die Worte aufeinander folgen ohne irgend welche rhythmische Ordnung, in der Poesie aber dieselbe beobachtet wird. Dabei ist jedoch ein Umstand zu beachten, der wiederum die Poesie von sogenannter rhythmischer Prosa sondert. Diese letztere nämlich entsteht, wenn, was vorkommen kann, auch in der Prosa rhythmische Bewegung oder nach einem gewissen rhythmischen Gesetz geordnete Aufeinanderfolge von Worten bemerkbar ist, aber in einem so weiten Umfange oder auch in so ungenauer Beobachtung des Gesetzes, dass eine gleichmässige Wiederkehr anderer, ebenso geordneter Worte nicht sofort dem Gehör bemerkbar ist, während umgekehrt gerade diese Eigenschaft das Wesen der poetischen Form bedingt. Wo wir Gruppen sinngebender Worte vernehmen, die in einer dem Gehör bemerkbaren gleichmässigen Wiederkehr rhythmischer Aufeinanderfolge geordnet sind, da haben wir es mit Poesie zu thun.

§ 4. Die Aufgabe der Metrik nun ist es, die verschiedenen in der Poesie vorkommenden Formen derselben zu beschreiben[1]), eine technische Sprache zu erfinden, mittelst welcher jede vorhandene Variation derartiger Gruppen bezeichnet werden kann und die Gesetze aufzustellen, welche von den Erfindern solcher Formen beobachtet worden sind; daraus können dann weiter praktische Regeln für den Nachahmer oder den Erfinder neuer Formen abgeleitet werden. Jedenfalls aber hat der Hörer (resp. Leser) sich der bei den ihm vorgeführten Formen beobachteten Gesetze bewusst zu werden, falls er die Kunstmässigkeit derselben in ihrem vollen Umfange in sich aufnehmen und geniessen will. Wie niemand, selbst wenn er das feinste musikalische Gehör hat, zum eigentlichen und vollständigen Genuss eines Musikstücks gelangt, wenn ihm jede theoretische Kenntniss der Musik abgeht, so wird auch keiner, selbst wenn die grösste poetische Beanlagung in ihm schlummerte, oder wenn er die feinste Empfänglichkeit für rhythmischen Wohllaut besässe, zum vollen Genuss eines poetischen Werkes kommen können, falls ihm alle und jede Kenntniss der Metrik abgeht. Darin beruht, wie nicht weiter ausgeführt zu werden braucht, die Nothwendigkeit nud der Nutzen dieser Wissenschaft.

Für das Studium dieser Wissenschaft nun oder für eine Darstellung der Metrik sind, wie bereits erwähnt wurde, drei verschiedenartige Gesichtspunkte oder Seiten der Betrachtung möglich: erstens der mit den vorigen Bemerkungen schon angedeutete ästhetische Standpunkt, der also von grösster Wichtigkeit ist, zumal er für alle Formen der Metrik und für alle Epochen ihrer Entwickelung berücksichtigt werden muss; zweitens der rein empirische Standpunkt, der sich beschränkt lediglich auf die Beschreibung der in einem bestimmten Zeitraum vorhandenen und zwar in der Regel der in der modernen Sprache vorhandenen Formen, und endlich drittens der historische Standpunkt, der sich zur Aufgabe macht, die im ganzen geschichtlichen Verlauf der Sprache aufgetauchten poetischen Formen zu beschreiben und sie in ihrer historischen Entwickelung von der ältesten nachweisbaren

---

1) Vergl. Mayor Philol. Society. 1873—74 p. 624.

Gestalt an bis zu denjenigen der Gegenwart zu verfolgen.
Dass diese letztere Betrachtungsweise die Aufgabe der englischen Philologie in streng wissenschaftlicher Auffassung, im
modernen Sinne ist, wobei sowohl die empirische als auch
ästhetische Betrachtungsweise der vorhandenen Formen zu
ihrem Rechte kommen muss, wurde schon zu Anfang dieser
einleitenden Betrachtungen hervorgehoben.

§ 5. Diese historische Betrachtungsweise führt uns nun
sofort zurück zur Definition der Grundbegriffe.

Der Rhythmus ist, wie bemerkt wurde, ein Charakteristicum, welches den drei musischen Künsten, der Tanzkunst,
der Musik, der Poesie gemeinsam eigen ist, und aus dem
Rhythmus haben sich eben diese drei Künste, die ursprünglich sehr enge verwandt waren und erst allmählich sich in
ihrer Eigenartigkeit von einander gesondert haben, entwickelt.
In geistvoller Weise spricht sich Wilhelm Scherer hierüber
aus in seinem Werke: Zur Geschichte der deutschen Sprache.
Zweite Ausgabe. Berlin, 1868. p. 624, woraus es gestattet
sein möge, hier einige Bemerkungen zu wiederholen. „Der
Rhythmus, sagt er, die Ausführungen Westphals in dessen
„Metrik der Griechen" (Zweite Auflage) Bd. II. ergänzend,
ist gegeben durch regelmässige Körperbewegung." „Der
Gang wird zum Tanz durch arithmetische Begrenzung" oder
wie es früher ausgedrückt wurde, durch das bestimmte Verhältniss von zeitlich lang und kurz, schnell und langsam zu
einander in der Bewegung. „Völker, bei denen nicht der
Gang, sondern ein regelloses Springen Grundlage des Tanzes
blieb, haben es gewiss nicht zu einem regulären Rhythmus
gebracht."

„Je zwei Schritte bilden insofern eine Einheit, als mit
dem dritten eine Wiederholung anfängt. Diese Einheit ist
der Takt[1]). Der physische Unterschied zwischen dem stärkeren rechten und dem schwächeren linken Fuss, ist der
Keim des Unterschiedes zwischen Hebung und Senkung, das

---

1) Die griechische Bezeichnung war πούς, die lateinische pes,
woher der in der modernen Verslehre gebräuchliche Ausdruck „Versfuss" stammt, dem jedoch die Bezeichnung Takt vorzuziehen ist.

heisst zwischen dem relativen forte und piano, zwischen gutem und schlechtem Takttheile."

Westphal erklärt dies in ähnlicher Weise. Er sagt (Metrik der Griechen I² 500): „Dass auf den schweren Takttheil ein Niedertritt des Fusses oder ein Niederschlag der Hand (beim Taktgeben) kam, auf den leichten eine Emporhebung des Fusses oder der Hand, hatte wohl in der alten Orchestrik seinen Grund: die Tanzenden setzten im schweren Takttheile den Fuss zur Erde nieder und hoben ihn im leichten Takttheile empor". Daher stammen auch die technischen Ausdrücke Arsis und Thesis, die jetzt freilich im modernen metrischen Sprachgebrauche gerade im umgekehrten Sinne angewandt werden. Arsis bedeutete im alten Sinne die Hebung des Fusses resp. der Hand, womit der leichte Takttheil bezeichnet wurde, Thesis das Niedertreten, die Senkung des Fusses, während wir jetzt mit der Arsis die mit gehobener, das heisst lauter Stimme gesprochene Silbe, mit Thesis die mit gesenkter, das heisst schwächerer Stimme gesprochene Silbe zu bezeichnen pflegen. Vom Taktschlagen ist auch der Ausdruck Ictus entlehnt, womit man die den schwereren Takttheil treffende Verstärkung der Stimme zu bezeichnen pflegt, der auch wohl der rhythmische Accent benannt wird.

„Aller Rhythmus also in unserer Poesie und Musik stammt aus uralter Zeit und war ursprünglich in beiden Künsten nicht gesondert [1])." Noch bei den Griechen war der metrische Takt übereinstimmend mit dem musikalischen. In der heutigen Musik und Poesie aber ist das Verhältniss ein verschiedenes. Die Musik kehrt sich keineswegs immer an den rhythmischen Takt, und die gesungene Poesie kann daher für Betrachtungen über den Rhythmus der Worte nicht massgebend sein, weswegen wir uns auf die gesprochene Poesie beschränken müssen.

Kapitel 3.

Quantität und Accent. Accentarten. Tonstufen. Accentzeichen.

§ 6. Wir haben vorhin den poetischen Rhythmus definiert als die lediglich der Poesie eigenthümliche gleichmässige

---

1) Vergl. Scherer: Zur Geschichte der deutschen Sprache p. 663.

Ordnung in der Wiederholung verschiedenartiger artikulierter
Laute, die wir Silben und Worte nennen. So wäre also der
poetische Rhythmus zu erkennen aus der Eintheilung der
Worte und Silben einer Gruppe von Worten in einzelne gleiche,
oder wenigstens einander ähnliche Zeitgruppen. Dabei sind
nun, wie schon bemerkt wurde, zwei Factoren massgebend,
welche, abgesehen von der Entstehung der Laute und der
mit ihnen verbundenen Bedeutung, ihre Verschiedenartigkeit
bedingen. Zunächst die Länge und Kürze derselben, die
quantitative Verschiedenheit, insofern mehr Zeit erforderlich ist, einen langen Vokal auszusprechen, als einen kurzen,
und mehr Zeit, eine consonantisch geschlossene Silbe auszusprechen, als eine offene, und zweitens die Intensität des
Lautes, die Stärke oder die Schwäche des Tones oder Accentes,
mit der die verschiedenen Silben gesprochen werden. — Diese
zwei Factoren sind es, auf denen hauptsächlich der Rhythmus
der Sprachen der indo-europäischen Völkerfamilie beruht, indem eine Sprachengruppe den Standpunkt der quantitierenden, eine andere den der accentuierenden Poesie vertritt[1]).
Zu den ersteren gehören die Inder, die Griechen und ihre
Nachahmer, die Lateiner[2]), zu den anderen die germanischen
Nationen. Bei jenen „macht der Dichter die natürliche Quantität der Silben zur Grundlage des rhythmischen Masses, aber
er bestimmt den rhythmischen Ictus nach künstlerischer Freiheit, ohne auf den Wortaccent Rücksicht zu nehmen.“ Das ist das
Wesen der quantitierenden Poesie. „Bei diesen, den germanischen Völkern, schliesst sich der Dichter in Beziehung auf den
rhythmischen Ictus dem Wortaccente an, aber er bestimmt die

---

1) Vergl. im Uebrigen: Westphal, Metrik der Griechen II[2] p. 12.

2) Betreffs des Uebergangs des Quantitätsprincips der lateinischen
classischen Poesie in das accentuierende der mittelalterlichen lateinischen
Hymnendichtung vergleiche Dr. Johann Huemer: Untersuchungen über
die ältesten lateinisch-christlichen Rhythmen, Wien, Hölder, 1879 p. 18
und namentlich Dr. J. Huemer: Untersuchungen über den jambischen
Dimeter bei den christlich-lateinischen Hymnendichtern der vorkarolingischen Zeit. Progr. des Real- und Obergymnasiums im IX. Bezirk,
Wien, 1876. Ueber denselben Wandel im Griechischen vergl. u. a.
Ritschl, Opusc. phil. I. 289 über ‘Accentuierte Verse’:

rhythmische Zeitdauer der Silbe nach eigenem künstlerischen
Ermessen, ohne auf die natürliche Prosodie Rücksicht zu
nehmen." Das ist das Princip der accentuierenden Poesie,
welches aber thatsächlich in Bezug auf die Quantität, wie wir
sehen werden, doch gewisse Modificationen erleidet. Bevor
wir weiter gehen, wird es nothwendig sein, den Begriff des
Accentes und die verschiedenen daraus resultierenden Begriffe
genau zu definieren.

§ 7. Was ist Accent? Wie entsteht er? Der Accent
wird in der Regel definiert als „die stärkere Betonung, welche
eine Silbe erfährt, der Nachdruck, welcher auf dieselbe gelegt wird". Er wird erzeugt nach Brücke [1]) durch die Verstärkung des Athmungsdruckes. „Je stärker, sagt er, der Druck
ist, unter dem die Luft der Lunge die Stimmritze durchströmt,
um so lauter wird der Ton der Stimme, und um so lauter
werden auch die Consonantengeräusche, die der Luftstrom in
der Mundhöhle erzeugt. Diese Ton- und Lautverstärkung ist
der Accent" (p. 2). Ton und Laut sind hier von Brücke in
gleicher Bedeutung gebraucht. Jedoch ist es zweckmässiger,
diese Ausdrücke in metrischem Sinne von einander zu unterscheiden. Der Laut (sonus) ist der allgemeinere, der Ton
(τόνος, accentus) der speciellere Begriff. Der Laut kann einen
stärkeren oder schwächeren Ton haben. Unter Laut im en-
geren Sinne, mit Bezug auf die menschliche Stimme angewandt, verstehen wir dasjenige, „wodurch jede Silbe [2]), ohne
Unterschied, als eigener Stimmabsatz ins Ohr fällt und dessen
Dauer, das heisst dessen Länge oder Kürze das Gesetz der
Quantität bestimmt". Unter dem Accent dagegen verstehen
wir die dem Laute verliehene Hebung, oder genauer und
deutlicher ausgedrückt, die in der Regel mit Tonerhöhung

---

1) Die physiologischen Grundlagen der neuhochdeutschen Verskunst von Dr. Ernst Brücke, Professor der Physiologie in Wien, Wien
1871. Vergl. die Recension von Scherer, Zeitschrift für die österr.
Gymnasien 1872, IX. Heft p. 688—698, wieder abgedruckt in Scherer's
Werk „Zur Geschichte der deutschen Sprache, Berlin 1878".

2) Vergl Schneider, systematische und geschichtliche Darstellung
der deutschen Verskunst, Tübingen 1861. 8° p. 4; ferner über „Silbe"
Sievers, Grundzüge der Lautphysiologie, Leipzig, 1876. 8°. p. 111.

verbundene [1]) Verstärkung und ihren Gegensatz die Senkung, oder deutlicher, Abschwächung der Stimme, wodurch in den germanischen Sprachen der logische Gehalt
oder Werth der einzelnen Silben bezeichnet wird.

§ 8. Es ist demnach klar, dass bei einem einsilbigen
Worte für sich betrachtet nicht von einem Accent in diesem
Sinne die Rede sein kann, sondern nur von einem Laute,
ebensowenig bei zwei oder mehreren coordiniert neben einander
gestellten Silben, wenn sie alle mit derselben Kraftanstren-
gung der Stimme gesprochen werden. Erst wo eine Ueber-
und Unterordnung hörbar ist, kann von einem Tonverhältniss,
von Accent die Rede sein. Dies aber ist stets der Fall in
zusammenhängender Rede, woselbst also auch den einsilbigen
Worten ihre Accentuation im Verhältniss zu den übrigen zu-
gewiesen wird, und woraus der syntaktische und der rhetorische Accent entstehen und ferner in mehrsilbigen Worten, woraus der etymologische oder der Wortaccent
hervorgeht, mit dem wir es hier zunächst allein zu thun haben.

§ 9. Wenn verschiedene Silben zu einem Worte verbunden werden, so ist eine dieser Silben stets von der andern
unterschieden durch grössere Stärke der Aussprache (des
Tones) und grössere Deutlichkeit, als die andern Silben, die
mit schwächerer Aussprache hervorgebracht werden und oft
auch, namentlich in der englischen Sprache etwas verdunkelt
erscheinen. Auf diese Weise wird in den germanischen
Sprachen mittelst der Hebung oder des gehobeneren oder
stärkeren Lautes bei der Aussprache die wichtigere Silbe,
als die bedeutsamere, von der minder wichtigeren, der
Senkung, die den schwächeren Laut hat, unterschieden. Das
Wesen des Accentes besteht demnach in der Tonstärke
und statt der gewöhnlichen im Zusammenhange damit gebrauchten Ausdrücke, Hebung und Senkung wären Ton-
verstärkung und Tonabschwächung die richtigeren Benennun-

---

1) Nach Mitford, Inquiry into the Principles of Harmony in
Language, London, 1804. 8° im Schottischen nicht, da in diesem Dia-
lecte, wie er p. 58 bemerkt, bei betonter pänultima die letzte Silbe
mit erhöhtem Ton gesprochen wird. Vergl. auch Sievers, Grundzüge
der Lautphysiologie, p. 114.

gen. Jedenfalls sind die Ausdrücke Hebung und Senkung,
die wir, weil sie allgemein gebräuchlich sind, beibehalten
wollen, stets nur in diesem Sinne zu verstehen, während die
damit verbundene musikalische Höhe oder Tiefe des Tones
dabei nur als eine secundäre Erscheinung in Betracht kommt[1]).
Dasselbe ist zu bemerken bezüglich der damit zusammenhängenden Ausdrücke Hochton und Tiefton, die, wie
Brücke (p. 4) richtig bemerkt, besser Hauptton und Nebenton
genannt würden.

Je nach der Lautstärke, mit der die verschiedenen Silben
eines Wortes gesprochen werden, nach der Verschiedenheit
des Masses der Betonung sind nun noch weitere Abstufungen
des Tones erkennbar, die mit verschiedenen Ausdrücken bezeichnet werden. Zwei davon sind die schon erwähnten Ausdrücke Hochton und Tiefton oder Hauptton und Nebenton,
auch Hauptaccent und Nebenaccent genannt. Zwei weitere
Ausdrücke, womit die Stufenleiter in den verschiedenen
Abstufungen des Accents erschöpft ist, sind die Tonlosigkeit und die Stummheit. Die Bedeutung dieser Ausdrücke
wird am besten aus einigen Beispielen klar werden, die wir,
da in beiden Sprachen das Wesen des Accents natürlich dasselbe ist, aus der deutschen und der englischen Sprache her-
nehmen wollen. In dem Worte *hinderniss* hat, wie sofort
hörbar ist, die erste Silbe den Hauptton oder Hochton, die
letzte den Nebenton, die mittlere dagegen ist tonlos. Aehnlich verhalten sich die Silben in dem englischen Worte *hin-
derer* oder *hinderling*. In dem historischen Entwickelungs-
gange der Sprachen überhaupt und der englischen ganz besonders ist es eine gewöhnliche Erscheinung, dass tonlose
Silben allmählich in der Aussprache zu stummen werden und
dann auch alsbald in der Schreibung verschwinden. So ist
in dem Worte *hinderance* das in den vorhin erwähnten Wörtern noch tonlose *e* in der Aussprache verstummt; ebenso das *e*
in der Endung, wie überhaupt das auslautende *e*. In *fallen, lives,
gives* und vielen ähnlichen Flexionsendungen ist es gleichfalls in
der Aussprache verstummt, in anderen Fällen kann es in der

---

1) Vergl. Brücke, Physiol. Grundlagen der nhd. Verskunst, p. 3.
und Sievers, Grundzüge der Lautphysiologie, p. 114.

Schreibung durch ein Apostroph angedeutet werden, wie *robb'd, belov'd;* sehr oft endlich ist das früher vorhanden gewesene *e* im Neuenglischen auch in der Schreibung gänzlich verschwunden, so z. B. in *grown* aus *growen, sworn* aus *sworen* etc. Es ist nicht nöthig, auf diesen allgemein bekannten Vorgang in der Entwickelung der englischen Sprache, der sich im weiteren Verlauf unserer Betrachtungen noch oft genug im Einzelnen bemerkbar machen wird, hier näher einzugehen.

§ 10. Die systematische Bezeichnung des Tones durch Zeichen wurde im Deutschen, wie man vermuthet, zuerst eingeführt in der ersten Hälfte des neunten Jahrhunderts durch den Vorsteher der Fuldaer Klosterschule Hrabanus Maurus, dem sich dann sein Schüler Otfried anschloss und in noch complicierterer Weise Notker Labeo († 1022), und Williram († 1085). In der neueren germanischen Philologie ist es üblich den Hochton mit ′, den Tiefton mit ` zu bezeichnen. Die Engländer gebrauchen bei ihren theoretischen Untersuchungen in der Regel, wenn sie nicht wie Ellis sehr complicierte Zeichen anwenden, wovon später die Rede sein wird, den Acut. Wir werden uns im Folgenden je nach Zweckmässigkeit und Bedürfniss beider Methoden bedienen.

Auch in den handschriftlichen Denkmälern der älteren Perioden der englischen Sprache trifft man Accentzeichen an, so in den angelsächsischen Manuscripten und auch in dem sogenannten Ormulum, einer im zwölften Jahrhunderte von dem Mönche Orm oder Ormin verfassten, in sprachlicher und metrischer Hinsicht gleich wichtigen geistlichen Dichtung. Indess ist die eigentliche Bedeutung dieser Zeichen noch nicht hinlänglich aufgeklärt. In einigen Fällen bezeichnen sie entschieden die Länge (bei Orm auch die Kürze der Silben?), in anderen ebenso entschieden die Betonung. Wenn sie daher auch öfters einen Anhaltspunkt bieten zur Bestimmung der Betonung im älteren Englisch, so sind wir hierfür doch auf andere Handhaben angewiesen, nämlich für das Angelsächsiche, abgesehen von dem nur spärlich vertretenen Endreim, 1) auf den Stabreim, die Alliteration, 2) auf die Vergleichung mit dem entsprechenden Wort verwandter germanischer Dialekte und 3) auf die weitere Entwickelung

des Wortes im historischen Verlauf der Sprache. Nach
der normännischen Eroberung bildet dann bald der neu auftretende Reim das wichtigste, keineswegs jedoch unbedingt
zuverlässige Hilfsmittel für die Bestimmung der Accentuation,
die in den ersten Jahrhunderten nach diesem Ereigniss in
vielen Fällen, namentlich in den romanischen Bestandtheilen
der Sprache, einen schwankenden Charakter annimmt und
sich erst nach und nach mehr befestigt.

Kapitel 4.

Wortbetonung im Germanischen, Romanischen, Englischen.
Verwendung derselben im Vers.

§ 11. Für das Englisch der ältesten Zeit, also der angelsächsischen Periode, wie für das Neuenglische, ist es die
herrschende Regel, dass im Allgemeinen die Betonung dem
germanischen Betonungsgesetz unterworfen ist. Da ist nun
die erste und Hauptregel die, dass in zwei- oder mehrsilbigen Wörtern eine Silbe und zwar die Stammsilbe des
Wortes den Hochton hat vor der Flexions- und der
Bildungssilbe, welchen die Nebenbetonung zukommt in verschiedenen Abstufungen, also *hálgian* heiligen, *fǽgere* schön,
ǽðeling der Edeling, der Adelige, *heófon* Himmel, *fúgol*
Vogel, *náma* Name, *mónað* Monat, *heórot* Hirsch etc. In all
diesen Fällen wird, soweit die Worte in der englischen Sprache
erhalten geblieben sind, die frühere Betonung auf der ersten,
der Stammsilbe, schon durch die weitere Entwickelung des
Wortes im Verlauf der Sprache und seine Gestalt im modernen Englisch bezeugt. Ja selbst die aus dem Lateinischen ins
Angelsächsische aufgenommenen Wörter müssen sich dieser
Betonung fügen; vergl. *mýnster*, *ǽlmesse*, *múnec*.

Bei zusammengesetzten Wörtern ferner liegt, wenn wir
von den Partikeln absehen, im älteren Englisch, wie in der
Regel auch im Neuenglischen, der Ton auf dem ersten Worte,
welches specialisierend zu dem zweiten, generellen hinzutritt:
wúldor-cyning Wunder-(ruhmreicher) König, *heáhsetl* Hoch-
sitz, *sóðfæst* wahrhaftig; neuenglisch: *grándfather*, *dráwing-
room*, *seásick*, *óne-eyed* etc. Nur die Partikelcompositionen

weichen von dieser in der Regel zu beobachtenden Erscheinung
der Betonung der ersten Silbe in manchen, später genauer zu
erörternden Fällen ab, fügen sich aber dem allgemeinen Gesetz,
dass das specialisierende Wort in dem zusammengesetzten Begriff
den Ton erhält. So ist also das im Germanischen herrschende
Princip der Betonung das logische, und die damit im engsten Zusammenhang stehende charakteristische Regel der Betonung ist
die, dass die Stammsilbe den Ton hat, gewöhnlich die erste
Silbe des Wortes. Diese den Hauptaccent tragende Silbe
wird auch wohl schlechtweg die b e t o n t e Silbe genannt, während die anderen im Gegensatz dazu u n b e t o n t e Silben heissen. Eine solche allgemeine Unterscheidungsart wäre indess,
wenn sie nicht als zu ungenau und unwissenschaftlich überhaupt zu verwerfen wäre, nur im Neuenglischen zulässig für
z w e i s i l b i g e W ö r t e r, da in diesen allerdings nur der allgemeine Gegensatz der accentuierten und unaccentuierten Silbe zu
Tage tritt. Würde die letztere i m R h y t h m u s ebenfalls hochtonig
verwerthet, so würden zwei Hebungen zusammenfallen, was in
Folge des in der neuenglischen Metrik herrschenden beständigen Wechsels zwischen Hebung und Senkung für gewöhnlich un-
statthaft ist. Im Allgemeinen und principiell gilt dies Gesetz auch
für die altenglische Zeit, wenn es auch erst in der zweiten Hälfte
dieser Epoche mit einiger Consequenz beobachtet wird. In den
ersten Jahrhunderten kommt es dagegen unter dem Einfluss
des alten angelsächsischen Brauches, der das Zusammentreffen
zweier Hebungen gestattete, vor, dass in zweisilbigen Wörtern
beide Silben hochtonig verwerthet werden, doch in der Regel
nur bei Nominalcompositionen oder bei Wörtern, deren
unaccentuierte Silbe eine vollere Bildungssilbe wie *ing*, *and*
ist; sehr selten dagegen werden tonlose Flexionsendungen so
verwerthet. Jedenfalls ist, wie hier sofort möge hervorgehoben werden, an eine dem alt- oder mittelhochdeutschen Gebrauche analoge Verwendung der letzteren, wie neuerdings
öfters behauptet worden ist, nach meiner Ueberzeugung nicht
zu denken.

Bei d r e i s i l b i g e n germanischen Wörtern besteht ein ähnlicher Unterschied zwischen neu- und altenglischem Brauche. Die
erste Silbe hat in der Regel als Stammsilbe den Hauptton, ist
also *eo ipso* im Rhythmus hochtonig; die letzte der „unbe-

tonten" Silben ist aber gewöhnlich stärker betont, als die vorletzte, welche sich im Verhältniss zu der unmittelbar vorangegangenen Hebung entschieden als unaccentuierte Silbe, als
Senkung, bemerkbar macht, z. B. in *evening, business*, und
selbst bei zwei anscheinend gleichmässig unbetonten Silben,
wie in den altenglischen Verbalformen *mákedè, frémedè*, ist
doch der nämliche Accentunterschied bemerkbar eben wegen
des stärker fühlbaren Gegensatzes desselben zwischen zwei
benachbarten ungleichartigen Silben, als bei entfernter stehenden, durch eine oder mehrere Silben getrennten. Daher kann
im Altenglischen wie im Neuenglischen diese stärker betonte
dritte Silbe je nach dem Bedürfniss des Rhythmus metrisch
als Hebung verwerthet werden oder als Senkung. Dass im
Altenglischen unter Umständen auch die zweite Silbe dreisilbiger germanischer Wörter als Hebung behandelt werden
kann, hängt mit der vorhin erwähnten Licenz des Zusammentreffens zweier Hebungen zusammen, braucht indess hier zunächst nicht näher erörtert zu werden.

Mit viersilbigen germanischen Wörtern, die im Altenglischen wegen der volleren Flexionsendungen in grösserer
Zahl anzutreffen sind, als im Neuenglischen, verhält es sich
ähnlich: es können für gewöhnlich ebenfalls nur zwei Silben
hochtonig verwendet werden, z. B. *efeninges, há'lignésse*. —
Die allgemeine rhythmische Regel ist also die, dass die von
der höchstbetonten Silbe des Wortes durch eine unaccentuierte Silbe getrennte dritte Silbe hochtonig verwerthet werden
kann, auch wenn sie ihrem logischen Gehalte nach eine tieftonige oder tonlose Silbe ist.

Ganz verschieden von dem germanischen Brauche ist
das in dem Griechischen, Lateinischen und Romanischen
unter dem Einfluss der Dehnung und Position zur Geltung
gekommene allgemeine Gesetz, dass die höchste Betonung
nur eine der drei letzten Silben eines Wortes treffen kann,
und in einem noch stärkeren Gegensatz zum Germanischen
steht das französische Gesetz, wo bekanntlich die Regel
gilt, dass der Accent nur auf eine der beiden letzten Silben
des Wortes, genauer „nur auf die letzte lautende Silbe" (vgl.
Lubarsch, Französische Verslehre. Berlin. Weidmann. 1879. p. 25)
fallen kann. Während also im Germanischen das Wort gleich zu

2

Anfang einen festen rhythmischen Anhaltspunkt gewinnt und so sich in demselben, wie Lachmann es ausdrückt, „ein Herabsteigen, eine gemässigte Entwickelung aus festem Anfange bemerkbar macht, eilt im Romanischen, zumal im Französischen, der Hauptton dem Ende des Wortes zu, um dort einen festen Ruhepunkt zu erreichen". In Folge dessen ist daher hier nicht die Stammsilbe der Träger des Accents, sondern in der Regel die Flexionssilbe; und nicht das logische Princip ist das herrschende, sondern das rhythmische oder euphonische.

§ 12. Mit dem massenweisen Eindringen des französischen Elements in die ursprünglich rein germanische englische Sprache trat also auch in der Accentuation sofort ein ganz fremdartiges, dem eigenen Genius der englischen Sprache widerstrebendes Princip der Accentuation in derselben zu Tage, welches sich in der ersten Zeit, wenn auch nicht ungestört, seinen ursprünglichen Charakter nicht nur zu wahren vermochte, sondern sogar kräftig genug war, den altgermanischen Accent vielleicht hin und wieder zu beeinflussen, indem öfters die Dichter sich erlaubten, nicht mehr den Stammsilben den alleinigen Hauptton zu geben, sondern daneben, namentlich im Reim, auch die Bildungssilben hochtonig, also beide Silben mit einer gleichmässigen, schwebenden Betonung zu behandeln in Wörtern wie: *beginnīng, ēndīng, faīrnēssc, bōdy̆, lūfly̆* etc., wobei sie sich freilich wohl mehr von einer gewissen Bequemlichkeit in der Bildung des Reimes, als vom allgemeinen Sprachgebrauche leiten liessen. Indess ebensowenig wie in Bezug auf die grammatische Behandlung konnte das neu hinzugetretene französische Element in Bezug auf die Betonung dem zähen Widerstande und dem langsamen, aber sichern Vordringen des heimischen germanischen Bestandtheils der Sprache in ihr eigenes Gebiet Einhalt thun. Die romanische Accentuierung der französischen Wörter musste nach und nach der germanischen weichen, und zwar geschah dies begreiflicherweise stets, sobald sich die Volkssprache des Wortes bemächtigt hatte.

§ 13. Also auch in dem französischen Bestandtheile der englischen Sprache kommt alsbald das allgemeine germanische Gesetz zum Durchbruch —

die zahlreichen Ausnahmen mit ursprünglicher Betonung sind
meist erst in späterer Zeit aufgenommen und so zu sagen
Fremdwörter — dass der Hauptton des Wortes möglichst
weit nach vorne vorrückt. Französische zweisilbige Wörter
verhalten sich im Neuenglischen gerade so wie die germanischen, mag sich nun der Ton auf der ersten Silbe festgesetzt
haben, wie in *glóry* oder auf der zweiten, wie in *saloón*, d. h.
sie können im Rhythmus des Verses nur e i n e Hebung tragen.
Bei dreisilbigen Wörtern, die früher auf der letzten Silbe betont waren, wie z. B. *délicàt, ámoroùs*, jetzt aber ebenfalls
genau so behandelt werden, wie die germanischen, (auch im
Rhythmus des Verses je nach Bedürfniss mit e i n e r Hebung
oder mit z w e i e n verwendbar sind), fällt der Hauptaccent
nur auf die erste Silbe, bei mehrsilbigen tritt er noch weiter
nach vorn z. B. *prómontòry, nécessàry, sécretàry*, wobei in
beiden Fällen ein Nebenaccent auf diejenige Silbe fällt, die
ursprünglich den Hauptton hatte. Ist die ursprüngliche Betonung mit dem Hauptaccent auf der letzten Silbe dreisilbiger Wörter erhalten geblieben, wie z. B. in *cànnoneér, rè-
fugeé*, so tritt das umgekehrte Verhältniss ein, also die erste
Silbe erhält nur den Nebenaccent und ist ebenfalls, wie die
letzte Silbe, fähig im R h y t h m u s des Verses eine Hebung zu
tragen. Hat aber die mittelste Silbe den Hauptaccent bewahrt, wie dies bei vielen aus dem Lateinischen entlehnten
Wörtern, z. B. *spectátor, dictátor, auróra, factótum* der Fall
ist, so ist nur diese hebungsfähig, weil sonst zwei Hebungen
zusammentreffen würden; bei vier und mehrsilbigen Wörtern
tritt wieder die allgemeine Erscheinung ein, dass die von
der höchstbetonten durch eine unbetonte getrennte Silbe einen
Nebenaccent erhält und hebungsfähig wird z. B. *affidávit, li-
teráti, desìderátum*. Doch es ist hier bei der Betrachtung der
Grundbegriffe nicht angemessen, näher auf die Einzelheiten
einzugehen, wofür namentlich die eingehenden Erörterungen
dieses Gegenstandes in den Grammatiken von Koch und
Mätzner zu vergleichen sind.

Das wichtige Gesetz, worauf es ankommt ist das, dass
in der englischen Sprache, wie in den germanischen Sprachen
überhaupt, abgesehen von zeitweiligem Schwanken in der
Uebergangsperiode, die Stammsilbe, in der Regel die erste

Silbe des Wortes, den Wortaccent trägt, und dass in der englischen, wie in der allgemeinen germanischen Poesie, der Rhythmus durch den Wortaccent, dem sich die Dichter anschliessen, bestimmt wird.

§ 14. Und zwar ist unzweifelhaft ein Vers rein äusserlich betrachtet um so correcter, je weniger man sich, wie Brücke zu Anfang seiner Schrift sagt, beim scandieren desselben in störender Weise von der prosaischen Aussprache zu entfernen braucht, das heisst also, je genauer der Wortaccent mit dem rhythmischen Accent übereinstimmt. Aus dem inneren Wesen der Rede resultiert nun aber noch ein anderer Accent: der rhetorische Accent, oder der durch den Sinn und Zusammenhang der Rede erheischte. Dieser letztere wird in vielen Fällen seine Herrschaft über den Rhythmus geltend machen, seinen regelmässigen Lauf durchbrechen durch Verschiebung des Wortaccentes, durch Pausen, Beschleunigung, Verlangsamung des Masses. Wird eine so erzeugte Mannigfaltigkeit des Rhythmus, nämlich dadurch erzeugt, dass, wie Mayor es ausdrückt (Philol. Society 1873—74, p. 637), der rhetorische Accent den metrischen überholt, mit künstlerischem Verständniss gehandhabt, welches wieder von andern Factoren abhängig sein muss, so kann es zur Verschönerung des Metrums und des poetischen Kunstwerks beitragen. Im Allgemeinen aber wird man sagen müssen, dass bei der einfachsten, ältesten Dichtungsart, bei der lyrischen Poesie, gerade in der Uebereinstimmung der drei Accente: des rhetorischen, rhythmischen und etymologischen oder Wortaccents die Hauptschönheit beruht. Darin liegt zum grossen Theil der Zauber der Goethe'schen und Heine'schen Lyrik. Man vergleiche Gedichte wie Heines „Du bist wie eine Blume“, Goethes „Schatzgräber“ und andere oder Byrons *Adieu, adieu, my native shore* „*She walks in beauty, like the night*“. Und zwar wird man die Beobachtung machen können, dass, je ruhiger der Ton des Gedichts oder einzelner Verse ist, desto regelmässiger auch die Congruenz des Accentes ist. Tritt ein bewegterer, leidenschaftlicherer Ton ein, tritt die Rhetorik stärker hervor, so wird auch der rhetorische Accent häufiger den metrischen Accent durchbrechen, und darin, dass dies in richtigem Masse, an richtiger

Stelle, dem Gedanken des Verses oder Gedichts entsprechend,
geschieht, kann wieder eine Hauptschönheit, ein entschiedener Vorzug desselben beruhen. Statt vieler Beispiele sei
nur hingewiesen auf Goethes „Erlkönig". — Weiter folgt nun
hieraus, dass in dramatischer Poesie die Congruenz des Accents häufiger durchbrochen wird und durchbrochen werden
darf und muss, als in lyrischer Dichtung. Kurz, in der
richtigen Behandlung der Accentverhältnisse zu einander, je
nach dem Gegenstande des Gedichts besteht die grössere
oder geringere formelle Kunstmässigkeit desselben. Eben
darin findet es auch seine Erklärung, dass im Allgemeinen
in der Entwickelung des einzelnen Dichters wie öfters auch
einzelner Epochen der Poesie eines Volkes überhaupt sich
ein Fortschreiten vom Einfachen zum Kunstvolleren bemerkbar
machen wird. Gewöhnlich wird dies in der Weise zu Tage
treten — in der englischen Poesie ist es in Folge des schwankenden Charakters des Wortaccents während der Uebergangsperiode vielleicht deutlicher, als in irgend einer andern Sprache
erkennbar —, dass in der frühesten Zeit der rhythmische
Accent fast ausschliessliche, zuweilen rücksichtslose Oberherrschaft ausübt, indem er namentlich den Wortaccent und so
weit es geht, auch den rhetorischen Accent in seine Fesseln zu
zwängen sucht. Man vergleiche die altenglischen „Metrischen
Romanzen" und Heiligenlegenden, um sich von dieser Thatsache zu überzeugen. Je mehr aber die Sprache und die
Poesie in ihrer Entwickelung fortschreitet, desto mehr wird
das richtige Verhältniss in der Behandlung der verschiedenen
Accentarten: je nach dem Gegenstand des Gedichtes entweder
völlige Congruenz oder künstlerisch gehandhabte Divergenz
zu Tage treten, wie sie uns die grossen Meister der englischen Verskunst, ein Chaucer, Dunbar, Spenser, Shakspere,
Milton, Byron und Andere vor Augen führen.

Kapitel 5.

Einfluss der Quantität.

§ 15. Beruht demnach in erster Linie die Kunstmässigkeit in der Behandlung der Accentarten in dem Anschluss

an den Sinn des Verses, den Inhalt, also an das innere
Wesen desselben, mit dem wir uns hier nicht zu beschäftigen
haben, so ist sie noch weiter bedingt in äusserer, formeller
Hinsicht, von anderen Factoren des Rhythmus, deren hervorragende Bedeutung für die germanische Poesie erst in neuerer Zeit nach Gebühr gewürdigt zu werden begonnen hat.
Das ist namentlich geschehen in der schon mehrfach erwähnten Abhandlung von Brücke, ferner zum Theil schon vor ihm
von englischen Phonetikern wie Barham, Mayor und Ellis in
verschiedenen Abhandlungen der Philological Society Transactions, von Ellis schon 1848 in seinen „Essentials of Phonetics", woraus er aber den betreffenden Passus, da das Werk
längst nicht mehr im Buchhandel zu haben ist, in einem
Aufsatze Philol. Society Transactions 187$^{5}|_6$ p. 436—438 ab-
gedruckt hat, um dann neue Auseinandersetzungen daran anzuknüpfen. — In diesen verschiedenen Untersuchungen wird
namentlich ausgeführt, dass auch in der germanischen Metrik,
speciell in derjenigen der modernen Poesie, neben dem allerdings vorwiegend und in erster Linie massgebenden Princip
des Accents, also dem Verhältniss stark- und schwach betonter Silben zu einander und ihrer regelmässigen Wiederkehr im Verse (Ellis, Philol. Society 187$^{5}_{,6}$ p. 442) der Rhythmus wesentlich beeinflusst wird durch Quantität, also durch
wechselnde Wiederkehr langer und kurzer Silben, ferner
schwerer und leichter, hoher und tiefer Silben, sowie grosser
und kleiner Pausen. Danach wären also nach Ellis fünf
Hauptfactoren für die Bestandtheile des englischen, resp.
germanischen Verses zu beachten, nämlich: Stärke, Länge,
Gewicht, Höhe und Pause. Da indess Länge und Gewicht
der Silben ziemlich auf dasselbe hinauskommt oder wenigstens wohl nur als Modificationen des allgemeineren Begriffs
der Quantität anzusehen sind, und da die „Höhe", das heisst
der Tonfall, mit dem der Vers recitiert wird, doch als etwas
Wechselndes und Individuelles des jeweiligen Recitators nicht
allgemein messbar ist, so bleiben thatsächlich nur drei
Hauptfactoren, die in Betracht zu ziehen sind, übrig.
Gleichwohl möge zunächst noch über den Tonfall, das heisst
die musikalische Höhe oder Tiefe, mit der die einzelnen
Silben des Verses vorgetragen werden, ein Wort gesagt werden.

Dass dies Moment im Rhythmus eine wesentliche Rolle spielt, ist ganz unzweifelhaft; ein lautes Lesen oder Recitieren eines Verses ganz in einer und derselben Note ist künstlerisch undenkbar. Wo es geschieht, wie z. B. in der katholischen und englischen Liturgie, macht es entschieden einen unnatürlichen und unschönen Eindruck. In natürlicher Rede, sei es in Poesie oder in Prosa, wird die Stimme stets zwischen einem gewissen Maximum und Minimum von musikalischer Höhe und Tiefe auf- und abwogen und dadurch den rhythmischen Klang des Verses entschieden beeinflussen. Aber einmal wird der Tonfall bei jedem einzelnen Individuum verschieden sein und zweitens wird von dem so zu erzeugenden Klang des Verses der Bau desselben in keiner Weise beeinflusst. Auch giebt Mitford, mit dessen Bemerkungen über den Tonfall wir uns im Uebrigen nicht einverstanden erklären können, die Unabhängigkeit des Rhythmus von demselben zu, wenn er p. 62 seines oben (p. 12) citierten Werkes sagt „*Without variety of tone, or, in musical phrase, without various notes, tho there might be rhythmus and measure, there could be no melody in speech*". Die Melodie der Rede liegt aber als etwas Individuelles und Wechselndes ausserhalb des Bereiches allgemeiner Beobachtungen und daraus zu abstrahierender Gesetze.

§ 16. Von desto bedeutenderem Einfluss auf den Rhythmus ist nun aber die Länge und die Kürze der Silben und das Gewicht derselben, oder allgemein ausgedrückt, die Quantität, und gerade in dieser Hinsicht ist Brückes Schrift voll der feinsten Beobachtungen. Eine wichtige Beobachtung ist namentlich die, dass die Arsis, oder vielmehr eine lange Silbe, welche die Arsis bildet, auch noch einen Einfluss ausüben kann auf einen Versfuss, dem sie gar nicht angehört, dass dieser Versfuss von ihr gestört werden kann und sich nach ihr einrichten muss. Er führt als frappante Beispiele an die drei Verse:

Du sahst dein Kind mit Lumpen angethan,
Da sass dein Kind mit Lumpen angethan,
Da ritt dein Kind auf einem weissen Ross,

und bemerkt mit Recht, dass die zwei letzten Verse augenscheinlich sich viel fliessender lesen lassen, als der erste.

Der Grund liegt darin, dass in dem ersten Verse ausser dem
Worte dein, welches an sich schon lang genug ist, eine
Thesis auszufüllen, auch noch die Buchstaben *st* und ein
Theil des *a* in sahst dem absinkenden Tone angehören, denn
wenn die Arsis einen langen Vokal zweier contrahierten Silben trifft, der seine Silbe nicht schliesst, so liegt der Gipfelpunkt der Arsis d. h. der mit dem Taktschlage zusammen-
fallende akustische Höhepunkt derselben (vgl. Brücke p. 25 ff.)
nicht zu Ende des Wortes, sondern im Verlauf des Vokals;
im zweiten Verse fällt nur noch das *ss* in die Senkung, im
dritten nur die Zeit des *tt* - Verschlusses in ritt. — Die
Consonantenhäufung allein, also das *st* und *d*, bewirkt demnach nicht die grössere Schwerfälligkeit des Verses, wie wohl
angenommen wurde. Dies geht noch weiter hervor aus folgendem Vers den Brücke anführt:

So lasst die Leute doch zur Thür herein.

Hier findet sich dieselbe Consonantenhäufung, aber ohne
Nachtheil, weil der Gipfelpunkt der Arsis erst in den Beginn
des *st* fällt und die weniger Zeit erfordert als dein. Das
liefert also den deutlichsten Beweis, dass auch im germanischen accentuierenden Vers die Quantität eine bedeutende
Rolle spielt und, da ist wieder eine Beobachtung Brückes
von grosser Wichtigkeit, nämlich die, dass dem Längenverhältniss von kurzen und langen Silben keineswegs, wie man
früher angenommen hat, die Zahlen eins und zwei wirklich
entsprechen, sondern dass sie vielmehr von ganz verschiedener Dauer sind, und dass das Verhältniss von langen und
kurzen Vokalen an sich vielmehr dem Zahlenverhältnisse 5 : 3
sich nähert.

§ 17. Die natürliche Länge der Silben aber beruht im
Deutschen in dem Lautgehalte derselben. Nicht anders
verhält es sich im Englischen. Der Lautgehalt zerfällt wieder
in Vocal- und Consonantengehalt, und das ist es wohl,
was Ellis als Länge und Gewicht unterscheidet. Selbstverständlich kommt nun aber dabei die heutige Schreibweise
des Englischen nicht im mindesten in Betracht, sondern nur
die Lautung, und um diese Thatsache ins rechte Licht zu
setzen, hat Ellis sein Buch „Essentials of Phonetics" ganz in
einer rein phonetischen Schrift, mit von ihm· besonders er-

fundenen Lettern drucken lassen, welche nur den Laut wiedergeben und sich in keiner Weise an die historische Schreibung anschliessen.

Der Vokalgehalt einer Silbe kann wieder bestehen in einem **kurzen Vokal**, in einem **langen Vokal** oder in einem **Diphtong** (Brücke 66). Bezüglich der kurzen Vokale ist zunächst zu bemerken, dass sie, wie überhaupt jede Silbe, unbehindert in die Arsis gesetzt werden können, wenn sie sich durch den Athmungsdruck, also durch den Accent, gegen die benachbarten Silben ohne Verzerrung hervorheben lassen. Jeder Silbe, einerlei ob kurz oder lang, kann auf diese Weise in Verse stets soviel Zeit zugewendet werden, als es der Rhythmus verlangt, z. B. *Put úp your swórd* etc. *As in a loóking-gláss* etc. Aber kräftige Arsen lassen sich nur aus Silben bilden, welche in Prosa den Hochton oder Tiefton haben. In Prosa unaccentuierte tonlose Silben sind für kräftige Arsen unbrauchbar und ein Nothbehelf, der, wenn nicht eine besondere rhetorische Wirkung dadurch erzeugt werden soll, zu vermeiden ist (Brücke 84). Da nun aber, wie Brücke durch seine Messungen gefunden hat, der lange Vokal keineswegs doppelt so lang ist, als der kurze, folglich auch die Silbe mit langem Vokal, bei sonst gleichem Consonantengehalt, nicht doppelt so lang, als eine mit kurzem Vokal, so muss die Silbe mit langem Vokal im Metrum über ihr gewöhnliches, prosaisches Mass hinaus verlängert, gedehnt werden. Das geschieht mit Hilfe des Accents. Der accentuierte und der unaccentuierte lange Vokal verhalten sich nämlich in so fern verschieden, als der accentuierte lange Vokal eine bestimmte Länge haben muss, über welche hinaus er zwar ohne Entstellung gedehnt, unter welche er aber nicht verkürzt werden kann, wenn der Accent deutlich hörbar bleiben soll, während man über den unaccentuierten langen Vokal hinweg gleiten und ihn so, ohne dass es auffällig wird, in einen kurzen verwandeln kann. Der Grund davon liegt, wie Brücke ausführt, in der Verschiedenheit des Athmungsdruckes. Diphtonge — wobei wir im Englischen natürlich nur an Diphtonge in der Lautung z. B. in *find, my, now* etc. denken müssen — verhalten sich ähnlich wie lange Vokale. Sie machen also ebenso wie die langen Vokale eine Silbe an sich nicht metrisch lang, sie

wird es nur in dem Fall mit Nothwendigkeit, wenn noch
der Accent oder reicherer Consonantengehalt hinzutritt.
Beispiele für Accent:
I should have fatted all the region kites Haml. III.
1, 561,
I know my course, the spirit that I have seen ib. v. 580.
Hier steht derselbe Diphtong *e i*, im letzten Vers sogar dasselbe Wort *I*, einmal kurz (unbetont) in der Senkung und
einmal lang (betont) in der Hebung.

§ 18. Dass der Consonantengehalt für die Länge
einer Silbe von wesentlichem Belang sei, ist früher vielfach
geleugnet worden. Brücke hat nun durch directe Messversuche bewiesen, was eigentlich selbstverständlich ist, dass
jeder Consonant, der einer Silbe ein- und angefügt wird,
ihre Dauer verlängert, wobei die grössere oder geringere
Dauer von der Natur der einzelnen Consonanten und von
der grösseren oder geringeren Schwierigkeit des Uebergangs
von einem Consonanten zum andern abhängt. Man gebraucht
nach ihm um ein Zehntel mehr Zeit, um *brachman* oder *barch-
man* zu sagen, als *bachman* und ein Sechstel mehr, um *baks-
man* zu sagen, als bei *bachman*. Dass ein derartiger Zeitun-
terschied vorhanden ist, muss übrigens auch ohne direkte
Messungen beim blossen Hören der Laute bemerkbar werden.
Man vergleiche zwei Wörter, in denen der Vokalgehalt der
Gleiche ist, nämlich eine Kürze und eine Länge wie z. B.
unto und *corkscrew*, und man wird sofort hören, dass die für
die Aussprache erforderliche Zeit erheblich verschieden ist.
Verhältnissmässig und im Grossen und Ganzen ist die durch
Consonantengewicht erzeugte Verschiedenheit der Zeitdauer
betreffs der Aussprache der Silben im Englischen vielleicht
nicht so gross, als im Deutschen, da die Engländer gerade
in der Aussprache gehäufter Consonanten, das heisst ihrer
eigenen Sprache, eine ausserordentliche Geschicklichkeit haben
und im Stande sind, wie Ellis (Philol. Society Transactions
187³⁄₄ p. 126) anführt, Wörter wie *strengths, twelfths, wrists,
scratch, judge* mit sehr grosser Geschwindigkeit auszusprechen; doch werden ähnlich wie im Deutschen derartige Silben mit einem kurzen Vokal und sechs Consonanten (im
Deutschen sind, und zwar auch nur in Folge von Contraction,
nur fünf möglich; vgl. Brücke p. 71) oder mit fünfen, vieren

wohl nur sehr selten in der Senkung stehen. Die letzte Kategorie kommt wohl schon öfters vor z. B.

Shark'd up a list of lawless resolutes; Macbeth I, 1, 98.

Schwerlich wird dies aber häufiger der Fall sein, wo ein langer Vokal mit einer Anzahl von Consonanten zu einem Wort oder einer Silbe combiniert ist; z. B. in *falls, brooms, wounds, pounds,* doch wird es auch hier wieder wesentlich von der Art der Zusammensetzung der Consonanten abhängen und von dem Charakter der folgenden Silbe. Vergl.

Whilst I had been like heedful of the other. Com. of Err. I, 1, 83, dagegen:

Whom whilst I labour'd of a love to see ib. 131,

wo aus der Länge des Vokals in der Senkung *whom* und dem Zusammentreffen der nicht leicht nacheinander auszusprechenden Consonanten *m* und *wh* mehr schwebende Betonung der beiden ersten Wörter hervorgeht. Aus diesem letzten Beispiel ist also schon deutlich ersichtlich, dass der Charakter der folgenden Silbe für den metrischen Werth der vorhergehenden entschieden von Wichtigkeit ist. Ferner ist es bei Consonantenhäufungen von Wichtigkeit, ob die Consonanten am Anfang oder am Ende einer Arsensilbe angehäuft sind. Im letzteren Fall wirken sie auf die folgende Thesis, im ersteren Fall aber wirken sie auf die vorhergehende Arsis zurück. (Brücke p. 77.)

Aus all diesen Beobachtungen geht nun zur Evidenz hervor: 1) dass die langen und die kurzen Silben keine constante Länge und kein constantes Verhältniss haben, 2) dass sie nicht isoliert als Bruchstücke eines Verses betrachtet werden können, sondern stets nur unter Berücksichtigung der Stelle und Umgebung im Verse, in der sie stehen, ferner namentlich aber 3) dass Länge und Kürze der Silben, wenn sie auch nicht, wie es in erster Linie der Accent thut, den Rhythmus des deutschen resp. englischen Verses bestimmen, doch für denselben so zu sagen als Regulatoren von eingreifender Bedeutung sind.

Die weitere Beleuchtung dieses Verhältnisses muss bis zu den späteren Betrachtungen über die neuenglische Metrik verschoben werden. Auch die Pausen und ihre Bedeutung für die neuere Rhythmik sind erst bei der Gelegenheit zu besprechen.

Kapitel 6.

Bedeutung des Accents in der altgermanischen und neueren Dichtung. Takt und Silbenzählung. Verszeile.

§ 19. In der alten germanischen Dichtkunst spielt der Accent aus dem Grunde eine noch hervorragendere Rolle, als in der Poesie der jüngeren germanischen Töchtersprachen, weil in der alliterierenden Poesie wesentlich die Hebungen es sind, welche die charakteristischen Kennzeichen des Rhythmus ausmachen resp. an sich tragen, und weil auch in der späteren reimenden Poesie des Mittelalters zunächst nur die Zahl der Hebungen bestimmend für die Zahl der Takte oder Versfüsse auftreten, wenigstens in der althochdeutschen und mittelhochdeutschen, wie zum Theil auch in der altenglischen Poesie, wo eine Hebung nöthigenfalls allein schon einen Takt ausfüllen kann und wo es Regel ist: so viel Hebungen, so viel Versfüsse. Dadurch unterscheidet sich nun diese ältere germanische Form nicht nur wesentlich von der antiken, wo ein Versfuss mindestens zwei Silben haben muss, sondern auch von dem unter ihrem Einfluss ausgebildeten romanischen, neuhochdeutschen und neuenglischen Brauche, wo neben der für eine Verszeile relativ beliebigen Zahl von Hebungen auch eine im Ganzen ziemlich genaue Silbenzählung einherläuft, die in gleicher Weise auch die unbetonten Silben mit in Rechnung zieht und also den Versfuss wesentlich als aus dem Wechsel von Hebung und Senkung bestehend erscheinen lässt. Der antike Begriff der Versfüsse, der durch den Gegensatz von Länge und Kürze bestimmt wird, bedeutet daher für die germanische Metrik streng genommen nur einen analogen Kunstausdruck. Auch wurde schon darauf hingewiesen, dass in der modernen accentuierenden Poesie eigentlich Takt der richtigere Ausdruck sei.

Indess, da doch eine unbestreitbare Aehnlichkeit vorhanden ist zwischen den modernen accentuierenden und den antiken, quantitativen Versmassen, da ferner die Quantität ebenfalls eine wesentliche Rolle in jener spielt und da nie-

mand, der sich überhaupt um das Wesen der antiken und
modernen Verskunst bekümmert, durch die classischen Benennungen zu der Annahme verführt wird, dass die germanische, speciell die englische Verskunst wesentlich auf der
Quantität beruhe, so ist es zweckmässig, die seit langer Zeit
eingebürgerten und mit Beziehung auf die modernen metrischen Formen durchaus verständlichen und zweckmässigen
antiken Benennungen beizubehalten, oder sie wenigstens nicht
gänzlich auszuschliessen ¹).

§ 20. Sehen wir einstweilen von dem altgermanischen
Metrum ab, welches sich in eigenartiger Weise entwickelt
hat, so entsteht aus der Aufeinanderfolge der Hebungen und
Senkungen und der gegenseitigen Stellung derselben die nämliche Mannigfaltigkeit von Versfüssen oder Takten, wie aus
dem analogen Verhältniss von langen und kurzen Silben. Wie in
der antiken Poesie durch die Stellung der langen und kurzen
Silben vier Hauptversmasse bedingt sind, so auch in der
modernen Poesie durch die Stellung der betonten und unbetonten Silben. Hebung und Senkung entspricht dem antiken
Trochäus; Senkung, Hebung dem Jambus; Hebung, Senkung, Senkung dem Dactylus; Senkung, Senkung, Hebung
dem Anapäst; oder man kann, um es (mit Mayor) in eine ge-

---

1) Schwerlich wird m. E. die neue Bezeichnungsweise von Alex.
J. Ellis, die er in den Transactions der Philol. Society 1875—76 p.
442 vorschlägt, auf den Beifall der Fachgenossen rechnen können.
Ellis hat nämlich im Ganzen nicht weniger als 45 einzelne metrische
Bezeichnungen für die verschiedenen Variationen der Silben des fünf-
füssigen Jambus. Er unterscheidet zunächst, wie schon erwähnt wurde,
fünf Hauptfactoren, aus denen der Rhythmus des Verses besteht; das
sind: *Force, Length, Pitch, Weight, Silence*, und diesen Factoren kommen nach ihm je neun verschiedene Grade der ihnen innewohnenden
Eigenschaften zu, was also mit fünf multipliciert die Summe von 45
giebt. So kennt er für *Force*, also den Accent, folgende Eigenschaften:
*superstrong, strong, substrong; supermean, mean, submean; superweak,
weak, subweak*. Mit denselben Vorsilben combiniert er die Ausdrücke
long, medial, short, für *Length*; *high, middle low*, für *Pitch*; *heavy,
moderate, light*, für *Weight*; *great, medium, small*, für *Silence*. In der
Regel freilich genügen die drei Hauptabstufungen jedes Faktors, aber
weniger nicht. Das würde also immer noch die beträchtliche Anzahl
von fünfzehn verschiedenen Benennungen ergeben.

meinsame Formel zu fassen, die vier Hauptversmasse unterscheiden in auf- und absteigend zweisilbige und auf- und
absteigend dreisilbige Metra, das heisst in jambische, trochäische, anapästische, dactylische. Aehnlich sind nun noch
viele andere den antiken Rhythmen vergleichbare germanische Analogien zu bilden. Ueberall aber bildet der Versfuss
die Einheit. Und mögen wir ihn nun, wie in dieser Schrift
in der Regel geschieht, Takt oder wie Ellis will, Mass (*measure*) oder Versfuss nennen, jedenfalls bleibt dieser Factor
die unentbehrliche Basis aller Beschreibung und Vergleichung
von Versmassen.

Denn die Aufeinanderfolge einer begrenzten Anzahl von
Versfüssen oder Takten, mögen sie gleichartige oder ungleichartige sein, bilden eine Verszeile. Für die Zahl der Versfüsse,
die eine Verszeile ausmachen, ist kein festes Gesetz vorhanden.
Dieselbe muss in moderner Poesie mindestens aus einem und
wird in der Regel aus höchstens 8 bis 10 Versfüssen bestehen.
Jedenfalls darf die Verszeile nicht mehr Versfüsse umfassen, als
das Ohr ohne Mühe als ein Ganzes aufnehmen kann, oder
es muss, sobald dies Mass erreicht ist, eine Pause (Cäsur)
in der Verszeile eintreten, welche dieselbe in zwei (gewöhnlich gleiche) Glieder sondert, die wir nach Westphal mit
dem Ausdruck rhythmische Reihen bezeichnen. Darauf
beruht auch in der altgermanischen Metrik der Begriff der
Kurz- und Langzeilen, indem eine Langzeile aus zwei durch
die Cäsur getheilten Kurzzeilen besteht. Schwellen nun auch
diese wieder zu einem dem Ohr nicht mehr als Ganzes vernehmbaren Umfange an, oder sind sie unregelmässig in ihrer
Structur, so entsteht, wie schon früher hervorgehoben wurde,
aus einer solchen Aufeinanderfolge von zahlreichen Versfüssen,
sogenannte rhythmische Prosa, die ausserhalb des Bereiches
unserer Betrachtung liegt.

Kapitel 7.

Der Reim. Arten und Ursprung desselben.

§ 21. Ausser den bisher betrachteten zwei Hauptunter-
schieden zwischen den metrischen Formen · des Alterthums

und denjenigen der mittelalterlichen und neueren Poesie germanischer wie romanischer Völker, nämlich den Grundprincipien der Quantität einerseits und der Accentuation andererseits, welche den Rhythmus des Verses in erster Linie bestimmen, unterscheidet sich die letztere noch durch ein ganz
besonderes Kunstmittel, welches, wenn auch Spuren davon
schon in der Poesie der Alten nachweisbar sind, doch erst
in der Poesie des Mittelalters zur vollständigen bewussten,
künstlerischen Ausbildung gelangte und als ein integriren-
der Bestandtheil der poetischen Form angesehen wurde. Es
ist dies der Reim, der in der Poesie der modernen Völker
die doppelte Verwendung gefunden hat: als Schmuck des
Verses zu dienen und zugleich als Bindemittel der einzelnen Verse untereinander, als Band, welches sie zu einem
zusammengehörigen Ganzen verknüpft. Zu diesen beiden
Bestimmungen nun ist der Reim seinem innern Wesen nach
ganz besonders geeignet. Der Reim im weitesten Sinne besteht nämlich in dem Gleichklang zweier oder mehrerer
Laute, Silben oder Worte, und je nach dem hiermit schon
angedeuteten Umfang des Gleichklangs und nach der Stellung
desselben giebt es verschiedene Arten von Reim im weiteren
Sinne. Hinsichtlich der Stellung kann der Reim entweder
im Anlaut einer Silbe resp. eines Wortes ruhen, oder im
Inlaut, oder im In- und Auslaut gemeinsam. Bezüglich
der Ausdehnung kann er mehr oder weniger Laute und Silben umfassen. Aus diesen verschiedenen Möglichkeiten des
Gleichklangs gehen nun drei Hauptarten des Reimes
im weiteren Sinne hervor, nämlich die Alliteration, die
Assonanz und der Vollreim.

§ 22. 1) Die Alliteration, auch Anreim, oder
häufiger Stabreim genannt, ist die specifisch altgermanische
Reimart und zugleich die älteste in der Poesie der germanischen Völker. Uebrigens war dies Kunstmittel auch der
Poesie des classischen Alterthums nicht unbekannt, nur wurde
es in derselben nicht nach so festen Regeln, wie im Germanischen angewandt[1]). Die Alliteration besteht, wie schon der

1) Vergl. Loch, De alliteratione, Halle, 1876, Dissertation; ferner
Huemer, Untersuchungen über die ältesten lateinisch-christlichen Rhythmen p. 2, 3, 52. wo auch noch weitere Literaturangaben zu finden sind.

Name andeutet, im Gleichklang von anlautenden Buchstaben,
richtiger Lauten und dieser Gleichklang von Lauten tritt
in der Weise in der altgermanischen Poesie als Schmuck
und Bindemittel in Verbindung mit dem Accent als Grund-
gesetz auf, dass zwei Kurzzeilen oder Halbverse von je zwei
Hebungen dadurch zu einem rhythmischen Ganzen, zu einer
Langzeile verbunden werden, indem in dieser Langzeile
für gewöhnlich die höchstbetonten Silben der drei
ersten Wörter von den vieren, welche den Hauptton
der Zeile tragen, mit gleichen Buchstaben anfan-
gen. So steht also die Alliteration aufs engste mit dem inneren
Wesen der Poesie, mit der logischen Seite derselben in Zusammenhang und bildet in so fern einen Gegensatz zu dem
mehr äusseren, musikalischen Princip des Endreimes.

Diese durch gleichen Anlaut und den Hauptsinn, gewissermassen das Gewicht der Rede, gleichmässig hervortretenden Silben, von denen in der Regel zwei in der ersten
und einer in der zweiten Kurzzeile des Verses stehen,
heissen die Stäbe, auch Reimstäbe, Alliterationsstäbe oder
Stabreime; und zwar heisst der in der zweiten Kurzzeile
stehende einzige Stab der Hauptstab, während die beiden
andern in der ersten Kurzzeile stehenden in der Regel Stollen genannt werden. Für den Gleichklang der Laute ist zunächst im Allgemeinen zu beachten, dass die Consonanten
in strenger Beobachtung des Gleichklangs nur unter sich,
die Vocale und Diphtonge jedoch ohne Unterschied alle
unter einander alliterieren und gleichsam nur als ein Laut
angesehen werden. Das wird deutlicher veranschaulicht
werden durch folgende Verse, in denen die alliterierenden
Buchstaben fett gedruckt sind:

Sorgedon bâtwâ
Adam and **E**ve   and him **o**ft betwuh
gnornword **g**engdon;   **g**odes him ondrêdon etc. Gen. 765—767.

Ursprünglich war der Stabreim in gleicher Weise allen
germanischen Völkern eigen. In der althochdeutschen Poesie
kam er am frühesten ausser Gebrauch durch Otfried; in neuerer
Zeit sind von einzelnen Dichtern, wie Fouqué, Lappe, Rückert,
Wilhelm Jordan und Richard Wagner Versuche gemacht worden,
ihn wieder einzubürgern, die indess schwerlich viele Nachahmer

finden werden. In der angelsächsischen Poesie herrschte er
fast ausschliesslich und hielt sich in der englischen Literatur
bis in den Anfang des 16. Jahrhunderts. In der nahver-
wandten altsächsischen und in der altnordischen Sprache
war er gleichfalls einheimisch, und war so in der That ein
Charakteristicum für die altgermanische Poesie im Allgemeinen.

§ 23. In gleicher Weise war nun ein charakteristisches
Merkmal für die Poesie der romanischen Völker eine andere
Gattung des Reimes, die Assonanz oder der anklingende
Reim, auch Stimmreim genannt. Die Assonanz steht in so
fern im Gegensatz zur Alliteration, als sie ausschliesslich
vocalischer Natur ist und nicht im Anlaut, sondern im In-
laute der Wörter beruht, nämlich in dem Gleichklang oder
wenigstens in der nahen Verwandtschaft der anklingenden
Vocale. Die Consonanten kommen dabei nicht in Betracht.
Assoniren würden z. B. Wörter wie Hals, Kampf, Band;
meinen, breiten, zeigen; Finger, finster, giftig etc. Im
Deutschen ist indess diese Kunst nicht zur Ausbildung gekommen; desto üppiger blühte sie, wie schon gesagt, bei den
Romanen, zunächst in den kirchlichen Hymnen, wo sie sich
alsbald zum Endreim entwickelte (vergl. Huemer, Untersuchungen über die ältesten lateinisch-christlichen Rhythmen
p. 60), dann bei den Provençalen, namentlich aber bei den
Spaniern und den Franzosen. In der englischen Poesie
tritt sie nur sehr vereinzelt auf und eigentlich nur in der
Form unreiner Vollreime, nirgends in bewusster Weise künstlerisch durchgeführt. Solche Assonanzen finden sich ziemlich
oft in den zum Theil für den mündlichen Vortrag bestimmten altenglischen Romanzen z. B. im King Horn: *flete: wepe; brake:
gate; slepe: ymete* und andere. Das sind Fälle, wo aus Bequemlichkeit die ältere, leichtere Reimart beibehalten ist, statt
den beabsichtigten kunstvolleren Vollreim durchzuführen, der
in der englischen Poesie seit der Eroberung des Landes
durch die Normannen mehr und mehr bevorzugt wurde und
allmählig den Stabreim verdrängte.

§ 24. Die letzte Gattung nun, der Endreim oder
Vollreim, auch schlechtweg Reim genannt, beruht bekanntlich
in dem Gleichklang der Vocale und Consonanten der Schluss-

silbe oder -Silben eines Verses, vom Anlaut des Wortes, resp.
der Silbe an gerechnet, der verschieden sein muss, wenn
nicht sogenannter rührender Reim entstehen soll, welcher
völlige Gleichheit aller Buchstaben voraussetzt, bei verschiedener
Bedeutung des Wortes. Je nachdem der Reim einsilbig oder
mehrsilbig ist, werden namentlich zwei Arten, stumpfe oder
männliche und klingende oder weibliche Reime unterschieden.
Andere Unterabtheilungen oder Abarten werden später zu besprechen sein. Der Endreim ist namentlich ein Charakteristicum der gesammten modernen Poesie, und wenn auch
bei den Deutschen und Engländern der reimlose Vers ebenfalls
sehr beliebt ist, so ist er doch nur als ein späteres Kunster-
zeugniss anzusehen und nur für gewisse Dichtungsgattungen
gebräuchlich. Der Endreim hat entschieden die Oberherrschaft in der Dichtkunst.

§ 25. Der Ursprung des Reimes ist ein Gegenstand
lebhafter Controverse geworden. Es handelt sich dabei um
die Frage: Ist der Reim als die Erfindung irgend eines be-
sondern Volkes — wie man früher glaubte, des arabischen — anzusehen und von diesem dann den andern Völkern übermit-
telt worden, oder ist er eine Kunstform, die sich in der
poetischen Sprache der arischen Völker aus sich selbst
heraus bei den einzelnen Nationen entwickelte? Nach der
Ansicht der meisten und der hervorragendsten Gelehrten,
welche sich mit dieser Frage beschäftigt haben, ist die letztere Annahme die richtige Deutung seines Wesens und seiner
Entstehung [1]). Die Hauptstütze für diese Annahme bildet der
Umstand, dass sich Spuren des Reimes in grösserer oder geringerer Zahl und Ausdehnung in der ältesten Poesie fast
aller einigermassen civilisierten Völker des Occidents und
Orients nachweisen lassen. „Er ist etwas angeborenes, ur-
sprüngliches, allgemein menschliches, wie Poesie und Musik
und deshalb so wenig wie diese die ausschliessliche Erfin-

---

1) Vergl. Über die Lais, Sequenzen und Leiche von Ferd. Wolf,
Heidelberg 1841 p. 161 ff., wo weitere reiche Literatur; ferner Guest,
History of English Rhythms, vol. I. 116. C. F. Meyer, Historische Studien,
Mitau und Leipzig 1851. W. Grimm, Zur Geschichte des Reims,
Berlin 1852. p. 177 ff.

dung eines einzelnen Volks oder einer bestimmten Zeit".
(Meyer p. 4.) In der That ist das Vorkommen von Keimen
des Reims erwiesen sowohl in der Poesie der Griechen, bei
Homer, Äschylos, Sophokles, Aristophanes, als auch in der
Poesie der Römer, schon bei den alten lateinischen Dichtern; in
entwickelterer Gestalt tritt er dann auf in der späteren mittellateinischen Mönchspoesie. In der keltischen Sprache ferner
ist der Reim unerlässliches Merkmal der poetischen Form,
selbst in den ältesten uns erhaltenen Denkmälern, die, wenn
man den chronologischen Angaben der keltischen Alterthums-
forscher Glauben schenken darf, aus einer Zeit stammen,
bevor noch die Araber ihren Einfluss auf die west-europäi-
schen Völker geltend gemacht haben konnten.

Gerade die vorhin erwähnte lateinische Poesie aber
liefert einen interessanten Beleg dafür, dass der Reim ein
charakteristisches Kennzeichen für die volksthümliche Dichtung ist. Während mit den kunstvolleren griechischen Versmassen in dem goldenen Zeitalter der römischen Literatur
das System der Quantität in Geltung trat, hatten die in freien
Rhythmen geschriebenen versus Saturnii der ältesten Zeit
den volksthümlichen Schmuck des Gleichklangs jedenfalls in
der Form der Alliteration; und in der nachklassischen Zeit
tritt mit dem Verfall der quantitierenden Metra gerade
in den fürs Volk bestimmten Liedern der Reim wieder
mehr hervor. Derselbe wird dann als Bindemittel der Verse
in den mittelalterlichen lateinischen, in den Klöstern gepflegten und für die Kirchen, also für das Volk bestimmten Gesängen und Liedern zu einem so wesentlichen Bestandtheil der Poesie erhoben, dass „carmen rhythmicum",
ein gereimtes Gedicht bezeichnete und die späteren La-
tinisten das Wort rhythmus geradezu für Reim gebrauchten. Es hat sich nun daran die Frage angeknüpft, ob nicht
gerade die christlich-lateinische Poesie des Mittelalters, in
welcher der in der lateinischen Volkspoesie von jeher beliebte
Reim eine so ausgedehnte Pflege fand, die Uebermittlerin
desselben in die Poesie der modernen Völker gewesen sei.
Diese Ansicht hat namentlich W. Wackernagel vertreten
(Geschichte der deutschen Nationalliteratur § 30), der es für
unzweifelhaft erklärt, dass z. B. Otfried den Reim aus den

lateinischen Gedichten kennen gelernt und zuerst angewandt
habe. — Indess hat doch wahrscheinlich gerade das umgekehrte Verhältniss in dem Hergang der ganzen Entwickelung
stattgefunden : Gerade unter der Einwirkung der durch Accent
und Reim getragenen Volksgesänge der unter den Einfluss
der christlich-lateinischen Cultur tretenden europäischen
Nationen wird auch in der lateinischen Mönchspoesie des
Mittelalters der Reim populär geworden sein. Man wird es
zweckmässig gefunden haben, die christlichen Gesänge in
volksthümliche Formen einzukleiden, um auf diese Weise
der neuen Lehre leichter und bereitwilliger Aufnahme und
Pflege zu verschaffen. So hat auch Otfried, weil sein Gedicht bestimmt war, „die anstössigen und unnützen Volkslieder zu verdrängen", die volksmässige Form, die er freilich
mit künstlerischem Bewusstsein ausbildete, gewählt und wählen müssen, und eben daraus wird es wahrscheinlich, dass
der Reim auch in der althochdeutschen Dichtung schon lange
vor Otfried populär war, wenn er auch in den uns erhaltenen,
geringen Resten derselben vor seiner Zeit nur vereinzelt
nachgewiesen werden kann, so z. B. im Hildebrandsliede, im
Wessobrunner Gebet, im Muspilli, im altsächsischen Heliand
(vergl. Meyer p. 9—15). W. Grimm bemerkt in seiner Widerlegung jener Behauptung Wackernagels, dass Otfried den
Reim aus den lateinischen Gedichten seiner Zeit in seine
deutsche Evangelienharmonie übertragen habe, mit Recht: „Es
ist nicht glaublich, dass die alliteration plötzlich verschwunden und ebenso plötzlich der reim als gegensatz aufgekom-
men sei: das wäre der natürlichen entwicklung ganz entgegen gewesen. allmählich ist er vorgedrungen, erst in ungenauer form als blosse assonanz, bis er die oberhand und
durch grössere genauigkeit auch grössere macht erhielt."
Für diese letztere Behauptung, die allmähliche Entwickelung
des Reimes aus der Assonanz, bietet bekanntlich die Poesie
der romanischen Völker den besten Beleg, wie sie denn bei
den Provençalen sehr früh, bei den Nordfranzosen etwas
später, aber desto deutlicher nachweisbar, eintrat. Die Poesie
der nordgermanischen Völker andererseits gewährt zahlreiche
Belege von dem frühen Vorkommen des Reimes neben der
Alliteration, wie Meyer a. a. O. nicht nur mit Beispielen aus

der Edda, sondern auch aus verschiedenen angelsächsischen
Gedichten, so aus dem alten volksthümlichen, auf vorchrist-
lichen, continentalen Ueberlieferungen fussenden Epos Beowulf, wie aus späteren christlichen Dichtungen, so aus dem
Cædmon, aus Andreas, Elene nachgewiesen hat.

Ja, in einem Gedicht des zehnten Jahrhunderts, dem
sogenannten Rhyming Poem des Codex Exoniensis, erscheint
der Reim neben der Alliteration vollständig durchgeführt
und ausgebildet. Wir haben darin das deutliche Merkmal
zu erkennen eines neu aufstrebenden, mit Entschiedenheit
sich geltend machenden Bedürfnisses nach anderweitiger,
festerer Gliederung der poetischen Form, als sie die Alliteration gewährte, einen Hinweis auf den Entwickelungsgang,
den die englische Verskunst, ähnlich wie die deutsche auch
ohne das Hinzutreten und Eindringen des romanischen Elements genommen haben würde, wenn auch vermuthlich in
noch langsamerem Ausgleich der Gegensätze, als thatsächlich
der Fall war. „Die alliteration, sagt W. Grimm a. a. O., war
an sich zarter und edler, weil sie eine feinere empfänglichkeit des ohrs voraussetzte, durch den anschluss an die hebung der metrischen bewegung sich anschmiegte und durch
freiere stellung und häufigere wiederkehr minder reizte. eben
darin lag der grund, warum sie untergieng: man bedurfte
eines stärker wirkenden gleichlauts, der zugleich durch die
unveränderliche stellung am schluss der zeile die aufmerk-
samkeit stärker anregte". In dem Umstande nun, dass man
schon in so früher Zeit dieses stärkern Bindemittels, des
Endreims, neben der alsdann mehr zum Schmuck
des Verses noch beibehaltenen Alliteration sich bediente, und dass man diese Combination mit besonderer Vorliebe in der, romanischen Einflüssen mehr ausgesetzten, südlichen Hälfte der Insel verwerthete, liegt vielleicht der
Grund, dass, in nationalem Gegensatz dazu in der mehr germanischen, nördlichen Hälfte der Insel die Alliteration auch als alleiniger Träger der poetischen Form,
wenn auch in etwas modificierter, künstlerisch mehr ausge-
bildeter, oder vielmehr überbildeter Gestalt in der englischen
Poesie so lange — bis ins 16. Jahrhundert hinein — populär

blieb und ihre Nachwirkungen noch bis auf den heutigen Tag wahrnehmbar sind.

Der Endreim hat vor allem, wie aus der vorhin citierten Bemerkung W. Grimms klar wurde, neben seiner Bedeutung als musikalischer Schmuck der Poesie zu dienen noch die seinem eigensten Wesen innewohnende Bestimmung als Bindemittel verwerthet zu werden für die einzelnen Verse unter einander. Mit dieser Function des Reims nun, mit der dadurch herbeigeführten Verknüpfung zweier Verse zu Reimpaaren und mehrerer solcher Reimpaare, oder auch in grösserer Zahl durch den Reim verbundener Verszeilen zu einem grösseren Ganzen hängt in der neueren Metrik die Strophenbildung zusammen, deren nähere Besprechung besser einem späteren Abschnitt vorbehalten bleibt. Der Begriff der Strophe ist zwar der altnordischen Poesie eigen, aber der angelsächsischen alliterierenden Verskunst fremd [1]), mit deren Wesen wir uns nun zunächst eingehender beschäftigen müssen.

---

1) Nicht ganz; vergl. das Gedicht „Deórs Klage" mit dem Refrain: þæs ofereode, þisses swâ mæg. (Codex Exon. ed. Thorpe, pag. 377—379; Grein, Bibliothek der angels. Poesie I, pag. 249—250.), und Müllenhoffs Herstellungsversuch in Haupts Zs. XI, 272; dazu XII, 261, Anm.; ferner Müllenhoff, De carmine Wessofontano, Berlin, 1861. p. 17.

II. Abschnitt.

Die angelsächsische Zeit.

Kapitel 1.
Die alliterierende Langzeile während der Blüthezeit der angelsächsischen Dichtung.

§ 26. Allgemeines. Dass die Alliteration die erste und frühste Reimart gewesen sei bei den Angelsachsen, ist zwar nicht mit völliger Gewissheit, aber doch mit grosser Wahrscheinlichkeit anzunehmen, und zwar aus den uns überlieferten sagenhaften Geschlechtsnamen, wie Scyld und Sceaf, Hengist und Horsa, Fin und Folcwald, die in ähnlicher Weise alliterieren, wie die Geschlechtsnamen anderer germanischen Stämme, z. B. diejenigen der drei Söhne des Mannus: Ingo, Isto, Irmino; (vgl. Tacitus Germ. 2). Ausserdem tritt uns als erste ausgebildete Versart in den ältesten Denkmälern ags. Poesie, nämlich in dem kurzen Bruchstück des Cædmonschen Hymnus im More Ms. der Cambridger Universitäts-Bibliothek und in der Inschrift des Ruthwell'schen Kreuzes die alliterierende Langzeile entgegen, welche mit Ausnahme des schon erwähnten, im Codex Exoniensis überlieferten Rhyming Poem und einiger ähnlichen noch kürzeren aber nicht minder wichtigen Proben alliterierender mit Endreim combinierter Verse in der ganzen, reichhaltigen poetischen Literatur der Angelsachsen, soweit wir von derselben Kunde haben, auch die herrschende Versform geblieben ist. Die angelsächsische Poesie, deren Denkmäler im Folgenden als bekannt vorausgesetzt werden müssen[1]), bietet daher im

---

1) Die Abkürzungen, womit dieselben citiert werden, sind in der Regel die nämlichen, wie in Greins Bibliothek der angelsächsischen Poesie. 4 Bände. Göttingen 1857—1864. 8°.

Verein mit der altnordischen Poesie und dem altsächsischen
Heliand das wichtigste Material für das Studium der alliterierenden Verskunst bei den deutschen Stämmen, während
aus der althochdeutschen Poesie uns nur sehr geringe Reste
alliterierender Dichtung erhalten geblieben sind.

Trotzdem hat man gerade diese verhältnissmässig dürftigen Reste zur Grundlage gemacht für ein allgemeines System der alten alliterierenden deutschen Verskunst. Nachdem
Lachmann für die alliterierenden Verse des Hildebrandslie-
des das metrische Schema Otfrieds, also die aus zwei durch
den Reim verbundenen Vershälften bestehende Langzeile mit
vier Hebungen (zwei hochtonigen und zwei tieftonigen) in
jeder Halbzeile zum Princip erhoben hatte, wurde dasselbe
später von seinen Anhängern und Nachfolgern auch auf die
altsächsische und angelsächsische Poesie ausgedehnt, so von
Amelung im dritten Jahrgang von Höpfners und Zachers
Zeitschrift p. 253—305, betreffs des Helands, und von Schu-
bert in einer Abhandlung: De Anglosaxonum re metrica. Be-
rol. 1870. Zwei Jahre später hat indess F. Vetter die Unmöglichkeit der Vierhebungstheorie mit Erfolg dargethan und
begründet in seiner Göttinger Dissertation: Ueber die germanische Alliterationspoesie, Wien 1872, sowie in seiner
Schrift: Zum Muspilli und zur germanischen Alliterationspoesie, Wien, 1872. Im Anschluss daran haben dann K. Hil-
debrand in seinem Aufsatz „Ueber die Verstheilung der Edda“,
Ergänzungsband von Höpfners und Zachers Zeitschrift p.
74—139 die Prinzipien der altnordischen, ferner Max Rieger
in seiner vortrefflichen Arbeit „Die Alt- und Angelsächsische
Verskunst“ [1]) im siebenten Bande derselben Zeitschrift diejenigen der angelsächsischen Alliterationspoesie dargelegt. —

§ 27. Wortbetonung. Bevor wir auf den Bau der
angelsächsischen alliterierenden Langzeile und den wesentlichsten Bestandtheil derselben, die Reimstäbe und ihre Stellung näher eingehen, sind zunächst die Hauptgesetze der

---

1) Diese auch als Separatabdruck (Halle, Buchhandlung des Wai-
senhauses, 1876) erschienene Abhandlung liegt der folgenden Darstellung von § 28—33 im Wesentlichen zu Grunde und ist für ein einge-
henderes Studium des Gegenstandes überall zu vergleichen.

germanischen resp. angelsächsischen Wortbetonung in Kürze
zu recapitulieren[1]).

A. Für das einfache mehrsilbige Wort ist die
Regel als das feststehende Gesetz anzusehen, dass der
Stamm des Worts den Hauptton hat vor der Flexions- und
der Bildungssilbe, welcher der Nebenton zukommt z. B.:
ædelinges (gen. sg.), *heófonà* (gen. pl.), *mácodè* (pf. sg.). — Im
Rhythmus des alliterierenden Verses kann für gewöhnlich nur
jene höchstbetonte Silbe den Stabreim tragen, wogegen dies den
minder betonten Silben, die alsdann, einerlei, welcher Tonstufe
sie angehören, in der Senkung stehen, nur selten gestattet ist:
    e*allum* *ædelingum* tô *aldorceare* Bw. 905.

B. In dem zusammengesetzten Wort (abgesehen
von den Partikel-Compositionen) liegt der Hauptton auf dem
ersten Wort, „welches specialisierend zu dem zweiten generellen
hinzutritt", z. B.: *wuldorcÿning*, *heáhsètl*, *sódfæst*. — Trägt daher nur das Wort als Ganzes den Stabreim, so muss nothwendig der erste Bestandtheil des Compositums alliterieren:
    wi*tig* w*uldorcyning* w*orlde and heofona* Dan. 427.

Doch kann es in kürzeren Halbversen vorkommen, dass
gleichfalls der mit dem Tiefton versehene zweite Theil des
Compositums eine Hebung des Verses bildet, z. B.:
    on *heáhsétle* heó*fones wáldend* Cri 555.

und sogar bei einer besonderen Art des Stabreims (vgl. § 28),
dass er alliteriert, wie z. B. in dem ersten Verse des Beowulf:
    Hwæt! we Gârdena in geárdagum.

Ja, selbst tieftonige Bildungs- und Beugungssilben können
unter Umständen in die Hebung treten, wovon später (§ 32)
die Rede sein wird.

C. Abweichend von jenen beiden Hauptgesetzen verhält sich die Partikel-Composition in verschiedenen
Punkten, die hier nicht übergangen werden dürfen.

Zunächst ist zu beachten, ob die Composition adver-
bialer oder präpositionaler Natur ist. Die vor dem Nomen
stehende, von diesem abhängige Präposition verhärtet näm-

---

1) Vergl. für eine ausführliche Darstellung derselben die „Historische Grammatik der englischen Sprache" von C. Friedrich Koch. Wei-
mar 1863. Bd. I, p. 149—170.

lich mit demselben zu einem Begriff, wobei das Nomen den Ton trägt, wie in *ætsómne* (zusammen), *onwég, áwég* (weg), *ofdúne* (hinab), *ætgǽdere* (zusammen), *tôníhte* (nachts), *tôdǽge* (heute), *onmíddum* (mitten), etc. z. B.:

> *sí d ætsómne, þâ gesúndrod wǽs* Gen. 162.
> *gebâd wíntra wórn êr he onwég hwúrfe* Bw. 264.
> *giógoð ætgǽdere, þǽr se gôda sǽt* ib. 1190.

Anders verhält es sich betreffs der adverbialen Composition der Partikel mit dem Verbum, und dessen Ableitungen, da einige Partikel alliterieren, andere nicht alliterieren, noch andere endlich schwankend behandelt werden, je nachdem die ursprünglich selbstständig neben dem Verbum stehende Partikel, weil sie den allgemeinen Begriff specialisiert, trotz der erfolgten Anlehnung an das Wort noch den stärkeren Ton hat (womit in der Regel auch die Trennbarkeit verbunden ist), — oder aber schon mit demselben zu einem einfachen Begriff zusammengeflossen, gewöhnlich auch untrennbar geworden ist und mit der specielleren Bedeutung auch den Ton verloren hat, — oder endlich sich noch auf dem Wege zwischen diesen beiden äussersten Punkten der Entwickelung befindet.

Allitericrend sind nach Koch I, 156: *and, æfter, eft, ed, fore, forð, from, hider, in, hin, mid, mis, niðer, ongean, or, up, ût, efne*; z. B.:

> *on andswarc and on elne strong* Gû. 264.
> *Hire þâ Adam andswarode* Gen. 827.
> *gif he me æfterweard ealles weorðeð* Ræ. XVI, 14.
> *ædelíc ingong: eal wæs gebunden* Cri. 308.
> *and eác þâra yfela orsorh wunað* Met. VII, 43.
> *ic æt efenealdum êfre ne mêtte* An. 553.

Nicht allitericrend sind: *â, ge, for, geond, ôð*, z. B.

> *áhôn and áhebban on heáhne beám* Jul. 228.
> *Hæfde þâ gefohten foremǽrne blǽd* Jud. 122.
> *brondê forbærnan ne on bǽl hladan* Bw. 2126.
> *Swâ ic geondfêrde fela fremdra londa* Wîd. 50.
> *Âlýs me and ôðlǽd me lâðrum wætrum* Ps. CXLIII, 12.

Schwankend verhalten sich *æt, an, bî, big, bi, be, of, ofer, on, tô, under, þurh, wið, wider, ymb.* Auf diese ist es nöthig, etwas näher einzugehen.

I. æt steht a) in Verbindung mit Verben und Partikeln unbetont, weil nicht alliterierend, z. B.:

> and me frécne ætfealh fyrhtu helle Ps. CXIV, 3.
> folmum ætfeohtan, sum on féde lif Wy. 18.
> þâ he ætforan his freán feohtan sceolde By. 16.

b) in Verbindung mit Substantiven und Adjectiven ist es betont und alliteriert:

> þæt hy môtan his ætwiste eágum brúcan Cri. 392.
> onsýn and ætwist yldran hâdes Gû. 471.
> þér him aglæca ætgrápe weard Bw. 1269.

II. on und dessen Nebenform an ist verschiedenen Ursprungs:
a) gotischem ana entsprechend ist es stets alliterierend:

> earmra anbid: êdelleáse Exod. 533.
> âtol is þin onseón, habbad we ealle swâ Sat. 61.

b) als Schwächung von and alliteriert es nicht:

> is nu onbærned biter þin yrre Ps. LXXVIII, 5.
> ne willad eów ondrædan deáde fédan Exod. 266.

III. a) bî, big in der Bedeutung bei alliteriert:

> bâd bisáce betran hyrdes Gû. 188.
> bearwes bigenga þæt he þér brúcan mót Ph. 148.
> and begen þâ beornas þe him bigstôdon By. 182.

Eine Ausnahme scheint zu bilden Gen. 284.

> Bigstandad me strange geneátas, þâ ne willád me æt þâm
> stride geswican.

b) bi, be in Verbalcomposition, deutschem be-- entsprechend, alliteriert nicht:

> ne in þâ ceastre becuman meahte An. 931.
> dreámê bidrorene deáde bifolene Gû. 598.

IV. a) of, auch in der älteren Form æf alliteriert vor dem Nomen stehend:

> ealde æfþoncan. Assiria weard Jud. 265.
> ongan æfþancum âgendfreán Gen. 2237.
> scýft on ofdæle uncûdne wæg Met. XIII, 58.
> gif him ænig þâra ofhende wyrd Met. XXV, 34.

b) in Verbalcomposition alliteriert es nicht:

> and ofsnidan swâ he swîdost mæge Met. XXVII, 33.
> ofsæt þâ þone selegyst and hyre seax geteáh Bw. 1545.

V. a) **ofer** alliteriert in Nominalcomposition:

âna on ofcrhyd   ofer **ealle** men Dan. 615.

æsc byd oferheáh,   eldum dŷre Rûn. 26.

b) In Verbalcomposition alliteriert es nicht:

forð oferfóron   folcmæro land Gen. 1801.

ofercom mid þŷ campe   cneómâga fela Exod. 21.

VI. a) **tô** alliteriert in der Bedeutung *zu* in Verbalcomposition:

tâcna gecŷdde   þær hie tô-sêgon An. 711.

b) es alliteriert nicht in der häufigeren Bedeutung *zer* (*dis*):

þæt seó byrne tôbærst.   He wæs on breóstum wund By. 144.

Wæs þæt beorhte bold   tôbrocen swîðe Bw. 997.

VII. **un** ist in der Regel betont und alliterierend, doch keineswegs immer. Zuweilen schwankt es in ein und demselben Worte z. B. in *unclǽne*:

yfel unclǽne,   gif he hit ânum gescgd Cri. 1310.

and fram unclǽnum   oft generede El. 301.

seó unclǽne gecynd   cearum sorgende Cri. 1017.

Freilich ist dies der einzige Fall, wo das Wort scheinbar (nicht mit Nothwendigkeit) so zu betonen ist. Unbetont ist *un* öfters in mehrfacher Composition, so in

unâsecgendlîc,   þone sylf ne mæg El. 466.

wunað ungewyrded,   þenden woruld stonded Ph. 181.

ungewemdê wlitê: næs hyre wlôh ne hrægl Jul. 590.

Doch ist es in ähnlichen Zusammensetzungen auch betont:

he cwæð þætte æghwilc   ungemyndig Met. XXII, 55.

ungesǽlige men   hine ær willað Met. XXVII, 18.

Greins Glossar bietet hier reiches Material, aus welchem es aber doch schwer ist, ein bestimmtes Gesetz abzuleiten. In manchen Fällen wird die Betonung lediglich durch rhythmische Gründe bestimmt worden sein.

VIII. **under** ist a) betont und alliteriert in Nominalcomposition:

ealra gesceafta   under-niðemest Met. XX, 135.

understaðolfæste   ealneg wênað Met. XXVIII, 69.

b) in Verbalcomposition kommt es betont und unbetont vor:

þe he hine eallunga   under þiodde Met. XXV, 66.

helle underhnîge   heofonas oferstîge Rä. LXVII, 6.

IX. **þurh** scheint sowohl in Nominal-, wie Verbalcomposition stets unbetont zu sein und nicht zu alliterieren:
hleódrede hâlig, þurhhâtne líg Az. 2.
wylm þurhwôdon, swá him wiht ne sceôd Dan. 464.
Nur Ps. XC, 6. steht es neben der Stammsilbe alliterierend:
þæt þe þuruhgangan gâras on þeóstrum.

X. a) **wið** alliteriert in Nominalcomposition:
wiðsteall geworht: ic þæs wealles geat Jul. 401.
Ferner auch in Verbalcomposition mit der Bedeutung *re*:
Hyre se wræcmæcga wiðþingade Jul. 260, 429.
b) dagegen alliteriert es nicht in der Bedeutung *contra*:
Næfre wiðdrifeð drihten úre Ps. XCIII, 13.
wiðhæfde headodeórum, þæt he on hrusan ne feól Bw. 772.

XI. a) **wider** alliteriert in Nominalcomposition :
þær wearð wicingum widerleán âgyfen By. 116.
wôde widerhydig weán onblondon An. 675.
b) in Verbalcomposition verhält es sich schwankend:
widerhycgende and þæt word gecwæð An. 1174.
Hwæt mæg me widerhabban on heofonríce Ps. LXXII, 20.

XII. a) **ymb, ymbe** alliteriert in Verbindung mit Substantiven:
óð þæt he þone ymbhwyrft alne cunne Sat. 702.
ymbesittendra ânig þâra Bw. 2734.
b) in Verbalcomposition alliteriert es nicht:
þû ymbsealde synt mid syxum eác El. 742.
symbel ymbsæton sægrunde neáh Bw. 564.
Eine Ausnahme findet sich Sat. 7.
Deópne ydmyd clêne ymbhealdeð.

D. Es ist noch die eigentliche Partikelcomposition zu erwähnen, in welcher dem allgemeinen Gesetz entsprechend die stärkere Bedeutung den Ton fest hält. Es sind hauptsächlich drei Fälle derselben zu sondern.

I. Wenn vor eine Präposition (Adverb) eine der folgenden Präpositionen **be, on, tô, þurh, wið**, tritt, so bleiben dieselben tonlos, da sie den Begriff der zweiten Hauptpartikel nicht wesentlich alterieren. Derartige Compositionen sind: *be-æftan, be-fóran, be-geóndan, be-hindan, be-innan, be-neóðan, b-úfan, b-útan, on-úfan, on-úppan, tô-fóran, wið-innan, wið-útan*, (nach Koch tritt *wið* auch vor *aftan, foran, neodan*), *under-neóđan.* Die zweite Partikel des Compositums kann also nur den Stabreim tragen:

Ile feúra sum   beforan gengde Bw. 1412.

ne þe behindan nu lǽt,   þonne þu heonan cyrre Cri. 155.

Die meisten derselben scheinen übrigens in der Poesie gar nicht vorzukommen.

II. þǽr in Verbindung mit Präpositionen ist unbetont, wie die in Greins Glossar zusammengestellten (übrigens von ihm nicht als Composita gedruckten) Fälle erkennen lassen. Die Präposition trägt den Stabreim:

Swâ he þǽr-inne   andlangne dæg Bw. 2115.

þe þǽr-on sindon,   êce dryhten Hy. IV, 3.

III. **weard** in Composition ist unbetont wie in *æfter-weard,   fore-weard, hindan-weard, niđe-weard, ufe-weard* etc.:

gif he me æfterweard   ealles weordeđ Rä. XVI, 14.

hwit hindanweard   and se hals grêne Ph. 298, 299.

niođoweard and ufeweard,   and þæt nebb lixeđ.

Auch hier hat also das specialisierende Wort den Ton.

§ 28. Der alliterierende Vers und seine Reimstäbe. Der regelmässige alliterierende Langvers besteht, wie § 22 bemerkt wurde, aus zwei durch den Stabreim verbundenen Gliedern oder Halbversen von je zwei [1])

---

1) Vgl. Vetter, Zum Muspilli p. 26 ff., sowie betreffs seiner Widerlegung der Vierhebungstheorie p. 3—25 desselben Buches. — Die wichtigsten der von ihm hinsichtlich des Angelsächsischen geltend gemachten Gründe sind die, dass bei der unnatürlich grossen Ausdehnung, welche der Hebungsfähigkeit der Silben eingeräumt wird, wonach fast alle Silben mit wenigen Ausnahmen (s. p. 15) hebungsfähig sind,

a) eine Anzahl von Versen mittelst Anwendung solcher Betonungsgesetze entschieden mehr, als die nach jener Annahme gestattete Zahl von vier Hebungen im Halbverse aufweisen, z. B. *weóx únđer wólcnùm* Bw. 8, *þá'ra ýmbsìttèndrà* Bw. 9, und viele andere;

b) dass andererseits eine Anzahl von Versen selbst nach jenen Betonungsregeln nicht die nöthige Zahl von Hebungen enthalten und daher in solchen Fällen, wie z. B. *egsode eorl* Bw. 6 (wo die letzte Silbe des ersten Wortes hebungsunfähig sein müsste), entweder eine Aenderung des Textes vorgenommen werden oder trotz des im Princip geltenden Gesetzes von vier Hebungen das Vorkommen von Halbversen mit drei Hebungen, ja selbst mit der als unentbehrlich bezeichneten

Hebungen. Dieselben werden getragen von den sogenannten Stäben oder Stabsilben, d. h. den Stammsilben, resp. den höchstbetonten Silben der zwei Stabwörter, welche jeder Halbvers bei frei gegebener Anzahl minder betonter Silben und Wörter enthält. Stabwörter sind diejenigen Wörter, „denen ihr grammatischer Werth und zugleich der Zusammenhang der Rede einen stärkeren Accent verleiht", als den übrigen Wörtern und Silben des Verses, welche alle, gleichviel ob hochtonig oder minder betont, in der Senkung stehen, d. h. alle, wenn auch unter einander an Tonstärke verschieden, doch im Verhältniss zu jenen unaccentuiert sind. Die Vertheilung der dem Langverse für gewöhnlich zukommenden drei Reimstäbe ist in der Regel die, dass im zweiten Halbverse nur einer, der sogenannte Hauptstab steht, und zwar stets an bestimmter Stelle, nämlich in der ersten Hebung, die beiden andern Reimstäbe aber, die sogenannten Stollen, auf die zwei Hebungen des ersten Halbverses fallen:

Anzahl von zwei Hebungen zugestanden oder endlich sogenannte „unverwirklichte", durch Pausen ausgefüllte Hebungen angenommen werden müssen;

c) dass solche oftmals vorkommende Halbverse, die nur aus vier Silben bestehen, wie *randwiggendra* Jud. 188 bei Anwendung der Vierhebungstheorie gar keinen Rhythmus mehr erkennen lassen, so dass auch eine Hervorhebung desselben durch den recitativmässigen Gesang des Vortragenden und die auf die Accente fallenden Saitenaccorde der musicalischen Begleitung nicht denkbar ist;

d) dass ein angelsächsischer Dichter selber, der Verfasser des Phoenix, die zwei Hebungen des Halbverses bezeugt, indem er zum Schluss seines Gedichts Langverse bildet, bestehend aus einem ersten, in angelsächsischer Sprache und einem zweiten, durch die Alliteration damit verbundenen, in lateinischer Sprache geschriebenen Halbvers von entschieden nur zwei Hebungen. Die Stelle lautet:

Háfað us âlýfed *lúcis aúctor*,   â'gan cardinga *álmœ lœtitiœ*,
þæt we mô'tun hér *méréri*   brû'can blœ̂ddaga *blándem et mitem*
gô'd dâ̂dum begiétan *gaúdia in célo*,   gescón sigora frean *sine fine*
þæ̂r we mô'tun *máxima régna*   and him lóf singan *laúde perénne*
sécan and gesittan, *sédibus áltis*   eádge mid énglum. *A'llelúia!*
lifgan in lísse *lúcis et pácis*,

Mit dieser Auffassung vom Wesen des alliterierenden Verses stimmen auch die englischen Metriker Guest, Skeat u. A. überein.

Scolfe he gesette sunnan and *mônan* Sat. 4.

Ufan and ûtan him *wæs æghwær wâ* Sat. 342.

Indess eine häufig vorkommende einfachere Art der Alliteration ist die, dass auch im ersten Halbvers nur ein Stabreim steht, der sowohl in der ersten, als auch in der zweiten Hebung auftreten darf. Vergl. z. B. die Anfangsverse des Cædmon, Gen. 1—4:

> *Us is riht micel,* þæt we *rodera weard,*
> wereda wuldorcining wordum *hêrigen,*
> môdum lufien: he is mægna spêd,
> heáfod ealra heáhgesceafta.

Die Verse 1, 3, 4 haben hier im ersten Halbvers nur einen Reimstab und zwar in der ersten Hebung. In zweiter Hebung steht er in den Versen:

> *Hi hyne þâ ætbæron* tô brimes faroðe Bw. 28.
> *Hæfde se ealwalda* engelcynna Gen. 246.

Eine andere ziemlich oft vorkommende Variation in der Stellung der Reimstäbe ist die, dass auch die zweite Hebung des zweiten Halbverses am Stabreim theilnehmen darf, doch nie so, dass die zwei Hebungen des zweiten Halbverses unter sich reimen, sondern nur mittelst eines zweiten Stabreims, dem die eine Hebung des ersten Halbverses entspricht, und zwar darf es nur diejenige Hebung sein, welche die minder betonte ist, während der Hauptstab stets mit der höher betonten Hebung des ersten Halbverses reimen muss:

> *Hwæt! we Gârdena* in geârdagum Bw. 1.
> **Scyldes** eaferan Scedelandum in Bw. 19.

In der Regel ist das Schema des Reimes *abab*, da gewöhnlich die erste Hebung des ersten Halbverses die höchstbetonte ist; seltener *abba*:

> ac he hyne gewyrpte þeáh þe him wund hrine Bw. 2976.
> þâ wæron monige þe his mæg wridon Bw. 2982.

Anderweitige Abweichungen von dem Gesetz des Hauptstabes beruhen nach Rieger entweder auf Verderbtheit des Textes oder sind als Kennzeichen einer gesunkenen Poesie anzusehen. Es kommen drei Arten vor:

1) Statt der ersten alliteriert die zweite Hebung des zweiten Halbverses:

lástas legde, óđđæt he gelǽdde Gen. 2536.

wuldortorht *ymb* **wucan** *þæs þe hine on woruld* Gen. 2769.
Auch aus dem Cod. Exon. und andern ags. Dichtungen führt
Rieger eine beträchtliche Anzahl derartiger Fälle an; vgl.
auch Jud. 122, 127, 134, 140, 143, 159 etc.

2) Die zwei Hebungen des zweiten Halbverses alliterieren mit einer der ersten, was indess seltener, obwohl auch
in einer Anzahl von Dichtungen vorkommt, z. B.

â *tô worulde,* â *buton ende* Sat. 315.

me sendon tô þe sǽmen snelle Byrhtn. 29.

3) Alle 4 Hebungen des Verses alliterieren zusammen, z. B.:

engla ordfruma und *tô þam ǽđelan* Sat. 239.

Godrine and Godwîg, *gûđe ne gŷmdon* Byrhtn. 192.
Iu manchen andern von Rieger beigebrachten Beispielen ist
indess, wie er bemerkt, die Betonung zweifelhaft, so dass
dieselben auch unter die erste und zweite Anomalie fallen
können.

In der altnordischen Alliteration herrscht eine Beschränkung, nämlich die, dass bei consonantischem Anlaute der
Reimstäbe derselbe Consonant nicht im Anlaute anderer Silben des Verses stehen darf. Diese Beschränkung ist der ags.
Poesie unbekannt; vgl. die Halbverse:

ne hie hûru heofena helm Beow. 182.

bǽron brandas on bryne Dan. 246,

geseoh nu seolfes swǽđe Andr. 1443.
Also die Theilnahme der Senkung am Stabreime ist hier nur
eine scheinbare, durchaus unbeabsichtigte und ist auch den
Hörern gewiss ebenso wenig, als dem Dichter aufgefallen.
Auch die manchmal vorkommende Alliteration der Senkung
mit einer reimlosen Hebung ist stets ganz unbeabsichtigt, z. B.:

þæt fram hâm gefrægn Higelâces þegn Bw. 194.

beadoweorces; hwîlum on beorh æthwearf ib. 2299.
Zuweilen kommen auch Verse vor, denen die Verbindung
durch den Stabreim gänzlich fehlt, namentlich öfters in den
Psalmen, z. B.:

he helpeđ þearfan, swylce eác wædlan Ps. LXXI, 13.

and he þearfigendra sâwla gehǽleđ.
Das ist aber eine Freiheit, die sich nur ein so sorgloser,
später Dichter, wie der Uebersetzer der Psalmen zu Schulden

kommen lässt, und die in guter Poesie nicht gestattet ist. Zuweilen indess kommt es vor, wie Rieger beobachtet hat, dass in solchen vereinzelten Fällen, wo der Endreim sich eingeschlichen hat, diesem allein die Bindung des Verses überlassen wird, z. B.:

Mid þŷ heardestan   and mid þŷ scearpestan Rœts. XXIX, 2.
Æfre embe stunde   he scalde sume wunde Byrhtn. 271.

Doch derartige Fälle sind nur eine verhältnissmässig seltene Ausnahme von der allgemeinen Regel und treten erst in späterer Zeit, wie wir sehen werden, häufiger auf, so namentlich in den Versen des Chronisten zum Jahre 1036, wo sie fast zum Princip erhoben, werden.

§ 29. Die Qualität des Stabreims. Das erste Erforderniss für den Stabreim, der nur auf dem Gleichklang des Anlautes und nicht, wie der Endreim, auf dem Gleichklang einer Combination von Lauten beruht, ist Genauigkeit. Dem steht die Alliteration der Vocale unter sich keineswegs entgegen, da es hier nur der spiritus lenis ist, welcher reimt. Wo ein Vocal scheinbar mit einem spiritus asper reimt, liegt nach Riegers Ansicht sicher ein Fehler vor, wie z. B.:

oretmecgas   æfter hæledum frægn Beow. 332

den schon Grein durch Änderung von *hæledum* in *ædelum* beseitigt hat. Ähnliche Fälle führt Rieger noch mehrere an (p. 16). Das dürfte aber doch wohl etwas zu weit gegangen sein. Es finden sich z. B. solche Alliterationen, freilich nur bei einem fremden Eigennamen, in den ganz unverdächtigten Versen:

Holofernes unlyfigendes Jud. 180.
eorlas *æscrôfe* Holofernes ib. 337.

womit zu vergleichen:

Holofernes, hogedon âninga ib. 250.

Bezüglich der Alliteration von Consonanten sind gewisse Verbindungen von *s* mit einer Tenuis zu beachten, nämlich *st, sp, sc,* welche nur mit sich selbst alliterieren können, nicht auch mit einfachem *s* oder unter einander:

hêt streámfare stillan,   stormas restan Andr. 1578.
he sceáf þâ mid þam scylde   þæt se sceaft tôbærst
and þæt spere sprengde, þæt hit sprang ongeán Byrhtn.
136,137.

Nur der in freierer Weise reimende Uebersetzer der Psalmen kehrt sich nicht an diese Regel, indem er *sc* zwar nicht mit *sp* und *st*, wohl aber mit einfachem *s* und anderen Verbindungen desselben reimt, z. B.:

hí hine samnuncga sccarpum *strelum* LXIII, 4, 1.

on þine þá swidran, *and þe ne* sceaded *ænig* XC, 7, 3.

Es ist dies jedenfalls nicht als eine zufällige, sondern als eine bewusste Licenz anzusehen, da der Dichter bezüglich *sp* und *st* sich diese Freiheit nicht gestattet. Vermuthlich hatte der Dichter der Psalmen eine eigene dialektische Aussprache des *sc*, welche ihm diese Alliteration erlaubte. In der Regel wurde es wahrscheinlich wie unser deutsches *sch* gesprochen, worauf die beliebte Einschiebung eines *e* vor *a* und *o* schliessen lässt.

Besonders beliebt ist bei Cynewulf der grammatische Reim wie:

ealra cyninga *cyning* Jul. 289.

in weoruld *weorulda* El. 452.

Der rührende Reim dagegen wird meistens vermieden und ist nur in Aufzählungen zum Zweck eines besonderen Effects zu beobachten, wie in

hwíle *mid* weorce, hwíle *mid* worde Geb. 3, 44.

und in einigen andern Fällen (vgl. Rieger p. 17).

§ 30. Verhältniss der Alliteration zu den Wortarten und zur Wortstellung. Wie die Alliteration für die Gesetze der Wortbetonung von grösster Wichtigkeit ist, so ist sie es auch für die der Satzbetonung; denn ebenso wie die alliterierende Silbe nur die höchstbetonte des Wortes sein kann, so ist auch das alliterierende Wort stets höher betont, als das nicht alliterierende. Für die Erkenntniss der Satzbetonung aus der Alliteration ist namentlich der erste Halbvers von Bedeutung, weil in demselben von zwei Hebungen eine ohne die andere alliteriren kann. — Daraus ergeben sich nun nach Rieger folgende Regeln:

I. „Stehen in einem Halbvers zwei Nomina, seien es Substantive oder Adjective oder ein Substantiv und ein Adjectiv, so ist, wenn nur eins von beiden alliteriren kann, das voranstehende allein dazu berechtigt": *Wedra cyning* Bw. 3037. *Wine scyldinga* Bw. 1183. Das umgekehrte Verhältniss ist

unzulässig. Es liegt hier also dasselbe Verhältniss vor, wie
in den Compositis. So wie in solcher genetivischer Verbindung von zwei Substantiven verhält es sich auch in ähnlicher Verbindung von Substantiv mit einem Adjectiv im Su-
perlativ: *healᴅrna mᴂst* Bw. 78. *hûsa sᴂlest* Bw. 146; dsgl.
in attributiver Verbindung von Substantiv mit Substantiv,
wie *drihten hᴂlend* Sat. 576. und von Substantiv mit Adjectiv oder Particip: *Wíglâf leófa* Bw. 2745. Cardinalzahlen
werden wie Adjective behandelt: *Seofon niht swuncon* Bw.
517. — Auch in prädicativer Verbindung darf nur das erste
Substantiv alliterieren in einem ersten Halbvers mit nur einem Reimstab: *Fᴂger wᴂs þᴂt ongin* Sat. 547; dsgl. in Verbindungen verschiedener Casus: *Sarra Abrahame* Gen. 1729.
eᴂm his nefan Bw. 881; ferner beim Adjectiv mit einem abhängigen Casus: *sîdes wêrig* Bw. 579. *beórê druncen* Bw.
531; auch bei einigen Casus mit einer Präposition, sei es
neben einem Substantiv oder einem Adjectiv: *bord wiđ rond*
Bw. 2673. *on ancre fᴂst* Bw. 303.

II. Stehen drei Nomina in einem Halbvers, von denen
also eins nothwendig von der Hebung ausgeschlossen ist, so
steht dasjenige der beiden an zweiter und dritter Stelle stehenden Worte, welches zu dem ihm unmittelbar vorangehenden in einem grammatischen Abhängigkeits-Verhältniss steht,
in der Hebung. Stehen alle drei, das zweite zum ersten, das
dritte zum zweiten in einem solchen Verhältniss, so ist die
Wahl der Hebung frei. Dabei sind wieder verschiedene
Combinationen möglich: 1) Substantiv, das einen Genetiv oder
ein Adjectiv bei sich hat: *beorht bᴂcen godes* Bw. 570.
þrydlic þegna heáp Bw. 400. *Eofores ânne dóm* Bw. 2964.
Godes lof hafen Jul. 693. 2) Substantiv mit einem Genetiv,
zu dem ein Adjectiv gehört: *twelf wintra tîd* Bw. 147. *hyldo
þᴂs hêhstan dêman* Jud. 4. 3) Substantiv mit einem Adjectiv, von dem ein Casus abhängt: *sweord swâtê fâh* Bw. 1286.
4) Substantiv mit zwei Adjectiven: *eald sweord eotonisc* Bw.
1558. 5) Substantiv mit Apposition: *Dryhten dugeđa waldend*
Jud. 61. 6) Zwei Substantive in verschiedenen Casus, deren
eins einen Genetiv regiert: *wuldor weroda dryhtne* Jud. 343.
7) Zwei Substantive in verschiedenem Casus, zu deren einem
ein attributives oder prädicatives Adjectiv construiert ist:

wor*dum* w*ís* h*æled* An. 921. 8) Adjectiv mit einem abhängigen Casus: *gerênode* re*ádum goldê* Jud. 339.

III. Zu bemerken ist ferner, dass die unbestimmten Begriffsadjective *manag*, *al*, *filu* vorangehen können, ohne die Alliteration auf sich zu ziehen: *manigu ôðru gesceaft* Met. XI, 44. *ealne* mid*dangeard* Dan. 503. *Fela ic* monna *gefrægn* Wids. 10.

IV. Das Verbum ist dem Nomen im Ton untergeordnet, einerlei, ob es demselben im Halbverse vorangeht oder nachfolgt, kann aber in beiden Fällen entweder mitreimen oder ohne Stabreim eine Hebung tragen. Es kann aber auch, wenn es vorangeht, in Folge rhetorischer Betonung oder metrischer Zweckmässigkeit eine Hebung tragen: w*unode mid Fine* Bw. 1128. h*ruron him tearas* Bw. 1872; indess sind diese Fälle selten. Ähnlich verhält es sich vor dem Infinitiv, d. h. der Infinitiv trägt in der Regel den Stabreim, wie *nu ge môton* gangan Bw. 395 und selten das vorangehende Verbum oder Hilfsverbum wie *Hæfde geworden* Jud. 260. Anderer Art sind solche Fälle, wo es imperativisch voransteht, wie *séc gif* þu *dyrre* Bw. 1379.

V. Stehen zwei Nomina neben einem Verb in demselben Halbverse, so kann das Verb, wenn es vorangeht, den Stabreim oder auch die erste Hebung ohne Stabreim auf sich ziehen: *bær on bearm scipes* Bw. 896. Folgt das Verb nach, und steht das zweite Nomen zu dem ersten in einem grammatischen Abhängigkeitsverhältniss, so trägt es nicht die Hebung, sondern das Verbum: *seofon niht swuncon* Bw. 517. *beorht hofu bærnan* Bw. 2313. Besteht aber kein solches Abhängigkeitsverhältniss, so trägt das zweite Nomen die Hebung und nicht das Verb: h*rusan* (acc.) h*eolster biwráh* Wd. 23.

VI. Das Adverb kann, wie das Verb, auf das Nomen folgen oder ihm vorangehen, ohne den Ton auf sich zu ziehen; zum Adverb selber verhält es sich ähnlich; nur wenn es diesem oder einem Adjectiv eine nähere Bestimmung seines Begriffs hinzufügt und also eine Art Composition entsteht, muss es die Hebung und den Stabreim tragen: æscholt *ufan grǽg* Bw. 330. *feorran cumene* Bw. 1819. Manchmal aber auch steht es lediglich in Folge rhetorischer Betonung in der Hebung und im Stabreim: *and swiðe leóht* Phoen. 317.

VII. Bezüglich des Verhältnisses des Adverbs zum Verb ist bemerkenswerth, dass die Präpositionaladverbien stets den Stabreim tragen, wenn sie dem Verbum voranstehen: *hêt đâ up beran* Bw. 1920. *þe ic her on starie* Bw. 2796. Steht dagegen das Verbum voran, so trägt dies meistens den Stabreim: *geóng sôna tô* Bw. 1785. Doch findet sich auch hier das frühere Verhältniss: *ástâh up on heofonum* Sat. 563. Andere Adverbien, namentlich die aus Pronominalstämmen hervorgehenden, stehen in der Regel dem Verbum voran, ohne den Stabreim zu tragen, wie in *ǽr hi þǽr gesêgon* Bw. 3038, und haben ihn nur in Folge rhetorischer Betonung: *þǽr eardodon* Bw. 3050. *þonne him weorđeđ* Phoen. 364. Die mit *â, đ* zusammengesetzten emphatischen Adverbien *âhwǽr, ǽghwǽr, ǽghwanon* tragen jedoch nach Rieger stets den Stabreim. Auch die Adverben der Zeit können dem Verbum vorangehen ohne Alliteration: *sóna þǽt onfunde* Bw. 750, wenn dies auch nicht das Gewöhnliche ist; andrerseits trägt oftmals nicht das vorangehende Verb, sondern das nachfolgende Adverb die Alliteration, nur nicht das aus einem Pronominalstamm entspringende: *fand þâ þǽr inne* Bw. 118. *þá wǽron ûtan* Gen. 461.

VIII. Von zwei durch eine Copula, wie *und, oder, sowohl als auch, weder noch, je desto* verbundenen Begriffswörtern eines Halbverses kann das erste ohne das zweite, nicht aber das zweite ohne das erste alliterieren: *folc and rice* Bw. 1179. *feor ođđe neah* Bw. 2870.

IX. Pronomina, die den Begriffswörtern voranstehen, alliterieren in der Regel nicht: *þe we ealle* Bw. 941. *þæt hie seođđan* Bw. 1875. Rhetorisch indess werden die Pronomina manchmal durch den Stabreim getragen, namentlich im zweiten Halbverse: *þǽt ic þe sôhte* Bw. 417. *þînra leóda* Bw. 1673. *on þǽm dæge þisses lifes* Bw. 197. *ǽnig tâken* Gen. 540.

X. Auch Präpositionen, Conjunctionen und Interjectionen können in erster Hebung des ersten Halbverses mit alliterieren: *of þam ĕđle* Cri. 1076. *mid þŷ mǽstan* Cri. 1009. Natürlich kann die Partikel auch ohne zu alliterieren in der ersten Hebung des Halbverses stehen: *ón him gladiađ* Bw. 2036. *þǽt hi seođđan* Bw. 1875. *ánd þu meahte* Cr. 1432. Diese Betonungsgesetze werden nur in den älteren Denkmä-

lern im Ganzen strenge beobachtet. Die späteren, namentlich
der Uebersetzer des Boethius, der Dichter des Byrhtnoth und
der Uebersetzer der Psalmen, also Dichter des Ausgangs des
X. Jahrhunderts, fehlen manchmal dagegen, indem sie namentlich oft dem Pronomen und dem Pronominaladverb vor
dem Begriffswort den Hochton einräumen, z. B.: *þonne he wile*
Met. XXIX, 72. *wið unholdum* Ps. XXXIV, 3, 1. Der Uebersetzer der Psalmen ist der ungeschickteste und wird vermuthlich erst im XI. Jahrhundert geschrieben haben. Um
diese Zeit (1036) macht sich auch der Endreim stark bemerkbar in den Versen des entsprechenden Jahres der Sachsenchronik, während andere poetische Bestandtheile desselben
Werkes noch im Jahre 1065 durchaus tadellos gebaut sind.

§ 31. Cäsur und Versschluss. Die Hauptregel ist
hier, dass Cäsur und Versschluss, also die zwei metrischen
Pausen, welche die beiden Halbverse von einander und den
einen Langvers vom folgenden scheiden, durch die syntaktische Pause bedingt sind. Doch ist dabei zu beachten, dass
ein sehr kurzer Hauptsatz, der keinen Halbvers ausfüllt, mit
dem Nebensatz zu einer Betonungsmasse zusammenfällt:

hyrde ic, *þæt he þone healsbeáh Hygde gesealde* Bw. 2172.
Andrerseits bedingt die Kürze des Nebensatzes die Theilung
innerhalb des Hauptsatzes:

sint in bôcum his
wundor þá he worhte on gewritum cýðed El. 826.
Sind Haupt und Nebensatz beide sehr kurz, so können sie
auch gerade einen Halbvers ausfüllen: *sægde se þe cúðe*
Bw. 90. *þu wást, gif hit is* Bw. 272.

Wo ohne syntaktische Pause Cäsur oder Versschluss eintritt, kann namentlich beim Verb Zweifel obwalten, auf
welche Seite der Pause es zu setzen sei. Hier muss die metrische Pause entscheiden, und die Regel ist demnach, die
Pause erst vor der ersten Hebung des nächsten Halbverses
eintreten zu lassen, sei es unmittelbar vor der Hebung oder
vor einer vorangehenden tonlosen Silbe oder einem prokli-
tisch voranstehenden eng dazu gehörigen Worte:

se þe manna wæs mægené strengest Bw. 789.
unsynnum wearð
beloren leófum æt þam lindplegan Bw. 1072.

Das Pronomen kann von seinem Beziehungswort durch metrische
Pause nur dann getrennt werden, wenn es in der Hebung steht:
wyrd *æfter þissum* wordgemearcum Gen. 2355.
gif ge willad minre *mihte geléfan* Sat. 251.
Der Dichter des Beowulf gestattet nur dann diese Trennung,
wenn das in der Hebung stehende Wort, wie in dem letzteren Beispiel, zugleich auch alliteriert.

Minder wichtig, weil theils mehr oder weniger selbstverständlich, theils weniger sicher erwiesen, ist das Verhalten
anderer Satztheile zur Cäsur, wie der unbestimmten Quanti-
tätsbegriffe, der Präposition, der Conjunction und Interjection,
von denen Rieger p. 43—45 ausführlich handelt.

Wichtig aber und durchaus richtig für die alliterierende
Poesie (wie für die reimende) ist die Beobachtung, dass, um
eine schöne Wirkung zu erzielen, die metrischen Glieder und
die syntaktischen in freiem Wechsel bald zusammenfallen,
bald sich kreuzen müssen. Es darf nicht jeder Versschluss
mit einer Satzpause zusammenfallen, sondern bald mit einer
Satzpause, bald mit einer metrischen Pause. Und auch
grössere Satzpausen müssen, wenn keine Eintönigkeit oder
strophische Eintheilung einstehen soll, bald mit der Cäsur,
bald mit dem Versschluss eintreten.

§ 32. Die Hebung. Die zwei Hebungen bilden das
wesentliche, stets unbedingt und gleichmässig erforderliche
feste Knochengerüst des Halbverses, die Senkungen dagegen
so zu sagen das umhüllende, mehr oder minder volle Fleisch,
welches nie ganz fehlen kann. Ein Halbvers kann demnach
nie lediglich aus zwei Hebungen bestehen, und wo scheinbar
solche Fälle vorliegen, haben wir es mit einem Verderbniss des
Textes zu thun. Auch Halbverse wie *fólctógan* Dan. 528. *spél-
bódan* Exod. 513, *bócérum* sind unzulässig, da die der kurzen
Silbe nachfolgende Beugungssilbe hier nicht als Senkung
empfunden wird und zwei sogenannte verschleifte Silben nur
für eine gelten. Indess eine minder betonte Silbe genügt,
um die beiden Hebungen als solche hervortreten zu lassen,
wie: *bórd wid rónd* Bw. 2673. Dabei ist es einerlei, ob die
Senkung in der Mitte steht, wie hier oder vorausgeht, wie:
án wiht is Räths. 81, 1, oder der zweiten Hebung folgt:
ælmihtig Dan. 477. Während diese Art kurzer Halbverse

nur selten vorkommen, sind andere mit einer Senkung und verschleiften Silben in der Hebung schon zahlreicher vorhanden wie: *on geárdágum* Bw. 1. *Hrédel cýning* Bw. 2430.

Bei zwei- oder mehrsilbigem Auftakt können die beiden Hebungen nur dann der Senkung entbehren, wenn die zweite Hebung aus einem einsilbigen Worte oder zwei verschleiften Silben besteht: *swá sceal mǽg dón* Bw. 2166. *siddan ic up weóx* Kl. d. Fr. 3. Beispiele mit verschleiften Silben der zweiten Hebung sind häufig. Auch können in beiden Hebungen verschleifte Silben stehen: *scóp him Heort náman* Bw. 78. Sehr zahlreiche Beispiele solcher Halbverse aber sind vorhanden, in welchen nur auf die zweite, nicht aber auf die erste Hebung eine Senkung folgt, indess ist dies nur zulässig, wenn diese erste Hebung alliteriert, wogegen es gleichgültig ist, ob sie aus einer Silbe oder zwei verschleiften Silben besteht: *and hine bǽdon* Gen. 780, falsch aber würde sein: *and hine bǽdon*, ebenso: *and þóne bringan*, während richtig ist: *and þóne gebríngan* Bw. 3009.

Es kann nur dann der Nebenton eines zusammengesetzten Wortes, dessen Hauptton die erste Hebung bildet, in zweiter Hebung stehen, wenn ausserdem noch eine Senkung vorhanden und der Nebenton auf einer Kürze mit nachfolgender verschleifter Silbe liegt, oder wenn das Wort nach der ersten oder nach der zweiten Hebung noch eine Senkung enthält: *on geárdagum* Bw. 1. *syddan mandrýhten* Bw. 1978. *geond þysne middangeard* Bw. 1771.

Tieftonige Bildungs- und Beugungssilben d. h. solche, die entweder auf eine hochtonige lange oder auf zwei verschleifte Silben folgen, können auch die zweite Hebung tragen, wenn ihnen eine Senkung nachfolgt: *mid Wylfingum* Bw. 461, erster Halbvers; *mid Hruntinge* Bw. 1659, zweiter Halbvers, also ganz sicher erwiesen; auch mit mehrsilbigem Auftakt kommen solche Fälle oftmals vor: *tó gefrémmánne* Bw. 174. *ic me mid Hrúntinge* Bw. 1490.

Nie kann eine tieftonige Silbe ohne folgende Senkung als zweite Hebung gelten. *Tó befleóhánne* Bw. 1003 ist ein richtiger Halbvers, dagegen *tó befleónné* (Grein) ganz unzulässig. In der ahd. Verskunst bei Otfried war dies gestattet.

§ 33. Die Senkung. Die Senkung ist nicht, wie es

bei der Hebung selbstverständlich ist, auf nur eine Silbe beschränkt. Die gehobene Silbe kann vielmehr unter Umständen eine Reihe von gesenkten Silben übertönen, die aber
nicht unter einander alle mit gleicher Tonstärke gesprochen
werden, aber doch, wenn auch unter einander an Kraft verschieden, alle als Senkung im Verhältniss zur benachbarten
Hebung empfunden werden. Von besonderem Interesse sind
der Auftakt und die auf eine Hebung folgende Senkung. Im
Auftakt darf, wie aus dem Betonungsgesetz hervorgeht, niemals ein Nomen stehen, da dies die erste Hebung und den
Stabreim tragen muss, ebenso wenig die adverbialen Begriffs-
worte und emphatischen Pronomina, welche vor dem Nomen
oder dem Verb den Reim auf sich ziehen; erlaubt sind dagegen die übrigen Adverben und Pronomina, die Partikel,
Präfixe und das Verb, das letztere auch mit nachfolgendem
Infinitiv: *ic mæg wesan god swâ he* Gen. 283. Der Auftakt
kann also einen ziemlichen Umfang haben. Namentlich in
dem von Sievers erkannten eingeschobenen Theil der angelsächsischen, sogenannten jüngeren Genesis, in den Dichtungen
Cynewulfs und einigen Gedichten des Codex Exon. findet
sich derartiger längerer Auftakt; z. B. *siddan he hæfde his
gâst onsended* Kr. 49. *næfre ge mec of þissum wordum on-
wendað* Gû. 347. In anderen Dichtungen, wie namentlich
im Beowulf begegnet längerer Auftakt hauptsächlich im zweiten Halbvers: *mæg þonne on þæm golde ongitan* Bw. 1484.
þâra þe hit mid mundum bewand Bw. 1461. Was für den
Auftakt gilt und erlaubt ist, ist auch betreffs der Senkungen
nach der ersten und zweiten Hebung zulässig; indess es
kommen bei ihnen noch die übrigen Silben derjenigen Worte
hinzu, deren hochtonige Silbe in der Hebung steht: *fyren-
þearfe ongeat* Bw. 14. *næ̂nigne ic under swegle* Bw. 1197.
Sodann können in der Senkung stehen das Nomen und die
dem Nomen an Gewicht zunächst kommenden Adverben und
Pronomina, wenn ihnen in der Hebung ein Wort gleichen
Ranges vorausgeht, zu dem sie in Enklise treten können,
ferner auch Partikel und Pronomina vor oder nach dem in
der Senkung befindlichen Nomen: *up to þam ælmihtegan gode*
Gen. 544. *heofona rîce mid hluttrum sâwlum* Gen. 397. *fira
bearn on þissum fæstum clomme* Gen. 408. Indess das Nomen

darf dann nicht ein Compositum, wenigstens nicht ein dreisilbiges mit Nebenton sein. (Vgl. darüber Rieger p. 60.)

Wichtiger noch in Bezug auf das Metrum ist die Vertheilung des Sprachstoffes unter die zwei Senkungen. Indem
nämlich die erste Senkung in der Regel durch das Pronomen
und die Partikel ausgefüllt wird, die zweite vom Nomen und
Verbum, so ist die zweite Senkung gewöhnlich vor zu grossem Umfange dadurch geschützt, während die erste zu einem
ansehnlichen Umfange anschwellen kann, so z. B.: *gesett
hæfde he hie swâ gesæliglice* Gen. 252. *sittan lête ic hine
widt me sylfne* Gen. 438. Im Beowulf ist auch die erste
Senkung in der Regel nur von kürzerem Umfange, so dass
vier oder fünf Silben in derselben schon eine seltene Erscheinung sind, z. B.: *wêne ic, þæt he mid godê* Bw. 1184. *þâra
þe ic on foldan* Bw. 1196. *Hŷrde ic, þæt he þone healsbeáh
Hygde gesealde* Bw. 2172. Der Dichter der jüngeren Genesis,
der wahrscheinlich dem Heliand nachdichtete, hat die grösste
Zahl von Silben in der Senkung, nämlich 6: **worhte man hit
him to wîte** Gen. 318; indess kommt ähnliches auch in andern Dichtungen vor, selbst im Wîdsîd: *mid Lidwicingum ic
wæs and mid Leónum* 80. — Der angeschwellte Auftakt ist
also vorzugsweise dem zweiten, die angeschwellte erste Senkung dem ersten Halbverse eigen, und in der geschickten
Benutzung der dadurch und durch die unbestimmte Länge
der Senkungen entstehenden mannichfaltigen Combinationen
beruht die Kunstmässigkeit und relative Schönheit des Metrums. Halbverse, in denen an allen drei Stellen die Senkungen zu einer unverhältnissmässigen Länge angewachsen
sind, giebt es nicht. Ein mässiger und ziemlich gleichmässiger
Umfang der Senkungen an allen drei Stellen zugleich ist
erlaubt:

he hæfd nú gemearcod ánne **middangeard** Gen. 395.

Auftakt und zweite Senkung erweitert, bei kurzer erster
Senkung, ist ebenfalls nicht unschön:

widt þone hêhstan **heofones wealdend** Gen. 260,

so auch nicht überhaupt ein erweiterter und ein kurzer Langvers. Beliebt aber waren namentlich zwei Typen nämlich
1) beide Senkungen anwachsen zu lassen ohne den Auftakt
oder 2) den Auftakt zu verlängern aber keine der Senkungen.

Aus der verschiedenen Tonstärke der Senkungen an sich können zwar manchmal Verse entstehen, die aussehen, als ob ihre zwei Hälften aus je vier Hebungen bestünden, aber dies ist nicht das Grundschema des Verses, sondern je zwei Hebungen in jedem Halbverse. Häufig und wohl in den meisten Fällen sieht das Vorkommen längerer Senkungen wie zufällig aus, indess öfters wurden, wie im altsächsischen Heliand, aber doch unabhängig von diesem Volksstamm, die erweiterten Halbverse auch bei den Angelsachsen von verschiedenen Dichtern in grösseren Gruppen mit beabsichtigter künstlerischer Wirkung, nämlich um einen erregteren Ton der Darstellung hervorzubringen verwerthet, so von dem Dichter der Judith und dem alten Sänger Wîdsîđ. Bei Angelsachsen und Altsachsen wurde diese Variation im Metrum als eine gemeingermanische Erbschaft selbstständig ausgebildet.

Kapitel 2.

Die alliterierende Langzeile während des Verfalls der angelsächsischen Dichtung.

§ 34. In vielen Punkten abweichend von jenen Gesetzen, welche für die Blüthezeit der angelsächsischen Poesie während des neunten und zehnten Jahrhunderts Gültigkeit hatten, verhält sich der Bau des alliterierenden Verses in den zahlreichen poetischen Homilien und biblischen Dichtungen des Abtes Älfric, welche von früheren englischen Herausgebern als Prosa gedruckt und erst in neuerer Zeit von Dietrich[1]) als zum grossen Theil in poetischer Form geschrieben erkannt worden sind. Im ersten Heft des zweiten Bandes der Anglia ist neuerdings Älfrics metrische Paraphrase des Buchs der Richter, von Thwaites früher auch als Prosa gedruckt, aus dem Nachlass Greins in der von ihm hergestellten poetischen Form von Wülcker mitgetheilt worden. Es ist aus dieser Probe deutlich zu erkennen, wie Älfric zwar von den alten Gesetzen der alliterierenden Lang-

---

1) In seiner Abhandlung über „Abt Älfric" in der Zeitschrift für historische Theologie, herausgegeben von Dr. theol. Chr. W. Niedner 25. Bd. (1855) p. 487—594 und 26. Bd. (1856) p. 163—257.

zeile im Grossen und Ganzen Kenntniss hat, jedenfalls aber
keine genauere, oder sich wenigstens in keiner Weise an
dieselben bindet, sie vielmehr oft in ganz freier Weise handhabt oder auch ganz ausser Acht lässt. Das Gesetz betreffs
der Stellung des Stabreims und der zwei Hebungen in
jeder Halbzeile befolgt er principiell ebenso wie die alten
Dichter, und wenn es auch oft in Folge vielsilbiger Senkungen nicht klar hervortritt, so ist seine Kenntniss desselben
doch deutlich ersichtlich aus sehr zahlreichen correct gebauten Versen, von denen wenigtens einige zum Beweise hier
citiert werden mögen:

Eft þâ Israhel æfter his forðsîðe 48.
and fêrde mid fultume   tô gefeohte sôna 76.
He eode þâ in   earhlîce swîðe 105.
âhebbende heora heáfdu   on heálîcre môdignisse 138.
þâ fleáh þæt earme folc   tô fyrlenum muntum 150.
and fêrde þu mid fultume   þær heora fŷnd wîcodon 167.
tô þam ylcan anwealde   and eode swâ abûtan 380.

Viel zahlreicher freilich sind die Verse mit nur zwei Stabreimen nach Art der folgenden:

þæt þâ râpas tôburston, þe he mid gebunden wæs 270.
þe he þær funde   and gefeaht wið hig 275.
swâ swâ se hêlend sæde   on his hâlgan godspelle 288.
se forma câsere   þe tô Criste beáh 400.

Nicht minder zahlreich aber sind die unregelmässig gebauten
Verse, in denen Älfric sich die verschiedenartigsten Abweichungen von dem alten Brauche gestattet. In Uebereinstimmung mit demselben ist noch das öftere Vorkommen von ge-
kreuztem und umschliessendem Stabreim:

and gewîfodon him ongeán   godes willan 30.
On þâm hêðenum mêdenum   þæs hêðenan mancynnes 32.
and he lêt hî tô handa   þam hêðenan leódscipe 146.
and ealle heora bigleofan   endemes ætbrudon 149.
of sinum geworhte   sôna ic beo gewyld 312.
þurh þone hêlend Crist   þe gecoren hæfde 402.

Im entschiedenen Gegensatze aber zu dem alten Brauche
kommt es bei Älfric manchmal vor, dass von den drei Stabreimen zwei in der letzten Hälfte der Langzeile stehen:

æfter Aoþes *forðsiðe* hi *geeacnodon* eft 82.

wið þam þe *heó beswice* Samson þone *strangan* 308.

and hêton hine standan betwux twâm stânenum swerum 346.

and Samson *forð* mid *swâ* þæt *he* micclê ma 352.

on Criste *he syngode and swîdor on him sylfum* Anc. Hom.
II, 250.

Viel öfter noch kann man beobachten, dass in Versen, in
denen, wie es die Regel erfordert, nur ein Stabreim im zweiten Halbverse vorhanden ist, dieser sich in der zweiten Hebung befindet, statt, wie es Gesetz war, in der ersten:

ofer þa *reádan* sê *and god him* ê *gesette* 3.

wunodon on þam *lande betwux hêðenum leódum* 29.

in tô þam *innoðe and* þæt *smeru wand* ût 70.

sume seofon geâr on þêre *miclan sorge* 154.

þreólund *wera* mid him· *of eallum* þam *werode* 175.

and slôgon tôgædere þâ *æmtigan sestras* 190.

ferner u. a. noch v. 36, 37, 60, 86, 143, 179, 191, 256, 276,
326, 374, 461.

Noch grössere Freiheiten erlaubt sich Älfric gelegentlich
in Bezug auf die Stellung des Stabreims. Denn öfters finden
sich bei ihm nur in der ersten Hälfte der Langzeile zwei
alliterierende Hebungen, während die andere Hälfte gar keinen Stabreim aufweist:

Gif ic heó *gebunden* mid *seofon râpum* 310.

ondrêdum him swâ þeáh þæs *folces* foresteall An. Hom.
II, 242.

Zuweilen mag freilich auch unrichtiger Verseintheilung des
Herausgebers die Schuld beizumessen sein, so z. B. v. 68,
nach Grein:

þâ *âbræd* Aoth *bealdlîce his swurd* mid *his wynstran handa,*

wo aber m. E. die Stelle folgendermassen in regelmässigere
Verse zu bringen ist:

þâ *âbræd* Aoth *bealdlîce his swurd*

mid *his wynstran* handa *and hine* hetelîce þidde,

swâ þæt þâ *hiltan* eodon *in to* þam *innoðe*

and þæt *smeru wand* ût; *for* þam *he he wæs swiðe fæt.*

He forlêt þâ þæt *swurd stician on him* etc.

Hierbei ist noch auf eine Eigenthümlichkeit aufmerksam zu
machen, die um so weniger als eine zufällige angesehen

werden darf, als sie auch in späteren alliterierenden Dichtungen wiederkehrt. Es kommt nämlich vor in solchen Versen, in denen eine der Vershälften nicht am Stabreim der
andern participiert, dass die nichtreimende Hälfte dann mit
dem vorhergehenden oder dem nachfolgenden Langverse
durch die Alliteration verknüpft ist, oder auch, dass nur die
Halbverse zweier Langverse parallel alliterieren:

Gif ic beó gebunden   mid seofon râpum
of sinum geworhte   sôna ic beó gewyld 311, 312.
He wearð eft gebunden   mid eallnivum râpum
and he þâ tobræc   swâ swâ þâ ôðre 318, 319.
besetton his birgene   sôna mid wearde
ac he tôbræc helle gatu   mid his heofonlican mihte 362, 363.
þonne secge se mann,   hû þæt gewurðan mihte
þæt god him sende þâ wæter   of þæs assan têð 284, 285.

Bewusste Wiederholung desselben Stabreims in malender
Absicht glaube ich zu erkennen in den Versen 269, 270:

þâ tobræd Samson   begen his earmas
þæt þâ râpas tôburston,   þe he mid gebunden wæs.

Ein Beispiel wirklicher, in späterer Zeit so beliebter Reimhäufung liegt vor in dem m. E. unrichtig eingetheilten Versen 443—446, welche alle mit **f** alliterieren. Uebrigens
kommt diese Eigenthümlichkeit auch schon in früheren angelsächsischen Dichtungen vor, so namentlich und sicher in
bewusster malender Absicht in dem schönen Gedicht von
der Judith; so z. B. v. 164, 165:

þreátum and þrymmum   þrungon and urnon
ongeán þâ þeódnes mægð   þûsendmælum

vgl. ferner v. 17, 18; 57, 58; 78, 79; 130, 131; 141, 142;
148, 149; 164, 165; 169, 170; etc. In vielen Zeilen ist nun
umgekehrt gar keine Alliteration erkennbar, und auch durch
andere Verseintheilung nicht herzustellen, so dass wir das
Vorkommen solcher lediglich durch die vier Hebungen charakterisierten Langzeilen auch als eine metrische Licenz unseres Dichters anzusehen haben. Beispiele sind:

þe godes mihta cûðon   and his wundru gesâwon 28.
þæt hér nân man ne côme.   And he læg þær swâ 113.
ne næht fûles ne þicge.   Se bið Gode hálig 246.
þâ weôxon his loccas   and his miht eft on him 335.

mid þâm postum, swâ swâ hî belocene wǣron 300.

on þæs câseres anwealde on Romanisce þeóde 451.

Swilcne fultum hæfde Theodosius þurh God 462.

§ 36. Zuweilen freilich mag ein Stabreim von dem Dichter beabsichtigt worden sein, wo wir einen solchen nicht vermuthen, denn soviel ist sicher, dass Älfric sich gerade in Bezug auf die Qualität des Stabreims ganz eigenthümliche Freiheiten gestattet, worauf schon Dietrich aufmerksam gemacht hat in seiner oben citierten Abhandlung über den „Abt Älfric".

So kann bei ihm namentlich das *h*, der spiritus asper, wenn ein Vocal folgt, übergangen werden, und es alliterieren alsdann nur diè Vocale:

þam hǽdenan cyninge to eahta geâra fyrste 38.

þurh heora âgenne mæg se hâtte Aoth 60.

Stand nu and beheald, gif hêr ǣnig man cume 111.

and twegen ealdormen eác Horeb and Zeb 201.

and code him swâ orsorh of heora gesihdum 302.

and he ǣfre his fyrde þam hǽlende betǣhte 417.

and các ôðer fŷr of heofonum þâ becom 460.

ähnlich auch **Hi**larius: êstful Anc. Hom. II, 504. **Hæ**lend: *ic* eom II, 248; hâlige: eác II, 260.

Aber auch vor Consonanten wird das **h** öfters unberücksichtigt gelassen, namentlich vor *r, l, w*:

and he hig âhredde of þam rêdan þeówte 16, 431.

and þâ leásan Christenan þâ hlŷdad ongeán God. 135.

and seó winman mid here hwitlê bewreáh hine sôna 106.

on hwam his strengð wæs and his wundorlîce miht 306.

Bei Älfric reimt auch *j* (wie übrigens auch schon in der Judith, vgl. v. 13, 123, 132, 144 etc.) oftmals mit *g*:

And æfter þam þe Josue be Godes sylfes gewîsunge 4.

God þâ gecádmette Jabin þone cining 126.

Nach Dietrichs Ansicht reimt Älfric sogar *s* und *þ*. In der That lassen sich leicht zahlreiche Beispiele anführen, in denen dies der Fall zu sein scheint, wie z. B.:

be godes geþafunga on Samuéles tîman 23.

Abiscre þeóde: se hig ofslôh swîde 53.

swâ þæt hig him þeówodon on micclum geswince 55,

ähnlich auch in den Anc. Hom.: *þrowian: sylfwillas* II, 247.

þegen: *gesette* II, 248; *se*, *soþlice*: *þeoda* II, 254; *þrowunge*:
sodan II, 258.

Dass unter solchen Umständen *sp*, *st*, *se* unbedenklich
unter einander, ferner mit einfachem *s* und andern Consonantenverbindungen mit *s* alliterieren, ist fast selbstverständlich, so
in den schon (p. 62 oben) citierten Versen 308, 346; ferner:

hêt hine sceáwian þone þe he sôhte 123.

And he him foresceáwode sunne heretogan 161.

wið þam, þe heó beswice Samson þone strangan 308.

mid swiftum gesceótê swîðe on heora find 411.

Umgekehrt ist auch die Alliteration öfters auf Consonantenverbindungen a u s g e d e h n t:

and gelǽhte þá **s**weras *mid* **s**widlîcre *mihte* 349.

*Nis þis nân ged*winor *ne nân dwollîc sagu* 286.

ja, es scheint, dass es abgesehen vom *h* auch sonst nicht
immer der erste Consonant sein muss, der den Stabreim
trägt, und dass unter Umständen auch der zweite diese
Function ausüben kann; so scheint in v. 85:

and he hæfde heora geweald ealles **t**wentig *geâra*

das *w* nach dem *t* in *twentig* mit dem *w* in *geweald* zu
alliterieren.

Eine andere Möglichkeit wäre d i e, dass *geweald* und
geâra alliterieren. Denn zahlreiche Beispiele zwingen uns
fast zu der Annahme, dass Älfric manchmal die nach altem
Brauche alliterationsunfähigen, auch bei ihm, wie viele richtige Alliterationen zeigen, t o n l o s e n Vorsilben *ge-*, *be-*, *for-*
zum Stabreim benutzt habe, wenn auch nur zu einer Art
Reim fürs Auge, so:

and geádelîce forlêton Godes gesetnysse 33.

on him wæs Godes gâst and he hig þá gewissode 43.

fram his geleáfan and his ǽ forsâwon 51.

Das sind Punkte, die, sobald erst mehr Texte Älfrics metrisch
geordnet vorliegen, einer genaueren Untersuchung werth und
bedürftig sind. Auch die Behandlung der Composita im
Stabreim müsste dabei in Frage kommen, mit denen er ebenfalls sehr willkürlich umzugehen scheint. Denn es kommt
unzweifelhaft öfters vor, dass er in directem Gegensatz zu
der Fundamentalregel, wonach der erste Theil des Compo-

situms den Hauptton und den Stabreim trägt, nur den zweiten
Theil desselben zur Alliteration verwendet, so:

án þæra teldsticcena   and stôp *inn dîgollîce* 115.
þâ þe hî huxlîce hêr   on lîfe gedrehton 142.

ähnlich *bodunge: dædbôte* Anc. Hom. II, 259; *blôstmum:
hnutbeámes* Num. 17, 7.

Sicherlich wird es sich ferner bei einer auf umfangreicheres
Material zu stützenden eingehenderen Untersuchung ergeben,
dass Älfric sich auch bezüglich anderer Regeln der alten
Langzeile, so hinsichtlich der Cäsur und namentlich des Verhältnisses der Alliteration zur Satzbetonung ähnlicher und
noch grösserer Ungenauigkeiten schuldig macht.

So zeigt sich die Ausartung seiner Langzeile z. B. auch
darin, dass das zum Subject gehörige unbestimmte Pronomen
öfters die Alliteration tragen muss, obwohl es logisch nicht
in der Hebung steht:

þâ gesende þæt folc   sume lâc þam cyning 62.
And hig sôna eodon in   to sumum dîglan hûse 67.
þâ âsende him God   summe heretogan tô 88.
fram his cildhâde and man   *ne môt hine efsian* 247.
hêton hine grindan   æt hira *handcwyrne* 334.
and bæd þone heofonlîcan god   *þæt he* him *âsende drincan* 277.

Namentlich aber erlaubt sich Älfric, wie schon aus manchen
der angeführten Beispiele ersichtlich war, auffallend lange
Auftacte und Senkungen, die nur bisweilen (so p. 71, wie
schon bemerkt) dem Herausgeber zur Last zu legen sind, gewöhnlich aber dem Dichter, so z. B.:

*and he hig þâ betæhte sumum gramulîcan cininge   Jabin
    gehâten* 84.
Barac gehâten and he þâ fêrde   mid tyn þûsend mannum 89.
þe him êr wæs cûð Jahel Gabel;   and heó ewæð to him 103.
*Besetton þâ þæt hûs þe he inne wunode,   woldon hine geni-
    man* 295.

Das ist schon fast rhythmische Prosa zu nennen, in welche
ja thatsächlich Älfrics Diction oftmals übergeht. —

Kapitel 3.

Uebergangsformen: Reim und Alliteration combiniert.

§ 36. Von besonderem Interesse für die weitere Entwickelung der alliterierenden Langzeile sind einige andere
dem zehnten und elften Jahrhundert angehörige Dichtungen,
in denen Stabreim und Endreim vereint auftreten, nämlich
das sogenannte Reimlied des Codex Exoniensis, Byrhtnoths Tod, das von Lumby im Jahre 1876 für die Early
English Text Society (Nr. 65) herausgegebene Gedicht Be
dômes dæge und einige poetische Stücke der Sachsenchronik, — die letzteren namentlich deswegen, weil
uns bei ihnen das Jahr der Entstehung bekannt ist. Es sind
hauptsächlich zwei Stücke: das eine vom Jahre 1036 auf den
Tod des Edelings Älfred, des Sohnes Äthelreds, in alliterierenden und zugleich gereimten Versen geschrieben, das andere,
spätere, vom Jahre 1065 auf Eadweard wieder ganz in streng
alliterierenden Langzeilen.

Die Abfassungszeit des Reimliedes ist nicht genau
bekannt; es ist aber höchst wahrscheinlich das älteste unter
den genannten Gedichten, da es spätestens vor dem Ende des
zehnten Jahrhunderts entstanden ist. Es charakterisiert sich
besonders dadurch, dass neben genauer Beobachtung der
Alliteration nach altem Brauche die zwei Halbverse der Langzeile noch durch consequente Durchführung des Endreims
gebunden sind.

Man nimmt an, dass dieser neuen Form das Vorbild
der skandinavischen Runhenda zu Grunde liege, und dass
dieselbe den Angelsachsen bekannt geworden sei durch den
im zehnten Jahrhundert lebenden altnordischen Dichter Egil
Skalagrimsson, der sich zweimal in England an König Äthel-
stans Hof aufhielt und in Northumbrien ein Gedicht in derselben Form verfasste [1]).

Das Wesen und die Eigenthümlichkeit dieser interessanten metrischen Form möge zunächst durch Mittheilung der

---

1) Vgl. Geschichte der englischen Litteratur von Bernhard ten
Brink. Berlin, 1877. 8⁰. p. 109.

Anfangsverse des Rhyming Poem in ihrer ursprünglichen Gestalt veranschaulicht werden [1]):

Me lifes onlah. se þis leoht onwrah.
and þæt torhte geteoh. tillice onwrah.
glæd wæs ic gliwum. glenged hiwum.
blissa bleoum. blostma hiwum.
5. *Secgas mec segon. symbel ne alegon.*
feorh-gife gefegon. frætwed wægon.
wic ofer wongum. wennan gongum.
lisse mid longum. leoma getongum.
þa wæs wæstmum aweaht. world onspreht.
10. *under roderum areaht. ræd mægne oferþeaht.*
giestas gengdon. gerscype mengdon.
lisse lengdon. lustum glengdon.
. *scrifen scrad glad. þurh gescad inbrad.*
wæs on lagustreame lad. þær me leoþu ne biglad.
15. *hæfde ic heanne hâd. ne wæs me in healle gâd.*
þæt þær rof word râd. oft þær rinc gebâd.
þæt he in sele sæge. sinc-gewæge.
þegnum geþyhte. þenden wæs ic mægen. [Gr: *myhtc*]
horsce mec heredon. hilde generedon.
20. *fægre feredon. feondum biweredon.*
swa mec hyhtgiefu heold. hyge dryht befeold.
staþol æhtum steald. stepe-gengum weold.
swylce eorþe ol. ahte ic ealdorstol.
galdor-wordum gol. gomel sibbe ne of oll.
25. *ac wæs gefest gear. gellende sner.*
wuniendo wær. wil-bec biscær.
scealcas wæron scearpe. scyl wæs hearpe
hlude hlynede. hleoþor dynede
swegl-râd swinsade. swiþe ne minsade
30. *burgsele. beofode. beorht hlifade.*

---

1) Grein lässt auf den nach Benj. Thorpes Ausgabe (Cod. Exon. ed.
Thorpe London, 1842.) von ihm wieder abgedruckten handschriftlichen
Text, Bibliothek der angelsächsischen Poesie von C. W. M. Grein
Göttingen 1857. Bd. II. p. 137—139, einen berichtigten Text folgen
(p. 139—141).

Diese Probe genügt, um sofort ein anderes Charakteristicum dieser Versform, nämlich die mit dem Reimen der beiden Halbverse zusammenhängende Gleichmässigkeit in Bezug auf ihren Bau oder genauer in Bezug auf die Abstände der Hebungen und die Länge der Senkungen erkennen zu lassen, aus denen eine gewisse Takt-Gleichheit oder wenigstens Ähnlichkeit der einzelnen correspondierenden Halbverse resultiert. In der Regel beginnen beide Halbverse mit alliterierenden Hebungen an erster Stelle, und zwar finden sich stets zwei Stabreime im ersten, fast immer nur einer, der Hauptstab, regelmässig in erster Hebung im zweiten Halbverse, gewöhnlich beide ohne Auftakt, wie:

ellen eacnade. ead beacnade 31.
foldan ic freoþode. folcum ic leoþode 40.

So sind gebaut v. 3—8, 11, 12, 18—21, 22, 24, 26—34 etc. Doch kommen auch Abweichungen von diesem gewöhnlichen Vers-Schema vor. So finden sich Auftacte nur im zweiten Halbverse in den Versen:

Scrifen *scrad glad þurh gescad inbrad* 13.
Nyd-bysgum *neah gewiteþ nihtes in fleah* 44.
treow *þrag is to* **trag** *seo untrume genay* 57.

ferner v. 58, 83, 87.

Häufiger noch kommt es vor, dass der erste Halbvers mit einem Auftacte beginnt, der zweite dagegen gleich mit der alliterierenden Hebung, z. B.:

wæs min **dream** **dryhtlic.** **drohtad** *hyhtlic* 39.
nu min **hreþer** *is* **hreoh** **heow** *siþum sceoh* 43.

ferner in den citierten Anfangsversen v. 9, 17, 21, ausserdem v. 59, 78.

Manchmal aber correspondieren auch in dieser Hinsicht die beiden Halbverse, sowie auch bezüglich der Ausdehnung der Senkungen im Innern des Verses:

me þæt **wyrd** **gewæf.** *and* **gehwyrt** *forgeaf* 70.
þæt ic **grofe** **græf.** *and þæt* **grimme** **græf** 71.
ac him wen ne **gewigad.** *and þa* **wist** *geþyged* 76.
from ic wæs in **frætwum.** **freolic** *in geætwum* 38.
dreamas swa her **gedreosad** **drihtscype** *gehreosad* 55.

Jedenfalls ist das Streben nach Gleichmässigkeit der Vershälften und Takte, analog den nordischen Vorbildern, unverkennbar.

Was die Qualität des Stabreims betrifft, so wird, ebenso wie in der Stellung desselben, kaum von den Grundregeln der angelsächsischen Verskunst abgewichen, oder nur in so fern, als dieselben noch verschärft erscheinen.

In der Regel reimt nämlich bei Consonantenverbindungen nicht nur der anlautende Consonant, sondern es reimen vielmehr beide gemeinsam, wie in v. 3, 4, 13, 22, 27 etc. — *st* und *sc* sind scharf von einander gesondert und reimen nur mit sich. Nur v. 6 und v. 40 reimt einfaches *f* mit *fr*; ferner v. 43 *hr* und *h*; v. 46 *br* und *bl*; v. 70 *w* und *hw*. Schon diese Genauigkeit der Stabreime würde den Schluss gestatten, dass der Dichter auch correcte Endreime schrieb, und dass daher Grein berechtigt war, in den zahlreichen Fällen, in denen die handschriftliche Ueberlieferung solche vermissen lässt, dieselben herzustellen.

Bezüglich der Verwendung des Endreims ist noch besonders hervorzuheben, was übrigens aus der mitgetheilten Probe schon auf den ersten Blick ersichtlich ist, dass nicht nur die Halbverse reimen, sondern dass gewöhnlich auch die Langverse durch den gleichen Endreim paarweise gebunden sind. Eine Ausnahme bildet die Versgruppe von 27—40; v. 40, 50 und einige andere.

In so consequenter Durchführung wie im Reimliede, und zwar ganz in derselben Weise, tritt uns diese Combination von Endreim und Alliteration nur noch einmal in der angelsächsischen Poesie entgegen, nämlich in einem kurzen Abschnitt von Cynewulfs epischer Dichtung „Elene" (v. 1237—1252). Wenn, wie wir als wahrscheinlich annehmen dürfen, diese Versart zunächst in Northumbrien auftauchte [1]), so können wir diesen kurzen reimenden Abschnitt in der „Elene", den ich mit J. Grimm nicht für ein späteres Einschiebsel halte, als eine Stütze ansehen für Dietrichs Ansicht [2]), dass

---

1) Vgl. Andreas und Elene, herausgegeben von J. Grimm, Cassel 1840. p. XLIV.

2) Gegen dieselbe erklärt sich Wülcker in seinem Aufsatz „Ueber den Dichter Cynewulf" Anglia I. p. 483—507.

Cynewulf ein Northumbrier war. War, wie Grein vermuthete,
Cynewulf auch der Verfasser des Reimliedes, so würden wir
diesen Dichter, so weit bis jetzt bekannt, als den einzigen
Nachahmer jener skaldischen Versart im Angelsächsischen
anzusehen haben.

§ 37. Müssen wir nun in diesen eigenartigen, schon vor
Älfrics Zeit entstandenen Nachbildungen eines altnordischen
Metrums, die nur des Zusammenhangs wegen am zweckmässigsten hier zu besprechen waren, unzweifelhaft eine in bestimmter Absicht durchgeführte Verwendung des Endreims
in Verbindung mit der Alliteration erblicken, so ist doch
nicht zu verkennen, das die alliterierende ags. Langzeile allmählich auch ohne irgend welche äussere Einwirkung den
nämlichen Weg der Entwickelung würde eingeschlagen haben.

In fast allen angelsächsischen Dichtungen kommen vereinzelte Fälle zufällig auftretenden Endreims sowohl im Innern des Verses als auch am Schluss der beiden Vershälften
des Langverses, vor der Cäsur und im Versschluss vor.
So z. B.:

siþþan ic hond and rond hebban mihte Bw. 656.
sǽla and mǽla: þæt is sôđ metod Bw. 1611.
Hrôđgâr mađelode. hilt sceáwode Bw. 1687.
wuldres wedde witum áspédde An. 1633.
ic wrǽc wunne wuldres blunne An. 1382.
wyrmum bewunden, witum gebunden Jud. 115; 123; 231.
ridon ymb rôfne: þonne rand dynede
campwudu clynede; cyning þreátê fôr El 50, 51;

also hier in zwei nicht zu einander gehörigen Halbversen [1]).

Es ist fast selbstverständlich, dass sich aus dem öfteren
zufälligen Vorkommen eines derartigen Gleichklangs allmählich eine mit Absicht geübte Verwendung desselben entwickeln konnte.

Sehr treffend bemerkt J. Grimm (a. a. O. p. XLIII):
„Man gewahrt, dass alle lebendigen, natürlichen behelfe und
mittel der poesie sich von selbst luft machen und ohne dass

---

1) Vgl. für zahlreichere Beispiele J. Grimm, a. a. O. p. XLIII;
Cl. Fr. Meyer, Historische Studien. Theil I. Mitau und Leipzig 1855.
8°. p. 10. 11; Fritzsche: „Ueber Andreas" in der Anglia II, p. 471.

man sie auf äusseren wegen zu erklären braucht, einführen. In dem alliterierenden metrum regt sich der reim gerade so wie in dem quantitativen der classischen dichtkunst umgekehrt die alliteration, und jenes sîde and wîde (An. 1639), longe lateque neigen sich, aus gleichem innerem drang, zu einer dem gebrauch der sprache oder verskunst, worin sie vorkommen, entgegengesetzten weise. In diesen uralten reimen alliterierender lieder beruht also am ungezwungensten der allmählich unter allen völkern deutscher zunge aufgeblühte reim" (vgl. § 25).

Je mehr nun im Laufe der Zeit die strengen Kunstformen der alten alliterierenden Langzeile sich zu lockern begannen, je grössere Freiheit man der Lage des Hauptstabes und den Reimstäben überhaupt nach Stellung und Beschaffenheit gestattete, je häufiger namentlich das Satzende mit dem Versende zusammenfiel und so der Cäsur noch grössere Kraft verlieh, desto häufiger stellte sich auch der Binnenreim ein, der die beiden scharf getrennten Vershälften wieder aufs neue vereinte.

§ 38. So taucht schon in dem ganz zu Ende des zehnten Jahrhunderts gedichteten Liede auf Byrhtnoths Tod in einzelnen Fällen unter sonst regelmässigen alliterierenden Langzeilen der Reim als Bindemittel der beiden Halbverse auf; freilich meist in wenig reiner, mehr assonanzenartiger Form:

rád and rédde *rincum téhte* 18.

Byrhtnôð *maðelode,* bord *hafenode* 42, 309.

ŵttryne ord *and* ealde *swurd* 47:

buton hwâ þurh flánes *flyht* fyl *genâme* 71.

earn êses *georn:* wæs *on* eorðan *cyrm* 107.

æfre embe *stunde* he sealde *sume* wunde 271.

Nicht häufiger macht sich der Reim bemerkbar in dem gleichfalls c. 300 Verse umfassenden, aber etwas jüngeren Gedicht Be dômes dæge. Nur kommen hier schon einige Verse vor, die nur durch den Reim, und nicht zugleich auch durch Alliteration in den Halbversen gebunden sind, so gleich zu Anfang:

þær þa wæterburnan swegdon *and* urnon 3.

on middan gehæge eal *swa ic secge* 4.

ne bið þær wæðl ne lyre *ne* deaðes *gryre* 265.

ferner zugleich mehr oder weniger correct alliterierend:

> innon þam gemonge on ŵnlicum wonge 6.

> hate on hleorum recene to tearum 28,

wo der Hauptstab fehlt;

> nu þu sceald greotan tearas geotan 82.

> færð fýr ofer eall ne byð þær nan foresteal 146,

wo in beiden Versen der Hauptstab in der zweiten Hebung liegt;

> Eala se bið gesælig and ofer sælig 246,

wo gekreuzter Stabreim auftritt.

Ein anderer Reimvers scheint sich noch zu finden in dem Passus 98—100:

> and cristes cyme cyþað on eorðan;
> Eall corðe bifað eac swa þa duna
> dreosað and hreosað,

wo vermuthlich in v. 98 on eorðan zu streichen und dann zu lesen ist:

> and cristes cyme cyþað; eall corðe bifað,
> eac swa þa duna dreosað and hreosað.

Der Stabreim ist in dem Gedicht im Ganzen ziemlich correct gehandhabt; doch kommen auch, falls die Ueberlieferung zuverlässig ist, Unregelmässigkeiten vor, die charakteristisch sind für diese Epoche der Auflösung der alten Formen. Von geringerer Bedeutung ist das vereinzelte Vorkommen des Hauptstabs resp. eines Stabreims in zweiter Hebung, so:

> syn scyldigra ceorfað and slitað 168.

> hwilum þær eagan ungemetum wepað 193.

und die ungenaue Alliteration in beiden Fällen. Als ein entschiedeneres Zeichen des Verfalls aber ist es anzusehen, dass auf die Wortbetonung nicht immer die dem Stabreim zukommende Rücksicht genommen ist. Das zeigen Verse wie:

> wop and wanung na-wiht elles 201.

> þæs hefenlican leohtes sciman 254.

Hervorzuheben ist auch, dass einzelne Verse, wie in Älfrics Dichtungen, des Stabreims wie des Endreims gänzlich ermangeln:

> breostes and tungan and flæsces swa some 42,

wo indess *breostes* mit der letzten freilich nicht als Stabreim verwertheten Hebung des vorhergehenden Verses:

openum wordum   call abæred

alliteriert, und ferner v. 124:

stent he heortleas and carh,

wo der zweite Halbvers als solcher unvollständig und ausserdem wohl Alliteration von spiritus lenis und spiritus asper anzunehmen ist.

§ 39. In umfangreicherem Masse schon ist die Combination von Reim und Alliteration gehandhabt in den Versen der Sachsenchronik vom Jahre 1036 auf den Tod des Edelings Älfred und vom Jahre 1087 auf den Tod Wilhelm des Eroberers. Es wird zweckmässig sein, den ersteren Passus hier vollständig mitzutheilen (nach Grein 1, p. 357):

Ac Godwine hine þâ gelette   and hine on hæft sette
and his geferan he fordrâf   and sume mislice ofslôh;
sume hi man wiđ feó sealde,   sume hreówlîce âcwealde;
sume hi man bende,   sume hi man blende,
5 *sume [man] hamelode and sume heánlice hættode.*
Ne wearđ dreórlîcre dæd   gedôn on þisan earde,
siđđan Dene cômon   and her fryđ nâmon!
Nu is tô gelŷfanne   tô þan leófan gode,
þæt hi blission   blîđe mid Christe,
10 *þe wæron butan scylde   earmlîce âcwylde.*
Se ædeling leofode þâ get: ælc yfel man him behét
ôđ þæt man gerædde,   þæt man hine lædde
tô Eligbyrig   eal swâ gebundenne.
Sôna swâ he lende,   on scype man hine blende
15 *and hine swâ blindne   brohte tô þâm munecon,*
and he þær wunode,   þâ hwîle þe he leofode.
Syđđan hine man byrigde,   swâ him wel gebyrede
(þæt wæs full weorđlîce,   swâ he wæs wyrđe,)
æt þam west-ende   þam stypele ful-gehende
20 *on þam sûđportice: seó sâwul is mid Criste!*

Es zeigt sich auf den ersten Blick, dass diese Verse ihrer Structur nach von denjenigen des Reimliedes sehr verschieden sind. Während dort entschieden das Streben nach Gleichmässigkeit der Halbverse in Bezug auf das Verhältniss des Abstandes der Senkungen und Hebungen von einander,

also das Streben nach Taktgleichheit hervortrat, haben hier
die Halbverse meistens ungleiche Länge (nur v. 4, 7, 14 sind
etwas gleichmässiger gerathen) in Folge der gewöhnlich längeren Auftakte und Senkungen im ersten Halbverse als derjenigen im zweiten. Während dort Endreim und Alliteration
combiniert in allen Versen consequent durchgeführt war, unterbrechen hier regelmässige alliterierende Langzeilen ohne
jeglichen Endreim (v. 6, 13, 15, 18) den Lauf der gereimten
Verse, und kommen andererseits Verse vor, die nur durch
den Endreim ohne Alliteration gebunden sind, so v. 2, wenn
dort nicht die tonlose Vorsilbe *for-* in *fordráf* alliterieren
soll, wofür aber Ms. C. nach Earle *tôdraf* liest, ferner v. 7
unzweifelhaft und wohl auch v. 19, wo aber vielleicht in
ende und *gehende* Alliteration von spiritus lenis und spiritus
asper beabsichtigt war.

Hinsichtlich der Stellung der Reimstäbe ist zu bemerken,
dass öfters gekreuzte Alliteration vorkommt, so in dem rein
alliterierenden Vers 13 und in den alliterierend - reimenden
Versen 4, 5 und 17.

Der Endreim wie der Stabreim werden, wie mehrere
Beispiele zeigen, mit einer gewissen Sorglosigkeit gehandhabt. Es reimen *fordráf: ofslôh* 2; *cômon: nâmon* 7; *blíđe:
Criste* 9; *wunode: leofode* 16; *byrigde: gebyrede* 17. Es alliterieren, abgesehen von dem schon erwähnten *ende : gehende* 19,
mit einer Art inlautenden Alliteration, wenn es gestattet ist
diese eigentlich sich selbst widersprechende Bezeichnung zu
gebrauchen: *wǽron: acwylde* 16; *wunode: hwíle* 16. — Ähnlich
gebaut ist der Abschnitt vom Jahre 1087.

Die wichtigsten Erscheinungen in diesen kurzen Gedichten sind: 1) das an beliebiger Stelle vorkommende Auftreten streng alliterierender Verse unter den Reimversen und
2) die Ungleichheit der Structur der Halbverse in den reimenden und alliterierend-reimenden Langversen, in denen
daher noch immer die vier Hebungen ohne Rücksicht auf den
Umfang der Senkungen als die eigentlichen Angelpunkte
erscheinen.

§ 40. Während nun der poetische Excurs der Sachsenchronik vom Jahre 1036 schon recht unregelmässig in Bezug auf das alte alliterierende Metrum und auch hinsichtlich

der Combination von Reim und Alliteration gebaut ist, ist
eine spätere poetische Darstellung auf Eadweard vom Jahre
1065 (Grein I, 358—359) wieder in strenger Befolgung der
alten Alliterationsgesetze und ohne eine Spur von Endreim
abgefasst.

In diesen beiden Hauptrichtungen in der Behandlung
des angelsächsischen Langverses, welche wir die fortschritt-
liche oder freie und die conservative oder strenge nennen wollen, ist die weitere Entwickelung klar angedeutet,
welche dies Versmass im Lauf der Zeit nehmen musste.

Auf der einen Seite entwickelte sich aus der alten angelsächsischen Langzeile durch die neue Bindung der zwei
durch die Cäsur getrennten Halbverse mittelst des Endreims
ein kurzes Reimpaar, wie dies schon die zuletzt betrachteten Gedichte, namentlich der „Tod Älfreds" in der Sachsenchronik deutlich erkennen lassen. Dies kurze Reimpaar ist
zwar keineswegs identisch mit dem nach romanischen Vorbildern entstandenen, aus dem Alexandriner durch Binnenreim
hervorgegangenen, dreitaktigen oder gar mit dem häufiger
vorkommenden viertaktigen kurzen Reimpaar, hat aber doch
mit beiden, namentlich dem ersteren, wie manche altenglische
Denkmäler z. B. The Bestiary, King Horn und andere zeigen,
Aehnlichkeit genug, um leicht mit denselben vermengt werden zu können.

Auf der andern Seite macht sich das conservative
Princip, welches schon mit den streng gebauten alliterierenden Versen der Sachsenchronik vom Jahre 1065 auf Eadweard sich kund giebt, im dreizehnten, vierzehnten und fünfzehnten Jahrhundert in fast reactionärer Weise bemerkbar.
Freilich geschieht dies nicht auf die Art, dass die Dichter
dieser Richtung sich in strenger Weise an die alten Gesetze
der angelsächsischen Langzeile überall binden, sondern vielmehr dadurch, dass sie dieselben, gewöhnlich bei Vermeidung
des Endreims, noch zu verschärfen suchen, sie wenigstens in
Bezug auf den Stabreim, die Häufung desselben nicht nur
innerhalb des Langverses selber, sondern auch durch die
Wiederholung ein und desselben Stabreims innerhalb mehrerer auf einander folgenden Verse noch kunstvoller und schwie-
riger zu machen bestrebt sind.

Bevor wir aber die weitere Entwickelung des alten nationalen Metrums in diesen beiden Hauptrichtungen im Einzelnen näher erörtern, wird es zweckmässig sein, zuerst die Beschaffenheit der seit der Eroberung unter normännisch-französischem und mittelalterlich-lateinischem Einfluss in der englischen Sprache neu auftauchenden, auf dem Princip der Taktgleichheit und Silbenzählung beruhenden Metren genauer zu untersuchen, zumal da diese uns das beste Mittel an die Hand geben, uns über den Zustand der Wortbetonung in altenglischer Zeit den für die gesammte Metrik dieser Epoche unerlässlichen Aufschluss zu geben.—

III. Abschnitt.

Erste Epoche der altenglischen Zeit.
Normännische Periode.

Kapitel 1.

Allgemeine Einleitung zu den in Betracht kommenden lateinischen und französischen Rhythmen und Formen.

§ 41. Während in denjenigen älteren englischen Dichtungen, welche als die Hauptrepräsentanten der fortschrittlichen Richtung in der Weiterentwickelung der angelsächsischen Rhythmik anzusehen sind, in den sogenannten Sprüchen König Älfreds und in Layamons Brut, wie wir sehen werden, das Grundprincip der alliterierenden Langzeile: vier Hebungen im Langverse, je zwei in den beiden Halbversen, mögen sie nun durch Alliteration oder durch Endreim gebunden sein, das herrschende bleibt, wobei die Zahl der Senkungen keine fest geregelte ist, macht sich in einer andern Gruppe altenglischer Dichtungen derselben Epoche, aus der letzten Hälfte des zwölften und dem Anfange des dreizehnten Jahrhunderts, welche lateinischen und französischen Mustern nachgebildet sind, ein neues Princip, das der regelmässigen Aufeinanderfolge betonter und unbetonter Silben und das der Silbenzählung geltend. Es waren vorwiegend geistliche Dichtungen, im Süden Englands entstanden, mit denen diese neuen metrischen Gesetze eingeführt wurden. Bevor wir uns aber mit der Untersuchung befassen können, in welcher Weise dieselben von den altenglischen Dichtern gehandhabt wurden, haben wir uns noch einmal wieder zur Erklärung der Grundbegriffe und technischen Ausdrücke zurückzuwenden, soweit dieselben geeignet und erforderlich

sind, das Wesen der neuen, auf Grundlage mittelalterlich-
lateinischer und normännisch-französischer Verskunst entstandenen Formen von demjenigen der bisher betrachteten metrischen Gebilde zu veranschaulichen.

In der alliterierenden Poesie waren die Hebungen das
Feststehende, das Wesentliche für den Bau des Verses, während die Zahl der Senkungen nicht fest begränzt war. In der
mittelalterlich-lateinischen accentuierenden Poesie, sowie auch
in der romanischen ist dagegen eine regelmässige Aufeinanderfolge von stärker und schwächer betonten Silben oder
von Hebungen und Senkungen Gesetz, die beide von gleichem
Werth für den Rhythmus sind.

Es wurde schon im ersten Abschnitt hervorgehoben (§ 20),
dass analog dem Verhältniss regelmässiger Aufeinanderfolge
langer und kurzer Silben, wonach in der antiken Poesie der
Rhythmus des Verses geregelt ist, aus dem gleichen Verhältniss betonter und unbetonter Silben in der mittelalterlichen
und modernen accentuierenden Poesie vier Hauptarten
von Rhythmen entstehen (je nachdem einer Hebung eine
oder zwei Senkungen vorangehen oder folgen), nämlich je
ein auf- oder absteigend zweisilbiger und je ein
auf- oder absteigend dreisilbiger, oder mit Beibehaltung
antiker Benennungen, ein jambischer und trochäischer,
ein anapästischer und daktylischer Rhythmus. Die auf
zweisilbigen Takten basierten Rhythmen sind die ursprünglichen und am häufigsten, in altenglischer Zeit ausschliesslich
gebrauchten.

Aus dem früher (§ 2) berührten Verwandschaftsverhältniss
der musischen Künste, aus dem allen dreien gemeinsamen
Gleichmass der Bewegung, erklärt es sich, dass ähnlich wie
in der Musik und in der Tanzkunst jene Einzeltakte in der
Zeitdauer einander gleich sind. Diese Taktgleichheit[1]) ist
Gesetz für die moderne, wie auch für die mittelalterliche,
accentuierende, antiken Metren nachgebildete Rhythmik. Doch
unterscheidet sich die letztere von der ersteren wesentlich
dadurch, dass der Gebrauch, die einzelnen Takte aus einer

---

1) vgl. darüber auch Brückes Messversuche, Physiol. Grundlagen
der nhd. Verskunst, p. 22 ff.

regelmässigen Aufeinanderfolge von Hebungen und Senkungen bestehen zu lassen, in ihr weniger strenge beobachtet wird. Während in der neuenglischen Metrik die Ausfüllung eines zweisilbigen Taktes entweder durch eine einzige Hebung oder umgekehrt durch eine Hebung und zwei oder mehrere Senkungen als eine nur aus bestimmten Gründen zulässige poetische Licenz anzusehen ist, ist das Vorkommen solcher Takte in der altenglischen Verskunst, namentlich in der ersten Epoche, eine häufig zu beobachtende, aber nur selten aus bestimmten dichterischen Motiven zu erklärende Erscheinung. Aus diesem Grunde, und weil die regelmässigen aus dreisilbigen Takten bestehenden Rhythmen der altenglischen Poesie überhaupt fremd sind, kommen auch die gemischten Metren, d. h. solche, in denen dreisilbige Takte mit zweisilbigen, also daktylische, oder anapästische mit trochäischen und jambischen in bestimmter Absicht und regelmässiger Gruppierung gemischt sind, in altenglischer Zeit noch nicht vor. Besonders charakteristisch ferner für die Metrik dieser Periode ist es, und zwar namentlich für die erste Epoche derselben, dass die trochäischen und jambischen Rhythmen nicht so strenge von einander gesondert werden, als in der modernen Rhythmik. Das hängt mit dem Wesen, der Entstehung und Entwickelung des zweisilbigen Rhythmus zusammen.

Beginnt der aus zweisilbigen Takten bestehende Vers mit dem schweren Takttheile, so fasst man den darauf folgenden leichten Takttheil mit demselben zu einem einzigen Takt zusammen und nennt ihn einen T r o c h ä u s, sowie den aus einer Reihe solcher Takte zusammengesetzten Vers einen trochäischen. Geht dem schweren Takttheil ein leichter Takttheil, der in d e r M u s i k a l s sogenannter Auftakt von dem Complex der folgenden Takte abgesondert wird [1]), voran, so wird derselbe nach metrischer Ausdrucksweise mit jenem, dem schweren Takttheile, zu einem Takt zusammengefasst, den man einen J a m b u s nennt, sowie den aus einer Reihe solcher Takte bestehenden Vers einen jambischen. Der A u f t a k t also ist es, der den trochäischen Vers zu einem jambischen macht, und dadurch, dass den in der altenglischen Poesie

---

1) vgl. Westphal, Neuhochdeutsche Metrik, p. 13 ff.

allerdings meistens angewandten jambischen Metren der Auftakt sehr oft fehlt, tritt die ursprüngliche Gleichartigkeit
beider Rhythmen hier noch mehr zu Tage. Je mehr im
Laufe der Zeit sich die Verskunst entwickelt, je mehr in
derselben namentlich auch das silbenzählende romanische
Princip seinen Einfluss geltend macht, desto seltener wird das
Fehlen des Auftaktes, bis endlich die bestimmte Sonderung
des jambischen und trochäischen Rhythmus durchgeführt ist.

Eine Summe von Takten bildet, wie schon früher (p. 30)
erwähnt wurde, eine rhythmische Reihe [1]), einen Complex von
auf einander folgenden Einzeltakten, welche ebenso, wie in
prosaischer Rede, einem einzigen rhythmischen Hauptaccente unterworfen sind, d. h. demjenigen Accente, welcher
sich unter benachbarten Hebungen einer logisch zusammengehörigen Gruppe von Worten durch die grösste Tonstärke
bemerkbar macht und stets auf dem Worte ruht, welches für
den Sinn des Satzes das bedeutsamste ist, welches also den
stärksten logischen Nachdruck hat. Bei mehreren gleich be-
deutungsvollen, entweder copulativ verbundenen oder einander
adversativ gegenübergestellten Worten pflegt sich der Nachdruck im Fortschritt der Rede zu steigern und das letzte jener
Worte pflegt daher den Hauptaccent zu tragen. In der Regel
wird die rhythmische Reihe mit der Verszeile zusammenfallen,
bei langen Versen aber auch innerhalb derselben abschliessen,
nämlich im Englischen gewöhnlich schon bei solchen Versen,
die mehr als vier Takte umfassen, so dass solche längere
Verse gewöhnlich zwei, bisweilen aber auch mehrere rhythmische Reihen enthalten. Daraus geht aber nicht hervor,
dass bei jedem Vers, dessen Einzeltakte diese Zahl nicht
übersteigen, stets das Ende der rhythmischen Reihe mit dem
Versende zusammenfallen muss (vgl. p. 86). Jedoch ist es für
beide die Regel, dass sie nur mit einem vollen Wort, nicht
aber mit einer Silbe abschliessen können, es sei denn, dass
damit im Endreime der Verszeile ein besonderer, gewöhnlich
komischer Effect erzielt werden soll.

Nach der Zahl der Takte oder Versfüsse theilen wir
die rhythmischen Reihen ein mit Beibehaltung der antiken

---

1) vgl. Westphal a. a. O. p. 24 ff.

Bezeichnung in Dipodien, Tripodien, Tetrapodien oder
Dimeter, Trimeter, Tetrameter etc. Die Tripodien und
die Tetrapodien, namentlich die letzteren, sind die wichtigsten.

Da der Takt oder Versfuss aus zwei Taktabschnitten
besteht, so muss in einer vollständigen rhythmischen Reihe
die Zahl der Hebungen und Senkungen gleich sein, also eine
gerade Zahl ausmachen: vier bei der Dipodie, sechs bei der
Tripodie etc. In einer trochäischen Reihe wird dieselbe, da
sie mit einer Hebung beginnt, mit einer Senkung aufhören,
in einer jambischen Reihe umgekehrt. Solche Reihen oder
Verse heissen akatalektische, d. h. vollzählige Verse, je
nach der Zahl der Versfüsse oder Metren also akatalektische
Dipodie, Tripodie etc., oder Dimeter, Trimeter etc. Nun
kann ähnlich wie in der Musik, so auch im poetischen
Rhythmus, ein Takttheil durch eine Pause, also durch das
Fehlen einer oder mehrerer Silben ausgedrückt werden. Dies
geschieht naturgemäss zu Ende des Verses, der dann ein
katalektischer, d. h. ein unvollzähliger ist, nämlich in
dem Fall, wenn nur der letzte Theil des letzten Taktes fehlt,
so dass ein solcher Vers stets eine ungerade Zahl von Silben
enthält, die Tripodie nicht sechs, sondern nur fünf, die Tetrapodie nicht acht, sondern nur sieben, und zugleich wird
bei der katalektisch-trochäischen Reihe der Schluss derselben
nicht, wie bei der vollzähligen oder akatalektischen, eine
Senkung, sondern eine Hebung sein, bei der katalektisch-
jambischen umgekehrt die Schlusssilbe keine Hebung, sondern eine Senkung. Einige Beispiele mögen dies näher veranschaulichen.

Trochäische Tetrapodie:

akat. *Ah, what pleasant visions haunt me,*
kat. *As I gaze upon the sea!*

Jambische Tetrapodie:

akat. *A chieftain, to the highlands bound,*
kat. *Cries: Boatman, do not tarry.*

Die katalektisch-jambische Reihe ist also in ihrem Ausgange der akatalektisch-trochäischen ähnlich, da in beiden
die letzte Silbe eine Senkung ist, die akatalektisch-jambische

Reihe aber der katalektisch-trochäischen, da in beiden die letzte Silbe eine Hebung ist.

Fehlt ein ganzer Takttheil an der Vollzähligkeit, so heisst der Vers ein brachykatalektischer. Ein Beispiel einer jambischen Tetrapodie dieser Art gewährt Ol. Goldsmith's bekanntes Lied:

akat. *Turn, gentle hermit of the dale,*
brachykat. *And guide my lonely way.*.

Die brachykatalektische Tetrapodie ist also, wie leicht ersichtlich ist, der akatalektischen Tripodie in Bezug auf Silbenzahl und Versausgang völlig gleich. Jene besondere Gattung ist indess vorläufig nicht für uns von Wichtigkeit, ebenso wenig wie solche Reihen, in denen anderthalb Takte fehlen, die also zugleich katalektisch und brachykatalektisch sind, oder auch die sogenannten hyperkatalektischen Reihen.

§ 42. Die p. 79 erwähnte Regelmässigkeit in der Wiederkehr von Hebungen und Senkungen ist der eine Hauptunterschied, der die nach dem Vorbilde der lateinischen accentuierenden und der französischen Metren gebauten altenglischen Rhythmen, die wir zu betrachten haben werden, von der germanischen alliterierenden Langzeile in ihrer Ungestalt und in ihrer Weiterentwickelung sondert. Der andere Hauptunterschied liegt in der fast ausnahmslos erforderlichen Anwendung und consequenten Durchführung des Endreims. Es wurde schon bemerkt, dass der Endreim neben seiner Bedeutung als Schmuck des Verses noch die seinem innersten Wesen innewohnende Bestimmung hat, als Bindemittel zu dienen für die einzelnen Verse unter einander. Mit dieser Function des Reimes nun, mit der durch ihn bewirkten Verknüpfung zweier Verse zu Reimpaaren oder mehrerer solcher Reimpaare, wie auch mehrerer Verse in mannichfaltigster Verbindung zu einem grösseren Ganzen hängt in der englischen, wie in der neueren Metrik überhaupt der Strophenbau zusammen. Das Wort Strophe heisst eigentlich Wendung und bedeutet daher in dem ursprünglichen Sinn des Wortes die Umkehr des gesungenen Liedes zur anfänglichen Melodie [1]). „Dem Zusammenhange der Töne in den einzelnen

---

1) vgl. Westphal, Neuhochdeutsche Metrik, p. 49 ff.

melodischen Abschnitten entspricht der Zusammenhang der
Worte. Im Einklang mit dem melodischen Schluss mussten auch
die gesungenen Worte am Ende der Strophe einen vollen Ge-
dankenabschluss bilden", eine Regel, die auch für die bloss
recitierenden Gedichte beobachtet wurde und wird. Indess auch
innerhalb der Strophe machen sich gewisse Abschnitte und
Ruhepunkte geltend, die mit der Entstehung der Strophe aus
den einzelnen sogenannten Perioden zusammenhängen. Diese
Perioden der Strophe aber und überhaupt die ganze Gliederung
derselben weisen wieder aufs entschiedenste auf den innigen
Zusammenhang der Poesie mit der Musik und Tanzkunst hin.
Die dem rhythmischen Gefühl geläufigste Zahl ist die
mit dem Schreiten zusammenhängende Vierzahl. Die
populären Tanz- und Marschmelodien sind der Art, dass
immer je vier und vier Einzeltakte durch die Melodie und
durch einen deutlich vernehmbaren Abschnitt beim vierten
Takt zu einer rhythmischen Gruppe vereinigt werden. Gerade so verhält es sich mit der Lyrik, und so kommt es,
dass die Tetrapodie in den einfachsten und volksthümlich-
sten lyrischen Dichtungen das beliebteste Metrum ist. Vier
Takte oder Versfüsse schliessen sich also auch in der Lyrik
für gewöhnlich zu einer rhythmischen Reihe zusammen.
Zwei solche gleich lange rhythmische Reihen, von denen die
erste, wie in der Musik, aus dem Vordersatz, die zweite aus
dem Nachsatz besteht, bilden den einheitlichen Abschnitt
einer Periode. Mit dem Schluss derselben, also dem Schluss
des Nachsatzes, der den Gedanken zu Ende bringt, tritt ein
grösserer Ruhepunkt ein, worauf dann dieselbe Periode sich
wiederholt, in der Poesie zwei andere, genau so gebaute
rhythmische Reihen, deren letzte mit der letzten Reihe der
ersten Periode in der modernen Poesie gewöhnlich (nicht mit
Nothwendigkeit) durch den Endreim verknüpft ist, welcher
die beiden Perioden zu einem Ganzen verbindet. Am Ende
der ersten Periode muss also, um dieselbe als eine untergeordnete Einheit zu charakterisieren, ein Ruhepunkt eintreten, der am wirksamsten und daher in der Regel durch
das Auslassen eines Takttheils, d. h. einer Silbe hervorgebracht wird und so den Vordersatz der Periode aus einer
akatalektischen oder vollzähligen Reihe, den Nachsatz aus

einer katalektischen oder unvollzähligen bestehen lässt. In
gleicher Weise wiederholt sich die zweite Periode, und so
entsteht die einfachste zweigliedrige lyrische Strophe, bestehend aus zwei Perioden, jede zusammengesetzt aus zwei
rhythmischen Reihen, und zwar trochäischen Tetrapodien,
wenn wir mit Westphal den Trochäus als das mit dem schweren Takttheil beginnende Metrum als das ursprüngliche, zunächst liegende ansehen. Eine solche Strophe ist die folgende,
schon vorher theilweise citierte Anfangsstrophe von Long-
fellows „Secret of the Sea“:

I. Per.	Vorders.:	*Ah! what pleasant visions haunt me*	akatal. Reihe.
	Nachs.:	*As I gaze upon the sea!*	katal. Reihe.
II. Per.	Vorders.:	*All the old romantic legends,*	akatal. Reihe.
	Nachs.:	*All my dreams come back to me.*	katal. Reihe.

Eine Strophe ähnlicher Art aus jambischen Tetrapodien
ist die folgende aus *Sir Lancelot du Lake (Percy's Reliques I)*
entnommene:

I. Per.	Vorders.:	*They caught their speares — their horses ran*	ak. R.
	Nachs.:	*As though there had been thunder —*	k. R.
II. Per.	Vorders.:	*And strucke them each amidst their shields,*	ak. R.
	Nachs.:	*Wherewith they broke in sunder.*	k. R.

Dadurch, dass der Reim hier nur die Schlusstakte der
beiden Perioden verbindet, werden dieselben noch entschiedener und vernehmlicher fürs Ohr als die beiden wesentlichen
Glieder der Strophe hervorgehoben. Daher finden wir derartige Strophen auch manchmal — in der altenglischen Poesie
ist dies sogar das Gewöhnliche — als zwei Langzeilen geschrieben und gedruckt. Indess hebt Westphal mit Recht
hervor (a. a. O. p. 57 ff.), dass diese Verschiedenheit in der
Anordnung der beiden rhythmischen Reihen der Perioden
lediglich für die äussere Gestalt derselben, keineswegs aber
für ihr inneres Wesen, für den Rhythmus selber, von Belang
ist, der dadurch gänzlich unberührt bleibt. Das gilt in gleicher Weise für eine sehr häufig vorkommende Variation der
obigen Strophenform, nämlich für diejenige in der Lyrik
namentlich sehr beliebte Form, in der nicht nur die Schlusstakte der beiden letzten Reihen oder der Nachsätze der beiden
Perioden, sondern auch diejenigen der beiden ersten Reihen
oder der Vordersätze derselben zusammen reimen nach Art

der folgenden Anfangsstrophe des bekannten Byron'schen in trochäischen Tetrapodien geschriebenen Liedes:

I. Per.	Vorders.:	*Fare thee well! and if for ever,*	akatal. Reihe.
	Nachs.:	*Still for ever, fare thee well!*	katal. Reihe.
II. Per.	Vorders.:	*Even though unforgiving, never*	akatal. Reihe.
	Nachs.:	*'Gainst thee shall my heart rebell.*	katal. Reihe.

Die Strophe ist noch insofern lehrreich, als in der zweiten Periode derselben die erste rhythmische Reihe nicht mit dem Versende zusammenfällt und die beiden correspondierenden rhythmischen Reihen der beiden Perioden also nicht von gleicher Länge sind, — eine Unregelmässigkeit, die indess dadurch ausgeglichen und sogar zu einer metrischen Schönheit erhoben wird, dass der auf dem Worte *never* liegende, durch den Reim in wirksamster Weise verstärkte logische Nachdruck dasselbe noch als zum Vordersatz gehörig erscheinen lässt. Derartige, nicht selten vorkommende Fälle lassen übrigens die von Westphal (a. a. O. p. 13) vorgeschlagene Beseitigung des Ausdrucks „Vers" oder „Verszeile" als unzweckmässig und unberechtigt erscheinen. Nicht die rhythmische Reihe, sondern die durch den Reim markierte Verszeile, möge dieselbe nun als Halbvers oder als Langvers gedruckt, resp. geschrieben sein, ist es, welche hier das strophische Gefüge stützt. Ein Beispiel einer in jambischen Tetrapodien geschriebenen, auf ähnliche Art, also kreuzweise gereimten Strophe gewährt Campbells Gedicht „*Lord Ullins Daughter*":

I. Per.	Vorders.:	*A chieftain, to the Highlands bound,*	akatal. Reihe.
	Nachs.:	*Cries: „Boatman, do not tarry;*	katal. Reihe.
II. Per.	Vorders.:	*And I'll give thee a silver pound*	akatal. Reihe.
	Nachs.:	*To row us o'er the ferry".*	katal. Reihe.

Diese beiden einfachsten Strophenarten wurden, wie wir sehen werden, in der altenglischen Poesie sehr beliebt, die erstere, am frühesten eingeführte, langzeilig reimende in der epischen und didaktischen, die zweite kurzzeilig reimende in der lyrischen Dichtung. Sie sind basiert auf dem System der **katalektischen Perioden**, wie dieselben nach dem auf einen akatalektischen Vordersatz folgenden katalektischen Nachsatz genannt werden.

Ausserdem ist nun zunächst noch eine andere Strophenbildung von Wichtigkeit, die auf Grund der **akatalektischen**

Periode entsteht, d. h. einer Periode, deren Vordersatz und
Nachsatz beide vollzählig (akatalektisch) sind. Auch hier sind
natürlich jambische und trochäische Compositionen möglich,
doch sehr selten — in der altenglischen Poesie wohl niemals —
in der Weise zu Strophen verbunden, dass nur die Perioden,
also die Langzeilen, reimen, sondern gewöhnlich entweder in
der zuletzt erwähnten kreuzweisen Reimstellung oder so, dass
die beiden Reihen der einzelnen Periode durch den Reim
verknüpft sind. Die letztere Art der Strophenbildung, diejenige des sogenannten kurzen Reimpaars, ist namentlich
in der mittelalterlichen Poesie von grosser Wichtigkeit. In
diesem in der Regel jambischen Versmass sind zahlreiche
altenglische und mittelhochdeutsche Dichtungen abgefasst.
Auch in der modernen Poesie ist es sehr beliebt geblieben.
Als eine Probe mögen die Anfangsverse von Byrons *Siege
of Corinth* citiert werden:

> 'This midnight; on the montains brown
> The cold round moon shines deeply down;
> Blue roll the waters, blue the sky
> Spreads like an ocean hung on high.*

In der altenglischen Poesie ist, soweit bis jetzt bekannt, eine
im zwölften Jahrhundert abgefasste Paraphrase des Pater
noster als die älteste Probe dieser Versart anzusehen, die
dann bald sehr beliebt wurde. Viel seltener, obwohl auch
schon im dreizehnten Jahrhundert vorkommend, begegnet die
Bindung der akatalektischen zweigliedrigen jambischen Periode zu Strophen mit kreuzweiser Reimstellung nach
Art der Strophen von James Thomsons „*Rule Britannia*"
(mit Ausschluss des Refrains):

> When Britain first at heavens command
> Arose from out the azure main,
> This was the charter of the land,
> And guardian Angels sung this strain:*

Endlich ist noch einer letzten wichtigen, nach Westphal
(a. a. O. p. 167 ff.) ebenfalls auf Grundlage der jambischen Tetrapodie, und zwar der katalektischen Tetrapodie aufgebauten
Strophenart vorläufig Erwähnung zu thun, die sowohl in altenglischer Gestalt, als auch in derjenigen ihres Vorbildes, des altfran-

zösischen Alexandriners [1]) nämlich, einen schwankenden Charakter trägt, insofern ihre Perioden bestehen können entweder aus zwei katalektischen Reihen oder aus zwei brachykatalektischen Reihen oder aus brachykatalektischem Vordersatz nebst katalektischem Nachsatz, oder endlich umgekehrt aus katalektischem Vordersatz nebst brachykatalektischem Nachsatz. Gewöhnlich werden je zwei solcher Perioden durch den Reim des Nachsatzes, der dann natürlich in beiden Perioden gleichartig sein muss (während die Vordersätze ungleichartig sein können), zu einem Verspaar gebunden. Reimen auch die correspondierenden Vordersätze zusammen, so dass das lange Reimpaar zu vier kurzen Versen mit kreuzweiser Reimstellung aufgelöst erscheint, so ist selbstverständlich Gleichartigkeit aller correspondierenden Reihen erforderlich. Da es in neuenglischer Verskunst keine analoge Strophenform giebt, so möge die nähere Betrachtung dieser Vers- und Strophenart demjenigen Kapitel (5) unserer Untersuchung vorbehalten bleiben, welches sie uns, der historischen Betrachtungsweise entsprechend, wieder vorführen und dem altfranzösischen Vorbilde zur Vergleichung gegenüberstellen wird.

Die für die erste Periode der altenglischen Zeit in Betracht kommenden Versarten und ihre strophischen Bindungen durch den Reim sind hiermit erwähnt und ihrem Wesen nach erklärt. Höchstens wären ausser den paarweise folgenden oder sich berührenden Reimen, einerlei ob in kurzen oder langen Reimpaaren, nach dem Schema *aabbccdd* etc. und den sich kreuzenden Reimen (*abab*) die umschliessenden Reime (*abba*) zu erwähnen. Auf die Besprechung der sonstigen Reimarten können wir ebenso wie auf die Erörterung anderer Versarten vorläufig verzichten, da sie für die erste Zeit der altenglischen Poesie kaum in Betracht kommen.

---

1) Über den Ursprung desselben sind die verschiedensten Theorien aufgestellt worden; dieselben sind zum Theil referiert und beleuchtet worden von Diez in seiner Abhandlung „Über den epischen Vers"; Altromanische Sprachdenkmale berichtigt und erklärt von Friedrich Diez. Bonn, 1846, 8. p. 26 ff. Vgl. ferner Gaston Paris, Étude sur le rôle de l'accent latin dans la langue française. Paris 1862, 8., p. 113 und L. Gautier, Les Épopées françaises, Paris 1878. I², p. 310 ff.

Die grössten Reimkünstler waren bekanntlich die Provençalen, welche die formale Seite der Poesie überhaupt zur höchsten Entwickelung gebracht haben und auf die nordfranzösische Lyrik, sowie durch diese wieder (theilweise auch direct) auf die englische einen mächtigen Einfluss ausgeübt haben. Die Betrachtung der altenglischen Reimkunst wird daher am zweckmässigsten an das Kapitel von den altenglischen lyrischen Strophen anzuschliessen sein.

Kapitel 2.

Der altenglische gereimte Septenar des Poema Morale.

§ 43. Drei fremde Versarten sind zunächst zu nennen, von denen reichlich hundert Jahre nach der normännischen Eroberung — gegen Ende des zwölften und zu Anfang des dreizehnten Jahrhunderts — Nachbildungen in der englischen Volkssprache auftauchten: Erstens ein lateinisches Versmass, nämlich der katalektische Tetrameter, nach der Zahl der vollständigen Takte auch häufig Septenar genannt, welcher dem antiken quantitierenden Vers von der accentuirenden mittellateinischen Poesie nachgebildet und im lateinischen Kirchenliede sowie in der daran sich anschliessenden [1] Vagantenpoesie mit dem Reim geschmückt wurde, und zweitens zwei französische Metra, nämlich das sogenannte achtsilbige kurze Reimpaar und der Alexandriner.

Betrachten wir zuerst die nach lateinischem Vorbild gebaute Versform, wie sie uns in gereimter Gestalt in dem sogenannten Poema morale entgegentritt, einem zwar nur kurzen, c. 390 Verse umfassenden didaktischen Gedicht aus dem Ende des zwölften Jahrhunderts (verfasst um 1170 nach Zupitza, im ersten Viertel des dreizehnten Jahrhunderts nach ten Brink), welches aber gerade in Bezug auf die metrische Form einen nachhaltigen Einfluss ausgeübt hat und sehr beliebt gewesen zu sein scheint, wie aus den zahlreichen davon erhaltenen Handschriften zu schliessen ist. Es ist nach den-

---

1) vgl. dazu Huemer, Untersuchungen über die ältesten lateinisch-christlichen Rhythmen, p. 61, 62.

selben zu wiederholten Malen gedruckt worden, zuletzt von Zupitza, Anglia I, 5—38, wo weitere Angaben auch betreffs der Mss. zu finden sind. Die Anfangsverse lauten daselbst:

I'c am élder, þánne ic wés,   a wíntre and íc a lóre;
ic cáldi móre, þanne ic déde: mi wít oȝhte tó bi móre.
Wel lónge ic hábbe chíld ibién   on wórde ánd on déde:
þéȝh ic bí on wíntren eáld,   to ȝiúng ic ám on réde.

Diese Verse sind offenbar nach einem Vorbilde gebaut, ähnlich wie die der folgenden Schlussstrophe des Gedichtes, Carmina burana [1] p. 47, Nr. LXXVII:

Fortunae rota volvitur,   descendo minoratus,
alter in altum tollitur   nimis exaltatus;
rex sedet in vertice,   caveat ruinam,
nam sub axe legimus   ‚Hecubam‘ reginam.

In beiden Gedichten ist dasselbe Schwanken zwischen jambischem und trochäischem Tonfall, resp. das öftere Fehlen des Auftaktes [2] bemerkbar. Nur sind in den zwei ersten Langversen der lateinischen Strophe auch die entsprechenden Halbverse gereimt, wie ebenfalls durchweg in den zwei vorangehenden Strophen des Gedichts, dessen Langverse aber stets paarweise reimen. Die gewöhnlichere Form scheint indess die gewesen zu sein, in welcher vier Langverse ohne Reimbildung der correspondierenden Halbverse durch den gleichen Endreim zu einer vierzeiligen Strophe verknüpft sind. Diese Gestalt haben die meisten der im selben Versmass geschriebenen *Carmina burana*, ferner auch die meisten der lateinischen Gedichte unter den *Political Songs of England from the reign of John to that of Edward II* (1199—1327) *edited by Thomas Wright. London, Camden Society.* 1839, sowie der dem Walter Map zugeschriebenen Dichtungen, gleichfalls für die *Camden Society* herausgegeben von *Th. Wright, London* 1841. Doch ist der Rhythmus derselben stets, wie es scheint, ein trochäischer; vgl. z. B. den *Song*

---

1) Bibliothek des literarischen Vereins in Stuttgart, Band 16. Stuttgart, 1847.

2) vgl. dazu Huemer, Untersuchungen über die ältesten lateinischchristlichen Rhythmen, p. 37.

on the Times (Pol. Songs p. 14 ff.) aus der Zeit des Königs
Johann:

> *Utar contra vitia carmine rebelli;*
> *Mel proponunt alii, fel supponunt melli,*
> *Pectus subest ferreum deauratae pelli,*
> *Et leonis spolium induunt aselli.*

Gleichwohl lässt die Vergleichung dieser Strophe mit dem
letzten Vers des p. 90 citierten Gedichtes der *Carmina burana*
es als möglich erscheinen, dass wir die Verse derselben nicht
nach ihrer äusseren Gestalt anzusehen haben als trochäische
Perioden, zusammengesetzt aus einem katalektischen Tetrameter als Vordersatz und einem brachykatalektischen Tetrameter als Nachsatz, sondern vielmehr als katalektische jambische
Perioden, bestehend aus einem akatalektischen Tetrameter als
Vordersatz und einem katalektischen als Nachsatz, nur in
beiden mit fehlendem Auftakt, welches sich für die Verse
solcher einreimigen Strophen aus vier Langzeilen als Regel
festgesetzt zu haben scheint.

Besonders charakteristisch für diese rhythmischen lateinischen Gedichte des Mittelalters und interessant wegen der
sehr häufig vorkommenden analogen Erscheinung in den nach
ihrem Muster gebildeten altenglischen Versen ist der manchmal,
namentlich oft am Beginn des Verses und in der zweiten
Hebung in denselben zu beobachtende Widerstreit zwischen
Wort- und Versaccent, der aber, wie Huemer mit Recht
hervorhebt, „durch die Möglichkeit einer Art schwebender
Betonung in der Aussprache vermieden oder doch verwischt
werden konnte"[1]). Vgl. z. B. V. 2 und 3 des oben citierten
Gedichts der Carm. bur., ferner aus dem „Song on the Times"
Verse wie auf p. 15:

> *Quod pendet a capite totum est inmundum.*
> *Et solvit contraria copia nummorum.*
> *Romani capitulum habet in decretis.*

§ 44. Über die etwaige Quelle des Poema Morale
finden wir keinerlei Angabe, doch wäre es keineswegs un-

---

1) vgl. Huemer, Untersuchungen über die ältesten christlich-
lateinischen Rhythmen, p. 31, und Huemer, Untersuchungen über den
jambischen Dimeter etc., p. 24.

wahrscheinlich, dass es eine mehr oder weniger freie Ubertragung eines im selben Versmass geschriebenen lateinischen Gedichts wäre, welches also aus paarweise, mit klingendem Ausgange gereimten Versen von 15, 14 oder 13 Silben, je nach dem jambischen oder trochäischen Rhythmus oder richtiger, nach dem Vorhandensein oder dem Fehlen des Auftakts in einer der beiden Vershälften oder in beiden zugleich bestanden haben würde.

Rein jambische Strophen sind verhältnissmässig selten. Ein Beispiel der Art ist die achtzehnte Strophe bei Zupitza, der das Gedicht, der Anordnung der von ihm veröffentlichten Handschrift sich anschliessend, im Gegensatz zu den andern Manuscripten und Ausgaben, in Kurzzeilen, also in Strophen von vier Versen gedruckt hat. Wir behalten, obwohl wir dem am leichtesten zugänglichen Text Zupitzas (Ms. D.) folgen, die Langzeilen bei und citieren dieselben in Klammern nach dem Druck von Morris, *Old English Homilies, First Series, Part I* (*Early English Text Society*, Nr. 29) p. 159—183, die Handschriften nach den Bezeichnungen Zupitzas. Also Strophe 18:

Ne sólde nó man dón a first   ne sleúhþen wél to dónne, 18 (37)
For máni mán bihóted wél,   þet hít forzét wel sónc.

Ms. L. liest *scal*; sonst herrscht in den Handschriften Ubereinstimmung der Überlieferung, worauf überhaupt, so viel wie möglich, bei der Auswahl der Beispiele Rücksicht genommen werden soll. Weniger sicher ist Strophe 127 überliefert; zuverlässig dagegen wieder Strophe 182 (373):

þo súllen móre of hím iseón,   þet híne líuede móre,
And móre iknówen ánd isién (iwiten T. J. E.) his miltc ánd his óre.

§ 45. Im Gegensatz zu diesen Strophen aus jambischen Versen von fünfzehn Silben kommen auch rein trochäische Verse von nur dreizehn Silben vor, in welchen also sowohl im ersten, als auch im zweiten Halbvers der Auftakt fehlt. Doch diese, wie es scheint, nicht paarweise gebunden, sondern nur einzeln, so dass in solchen Strophen ein Vers den regelmässigen jambischen, der andere scheinbar trochäischen Rhythmus hat, z. B. Strophe 85 (175)

þó þet hábbed wél idón   éfter híre mihte,
To héueneríche hi súllen váre   vórd mid úre dríhte.

Am nächsten kommt wohl dem rein trochäischen Rhythmus
Strophe 101 (207), die freilich unsicherer überliefert ist:

Ádam ánd his ófspreng ál   vor óne báre sénne
Wéren véle húndred ʒér   on hélle and ón vnwénne.

Vgl. ausserdem Strophen 87 (179), 94 (193), 99 (202) 100 (203)
und andere mehr. Im Ganzen aber ist der jambische Rhythmus das vorherrschende, so dass bei vierzehnsilbigen Versen,
die wohl die grösste Zahl ausmachen, entweder in der ersten
oder in der zweiten Vershälfte nur der Auftakt fehlt, z. B.
gleich in Vers 1:

Íc am élder, þánne ic wés,   a wíntre and éc a lóre,

ebenso Strophe 3 (5):

Únnet líf ic hábbe iléd   and ʒiét, me þíngh, ic léde:
þánne ic mé biþénche wél,   wel sóre ic mé adréde.

Weniger oft dürfte es vorkommen, dass der Auftakt nur in
der zweiten Vershälfte fehlt, wie z. B. in Str. 8 (13):

Ic miʒte hábbe bét idón,   hádde ic þó isélde,

oder in Str. 51, 1 (109):

Ne maí him nó man ál swo wél   démen né swo ríhte.

§ 46. Dass der Rhythmus jambischer Art ist, geht
übrigens vor allem daraus hervor, dass die erste, durch die
Cäsur von der zweiten getrennte Vershälfte stets mit einer
Hebung endet, wie alle bisher citierten Verse veranschaulichen.
Zuweilen kommen scheinbare Ausnahmen von dieser Regel vor,
die aber entweder zum Theil auf die mangelhafte Ueberlieferung zurückzuführen sind, oder anderntheils das flexivische
e der Endsilben gewisser Wörter betreffen, welches schon
in damaliger Zeit ähnlich wie das entsprechende *e* im Neuhochdeutschen entweder beibehalten und als Silbe gerechnet
oder, wie viele Beispiele beweisen, nöthigenfalls auch durch
Elision, Apocope oder Verschleifung beseitigt werden
konnte. In sehr anschaulicher Weise zeigt dies Strophe 15,
Vers 1, in welchem das betreffende *e* durch eine kleinere Type
markirt ist, was künftig stets, wo es zweckmässig ist, betreffs
derartiger Silben geschehen soll:

Ne hópie wíf to híre wére ne wére tó his wíue 15 (31).
Im ersten Halbverse muss hier das grammatisch erforderliche *e* in *were* apocopiert werden, im zweiten ist das unorgan-
ische, obwohl damals wohl schon allgemein gebräuchliche *e*
in demselben Worte zu sprechen und im Rhythmus des Verses
als Senkung zu zählen. Selbst vor folgendem Vocale oder
h kann sich das *e*, wenn es metrisch erforderlich ist, erhalten,
der Elision trotzen, wie zahlreiche Beispiele zeigen, so in
folgenden Versen, in denen es durch steilen Druck kenntlich gemacht ist:

Wel lónge ic hábbe chíld ibién on wórde únd on déde 2 (3)
A'l to lóme ic hábbe igélt on wórke únd (and ec E) on wórde
6 (11 TJ; L om.)

In der Regel aber fällt es, gleichviel ob eine kurze oder
lange Silbe vorangeht, vor Vocalen und *h* der Elision zum
Opfer, wie aus den eben citierten Versen gleichfalls erkennbar
ist; vgl. ferner:

Hé is órd al búten órde and énde al búten énde 41 (85)
Úre iswínch aud úre itílde is ófte iwóned to aswínde 27 (57),

wo in v. 27 (57) in Ms. E ähnliche Elisionen des *e* in *ure*
vorkommen, in LTJ aber wegen des Fehlens der Vorsilben *i*
das *e* unaccentuiert in der Senkung steht. Ueberall aber
bildet das *e* in *tílde* die überzählige, daher zu elidierende
Senkung des ersten akatalektischen jambischen Halbverses,
die vor dem folgenden Vocal des ersten, noch dazu in der
Senkung stehenden Wortes doppelt leicht fortfällt. Für ähnliche Fälle vgl. noch Str. 70 (145), 71 (147) vor folgendem *h*.

Beginnt das erste Wort des zweiten Halbverses, möge
es nun in der Senkung oder Hebung stehen, mit einem Consonanten, so war wohl ein derartiges überzähliges *e* weniger
leicht zu apocopieren, wie z. B. in den Versen:

þer súlle deóflen bí swo uéle þet willed ús vorwreíen 46 (97)
Hé sal cómen on éuele stéde búte god hím bi mílde 13 (24)

Aehnliche Beispiele gewähren Str. 1, 3 (2); 5, 1 (9); 41, 3 (86)
und andere.

In solchen Fällen scheinbarer Apocope werden wir es
doch wohl mit einem sogenannten *e slurred over*, wie es die
Engländer nennen, zu thun haben, d. h. mit einem zwar

nicht stummen, aber tonlosen und metrisch nicht berücksichtigten e, wie denn derartige Verschleifungen zu Anfang und
namentlich im Innern des Verses noch viel öfter vorkommen,
so z. B. in dem zuletzt citierten Verse in drei Fällen: in
com(c)n, eu(e)le, but(e), abgesehen von derselben Erscheinung
in sted(e) Freilich weichen hier die Handschriften fast immer
von einander ab und zwar der Art, dass gewöhnlich eine
oder mehrere einen metrisch ziemlich correcten Vers überlie-
fern, wie ihn der Dichter vermuthlich auch in den meisten
Fällen bildete, während die anderen Mss. zu jenen Aushülfen
ihre Zuflucht nehmen.

§ 47. Das Ms. D. liebt hauptsächlich die verwandte
Erscheinung mehrfacher Senkungen, namentlich zu Anfang des
Verses, also mehrfachen, gewöhnlich zweisilbigen, vereinzelt
dreisilbigen Auftakt, so:

Po þet wél ne dóđ, þer wíle hi míǥe ófte hit hám sel riéwe 11 (19)
se þe míchel vólgeđ his iwíl him sélue hé biswíkeđ 7 (12)
ne brékeđ neure éft Crist hélle díre to aléscn hí of bénde 87 (180).

Indess auch in den anderen Handschriften kommt diese Licenz vor, so in TJL:

Heo þat hábbeđ fcóndes wérk idón and þérin beóđ ifúnde 172.

Selbst wenn die Kritik mit Sicherheit dem Dichter überall
correcte Verse nachweisen könnte, würden die Handschriften die Zulässigkeit dieser metrischen Licenz beweisen,
ähnlich wie die der doppelten Senkung oder Silbenverschleifung im Innern des Verses, wovon noch 139, 3 (188) als Beispiel citiert werden möge:

nis hit, búte gámen and glie, al þét man hér mai driéǥen.

§ 48. Von diesen mehrsilbigen Auftakten und Senkungen
im Innern sind aber zu sondern Verse wie die folgenden:

E'lde me ís (is me J) bistólen án, ér ic hit iwiste. 9 (15)
A'rge we bíeđ to dónne gód to éuele ál to þriste 10 (17)
þíder we sólden álle dráǥhen, wólde ǥe mé iléuen 23 (49)

Streng genommen ist wohl noch der Vers 9 (15), namentlich
mit Rücksicht auf die Lesart in J trochäisch, also mit Verschleifung resp. Elision des e zu skandieren. In den beiden

letzten Versen aber, in denen die Silbenzahl derjenigen des
jambischen Septenars entspricht, haben wir vielmehr Fälle
der im weiteren Verlauf der englischen Verskunst so beliebten
Taktumstellung im ersten Takt zu erkennen, die sich in
Vers 23 (49) auch auf den ersten Takt des zweiten Halbverses
erstreckt. In dem früher citierten Verse 13 (24):

he sal comen on eucle stede bute god him bi milde

war dagegen das *bute* zu Anfang des zweiten Halbverses
wahrscheinlicher mit Verschleifung des *e* zu lesen, wegen des
trochäischen Tonfalls des ganzen Verses. Ein zwingender
Grund dazu ist indess nicht vorhanden. In manchen Fällen
wird es schwer sein, Taktumstellungen und Verschleifungen
mit Bestimmtheit von einander zu sondern. Unzweifelhafte
Taktumstellungen liegen u. a. noch vor in den Versen:

Héuene and érde he óuersiéd;   his éghen béd ful bríhte
36 (75); 39 (81).
þíder we sénded and séluc béred   to lítel ánd to sélde 21 (46)

Der letzte Vers gewährt zugleich wieder ein Beispiel
von verschleiftem *e* in der Verbalendung *ed*, ähnlich wie
in dem schon citierten Verse 23 (49) die Infinitivendung
en zu verschleifen war. Derartige Fälle kommen öfters zum
Schluss der ersten Vershälfte vor, z. B. *muȝen* 59 (125), *comen*
84 (174), *fare* 85 (126) und ebenso oft Verschleifung oder geradezu Apocope des *e* in der Verbalendung *ed* vor der Cäsur,
z. B. *iherd* 43 (89), *cumd* 75 (73), *singd* 149 (307), *uolueld* 150
(309); in Ms. D, öfters auch in den andern Handschriften,
ohne *e* geschrieben; in andern Fällen steht das *e*: *breked*
44 (91), *biþenched* 16 (33), *brenned* 122 (249). Es wird
eben metrisch verwerthet oder apocopiert resp. verschleift, je
nach Bedürfniss; und zwar geschieht dies, wie die bei der
Wortbetonung nochmals heranzuziehenden Beispiele zeigen,
ganz unabhängig von der Länge oder Kürze der vorangehenden Silbe. Anschauliche Beispiele dieser Behandlung des
tonlosen *e* in derartigen Flexionsendungen gewähren die Verse:

Hwich héte is, þér þe saúle wóned,   hu bíter wínd þer blówed
65 (136)
Hám ne shámed né ne grámed, þet súllen bén ibórge 80 (165).

In gleicher Weise werden andere Fälle zu beurtheilen
sein, in denen das *c* durch die benachbarten Consonanten
noch mehr geschützt erscheinen könnte, so das Wort *muchel*,
welches sich oft, und in der Regel in den Handschriften übereinstimmend, zu Ende des ersten Halbverses befindet, z. B.:

aiter to litel ánd to michel   sal þénchen éft hem bóde 29 (62);

ähnlich 53 (113), 103 (205), während es im Innern des Verses
auch mit der zweiten Silbe als Senkung vorkommt, so:

Nis him éc no þing norhóle   swo michel biéd his mihte 37 (77);

ähnlich 206 in LTJ. Andere Beispiele solcher scheinbar zwei-
felhaften Ausgänge des ersten Halbverses, die aber doch
analog den früheren eher als Verschleifungen anzusehen sind,
gewähren folgende Verse:

Nólde hit síne dó vor váder   ne nó man [dó] vor óþer. 90 (186).
Bétere were drinke wóri wéter,   þanne atter imaingd mid wíne
68 (142).
Ne mai hit kuénche nó wéter,   háuene stréam ne stúre. 121 (248).
þér bied náddren ánd snáken,   éueten ánd ec frúden. 132 (275).

Das sind Fälle, in denen die Mss. mehr oder weniger übereinstimmen, und in denen wir Proben zu erkennen haben,
wie der Dichter noch mit den Schwierigkeiten des Metrums
zu kämpfen hatte. Manche andere Unebenheiten rühren aber
offenbar von der Ungeschicklichkeit der Abschreiber her und
werden bei einer kritischen Ausgabe mit Hilfe der verschiedenen Lesarten der Mss. leicht zu beseitigen sein.

Das durchgehende, in 226 Langversen des Zupitza'schen
Textes strenge beobachtete Gesetz ist der stumpfe Ausgang
des ersten und der klingende Ausgang des zweiten, des reimenden Halbverses. Schwerlich aber wird in diesem Gedicht,
um etwaige Abweichungen von jener Regel zu beseitigen, der
natürlichen germanischen Wortbetonung Zwang aufzuerlegen
sein; und wenn dies doch der Fall wäre, wie vielleicht 48 (103):

Hwet sulle þo hórlinges don   þo swikele and þo vorsworene,

so könnte sich dieselbe nur bis zu schwebender Betonung, nicht aber bis zu vollständiger Tonversetzung erstrecken.
So könnte man versucht sein, auch den ersten Halbvers des
vorletzten der oben citierten Beispiele zu lesen:

7

Ne maí hit kuŕnche nó wētēr (kuenche salt water TLE),
wenn nicht Ms. J. die vermuthlich richtige Lesart *kuenche nó
salt wáter* mit gewöhnlicher Betonung analog Str. 68 (142) böte,
und Str. 132 (273) könnte vielleicht vorgeschlagen werden der
Regelmässigkeit des Rhythmus wegen zu lesen:

þér bied náddren ánd snakēn,

wenn nicht so viele andere Plurale auf *en* mit gewöhnlicher
Betonung in unmittelbarer Nähe stünden.

§ 49. Für diesen letzten, in allen Mss. übereinstimmenden Vers bleibt nichts anderes übrig, wenn wir nicht den
Ausfall einer Senkung (etwa *ec*) vor *snaken* annehmen wollen,
als die **Ausfüllung** eines **Taktes** durch eine einzige
Hebung *and* anzunehmen, was übrigens in diesem Falle wegen des Zusammentreffens mit den folgenden Consonanten *sn*
leicht erklärlich ist, indess auch sonst öfters vorkommt im
Gegensatz zu der vorhin erwähnten Verschleifung tonloser
Silben, so z. B. übereinstimmend in allen Mss.:

E'che ríne hé ihérd and wót éche déde 43 (88)
Nólde hit móƷe dó vor meie ne súster vór bróþer 90 (185)

Bei der Veranstaltung einer kritischen Ausgabe des Poema
Morale wird sich sicherlich herausstellen, dass die Verse correcter waren, als sie irgend eine der uns erhaltenen Handschriften überliefert hat. Gleichwohl werden doch die im Obigen besprochenen, auf den Einfluss des germanischen Wesens
der Sprache zurückzuführenden metrischen Licenzen: Schwanken in der Behandlung des Auftaktes, nämlich Fehlen, wie auch
doppeltes, resp. mehrsilbiges Auftreten desselben, ferner mehrfache Senkung resp. Verschleifung unbetonter Silben im Innern
des Verses, Elision, Syncope, resp. Apocope tonloser Vocale und
Fehlen einer Senkung, also Ausfüllung eines Taktes im Innern
des Verses lediglich durch eine Hebung sowohl bei diesem, als
bei den meisten folgenden altenglischen, lateinischen resp.
französischen Metren nachgebildeten Gedichten als wichtige
Factoren des Versbaues stets zu berücksichtigen sein.

Was die Reime betrifft, so sind vom Dichter reine Reime
beabsichtigt und in der Regel auch durchgeführt worden.
Manche unreine Reime der einzelnen Handschriften werden
bei einer kritischen Ausgabe leicht mit Hilfe der verschiedenen

Lesarten der anderen Mss. zu beseitigen sein; wenn z. B. in
der von Zupitza gedruckten Version in Strophe 20 und 24
die schlechten Reime *diches: heuenriche* und *senden: ende*
vorkommen, so zeigt die Vergleichung mit den übrigen Handschriften, dass der Dichter richtig *diche : heuenriche; sende :
ende* gereimt hat, wie sich überhaupt in den meisten Fällen
herausstellen wird.

Es wird zur besseren Veranschaulichung der besprochenen
charakteristischen Eigenthümlichkeiten dieses Metrums beitragen, eine zusammenhängende Probe des Gedichts (wie überhaupt in der Folge Proben der wichtigeren Denkmäler, zumal
der ältesten) folgen zu lassen und auf die metrischen Licenzen
durch den Druck und durch Zeichen neben den Verszeilen,
wie dies Al. J. Ellis bereits in seinem Text von Chaucers
Prolog der Canterbury Tales (On Eearl. Engl. Pronunciation
III, p. 680 ff.) gethan hat, aufmerksam zu machen.

Erklärung der Zeichen und Typen:

— steht vor Zeilen mit fehlendem Auftakt im ersten Halbvers.

⊣ steht vor Zeilen mit fehlendem Auftakt im zweiten Halbvers. Erste Hebung in beiden Fällen gesperrt gedruckt.

• steht vor Zeilen mit fehlender Senkung.

⁓ steht vor Zeilen mit doppeltem oder mehrfachem Auftakt
oder mit Verschleifungen im Innern; die betreffenden Wörter,
resp. Silben und die zu verschleifenden (resp. zu elidieren-
den etc.), am Rand nicht besonders bezeichneten einzelnen
Vocale sind durch kleinern Druck kenntlich gemacht.

∿ steht vor Zeilen mit Taktumstellung; gesperrter Druck.

◡◠ steht vor Zeilen mit silbenzählender schwebender Betonung; gesperrter Druck.

Aus dem Poema Morale nach Ms. D. ed. Zupitza, Anglia I, p. 6 ff. (Strophe 1—23).

— *Ic am elder, þanne ic wes, a wintre and ec a lore;* 1
ic ealdi more, þanne ic dede: mi wit oȝhte to bi more.
Wel longe ic habbe child ibien on worde and on dede: 2
— *þeȝh ic bi on wintren eald, to ȝiung ic am on rede.*

— *Unnet lif ic habbe iled and ʒiet, me þingh, ic lede :* 3
— *þanne ic me biþenche wel, wel sore ic me adrede.*
— *Mest al þet ic habbe idon, is idelnesse and childe :* 4
—⏐ *to late ic habbe me biþoʒt, bute god me don milce.*
∿ *Vele idel word ic habbe iquede, siþen ic speke cude,* 5
⁓ *and uele cuele deden idon, þet me ofþenched nude.*
— *Al to lome ic habbe igelt on worke and on worde :* 6
— *al to muchel ic habbe ispent, to litel ileid on horde.*
—⁓⏐ *Mest al, þet me likede þo, nu hit me misliked :* 7
⁓ *se þe muchel volʒed his iwil, him selue he biswiked.*
—⏐ *Ic miʒte habbe bet idon, hadde ic þo iselde :* 8
—⁓ *nu ic wolde, ac ic ne mai vor helde ne uor unhelde.*
∿—⏐ *Elde me is bistolen an, er ic hit iwiste :* 9
⁓ *ne mai ic isien biuore me vor smeche ne uor miste.*
∿ *Arʒe we bied to donne god, to euele al to þriste :* 10
—⏐ *more eie stonded man of man, þanne him dod of Criste.*
⁓⏐ *þo þet wel ne dod, þer wile hi muʒe, ofte hit ham sel riewe* 11
—⏐ *þanne hi mouwe sulle and ripe, þet hi her þan siewe.*
Do ech to gode, þet hi muʒe þer wile hi bied a liue : 12
• *ne leue nó mán to muchel to childe ne to wiue.*
— *Se þet hine selue vorʒet vor wiue oþer uor childe,* 13
—⏐ *he sal comen on euele stede, bute god him bi milde.*
∿—⏐ *Sende sum god biuoren him man, þet wile to heuene ;* 14
⌣∩—⏐ *for betere is on elmesse biuore, þanne ben efter seuene.*
Ne hopie wif to hire were, ne were to his wiue : 15
bi for him selue eurich man, þer wile hi bied a liue.
• *Wis is, þét hine biþéncheþ, þo wile þet he mot libbe ;* 16
vor hine willed sone uorʒiete þo fremde and þo sibbe.
⁓ *Se þet wel ne ded, þe wile he mai, ne sal he, þanne*
he wolde ; 17
—⏐ *vor manies mannes sore iswinch habbed ofte unholde*
Ne solde no man don a first ne sleuhþen wel to donne ; 18
for mani man bihoted wel, þet hit forʒet wel sone.
Se man, þet wile siker bien to habbe godes blisce, 19
⁓ *do eure god, þer hwile he mai : þanne haued he hit to*
iwisse.
þo riche wened siker bien þurh walles and þurh
diches : 20
⁓ *se ded his heʒhte on sikere stede, þet sent hi to heueriche.*

— *þer ne darf he habben kare of ȝieue ne of ȝielde;* 21
∾ *þider we sendeđ and selue beređ to litel and to selde.*
— *þer ne darf man ben ofdred of fere ne of þieue;* 22
— *þer ne mai him naht binime se loþe ne se lieue.*
∾ ⊣ *þider we solden alle draȝhen, wolde ȝe me ileuen;* 23
⌣ *for þer mai hit us binime ne king ne his serreue.*

Kapitel 3.

Der reimlose Septenar des Ormulum.

§ 50. In demselben Versmass wie das Poema Morale
ist ein anderes, viel umfangreicheres und in mancher Hinsicht noch interessanteres Gedicht geschrieben, nämlich das
schon früher erwähnte Ormulum[1]. Ten Brink ist der Ansicht,
dass Orm zu der Wahl des Versmasses durch das sehr popu-
läre Poema Morale bestimmt worden sei. Das ist immerhin
möglich. In der Form unterscheidet sich aber das Ormulum
vom Poema Morale wesentlich dadurch, dass es den Reim
durchweg vermeidet. Orm war ein gelehrter Dichter, wie
auch aus seinem eigenthümlichen System der Orthographie:
den auslautenden Consonant nach kurzem Vocale[2]) nicht nur
in Stamm-, sondern auch in Ableitungs- und Flexionssilben
zu verdoppeln, hervorgeht. Wir dürfen daher wohl annehmen,
dass er absichtlich gegen den im Poema Morale durchgeführten Endreim, wie auch gegen die von ihm gleichfalls
verschmähte Alliteration in Opposition trat und sich mit
gutem Bedacht das reimlose Metrum der Alten zum Vorbild
nahm und zwar den allerdings auch im Poema Morale gewählten, aber dort gereimten jambischen Septenar.

1) Ausgaben: 1. The Ormulum edited by R. M. White, 2 vols.
Oxford, 1852; 2. by Robert Holt, 2 vols. Oxford, 1877.

2) Betreffs der schon p. 14 erwähnten Accentzeichen Orms vgl.
Kölbing, Englische Studien I, 16, wo er die Annahme, dass Orm die
Kürze der Vocale öfters durch Zeichen andeutet, bestreitet; ferner Anglia
I, 375, wo Wülcker sich gegen die Ansicht Kölbings ausspricht; ausserdem
Kölbings Recension von Holts Ausgabe des Ormulum, Engl. Studien
II, 495, wo er auf die Frage zurückkommt, die dort vorläufig noch
unentschieden bleibt.

Im weiteren Gegensatz zu dem Dichter des Poema Morale bildete er nun dies silbenzählende Metrum, soweit
es ihm mittelst seiner accentuierenden Sprache möglich war,
mit ängstlicher Genauigkeit nach: der erste Halbvers ist stets
akatalektisch, der zweite katalektisch, und jeder Langvers
hat stets fünfzehn Silben. Für den Rhythmus ist es, wie
schon früher, p. 85, hervorgehoben wurde, gleichgiltig, ob die
Verse als Kurzverse, wie bei White und Holt, oder als Langverse[1]) gedruckt sind. Ich citiere nach der auf dem Continent
verbreiteteren Ausgabe von White, woraus Stücke in Mätzners
Altenglischen Sprachproben und in Zupitzas Altenglischem
Uebungsbuch abgedruckt sind. Die ersten vier Verse gewähren gleich ein deutliches Bild von der Form des ganzen Gedichtes, da das Metrum ausserordentlich regelmässig ist:

> *Nu, broþerr Wallterr, broþerr min*
> *Affterr þe flæshess kinde;*
> *Annd broþerr min i Crisstenndom*
> *þurrh fulluhht annd þurrh trowwþe.*

Das Beispiel ist um so zweckmässiger, als uns gleich der
zweite Vers eine der wenigen Freiheiten veranschaulicht,
die sich Orm im Bau des Verses erlaubt. In nicht seltenen
Fällen wird nämlich die regelmässige Aufeinanderfolge jambischer Versfüsse durch einen trochäischen oder, wenn man
so sagen darf, spondäischen Fuss unterbrochen, und zwar am
häufigsten, wie hier, an erster Stelle des zweiten Halbverses.
Das Wort *affterr* kommt namentlich oft in solcher Weise vor,
ähnlich auch *unnderr*, also meines Erachtens der allgemein
gültigen englischen Betonung des Wortes sich möglichst fügend
mit dem Ton auf der ersten Silbe, jedenfalls nicht mit dem
Ton auf der letzten Silbe, wie Koch (Hist. Gram. I, 151) aufstellt, und wie auch ten Brink anzunehmen scheint, wenn er

---

1) Solche scheint Orm in der That beabsichtigt zu haben, da bei
ihm bisweilen längere Eigennamen aus dem ersten Versglied in das
zweite hinübergreifen, z. B.

> *annd ta twa prestess wærenn A-*
> *aroness suness baþe* 487/8.

ähnlich v. 583/4: *Ele/azar.*

(Gesch. der engl. Litt. p. 243) zu Orms Vers bemerkt: „Dem Versschema zu Liebe wird dem englischen Accent nicht selten Gewalt angethan". Ich glaube, dass diese freilich allgemein gehaltene und nicht im Einzelnen durch Beispiele belegte Behauptung sehr einzuschränken ist. Der jambische Rhythmus ist zwar das im Allgemeinen gültige Gesetz des Verses; daneben ist aber das nicht minder wichtige Erforderniss die Silbenzahl, und wenn diese beobachtet blieb, konnte sich der Dichter betreffs des ersteren schon gewisse Freiheiten erlauben. Dieselben werden sich aber kaum weiter erstrecken, als auf sogenannte schwebende Betonung, in welcher beiden Silben des Wortes dasselbe Gewicht gegeben wird, die demgemäss gerade so wie in den p. 91 erwähnten lateinischen Dichtungen dieser Zeit mehr gezählt, als durch den Accent unterschieden werden. Auch dreisilbige Wörter werden so behandelt, wie *Goddspelless* 114, *mennisske* 218, *godnessess* 218, *tiþennde* 158 etc. Das wird namentlich deutlich durch solche Fälle, in denen ein und dasselbe Wort scheinbar mit verschiedener Betonung im selben Halbvers oder Langvers vorkommt, z. B.:

O mannkinn swa þatt itt mannkinn 277.
Ic þatt tis Ennglissh hafe sett
Ennglisshe menn to lare,
Ic wass þær þær I crisstnedd wass
Orrmin bi name nemmnedd.
Annd ic Orrmin full innwarrdliʒ
Wiþþ mud annd ec wiþþ herrte 322—327.

Sonst kommt der Name *Orrmin* auch in verkürzter Form: *Orrm* im Verse vor, z. B. v. 2 im Prolog:

þiss boc is nemmnedd Orrmulum,
Forrþi þatt Orm itt wrohhte.

Ein ebenso evidentes Beispiel, dass man nicht die richtige englische Betonung dem strengen Rhythmus des Verses völlig zum Opfer bringen darf, gewährt Vers 237:

þatt nan wihht, nan enngell nan mann.

Der gelehrte Dichter würde hier durch die Betonung *enngéll* nicht nur gegen den Accent des englischen, sondern auch des zu Grunde liegenden lateinischen Wortes gesündigt haben.

Andere Fälle, in denen die trochäische, oder richtiger spon-
däische, schwebende Betonung evident ist, sind in

forrþi birrþ all Crisstene follc 303.

þe birrþ biforr þin laferrd Godd
Cneolenn meoklike annd lutenn 11391/₂.
Faderr and sune annd Haliȝ Gast 11517.
Annd Godd is her tacnedd þurrh þreo 11521.

Alle diese und ähnliche Fälle sind genau so zu beurtheilen, wie die analoge Behandlung des lateinischen Wortes
tibi in v. 1092/3:

Forr whase doþ his are o þe
Tibi propitiatur.

Solche schwebende Betonungen kommen also an jeder Stelle
im Innern des Verses vor, wie die bisher citierten Beispiele zeigen, ja sogar im letzten Versfuss des ersten Halbverses, so v. 13:

Icc hafe wennd inntill Ennglissh.

Dies zugleich ein Beleg, dass im Allgemeinen die Bezeichnung
und Annahme schwebender Betonung berechtigter ist, als trochäische Betonung. Denn die strenge Regel ist, dass der
erste Halbvers mit einem stumpfen Versfuss endet, während
wir bei trochäischer Annahme einen klingenden Versfuss
erhalten würden.

§ 51. Von ganz besonderem Interesse ist natürlich das Gedicht wegen der strengen Silbenmessung für die später eingehender zu betrachtende Wortbetonung und für die Behandlung
des End-*e*. Es geht aus dem Ormulum zur Evidenz hervor, dass
das End-*e*, welchen Ursprungs es auch sein mochte, sowohl
im Innern des Verses, als auch namentlich am Ende, wo es ja
in so vielen Fällen, wie in Vers 2 und 4, den klingenden Versausgang herstellt, durchaus für eine vollständige gesprochene
und metrisch verwendbare Silbe galt, wie überhaupt in dieser
ganzen Periode der englischen Literatur bis lange nach Chaucers Zeit. Andererseits wird keinerlei Unterschied gemacht
zwischen einem auf eine lange oder auf eine kurze Silbe
folgenden *e*. Beide sind in gleicher Weise unaccentuiert,
können nur in der Senkung, nie in der Hebung stehen und
nur in silbenmessenden Versen bei schwebender Betonung die

gleiche Function ausüben, wie die hochtonigen Silben. Ferner zeigt sich, dass es vor einem Vocal oder *h*, wie es scheint, regelmässig elidiert wird, z. B. in den Versen der Widmung:

> *Himm bidde icc þatt het write rihht* 97.
> *Loke he well þatt het write swa* 107

und vielen andern. Auch kann es nach Belieben, gerade wie das nhd. *e* in der Poesie vor Consonanten apocopiert werden, wenn es das Versmass metrisch stört. Ellis führt *Earl. Engl. Pron.* p. 490 *Anm.* eine Anzahl solcher Beispiele an: *fra mann' to manne* 11219; *þatt læredd' follc* 15876. Er hat solche apocopierte *e* in zweckmässiger Weise durch ein Apostroph angedeutet. Das ist aber die einzige Licenz, wenn es überhaupt eine Licenz zu nennen ist, die Orm sich in Bezug auf das Silbenverhältniss der Wörter zum Verse gestattet. Weder Fehlen des Auftaktes noch doppelter Auftakt oder mehrfache Senkung im Innern des Verses resp. Silbenverschleifung ist bei ihm bemerkbar; um so erklärlicher ist es, dass wir der Anwendung silbenzählender, schwebender Betonung von ihm eine grössere Ausdehnung zugestanden sehen, als von dem Dichter des Poema Morale, dem alle jene eben erwähnten Auswege zur Vermeidung derselben zu Gebote standen. Gerade diese pedantische Correctheit in Sprache und Versbau wird die Popularität von Orms Dichtung beeinträchtigt haben, welche wenig Beifall und noch weniger Nachahmung gefunden zu haben scheint.

Aus dem Ormulum ed. White.
(Vers 1—54. Auch in Mätzners Sprachproben, p. 4 ff.)

> *Nu, broþerr Wallterr, broþerr min*
> ‿͡ *Affterr þe flæshess kinde;*
> *Annd broþerr min i Crisstenndom*
> *þurrh fulluhht annd þurrh trowwþe;*
> *And broþerr min i Godess hus,* 5
> *ȝet o þe þride wise,*
> *þurrh þatt witt hafenn takenn ba*
> *An reȝhellboc to follȝhenn*
> ‿͡ *Unnderr kanunnkess had annd lif,*
> *Swa summ Sannt Awwstin sette;* 10

Icc hafe don swa summ þu badd,
    Annd forþedd te þin wille,
Icc hafe wennd inntill Ennglissh
    Goddspelless hallȝhe lare,
Affterr þatt little witt tatt me   15
    Min Drihhtin hafeþþ lenedd.
þu þohhtesst tatt itt mihhte well
    Till mikell frame turrnenn,
ȝiff Ennglissh follk, forr lufe off Crist,
    Itt wollde ȝerne lernenn,   20
Annd follȝhenn itt, and fillenn itt
    Wiþþ þohht, wiþþ word, wiþþ dede.
Annd forrþi ȝerrndesst tu þatt icc
    þiss werrk þe shollde wirrkenn;
Annd icc itt hafe forþedd te,   25
    Acc all þurrh Cristess hellpe;
Annd unnc birrþ baþe þannkenn Crist
    þatt itt is brohht till ende.
Icc hafe sammnedd o þiss boc
    þa Goddspelless neh alle,   30
þatt sinndenn o þe messeboc
    Inn all þe ȝer att messe.
Annd aȝȝ affterr þe Goddspell stannt
    þatt tatt te Goddspell meneþþ,
þatt mann birrþ spellenn to þe follc   35
    Off þeȝȝre sawle nede;
Annd ȝet tær tekenn mare inoh
    þu shallt tæronne findenn,
Off þatt tatt Cristess hallȝhe þed
    Birrþ trowwenn wel annd follȝhenn.   40
Icc hafe sett her o þiss boc
    Amang Godspelless wordess,
All þurhh me sellfenn, maniȝ word
    þe rime swa to fillenn;
Acc þu shallt findenn þatt min word,   45
    Eȝȝwhær þær itt iss ekedd,
Maȝȝ hellpenn þa þatt redenn itt
    To sen annd tunnderstannden
All þess te bettre hu þeȝȝm birrþ

þe Goddspell unnderrstannden;   50

‿⌒ *Annd forrþi trowwe icc þatt te birrþ*
   Wel þolenn mine wordess,
   Eȝȝhwær þer þu shallt finndenn hemm
‿⌒ *Amang Goddspelless wordess.*

Kapitel 4.

Das kurze Reimpaar des altenglischen Pater Noster.

§ 52. Von den beiden ziemlich gleichzeitig mit den
septenarischen Langversen in die englische Literatur eingeführten französischen Metren, dem sogenannten kurzen
Reimpaar und dem Alexandriner scheint das erstere am
frühsten, ja noch vor dem Septenar in Gebrauch gekommen
zu sein. Wie schon früher bemerkt, hat sich das kurze
Reimpaar gleichfalls aus dem Tetrameter entwickelt, aber
aus dem akatalektischen, welcher in zwei aufeinander folgenden
Reihen durch den Endreim zu einem Verspaar verknüpft
wurde. Dies war namentlich das Versmass für die epischen
volksthümlichen Erzählungen der altfranzösischen Poesie, für
die sogenannten Lais, ferner für die Reimchroniken des
Benëoit de St. More und Wace, und für die Romane
des Artus-Sagenkreises, als dessen hervorragendster und
fruchtbarster Dichter ja Crestien de Troies bekannt ist.
Zwei Verspaare aus dem Roman de Brut[1]) des Wace
mögen das Wesen dieses Metrums veranschaulichen:

Cordeille out bien escuté
et bien out en sun cuer noté,
cument ses deus sorurs parloënt,
cument lur pere losengoënt.

Wir haben hier ein Versmass von im Ganzen jambischem Rhythmus vor uns, bestehend aus Verspaaren mit männlichem und
weiblichem Ausgange, die aber nicht in regelmässigem Wechsel
auf einander zu folgen brauchen. Die Verse mit männlichem

---

1) Obige Stelle aus Bartsch, Altfranzösische Chrestomathie. Leipzig,
1875. 8⁰. (3. Aufl.) p. 101, v. 35—38.

Reim haben acht, die mit weiblichem neun Silben. Eine
Nachbildung dieses Versmasses tritt zum ersten Mal in der
englischen Poesie auf in einer poetischen erklärenden Paraphrase des Vater Unser[1]) aus der zweiten Hälfte des
zwölften Jahrhunderts, einem sowohl inhaltlich, als auch formell
ziemlich dürftigen Erzeugniss. Die ersten Verspaare lauten:

> *Ure féder þét in héouene is*
> *þet is al sóð fúl iwis.*
> *Weo móten tó þeos weórdes iseón,*
> *Þet to liue and to saúle góde beón.*

Diese vier Verse lassen sofort erkennen, dass ähnlich
wie das früher betrachtete langzeilige septenarische Versmass
auch dieses zwar auf Grundlage des entsprechenden französischen Metrums entstanden ist, aber unter starker Beeinflussung des germanischen Sprachgenius.

Das Grundprincip: das jambische Metrum von vier
Takten, entsprechend den acht, resp. neun Silben des französischen Verses ist sofort erkennbar; gleichwohl ist aber kein
einziger Vers von den vier ersten streng nach französischem
Muster gebaut. Ebenso wenig sind die einzelnen Verspaare
unter sich streng gleichmässig, können aber doch ähnlich
wie der Langvers, wenn nur die Versausgänge gleichartig sind,
mit einander reimen. In dem ersten und dritten Verse müssen
Vocale apocopiert resp. elidiert oder wenigstens nur leicht
mit der Stimme angedeutet werden, um den Rhythmus klar hervortreten zu lassen, in dem vierten Verse sind sogar zweimal
zwei kurze Wörter zu verschleifen und in dem zweiten muss
andererseits zum selben Zweck die zwischen *sóð* und *fúl*
fehlende Senkung durch eine Pause ersetzt oder Fehlen des
Auftaktes angenommen werden. Dieselben und einige weitere
Unregelmässigkeiten zeigen die folgenden vier Verse:

> 5 *þet wé beon swá his súnes ibórene,*
> 6 *þet hé beo féder and wé him icórene,*
> 7 *þet wé don álle his ibéden,*
> 8 *ánd his wille fór to réden.*

---

1) Old English Homilies ed. by Richard Morris. London, 1867.
First Series. Part. I (E. E. T. S. Nr. 29) p. 55—71.

Wir haben da weibliche Reime, von denen die zwei ersten
eine allerdings selten (v. 67, 68; 141, 142) vorkommende Abweichung, die der sogenannten gleitenden Reime aufweisen.
Erst der siebente Vers des Gedichts ist regelmässig gebaut,
während der achte eine sehr oft (z. B. v. 15, 22, 30, 34,
44, 46, 47, 48 etc.) vorkommende Licenz, das Fehlen des
Auftaktes aufweist. Das Feststehende ist also in diesem
Metrum nur die Zahl der vier gleichen Takte, die durch
die vier Hebungen scharf markiert sind, während die Senkungen, ähnlich wie in der vorhin betrachteten reimenden
septenarischen Langzeile nach germanischer Weise mit grösserer Freiheit behandelt werden. Derselben Ansicht ist offenbar
auch Morris, obwohl er versäumt hat, auf die Taktgleichheit
aufmerksam zu machen. „*The essence of the system of versification*, sagt er in seiner Ausgabe (p. XXXVII) von Genesis
and Exodus, zwei andern im selben Metrum geschriebenen
Gedichten (*E. E. T. S. Nr. 7*) *which the poet has adopted is,
briefly, that every line shall have four accented syllables in it,
the unaccented syllables being left in some measure, as it were,
to take care of themselves.* Diese allgemeine Charakteristik
jenes Versmasses passt in noch viel höherem Masse auf
den, so weit bis jetzt bekannt, frühsten, ziemlich ungefügen
Versuch in der Behandlung desselben, wie er uns in dem
Pater Noster vorliegt.

§ 53. Unter den ersten hundert Versen des Gedichts sind
nur etwa zwanzig ganz regelmässig gebaut. Weitaus die meisten
Licenzen rühren natürlich von der Elision, Apocope und
der Verschleifung der Silben her; naturgemäss wird davon
das End-*e* überhaupt oder das flexivische *e* vor Consonanten
am häufigsten betroffen, namentlich vor *n* in der Infinitiv-
Endung, vor *d* in der dritten Person Sg. Praesentis, vor *d* im
Perfect oder Partic. Perfecti u. s. w.:

Bute wé biléuen ure úfele iwúne 17.
Ne képed he nóht þet wé beon súne 18.
þi nóme beo iblécced þét we séggeð 57.
his náme is húli and éfre wes 59.
þenne áȝe we to únderstónden ús 63.
from álle iuuele he scal blécen ús 64.

Vor Vocalen und *h* fällt auch hier das *e* in der Regel aus, wie z. B. auch in den Versen:

> *Mid álle his míhte he wúle us swénchen* 14.
>
> *Ilis ríche is ál þis míddeleárd* 77;

doch keineswegs mit Nothwendigkeit, wie es denn in der Poesie dieser ganzen Zeit metrisch verwerthet oder verschleift werden kann, ganz nach Belieben und Bedürfniss; so steht es z. B. tönend vor folgendem Vocal:

> *ofer álle is his múchele míhte* 79.
>
> *Góderc héle þu hit scált iseón* v. 44,

wo der Auftakt fehlt, ferner in den beiden ersten Wörtern zwei *e* zu verschleifen sind und ausserdem noch das Wörtchen *hit*, so dass die zwei kurzen Wörter *þu hit* für eine Senkung gelten müssen. In ähnlicher Weise kommt oft, wie schon mehrmals oben, zweisilbiger Auftakt vor:

> *In þe fónt we wéren éft ibóren* 67.
>
> *Þene món he lófede and wélbiþohte* 91.
>
> *and for-þi his néb upwárd he wróhte* 92.

Auch fehlender Auftakt und fehlende Senkung kommt öfters im selben Verse vor:

> *hólde wé gódes láȝe* 21.
>
> *fór álswa gód hit bít* 27.
>
> *þús þu máht, ȝíf þu wúlle* 55.

Der Vers erhält dadurch und überhaupt stets durch das Fehlen des Auftaktes ein trochäisches Aussehen, ist aber keineswegs als ein solcher aufzufassen, ebenso wenig wie ein anderer, in welchem neben Fehlen des Auftaktes Verschleifung eines zweisilbigen Wortes zu einem das trochäische Aussehen veranlasst:

> *Críst us ȝífe þíder to cúmen* 107.

Nicht zu verwechseln mit dem Fehlen des Auftaktes ist auch hier die namentlich zum Beginn des Rhythmus auftretende Umstellung des Taktes, welche in diesem Gedicht ebenso wie im Poema Morale öfters vorkommt:

> *álle þa daíes of úre síđ* 12.
>
> *Láuerd he is icléped mid ríhte* 80.

álle þe scafte hé bigón 83.
Láuerd forȝéf us úre unskíle 175.
hwénne we hábbeđ niđ and ónde 181.

Endlich ist noch einer der Taktumstellung verwandten
Erscheinung Erwählnung zu thun, die aber hier ebenso wie
in jenem Gedicht und aus den nämlichen Gründen, viel seltener anzutreffen ist, als bei Orm, nämlich der im Innern
und zum Schluss des Verses, also im ruhigen Verlauf des
Rhythmus eintretenden schwebenden Betonung. Ein Beispiel
ist schon begegnet in dem bereits citierten Verse:

and forþi his néb upward he wróhte 92.
þér god scál herbergen ús 106.

Häufiger, als im Innern des Verses tritt diese Erscheinung im
Reime auf, so z. B.:

þéncheđ nú men hwílch wurđing
eow háueđ idón þe heóuen king 100/1.
hwa swa né forȝéfeđ heóre hating
ne gód ne forȝéfeđ hím na þing 219/20;

als zwei wirkliche gleichberechtigte Hebungen:

þos ílche bóde wísliche þing
of óđre ís ful féstning 207/8;

vgl. ferner v. 177, 178; 221, 222; 246, 247; 278, 279; ähnlich
fondunge : swinkunge 242, 243; 260, 261; 290, 291. In diesen
Fällen hat unzweifelhaft dichterisches Ungeschick: Reimnoth
und Reimbequemlichkeit die Verwendung jener Wörter mit
ungewöhnlicher schwebender Betonung im Verse resp. im Reime
veranlasst.

Der Reim ist in dem Gedicht übrigens im Ganzen mit
anerkennenswerther Reinheit gehandhabt; die meisten der
vorkommenden Ungenauigkeiten werden entschieden, wie auf
den ersten Blick ersichtlich ist, der mangelhaften Ueberlieferung zur Last zu legen und bei einer kritischen Ausgabe
zu bessern sein. Unreine Reime, die ursprünglich zu sein
scheinen, liegen vor in folgenden Versen:

Mid ál þis háue þu chárité
and sóđfeste leáue and trówđe léf 41, 42;

lod : god 71, 72; *scafte : mahte* 81, 82; *sunes : cumes* 113, 114.

Aus dem Pater Noster; Old English Homilies ed. by
R. Morris (vol. I, p. 55 ff. v. 1—58).

Pater noster qui es in celis & cetera.

Ure feder þet in heouene is,
• *þet is al sóð fúl iwís!*
Weo moten to þeos weordes iseon,
~~~ *þet to liue and to saule gode beon,* 4
þet weo beon swa his sunes iborene,
~~~ *þet he beo feder and we him icorene,*
þet we don alle his ibeden
— *and his wille for to reden.* 8
~ *Loke weo us wið him misdon*
þurh beelzebubes swikedom;
he haueð to us muchel nið
~ *alle þa deies of ure sið;* 12
~~~ *abuten us he is for to blenchen,*
mid alle his mihte he wule us swenchen.
— *Gif we leornið godes lare,*
— *þenne ofþuncheð hit him sare.* 16
~~~ *Bute we bileuen ure ufele iwune,*
ne kepeð he noht, þet we beon sune.
~~~ *Gif we clepieð hine feder þenne,*
al þet is us to lutel wunne; 20
—• *hálde wé gódes láȝe*
— *þet we habbeð of wis saȝe;*
⌣^ *þa bodes he beodeð þer inne,*
Bute weo hes halden, we doð sunne, 24
and uwile mon hes undernim
to halden wel anundes him;
—• *for alswa god hit bit*
and inne þe godspelle þe he writ, 28
— *Luuien god mid ure mihte,*
— *ouer alle cunnes wihte,*
mid ure saule, mid ure deden
~~~• *baþe líuien hím ánd ec dréden;* 32
þis is þe furste bode here,
— *þet we aȝen to habben deore;*
⌣^ *þeos beode ofer alle oðer is,*

··· *ne habbe we hit noht onimis;*   36

— *and þis oðer efter þis,*

· *þis is ilich fúl iwis:*

∽ *Luuien þi cristen euenling*

  Alswa þe seoluen in alle þing;   40

  Mid al þis haue þu charite,

  and soðfeste leaue and trowðe lef;

  for god let þu þet uuele beon.

∽··· *Godere hele þu hit scalt iseon.*   44

· *Ne beó þu náwiht mónsláht,*

— *ne in hordom dei ne naht;*

— *Ne þu naȝest for to stele,*

— *ne nan þefþe for to heole;*   48

···— *Prud ne wreiere ne beo þu noht,*

—· *Né niðful in þi þóht;*

—· *béo búhsum tóward góde,*

·— *ánd wél hald þú his bóde.*   52

— *Do þu þis mid gode mune,*

— *þenne eart þu godes sune*

—· *þús þu máht, ȝíf þu wúlle,*

— *godes heste wel ifulle.*   56

  Sanctificetur nomen tuum.

··· *þi nome beo iblecced, þet we segged,*

  and þus þa wordes we bilegged etc.

Kapitel 5.

Der altenglische Alexandriner.

§ 51. Der Alexandriner scheint in englischer Nachbildung, so weit bis jetzt bekannt, nicht unvermischt in so
früher Zeit vorzukommen. Die frühsten Dichtungen dieser
Epoche, in denen er zu Anfang des dreizehnten Jahrhunderts,
also ziemlich gleichzeitig mit dem Ormulum auftritt, sind in
Rhythmen abgefasst, die theils den Charakter der alliterierenden Langzeile, theils den des katalektischen Tetrameters,
theils den des altfranzösischen Alexandriners tragen. Indem

wir die nähere Betrachtung dieser Metren aus Rücksichten auf die Anordnung des Stoffes einem späteren Kapitel vorbehalten, wenden wir uns zunächst zweien Dichtungen zu, in denen der Alexandriner nur im Verein mit dem Septenar oder, katalektischen Tetrameter auftritt. Dieselben sind veröffentlicht worden von Morris in seinem *Old English Miscellany, London, 1872 (E. E. T. S. 49)* unter den Titeln *The Passion our Lord* (p. 37—57) und *The woman of Samaria* (p. 84—86) nach einem Ms., geschrieben, wie er angiebt in seinen *Old English Homilies II (E. E. T. S. 53) p. VIII*, um 1246—1250. Vermuthlich aber gehören jene beiden in demselben uns erhaltenen Gedichte einer früheren Zeit, dem Anfang oder wenigstens dem zweiten Viertel des dreizehnten Jahrhunderts, an. Jedenfalls ist der in ihnen auftretende alexandrinerartige Vers genau derselbe, wie derjenige der zuerst erwähnten, später zu betrachtenden Gruppe von Dichtungen *(On god ureisun of ure Lefdi* und *A lutel soth sermun).* Der französische Alexandriner wurde also schon wenigstens zu Anfang des dreizehnten Jahrhunderts in der englischen Poesie nachgebildet und machte schon zu der Zeit seinen Einfluss geltend.

In dem Gedicht von der Passion Christi haben wir ihn möglicherweise als directe Nachahmung des französischen Originals vorliegen. Das englische Gedicht trägt nämlich die Ueberschrift *Ici cumence la passyun ihesu crist en engleys,* woraus man wohl mit einiger Wahrscheinlichkeit den Schluss ziehen darf, dass es eine Bearbeitung einer französischen Vorlage war. War dies der Fall, so war dieselbe jedenfalls in Alexandrinern geschrieben, da das englische Gedicht vorwiegend dieses Metrum nachzubilden scheint.

§ 54. Der altfranzösische Alexandriner unterscheidet sich bekanntlich vor dem neufranzösischen sehr wesentlich dadurch, dass die Cäsur nicht mit einer stumpfen Silbe einzutreten braucht, indem auch sogenannte klingende Cäsur zulässig ist. Da nun andrerseits der Vers auch stumpf und klingend endigen kann, so ergiebt sich daraus, dass der regelmässige altfranzösische Alexandriner auf vielerlei Art gebildet sein und seine Silbenzahl zwischen 12 und 14 schwanken kann.

Beispiele aus dem *Roman d'Alexandre, Bartsch, Alt-*
französische Chrestomathie p. 175:

I. Stumpfe Cäsur und stumpfer Versausgang:

v. 23. *En icele forest, dont vos m'oez conter,*   12 Silben.

II. Klingende Cäsur und stumpfer Versausgang:

v. 24. *nesune male chose   ne puet laianz entrer.*   13 Silben.

III. Stumpfe Cäsur und klingender Versausgang:

v. 10. *El vregier lor avint   une mervelle belle,*   13 Silben.

IV. Klingende Cäsur und klingender Versausgang.

v. 11. *que desus cescun arbre   avoit une pucelle.*   14 Silben.

Der letzte Vers veranschaulicht zugleich einen anderen
Unterschied des altfranzösischen Verses vom neufranzösischen,
nämlich die Zulässigkeit des Hiatus. Endlich wurden die
altfranzösischen Verse nicht paarweise verbunden, sondern zu
Tiraden von meist willkürlicher Länge oder auch bisweilen
zu einreimigen Strophen von bestimmter Länge, z. B. öfters
von vier Versen.

§ 55. Für die einem ähnlichen Muster nachgebildeten
altenglischen Alexandriner, wie für die daneben in der Passion und in der Samariterin vorkommenden Septenare ist es
charakteristisch, dass sich in ihnen der national-englische
Einfluss in bereits bekannter Weise geltend macht, also durch
häufiges Fehlen des Auftaktes, sowohl zu Anfang des Verses,
als auch nach der Cäsur, durch gelegentliches Fehlen einer
Senkung im Innern, doppelte Auftakte, doppelte Senkungen,
Verschleifungen etc.

Abgesehen von diesen Freiheiten lassen sich in jenen
Gedichten, von denen wir nur die Passion näher betrachten,
die vier Arten des altfranzösischen Alexandriners ohne Schwierigkeit nachweisen, die übrigens ähnlich wie im Französischen
nur im Versausgang, also in Bezug auf den stumpfen oder
klingenden Endreim, nicht auch in Bezug auf die Cäsur
gleichartig zu sein brauchen, um ein Reimpaar zu bilden. In
dem Reimpaar z. B.:

Mid ȝvernésse and prúde   and ȝssing wés þat ón,   35
He núste nouht þát he wés   bóþe gód and món.   36

haben wir zwei regelmässige Alexandriner mit männlichem
Ausgange, den zweiten mit männlicher Cäsur, den ersten mit
weiblicher. Das umgekehrte Verhältniss liegt vor in den
Versen :

> *þe ilke þat hit iseýh   he wrót þis gód-spél;*   501
> *þát he ŗsóǒ ségge,   we léueþ hit ful wél.*   502

Interessant sind die Verse 67, 68:

> *Né he nédde stéde,   né no pálefraý,*
> *Ac róde úppe on ásse,   as ich eu ségge máy;*

weil in dem ersten sowohl zu Anfang, als auch nach der
Cäsur der Auftakt fehlt, und in dem zweiten das tönende
End-e wieder eine grosse Rolle spielt. Viel häufiger noch
sind Alexandriner mit weiblicher Endung in beiderlei Gestalt,
mit männlicher und weiblicher Cäsur, z. B. v. 101—104:

> *þo seíde ure lóuerd críst,   þát is fúl of blýsse:*
> *Nýmeþ góde yéme,   þát ye noúht ne mýsse.*
> *Hwam ích betéche þat bréd   þat ích on wýne wíte,*
> *Hé me schál bitráye   to nýht, ér he slépe.*

Hier hat jedesmal der erste Vers des Reimpaars männliche,
der zweite weibliche Cäsur bei weiblichem Endreim. Zu
gleicher Zeit ist bemerkenswerth, dass v. 101 im zweiten
Halbvers der Auftakt fehlt, v. 102 im ersten und zweiten
Halbvers ebenfalls, so dass der englische Alexandriner trotz
des hier zu Grunde liegenden altfranzösischen vierzehnsilbigen
Musters doch nur 12 Silben hat; v. 103 ist ganz regelmässig
nach Formel III gebaut, hat also 13 Silben; in v. 104 fehlt
wieder der Auftakt und eine Senkung, die aber durch die
grammatisch richtige Form *nihte* hergestellt werden dürfte.
Uebrigens giebt es in dem Gedicht zahlreiche Verse, in
denen das Fehlen einer Senkung, also das Aufeinanderfolgen
zweier Hebungen nach nationalem Brauche evident ist, z. B.:

> *þeýh hi wére prúte,   hé heom út dróf* 75.
> *þo quéþen his discíples   ón áfter ón* 77.
> *And chépte heóm to súllen   úre héláre* 115.

und viele ähnliche.

Weitaus die zahlreichsten alexandrinerartigen Verse sind
die nach Formel IV gebauten, so unter den ersten 100 Versen

v. 5, 8, 11, 14, 15, 20, 22—24, 27—29, 32, 41, 42, 43, 44, 45, 46, 49, 50, 51, 52, 53, 54, 58, 68, 77, 78, 81—94, 95; nur macht sich in den meisten Fällen durch Fehlen einer Senkung oder noch öfter des Auftaktes der germanische Einfluss geltend.

§ 56. Dasselbe gilt von denjenigen Versen, welche nach dem Muster des lateinischen Septenars gebaut sind und, wie gesagt, den kleineren Bestandtheil des Gedichts ausmachen, so z. B. gleich v. 1, 2:

Ihércþ nú one lútele tále   þat ich eu wille télle
A's we výndeþ hit iwrite   in þe gódspélle

wo in v. 2 beide Auftakte fehlen und im letzen Halbverse noch dazu eine Senkung. Der zweite Vers kann übrigens auch als Alexandriner mit doppeltem Auftakt gelesen werden, wie denn die beiden Versarten keineswegs immer mit Sicherheit von einander zu sondern sind, je nachdem man zweisilbige Auftakte resp. Senkungen verschleift, wie scandiert wurde in dem vorhin citierten Verse 101:

þo scíde ure lóuerd críst   þát is fúl of blýsse

oder einer derselben eine Hebung zuweist:

þó seide úre lóuerd críst   þát is fúl of fúl of blýsse.

Da hier weder grammatische noch metrische Regeln zu Hülfe kommen, so kann in solchen und ähnlichen Fällen nur die syntaktische, resp. die rhetorische Betonung den Ausschlag geben. Auch ist es keinesweges Gesetz, dass nur Septenar mit Septenar, Alexandriner mit Alexandriner reimt; für die Verschiedenheit beider Versmasse hatte der Dichter offenbar kein klares Verständniss und reimte sie daher ohne Bedenken zusammen[1], so z. B. v. 5—8:

---

1) Man darf sich mit um so grösserer Sicherheit zu dieser Auffassung bekennen, als noch in viel späterer Zeit, während der Regierung der Königin Elisabeth, in volksthümlichen Dichtungen derartige planlose Verbindungen von Alexandrinern und Septenaren in strophischen Gedichten vorkommen, so *Percy's Reliques*, Frankfurt, 1803, II, p. 187 in *Brave Lord Willoughby:*

For séven hoúrs to áll mens víew
This fight endúred sóre,

Al vólk wés todréued, so schép beođ in þe wólde,
Lúte ymýnde hi héddc of góde, heore hérten wéren su cólde.
IIé þet ís and éuer wés in héuenc mýd his fádere,
Iʹul lówe hé alýhte for brýngen heóm togádere ;

ähnlich v. 11, 12; 13, 14. Auch in so fern macht sich noch
weiter der Einfluss des Alexandriners geltend auf den Septenar, als der letztere manchmal auch stumpf ausläuft, so z. B.:

59 *Ili scýden he ís a smýþes súne ne beó we nóht his frénd*
60 *Aʹlle his wúndres þát he dóđ ís þurch þéne vénd.*

Endlich trägt das Gedicht noch darin den allgemeinen
Charakter jenes altfranzösischen Versmasses, dass es nicht
durchweg paarweise gereimt ist, sondern öfters in Gruppen
von vier oder sechs Versen, die durch denselben Reim verbunden sind, so v. 21—24, 29—31, 33—36, 41—44, 89—94,
97—100 etc.

The Passion of our Lord in Morris' Old English Miscellany (p. 37 ff. v. 21—64).

Die Alexandriner sind cursiv gedruckt, die Septenare mit gewöhnlichen
Lettern.

∾ Leuedi þu bere þat beste child, þat euer wes ibore,
⁓ *Of þe he makede his moder, vor he þe hadde ycore.*
— ⊣ *Adam and his ofsprung al hit were furlore,*
— *Yf þi sune nere, iblessed þu beo þervore!*   24

Until our mén so feéble gréw,
  That theý could fight no móre,
And thén upón dead hórses
Full sávourlý they eát,
And dránk the púddle wáter,
  They coúld no béter gét;

während in kunstmässigen Dichtungen derselben Zeit Alexandriner und
Septenar stets in regelmässiger Folge paarweise gebunden sind, so z. B. in *Ritson, Ancient Songs I, 141:*

Seynt Stévene wás a clérk
  In kýng Herówdes hálle,
And sérvyd him of bréd and clóth
  As éver kýng befálle.

— —᠊ After þat he wes yvolled in þe flum iurdan,

• — Of þe próphéte, þat hatte seynt iohan,

᠁ —᠊ þe holy gost hyne ledde up into þe wolde,

— For to beon yuonded of sathanas þen olde.　28

—᠊ þer he wes fourty dawes al wiþute mete,

᠁ • ᠊to he hedde heom yuast, þó líste him éte.

— —᠊ þer him com sathanas, þat is ful of hete;

— Mid his fale wordes he gon myd him to speke.　32

• A þre cunne wise he vondi hyne bigon,

— As he vondede Adam, and hyne ouercom.

Mid yuernesse and prude and yssing wes þat on;

—᠊ He nuste nouht, þat he wes boþe god and mon.　36

—᠊ þo seyde ihesu crist, þet is godes sune:

• — Gá abák sáthanás, to hwán artú ycóme?

~ ᠊᠊ Anón he hýne byléuede more to vondy,

— —᠊ ᠊᠊ And þer comen engles hym to seruy.　40

þo he bygon to prechi, wel mylde weren his dede,

—᠊ He ches him twolue yuere myd him vor to lede.

— Summe hi weren wyse and duden al his rede,

• ᠁᠁ Ac ón hýne bitrayede, þat ét of hís brede.　44

— Alle men he tauhte to holde treowe luue,

~ Erest to god almyhti, þat is vs alle abuve,

~ Seþþe to luuye his euenyng, al so hym seoluc wolde, .

—᠊ And euervich beo to oþre boþe treowe and holde.　48

— —᠊ Muchel volk hym vulede, wyte ye for hwon?

— ᠁ Summe tó beon hóle of úuele, þet wés heom ón;

~ Summe for beon yuedde of lykamlyche vode,

—᠊ And summe al for vuele, and for none yode.　52

— Men he helde and wymmen a vele kunne wise:

—᠊ þe blynde he makede loki, and þe dede aryse

— —᠊ Dumbe speke, Deue ihere, and þe holte gon:

— • Swich leche bivore hym ne com her neuer non.　56

þe Gywes and þe faryseus þerof hi hedden onde,

᠊᠊ • þat swich leche wes yeume into heore londe

Hi seyden: he is a smyþes sune, ne beo we noht
his frend;

— —᠊ Alle his wndres, þat he doþ, is þureh þene vend.　60

Vor alle þe gode, þat he heom dude, hi yolde him
luþre mede,

⌣⌐ Me scyþ: his wile he vorleost, þat doþ for þe
quede.

Also dude ihesu crist: vor vuele he dude god;
∾ *þervore hi at þen ende   schedden his swete blod.* 64

§ 57. In einem ganz ähnlichen Versmass ist das Gedicht
von der Samariterin geschrieben. Alexandriner und Septenare sind hier ungefähr in gleicher Anzahl verwendet, doch
so, dass in der Regel nur gleichartige Verse zu Reimpaaren
vereinigt sind; Septenare: 1—4; 7, 8; 19—24; 29—38; 41,
42; 45—48; 55, 56; 59—62; 76, 77. Die übrigen sind Alexandriner. Nur zu Ende des Gedichts sind dreimal ein Alexandriner und ein Septenar zu Reimpaaren verbunden. In allen
drei Fällen wäre es leicht und vielleicht durch die sonstige
regelmässige Sonderung der beiden Versarten in diesem Gedicht gerechtfertigt, zu emendieren, etwa auf folgende Weise,
wobei runde Klammern ein zu beseitigendes, eckige ein
einzufügendes Wort bezeichnen:

65 *and órn to þáre búerh (anón)   and dúde heom to únder-*
                                        stónde
66 *of óne mihtye wihte,   þat cómen is to lónde;*

anon ist hier vermuthlich aus dem vorhergehenden Verse wiederholt.

67 *To álle, þát heo mihte iseón   óþer ⌊ék⌋ yméte*
68 *Heo grádde and seyde: ick hábbe iseye   þáne sóþe prophéte.*
72 *and úrnen ⌊álle⌋ ut óf þe búreuh   myd wél múchel þrynge,*
73 *and cómen to Jhésu, þár he sét   and béden his bléssynge.*

In dem letzten Verse haben wir zugleich ein Beispiel zweihebiger resp. schwebender Betonung, wie sie in dem Gedichte
öfters vorkommt, z. B. *wyssynge: kinge* 70, 71; *Marie: prechie:*
þolye 3—5; *Messyas: was* 55, 56. Auch in der Passion kommen derartige Betonungen manchmal vor, namentlich im Reim,
z. B. *brynge: lesynge* 19, 20; *rydinde: syngynde* 69 70; *motynge:*
brynge 87, 88; 177, 178; *sori: gethsemany* 147, 148; *witnesse:*
lasse 247, 248; 317, 318; 365, 366; 611, 612; *techinge: þinge*
255, 256; 473, 474; 595, 596; 671, 672; 675, 676; 689—692;
heryinde: blessynde 655, 656 und v. 639, 640 sogar *bethany:*

blessy, trotz der im unmittelbar darauf folgenden Verse befindlichen Particip Perfect-Form *iblessed*.

Es erschien zweckmässig, derartige, in der Regel durch den Reim veranlasste Betonungen schon in diesen frühsten Denkmälern altenglischer Dichtung, in denen das romanische Element erst spärlich vertreten ist, hervorzuheben, um dem öfters vorgebrachten Einwande zu begegnen, dass dieselben durch den Einfluss romanischer Wortbetonung zu erklären seien, während es hier klar zu Tage liegt, dass sie nur durch dichterisches Unvermögen, durch Reimnoth veranlasst worden sind.

Kapitel 6.

Ueber die altenglische Wortbetonung im zwölften und dreizehnten Jahrhundert.

§ 58. Die Schlussbemerkung des letzten Kapitels war geeignet, uns hinüberzuführen zu einer genaueren Betrachtung der Wortbetonung dieses Zeitraums, wie sie uns in den bisher durchgenommenen, nach dem Vorbilde lateinischer und französischer gleichtaktiger Rhythmen verfassten Gedichten entgegentritt. Schwebende Betonungen wie die § 57 erwähnten, die dem gewöhnlichen Wortaccent nicht entsprechend sind, bilden natürlich im Verhältniss zum ganzen Umfang jener Dichtungen immer nur seltene Ausnahmen. In der Regel stimmt der Versaccent mit dem Wortaccent überein: Auf diesem Fundamentalgesetz ist ja die ganze accentuierende Rhythmik begründet. Im Süden, Mittelland und Norden zeigt sich die englische Sprache also schon zu Ende des zwölften und zu Anfang des dreizehnten Jahrhunderts unter Anwendung dieses Gesetzes fähig und ohne Widerstreben fügsam, in regelmässigen, zweisilbigen, aufsteigenden Rhythmen sich zu bewegen, eine Dichtung von dem mächtigen Umfange des Ormulum, eine andere von der Popularität des Poema Morale, welche letztere, wie die verhältnissmässig zahlreichen Handschriften schliessen lassen, in allen gebildeten Kreisen des Landes Verbreitung fand, in dieser Form hervorzubringen.

Das wäre unmöglich gewesen, wenn die neuen Versformen der
natürlichen Betonung der Sprache, wie sie damals geredet
wurde, irgend welchen Zwang auferlegt, wenn sie etwa Silben,
die betont waren, beliebig unbetont oder tieftonige Silben,
die etwa noch mit einer gewissen Volltönigkeit gesprochen
wurden, in tonlose Kürzen verwandelt hätten. Es ist daher
meines Erachtens unzweifelhaft, dass diese Dichtungen sich
in voller Uebereinstimmung mit den Betonungsgesetzen des
englischen Idioms damaliger Zeit befinden [1]). Da sie in
regelmässigen, gleichtaktigen, principiell zweisilbigen, aus
einer betonten und einer unbetonten Silbe bestehenden Rhythmen geschrieben sind, so geben sie uns ein sicheres, untrüg-
liches Mittel an die Hand, die Gesetze der Wortbetonung der
englischen Sprache damaliger Zeit zu bestimmen. Dieselben
Gesetze müssen daher auch für die gleichzeitigen, in derselben
Sprache geschriebenen Denkmäler Gültigkeit haben, und in
gleicher Weise für die der folgenden Jahrhunderte, so lange
jene Gesetze im Wesentlichen unverändert bleiben. Praktisch
ganz undenkbar ist es, dass zwei grundverschiedene Principien
der Betonung, wie sie in den gleichtaktigen Rhythmen und in der
alliterierenden Langzeile, resp. den aus ihr hervorgegangenen
Metren vorliegen sollen [2]), in der gesprochenen Sprache
neben einander hergegangen und in der Poesie, die doch
damals weit mehr auf den Vortrag angewiesen war, als
heut zu Tage, rhythmisch in gleicher Weise verwendbar gewesen, ja sogar thatsächlich öfters in ein und demselben
Gedicht, wie es z. B. im Bestiarius der Fall gewesen sein
müsste, von ein und demselben Dichter verwendet worden
seien. Undenkbar ist es ferner, da doch bekanntermassen
die gleichtaktigen Rhythmen in raschem Siegeslaufe schon
im selben Jahrhundert alle Gebiete der Poesie im ganzen
englischen Theil der Insel sich unterworfen hatten, dass
trotzdem die alliterierende Langzeile, die, so lange sie in der
Dichtkunst Pflege fand, nach denselben Grundgesetzen, wie

---

1) Dieselbe Ansicht äussert auch Mätzner, Sprachproben p. 3.
2) Nach ten Brink, Geschichte der englischen Litteratur p. 194 etc.
Jessen, Grundzüge der altgermanischen Metrik in der Zeitschr. für
deutsche Philologie von Höpfner und Zacher, II. 138, und Anderen.

in erster Zeit, gebaut wurde, sich so auffallend lange, bis
ins sechszehnte Jahrhundert hinein, hätte behaupten können.
Das war nur möglich, wenn auch ihre rhythmischen Formen,
wie es bei Anwendung der von uns als richtig anerkannten
Zweihebungstheorie der Fall ist, sich in Uebereinstimmung
befanden mit den Gesetzen der allgemein gebräuchlichen
Wortbetonung.

Welcher Art dieselben zum Beginn des dreizehnten Jahrhunderts gewesen sind, ist daher zunächst zu untersuchen auf
Grund der bisher betrachteten, in gleichtaktigen Rhythmen
geschriebenen Dichtungen.

§ 59. Die altenglische Wortbetonung während einer dem
oben angegebenen Zeitraum nicht völlig, aber doch im Wesentlichen entsprechenden Periode, nämlich während des dreizehnten und vierzehnten Jahrhunderts, ist unlängst in drei
Abhandlungen näher untersucht worden: von Wissmann in
in seinem Buch King Horn, Untersuchungen zur mittelengli-
schen Sprach- und Litteraturgeschichte, Strassburg und London
1876 (QF. XVI) für die unter jenem Titel bekannte kurze
„Metrische Romanze"; von Rosenthal in einer Abhandlung,
betitelt: Die alliterierende englische Langzeile im 14.
Jahrhundert (Anglia I, p. 414—459) für eine Anzahl alliterierender Dichtungen dieses Zeitraums, und von Trautmann
in einem Aufsatz, betitelt: Ueber den Vers Layamons
(Anglia II, 153—173) für das unter dem Titel Layamons
Brut or Chronicle of Britain bekannte, dem Anfang des
dreizehnten Jahrhunderts angehörige umfangreiche Werk dieses
Dichters. Alle drei Forscher stimmen darin überein, dass sie
die Lachmann'schen Regeln altgermanischer Wortbetonung
auch auf die von ihnen behandelten Denkmäler anwenden
und aus denselben nachzuweisen sich bemühen, während jene
Regeln nach unserer Ueberzeugung selbst auf die angelsächsischen Sprachformen nicht mehr anwendbar sind.

Wissmann befindet sich mit der Vertretung dieser Ansicht noch in der relativ vortheilhaftesten Position. Er zieht
damit einfach, da er die kurzen Reimpaare des King Horn
aus den Halbversen der alten alliterierenden Langzeile ableitet
(p. 57), die Consequenz der „Vierhebungstheorie", welcher er
ebenso wie sein Lehrer ten Brink huldigt. Rosenthal geräth

durch Anwendung der nämlichen Theorie auf die alliterierende
Langzeile des vierzehnten Jahrhunderts in Widerspruch mit
einem anderen Anhänger derselben Lehre, Jessen nämlich,
welcher a. a. O. p. 139 bemerkt: „Zu Chaucers Zeit († 1400)
war das Gesetz II (Nebenton folgt auf lange Silbe und auf
tonlose Silbe) vollständig verschwunden und die englische
Versification durchaus schon die moderne sämmtlicher germanischer Sprachen." Trautmann endlich kommt in die
eigenthümliche Lage, dass er zwar die Anwendung der Vierhebungstheorie auf den Halbvers der alliterierenden Langzeile, namentlich aus den von Vetter geltend gemachten, von
uns § 28, Anm. in Kürze recapitulierten Gründen zurück-
weist (p. 166—169), also doch mit Vetter gegen die Anwendung jener Betonungsgesetze auf die volleren Sprachformen
des neunten bis elften Jahrhunderts Protest erhebt, dennoch
aber dieselben Gesetze gelten lassen will für die geschwäch-
ten Formen eines um c. 200 Jahre jüngeren Denkmals, weil
er, oder richtiger gesagt, obwohl er dessen Versbau erklärt
ebenso wie denjenigen Otfrieds, als eine Nachbildung eines
mittellateinischen Metrums, nämlich des „rhythmischen dimeter jambicus acatalecticus der lateinischen Kirchenhymne"
(p. 155), während man bei einem solchen Ursprung des
Layamon'schen Verses doch voraussetzen sollte, dass der
Brut dann auch in Bezug auf das Verhältniss von Wort- und
Versaccent sich gerade so verhalten würde, wie ein anderes
ebenfalls einem rhythmischen mittellateinischen Metrum
nachgebildetes gleichzeitiges umfangreiches Denkmal, das
Ormulum nämlich, für dessen Sprache noch niemand die Gültigkeit jener Betonungsgesetze beansprucht hat und schwerlich jemals beanspruchen wird.

Dass dies in der That unmöglich ist, oder vielmehr,
dass die Behandlung des Worttons im Rhythmus der auf
Grundlage des lateinischen Septenars, wie des französischen
kurzen Reimpaares und des Alexandriners abgefassten Gedichte in vielen Fällen (wie schon früher, p. 96, gelegentlich
angedeutet wurde) den schroffsten Gegensatz bildet zu den
in jenen gleichzeitigen und zum Theil späteren Dichtungen
angeblich beobachteten Betonungsregeln soll nun zunächst
im Zusammenhange dargelegt werden. Dann soll ferner in

den folgenden Kapiteln bei passender Gelegenheit gezeigt werden, dass auch für die jenen Betonungsgesetzen angeblich unterworfenen Dichtungen diese Gesetze keine Gültigkeit haben können, da sie auch hier mit dem thatsächlichen Verhältniss in Widerspruch stehen. Ist die Ungültigkeit jener Regeln aber für die frühsten hier in Betracht kommenden, mit dem Poema Morale und dem Ormulum fast gleichzeitigen Denkmäler, namentlich für Layamons Brut und King Horn nachgewiesen, so ist es nicht nothwendig, für die spätere alliterierende Langzeile conservativer Richtung des altenglischen Zeitraums darauf zurückzukommen, um so weniger, als dieselbe ja, wie allgemein zugestanden wird, im Ganzen nach denselben Gesetzen gebaut ist, wie die angelsächsische alliterierende Langzeile. Folgt daher aus unseren Untersuchungen für jene die Unmöglichkeit der Anwendung der „Vierhebungstheorie", so ist damit auch in Bezug auf diese ein neuer, freilich unseres Erachtens nicht mehr erforderlicher Beweis gegen die Zulässigkeit jener Auffassung gewonnen.

§ 60. Die Wortbetonungsgesetze, auf denen die drei oben genannten Untersuchungen beruhen, sind von Wissmann a. a. O. p. 43 in Kürze zusammengefasst worden in folgenden Sätzen:

„Die Vertheilung des Tones in demselben Worte erfolgt wie im Deutschen so, dass nach langer Wurzelsilbe die unmittelbar folgende, nach kurzer Wurzelsilbe die dritte Silbe den Ton hat. Ist die Silbe, welche den Nebenton trägt, lang, so erhält die nachfolgende Silbe ebenfalls einen Ton. Ist jene kurz, so bleibt diese unbetont, z. B.: *lórè, wímànnè, crístène.* Als lang gilt jede Silbe, die einen langen Vocal enthält oder Position zeigt, z. B.: *þóȝtè, bróȝtè.* Tonlos ist jede zu *e* abgeschwächte Flexions- oder Ableitungssilbe, die auf eine kurze Wurzelsilbe oder auf eine kurze mit dem Nebentone versehene Ableitungssilbe folgt: *spéke.*"

Von diesen Gesetzen ist jedenfalls das erste, „dass nach langer Wurzelsilbe (die also entweder durch Vocallänge oder durch Position eine solche ist) die unmittelbar folgende den Ton hat", das wichtigste und eingreifendste. Man sollte erwarten, dass von diesem angeblich in angelsächsischer Zeit allgemein und in der ersten Epoche des altenglischen Zeit-

raums im Wesentlichen gültigen oder wenigstens von mehreren
Dichtern angeblich befolgten Gesetze, wenn es auch von den
in gleichtaktigen Rhythmen dichtenden Schriftstellern
jener Zeit nicht durchweg beobachtet worden sei, wenigstens
doch noch zahlreiche Spuren in den betreffenden Dichtungen
sichtbar sein müssten, oder wenigstens, dass man sich gescheut
haben würde, eine derartige bei der Aussprache fast jedes
sechsten oder siebenten Wortes zu beachtende Regel in zu
eclatanter Weise zu verletzen. Wie verhält es sich nun aber
mit der Beobachtung derselben in den früher betrachteten
Denkmälern?

Von Orm, der bezüglich der Quantität der Vocale durch
seine bekannte Consonantenverdoppelung nach kurzen Vocalen
eine so peinlich genaue Bezeichnungsmethode durchgeführt
hat, hätte man erwarten sollen, da er doch in einer accentuierenden Sprache dichtete und seine Verse nicht etwa nach
der Quantität, sondern nach der Betonung der Wörter ein-
richtete, dass er, wenn wirklich ein so wichtiger Unterschied
in dem Ton der Endsilben zweisilbiger Wörter zwischen denen
nach kurzer und denen nach langer Stammsilbe vorhanden
gewesen wäre, diese Verschiedenheit doch ebenfalls durch
besondere Zeichen kenntlich gemacht oder wenigstens durch
verschiedene Verwendung der Wörter im Rhythmus berücksichtigt haben würde. Indess keines von beiden findet statt,
oder vielmehr das letztere nur bis zu einem gewissen Grade,
in so fern er viel häufiger Verwendung mit schwebender
Betonung bei zusammengesetzten zweisilbigen Wörtern und
solchen mit schwereren Ableitungssilben, als bei flectierten
Wörtern eintreten lässt.

Im gleichtaktigen sind ebenso wie im ungleichtaktigen
altgermanischen Rhythmus nur hochtonige und tieftonige Silben
fähig eine Hebung zu tragen, nicht aber tonlose Silben. Das
gewährt nun zwar für den regelmässigen zweisilbigen gleichtaktigen Rhythmus kein principielles Unterscheidungsmittel
zwischen tieftonigen und tonlosen Silben, da hier immer die
hochtonige in der Hebung, die tieftonige wie die tonlose in
der Senkung stehen muss, was bei Orm in der Regel auch
thatsächlich der Fall ist. Diejenigen früher erwähnten Fälle
aber, in denen Wörter mit silbenzählender Messung und schwe-

bender Betonung sich in den regelmässigen accentuierenden
Rhythmus einfügen, kommen hier in so fern in Betracht, als
sich in ihnen der oben hervorgehobene Unterschied zwischen
den Flexionsendungen und den Ableitungs- resp. Compositionsendungen zweisilbiger Wörter bezüglich des statistischen
Verhältnisses ihrer Verwendung mit derartiger Betonung im
Vers bemerkbar macht. Die Wörter *inntill* 13, *larspell* 51,
upponn 69, *goddspell* 15, *mannkinn* 277, *wifmann* 291, *egghwær*
1096, *ennglissh* 13, *enngell* 273, *drihhtin* 16, *shiffting* 475,
innrest 1017, *affterr* 2, *unnderr* 9, *oferr* 1034 etc., die zum Theil
sehr häufig vorkommen, werden, abgesehen von den citierten
Fällen, ebenso wie ähnliche Bildungen und auch die flectierten dreisilbigen Formen derselben, mindestens ebenso oft mit
schwebender Betonung — also *ofér̄r*, *ēnnglísshe* etc. — im
Verse verwendet, als mit gewöhnlicher, wovon man sich durch
einen Blick in den Text leicht überzeugen kann. Ganz anders verhält es sich mit den flectierten zweisilbigen Wörtern.
Während durchschnittlich mindestens zwei Wörter in jedem
Verse vorkommen, in denen die Flexionsendung der regelmässigen Betonung entsprechend unaccentuiert in der Senkung
steht, finden sich in den ersten 1500 Versen des Werkes folgende
Fälle schwebender Betonung, zunächst in Widmung und Prolog:
wazznér̄þþ 37, *flītténn* 40, *rēzzsép̄* 70, *hallzhé* 73, *nēmmnédd* 75,
wǣré 79; im Text: *deoflḗss* 35, *wǣrénn* 117, 369; *mihténn* 443,
prestéss 493; *sprūnngénn off himm strēnédd þurrh himm* 511
(vgl. *was sprúnngenn ánnd wass strénedd* 560) *haffdénn* 586,
587; *nēmmnédd* 593, 1039; *habbénn* 784; *öffrénn* 1011; *millcén* 1041. Das ist also ein Verhältniss von c. 20 zu c. 3000 oder
2 zu 300. Wir dürfen daher mit Sicherheit annehmen, dass
Orm nur im Drange der Noth sich zu solchen der gewöhnlichen Accentuation widerstrebenden Betonungen verleiten
liess, welche die im Folgenden zu beweisende Thatsache der
Tonlosigkeit der Flexionsendungen nicht zu erschüttern vermögen, sie vielmehr nur stützen, wenn wir damit das
häufige Auftreten zweisilbiger zusammengesetzter Wörter
und solcher mit schwerer, gleichfalls wie bei den Compositis
tieftoniger Ableitungssilbe vergleichen.

Gleichwohl hat doch Jessen aus dem Rhythmus des
Verses einen allgemeinen Schluss abzuleiten gesucht für die

Verschiedenartigkeit der auf einen langen und der auf einen kurzen Stammvocal folgenden Flexions- resp. Ableitungssilben. Er behauptet nämlich a. a. O. p. 139 betreffs des Orm'schen Verses, dass „das zweite Glied (des Langverses) den Versschluss II, 2 a (kurze Stammsilbe nebst tonloser Endsilbe) fast durchaus (doch *löfe* v. 1445) vermeide", und findet darin einen Beweis, „dass Orm auch dies zweite Glied als ein eigentlich viertaktiges betrachtete". Diese Behauptung muss als eine durchaus falsche Auffassung des thatsächlichen Verhältnisses bezeichnet werden. Jessen hat dieselbe nur aufstellen können, indem er den Umstand nicht berücksichtigte, dass die Summe der langvocalischen ebenso wie die Summe der durch Position langen Wortstämme wahrscheinlich schon jede für sich, jedenfalls aber, wie eine statistische Untersuchung ergeben würde, zusammengenommen [1]) die Summe der Wortstämme mit kurzem Stammvocal bei einfacher auslautender Consonanz erheblich übertrifft, und indem er dies dann s o deutet, als ob Orm die ersteren, allerdings bei ihm häufiger vorkommenden, weil zahlreicher vorhandenen, g e w ä h l t, die letzteren v e r m i e d e n habe (selbst in ganz vereinzelten Fällen dürfte es schwer sein, den Nachweis zu erbringen, dass ihm überhaupt, zumal für den paraphrasierenden Theil seiner Dichtung, die Wahl frei stand, d. h. dass Orm statt eines zur ersteren Kategorie gehörigen Wortes ein gleichbedeutendes aus

---

1) Der stricte Beweis dafür ist schwer zu führen. Doch dürfte es als eine nicht zu unterschätzende Stütze für die muthmassliche Richtigkeit jener Behauptung anzusehen sein, dass unter den von Koch aufgezählten reduplicierenden und ablautenden ags. Verben 117 langvocalische, 59 durch Position langvocalische und 48 kurzvocalische Stammsilben in den Infinitivformen vorkommen, wobei wir uns für die sechste Klasse der Auffassung Grimms anschliessen. Zu diesem Zahlenverhältniss stimmt auch die thatsächliche Verwendung der drei Gruppen von Wörtern in den Reimen der Passion, deren Verfasser doch bei seiner Versart am wenigsten Veranlassung gehabt haben müsste, die langvocalischen Stämme unter den weiblichen Reimen zu bevorzugen. Indess von den 398 Reimen dieser Gattung des 702 Verse umfassenden Gedichts fallen nur 92 auf kurzvocalische Stämme, 132 auf langvocalische und 174 auf positionslange; die übrigen 308 Verse haben stumpfe Reime.

der letzteren hätte wählen resp. verwerfen können), — oder indem er gar die Doppelconsonanz, die Orm, wie bereits erwähnt wurde, stets zur Bezeichnung des kurzen Vocals, selbst bei Position (*funndenn*) eintreten lässt, resp. wo sie schon in Gebrauch war, wie bei *sinnes, wille, þanne,* beibehält, nach seiner Theorie gerade das Entgegengesetzte, nämlich Posisitionslänge des vorhergehenden Vocals bewirken lässt. Der von ihm in Parenthese zugestandene Einwand, „doch *löfe* v. 1445", weist darauf hin, dass er in diesem Fall das *e* für tonlos hält wegen der Kürze des Stammvocals und der einfachen Consonanz, dass er es aber als tieftonig ansehen würde, wenn es *loffe* geschrieben wäre. Man darf dies daraus schliessen, dass Jessen statt des erst v. 1445 begegnenden *lofe* (so bei White) nicht das viel auffallendere *offe* citiert hat, welches schon v. 462 vorkommt:

> *þiss gode mann, þiss gode prest,*
> *þatt we nu mælen offe.*

Aus diesem noch v. 2931, 3417, 3471, 16517 und sonst wiederkehrenden Beispiel ist erstens mit absoluter Sicherheit zu schliessen, dass Orm das tonlose *e* oder eine tonlose Silbe als Versschluss keineswegs principiell vermeidet, denn in diesem Fall hat er lediglich seinem Metrum zu Liebe die Präposition *of* mit einem solchen unzweifelhaft tonlosen Nachklang versehen[1]), und zweitens, dass derartige Consonantenverdoppelung für ihn keinerlei Einwirkung auf den vorangehenden Vocal ausübt. Die gewöhnliche Form des Wortes ist bei Orm stets *off*, wo das *ff* die Kürze des *o* andeutet, welche durch das angehängte tonlose *e* unmöglich alteriert werden kann. Gerade so bildet er von *onn* die Form *onne* 16947, *þæronne* 15475, 16951, analog der etymologisch berechtigten Form *inne* 3473.

Doch auch Versschlüsse nach Art des von Jessen als Rarität citierten *lofe* sind keineswegs selten; man vgl. z. B.:

> *To stanndenn gæn þe defell* Widmg. 239; 2012.
> *To werrþenn dun þe deofell* 2575, 11396, 11420 etc.

---

1) Analoge Fälle finden sich bei älteren englischen Dichtern (vgl. Ellis, On Earl. Engl. Pron. I, 336) wie bei neuhochdeutschen z. B. bei Goethe: Trink', o Jüngling, heil'ges Glücke Taglang aus der Liebsten Blicke (vgl. Ellis a. a. O. p. 323).

O tweʒʒenn stokess metedd 1049, 1057 etc.

Bi weppmenn, alls itt ʒede 2062, 14577, 12749.

Fra þatt he wass full litell 3205, 3217, 3467 etc.;

ferner finden sich als Versschluss u. a. noch die Wörter *siʒe* 16965 (*sizzefasst* 16958) *wake* 13670 und ausserordentlich oft das Wort *come*, so v. 860, 864, 868, 870, 874 etc., in welchem Orm vielleicht aber das *o* als Länge gehört hat, wie man aus dem vereinzelten Vorkommen einer Schreibung *cōme*, so v. 1109, schliessen könnte. Sonst aber macht, wie auch schon das obige *siʒe*, *sizzefasst* erkennen liess, das Fehlen der Doppelconsonanz nach kurzem Stammvocal zweisilbiger Wörter die Quantität desselben noch keineswegs verdächtig. Zur Begründung dieser Behauptung wird es rathsam sein, hieran zunächst einige weitere Bemerkungen über die Principien der Orm'schen Orthographie, soweit dieselben hier in Frage kommen, anzuknüpfen.

§ 61. Vor allen Dingen ist zu beachten und zu beherzigen, dass Orms Schreibweise durchaus nicht etwa und in keinerlei Hinsicht eine nach etymologischen Grundsätzen geregelte (wie hätte auch der im zwölften Jahrhundert schreibende englische Dichter dazu kommen sollen?), sondern eine rein phonetische ist. Ferner ist festzuhalten, dass Orm mit seiner Methode der Consonantenverdoppelung keineswegs etwas ganz Neues in die Sprache einführte, wie auch Marsh[1]) und A. J. Ellis hervorheben. Der letztere hochverdiente Gelehrte führt a. a. O. I, p. 55 aus, auf welche Weise sich im Allgemeinen der Gebrauch, nach kurzem accentuierten Vocal den folgenden Consonanten zu verdoppeln, ein Gebrauch, den dann Orm auch auf die unaccentuierten Ableitungs- und Flexionssilben ausdehnte, in den germanischen Sprachen einbürgern konnte. Unzweifelhaft also wurde

---

1) vgl. The Origin and History of the English Language by George P. Marsh, London, 1862. 8., p. 177 : His system of spelling, — not new in principle and to a certain extent common to all the Gothic languages — though cumbersome in practice, is carried out by Ormin with a consistency and uniformity that show a very careful attention to English Phonology and give it something of the merit of an original method.

Orm zu dieser phonetischen Schreibart veranlasst durch die
Thatsache, dass sich in der Sprache, die er redete und schrieb
(wie auch schon in ags. Zeit gebräuchlich), eine grosse Anzahl
von Wörtern befanden, die gewöhnlich oder oft mit doppelten
Consonanten nach kurzem accentuierten Vocal geschrieben wurden, wie z. B. *cann, shall, mann, pisse, beginne, swimme* etc.
Diese Beobachtung verwerthete er für die Quantitätsbezeichnung anderer, gewöhnlich mit einfacher Consonanz geschriebener kurzvokalischer Wörter und Silben (accentuierter wie un-
accentuierter), während er sich natürlich in denjenigen Fällen,
in denen die Verdoppelung des auslautenden wie namentlich
auch des inlautenden Consonanten ohnehin allgemein gebräuchlich war, einer weiteren Bezeichnung der Kürze des Vocals
überhoben sah, z. B. in Wörtern, wie in den meisten obigen
oder in *telle, wille, sinne, sitte, libbenn, lizzen, rekkenn* etc.
Es hiesse dem zwar für seine Zeit gewiss sehr unter-
richteten Augustinermönche grössere philologische Gelehrsam-
keit zumuthen, als er besitzen konnte, wenn man annehmen
wollte, dass er zwischen den zwei Arten der Consonantenverdoppelung unterschieden habe als einer von ihm eingeführten wie in *off, offe, onn, onne* zur Bezeichnung der Kürze
des vorangehenden Vocals und einer andern, etymologisch
berechtigten, wie in den zuletzt erwähnten Fällen, in denen
das *ll, kk* etc. aus Assimilation entstanden ist, und wo es
nach der Ansicht von Jessen u. A. auch für Orms Ohr Ver-
längerung des Stammvocals und Tieftonigkeit der folgenden
Silbe soll bewirkt haben. Orms Schlussfolgerung war vielmehr einfach diese: „Es herrscht der Brauch nach kurzem
Vocal den folgenden Consonanten zu verdoppeln. Das ist in
der That ein vortreffliches Unterscheidungsmittel für kurze
und lange Vocale. Also führen wir dasselbe ein, wo es noch
nicht in Gebrauch ist, und machen wir auf diese Weise alle
kurzen Silben, betonte wie unbetonte, gleichartig in der
Schreibung." — Dass er diese Auffassung von den schon in
der Sprache traditionell vorhandenen Verdoppelungen hatte,
geht noch weiter daraus hervor, dass er in manchen Fällen
auch bei diesen nur e i n e n Consonanten schrieb und die
Kürze des Vocals durch ein Häkchen (˘) bezeichnete, welches
er vielleicht öfters erst bei nochmaliger Durchsicht des Mss.

hinzufügte, öfters auch nachzutragen versäumte, so dass ein und dasselbe Wort, wie das Glossar ausweist, in zwei oder drei verschiedenen Schreibungen vorkommt, wie *kinne, kïne, kïne,* s. *sunne, süne,* s. *winnenn, wïnenn,* v. *beoddeþ, bedeþ,* v. *þanne, þane* adv. *whanne, whane* adv. *sinne, sïne,* s. *stede, stёde,* s. *bede, bёde,* s. *here, hёre,* s. *were, wёre,* s. *kinne, kïne,* s. *sipe, sïpe,* s. *tüle, tale* s. *näme, name,* s. *räþe, raþe,* adv. *letenn, lёtenn* v. *lofenn, löfenn* v. *berenn, bёrenn* v. *wille, wïle, wile* v. etc. Es kann keinem Zweifel unterliegen, dass die Aussprache und das Tonverhältniss dieser Wörter sich stets gleich bleibt, in welcher der verschiedenen Schreibungen sie auch auftreten mögen. In den Versen:

In Góddkunndnéssess kïne 10985.
Meõcnésse iss þrínne kïness 10699,
annd áll wiþþüten sïne 11031.
Forr þéȝȝre füle sïness 10509.
Todéledd héfde þáne o twá 557.

und in den Versen:

Inn álle kïnne sïnne 2250.
To fóllghenn álle sïnness 10535.
annd tær bilæf he þanne 8384.

ist in den Worten *kinne, sinne, þanne* unzweifelhaft der Vocal des Stammes kurz und das *e* der Endung kurz und tonlos, in *þane* (557) sogar durch Elision stumm. Macht aber die hier etymologisch berechtigte Verdoppelung für Orms sicherlich mit der Aussprache seiner Landsleute durchaus in Einklang stehenden Sprachgebrauch in diesem Falle wie in den übrigen keinerlei Unterschied, so ist nicht einzusehen, weshalb sie es thun sollte in ganz analogen Fällen, wie *winnenn, seggenn, cwellenn, fallenn, rihhtwisnesse, libben, liȝȝenn, rekkenn, wille* etc. In allen diesen und ähnlichen Fällen, sind also die Stammvocale kurz und die Endsilben tonlos, so dass damit nun die Zahl der unzweifelhaft tonlosen Versschlüsse ganz ausserordentlich wächst, wie sie denn in der That kaum seltener vorkommen, als diejenigen nach langem Stammvocal und nach der Position, die übrigens ja auch nach Orm keine Länge des vorangehenden kurzen Vocals bewirkt.

Für die durchaus gleichberechtigte Verwendung der verschiedenen Wortstämme und ihrer Endungen im katalektischen Versschluss ist folgende Stelle charakteristisch, v. 11451:

> *þæraffterr iss þe laþe gast*
> *ʒerrnfull wiþþ all hiss mahhte,*
> *To winnenn efft tatt illke mann*
> *þurrh hise laþe wiless,*
> *þurrh þatt he shall himm brinngenn onn*
> *To don summ hæfedd sinne,*
> *All hise þannkess, all unnnedd,*
> *All att hiss flæshess wille.*

Es ist möglich, dass Orm das Substantiv *wille* consequent mit *ll* schreibt zum Unterschied von *wile* List, während das Verbum in der Schreibung *wile* 95, 2918, *wîle* 5299 und *wille* 10308 vorkommt.

In diesem Fall mag übrigens, wie in manchen anderen, das Schwanken in der Schreibung nicht bloss aus Vergesslichkeit zu erklären sein, sondern es wird vermuthlich mit einem Mangel in Orms Quantitätsbezeichnung zusammenhängen, den Ellis a. a. O. III, p. 486 hervorgehoben hat, wo er von dessen Consonantenverdoppelung sagt: „*This plan has the obvious disadvantage of not indicating the length of a vowel, when no consonant followed. Thus in the opening lines þe, i, o, to, swa were all probably short and ba = both was long. The writing however shews no difference.*" Dabei ist es Ellis entgangen, dass sich dieser Mangel nicht bloss auf einsilbige Wörter mit auslautendem Vocal und auf die vocalisch auslautenden Flexionsendungen mehrsilbiger Wörter erstreckt, sondern auch in zahlreichen Fällen auf die Stammsilben mehrsilbiger Wörter. Denn die Anwendung der Consonantenverdoppelung bei Orm muss, worauf bisher meines Wissens noch von keiner Seite aufmerksam gemacht worden ist, dahin präcisiert werden, dass er dieselbe stets eintreten lässt in geschlossener Silbe, daher stets und ohne Schwanken in allen consonantisch auslautenden Flexionsendungen und gewöhnlich auch in den mit einer Consonantencombination schliessenden Silben hinter kurzem Vocal, wie *finndenn*,

Drihhtin, haffde, nemmnedd [1]), dass er aber nicht davon Gebrauch macht in offenen Silben oder in solchen, die er für offene Silben hält. Dies wird bewiesen durch seine Behandlung des Wortes *biforen*, welches sich in dieser vollen Form stets nur so geschrieben im Ormulum vorfindet:

Biforen Crist Allmahhtig Godd 175;

ferner 192, 207, 370, 374, 386 etc., dagegen in verkürzter zweisilbiger Form mit geschlossener zweiter Silbe in der Schreibung *biforr*:

Biforr þe Romanisshe king 6902,
To maken win biforr þat follc 14344.

Nach demselben Grundsatz schreibt Orm stets *openn* 723 etc. und ebenso consequent *oppnenn* 4125 etc.

Genau so sind Schreibungen anzusehen wie *bere* 47, *barr* 1372, *boren* 161, 2470; *nime* 2910, *namm* 916, *numenn* 6940; *cume* 4359, *comm* 4355, *cumenn* 162 etc., woneben auch *cummenn* 10639; ferner *zifen* 2111, *tredenn* 4416, *bigetenn* 1645, *farenn* 8361, *shapenn* 12556, *takenn* 1150, *drifenn* 8239, *writenn* 3085, *risenn* 11552, *bilefedd* 8914, *bifrorenn* 13856, *forrlorenn* 1395. Es ist also keineswegs die Frage aufzuwerfen, wie es Koch Gr. I, 291 thut, ob sich die Quantität dieser Stämme geändert habe; dieselben waren unzweifelhaft kurz und die Endungen dieser Wörter waren vermuthlich in vielen Fällen, wie z. B. in *boren, bifroren, forloren* in gewöhnlicher Rede schon mit dem Stamm verschmolzen, so dass *born, bifrorn, forlorn* gesprochen wurde. Nur so ist es erklärlich, dass derartige Wörter, wie es in der That der Fall zu sein scheint, nur selten oder vielleicht gar nicht von Orm als Schluss der akatalektischen Reihe verwendet werden, da sie hier nicht, wie im Innern des Verses, durch die folgende Hebung und die Regelmässigkeit des Wechsels zwischen Senkung und Hebung vor dem vollständigen Verstummen gesichert waren

---

1) Auffallender Weise schreibt Orm nach Whites Glossar stets *bindenn, kinde, kinge, land* etc.; *langenn* (*to long after*) vielleicht zur Unterscheidung von *lannge* (*diu*); doch in den andern Fällen ist es schwer, einen Grund oder eine Veranlassung zu der einfacheren Schreibung zu entdecken.

und also den von ihm strenge beobachteten klingenden Versausgang des zweiten Gliedes leicht aufheben konnten. Diese
Gefahr war nicht vorhanden bei Wörtern wie *defel*, *litel*, *meted*,
in denen die Beschaffenheit des Stammes und der Endung
die Contraction verhinderte.

Also es war nicht die Tonlosigkeit der Endsilben zweisilbiger kurzstämmiger Wörter, die ja, wie oben gezeigt wurde,
in beträchtlicher Anzahl bei ihm als klingende Versschlüsse
verwendet werden, welche Orm beanstandete, sondern nur
der Grad von Tonlosigkeit gewisser Endsilben dieser Gruppe
von Wörtern, welcher in Gefahr war, in Stummheit überzugehen. Im Uebrigen aber macht er keineswegs den von
Jessen aufgestellten principiellen Unterschied zwischen den
auf lange und den auf kurze Stämme folgenden Endungen.
Beide werden in gleicher Weise zum klingenden Ausgang des
zweiten Gliedes des Verses verwendet, welches Orm also
sicherlich nicht „als ein eigentlich viertaktiges betrachtete".

§ 62. Er verhält sich in dieser Hinsicht genau so, wie
der in reimenden Septenaren dichtende Verfasser des
Poema Morale, dem gleichfalls tonlose Endsilben, einerlei
ob sie auf eine kurz- oder langvocalische Stammsilbe folgen,
zum katalektischen Versausgange dienen. So haben die zwölf
ersten Strophen (wie überhaupt auch hier wieder die meisten
aus den angeführten Gründen) weibliche Reime mit langvocalischen Stämmen wie: *lore : more* 1; *dede : rede* 2; *lede :
adrede* 3; *childe : milde* 4; *cude : nude* 5; *worde : horde* 6 etc.
Entschieden kurzvocalische aber liegen vor in *imeten : beten* 63,
116; *stelen : helen* 77; ferner nach den obigen Ausführungen
in *iwille : ille* 35; *iwisse : blisce* 67; *senne : kenne* 98, 162; *alle :
nalle* 151; *cunne : bigunne* 104; *inne : senne* 120; *telle : helle* 138;
auch reimt der Dichter unbedenklich kurz- und langvocalische zusammen: *bene : wene* 163, wenigstens nach Mss. DTL.

Von noch grösserer Bedeutung ist das ganz gleichartige
Verhalten der Dichter des Pater Noster und der Passion,
da bei den weiblichen Versausgängen des kurzen Reimpaars
und des Alexandriners nach dem ganzen Wesen dieser Versarten doch nur von tonlosen Silben die Rede sein kann.
Beispiele weiblicher Reime mit langer Stammsilbe, die in
beiden Gedichten natürlich wieder in der Mehrzahl sind,

müssen hier namentlich angeführt werden, so aus dem Pater Noster: *lare : sare*, 15, 16; *mihte : wihte* 29, 30; *deden : dreden* 31, 32; *here : deore* 33, 34; *beren : weren* 69, 70; *mihte : rihte* 79, 80; *scafte : mahte* 81, 82; *biþohte : wrohte* 90, 91, 95—98; *archangles : engles* 121, 122; *sone : misdone* 125, 126; *swinken : biþinken* 129, 130; *mihte : lihte* 137, 138; *wiþuten : abuten* 151, 152 etc. In allen diesen Fällen ist die unaccentuierte Endsilbe nicht anders, ihrem Tonverhältniss nach, beschaffen, als die entsprechenden unaccentuierten, unzweifelhaft tonlosen Endsilben der Reime *ibórene : icórene* 5, 6; 67, 68; *iwune : sune* 17, 18; *laȝe : saȝe* 21, 22; *stele : heole* 47, 48; *gode : bode* 51, 52; *mune : sune* 53, 54; *nome : scome* 65, 66; *hafen : crauen* 73, 74; *cumen : wunen* 107, 108; *sunes : cumes* 113, 114. Dass kein Unterschied bezüglich dieser Endungen nach kurzem und nach langem Stammvocal gefühlt wurde, geht auch hier noch weiter daraus hervor, dass sie zusammen reimen: *ibeden : réden* 7, 8; *to dónne : monne* 135, 136.

Genau so ist die Verwendung und Behandlung derartiger Endsilben im Rhythmus des Gedichtes The Passion of our Lord, aus welchem ausserdem zur Evidenz hervorgeht, dass von tieftoniger Endsilbe im Versschluss des Septenars nicht die Rede sein kann, da derselbe öfters mit dem nach dem Vorbilde des französischen Metrums stets tonlosen weiblichen Versschluss des Alexandriners reimt und sogar bei männlichem Reime beider Versarten im Septenar wegfällt, wie im vorhergehenden Kapitel (p. 118) hervorgehoben wurde. Beim Alexandriner sind noch weiter die Ausgänge der ersten rhythmischen Reihe von Wichtigkeit: also die klingenden (weiblichen) Cäsuren und die klingenden Versausgänge kommen hier in Betracht. Wenn in diesen Fällen nach vocalisch langer oder positionslanger Stammsilbe die unmittelbar folgende Flexions- oder Bildungssilbe „den Ton haben" könnte, so würde der Rhythmus des Alexandriners vollständig zerstört werden: die Halbverse des alexandrinischen Reimpaars 101, 102:

þo seýde vre lóuerd crīst þát is fúl of blisse :
Nýmeþ góde yéme þát ye noúht ne mýsse
würden im zweiten Halbvers des ersten und in beiden Halbversen des zweiten Verses nicht mehr aus drei, sondern aus vier Takten bestehen:

þát is fúl of blissè
Nýmeþ góde yémè þát ye noúht ne mýssè

nach Art der viertaktigen kurzen Verse, in denen nach Wissmann auf Grund seiner Betonungsgesetze der King Horn abgefasst sein soll. Dass dieselben jedenfalls auf das gleichzeitige Denkmal The Passion of ure Lord nicht anwendbar
sind, geht mit Sicherheit hervor schon aus diesem einzigen
Beispiel, da der erste Halbvers mit stumpfem Ausgang entschieden nur drei Hebungen resp. Takte hat. Nur noch
einige Beispiele dieser Art mögen von den vielen, die sich
darbieten, citiert werden :

And yef þat eche líf þat neuere ne haueþ ende,
Hwanne ure soule unbynd of lykamliche bende.   551/2.
Jesus þo nemde Marie and cudde hwat he wes,
Marie in hire lyue neuere so blyþe nes.   577/8.
Heo clepede hyne mayster, þet is rabony,
And fel to his fote and bed hym mercy.   579/80.
Jhesuc spek to Marie and hire þo forbed
þat heo attryne ne scolde his honde ne his fet.   581/2.
Ich ne astey nouht yete vp to myne vadere,
Ac go to myne broþren, þer hi beoþ togadere.   583/4.

Vers 583 ist hier besonders lehrreich. Da das -e in *yete* unzweifelhaft tonlos ist und der ganze Passus von v. 577 bis v. 584
in allen Versen klingende Cäsuren aufweist, so folgt daraus wieder, dass alle als gleichartig, d. h. als tonlos anzusehen sind.
Diese Tonlosigkeit erstreckt sich also, wie die obigen Beispiele
zeigen, nicht bloss auf das End-e langstämmiger Wörter, sondern auch auf vollere Flexionsendungen, wie *broþren, engles,*
wiþuten, askapeþ 124; *seggeþ* 252; *atholdeþ* 364; *bileuest* 419;
vnbunden 630, 632; und kann sich ferner auch erstrecken
auf Wörter, in denen die Endsilbe ursprünglich der zweite
Theil eines zusammengesetzten Worts war, wie in dem oft
vorkommenden Worte *loverd*, bei welchem auch das Ms. durch
die, wie es scheint, überall durchgeführte Abkürzung des *er*
die Tonlosigkeit der Endsilbe andeutet, z. B. :

For hi hábbeþ mine lóuerd i nót hwér idó 564.
Mén he hélde and wýmmen a véle kúnne wise 53, 681.

And léდeþ hýne wárliche,   hé con wndres mónye 123.
Ádam ánd his ófspruny (vgl. Poem. Mor. 101)   *ál hit were
                                         furlóre* 23.

Dass unter diesen Umständen vollere Bildungssilben ähn-
lich behandelt werden können, ist sehr erklärlich, so z. B.:
Errest to gód almýhti   þat is vs álle abúve 16.
Hi séten heo ón his héved   and váste þér to beóte 385.
þer-vóre ich ám ful sóri   and hábbe hýne isouht 572.
Hé nólden þérof mákie   nónes cúnes dól 446.

Dies schliesst natürlich nicht aus, dass solche ursprünglich
tieftonige, in der Regel aber dem allgemeinen Sprachgebrauch
gemäss im Rhythmus als unaccentuierte, ja als tonlose Silben
auftretende Ableitungssilben nicht auch gelegentlich unter
dem Einfluss des Reimes hochtonig verwendet würden, wie
z. B. 163, 164:

*þer cóm of héuene on éngel   and stód hym váste bý
Hýne vór to gládye   he wás ful rédi.*

Aehnlich *vondy : seruy* 39, 40; *prechi : mody* 71, 72. Die Endung *-ing* wurde im Reim sehr häufig so behandelt, wie schon
früher hervorgehoben wurde. Im Innern des Verses, wo sie
nicht unter dem Zwange des Reims stehen, treten solche
Endungen in der Regel unaccentuiert auf:

Mid ývernésse and prúde   and ýssing wás þat ón 35.

Ebenso im Pater Noster:

þurh fésting ánd þurh wácúnge 260.

Dass in prosaischer Rede die verklingende, eher tonlose als
tieftonige Aussprache dieser Endsilbe gerade so wie im Neuenglischen die gewöhnliche war, und dass das häufige Vorkommen derselben im Reim mit schwebender Betonung
lediglich der verhältnissmässig niedrigen Stufe der Entwickelung, auf der sich die Vers- und Reimkunst damals noch
befand, zugeschrieben werden muss, ist meines Erachtens
unzweifelhaft.

§ 63. Uebrigens fehlt es nicht an noch directeren Beweisen für die im Allgemeinen schon für jene Zeit anzuneh-
mende Tonlosigkeit der Flexions- und vieler Ableitungssilben.
Die Tonabstufungen sind, wie § 9 ausgeführt wurde: hoch-

tonig, tieftonig, tonlos, stumm. Bevor eine Silbe stumm
wird, muss sie tonlos geworden sein, oder mit andern Worten:
eine tieftonige Silbe kann nicht sofort zu einer stummen werden, sondern nur, wenn sie vorher zu einer tonlosen Silbe
wurde; nur eine solche, resp. der Vocal einer solchen kann
der Elision, Syncope, Verschleifung oder Apocope unterworfen sein.

Wie verhält sich nun der Sprachgebrauch des Ormulum
und der andern bisher betrachteten Denkmäler in dieser
Hinsicht? Ist die Elision wirklich nur auf die nach der
Theorie von Jessen u. A. tonlosen Silben (kurzvocalische
bei einfacher Endconsonanz) — wie etwa *hafe ic* 129, *hett* aus
he itt, *nimd* aus *nimed* etc. beschränkt? — Keineswegs. Was
zunächst die Elision des End-e betrifft, so fällt dasselbe, wie
schon früher hervorgehoben wurde, bei dem silbenzählenden
Orm vor folgendem Vocal und *h* sehr oft aus, und zwar in gleicher Weise bei kurzstämmigen wie bei langstämmigen Silben,
welche letzteren Fälle aber aus den früher hervorgehobenen
Gründen in viel grösserer Zahl anzutreffen sind, als die ersteren; so z. B.: *Forr all þat æfre onn erþe iss ned* 121; ähnlich
mære inóh 37; *trówwe icc þätt* 51; *rime alls hér* 101; *lóke he
wél* 107; *wíte he wel* 110 etc. Doch auch vor Consonanten kommt
derartiger Abfall des *e* (Apocope) vor in schon von White
p. LXXX angemerkten Fällen: *fra mann to manne* 11219,
i Godess hus wiþþ Godes word 625; und auch um den akatalektischen Schluss des ersten Gliedes herzustellen: *þatt he
wass hofenn upp to king* 8450, gegenüber 8370: *was hofenn upp
to kinge*; ähnlich *o faderr hallf* 2269, *o faderr hallfe* 2028;
off dæþess slep 1903, *off slæpe* 3143; *att inn* 12926, *att inne*
13739; *off witeʒhunng* 14416, *off witeʒhunnge* 14617.

Das ist eine Behandlung des End-e, die durchaus auf
gleicher Stufe steht mit dem Sprachgebrauche Chaucers und
demjenigen des Neuhochdeutschen. Orm geht sogar mit dem
flexivischen *e* zuweilen noch freier um, indem er es auch in
Verbalformen zu dem oben angeführten Zweck, um den aka-
lektischen Versschluss der ersten rhythmischen Reihe zu ermöglichen oder überhaupt dem Rhythmus zu Liebe beseitigt.
Annd úʒʒ afftérr þe góddspell stánnt 33, gegenüber *þatt æfre
and æfre stánndeþþ inn* 2617; ähnlich *whi icc till E'nnglissh háfe*

wénnd 113, 147, gegenüber *he wennde̸þþ* 16660; desgl. *z̧iff þú sez̧z̧st tátt tu lúfesst Gódd* 5188, *and séz̧z̧esst swille annd swille was þú* 1512. Bei Orm, dem gelehrten und gewandten Kunst-dichter, dem gebildeten Kenner seiner Volkssprache, kommen derartige Contractionen verhältnissmässig selten vor; doch dass auch ihm, während er die unschönen Verschleifungen des ungeübten Verfassers des Poema Morale, wie *muchel* 29, *fader* 90, *water* 121 etc. (vgl. p. 97) als Schluss der ersten Vershälfte gänzlich vermeidet, solche Formen in die Feder kommen, ist der beste Beweis, dass ein derartiges Verstummen der Flexionsendung nicht unzulässig war, weil sie auch in gewöhnlicher Rede n i c h t „den Ton hatte", sondern hinter langer wie hinter kurzer Stammsilbe tonlos war.

So gewinnen nun auch manche Verse des Poema Morale ein etwas gewandteres, fliessenderes Aussehen, da wir ihrem Verfasser doch d a s nicht zum Vorwurf machen können, woran wir bei Orm keinen Anstoss nehmen, z. B. das Verstummen des End-*e* auch nach langem Vocal, wie in *wintre and éc* 1; *þer wíle hi múz̧e* 11; oder auch vor folgenden Consonanten wie : *mi wit oz̧hte to bi more* 1, 4; *mán þet wíle to héuene* 14, 2 ; *vor hélde ne uór unhélde* 8, 4 ; *þo hwíle þet hé mot líbbe* 16, 2. Auch in akatalektischen Versschlüssen wie *ích wílle of hélle píne* 111, 3 (vgl. 91, 2: *ipíned wes ón þo róde*); *vór hi nóldcn þó hi míhte* 116, 3 ; *and álle þó þet ánie wíse* 130, 1 ; *Léte wé þo bróde stréte* 163, 1 (gegenüber *hi váred þo bróde stréte* 165, 4, als katalektischem Schluss); *þurh þóne gútleáse wóde* 166, 3, wo überall langer Stammvocal vorliegt, nimmt er sich, zumal da in einzelnen Fällen, wie 116, 3; 163, 1 das zweite Versglied mit einem Vocal oder *h* beginnt, keine grösseren Freiheiten, als Orm, geschweige denn in Fällen mit kurzem Stammvocal, wie *vór almíhte gódes líue* 161, 1; *he óne mai móre vorz̧éue* 104, 1 und vielen ähnlichen. Auch akatalektische Versschlüsse wie *wé þet Gódes hésne bréked* 44, 1; *gódes láz̧e hé uoluéld* 150, 1, und ebenfalls nach langem Stammvocal wie *éche rúne hé ihérd* 43, 1; *þet súllen bén to deáþe idémd* 49, 3; *wis ís þet híne biþénched* 16, 1 (vgl. 79, 3) gegenüber *ofþénched his misdéde* 62, 4; *hi wálked eúre and réste séched* 116, 1 ; *and ón þos lópes diéfles wérkes* 124, 3; *neúre súnne þér ne sind* 133, 1 etc. dürfen wir nicht als unerlaubt tadeln, und nur Versschlüsse

der ersten akatalektischen Reihe, wie z. B.: *óþer ráder óþer
láter* 63, 1; *þér bieđ náddren ánd snáken* 132, 1; oder gar *þer
inne sénded þó þet lóueden* 122, 3; *he óne is múchele móre and
bétere* 184, 3 machen den correcten akatalektischen Versschluss
unmöglich und sind in ähnlicher Weise als Verschleifungen
zu behandeln, wie die oben erwähnten uncontrahierbaren
Versschlüsse, also als Nothbehelfe anzusehen, die den ungeübten Dichter verrathen.

Alle diese Beispiele aber bezeugen in gleicher
Weise die Tonlosigkeit der Flexionssilben zweisilbiger Wörter, einerlei ob dieselben lange oder
kurze Stammsilben haben mögen[1]).

§ 64. Dass es sich mit dreisilbigen Wörtern anders
verhalten sollte, ist nach den obigen Ausführungen kaum zu
erwarten.

Bemerkenswerth ist zunächst die Erscheinung, dass dreisilbige durch Composition in der Weise entstandene Wörter,
dass ein zweisilbiges Nomen mit einem einsilbigen zusammengesetzt ist, wie *crisstenndòm* (Orm 3), *mésseböc* (ib. 31),
oder auch in der Weise, dass ein zweisilbiges Verbum oder
Verbalsubstantiv mit einer tonlosen Vorsilbe zusammengesetzt
ist, wie in *iméten* (P. Mor. 116, 2); *iuinde* ib. 117, 2; *uordémde*
ib. 130, 4; *isihde* ib. 136, 4, den Rhythmus beherrschen, sich
nicht von ihm in ihrer Betonung alterieren lassen,
da in ihnen das Tonverhältniss in der durch die Accente
angedeuteten Weise (in beiden Fällen gelten auch hier die
früheren Bemerkungen über die gleiche Beschaffenheit der
Endsilben nach kurz- und langsilbigen Stämmen) fest geregelt und namentlich scharf gesondert ist, in sofern in
beiden Fällen zwei verwandte resp. gleiche Tonarten
durch eine ungleichartige getrennt sind, nämlich im
ersteren Fall eine hochtonige und eine tieftonige Silbe durch
eine tonlose, im zweiten Fall zwei tonlose Silben durch eine

---

1) Eine willkommene Stütze für die Richtigkeit dieser Auffassung
gewährt das analoge Resultat, zu welchem Sievers hinsichtlich der
Endungsvocale zweisilbiger Wörter im Ahd. und Mhd. kommt in seinem
Aufsatz „Zur Accent- und Lautlehre der Germ. Sprachen" in den Bei-
trägen zur deutschen Sprache und Literatur von Paul und Braune,
IV, 522 ff.

hochtonige. Die tieftonige Silbe tritt in Orms silbenzählendem Rhythmus selbstverständlich stets in die Hebung: *An réghellbóc to föllzhenn* 8; *To winnenn ünnder Crisstendóm* 137; *ródetré* 201; *fówwerrtiz* 229; *innwarrdliz* 325; ähnlich auch gewöhnlich in anderen Dichtungen, so im Poem. Mor.: *þó þet hére christendóm* 142, 3; *þurh deád com ón þis middelárd* 96, 3; 66, 3; 188, 3; *and Bélzebúb se álde* 137, 2; *þiderwárd* 188, 1. In vereinzelten Fällen dürfte es vorkommen, dass in Folge von Verschleifung im Metrum die tieftonige Silbe zu einer tonlosen wird, also *fówertiz, þiderward*, wenn in den hier berücksichtigten Dichtungen auch wohl keine Beispiele der Art begegnen; niemals aber würde der Rhythmus das Tonverhältniss in dem Grade alterieren können, dass es dasselbe vollständig umzukehren im Stande wäre, also eine Betonung *christéndom, þidérward* veranlassen könnte statt *christendòm, þiderwàrd*. Dies wäre ebenso wenig möglich, als dass ein Wort der zweiten Kategorie, wie *ofþénched* etwa *ófþenchéd* im Rhythmus betont werden könnte. Selbst bei dem silbenzählenden Orm ist mir kein Beispiel einer so weit gehenden, auch nur etwa der schwebenden Betonung gemachten Concession des Wortaccents an den Versaccent vorgekommen. Ueberall finden sich solche Wörter mit ihrem natürlichen Wortaccent im Rhythmus verwendet, so z. B.: *All tó þurhsékenn ille an férrs* 67; *annd tó þurrhlókenn óffte* 68; *Off þátt itt wáss bigúnnenn* 88; *Annd ziff þezz áll forrwérrpenn itt* 149; *Rihht swiþe wéll bitácnedd* 266 ˙etc.

Erst in denjenigen Wörtern macht mit dem Rhythmus die schwebende Betonung ihren Einfluss geltend, in denen im Tonverhältniss die regelmässige Stufenleiter hochtonig, tieftonig, tonlos nicht unterbrochen ist, oder in denen die gleichen oder gleichartigen Silben nicht durch eine ungleichartige von einander getrennt sind, so dass die einzelnen Abstufungen in einander verschmelzen können.

Die meisten der hier in Betracht kommenden Wörter sind ursprünglich zweisilbige, aus hochtoniger und tieftoniger Silbe bestehende Wörter (gewöhnlich auch in unflectierter Form öfters mit schwebender Betonung verwendete [vgl. p. 127] Composita oder Ableitungen) in flectierter Gestalt, also mit hinzutretender dritter tonloser Flexionssilbe, z. B.

bei Orm: *Gōdspélless hállʒhe lárc* 14, 42, 54, 60, 114 etc. ;
Intill Ennglísshe spǽchc 130; *God wórd annd gód tīþénnde*
158, 175; *Forr áll mānkínne nérde* 164, 188; *Annd óff þatt hé*
wísslíce rás 167, 289; *ʒaff hémm blēttsínnge báþe* 7636; *Wíþþ*
mín Drīhhtíness héllpe 1165; *Forrþí hírrþ áll Crísstěne fólle*
303, 327; *Gōdnéssess fíndenn séffne* 180, 293, 252. Verbalformen sind nur in ganz vereinzelten Fällen mit solcher Betonung bei Orm anzutreffen: In den 1500 ersten Versen nur
zweimal: *Shīfftédenn hémm betwénenn þá* 497 und *Wīntréde*
ménn and álde 746. In Bezug auf die Tonbeschaffenheit der
dritten Silbe ist es, wie aus der früheren Untersuchung der
zweisilbigen Wörter zu schliessen ist, ganz gleichgültig, ob die
vorangehende den Nebenton tragende Silbe kurz oder lang
ist. Wäre noch ein weiterer Beweis nöthig, so könnte man
zahlreiche Verse anführen, wie *Forr án gōdnésse uss háfeþþ*
dón 185, 189, 252, *Off íllc eōrþlíce unnseóllþe* 4853. 4810,
in denen es ohne Anstand nach langvocalischer tieftoniger
zweiter Silbe elidirt wird. Im Ormulum ist diese Behandlung dreisilbiger, aus hochtoniger, tieftoniger, tonloser Silbe
bestehender Wörter im Rhythmus, in denen die Accommodation des Wortaccents an den Versaccent durch eine Ton-
ausgleichung der beiden ersten Silben hergestellt wird, die
gewöhnliche. Nur in seltenen Fällen findet die Ausgleichung
zwischen der zweiten (tieftonigen) und dritten (tonlosen) statt,
z. B.: *þa Góddspélléss nch álle* 30. Bei dem silbenzählenden
Orm wird die Betonung der beiden Endsilben in diesem Fall
geradeso gut eine schwebende gewesen sein, wie in dem Halbvers *Gōddspélless hállʒhe láre* die der beiden ersten Silben.
Doch ist leicht einzusehen, dass sich aus der ersteren, unter
dem Einfluss des Rhythmus die moderne Behandlung tonloser
Endsilben dreisilbiger Wörter im Verse als hebungsfähige,
wie z. B.:
Sent fórth great lárgess tó your óffícés Mcb. II, 1, 13,
in ungezwungener Weise entwickeln konnte, wie sie vielleicht
von den weniger silbenzählenden, mit Orm gleichzeitigen
Dichtern schon damals geübt wurde, so z. B. dem Dichter
des Poema Morale:
and þó þet swíþe sénegedén 126, 3,
and þó þet wéren gélserés 129, 1.

Zwar weichen die Mss. hier sehr von einander ab. Indess die Thatsache, dass die Verse in einer alten Handschrift mit einer derartigen muthmasslichen Scansion überliefert werden konnten, ist an sich höchst beachtenswerth.

§ 65. Die gewöhnliche rhythmische Verwendung solcher Wörter ist freilich auch hier eine dem Orm'schen Gebrauch analoge, d. h. entweder der gewöhnlichen Betonung gemäss oder mit schwebender Betonung der beiden ersten Silben. So z. B. bezüglich des letzteren Falles im Poema Morale: *þēr bieđ þó hēþēne mén* 141, 1; *swó we dóđ ārmínges* 155, 2, oder in der Passion: *he wés amóng mōnkúnne* 11; *nýs hit nó lēsýnge* 20; *to hábben mó wýtnésse* 317. In noch zahlreicheren Versen wird in diesen beiden Dichtungen, sowie auch im Pater Noster, die Möglichkeit schwebender Betonung in jenen Fällen noch deutlicher veranschaulicht, freilich zugleich auch bis zu einem gewissen Grade wieder aufgehoben dadurch, dass beide Silben, die hochtonige und die folgende tieftonige, je eine Hebung des Verses tragen, wobei aber die hochtonige Stammsilbe sich entschieden als die schwerere bemerkbar macht, so zwar, dass sie im Stande ist, die zwischen beiden Hebungen fehlende Senkung durch ihr Uebergewicht zu ersetzen. Als Betonungen dieser Art sind z. B. zu citieren Verse resp. Halbverse aus dem Poem. Mor. wie: *to wítnésse téme* 50, 4; *bi his éndinge* 56, 4; *álle mánkénne* 147, 2; aus der Passion: *in þe gódspélle* 2; *and dón of lýfdáye* 84; *at heóre mótinge* 87; *vre heláre* 115; *for þére chéffáre* 116; *hwát is sóþnésse* 365; *éver bléssýnde* 656; *vor heóre préchinge* 690; *vor heóre érndinge* 691. Die Mehrzahl dieser Beispiele sind katalektische Versschlüsse von Alexandrinern oder Septenaren, wodurch wiederum die Tonlosigkeit der dritten Silbe, unabhängig von der Beschaffenheit der vorangehenden sicher gestellt ist; ebenso in Fällen, wo sie die überzählige klingende Endung des viertaktigen Verses bildet im Pater Noster, wie:

azén þes fóndes fóndúnge
þurh trówþe ánd þurh swíncúnge 242, 143;
þurh fésting ánd þurh wácúnge
and éc þurh ibódenes búddúnge 260, 261.

In den obigen Beispielen kommen schon fast alle, jedenfalls

die am häufigsten verwendeten Ableitungssilben (die Compositionen brauchen nicht besonders erwähnt zu werden) vor, die als tieftonige Silben, einerlei, ob noch eine dritte, stets tonlose Silbe folgt, in die Hebung treten können, nicht müssen, nämlich *ling, ing, ung, inge, unge, ish, ishe, ere, are, ene, esse,* wozu von den Flexionsendungen nur noch die flectierten Comparationsendungen des Adjectivs *ere* und *este* hinzutreten. Sonst sind sämmtliche Flexionsendungen zweisilbiger Wörter tonlos, werden für gewöhnlich nicht im Rhythmus in die Hebung gesetzt und können erst, wenn sie die Endsilbe dreisilbiger Wörter bilden, eine Hebung des Verses tragen, was aber in dieser Periode der Sprache viel seltener vorkommt, als die Verschleifung derselben mit der vorangehenden Silbe zu einer Senkung.

Dass diese tieftonigen Ableitungssilben, deren häufig vorkommende, aber nicht etwa durch eine bestimmte künstlerische Absicht motivierte hochtonige Verwendung im Rhythmus neben der hochtonigen Stammsilbe dreisilbiger Wörter, also bei fehlender Senkung, wir als ein Nachwirken des angelsächsischen Brauches anzusehen haben, auch im Rhythmus durch Verschleifung mit der letzten Silbe in einer Senkung zur Tonlosigkeit herabsinken können, wie z. B. in dem Verse *Lýchtliche mai ful wómbe spéke* Poem. Mor. 70, 1 (gegenüber *lihtliche* 166, 1), wurde schon früher mehrfach hervorgehoben.

§ 66. Sehr einfach gestaltet sich nach dem Obigen das Tonverhältniss und die metrische Verwendung der viersilbigen Wörter. Es sind namentlich drei Gruppen zu unterscheiden, nämlich erstens solche, in denen ein dreisilbiges Compositum der ersten, p. 141 erwähnten Kategorie, wie *cristendom, goddspellwrihht* in flectierter Gestalt auftritt, wie z. B.: *góddspellwrihhtes* Orm 160; *lérningcnihhtess* ib. 236; *héuenkinge* Poem. Mor. 168, 4; *héueriche* 171, 2; oder auch, in denen ein zweisilbiges Wort mit einer zweisilbigen Ableitungsendung zusammengesetzt ist, wie *modiznesse* Orm 78; *woniinge* Poem. Mor. 171, 3; zweitens solche, in denen vor die tonlose Vorsilbe von dreisilbigen Wörtern der zweiten Kategorie, wie *uordémde* noch eine Vorsilbe tritt, welche, weil sie den Begriff des Wortes determiniert, wie z. B. in *únuordémde* den Hauptton

erhält. Beide Arten viersilbiger Wörter werden, da die Stufenleiter in der Tonabstufung unterbrochen ist, im Rhythmus nur
ihrer natürlichen Betonung gemäss verwendet. Die dritte
Gruppe würde solche umfassen, in denen vor Wörter der
dritten Kategorie eine tonlose Vorsilbe tritt, wie z. B. in
biginninge. Diese sind natürlich derselben rhythmischen Behandlung unterworfen wie jene, d. h. sie können entweder
im zweisilbigen Rhythmus mit Verschleifung der beiden letzten
Silben verwendet werden, oder mit schwebender Betonung
wie Orm. 18564: *Ne tóc nan biginninge,* oder endlich. auch
mit doppelter Hebung auf der hoch- und tieftonigen Silbe:
biginninge, wovon in der altenglischen Poesie Beispiele genug
vorkommen und im Folgenden noch öfters werden citiert
werden. Wenn ein zweisilbiges Wort vortreten würde, wie
z. B. *understándinge,* so würde die rhythmische Verwendung
eine nach der Behandlungsweise von Gruppe eins und drei
zu combinierende sein; die zweisilbige Vorsilbe würde nur
nach der natürlichen Betonung sich in den zweisilbigen
Rhythmus einfügen, dagegen das dreisilbige Stammwort nach
den eben ausgeführten Modalitäten.

In derselben Weise würde sich die rhythmische Behandlung anderer Wörter von fünf und mehr Silben nach den
obigen Ausführungen und dem früher (p. 17) erwähnten allgemeinen Gesetz regeln.

Kapitel 7.

Die alliterierende Langzeile fortschrittlicher Richtung im zwölften und dreizehnten Jahrhundert.

§ 67. Die beiden wichtigsten und umfangreichsten Denkmäler, welche uns die alliterierende Langzeile fortschrittlicher
Richtung während eines die Grenzscheide zwischen dem dreizehnten und vierzehnten Jahrhundert umspannenden Zeitraums
von etwa drei bis vier Decennien noch einmal in der Gestalt
oder richtiger in der Gestaltung wieder vorführen, in
welcher sie uns kurz vor der Eroberung zuerst in bestimmterer
Weise entgegen trat (vgl. Kapitel 3 des zweiten Abschnitts), sind

die sogenannten Sprüche Älfreds[1]) und Layamons Brut[2]).
Dies letztere umfangreiche Denkmal ist in den ersten Jahren
des dreizehnten Jahrhunderts entstanden; jenen kurzen, volksthümlichen Dichtungen aber, welche die Tradition der Weis-
heit des Königs Älfred entstammen liess, ist mit ten Brink[3])
und Wülcker[4]) sicherlich eine etwas frühere Entstehungszeit
(innerhalb der zweiten Hälfte des zwölften Jahrhunderts, wenn
gleich die Mss. erst aus dem dreizehnten stammen) einzuräumen.

Während in den Versen von Layamons Brut, dieser auf
Grundlage einer französischen, in kurzen Reimpaaren gedichteten Reimchronik des Wace entstandenen Dichtung, trotz des
im Ganzen vorherrschenden Grundprincips angelsächsischer
Rhythmik der romanische Einfluss nicht völlig zu verkennen
ist, begegnen wir den Sprüchen Älfreds im Ganzen auf demselben Wege der Weiterentwickelung, den die alliterierende
Langzeile fortschrittlicher Richtung bereits in dem vorangegangenen Jahrhundert mit Dichtungen wie Byrhtnoth, Be
domes dæge, den poetischen Darstellungen der Sachsenchronik
vom Jahre 1036 und 1087 zuerst schüchtern, dann immer entschiedener betreten hatte, und der gewiss, wie wir mit
ten Brink annehmen, von manchen volksthümlichen Dichtern
damaliger Zeit eingeschlagen wurde. Die Verse der Chronik
vom Jahre 1087 sind hier noch einmal mit Absicht erwähnt
worden, da sie sich in keiner Weise von denjenigen des
Jahres 1036 unterscheiden. Verse jenes Abschnitts, wie:

Castelas he let wyrcean   and earme men swiðe swencean.
manig marc ʒoldes   and ma hundred punda scolfres.
þet he nam be wihte   and mid mycelan unrihte.

haben ganz denselben Rhythmus wie die folgenden Verse aus
dem p. 74 gedruckten Abschnitt von 1036:

1) Zuletzt edirt in zwei Texten von R. Morris, An Old English
Miscellany. London, 1872 (E. E. T. S. 49) p. 102—138.
2) Layamons Brut or chronicle of Britain, a poetical semi-saxon
paraphrase of the Brut of Wace ed. by Sir Frederic Madden. London,
1847. 3 vols.
3) Geschichte der englischen Litteratur p. 189 ff.
4) „Ueber die Nags. Sprüche Älfreds" in den „Beiträgen zur
geschichte der deutschen sprache" von Paul und Braune, I, 240—262.

Syddan hyne man byrigde, swâ him wel gebyrede.
Sume hi man wið feó sealde, sume hreówlíce âcwealde.
sume hi man bende, sume hi man blende.

Sollen also nach Trautmann (Anglia II, 171) jene Verse, in
denen er mit Recht denselben Rhythmus, wie in denjenigen
Layamons erkennt, auf den Dimeter jambicus acatalecticus
der Ambrosianischen Hymne zurückgeführt werden, so müssen
es auch diese vom Jahre 1036 und alle ähnlichen der vorangegangenen Stadien des von uns § 38 und § 39 dargelegten
Entwickelungsganges, z. B. Verse des Byrhtnoth, wie:

buton hwâ þurh flânes flyht fyl gename.
æfre embe stunde he sealde sume wunde.

Erkennt man aber die Continuität der Entwickelung ein und
desselben Metrums in diesen Dichtungen an, so ist damit —
ganz abgesehen von der im letzten Kapitel bewiesenen Tonlosigkeit der leichten Flexionsendungen und von der Unzulässigkeit der Lachmann'schen Betonungsgesetze für die englische Sprache dieser Epoche — auf Grund der von Trautmann gemachten richtigen Zusammenstellung der Verse der
Chronik vom Jahre 1087 mit denjenigen in Layamons Brut
der metrische Charakter dieses Denkmals bestimmt, an dessen
Beziehungen zur alten alliterierenden Langzeile übrigens bisher, soweit dies die von Trautmann seinem Aufsatze vorangeschickten Urtheile anderer Gelehrten über Layamons Vers
erkennen lassen[1]), ausser ihm niemand gezweifelt hat.

§ 68. Die Grundform beider Denkmäler[2]), der Sprüche

---

1) Seltsamerweise ist daselbst das Urtheil Skeats nicht erwähnt
worden, der in seinem *Essay on Alliterative Poetry* in *Bishop Percy's Folio-
Ms. ed. by Furnivall and Hales*, London, 1867, *vol.* III, *p.* XXVI—XXVIII,
Layamons Brut als das erste der seit der Eroberung in alliterierenden
Langzeilen geschriebenen Dichtungen namhaft macht, und zwar mit
dem von uns nicht gebilligten Zusatz, dass manche Endreime vermuthlich erst nach Vollendung des Werkes entweder vom Dichter selber oder
von einem Abschreiber hinzugefügt worden seien.

2) Die Gleichartigkeit der Rhythmen in den Proverbs und im
Brut wird auch hervorgehoben in der von E. Gropp geschriebenen
Dissertation „*On the Language of the Proverbs of Alfred*". *Halle*, 1879.
Vgl. dort p. 17—20 *Metrical Observations*, wo betreffs des Verhältnisses
von Reim und Alliteration das Wesentliche berührt ist, während die Be-

Älfreds wie des Brut, ist also die alliterierende, aus zwei Halbversen mit je zwei Hebungen bestehende Langzeile, die in vielen Fällen mehr oder weniger genau den alten Regeln entsprechend gebaut ist und so noch die beiden durch den Stabreim verbundenen Halbverse als einen einheitlichen alliterierenden Langvers darstellt, in andern Fällen aber durch Auftreten des Endreims in den Schlussworten der beiden Halbverse, also vor dem Versschluss und der dadurch ebenso scharf wie das Versende markierten Cäsur, die Auflösung der alten Langzeile zu einem kurzen Verspaar veranschaulicht, welchem der Stabreim öfters gänzlich fehlt, oder welchem er, wo er neben einem ihn übertönenden Endreime auftritt, nur noch zum Schmucke dient. Je nachdem nun diese beiden Reimarten, der Stabreim und der Vollreim — letzterer entweder in reiner oder in unreiner, assonanzartiger Form — gesondert oder combiniert für den Bau der Verse verwendet oder auch nicht verwendet werden, können wir vier Arten derselben unterscheiden, die aber von den Dichtern der Sprüche wie auch von Layamon natürlich keineswegs als verschiedenartig angesehen wurden, da sie in beliebiger Reihenfolge und Gruppierung bei ihnen auftreten. Diese vier Arten sind:

1. einfach alliterierende Langzeilen in mehr oder minder strenger Beobachtung der alten metrischen Regeln;
2. alliterierend - reimende, resp. alliterierend - assonierende Langzeilen;
3. bloss reimende, resp. assonierende Langzeilen ohne Alliteration;
4. lediglich viermal gehobene Verse ohne Reim und Alliteration.

Die alliterierend-assonierenden Verse noch als besondere Arten abzusondern, erschien nicht rathsam, da die Assonanz, wie schon § 23 hervorgehoben wurde, weder hier noch in andern altenglischen Dichtungen in bewusster Weise als Kunstmittel verwerthet wird, sondern nur als ein ungenauer, unvollkommener Vollreim anzusehen ist. Unter diesen vier

merkungen hinsichtlich des Metrums in Folge der unseres Erachtens unhaltbaren, auch von ihm nicht mit Entschiedenheit durchgeführten „Vierhebungstheorie" als verfehlt zu bezeichnen sind.

Versarten überwiegt die reine alliterierende Langzeile, die
in einzelnen Sprüchen ausschliesslich herrscht, so in Nr. 2
und 3. Der letztere Spruch möge hier als eine kurze Probe
dieser Art mitgetheilt werden nach Morris, Text I, [1]):

þvs queþ Alured englene urouer :	61/2
Ne may non ryhtwis king vnder Criste seoluen,	
Bute if he beo in boke ilered,	65/6
And he his wyttes swiþe wel kunne,	
And he cunne lettres lokie him seolf one,	69/70
Hw he schule his lond laweliche holde.	

Ein nach der strengen Regel gebauter Vers, mit zwei Stabreimen im ersten und einem im zweiten Halbverse, liegt vor
in Vers 65/66. Andere correct gebaute Verse dieser Art sind:

wit and wisdom and iwriten reden.	102/103
longes lyues, ac him lyeþ þe wrench.	162/163
seye hit þine sadelbowe, and ryd þe singinde forþ.	229/230,

ferner 9, 10; 29, 30; 231, 232; 269, 270; 311, 312 etc.

Auch bei Layamon sind solche regelmässige alliterierende
Langzeilen strenger Observanz oft genug anzutreffen:

and mid golde and mid gersume, and he gridliche spac.	120.
mid wintre he wes biweaued, swo hit wolde godd.	130.
þat his blod and his brain ba weoren to-dascte.	1468/9.
Fluzen his iferen feondliche swide.	1470/1.
Ich hatte Hengest, Hors is mi broder.	13847/8.
He feolde þa Frensca on feole kunne wise.	1716/7.
þa blcou Brutus and bonnede his ferde.	1762/3.

Ebenso oft aber findet sich bei drei Stabreimen der letzte in
der zweiten Hebung des zweiten Halbverses:

and he hine fcire on-feng mid allen his folke.	134/5.
Brutus wæs on-bolgen, swa bid þa wilde bær.	1696/7.
Brutus hehte his beornes don on heora burnan.	1700/1.
Fusden to þan Freinscan, and heo hem to zan fengen.	1706/7.

Häufiger kommen in beiden Denkmälern solche Verse vor, in
denen jeder Halbvers nur einen Stabreim aufweist, wie in

---

1) Mit Beibehaltung von Morris' Zählung nach Kurzzeilen, desgleichen betreffs des Brut nach Maddens Text A.

fünf Versen des oben citierten zusammenhängenden Spruches; ferner in den Versen der Sprüche:

he is one rihtwis, and so riche king.	55/56.
þe mon þe on his youhþe yeorne leorneþ.	100/101.
and ek eure saule somnen to criste.	33/4.
þat ye alle adrede vre drihten crist.	41/2.
þeih him his wyse wel ne lykie.	136/7.

dsgl. 160/1; 178/9; 206/7; 312/3 etc.; und, ähnlich wie bei Abt Älfric, mit alliterierender zweiter Hebung statt der ersten im zweiten Halbverse:

for þanne his lyues alre best luuede.	164/5.
hit schal wende þarto þe betere hit schal iwurþe.	434/5.

Oefters alliterieren auch die zwei Hebungen des zweiten Halbverses mit einer des ersten:

Wolde ye mi leode lusten eure louerde.	27/8.
hw ye myhte worldes wrþsipes welde.	31/2.
He is one monne mildest mayster;	51/2.
He is one folkes fader and frouer.	53/4.
And ich eu wille lere wit and wisdom.	213, 214.
Brutus ferde ut and fusde to fihte	Lay. 1734/5.
þat heo heora wildaȝes wælden weoren.	ib. 1798/9.

Nicht minder oft alliterieren alle vier Hebungen des Verses zusammen, entweder mit gemeinsamem Stabreime:

He wes wis on his word and war on his werke.	21/2.
luuyen hine and lykien, for he is louerd of lyf.	43/4.
wanen her on werlde welþe to winnen.	Text II, 151/2.
werldes welþe to wurmes scal wurþien.	Text II, 381/2.
widen iwalken ȝend þet wide water.	Lay. 112/3.
Feour winter he heuede þet wif mid wrdscipe to welden.	ib. 194/5.
wat þing hit were þet þeo wimon hefde on wombe.	ib. 273/4.
wapmen and wifmen þa weoleȝen and þa weadlen.	ib. 426/7.
Saturnus heo ȝiuen sœtterdœi þene Sunne heo ȝiuen sonedœi.	ib. 13933/4.

oder auch mit verschiedenen Stabreimen in gekreuzter Stellung:

He is one god ouer alle godnesse.	Spr. 45/6; 47/8.
Ne let þu hyne wite al þat þin heorte bywite.	ib. 244/5.

þe mon þat let wymmon his mayster iwurþe.   ib. 297/8.
ut of þan leode to uncuðe londe.   Lay. 13863/4.
and Woden ure lauerd þe we on biliued.   ib. 13965/6.

oder in umschliessender Stellung:

In þon castle he dude hende   six hundred of his cnihten.
                                              Lay. 612/3.
Heo nomen ænne wrendrake þe wdele wes to neode. ib. 660/1.

oder endlich in paralleler Stellung:

wyþute echere ore he on þe muchele more.   Spr. 240/1.
his sedes to sowen, his medes to mowen.   ib. 93/94.
þe king to þan castle ford mid his ferde.   Lay. 616/7.
Monen (Ms. monenen) heo ʒifuen (Ms. ʒifuenen) monedæi,
         Tidea heo ʒeuen tisdæi. ib. 13935/6.
þe ofte leded in mine londe ferde swide stronge. ib. 13935/4.

Alle diese zuletzt citierten Langzeilen mit vier Stabreimen
sind besonders geeignet, die Zweihebigkeit des Halbverses
und die völlige Uebereinstimmung beider Arten, der lediglich
alliterierenden und der zugleich reimenden scharf hervortreten
zu lassen, genau so, wie sich dies schon zeigte in den Versen
der Sachsenchronik vom Jahre 1036:

ôd þæt man gerædde, þæt man hine lædde
tô Eligbyrig eal swâ gebundene.
Sôna swâ he lende, on scype man hine blende.   12—14.

Langzeilen mit zwei Stabreimen sind übrigens sowohl
im Brut, als auch in den Sprüchen, ebenso wie in den früheren angelsächsischen Dichtungen, die am häufigsten auftretende Versart. Folgender Passus des Brut, v. 106—185 möge
ihre Verwendung und Beschaffenheit, wie zugleich diejenige
der anderen Versarten in diesem Gedicht veranschaulichen:

On Italiʒe heo comen to londe, þar Rome nou on stondeþ,
fele ʒer under sunnan nas ʒet Rome biwonnen;
and heuede Eneas þe duc mid his driht folcke
widen iwalken ʒend þet wide water,
moni lond umbe-rowen, redes him trokeden.   114/5
On Italiʒe he com on lond þat him was iqueme;
a þon londe he fund mete, and he hine mid monscipe biwon,

and mid golde and mid gersume, and he gridliche spac.
I þere Tyure he eode alond, þer þa seu wasced þet sond,
ful neh þan ilke stude, þar Rome nou stonded. 124/5
þe king was ihoten Latin, þe on þan londe wes;
hey [he] wes and riche, and he wes redesful,
mid wintre he wes biweaued, swo hit wolde god.
þar com Eneas and grette þen alde king,
and he hine feire onfeng mid allen his folke. 134/5
Muche lond he him ȝef and mare him biheyte,
an long þare sea siden and widen;
þare quene hit of-þouhte, noþeles heo hit þolede.
þe king heuede ane douter, þe him was swiþe deore;
Eneam he heo biheyte to habben to wife, 144/5
and after his daye al his drihliche lond,
for he nefde nenne sune þe sarure was his heorte.
þet maiden wes ihoten Lauine seþen heo wes leodena quene;
feier wes þe wimmon and wunsum hire monnen.
Ah Turnus was ihoten, þet wes of Tuscanne duc; 154/5
þet lufede þet maiden, and hire monscipe bed,
þet he heo wolde habben to heiȝen are quene.
þa com þet word to him, þet was widene cud,
þet þe king Latin ȝef Lauine his douter
Eneam to are brude, for heo wes his deore bearn. 164/5
þa wes Turnus sari and soruful on his mode,
for he heo heuede swiþe iloued and lufþing hire biheite.
Weorre makede Turnus, mid teonen he wes idrefed,
wid Eneam he nom an feiht, þet wes feondliche strong;
hond wid honde fuhten þa heȝe men; 174/5
teone wes on compe, þar Turnus feol;
mid mechen to-heauen his monscipe wes þe lasse.
Eneas nom Lauine leofliche to wife;
he wes king and heo quen, and kinelond heo welden
inne gride and inne fride, and freoliche loueden. 184/5

Unter diesen vierzig Langversen gehören siebenundzwanzig
der oben erwähnten Kategorie mit zwei Stabreimen, je einem
in jedem Halbverse (darunter dreimal in der zweiten Hebung
des zweiten Halbverses: 124/5; 140/1; 164/5) an; drei Langverse (130/1; 174/5; 183/4) reimen regelmässig mit drei
Stabreimen, (einer 134/5) unregelmässig mit dem Hauptstabe

an zweiter Stelle; zwei Verse (112/3; 132/3) haben vier Stabreime, einer (116/7) ist lediglich viermal gehoben und fünf
(106/7; 108/9; 122/3; 150/1; 152/3) sind gereimt, darunter
die beiden letzten zugleich alliterierend.

§ 69. Diese zuletzt citierten Verse gehören zu den
eigentlich charakteristischen für die in Langzeilen fortschrittlicher Gestaltung geschriebenen Dichtungen, deren Wesen übrigens vor allem in der willkürlichen Aufeinanderfolge alliterierender und alliterierend-reimender, resp. -assonierender oder
bloss reimender (assonierender) Verse beruht, wie dies in
vortrefflicher Weise durch den fünften der Sprüche Älfreds
veranschaulicht wird:

þus queþ Alured:
þan knyhte bihoueþ   kenliche on to fone   87/8
for to werie þat lond,   wiþ hunger and wiþ herivnge,
þat þe chireche habbe gryþ,   and þe cheorl beo in fryþ,   93/4
his sedes to sowen,   his medes to mowen,
and his plouh beo idryue   to vre alre bihoue;
þis is þes knyhtes lawe,   loke he þat hit wel fare.   98/8

Hier sind alle Verse alliterierend-reimend, resp. -assonierend
mit Ausnahme eines einzigen (88/9), welcher nur alliterierend
verläuft, und eines anderen (95/6), welcher nur in ungenauer
Weise reimt. Genau in denselben Rhythmen ist der vierte
Spruch geschrieben:

þus queþ Alured:
þe eorl and þe eþeling   ibureþ under godne king   74/5
þat lond to leden   mid lawelyche deden,
And þe clerck and þe knyht   he schulle demen cuelyche riht:
þe poure and þe riche   demen ilyche.
Hwych so þe mon soweþ   al swuch he schal mowe,   82/3
And eueruyches monnes dom   to his owere dure churreþ.

Nur ist hier der lediglich alliterierende Vers der letzte des
ganzen Spruches. Die Form[1]) berechtigt daher nicht dazu,

---

1) Auch meines Erachtens der Inhalt nicht; denn *þe clerck and*
þe knyht sind nicht, wie Wülcker übersetzt, als Subject zu fassen, sondern mit Morris' Paraphrase als Object.

den Spruch, wie es Wülcker (a. a. O. p. 255) thut, für ein späteres Einschiebsel zu erklären, denn der Reim ist hier nicht durchgeführt, ebenso wenig wie in anderen die Alliteration (vgl. namentlich I, 11/12; 17/8; 19/20; 23/4; VI (Text I) 112/3; 114/5; IX, 145/6; 147/8; X (Text II) 167—172; ganz ähnlich auch XIV, XV u. a.). Ueberhaupt hat meines Erachtens ten Brink Recht, wenn er sagt (a. a. O. p. 190, Anm.): „Selbstverständlich zeigt sich in einigen Sprüchen der Reim consequenter durchgeführt, die Alliteration zerrütteter als in andern. Jene brauchen deswegen nicht nothwendig älter zu sein als diese."

§ 70. In gleicher Weise kommen in Layamons Brut einzelne Abschnitte vor, in welchen, wie in dem oben mitgetheilten Passus, die Alliteration vorwiegt, andere, in denen daneben der Endreim sich mehr bemerkbar macht. In vortrefflichster Weise wird beides veranschaulicht durch die (auch in dem von Mätzner, Sprachproben p. 23—25, gedruckten Abschnitt enthaltene) Unterredung des Hengest mit Vortiger, die hier zum Theil folgen möge:

þa answerede þe oðer þat was þe aldeste broðer : 13841/2
„Lust me nu, lauerd king, and ich þe wullen cuðen
what cnihtes we beoð, and whanene we icumen seoð.
Ich hatte Hengest, Hors is mi broðer ;
we beoð of Alemainne, aðelest alre londe, 13849/50
of þat ilken wnde þe Angles is ihaten.
Beoð in ure londe selcuðe tiðende :
vmbe fiftene ʒer þat folc his isomned,
al ure iledene folc, and heore loten werpeð;
vppen þan þe hit faleð, he scal waren of londe ; 13859/60
bilæuen scullen þa fiue, þa sexte scal forðliðe
ut of þan leode to uncuðe londe ;
ne beo he na swa leof mon uorð he scal liðen.
For þer is folc swiðe muchel, mære þene heo walden ;
þa wif fareð mid childe swa þe deor wilde; 13869/70
æueralche ʒere heo bereð child þere.
þat beoð an us feole þat we færen scolden ;
ne mihte we bilæue, for liue ne for dæðe,
ne for nauer nane þinge, for þan folc-kinge.
þus we uerden þere, and for þi beoð nu here, 13879/80

to sechen vnder lufte lond *and godne lauerd.*
Nu þu hæfuest iherd, lauerd king, soð *of us þurh alle þing.*
þa andswærede Vortiger, of *ælcan vfcle he wes war ;*
Ich ileue þe, cniht, *þat þu me sugge* soð *riht,*
and wulche beoð æoure ileuen þat ʒe *on ileueð,*   13889/90
and eoure leofue godd þe ʒe *to luteð?*
þa andswarede Hængest, cnihtene alre færirest,
nis in al þis kine-lond *cniht swa muchel ne swa strong :*
We habbeð godes gode, *þe we luuieð an ure mode,*
þa we habbeð hope to, *and* heoreð heom mid mihte.   13899/900
þe an *hæhte Phebus; þe* oþer *Saturnus ;*
þe þridde hæhte Woden, *þat is an* weoli godd [*gode?*],
þe feorde hæhte Jupiter, of *alle þinge he is whar ;*
þe fifte hæhte Mercurius, þat is þe hæhste ouer us ;
þæ sæexte hæhte Apollin, þat is a godd wel idon ;   13909/10
þe seoueðe hatte Teruagant, an *hæh godd in ure lond.*
ʒet *we* habbeð *anne læuedi þe* hæh *is and mæhti ;*
heh *heo is and* hali, *hired-men heo luuieð for þi ;*
heo *is* ihate *Fræa ;* wel *heo heom dihteð.*
Ah for alle ure goden deore þa we *scullen* hæren;   13919/20
Woden hehde þa hæhste laʒe an *ure ælderne dæʒen ;*
he heom wes leof æfne al swa hcore *lif,*
he wes hcore waldend, *and* hcom wurðscipe *duden ;*
þene feorde dæi in þere wike *heo* ʒifuen *him to* wurðscipe;
   13929/30
þa þunre heo ʒiuen *þunresdæi, forþi þat heo heom helpen mai ;*
Freon, *heore læfdi, heo* ʒiuen *hire* fridæi *;*
Saturnus *heo* ʒiuen *sætterdæi ;* þene Sunne *heo* ʒiuen *sonedæi ;*
Monen *hco* ʒifuen *monedæi;* Tidea *heo* ʒeuen *tisdæi.*
þus seide Hængest, cnihten alre hendest.
þa answerede Vortiger, of *ælchen vfel he was* wær: *etc.*
   13936/40

Der erste Abschnitt der Rede bis v. 13867/8 incl. ist vorwiegend in alliterierenden Versen geschrieben, jedoch, wie in dem vorhin citierten Passus, mit Einmischung einzelner alliterierend-reimender oder bloss reimender (assonierender) Verse. Von da an ist das Verhältniss das umgekehrte: die rein alliterierenden Verse treten nur vereinzelt auf, und die im Ganzen dem lebhafteren Ton der Erzählung besser entsprechenden reimenden Verse herrschen vor. Der Rhythmus aber bleibt stets derselbe, wie sich dies unabweisbar herausstellt, wenn man die Stelle im Zusammenhange liest. Denn „man muss sich nicht vom Einzelnen bestimmen lassen, wo nur die Betrachtung des Ganzen entscheiden kann", wie Trautmann sehr richtig bemerkt (a. a. O. p. 168). Greifen wir einzelne Verse heraus, wie:

þe feórde hǽhte Júpitér   of álle þínge hé is whár,

so scheint es, dass derselbe mit vier Hebungen in jedem Halbverse scandiert werden müsse, und ebenso dann ein Vers wie:

ne míhte wé bilǽvè   for líue né for dǽþè

unter Anwendung der Lachmann'schen Betonungsgesetze. Da indess die Ungültigkeit derselben für die altenglische Sprache dieser ersten Periode im vorigen Kapitel nachgewiesen wurde, so sehen wir uns jetzt der Mühe überhoben, die auf Grund jener Gesetze aufgebaute Theorie Trautmanns über das Wesen und die Entstehung des Layamon'schen Verses (vgl. p. 124) hier im Einzelnen zu widerlegen. Es möge nur noch bemerkt werden, dass alle die Verse, welche von Trautmann p. 160—162 als fehlerhaft oder anstössig bezeichnet werden, da sie sich den Lachmann'schen Betonungsregeln nicht fügen, als zweihebige Kurzzeilen unseres Langverses durchaus regelmässig gebaut sind.

Lesen wir jene Verse im Zusammenhange des ganzen Passus, so ergiebt es sich, wie gesagt, schon dadurch mit Nothwendigkeit, dass sie denselben Rhythmus haben, wie die auch nach Trautmanns Ueberzeugung im Halbverse zweihebige alliterierende Langzeile, welche, wie in unserer bisherigen Darlegung gezeigt wurde, und wie auch von fast allen früheren Forschern hervorgehoben wurde, den Grundstock der Layamon'schen Rhythmen bildet.

§ 71. Denselben Charakter tragen natürlich auch solche Verse, die entweder nur in dem einen Halbverse Stabreime aufweisen, während der andere, was freilich selten vorkommt, reimlos ist, wie:

þis child hefde his eames nome,   ah lut ȝer he leouede. 251/2.

oder solche, die weder reimen, noch alliterieren, sondern lediglich durch die vier Hebungen des Langverses rhythmisch gegliedert sind, wie:

Ascanius was, ihoten, nefede he bern no ma.   90/1.
Ne ganninde ne ridinde, ne deorste him nan abiden. 1583/4.
We habbed scouc þusund of gode cnihten.   365/6.

Oefters ist aber in solchen Fällen, ähnlich wie dies früher bei den Rhythmen des Abtes Älfric beobachtet wurde, der eine Halbvers mit dem vorhergehenden oder dem nachfolgenden durch den Stabreim verknüpft:

Nu bidded Laʒamon alcne ædele mon
for þene almihten godd, þet þeos boc rede.   55—58.
þe his fader hefde imaked þe wile þe he on life wes;
þis lond he hire lende, þat come hir lifes ende. 225—228.
and speken togadere of feole wisdomes,
and funden on ræde, þat heo faren wolden. 1764—1767.

§ 72. Wie in Bezug auf die Stellung des Stabreimes, so sind auch hinsichtlich der Qualität desselben und seines Verhältnisses zu den Wortarten und zu der Wortstellung (regelmässiger ist die Behandlung der Cäsur und das Verhältniss von Hebung und Senkung) ähnliche Freiheiten in Layamons Versen zu beobachten, wie in denjenigen des Abtes Älfric und in anderen, den letzten Jahrzehnten der angelsächsischen Zeit angehörigen Dichtungen. Da indess diese Fragen für den eigentlichen Charakter des Metrums, um dessen Feststellung es sich ja vorläufig in erster Linie handelt, von untergeordneter Bedeutung sind, so können wir hier auf die Erörterung derselben verzichten. Interessanter und wichtiger ist eine Untersuchung über die Function der Alliteration und des Endreims im Layamon'schen Verse, da durch deren gegenseitiges Verhältniss gleichfalls der langzeilige Charakter desselben gestützt wird.

Der Reim ist nämlich keineswegs immer im Stande, selbst da nicht, wo er in reiner Gestalt auftritt, die Alliteration zu übertönen, welche in vielen Fällen auch hier noch dem Verse die eigentlichen Stütz- und Ruhepunkte verleiht, so namentlich in Versen mit einer Art von gleitendem Reime, wie die folgenden:

þa þúnre heo ʒiuen þúnresdæi,   forþí þat heo heom hélpen mæi.
Satúrnus heo ʒiuen sǽtterdæi,   Tídea heo ʒeuen tísdæi.
þa answerede Vórtiger,   of ælchan ufel hé was wær.

Diese Verse haben ganz denselben Rhythmus, wie der vorhin
citierte aus dem vierten der Sprüche Älfreds:

þe eórl and þe édeling   ibúreð under gódne king,

oder wie folgender Vers aus der Sachsenchronik (1036):

Syððan hine man býrigde   swá him wel gebýrede.

Auch bei klingenden Reimen steht noch die Alliteration zum
Reime häufig im selben, zum wenigsten parallelen Verhältnisse,
so in den Versen:

þa answerede þe oder   þat was þe aldeste broðer,
þús seide Hǽngest   enihten alre héndest,

dem wieder aufs genauste entspricht der Vers aus der Sachsenchronik (1036):

sume hi man bende,   sume hi man blende,

oder die folgenden aus den Sprüchen:

þat lond lo leden   mid laweliche deden.   76/7.
his sedes to sowen,   his medes mowen.   93/4.

Aehnlich ist natürlich das Verhältniss von Reim und Alliteration in alliterierenden Versen mit unreinem, assonanzartigem
Endreime, nur dass derselbe in manchen Fällen noch mehr
hinter der Alliteration zurückstehen wird:

Hwich so þe mon soweþ   al swuch he schal mowe. Sp. 83/4.
and couwer wille ich wulle driʒen   bi mine quicke liuen.
                                             Lay. 13833/4.
ne mihte we bilǽue   for liue ne for dǽðe.   ib. 13875/6.
bilǽuen scullen þa fiue,   þa séxte seal fórð-liðe. ib. 13861/2.
þene feórðe dæi in þere wike   heo ʒifuen him to wúrðscipe.
                                             13927/8.

In den beiden letzten Versen tritt die Rivalität zwischen der
Alliteration und dem Reime besonders stark zu Tage, da die
erstere die hochtonigen Silben der beiden zusammengesetzten
Wörter *fordlide* und *wurdscipe* erfasst, während die tieftonigen
Silben dem Endreime dienen, wodurch ein die schwebende

Betonung gut veranschaulichender Compromiss erzielt wird.
Dasselbe ist zu beobachten in dem Verse:

héh heo is and háli,   híred-men heo lúuieđ for þi 13915/6,

wo aber der Endreim des zweiten Halbverses, weil er nicht
zugleich alliteriert, verklingt. ·Aehnlich sind zu lesen — stets
unter Berücksichtigung des allgemeinen rhythmischen, alliter-
ierend-langzeiligen Charakters der Layamon'schen Verse —
die folgenden lediglich reimenden, resp. assonierenden Verse:

þe feórđe hæhte Júpiter,   of álle þinge hé is whar, 13905/6.
þe fífte hæhte Mercúrius,   þat is þe hæhste óuer us, 13907/8,

also mit demselbigen zweihebigen Rhythmus im Halbverse,
wie der vorangehende alliterierend-reimende Vers:

þe án hæhte Phébus,   þe óþer Satúrnus   13901/2.

oder wie die rein alliterierenden Verse:

to séchen under lúfte   lónd and godne láuerd.   13881/2.
of þat ilken wnde   þe Angles is ihaten.   13851/2.

§ 73.   Dabei darf indess eine Möglichkeit anderweitiger
oder vielmehr modificierter Betonung nicht übersehen oder
verkannt werden, die auch für einzelne Verse der Sprüche
Älfreds und besonders für die drei letzten Sprüche Nr. 32,
33, 34 zu berücksichtigen ist.

Aus dem Umstande nämlich, dass unter den in mehrsilbigen Senkungen stehenden Wörtern oder Silben eine Silbe
oder ein Wort die übrigen in der Regel an Tonstärke übertrifft, und ferner aus dem Tone, den der Endreim noch einer
anderen Silbe des Halbverses verleiht, konnte der ursprünglich vierhebige Langvers zu zwei rhythmischen Reihen sich
gestalten, welche mit dem altenglischen kurzen, viertaktigen
Reimpaare die grösste Aehnlichkeit hatten, einer Versart, die
ja schon vor Layamons Brut als Nachahmung desselben achtsilbigen kurzen Reimpaares entstanden war, in welchem die
Vorlage Layamons, der Brut des Wace, geschrieben ist.
Während wir in den vorhin citierten Versen, wie:

Satúrnus heo ʒiuen sǽtterdæi,   þene Súnne heo ʒiuen sónedæi

noch das entschiedene Vorwalten des zweihebigen Rhythmus
annehmen, obwohl wir die Möglichkeit einer Scansion:

Satúrnus heo ȝiuen sǽtterdǽi,   þene Súnne heo ȝiuen sónedǽi

— aber nur unter Einwirkung des schon damals in der englischen Poesie beliebten kurzen Reimpaares — zugeben, lässt
sich in andern Fällen die Wahrscheinlichkeit derartiger Be-
tonung˙ kaum abweisen, so in den nach beiden Mss. fast
gleichlautenden Versen 1275—1284 :

> þritti dawes and þritti niht   heo ſerden euer forð riht;
> biſore Affrike heo ſerden forð,   and eeuer heo drowen west
> and norð,
> ouer þen lac of Siluius,   and ouer þen lac of Philisteus;
> bi Ruscikadan heo nomen þa sœ,   and bi þe montaine of
> Azare.
> In þœre sœ heo funden utlawen,   þa kenneste þa weoren o
> þon dawen.

Indess unmittelbar darauf folgen die Verse:

> fifti scipen fulle,   þer weore ſeondes to ſeole;
> Wið Bruten heo fuhten,   and ſealden of his monnen,

von denen der erstere alliterierend-reimend, der zweite rein
alliterierend ist, und die beide entschieden nur zwei Hebungen in den Halbversen erkennen lassen. Wir dürfen daher
annehmen, dass auch in den vorangehenden Versen, selbst
wenn bei diesen dem Dichter das kurze viertaktige Reimpaar
als Schema vorgeschwebt haben sollte, je zwei Hebungen in
jedem Halbverse für ihn einen stärkeren Ton hatten, und
zwar ebenso gut in den zwei letzten, bloss reimenden Versen
jener Gruppe, als in den drei vorangehenden, wo die stärkeren, eigentlichen Hebungen durch die Alliteration besonders
hervortreten, genau so, wie in dem Verse:

> fifte scipen fulle,   þer weore ſeondes to ſeole,

welcher in der zweiten Hälfte, selbst bei Anwendung der
Lachmann'schen Betonungsgesetze, nicht mit vier Hebungen
(unter Berücksichtigung des Endreimes) gelesen werden könnte.
Wohl aber würde er sich, wie viele andere, durch Accentuation zweier höher betonter Senkungen mit drei Hebungen
lesen lassen :

> fifti scípen fulle þer weóre ſeóndes to ſcóle.

Diese beiden Versarten: das viermal gehobene, meistens
mit stumpfem Ausgange gereimte Verspaar und das dreimal
gehobene, meistens mit klingendem Ausgange gereimte Verspaar sind es, in welche sich, wie die bisherigen Ausführungen
gezeigt haben, die alliterierende Langzeile fortschrittlicher
Richtung auflösen musste, sobald der Endreim über die Alliteration den Sieg davon getragen hatte. Während dies noch
keineswegs der Fall ist in den Sprüchen Älfreds und in
Layamons Brut, wo im Gegentheil noch die Alliteration und
mit ihr der zweihebige Rhythmus der Kurzzeile vorherrscht,
ist jenes Resultat erreicht im King Horn, wo, wie wir sehen
werden, jene beiden Versarten anzutreffen sind: seltener das
viermal gehobene, welches, wie angedeutet, sich dem viertaktigen, auf Grund des achtsilbigen französischen Verses entstandenen kurzen Reimpaare anbequemen konnte, viel häufiger
das dreimal gehobene, welches ein fest gegliedertes Analogon
fand in den Halbversen des Alexandriners (der sich ebenfalls, wie
Robert Mannyngs Chronik zeigen wird, in kurze dreitaktige
Reimpaare auflösen konnte) und in dem zweiten katalektischen Gliede des Tetrameters. Der Einfluss beider Versarten
auf die weitere Entwickelung und allmähliche Auflösung der
nationalen Langzeile ist um so weniger zu läugnen, als dieselbe im Verein mit beiden in einer Gruppe von Dichtungen
aus dem Anfange des dreizehnten Jahrhunderts auftritt, deren
Betrachtung wir uns jetzt zuwenden.

Kapitel 8.

Die alliterierende Langzeile freier Richtung in Verbindung mit dem Septenar und den französischen Metren.

§ 74. Unter den hierher gehörigen Dichtungen kommen
als charakteristisch zunächst zwei in Betracht, in welchen die
Mischung alliterierend-reimender Langzeilen mit septenarischen
und alexandrinischen oder auch kurzen viertaktigen Rhythmen
in mehr oder minder unbewusster oder wenigstens willkürlicher, planloser Weise uns entgegentritt, nämlich zunächst

das Gedicht, betitelt: On god ureisun of ure Lefdi[1]) und ein anderes, betitelt: A lutel soth sermun[2]).

Das erstere Gedicht ist besonders deswegen hinsichtlich der Form von Interesse, weil es einen ausgeprägt langzeiligen Charakter trägt. Das Versmass, dessen der nicht durch grosse Kunstfertigkeit hervorragende Dichter sich bedient, sind nämlich Langzeilen, die, einerlei welchen Rhythmus sie im Uebrigen haben, ob vierhebig nach altnationalem Brauche oder septenarisch oder alexandrinisch, alle paarweise im Versschlusse, niemals zugleich vor der Cäsur durch den Endreim gebunden sind. Wir finden also dadurch den ursprünglich langzeiligen Charakter des alten, nationalen Metrums bestätigt, wie übrigens auch durch zahlreiche, bei der Betrachtung der lyrischen Strophenformen zu erwähnende Dichtungen, die in alliterierenden und zugleich durch den Endreim zu Strophen verbundenen Langzeilen geschrieben sind.

Zur besseren Veranschaulichung dieses eigenthümlichen, gemischten Metrums — „Langzeilen, wie ten Brink bemerkt (a. a. O. p. 258), deren Charakter nicht leicht zu bestimmen, weil der Dichter zwischen alten und neuen Versprincipien zu schwanken scheint", — wird es zweckmässig sein, die ersten fünfzig Verse zunächst als Probe mitzutheilen, um dann weitere erklärende Bemerkungen daran anzuknüpfen:

Cristes milde moder, seynte Marie!
Mines liues leome, mi leoue lefdi[e]!
To þe ic buwe   and mine kneon ic beie,
And al min heorte-blod   to ðe ic offrie,   4
þu ert mire soule liht   and mine heorte blisse!
Mi lif and mi tohope,   min heale mid iwisse!
Ich ouh wurðie ðe   mid alle mine mihte,
And singge þe lofsong   bi daie and bi nihte;   8
Vor þu me hauest iholpen   a ueole kunne wise,
And ibrouht of helle   into paradise.
Ich hit þonkie ðe,   mi leoue lefdi[e],

---

1) Herausgegeben in den Old English Homilies ed. by R. Morris. First Series (E. E. T. S. 29) London, 1868, p. 191—199 und in dem Altenglischen Uebungsbuch von J. Zupitza p. 43—47.

2) Herausgegeben in An Old English Miscellany (E. E. T. S. 49) ed. by R. Morris p. 186—191 nach zwei Mss.

And þonkie wule þu hwule ðet ich liuie. 12
Alle cristene men owen don ðe wurschipe,
And singen ðe lofsong mid swuðe muchele gledschipe,
Vor ðu ham hauest alesed of deoflene honde,
And isend mid blisse to englene londe. 16
Wel owe we þe luuien, mi swete lefdi[e],
Wel owen we uor þine luue ure heorte beien.
þu ert briht and blisful ouer alle wummen,
And god ðu ert and gode leof ouer alle wepmen. 20
Alle meidene were wurðeð þe one,
Vor þu ert hore blostme biuoren godes trone.
Nis no wummen iboren þet ðe beo iliche,
Ne non þer nis þin efning wiðinne heoucriche. 24
Heih is þi kinestol onuppe cherubine,
Biuoren ðine leoue sune wiðinnen seraphine.
Murie dreameð engles biuoren þin onsene,
Pleieð and sweieð and singeð bitweonen. 28
Swuðe wel ham likeð biuoren þe to beonne,
Uor heo neuer ne beoð sead þi ueir to iseonne.
þine blisse ne mei nowiht understonden,
Vor al is godes riche an under þine honden. 32
Alle þine ureondes þu makest riche kinges;
þu ham ȝiuest kinescrud, beies and gold ringes.
þu ȝiuest eche reste ful of swete blisse.
þer þe neure deað ne com, ne herm ne sorinesse. 36
þer bloweð inne blisse blostmen hwite and reade,
þer ham neuer ne mei snou ne uorst iureden,
þer ne mei non ualuwen, uor þer is eche sumer,
Ner non liuiinde þing woc þer nis ne ȝeomer. 40
þer heo schulen resten þe her ðe dod wurschipe,
ȝif heo ȝemeð hore lif cleane urom alle queadschipe.
þer ne schulen heo neuer karien ne swinken,
Ne weopen, ne murnen, ne helle stenches stinken. 44
þer me schal ham steoren mid guldene chelle,
And schenchen ham eche lif mid englene wille.
Ne mei non heorte þenchen, ne nowiht arechen,
Ne no muð imelen ne no tunge tegen, 48
Hu muchel god ðu ȝeirkest wið-inne paradise
Ham þet swinkeð dei and niht idine seruise.

§ 75. In dem ersten Verspaare:

Cristis milde moder, seynte Marie,
mines lives leome mi leove lefdi

spielt, wie sofort bemerkbar ist, die Alliteration eine bedeutende Rolle, und zwar so sehr, dass sie entschieden den Endreim übertönt, der nur die beiden Zeilen verbindet, während die Stabreime als die eigentlichen Stützen der Verse anzusehen sind. Auch den beiden folgenden Verszeilen geben die Stabreime das charakteristische Gepräge. Der fünfte Vers dagegen:

þú ert míre soúle líht and míne heórte blísse

hat entschieden einen septenarischen Rhythmus, und mit demselben reimt dann ein anderer Vers:

mi líf and mi tohópe min heále mid iwísse,

der, wenn man dem Stabreime wieder die entscheidende Rolle einräumt, genau so gebaut ist, wie die vier ersten Verse, andererseits aber auch, gerade so wie jene, durch Verwendung je einer höher betonten Senkung in jedem Halbverse als Hebung dem Alexandriner, und zwar der gewöhnlichsten Form, mit klingender Cäsur und klingendem Versausgange, völlig gleich. Der dritte Vers:

to þe ich buwe and mine kneon ic beie,

würde freilich im ersten Gliede nur in gezwungener Weise mit drei Hebungen zu scandieren sein, während das zweite Glied einer solchen Scansion keinerlei Schwierigkeiten bereitet, ebenso wenig wie der vierte Vers, dem im zweiten Gliede allerdings der Endreim zu Hilfe kommt. So haben in der That die meisten oder wenigsten sehr viele Verse dieses Gedichts, wie es ten Brink richtig hervorhebt, einen unbestimmten, zwischen den Principien der nationalen Verskunst und denjenigen der neu eingeführten Metren schwankenden Charakter. Während die Bindung der Verse zu langzeiligen Reimpaaren entschieden auf das Vorbild des gereimten Septenars und Alexandriners hinweist, lässt der häufige und wirkungsvolle Gebrauch des Stabreimes, sowie der Umstand, dass manche Verse in einer der beiden Vershälften durchaus nur zwei Hebungen haben — so in der ersten: v. 3, 12, 44,

72, 77, in der zweiten : v. 30, 45, 46, 52, 70 — die alte Langzeile als dasjenige Metrum in der Dichtung hervortreten,
welches dem Dichter, sei es durch Uebung, sei es durch
Lectüre, das bekannteste war. Seine Absicht war offenbar,
die Mutter Christi zu besingen in einem Metrum, ähnlich wie
das, in welchem (vermuthlich etwas später) die Passion gedichtet wurde. Aber die alte alliterierende Langzeile hielt
sein rhythmisches Gefühl und Verständniss noch so sehr in
Banden, dass er bewusst oder unbewusst den aus jener ihm
geläufigen Schatz poetischer Wendungen beibehielt und mit
ihnen auch den dadurch vielfach bedingten zweihebigen
Rhythmus der Halbverse unter die von ihm beabsichtigten
alexandrinischen, resp. septenarischen Rhythmen mischte, was
ja in manchen Fällen auch, wie schon im vorigen Kapitel
gezeigt wurde, auf ungezwungene Weise durch Betonung
höherer Senkungen geschehen konnte. Bisweilen aber tritt,
wie gesagt, der zweihebige Charakter der Langzeile, gewöhnlich nur noch in einem, vereinzelt aber auch in beiden Halbversen klar zu Tage, so in dem zweiten Verse des Reimpaars:

Múrie dreámed éngles   bivóren þin ónséne
Pleied and sweied   and singed bitweónen.   27/8.

Verspaare ähnlicher Art sind noch mehrere zu citieren:

·*þer blówed inne blísse   blóstmen hwíte and reáde,*
þér ham néver ne meí   suoú ne vórst iuréden.   37/8.
þér ne schúlen heo néver   kárien ne swínken,
ne weópen ne múrnen,   ne hélle sténches stínchen,   43/4.
ne meí non heórte þénchen,   ne no wíht aréchen,
ne no múd imélen,   ne no túnge téchen.   47/8.

§ 76. Der letzte Vers gewährt wieder ein instructives
Beispiel, wie sich aus dem ursprünglich vierhebigen Langverse durch Accentuation je einer höher betonten Senkung
der beiden Halbverse, in diesem Fall der rhetorisch hervorgehobenen Negationen *ne, ne,* auf ungezwungene Weise zwei
dreitaktige Halbverse entwickeln können.

In gleicher Weise zeigt das Verspaar:

þi leoue súne is hore kíng.   and þú ert hore kwéne;
ne beod heo néver idreáved   mid wínde ne mid reíne; 57/8.

im ersten Verse, wie durch Accentuation z w e i e r höher betonter Hebungen des ersten Halbverses (*leone* und *hore*) und einer (*hore*) des zweiten aus einer alliterierenden Langzeile der katalektische Tetrameter entstehen konnte. Aehnlich oder noch deutlicher veranschaulicht dies das Verspaar 61/62:

mid ham is muruhđe monivold *widute* teone and treie,
gleobeames and gome inouh, *lives wil and eche pleie.*

Während in diesem letzten Verspaare nur die zweihebige oder die septenarische Betonung des ersten Versgliedes möglich ist, steht in andern Fällen als dritte Möglichkeit der Accentuation noch die alexandrinische Betonung frei, wenn man auf eine, gewöhnlich die erste der höher betonten Senkungen als Hebung verzichtet und sie als Auftakt behandelt. So kann in dem Verspaare:

swuđe wel ham likeđ bivoren þe to beonne,
vor heo never ne beođ sead þi veir to iseonne, 29/30

der zweite Vers scandiert werden, entweder als Langzeile:

vor heo néver ne beođ seád þi veir to iseónne,

oder als Septenar:

vór heo néver né beođ seád þi veir tó iseónne,

oder als alexandrinerartiger Vers:

vor heo néver né beođ seád þi veir to iseónne,

welches letztere in diesem Falle wohl, wegen des ähnlich gebauten ersten Verses, das Richtige sein dürfte, und zwar mit Beibehaltung der zwei Hebungen des zweiten Halbverses.

Die zwei Hebungen, resp. Haupthebungen sind überhaupt als das allen bisher betrachteten Versen Gemeinsame besonders hervorzuheben, und eben daraus ist es erklärlich, dass unserem Dichter, wie vielen seiner Zeitgenossen, jene verschiedenen Metra als gleichwerthig und gleichberechtigt erscheinen konnten, wie aus der auch schon bei der Passion (vgl. § 56) beobachteten und durch die oben citierten Beispiele bereits gezeigten beliebigen Verbindung derselben zu Reimpaaren hervorgeht.

Was das numerische Verhältniss der für unser Ohr deutlicher unterscheidbaren Rhythmen anlangt, so ist, wie

schon aus dem Bisherigen hervorgeht, die nationale Langzeile
sehr in der Minderheit; sie bildet gewissermassen das Leit-
motiv für den Versbau des Gedichtes, welches an manchen
Stellen in verschiedenster Variation, klar und einfach aber
nur in einem Verse (28), durchklingt.

An zahlreichen Stellen wird es mit dem septenarischen
Rhythmus variiert, so: v. 5, 18, 20, 25, 26, 30, 34, 36, 40, 42,
50, 51, 54, 56, 61, 62 etc., im Ganzen, wenn man der Ueberlieferung einigermassen trauen darf, in etwa fünfzig Fällen,
von denen einige aber auch, wie schon angedeutet, eine andere Behandlung gestatten. Die übrigen Verse lassen, mit
wenigen Ausnahmen, die fast alle schon erwähnt wurden,
die regelmässige Scansion des Alexandriners zu, nach seinen
vier verschiedenen, durch die Combination der männlichen
und weiblichen Cäsur mit dem männlichen und weiblichen
Versausgange bedingten Arten.

Von diesen ist, wie gesagt, die mit weiblicher Cäsur
und weiblichem Versausgange bei weitem die am häufigsten
vorkommende, seltener ist männliche Cäsur bei weiblichem
Versausgange. Männlicher Versschluss, gewöhnlich bei weiblicher Cäsur, kommt im Ganzen in sechszehn Versen vor, von
denen einige aber septenarisch gebaut sind, wie z. B. der
erste des Verspaares 157/8:

Mi lif is þin mi luue is þin, mine heorte blod is þin,
And ʒif ic der seggen, mi leoue leafdi, þu ert min,

so dass also auch in dieser Hinsicht, ähnlich wie in der
Passion, ein charakteristischer Unterschied der beiden Versarten verwischt wird.

§ 77. In beiden machen sich ausserdem in starkem
Masse — und erklärlich genug bei solchen, gewissermassen
auf dem Boden der alliterierenden Langzeile entstandenen
Versen — die bekannten germanischen Licenzen bemerkbar,
die noch weiter die gegenseitige Assimilation befördern.

So zunächst Ausfall eines tonlosen Vocales durch Apocope, Elision, Syncope oder Verschleifung einer Silbe:

bivoren ðine leoue sune widinnen seraphine. 26.
þi leoue sune is hore king and þu ert hore kwene. 57.

ne beoð heo never idreaved   mid winde ne mid reine.   58.
þin iliche never nes   ne never more ne wurð iboren.   68.

Der letzte Vers könnte auch als Alexandriner mit doppeltem
Auftakte in beiden Halbversen gelesen werden, wie in dem
nur durch Anwendung dieser Licenz lesbaren septenarischen
Verse:

vor o ðe is al mi lif ilong   and o godes orc.   114.

Häufiger noch ist das Fehlen des Auftaktes in beiden
Halbversen, einzeln oder gleichzeitig:

swúde wél ham likeð   bivóren þé to beónne.   29.
þú ert bríht and blísful   óver álle wúmmen.   19.

Auch Fehlen der Senkung kommt vor im Innern des Verses,
wie im Reime:

mid bríhte gimstónes   hore krúne is ál bisét.   55.
þu hávest ʒét forbóren mé   vor þine gódnésse,
and nú ich hópie hábben   fúlle forʒivenésse.   109/10;

ähnlich 14/5; 33/4; 41/2; 75/6 etc. Schwebende Betonung
ist in Folge dieser häufig auftretenden Licenzen kaum anzutreffen, und auch Taktumstellung ist in Folge des schwankenden Charakters des Metrums und des häufigen Fehlens
des Auftaktes selten:

móder þu ért and meíden   cleáne of álle láste.   69.
þú ham ʒívest kinescrúd   beíes and góldrínges.   34.

§ 78. In einem ähnlich schwankenden Metrum ist die
höchst interessante, kurze gereimte Predigt oder richtiger
Strafpredigt A lutel soth sermun gebaut. In metrischer
Hinsicht ist an derselben namentlich von Interesse, dass der
ruhige Lauf der septenarischen und alexandrinischen Verse,
welche die erste Hälfte der Einleitung (v. 1—16) ausmachen,
in der zweiten Hälfte durch kurze viertaktige Reimpaare,
dem lebhafteren Tone der Rede entsprechend, unterbrochen
werden, worauf dann die eigentliche Predigt beginnt mit
Versen, die ganz den Charakter der alten Langzeile tragen,
welcher auch durch die folgenden, wieder mehr den Anfangsversen des Gedichts ähnlich gebauten Langverse oft genug
durchklingt.

Es wird genügen, die ersten 48 Verse hier mitzutheilen, die wir aber als 24 Langverse drucken, auch die viertaktigen Kurzzeilen, welche doch, obwohl sie nicht als Langzeilen reimen, mit den übrigen wieder die zwei Haupthebungen in jedem Kurzverse gemein haben und sich eben dadurch in den langzeiligen Rhythmus einfügen.

A Lutel Soth Sermun (Cotton Ms.) v. 1—48.

Herkniet̄ alle gode men   and stille sitteþ adun,
And ich eou wule tellen   a lutel [soþ] sermun.   4
Wel we witen alle,   þag ich eou noȝt ne telle,
Hu adam vre vorme fader   adun vel into helle.   8
Schomeliche he uorles   þe blisse þat he hedde;
To ȝiuernesse and prude   none neode he nedde.   12
He nom þen appel of þe tre,   þat him forbode was:
So reuþful dede idon   neuer non nas   16
He made him into helle falle,   and efter him his children alle;
þer he was fort ure drihte   hine bohte mid his mihte.   20
He hine alesede mid his blode,   þat he schedde upon þe rode,
To deþe he ȝef him for us alle,   þo we weren so stronge at falle. 24
Alle bacbiteres,   wendet to helle,
Robberes and reueres   and þe monquelle,   28
Lechurs and horlinges   þider schulen wende,
And þer heo sculen wunien   euere buten ende.   32
Alle þeos false chepmen   þe feond heom wule habbe:
Bacheres and brueres   for alle men heo gabbe;   36
Loȝe heo holdet hore galun,   mid berme heo hine fulleþ,
And euer of þe purse   þat seluer heo tulleþ,   40
Boþe heo makeþ feble   heore bred and heore ale;
Habben heo þat seluer   ne tellet heo neuer tale.   44
Godemen for godes luue   bileueþ suche sunne,
For atten ende hit binimeþ   heueriche wunne!   48

§ 79. Wenn wir bei diesem Gedichte wegen des nur einmal vorkommenden wirklichen Wechsels des Metrums, welcher möglicherweise auch lediglich auf einer Interpolation der betreffenden viertaktigen Verse beruhen könnte, doch nicht berechtigt sind, eine aus bestimmten Gründen vom

Dichter vorgenommene Aenderung des Versmasses anzunehmen, so sind wir ohne Zweifel dazu genöthigt, bezüglich einer anderen, von Morris in demselben Bande (p. 1—25) herausgegebenen, wichtigen, in metrischer Hinsicht besonders interessanten Dichtung. Es ist das der sogenannte Bestiarius[1]), welcher im selben Zeitraume (Mitte des dreizehnten Jahrhunderts) entstanden ist und in der Entwickelung des freien, mit gereimten Versen combinierten alliterierenden Versmasses eine ganz eigenthümliche Stellung einnimmt.

Der Dichter bedient sich nämlich sowohl der alten Langzeile in bloss alliterierender und reimend-alliterierender Gestalt, wie auch der gereimten septenarischen und kurzzeiligen Metren. Jedoch sucht er in Nachahmung des ihm zur Vorlage dienenden, als Appendix I von Morris mitgetheilten, lateinischen Originals von Tebaldus, welches in wechselnden Metren abgefasst war, im Grossen und Ganzen wenigstens eine Sonderung der von ihm angewandten verschiedenen metrischen Formen durchzuführen, ohne sich im Uebrigen die Versmasse seiner Vorlage im Einzelnen zum Muster zu nehmen oder bezüglich der von ihm gewählten eine ähnliche Reihenfolge zu beobachten.

Die in dem lateinischen Gedichte vorkommenden Versarten mögen durch folgende Proben veranschaulicht werden:

I. Tres les naturas   et tres habet inde figuras.
Quas ego christe tibi   ter seno carmine scripsi.

II. Iam senex serpens novus esse gaudet.
Atque jejunans macie perhorret.
Pellis effeta tremit ossa nervis.
Sola manent his.

III. Turtur inane. nescit amare.
Num semel uni. Nupta marito.
Semper adibit. cum simul ipso.
Nocte dieque. juncta manebit.
Absque marito. Nemo videbit.

---

1) Früher ediert von Wright, Band II der altdeutschen Blätter, Leipzig, 1837, dann in Wright and Halliwell, Reliquiae Antiquae, London, 1845; auch in Mätzners Altenglischen Sprachproben, p. 55 ff.

Das sind also ganz allgemein genommen:

I. langzeilige Verse, deren beide Hälften durch Binnenreime verknüpft sind, ohne dass aber die Langzeilen zusammen reimen. Dies ist die Hauptversart der lateinischen Dichtung;

II. langzeilige, strophisch gebundene Verse, von denen die zwei ersten immer paarweise reimen, während der dritte entweder mit den vorhergehenden oder mit dem letzten, kurzen Verse der Strophe reimt;

III. kurzzeilige, paarweise [1]) reimende Verse.

Nur von diesem ganz allgemeinen Gesichtspunkte aus kann man behaupten, dass der englische Dichter in Bezug auf die metrischen Formen, die er anwendet, seine Vorlage nachgeahmt hat.

Auch er bedient sich:

I. der Langzeilen nationalen Gepräges, die in den Halbversen gebunden sind, sei es durch Alliteration allein, sei es durch Alliteration und Endreim combiniert, oder sei es durch Endreime allein;

II. der Langzeilen septenarischen Baues, die paarweise durch Endreim (bisweilen daneben noch durch parallelen Binnenreim) gebunden sind;

III. der viertaktigen, paarweise reimenden kurzen Verse.

§ 80. Wright bemerkt *Reliquiae Antiquae*, I, p. 208 in der dem Gedicht vorangeschickten, kurzen, u. a. auch auf die Handschrift (*Ms. Arundel* Nr. 292) bezüglichen Notiz: „*In the Ms. it is written as prose.*" Wir haben also ebenso wenig, wie bei der Betrachtung von *Laȝamons Brut* und *Ælfreds Proverbs* nöthig, uns an die von den Editoren durchgeführte kurzzeilige Verseintheilung zu binden, sondern wir behandeln und drucken die Verszeilen in der Gestalt, wie sie uns entgegentreten, jedoch mit Beibehaltung der Vers-

---

[1]) Bisweilen reimen auch drei Verse zusammen, wie ebenfalls in einem vierten, der obigen allgemeinen Beschreibung indess gleichfalls entsprechenden Metrum, Morris' Miscellany, Appendix p. 205:

Vermis araneus exiguus.
Plurima fila net assiduus.
Texere que studet artificus.

zählung der Mätzner'schen und Morris'schen Ausgaben. Was die Vertheilung der verschiedenen Versarten für den Stoff anlangt, so ist im Allgemeinen, wie ten Brink (a. a. O. p. 246) hervorgehoben hat, zu beobachten, „dass in den schildernden Partien die Alliteration, in den deutenden der Reim vorherrscht", obwohl auch umgekehrt mehrere Beschreibungen in Reimversen und einzelne Auslegungen (27—39; 487—498) ganz in alliterierenden Langzeilen geschrieben sind. Häufiger aber sind solche Partien zu bemerken, und zwar sowohl unter den Schilderungen, als auch unter den Auslegungen, in denen alliterierende sowie alliterierend - reimende Langzeilen (also in Reimpaare von vier Hebungen stumpf oder drei Hebungen klingend) aufgelöste Langzeilen von Septenaren unterbrochen werden, resp. in dieselben übergehen.

Es wird zweckmässig sein, das Gedicht zunächst mit Beibehaltung der Ueberschriften in Bezug auf die Versarten zu analysieren: *Natura leonis* I[a], II[a], III[a], v. 1—26: alliterierende Langzeilen. *Significatio prime nature* v. 27—39: allit. Langzeilen. *Significatio* II[a] et III[a], v. 40—52: allit. in Reimpaare aufgelöste Langzeilen; Septenare (47—52). *Nature aquile*, v. 53—87: kurze Reimpaare. *Significatio*, v. 88—119: Septenare paarweise gereimt, meist auch mit parallelem Binnenreime der Halbzeilen. *Natura Serpentis*, v. 120—164: allit. Langzeilen. *Significatio*, v. 165—193: allit. Langzeilen, dann bis v. 233: allit. und allit.-reimende Langzeilen. *Natura Formice*, v. 234—272: allit. Langzeilen (v. 244—247: allit.-reimende), die aber von v. 260 an bei Fortdauer der Alliteration in septenarische, reimlose Rhythmen übergehen. *Significatio*, v. 273—306: zuerst bis v. 282: allit. Langzeilen; dann bis v. 294: reimlose, von da an gereimte Septenare. *Natura cervi*, v. 307—328: allit.-reimende, in Reimpaare aufgelöste Langzeilen; kurze Reimpaare. *Significatio prima*, v. 329—348: schwankendes Metrum: kurze Reimpaare; in Reimpaare (manche dreihebig klingend) aufgelöste Langzeilen; Septenar (345/6). *Natura* II[a], v. 349—369: ähnliches Metrum: kurze Reimpaare; alliterierende, in Reimpaare aufgelöste Langzeilen; septenarische Verse und kurze Reimpaare (361—369). *Significatio* II[a], v. 370—383: kurze Reimpaare nebst einem septenarischen Reimpaar (380—383). *Natura Wulpis*, v. 384—423:

alliterierende, vereinzelt alliterierend - reimende Langzeilen.
Significatio, v. 424—455: kurze Reimpaare. *Natura iranee,*
v. 456—482: alliterierende Langzeilen, zum Schluss (483—486)
allit.-reimend. *Significatio,* v. 487—498: alliterierende Langzeilen. *Natura cetegrandie,* v. 499—540: kurze Reimpaare.
Significatio, v. 541—554: kurze Reimpaare. *Natura Sirene,*
v. 555—587: alliterierende und allit.-reimende Langzeilen.
Significatio, v. 588—603: kurze Reimpaare, doch auch drei-
hebig-klingende. *Natura elephantis,* v. 604—673: kurze Reimpaare nebst Septenaren mit Kreuzreimen (628—631, 636—639).
Significatio, v. 674 (Mätzner fälschlich 677) bis 693: kurze
Reimpaare. *Natura turturis,* v. 694—712: septenarische Reimpaare. *Significatio,* v. 713—732: dsgl. *Natura pantere,* v.
733—762: kurze Reimpaare. *Significatio,* v. 763—784: dsgl.
Natura columbe et significatio, v. 785—802: dsgl.

§ 81. Es mögen nun die charakteristischen Eigenthümlichkeiten dieser Metra, sowie ihre unterscheidenden und ihre
ähnlichen Eigenschaften zunächst durch einige Beispiele veranschaulicht werden.

Der Anfang des Gedichtes, *Natura leonis* I[a] (1—14), gewährt eine Probe der reinen alliterierenden Langzeile in nicht
sehr willkürlicher Behandlung der alten Regeln:

> Đe leun stant on hille, and he man hunten here,
> ođer đurg his nese smel, smake đat he negge,
> bi wile weie so he wile to dele nider wenden, 6
> alle his fet steppes after him he filled,
> draged đust wid his stert đer he stepped,
> ođer đust oder đeu, đat he cunne is finden, 12
> drived đun to his đen đar he him bergen wille.

Die ersten vier Langzeilen verlaufen ziemlich regelmässig und
auch die fünfte, wenn wir nicht annehmen wollen, dass neben
der dem zweiten Halbverse zukommenden Alliteration mit *st*
der erste mit den folgenden Versen durch die Alliteration
des *d* verbunden ist, welche sich in diesen nur auf die ersten
Halbverse in paralleler Stellung erstreckt.

Interessanter sind solche Abschnitte, in welchen Alliteration und Reim combiniert auftreten. Wir wählen v. 384—
403 aus *Natura Wulpis:*

A wilde der is, dat is ful of fele wiles,   385
Fóx is here tó-name fór hire quédsipe;
Húsebondes hire háten for hire hárm dédes
Þe cóc and te cápun ge fecched úfte in de tín,   391
And te gandre and te gos, bi de necke and bi de nos,
Háled is to hire hóle; fordí man hire hátied,
Hatien and hulen bode mén and fúles.   397
Lístned nu a wúnder, dat des dér dod for húnger:
God o felde to a furg and falled dar-inne
In eried-lond er in erd-chine, for to belirten fugeles.   403

u. s. w. bis 423 nur alliterierend. Unzweifelhaft ist hier überall
das Princip der zwei Hebungen in jedem Halbverse durchgeführt; nur in ganz gezwungener Weise, durch die, wie früher
ausgeführt wurde, unzulässige Betonung der tonlosen Flexionssilben könnten die Halbverse mit vier Hebungen gelesen werden. Ueberall sind in gleicher Weise die Hebungen von den
Reimwörtern, sei es nun Stabreim oder Endreim, betroffen,
und beide Arten sind hier, im Zusammenhange gelesen, wegen
der sonstigen Gleichartigkeit im Bau der Verse dem Ohre als
Bindemittel derselben und Schmuck zugleich bemerkbar.

Die Verse mit klingendem Reime, wie:

hatien and hulen bode men and fules,

haben, worauf wiederum aufmerksam gemacht werden möge,
ganz denselben Rhythmus, wie der Vers der Sachsenchronik
vom Jahre 1036:

sume hi man bende, sume hi man blende,

und die p. 159 damit verglichenen Verse aus Layamons Brut
und den Sprüchen Älfreds. Auch die Verse mit stumpfen
Reimen, wie:

and te gandre and te gos bi de necke and bi de nos

sind nicht anders zu beurtheilen, als der zweite Vers derselben Stelle der Sachsenchronik:

and his geféran he fordráf and sume mislíce ofslôh,

oder die ähnlichen, ebenfalls p. 159 aus dem Brut und den
Sprüchen citierten Verse, denen auch die folgenden aus der
Natura Cervi 307—318 wieder vortrefflich entsprechen:

de hert haved kindes two, and forbisnes oc also :
dus it is on boke set, dat man cleped Fisiologet.
He draged de neddre of de ston durg his nese up onon,
of de stoc er of de ston, for it wile der under gon;
and sweled it wel swide, der-of him brinned siden
of dat attrie ding, widinnen he haved brenning.

§ 82. Auf diese meines Erachtens noch zweihebigen
Halbverse folgen dann aber andere von entschieden viertakt-
igem Klange:

he leped danne wid mikel list,
of swet water he haved drist;
he drinked water gredilike,
til he is ful wel sikerlike,
ne haved dat venim non migt
to deren him siden non wigt.
Oc h: werped hise hornes [Ms. er hise]
[er] in wude er in dornes,
and gingid him dus dis wilde der,
so ge haven nu lered her.

Dass die zweihebigen Halbverse der alliterierend-reimenden
Langzeile bei stumpfem Endreime mit den viertaktigen Reimpaaren die grösste Aehnlichkeit haben, wurde schon früher
hervorgehoben. Dem Dichter dürfen wir eine theoretische
Unterscheidung der beiden Arten — die am ehesten darin
zu finden wäre, dass Abschnitte mit zahlreichen Reimpaaren
von drei Hebungen und klingendem Reime als aufgelöste Langzeilen anzusehen sind zum Unterschiede von den viertaktigen
Reimpaaren bei stumpfem oder klingendem Reime — natürlich
nicht zutrauen. Da er aber ebenso wenig wie seine lateinische Vorlage im Verlaufe eines Abschnittes das Metrum
äusserlich geändert haben wird, obwohl ihm, wie schon oben
angedeutet wurde, verschiedene Rhythmen bisweilen ineinander verschwimmen, so würde in diesem Abschnitt meines
Erachtens bei einer kritischen Ausgabe die kurze Verseintheilung durchzuführen sein, wie überhaupt in denjenigen Abschnitten, die als kurze Reimpaare bezeichnet wurden. Aehnlich würden septenarische Verse, wo sie kreuzweise gereimt unter kurze Reimpaare gemischt sind, als kurze Verse

anzuschen und zu drucken sein, so z. B. 624—641 aus der
Natura elephantis:

> * đat ge ne falle niđer nogt,*
> *đat is most in hire đogt,*
> *for he ne haven no liđ,*
> *đat he mugen risen wiđ.*
> *Hu he resteđ him đis der,*
> *đanne he walkeđ wide,*
> *herkne wu it telleđ her,*
> *for he is al unride.*
> *A tre he sekeđ to fuligewis,*
> *đat is strong and stedefast is,*
> *and leneđ him trostlike đer-bi,*
> *đanne he is of walke weri.*

§ 83. Umgekehrt würden meines Erachtens die kurzen
Reimpaare 709—712 als Langzeilen mit Binnenreim anzusehen
und zu drucken sein analog dem ganzen Abschnitt von 694—
730, der ganz in paarweise reimenden Septenaren geschrieben
ist, auch die drei Anfangsverse, welche von den Herausgebern
fälschlich als drei viertaktige Kurzverse gedruckt sind, und
die daher hier in richtiger Form folgen mögen:

> *In boke is đe turtres lif writen o rime,*
> *wu lagelike ge holdeđ luue al hire lif time;*
> *gef ge ones make haveđ fro him ne wile ge siđen:*
> *muneđ wimmen hire lif, ic it wile gu reden.*

Der Dichter hat hier insofern sein Original nachgeahmt, als
das dort gewählte kurze Metrum auch nur paarweise im
Versschluss durch den Reim gebunden ist. Möglich, dass ihm
auch der Rhythmus ein ähnlicher zu sein schien.

Auch in dem Abschnitte v. 88—119, welcher beginnt mit
den Verspaaren:

> *Al is man so is tis ern, wulde ge nu listen,*
> *olđ in hise sinnes dern, or he bicumeth cristen;*
> *and tus he neweđ him đis man, đanne he nimeđ to kirke,*
> *or he it biđenken can, hise egen weren mirke;*

sind trotz der parallelen Binnenreime schwerlich Kurzverse
anzunehmen, denn es folgt unmittelbar auf die obigen Verspaare ein anderes ohne Binnenreim:

forsaket ðore satanas,   and ilk sinful dede;
taked him to jhesu crist,   for he sal ben his mede.

Desgl. v. 104—107.

Noch weniger Veranlassung ist natürlich vorhanden zur
Auflösung der septenarischen Langzeilen zu Kurzzeilen in
solchen Abschnitten, in denen sie in Gemeinschaft mit alliterierenden Langzeilen auftreten. In dieser Hinsicht sind die
Abschitte *Natura formice* 234—272 und die daran sich an-
schliessende *significatio* 273—306 charakteristisch, welche
letztere hier als Probe dieser interessantesten Combination
verschiedener Versarten folgen möge:

ðe mire muneð us   mete to tilen,   273/4
long livenoðe   ðis little wile
ðe we on ðis werld wunen: for ðanne we of wenden,
ðanne is ure winter;   we sulen hunger haven
and harde sures,   buten we ben war here.   281/2
Do we forði so doð ðis der   ðanne we be derue
on ðat ðai ðat ðom sal ben,   ðat it ne us harde rewe:
seke we ure lives fod,   ðat we ben siker dere,
so ðis wirm in winter is,   ðan ge ne tileð nummore.
ðe mire suneð ðe barlic,   ðanne ge fint te wete;
ðe olde lage we ogen to sunen,   ðe newe we haven moten. 293/4
ðe corn ðat ge to cave bereð,   all ge it bit otwinne,
ðe lage us lereð to don god,   and forbedeð us sinne.
It bet us erðliche bodes   and bekned evelike;
it fet ðe licham and te gost   oc nowt o gevelike;
ure loverd Crist it lene us   ðat his lage us fede;
nu and o ðomes-dei,   and tanne we haven nede.   305/6

Bei stetem Obwalten der zwei Hebungen in den alliterierenden Versen (273—283) nimmt die Zahl der Senkungen,
welche dieselben von einander trennen (falls die Verseintheilung der Editoren richtig ist), allmählich zu, so dass sich
die dann folgenden reimlosen Septenare (283—294) in ungezwungener Weise anschliessen können, denen in anmuthiger
Steigerung die paarweise gereimten Septenare folgen. Der
ganze septenarische, die Nutzanwendung enthaltende Passus
ist mit dem vorangehenden langzeiligen noch dadurch in
engere Verbindung gesetzt, dass die Alliteration fortdauert,

von welcher bisweilen nur der erste, ebenso oft aber beide
Halbverse betroffen werden, wie dies in ähnlicher Weise auch
bei den kurzen Reimpaaren, den viertaktigen (vgl. z. B. den
Abschnitt v. 541—554), wie den aus der alten Langzeile aufgelösten zu beobachten ist, sowohl in dieser Dichtung, welche
uns noch den eigentlichen Entwickelungsprozess vor Augen
führt, als auch in anderen, z. B. dem King Horn, welche
denselben bereits durchgemacht haben.

§ 84. Ein ähnlicher planmässiger Wechsel des Metrums,
wie er im Bestiarius vorliegt, begegnet auch sonst noch in
einzelnen Gedichten der altenglischen Literatur, so z. B. in
einem kurzen, fragmentarischen Gedichte des Harl. Ms. 2277,
veröffentlicht von **Furnivall** in seinen *Early English Poems
and Lives of Saints, Berlin*, 1862, p. 20, 21 unter dem Titel
Christ on the Cross (entstanden nach F. vor 1300). Der
Rhythmus besteht Anfangs aus Langversen von zwei, resp.
drei Hebungen (zuweilen auch vier im ersten Gliede), welche
am Schlusse der Zeilen reimen und den 'beschreibenden Theil
des Gedichtes bilden, während Reimpaare von vier Takten den
(unvollständigen) moralisierenden Schluss enthalten. Auch
in dieser Dichtung finden sich Spuren von Alliteration, und
der Rhythmus der Langzeile von vier Hebungen ist in der
Regel der vorherrschende, so in den Anfangsversen:

Behold to þi lord, man,   whare he hangiþ on rode,
And weep, if þou miȝt,   teris al of blode,

obwohl andrerseits die meisten Verse ohne gezwungene
Scansion auch als Alexandriner gelesen werden können,
worauf ja die Reime hinweisen. Sicherlich dürfte man in
diesem Falle aber nicht, wie dies von Wissmann bezüglich
des King Horn geschehen ist, aus dem häufigen Vorkommen
alliterierender Verse, wie z. B.:

for luste of lechuri nas þer never none	10
behold to is nailes in hond and ek in fote	11

(vgl. ferner v. 4, 5, 6, 7, 12, 15, 18) schliessen, dass alte ursprünglich alliterierende Verse vom Dichter benutzt worden
seien, sondern er bedient sich hier der Stabreime mit
künstlerischer Absicht als eines Schmuckes des Gedichtes,
gerade so wie er für den Schluss desselben die für seinen

didaktischen Zweck ihm passender scheinenden kurzen Reimpaare wählt, die beginnen:

> *Man, þou hast þe forlor*
> *And ful neiþ to helle ibor!*
> *Wend aȝe, and com to me,*
> *And ic wol underfang þe.*
> *For first ic makid þe of noȝt,*
> *And siþ dere þe iboȝt,*
> *Whan ic mi lif ȝef for þe,*
> *And ihang was on þe tre.*

Es treten uns auch hier die schon bekannten Freiheiten in
der Behandlung dieses Metrums entgegen: Fehlen des Auftaktes und nicht minder häufig Fehlen der Senkung im Innern
des Verses.

Kapitel 9.

Die alliterierende Langzeile fortschrittlicher Richtung in aufgelöster Gestalt.

§ 85. Die alliterierende Langzeile wird im letzten Stadium der freien Richtung ihrer Entwickelung hauptsächlich
repräsentiert durch die schon mehrfach erwähnte englische
Romanze King Horn, die nach Wissmann im zweiten Viertel
des dreizehnten Jahrhunderts in der uns überlieferten Gestalt
entstanden, in drei verschiedenen Handschriften erhalten und
nach allen dreien ediert worden ist, zuletzt von Lumby,
Earl. Engl. Text Society, 14. London, 1866, und danach von
Mätzner, *Altengl. Sprachproben* p. 207 ff., wo weitere Angaben zu finden sind, sowie auch in der p. 123 citierten Schrift
von Wissmann. Das vierte und fünfte Kapitel des zweiten
Abschnitts dieser Schrift enthält Untersuchungen über Metrik
(p. 43—56), Alliteration und Strophenbau (p. 56—63) des Gedichts, welche manche interessante Aufschlüsse über die Entstehung und Beschaffenheit des King Horn gewähren, wenn wir
uns auch nicht, wie schon früher angedeutet wurde, in allen
Punkten mit denselben einverstanden erklären können. Es
wird zweckmässig sein, die metrische Gestalt der Dichtung

hier zunächst durch eine kurze Probe zu veranschaulichen.
Wir wählen den Abschnitt von v. 81—126:

>Horn was in paynes honde
>Wiþ his feren of þe londe.
>Muchel was his fairhede,
>For Jhesu Crist him makede.
>Payns him wolde slen,   85
>Oþer al quic flen;
>ʒef his fairnesse nere,
>þe children alle aslaʒe were.
>þanne spac on admirald,
>Of wordes he was bald: 90
>„Horn, þu art wel kene,
>And þat is wel isene;
>þu art gret and strong,   .
>Fair and euene long,
>þu schalt waxe more   95
>Bi fulle seue ʒere;
>ʒef þu mote to liue go,
>And þine feren also,
>ʒef hit so bifalle,
>ʒe scholde slen us alle;   100
>þaruore þu most to stere,
>þu and þine ifere,
>To schupe schulle ʒe funde,
>And sinke to þe grunde,
>þe se ʒou schal adrenche,   105
>Ne schal hit us noʒt ofþinche;
>For if þu were aliue,
>Wiþ swerd oþer wiþ kniue,
>We scholden alle deie,
>And þi fader deþ abeie."   110
>þe children hi broʒte to stronde,
>Wringinde here honde,
>Into schupes borde,
>At þe furste worde.
>Ofte hadde Horn beo wo,   115
>Ac neure wurs þan him was þo.
>þe se bigan to flowe,

And Horn child to rowe,
þe se þat schup so faste drof,
þe children dradde þerof. 120
Hi wenden to wisse
Of here lif lo misse,
Al þe day and al þe niȝt,
Til hit sprang day liȝt,
Til Horn saȝ on þe stronde 125
Men gon in þe londe.

§ 86. Bezüglich des Metrums sagt Wissmann p. 48:
„Das Mass des Verses sind vier Hebungen. Auf die letzte
Hebung darf keine tonfähige Silbe folgen; der Vers hat
also vier Hebungen stumpf oder drei Hebungen klingend, in
welchem Falle die vierte Hebung auf der klingenden Silbe
ruht.“

Abgesehen von dem schon durch die im sechsten Kapitel
bewiesene Tonlosigkeit der Flexionsendungen widerlegten,
also nach unserer Ueberzeugung schon deswegen entschieden
unrichtigen Schlusse des obigen Satzes trifft diese Beschreibung des Metrums in zahlreichen Fällen nicht zu, und dadurch
wird denn eben auch die Unrichtigkeit jener Schlussbehaupt-
ung noch weiter dargethan.

Wenn von dem Metrum des King Horn behauptet wird:
„Der Vers hat entweder vier Hebungen stumpf oder drei
Hebungen klingend“, so ist damit zwar der allgemeine
Charakter des Versmasses bezeichnet, doch keineswegs
die ausnahmslose oder richtiger principielle Gestalt desselben. Denn zunächst muss constatiert werden, dass es in der
Haupthandschrift C., desgleichen in H. und O., eine nicht
unbeträchtliche Anzahl von Versen giebt mit drei Hebungen und stumpfem Ausgange, so dass in diesen also
der klingende Ausgang, welcher nach Wissmann die vierte
Hebung tragen soll, gänzlich fehlt. Es sind in C., abgesehen
von manchen Verspaaren, von denen entweder beide Verse
oder wenigstens einer möglicherweise auch mit drei statt mit
vier Hebungen zu scandieren sind (7/8; 32/3; 85/6; 137/8;
159/60; 437/8; 509/10; 513/4; 1123/4; 1369/70), eine Anzahl
anderer Verspaare vorhanden, welche auf keine Weise, wenn
wir nicht der natürlichen, sinngemässen Betonung arge Gewalt

anthun wollen, mit vier, sondern nur mit drei Hebungen gelesen werden können. Ein Verspaar dieser Art ist z. B. das
folgende des oben mitgetheilten Abschnitts:

þú art grét and stróng,
Fair and éuene lóng. 93/4.

Ebenso gebaut sind die Verse:

In heórte heo hádde wó,
And þús hire biþóȝte þó. 263/4.

Ne spék ihc nóȝt wiþ Hórn,
Nis hé noȝt só unórn; 329/30. (ähnlicher Rhythmus in HO.)
þu schált beo dúbbed kniȝt,
Arc cóme séue niȝt. 447/8; (ähnlicher Rhythmus in HO.)

Weiter sind noch zu citieren die Verse: 89/90; 159/60
(so in H.); 479/80; 489/90 (ähnlicher Rhythmus in O.); 585/6
(so in HO.); 871/2; 1121/2 (ähnlich in O.); 1303/4;
1351/2. Damit ist also das Vorkommen von Versen mit nur
drei Hebungen hinlänglich bewiesen. Ferner ist als nicht
minder wichtig hervorzuheben, dass eine beträchtliche Anzahl
von Versen mit vier Hebungen auch klingenden Ausgang haben, und zwar, abgesehen von solchen mit kurzem
Stammvocale der letzten Hebung, wie v. 21/2 (*sones : gomes*);
161/2 (*gumes : icume*); 197/8; 569/70; 589/90; 621/2; 1355/6;
noch zahlreichere mit langem Stammvocal, entweder durch
Position lang, wie:

A móreȝe þó þe daý gan sprínge,
þe king him ród an húntinge.   645/6
Fo déþe hé hem álle bróȝte,
His fáder déþ wel dére hi bóȝte.   883/4;

ferner v. 321/2 (so in H.); 567/8; 627/8; 817/8 (so in H;
ähnl. in O.); 921/2; 1133/4 (so in H; ähnl. in O.); 1337/8
(vgl. O.); 1427/8 (so in H; ähnl. in O.), oder lang von Natur, wie:

ȝéf his fairnésse nére,
þe children álle asláȝe wére.   87/8
O'þer hénne a þúsend míle,
Ihc nólde hím ne þé bigíle.   319/20
Amóng hem A'þúlf þe góde,
Min óȝene child, my léue fóde. 1339/40 (ähnlich in O.)

Nicht minder zahlreich sind beide Arten, abgesehen von den
gleichlautenden oder ähnlichen Versen, in H und O vertreten.
Kurz- und langstämmige Wörter reimen öfters in den Denkmälern dieser Zeit zusammen, wie schon früher hervorgehoben wurde. Dies wird auch, abgesehen von manchen derartigen Verszeilen mit drei Hebungen und klingendem Ausgange,
bestätigt durch v. 294/5 unseres Denkmals:

> *A'þelbrús gan A'þulf léde*
> *And ínto búure wíþ him ȝéde.*

Dass kein principieller Unterschied des Accents zwischen den
auf kurze oder lange Stammsilbe folgenden Flexionssilben
besteht, wird aber noch weiter auch in diesem Denkmale aufs
Bestimmteste dadurch erwiesen, dass nach langer Stammsilbe
der Vocal gerade so gut, wie nach kurzer (vgl. Horn: *iborn*
137/3; so in HO.; *forloren: Horn* 479/80) verstummen kann:

> *Horn is fairer þane beo he:*
> *Wíþ muchel schame mote þu deic.* 331/2
> *Rymenhild he makede his quene,*
> *So hit miȝte wel beon.* 1519/20

Diese beträchtliche Anzahl (c. 30) von meistens unverdächt-
igen Versen mit klingendem Ausgange bei langer Stammsilbe
nöthigt zu dem Schlusse, dass dieselben keineswegs, wenn
auch der stumpfe Ausgang bei denselben viel häufiger — in
c. 150 Versen — vorkommt, als unerlaubt und als Zeichen
des beginnenden Verfalles der alten, in diesem Gedichte angeblich beobachteten germanischen Betonungsgesetze anzusehen
sind, wie dies Wissmann thut (p. 52).

§ 87. In der metrischen Gestalt des Gedichtes selber
findet sich keinerlei Nöthigung — ganz abgesehen von der
früher bewiesenen und auch durch diese Dichtung bestätigten
Tonlosigkeit der leichteren Flexionsendungen im Allgemeinen —
in den Versen:

> *þe day bigan to springe,*
> *Horn com biuore þe kinge,* 495/6 (so auch in HO.),

die Reimwörter anders zu betonen, als in den Versen:

> *Fikenhild, or þe day gan springe,*
> *Al riȝt he ferde to þe kinge,* 1427/8 (ähnl. in HO.)

oder in den Versen:

> *þu wendest þat i wroʒte,*
> *þat y neure ne þoʒte;* 1273/4 (in HO.)
> *Schup, bi þe se flode,*
> *Daies haue þu gode.* 139/40 (ähnl. in HO.)

anders, als in den Versen:

> *To deþe he hem alle broʒte,*
> *His fader deþ wel dere hi boʒte.* 883/4
> *Among hem Aþulf þe gode,*
> *Min oʒne child, my leue fode.* 1339/40. (ähnl. in O.)

Diese Behauptung wird keineswegs widerlegt etwa durch ein Verspaar wie das folgende:

> *Kniʒt, nu is þi time*
> *For to sitte bi me;* 533/4;

denn der obige Reim beweist nur, dass das *e* in *time* nicht stumm ist, sondern nur tonlos, nicht aber tieftonig mit der Fähigkeit den Hochton zu tragen. Es ist nicht anders anzusehen, als in dem von Ellis I, 318 aus *Chaucers Troilus and Creseide* citierten Verse:

> *For also siker as thow list here bi me,*
> *And God toforne I wol be thare at pryme;*

oder die acht bei Gower vorkommenden Reime *time : bi me* und zahlreiche ähnliche von Ellis dort in gleicher Auffassung mitgetheilte Fälle.

Auch der in dem von uns gedruckten Passus vorkommende Reim:

> *Muchel was his fairhede,*
> *For Jesu Crist him makede.* 83/4,

wo H. *feyrhade : made* liest, kann nicht als Gegenbeweis dienen, denn dass wir es hier lediglich mit einer dem Reime zu Liebe modificierten vereinzelten Betonung des Wortes *makede* zu thun haben, wird, wenn es noch eines besonderen Beweises dafür bedarf, dargethan durch die ausnahmslose regelmässige Betonung desselben Wortes (und ähnlicher) im Innern des Verses:

Heo mákede híre wcl blíþe. 355.
Líuede mén Hórn child,
And mést him lóuede Rýmenhíld. 247/8.
Ne scápede þér no wiʒte. 886.
And mákeden múche blisse 1210; 1234; 1519 etc.

§ 88. Nur die volleren Ableitungs- und Flexionssilben
sind leichter, wie dies auch schon früher hervorgehoben wurde,
hochtoniger Behandlung zugänglich, namentlich im Reime und
daher als tieftonig anzusehen; so die Endung *inge* mit ver-
klingendem End-*e* (nicht *inyè*, *éstè*, wie Wissmann will):

A moreʒe, þo þe day gan springe,
þe king him rod an huntinge. 645/6.
Aþulf bigan to springe
For þe tiþinge. 1229/30.

ebenso *ling* z. B. in *king : fúndlýny* 219/20; *esse* in *fáirnèsse :*
wésternèsse 213/4; *isse :*

Al wiþ Saraʒines kyn,
And none londisse men, 634/5;

wohl auch *ere* in *béggère : fissère* 1133/4, obwohl zweifelhaft,
ebenso wie *ene* (vgl. Wissmann p. 45). Tieftonig ist auch
die Superlativ-Endung *este*:

He was þe faireste
And of wit þe beste. 173; 998.

Doch können diese Endungen natürlich auch unaccentuiert in
der Senkung stehen, was vermuthlich mehr der gewöhnlichen
Betonung entsprechend war, so:

Fór he is þe fairestc mán,
þat eúre ʒut ón þi lónde cám. 787/8.
þe children hi bróʒte to strónde,
Wringinde hére hónde, 111/2;

nicht wie Wissmann in beiden Fällen betont, dessen Behauptung, dass auch die Verbalflexion *-est* (*mákedést* v. 1270 ist der
allgemeinen späteren rhythmischen Regel für dreisilbige Wörter
mit dem Haupttone auf der ersten Silbe entsprechend) in Formen
wie *képest : slépest* 1307/8 derselben Behandlung unterworfen
sei durch manche Fälle von Apocope, wie:

þu wénest i beó a béggère,
A'nd ihc ám a físsère, 1133/4

und ferner durch unreine Reime, wie: *scholde : woldest* 395/6,
izolde : woldest 643/4, die er p. 53 citiert, hinlänglich widerlegt wird.

Also es können nicht, wie aus den obigen Ausführungen
wohl zur Genüge erhellt, in den Versen mit vier Hebungen
die klingenden Versausgänge bei langer Stammsilbe tonlos
sein, wenn sie in Versen mit drei Hebungen tieftonig sind,
ja sogar eine Hebung tragen sollen, und wenn also diese
Versausgänge in zahlreichen Versen mit vier Hebungen nur
als tonlos und hebungsunfähig zu behandeln sind, so können
dieselben oder ganz analoge Versausgänge in Versen mit drei
Hebungen und klingendem Ausgange nicht hebungsfähig, sondern gleichfalls nur tonlos und hebungsunfähig sein, entsprechend unseren Ausführungen über die Wortbetonung in
Kapitel 6 dieses Abschnittes.

§ 89. Diese letztere Art von Versen nun bildet weitaus
die Mehrzahl. Reichlich 1300 unter den 1530 Versen des
King Horn haben drei in ziemlich gleichen Taktabständen
eintretende Hebungen und weiblichen oder klingenden, —
sagen wir, um die Hebungsunfähigkeit noch deutlicher zu bezeichnen : verklingenden Versausgang. Kämen neben diesen
Versen nur noch die zuerst erwähnten mit drei Hebungen
und stumpfem Ausgange vor, so könnten sie angesehen werden als Alexandriner mit Binnenreim, wie solche in etwas
späterer Zeit, freilich mit parallelem Binnenreime der gleichzeitig im Versschlusse reimenden Langzeilen auftreten an einzelnen Stellen der für gewöhnlich nur langzeilig gereimten
Chronik des Robert Brunne, vgl. Mätzner, Sprachproben
p. 299, 1 :

Sir Symon was hastif, his sonnes and þe barons
Sone þei reised strif, brent þe kynges tounes, 81/82.
An oth suore þei þare, to stand to þe ordinance,
Ouer þe se to fare bifor Philip of France, 89/90.

oder in manchen, zeitlich näheren, lyrischen, romanischen
Mustern nachgebildeten Gedichten, von denen mehrere auch
jener beiden Versarten in ganz analoger Reimstellung sich

bedienen. So z. B. das Gedicht bei Böddeker, *Altenglische Dichtungen des Ms. Harl.* 2253, *Berlin*, 1878, p. 149, wo die erste Strophe mit einem stumpfen reimenden Verspaare beginnt:

> *Wiþ longyng y am lad,*
> *On molde y waxe mad,*

die zweite dagegen mit einem klingend reimenden:

> *Léuedy, of álle lónde,*
> *Lés me oút of bónde!*

ein weiterer Beweis, dass in solchen Versen nur von drei Hebungen die Rede sein kann, da die einzelnen Strophen für gewöhnlich doch nicht in Bezug auf die Anzahl der Hebungen des Verses, sondern nur hinsichtlich der Beschaffenheit des Reimes abweichen dürfen.

Wenn nun auch in den Versen des King Horn das entschiedene, im Ganzen erfolgreiche Streben nach Taktgleichheit und somit der immer stärker sich geltend machende romanische Einfluss nicht zu verkennen ist, so sprechen doch verschiedene wichtige Umstände dagegen, das Metrum direct von einem romanischen Vorbilde abzuleiten.

Zunächst sind es die schon erwähnten c. 200 Verse mit vier Hebungen, die an beliebiger Stelle unter den sonstigen dreihebigen Versen auftreten.

Unter allen bisher betrachteten Versarten war nur die alliterierende Langzeile in ihrer freieren Entwickelung, also in der durch den Endreim aufgelösten Gestalt zu zwei kurzen, paarweise reimenden Versen fähig, dadurch, dass eine oder zwei höher betonte Senkungen des Halbverses als Hebungen behandelt werden, sich zu einem solchen kurzen Verspaare von drei oder vier Hebungen mit stumpfem oder klingendem Reime zu gestalten. Man vergleiche den folgenden Passus, 443—450:

> *Rýmenhild þat* swéte *þing   wákede óf hire* swóᵹníng:
> „*Hórn*" quaþ *heó, „uel sóne   þát schal beón idóne:*
> *þu schált beo dúbbed* kníᵹt   *are cóme séue* níᵹt.
> *Háue hér þis cúppe   ánd þis ring þer úppe* etc.

mit den p. 175 aus dem Bestiarius und der Sachsenchronik citierten Versen (auf welche hier, um zu häufige Wiederhol-

ungen zu vermeiden, nur verwiesen werden möge), so wird
die ganz gleiche Beschaffenheit der betreffenden Rhythmen
sich sofort dem Ohre und Auge bemerkbar machen.

Zur besseren Veranschaulichung für das Auge sind die
obigen Verse hier, wie im Harl. Ms. und in dem von Guest
II, p. 126 ff. mitgetheilten Abschnitte als Langzeilen gedruckt,
obwohl in diesem Falle wegen der consequenten Durchführung des Endreimes, wie auch Guest hervorhebt, die in Ms. C.
in der Regel befolgte Auflösung zu Kurzzeilen vorzuziehen
ist, wie die bisherigen Editoren das Gedicht gedruckt haben.

§ 90. Hinsichtlich der Gleichartigkeit der Rhythmen
im King Horn, Layamon und in der Sachsenchronik (1036)
ihrem Wesen nach, finden wir, wenn wir auch über dieses
Wesen selber verschiedener Ansicht sind, unsere Auffassung
bestätigt durch Wissmann, der in verdienstlicher Weise auch
die der Alliteration neben dem Endreime noch zugewiesene
Nebenrolle charakterisiert und im Einzelnen erläutert hat
(p. 59—62). Daraus ergiebt sich, dass nicht nur gewisse
formelhafte alliterierende Wendungen, die so zu sagen poetisches Gemeingut waren, in gleicher Lautung, wie sie ·in
Layamons Brut verwendet wurden, oder wenigstens in ähnlicher Weise auch im King Horn den einzelnen Kurzzeilen
ein volksthümliches, altnationales Gepräge geben, so z. B.
Wendungen wie: *Heo sende hire sonde* 933; *To speken ure
speche* 1368; *So longe so hit laste* 6; *A sang ihc schal ʒou
singe* 3 etc.; sondern auch, dass oft zwei benachbarte Kurzzeilen, namentlich Reimpaare, durch gleiche Stabreime, wie
dies bei der oben citierten kleinen Probe schon durch den
Druck angedeutet wurde, noch enger verbunden sind:

Of alle wymmanne
  wurst was Godhild þanne. 67/8 (in HO.)
He sloʒ þer on haste
  On hundred bi þe laste. 615/6.
Horn tok his leue,
  Ne miʒte he no leng bileue. 741/2 (ähnlich in HO.)
He smot him þurcʒ þe herte,
  þat sore him gan to smerte. 875/6.
þe boye hit scholde abugge,
  Horn þreu him ouer þe brigge. 1075.

Dies sind nur einige wenige, aber wohl ausreichende Proben von vielen ähnlichen, bei Wissmann citierten Versen. Wenn Wissmann nun aber solche mit Stabreimen neben dem End- reime versehene Verse als „Reste der Alliteration, die sich erhalten haben", ansieht und daraus den Schluss zieht, dass dem Gedichte „höchst wahrscheinlich alliterierende Lieder gleichen Inhalts vorausgegangen seien", so müssen wir, da die Alliteration als Schmuck gereimter Gedichte in der Epik wie in der Lyrik (vgl. z. B. das p. 188 citierte Lied und viele andere derselben Sammlung) noch lange — bis ins sechs- zehnte und siebzehnte Jahrhundert hinein beliebt war —, die Nothwendigkeit einer solchen Schlussfolgerung bestreiten, ob- wohl wir die Möglichkeit einer derartigen Entstehung des King Horn zugeben wollen. Eine bessere Stütze für diese Vermuthung würden unseres Erachtens solche Verse ge- währen, in denen die zwei Hebungen des alten Halbverses, sei es durch den Wortaccent allein, sei es durch die wei- tere Unterstützung der Alliteration entweder in beiden Ver- sen des Reimpaares oder wenigstens in einem noch scharf und ohne die Möglichkeit oder Wahrscheinlichkeit einer dritten Hebung zuzulassen, hervortreten; so in beiden Halbversen gleichmässig:

Hi sloʒen and fuʒten,
þe niʒt and þe uʒten, 1375/6;

ferner in einem Verse, wie in den meisten zuletzt citierten (vgl. auch § 75) und auch in den folgenden:

Hi wénden to wisse
Of hére líf to misse. 121/2 (ähnlich in H.)
So schál þi náme springe
From kínge to kínge. 211/2 (so in HO.)
In Hórnes ilíke
þú schalt húre beswíke. 289/90 (so in O.)
Hi rúnge þe bélle
þe wédlak fór to félle. 1253/4 (ähnlich in HO.)

Der Rhythmus ist hier ein ganz ähnlicher, wie in dem nach einer alten Volksweise gesungenen Liede:

Lasst Lieder erschallen im deutschen Verein!
Was lebet in uns allen soll laut gesungen sein.

In der Melodie, welche in vortrefflicher Weise den Worten sich anschmiegt, haben die Endsilben der Wörter *erschallen*, *allen*, die hier in Betracht kommen, dieselbe Geltung, wie die Auftakte *Lasst*, *Was* und wie die Senkungen der Verse, nämlich Noten von $^1/_4$ Takt, während die Haupthebungen die Geltung von halben Noten haben. Es soll damit natürlich nicht gesagt oder angedeutet werden, dass die Dichtung von King Horn nach einer ähnlichen Melodie könne gesungen worden sein (an ein Singen in diesem Sinne ist überhaupt schwerlich zu denken, sondern nur an ein Recitieren mit musikalischer Begleitung), es soll vielmehr lediglich damit veranschaulicht werden, wie Verse verschiedener Länge im Englischen wie im Deutschen sich in denselben Rhythmus fügen, wie namentlich Verse von zwei Hebungen sich leicht zu solchen von drei Hebungen erweitern und mit denselben mischen können, und wie doch der ganze Charakter des Rhythmus dabei, wenn einfach höher betonte Senkungen als Hebungen behandelt werden, ziemlich unverändert bleibt, ferner wie tonlose oder vielmehr tonunfähige Senkungen, in der Regel abgeschwächte Flexionssilben[1]),

1) Auch A. J. Ellis weist *Earl. Engl. Pron.* I, 321 ff. durch häufige Vergleichung und Gegenüberstellung auf die Aehnlichkeit der Behandlung der Flexionssilben im Altenglischen und Neuhochdeutschen hin; desgl. Morris, *Preface to Havelok*, p. LII. Noch näher liegt die Vergleichung mit dem Niederdeutschen, worauf Ellis ebenfalls in beherzigenswerther Weise aufmerksam macht, a. a. O. IV, 1360. Die Worte dieses weitschauenden, vorurtheilsfreien Forschers verdienen es, hier wenigstens auszugsweise wiederholt zu werden: „*English is a Low German language, much altered in its present condition, both in sound.... and construction, under the influence of well-known circumstances which have reversed the usual rule and have made the emigrant language alter with far greater rapidity than the stay-at-home. On the flat lands in the Netherlands and North Germany the Low German language has, except in the single province of Holland, ceased to be a literary language. It has therefore been allowed to change organically, in its native air, instead of in the forcing-houses of literature . . . . Low German is therefore much older than its apparent date, much older than English, much older than the English dialects. As I have gone one by one through the surprising collection of examples [of Low German and Friesian Dialects] which Winkler has been happy enough to find and print, I have had most strongly forced upon me the conviction, that*

tonunfähig bleiben, einerlei, ob sie in einem Verse von zwei oder drei oder vier Hebungen stehen.

§ 91. Aus den meisten der bisher citierten Beispiele, namentlich aber aus den zuletzt angeführten ist, wie auch aus der mitgetheilten Probe, ersichtlich, dass die einzelnen Verse in Bezug auf die Silbenzahl sehr ungleich gebaut sind. Diese Ungleichheit erstreckt sich aber auch auf solche Verspaare, in denen, wie es gewöhnlich der Fall ist, diê Zahl der Hebungen die gleiche ist. Auch ist es hier selbstverständlich, dass bei einem derartigen, auf dem Boden germanischer Rhythmik, wenn auch schon unter dem romanischen Einflusse der Taktgleichheit erwachsenen Gedichte die germanischen Licenzen des Versbaues besonders stark hervortreten.

Bezüglich dieser Punkte können wir, unter steter Wahrung unseres verschiedenen Standpunktes hinsichtlich der Wortbetonung, der hier aber namentlich für den klingenden Versausgang in Betracht kommt, im Wesentlichen auf die eingehende Darlegung Wissmanns verweisen.

Der Auftakt wird, wie es nicht anders zu erwarten ist, mit grosser Freiheit behandelt. In zahlreichen Versen fehlt er gänzlich, so v. 1, 5, 7, 14, 15, 16 etc., und zwar werden dieselben mit solchen, in denen er vorhanden ist, ebenso wie in den früher betrachteten, fremden Mustern nachgebildeten Metren zu Reimpaaren verbunden, so z. B. gleich v. 1 und 2:

A'lle beón he blíþe
þat tó my sóng lýþe.

Umgekehrt tritt nicht minder oft zweisilbiger Auftakt auf in

Low German is two or three centuries older than our own dialects and that it therefore presents us with a resuscitation of the Early English which we have hitherto met with only in the dead shape of old manuscripts". Möge hier gleich ein solches lebendiges Beispiel aus meinem eigenen plattdeutschen Dialekt (Grenze von Jeverland und Ostfriesland) folgen in Gestalt eines der vielen volksthümlichen Reime und Räthsel (wovon der Verein für niederdeutsche Sprachforschung eine sehr erwünschte Sammlung vorbereitet), die zum Theil ähnlichen Rhythmus haben, wie die Romanze von King Horn. Es lautet: *Achter min Faders Kamer Dor hangt'n blank'n Hamer; Wel darmit timmern kann, Dat is'n künstelk'n Mann.* Auflösung: *Jisjökel (Eiszapfen).* Hier wird nicht *Kámèr, Hámèr* betont, sondern die letzte Silbe ist tonlos.

verschiedener Gestalt: entweder als ein zweisilbiges Wort, gewöhnlich Adverben oder Präpositionen, Pronomen:

þanne schólde· wiþúten óþe. 347.
Ouer ús þat bí him stónde. 512.
Ure schúp is on rýve. 132.

oder als zwei einsilbige, leichtwiegende Wörter, wie Partikel mit Pronomen oder Präposition mit folgendem Artikel oder Possessivpronomen:

þat his ríbbes hím tobráke. 1077.
To þe sé my nét i cáste. 659.

Schwierige Fälle nach Wissmann, wie:

Horn hi út of lónde séntè 1337,

wie er scandiert, erledigen sich nach unserer Darlegung von dem Wesen des Versbaues des King Horn von selbst; es ist zu scandieren:

Hórn hi út of lónde sénte,
Twélf feláӡes wiþ him wénte.

Sehr häufig begegnet auch Taktumstellung an erster Stelle, also Umstellung des Auftaktes:

Faírer ne miӡte nón beo hórn. 8; 13.
O'þer to lónde bróӡte. 40.

Auch im Innern des Verses ist der Senkung grosse Freiheit gewährt. Zunächst in bekannter Weise durch Elision und Apocope:

He hádde a sóne þát het Hórn. 9.
Brínge hem þré to díþe. 58.
He úxede whát he þóhte. 599.

Statt der Apocope wird indess bei diesem in freieren Rhythmen sich bewegenden Gedichte in der Regel Verschleifung anzunehmen sein, welcher Erscheinung überhaupt grosse Ausdehnung eingeräumt ist; vgl. Fälle wie:

Ihc hére fóӡeles sínge. 128.
Fram híre maídenes álle. 72.
þe chíldren hi bróӡte to strónde. 111.
He wénde þat Hórn hit wére. 297.

Oefters geht dieselbe geradezu in mehrfache Senkung über, wie schon in den beiden letzten Beispielen.

Umgekehrt kann in dieser aus.der alten Langzeile hervorgegangenen Versart natürlich auch die Senkung zwischen zwei Hebungen an beliebiger Stelle fehlen:

> *Fairer nis nón þáne he wás.* 13.
> *þat ón him hét Háþulf child.* 26.
> *Bi þe sé síde.* 33.
> *He fónd bi þe strónde.* 35.
> *Schípes fífténe*
> *Wiþ Sárrazíns kéne.* 37/8;

häufig, wie in diesem letzten Falle, im Reime, so auch:

> *þánne spák þe góde king.*
> *I-wís he nás no níþing.* 195/196;

vgl. ferner 219/20; 341/2; 423/4; 629/30; etc. Selten dagegen begegnet eigentliche schwebende Betonung, wie z. B. in Eigennamen (vgl. Wissmann p. 46):

> *And fónd ʾAþúlf in ture.* 1224, 1349 etc.
> *After kniʒtes liʒte*
> *Irísse mén to fiʒte* 1003/4;

oder im Reime, wie v. 843/4:

> *And cam to þe kinge*
> *Aʾt his úprīsinge.*

Was über den von Wissmann sehr eingehend behandelten Endreim an sich zu sagen wäre, bleibt besser einem späteren Kapitel vorbehalten.

Von besonderem Interesse für den Bau und die Entstehung des Gedichtes ist die von Wissmann gemachte und von ihm im Einzelnen (p. 63) dargelegte Beobachtung, dass in grösseren Partien öfters viermal derselbe Reim wiederkehrt (127—130; 227—230 etc.) oder zwei Reimpaare ein Ganzes bilden (43—46; 745—748; 767—770 etc.). Der von ihm daraus gemuthmasste ursprünglich strophische Bau des Gedichtes würde, falls diese Annahme sich als richtig erweisen sollte, geeignet sein, die frühere, von ihm bestrittene Annahme, dass es nach einer französischen Vorlage gedichtet sei, zu stützen.

Kapitel 10.

Die alliterierende Langzeile strenger Richtung im dreizehnten bis fünfzehnten Jahrhundert.

Nachblüthe und Ausartung.

§ 92. Während in ziemlich früher Zeit schon, wie die Ausführungen der beiden letzten Kapitel veranschaulichten, die freie Entwickelung der alliterierenden Langzeile ihre eigene Auflösung zu einem kurzen Reimpaare und die Vermengung desselben mit den populären romanischen Metren herbeiführte, so dass die Alliteration aus ihrer Stellung als Bindemittel des Verses verdrängt, und auf ihre andere Function, als Schmuck der Diction zu dienen, beschränkt wurde, sicherte die entgegengesetzte, die mehr conservative, strenge Richtung in der Behandlung und Weiterbildung des altnationalen Metrums demselben eine erheblich längere Dauer — bis in den Anfang der neuenglischen Zeit hinein. Da die Grundprincipien dieser mittelalterlichen Versart bis zuletzt im Ganzen unverändert bleiben, so glauben wir in diesem Falle die streng historische Behandlung des Gegenstandes der Continuität der Darstellung zum Opfer bringen zu dürfen, indem wir die Geschichte der alten Langzeile bis zu ihrem Ausgange in Kürze vorführen.

Im Süden Englands findet dieselbe zunächst, nach den uns erhaltenen Denkmälern zu schliessen, im Ausgange des zwölften und zu Anfang des dreizehnten Jahrhunderts einige Pflege in vereinzelten Heiligenlegenden und Homilien, welche ebenso wie in Bezug auf den Inhalt, so auch hinsichtlich der mehr oder weniger der alliterierenden Prosa sich nähernden Form mit den Dichtungen des Abtes Älfric viel Aehnlichkeit haben. Zu nennen sind namentlich die Homilie *Hali Meidenhad* und die Legenden *Seinte Marharete*, *Seinte Juliane* und *Seinte Caterine* [1]). Freilich sind dann aus dem ganzen

---

1) Die drei ersten Denkmäler sind herausgegeben worden von Cockayne für die E. E. T. S. Nr. 18, 13, 51; das letzte wurde ediert von Morton für den Abbotsford Club, London 1841, und von Ch. Hardwick für die Antiquarian Society (XV), Cambridge, 1849.

übrigen Zeitraume dieses Jahrhunderts keine Denkmäler in derselben Form erhalten, welche die ununterbrochene Fortdauer in der Pflege dieser Versart bezeugen könnten; dass dieselbe indess stattfand, dürfen wir daraus schliessen, dass Mitte des vierzehnten Jahrhunderts mit der zunehmenden Consolidierung der englischen Sprache die Alliteration wieder anfängt sehr beliebt und populär zu werden.

Die westlichen Grafschaften Englands und dann namentlich die nördlichen Districte waren in jener Zeit hauptsächlich der Alliterationspoesie günstig, wärend der Süden ihr, wie der bekannte Ausspruch Chaucers (Cant. Tales, v. 17253/4) bezeugt:

> *But trusteth wel, I am a sotherne man,*
> *I cannot geste rom, ram, ruf, by my letter;*

gegen Ende des vierzehnten Jahrhunderts allmählich entfremdet wurde.

Die alliterierende englische Langzeile dieser Epoche ist neuerdings in der p. 123 citierten, recht eingehenden Abhandlung von Rosenthal (Anglia I, p. 414—459) untersucht worden, welche, abgesehen davon, dass er unter Anwendung der Vierhebungstheorie die damit zusammenhängenden Betonungsgesetze noch für die Sprachformen dieser verhältnissmässig späten Zeit gelten lässt, in den meisten übrigen Punkten werthvolle Beiträge zur Geschichte dieser Versart liefert, denen man in der Regel zustimmen kann.

§ 93. Die Denkmäler, die er seiner Untersuchung zu Grunde gelegt hat, sind die folgenden (Abkürzungen eingeklammert):

1. *King Alisaunder* (Bruchstück A) *ed. E. E. T. S.* 1867, *Extr. Ser.* Nr. 1. *von Skeat* (Als.);
2. *The Romaunce of William of Palerne*, von demselben in dem nämlichen Bande ediert (W.);
3. *Joseph of Arimathie or the Romance of Saint Graal. E. E. T. S. Nr. 44, London*, 1871, ed. *Skeat* (J. A.)
4. *Sir Gawain and the Green Knight ed. by R. Morris, E. E. T. S.* Nr. 4, etwa 1360 entstanden (Gr.);
5. *The Vision of William concerning Piers Plowman by Langland*, zuletzt ed. von *Skeat, E. E. T. S.* Nr. 17, 28,

30, 38, 54 nach den drei verschiedenen Versionen aus den Jahren 1361, 1377 und 1399 (P. P. I, II, III);

6. *Pierce the Ploughmans Crede*, eine Nachahmung des vorhergehenden Gedichtes, ebenfalls öfters ediert, zuletzt von *Skeat, E. E. T. S.* 1867, Nr. 30 (P. P. Cr.)

7. *Richard the Redeles*, früher von *Wright* ediert für die *Camden Society* in den *Political Poems and Songs* 1838, unter dem Titel *The deposition of Richard II.*, neuerdings von *Skeat* unter obigem Titel für die *E. E. T. S.* 1873, im Anhange zu *Piers Plowman*. Das Gedicht ist nach Skeat geschrieben von Langland a. 1399 (R. R.);

8. *The Crowned King*, entstanden 1415, nach Skeat (der es in dem vorher citierten Bande Nr. 54 der *E. E. T. S.* herausgegeben hat) in Southampton als Anrede an den König Heinrich V. auf seinem Zuge nach Frankreich. Es gehört also streng genommen schon dem fünfzehnten Jahrhundert an (Cr. K.);

Andere mehr oder weniger umfangreiche Denkmäler aus der letzten Hälfte des vierzehnten Jahrhunderts sind:

9. *The Destruction of Troy, an alliterative romance translated from Guido de Colonna's Historia Troiana ed. by A. Panton and D. Donaldson (E. E. T. S. Nr. 39. 56);*

10. *Morte Arthure ed. by G. G. Perry (E. E. T. S. Nr. 8) London,* 1865;

11. Zwei von *Morris* in seinen *Early English Alliterative Poems (E. E. T. S. Nr. 1.) London,* 1864 herausgegebene Gedichte, betitelt *Cleanness* (p. 38 ff.) und *Patience* (p. 92 ff.);

12. *The Chevalere Assigne ed. by H. H. Gibbs (E. E. T. S. Extra-Series Nr. 6 [1]).*

An diese zum Theil umfangreichen Dichtungen schliesst sich noch eine Anzahl anderer aus dem fünfzehnten und An-

---

[1] Für 1, 2, 4, 9—11 s. Trautmanns Abhandlung „Der Dichter Huchown und seine Werke" (Anglia I, p. 109 ff.), die betreffs Form und Autorschaft dieser und verschiedener der hier nicht citierten strophischen Dichtungen zu vergleichen ist, sowie auch seine Abhandlung „Ueber Verfasser und Entstehungszeit einiger alliterierender Gedichte des Altenglischen." Halle, 1876.

fange des sechszehnten Jahrhunderts an. Skeat hat im dritten
Bande der von Furnivall und Hales besorgten Ausgabe von
Bishop Percy's Folio-Ms. London, 1867, *vol.* III, p. XI ff. ebenfalls ein Verzeichniss derselben zusammengestellt in seinem
Essay on Alliterative Poetry, in welchem aber das Thema nicht
in historischer Weise behandelt ist, sondern Denkmäler der
verschiedensten Epochen, wie *Cædmon, Piers Plowman, William
of Palerne, Morte Arthur* durch einander als Basis der Untersuchung benutzt worden sind.

Diese zuletzt genannte Dichtung ist uns erhalten in
dem *Thornton-Ms.*, welches nach Perrys Angabe geschrieben
ist um 1440. Indess die Dichtung selber entstand vermuthlich ungefähr hundert Jahre früher, c. 1360; vgl. Trautmann, Anglia I, 148. Für dessen daselbst ausgesprochene
Annahme, dass der Schotte Huchown der Verfasser sei,
spricht die Aehnlichkeit, die in metrischer Hinsicht zwischen
dieser Dichtung und anderen dort angeführten desselben
Landstriches, so z. B. dem einzigen in alliterierenden Versen
geschriebenen, allerdings erst c. 1500 entstandenen Gedichte
The twa marryit women and the wedo des hervorragendsten schottischen Dichters dieser Zeit, W. Dunbar, besteht.
Dies Gedicht ist eins der wichtigsten dieser Art und das
von uns hauptsächlich berücksichtigte Denkmal der letzten
Epoche der altenglischen Alliterationspoesie strenger Richtung
aus dem fünfzehnten Jahrhundert. Daneben wären noch zu
nennen einige kleinere Gedichte aus *Bishop Percy's Folio-
Ms. ed. Furnivall and Hales*, namentlich *Death and Life*
vol. III, p. 49 ff., und *Scotish Fielde* vol. I, p. 199 ff., nach Skeat
beide geschrieben c. 1513; ferner die von *Lumby* herausgegebenen (*E. E. T. S.* 42), *Early Scottish Prophecies*, hauptsächlich
Nr. III, p. 23—31, ausserdem aus *Wrights Political Poems* II,
p. 16—114, *The Reply of Friar Daw Topias* und *Jack Upland*.
Die von Skeat aufgezählten alliterierenden Dichtungen sind
hiermit erwähnt, mit Ausnahme einiger unbedeutender Bruchstücke, deren er unter Nr. 15 und 22 seiner Liste Erwähnung
thut, und zweier ungedruckter Dichtungen (Nr. 9 und Nr. 21
bei Skeat). Weitaus die zahlreichsten und umfangreichsten
Gedichte dieser Nachblüthe der alliterierenden Poesie strengerer Richtung gehören also dem 14. Jahrhunderte an, und

Rosenthal hatte Recht, wenn er überhaupt eine besondere
Epoche herausgreifen wollte, diese Periode des eigentlichen
Aufschwunges zu wählen. Wir dürfen uns daher auch, da
das vorhergehende dreizehnte und das folgende fünfzehnte
Jahrhundert im Ganzen denselben Charakter tragen, für diese
Abschnitte auf einige wenige Bemerkungen beschränken.

§ 94. Für die drei von Cockayne herausgegebenen
Denkmäler des dreizehnten Jahrhunderts — das vierte, *St.
Caterine*, war mir nicht zugänglich — wird die Untersuchung
dadurch bedeutend erschwert, dass sie als Prosa gedruckt
sind, wie sie denn thatsächlich theilweise auch mehr aus
alliterierender Prosa bestehen, als aus Versen. Dies gilt in
so hohem Grade von dem Gedichte *Hali Meidenhad*, dass wir
dasselbe, obwohl es einzelne der regelmässigen Langzeile sich
nähernde Abschnitte enthält, dennoch ganz ausser Acht lassen
müssen. Die Gedichte auf die heilige Margarethe und die
heilige Juliana dagegen, namentlich das erstere, sind in einem
strengeren alliterierenden Metrum geschrieben, d. h. in einem
Metrum, welches mit demjenigen der Älfric'schen alliterierenden Homilien und biblischen Paraphrasen in vielen Punkten
die grösste Aehnlichkeit hat, andererseits aber doch in einiger
Hinsicht eigenem Brauche folgt.

Durchgehend gültig ist natürlich das Gesetz der zwei
Hebungen, wenigstens so weit diese Gedichte zum Zwecke
einer metrischen Betrachtung von uns in Verszeilen geordnet
und genauer durchgenommen wurden. Bezüglich der Uebereinstimmung nun mit dem Älfric'schen Brauche ist namentlich
hervorzuheben, dass neben einer grossen Anzahl regelmässig
gebauter Verse, wie z. B.:

þis meiden þe we munnid. wes marharete ihaten Mar. p. 2.
to herien iþe hehe burh his hedene godes. ib.
heriende and heiende headene maumeȝ. Jul. p. 5.

sehr zahlreiche vorhanden sind, welche die uns schon bekannten Licenzen aufweisen.

So finden sich zunächst viele Verse mit doppelter Alliteration, namentlich in paralleler Stellung:

weren monie martirs weopman ba ant wummen;
of stoces and of stanes werkes iwrahte;

und so auf den ersten zwei Seiten der *Marharete* etwa 20 Verse der Art. Auch in dem Gedichte von der Juliana, welches gleich mit einem solchen Verse beginnt:

In ure lauerdes luue þe feader is of frumscheft,

ist diese Reimart beliebt, wie folgender Passus auf p. 5 zeigt:

þes mihti maximien luuede an cleusium,
biuoren monie of his men, akennet of heh cun,
and swiðe riche of rente and ȝunge mon of ȝeres.

Doppelreim in gekreuzter Stellung kommt etwas seltener vor:

and his deð an rode and his ariste of deað. Mar. p. 1.
and hefde þe grace of þen hali gost. ib. p. 2.
and efter lutle stounde widute long steuene. Jul. p. 7.

Die Regel bezüglich des Hauptstabes in erster Hebung des zweiten Halbverses vernachlässigen unsere Dichter in gleicher Weise wie Älfric, indem sie jenen Stabreim theils an zweiter Stelle setzen:

Efter ure lauertes pine ant his passiun. Mar. v. 1.
to deaðes misliche idon for þe nome of drihtin. ib. p. 1.
Wes in þon time as þe redunge telleð. Jul. p. 5.

theils nur zwei Stabreime im zweiten und nur einen im ersten verwenden:

ha bigon to cleopien ant callen þus to criste. Mar. p. 3.
Al of heaðene cun icummen and akennet. Jul. p. 5.

Noch zahlreicher sind solche Verse, in denen einer der zwei Halbverse, meistens der zweite, ganz der Alliteration ermangelt:

þa ha hefde of elde fiftene ȝeres. Mar. p. 2.
cristes icorne for rihte bileaue. ib.
wes in þe ilke time liuiende in londe. ib.
Bitimde umbe stunde þæt ter com ut of asie
toward antioche þes feondes an foster. ib.

In manchen Fällen dürften dann aber die Verse, wie in diesen letzten beiden aufeinander folgenden, mit den benachbarten durch einen Stabreim gebunden sein.

In dieser Hinsicht macht sich überhaupt die wichtigste Eigenthümlichkeit dieser Dichtungen, namentlich der *Mar-*

harete bemerkbar, welche darin besteht, dass dort gern zwei oder auch einige aufeinander folgende Verse durch denselben Stabreim, der hin und wieder auch höher betonte Senkungen ergreift, verknüpft werden :

> lustnin swi*d*e *ʒ*eorne, hu ha schulen luuien
> *þ*ene liuiende lauerd ant libben imei*d*had,
> *þ*at him is mihte leouest, swa *þ*at ha moten
> *þ*urh *þ*e eadi meiden *þ*at we munni*d* to dei wi*d* mei*d*hades
>   menske
> *þ*at m*u*rie meidenes song sungen mit tis meiden,
> and wi*d* *þ*e heoueneliche hird echeliche in heouene.

Wie man sieht, gestattet sich dieser Dichter auch lange Auftakte und Senkungen in erheblichem Umfange, aber die Vorliebe für gehäufte Stabreime und Continuität derselben durch mehrere Verse hindurch ist für ihn besonders charakteristisch und von um so grösseren Interesse, als gerade diese Eigenthümlichkeit auch von den Dichtern des vierzehnten und fünfzehnten Jahrhunderts weiter gepflegt wurde.

Eine genauere und eingehendere Erörterung der charakteristischen Eigenthümlichkeiten der Langzeile des dreizehnten Jahrhunderts wird erst dann möglich sein, wenn sich jemand der verdienstlichen Arbeit unterzogen haben wird, die in Betracht kommenden Denkmäler, soweit es möglich ist, metrisch zu ordnen. Grosse Unterschiede von dem Zustande der Langzeile im vierzehnten Jahrhundert werden sich indess auch dann schwerlich herausstellen.

§ 95. Die alliterierende Langzeile im vierzehnten Jahrhundert. Betreffs der in dieser Epoche bekanntlich vielfach schwankenden Wortbetonung ist zunächst zu bemerken, dass in den alliterierenden Gedichten, die also in einem echt germanischen Versmasse geschrieben sind, die Betonung auch der romanischen Wörter im Ganzen mehr nach germanischem Brauche geregelt zu sein scheint, als nach romanischem; jedoch ist hierbei zu berücksichtigen, dass in dieser Zeit die alten Gesetze, welche das Verhältniss der Alliteration zum Worttone regelten, viel weniger strenge beobachtet werden, als in ags. Zeit, indem oftmals, ähnlich wie schon in Älfrics Versen tonlose Vorsilben mit einem meines Erachtens hauptsächlich

fürs Auge bestimmten Stabreime versehen sind. Von grösserer
Bedeutung für die Wortbetonung sind daher nur solche Fälle,
wo derartige Wörter allein dem ersten Halbverse als Stabreime dienen, oder wo sie im zweiten Halbverse als Haupt-
stäbe auftreten, wie in den Versen:

And clepte Caton his knave   Curteis of speche. P. P. IV, 17.
þe kyng kneuh he seide sood,   for conscience him tolde. ib. 48.

Ob aber auch in dem Verse:

clerkes þat were confessours   coupled hem togedere P. P. IV, 132.

confessours zu betonen sei, wie Rosenthal will, scheint zweifelhaft; nothwendig ist es nicht, da der Halbvers schon einen
Stabreim hat. Freilich sind einige Wörter mit dieser Vorsilbe,
in denen die romanische Betonung sich erhalten hat, im Verse
entschieden germanisch zu accentuieren, wie z. B.:

Let þi clerk, sire kyng   construe þis in English ib. 128 u. 133.

Wo eine derartige Betonung aber nicht durch den Stabreim
mit Nothwendigkeit geboten ist, wie in dem obigen Verse,
ist schwerlich die gewöhnliche Betonung zu ändern, z. B.:

zus, rediliche quod Repentaunce and Radde him to goode.

P. P. V, 103.

Ist nicht die Betonung Répentaunce durch andere, zwingende
Stellen erwiesen, so wird man die zweite oder dritte Silbe
betonen und sich mit einem Stabreime begnügen, resp. das r
in repentaunce als einen Reim fürs Auge ansehen müssen, der
immerhin beim Vortrage durch Aussprache des Wortes mit
schwebender Betonung bis zu einem gewissen Grade zur
Geltung gebracht werden konnte. Darin stimmen wir mit
Rosenthal überein, selbstverständlich dagegen nicht mit seiner
Betonung mehrsilbiger romanischer Wörter, die mit seiner
falschen Voraussetzung der vier Hebungen im Halbverse zusammenhängt. So nimmt er in dem Verse:

corteisliche þe kyng. þenne com to Resoun P. P. IV, 31

das Wort córteislíche, um die für ihn erforderlichen vier Hebungen des Halbverses herauszubekommen, mit drei Hebungen
oder hochbetonten Silben an, was unseres Erachtens unmöglich ist. Aehnlich scandiert er:

He þat get his fode her   with trauaylinge in Treuþe

tráuaylinge zweisilbig. Bei der richtigen Annahme von zwei
Hebungen schwinden alle Schwierigkeiten und gezwungenen
Betonungen, die ihm wie bei den romanischen Wörtern, so
auch bei vielen germanischen und bei den Eigennamen ent-
gegengetreten sind. Bezüglich der germanischen Wörter ist
nur zu bemerken, dass früher unbetonte Partikeln jetzt zuweilen betont gebraucht werden und umgekehrt:

> *þat couþe warpen a word   to withsiggen reson.* P. P. IV, 14.
> *And he onsweres aȝeyn: I dar not wel sigge.* J. A. 393.
> *Ho is þat? seis Seraphe   and he onswerde sone.* ib. 674.

Doch ist auch in diesen Fällen das zu Anfang dieses Paragraphen über das Verhältniss der Alliteration zur Wortbetonung Gesagte zu berücksichtigen. In unseren weiteren Betrachtungen können wir uns nun im Wesentlichen darauf
beschränken, dasjenige, was die Langzeile des vierzehnten
Jahrhunderts von derjenigen der früheren Epochen unterscheidet, hervorzuheben.

§ 96. Bezüglich der vier Hebungen des Verses und
der Senkungen ist keine wesentliche Abweichung vorhanden.
Rosenthals Bemerkungen aber zu diesen beiden Punkten
sind schon wegen der falschen Voraussetzung, von der er
ausgeht, hinfällig. Auch der Auftakt zeigt keinerlei Unterschied im Verhältniss zu den Versen früherer Jahrhunderte,
denn dass er ganz fehlen oder einsilbig, zwei- oder dreisilbig sein kann, wie Rosenthal belegt, ist uns nichts Neues.
Die Umstellung des Auftaktes aber, die er p. 428 erwähnt,
ist eine nur bei Dichtungen, die in gleichtaktigen Rhythmen geschrieben sind, zu beobachtende Erscheinung und
hängt in den meisten der von ihm citierten Beispiele wieder mit der von ihm durchgeführten, unseres Erachtens
falschen Vierhebungstheorie zusammen. Auch was er über
Haupt- und Neben-Hebungen und ihre Stellung zu einander
sagt, zerfällt daher in sich, ebenso wie seine Bemerkungen
über die Stellung des Stabreimes in denselben. Denn wo
ein Stabreim in einer sogenannten Nebenhebung, d. h. einer
innerhalb der Senkungen höher betonten Silbe steht, ist er
eben nicht als Stabreim hörbar und auch nicht als solcher
anzusehen. Das geht schon daraus hervor, dass in allen der-

artigen von Rosenthal citierten Beispielen stets noch eine
wirklich in einer der zwei Hebungen stehende Silbe des
Halbverses den eigentlichen Stabreim trägt, dass also niemals
nur eine sogenannte Nebenhebung nach Rosenthals Theorie
einen einzigen Stabreim im Halbverse trägt, so z. B.:

Đat made his **m**oder *þe Queene þat* **m**oste *was adouted,*

wo *moder* und *Queene* mit Recht von Rosenthal als die beiden
Haupthebungen, d. h. also einzigen Hebungen des Halbverses
bezeichnet werden, und wo deshalb das *m* des in dem Auftakte
stehenden *made*, welches Rosenthal nach seiner Theorie die
eine Nebenhebung nennt, während ihm die Silbe *er* in *moder*
als die zweite gilt, nicht als Stabreim angesehen werden
darf, sondern nur als ein zufällig gleichklingender, nicht aber
als Stabreim sich bemerkbar machender Buchstabe, wie solche
Fälle auch im Ags. begegneten, z. B.: *hie huru heofona helm*
Bw. 182. *þæt þæt þeodnes bearn* ib. 910. *wið wrað werod* ib.
319 (vgl. p. 49). Derartige Fälle und auch solche, in denen
Rosenthal mehr als zwei Haupthebungen annimmt, erledigen
sich leicht, wenn man den zweihebigen Rhythmus des Halbverses und die natürliche logische Betonung zu Recht bestehen lässt. Der von Rosenthal citierte Vers:

A feir feld ful of folk fond i þer bitwene,

hat nicht, wie er annimmt, drei Hauptthebungen *feir, ful, folk*
und eine Nebenhebung *feld* im ersten Halbverse, somit fünf
Stabreime im Ganzen, sondern es ist ein ganz regelmässig
gebauter Langvers mit zwei Hebungen in jedem Halbverse,
feld und *folk* im ersten, *fond* und *bitwene* im zweiten, und
der ganz regelmässigen Zahl von drei Stabreimen in regelmässiger Stellung. Nicht die Adjective *feir* und *ful* können
hier, obwohl sie voranstehen, nach der alten Regel den Ton
haben; die beiden Substantive sind offenbar in dem Halbverse
die Hauptbegriffswörter; sie haben daher den Ton nach der
logischen Betonung, wie man auch im Deutschen betonen
würde:

ein feines Feld voll von Volk fand ich dort dazwischen.

Rosenthal citiert diesen Vers nochmals in einem anderen Paragraphen, wo er von der Häufung der Stäbe spricht, der
also sehr mit Vorsicht zu betrachten ist.

Es soll diese Häufung der Stäbe nicht verkannt werden, und sie ist ja auch hervorgehoben worden als eine charakteristische Eigenthümlichkeit des späteren alliterierenden Verses des dreizehnten Jahrhunderts, welche im vierzehnten und fünfzehnten noch mehr zunimmt und in Dichtungen wie *Gawain, Cleannes, Patience* oft zu beobachten ist. Doch sucht Rosenthal dieselbe manchmal an unrechter Stelle. Namentlich sind solche Beispiele sehr verdächtig, in welchen er die Häufung im ersten Halbverse findet. So ist z. B. in dem Verse:

þat **while** *was* *þe* **werwolf** *went aboute his preye.* W. 15.

sicherlich nicht das *w* in *was* als ein beabsichtigter Stabreim, der nach seiner Theorie also eine Nebenhebung träfe, anzusehen; ebenso wenig *with* oder *suche* in den Versen:

Overwalt with a worde of on wyȝes speche. Gw. 314.
þat suche sondry signes shewest unto men. Cr. K. 5.

wo *suche* im Auftakte steht. Wenn das gehäufte Stabreime wären, so würden sie in jedem ags. Gedichte nicht minder zahlreich zu finden sein. Manchmal kommt, wie auch schon früher, ein zweiter Stabreim im zweiten Halbverse vor, z. B.:

In a somer seson, whon softe was þe sonne P. P. Pr. 1.

Doch sind diejenigen Beispiele wieder von Rosenthal unrichtig angeführt, in welchen der zweite Stabreim nicht in einer Haupthebung steht, um mich seines Ausdruckes zu bedienen, z. B.:

Fro þe face of the folde to flyȝe ful hyge,

wo er fälschlich *ful* als Stabreim ansetzt, und so in manchen andern Versen. In einzelnen Fällen scheint es aber in der That, als ob die Dichter in Verkennung des eigentlichen Wesens des Stabreimes auch die Senkungen, die dadurch aber nicht etwa zu Hebungen werden [1]), absichtlich mit einem solchen gleichklingenden Anlaute, gewissermassen als einem allerdings überwuchernden Schmuck fürs Auge bedacht hätten, z. B.:

---

1) Trautmann, „Ueber Verfasser und Entstehungszeit einiger allit. Gedichte des Altenglischen", äussert sich ähnlich p. 22, Anm.: „Es wird natürlich nicht anzunehmen sein, dass derartige halbverse mit drei hebungen gelesen wurden; eine solche betonung wäre doch eine zu arge störung des rhythmus gewesen."

Crist crowned kyng þat on cros didest. Cr. K. 1.
And was a big bold barn and breme of his age. W. 18.
And fulliche folweth þe feyþ and feyneþ non oþer. P. Cr. 1.

Indess darin besteht unseres Erachtens weniger das Wesen der beabsichtigten Häufung der Reimstäbe, als vielmehr in der öfteren Verwendung ein und desselben Stabreimes in mehreren auf einander folgenden Versen, z. B. P. Pl.:

þenne was Conscience icleped to comen and apeeren
Tofore þe kyng and his counsel, clerkes and oþure.
kneolynge conscience to the kyng loutede
to wyte what his wille were, and what he do schulde.
Woltou wedde þis wommon, quod þe kyng, ȝif i wol
assente; III, 109—114.

Aehnlich daselbst v. 137, 138; 162/163; 195/196; 230—233; 241, 242 etc. Gerade diese augenfällige Eigenthümlichkeit hat Rosenthal nicht hervorgehoben. Dass dagegen im ersten Halbverse entweder der erste oder der zweite Stabreim fehlt, ist nichts Auffälliges, da es schon in ags. Zeit sehr häufig vorkam und eine erlaubte Freiheit in der Behandlung des Verses war. Auch das gänzliche Fehlen eines Stabreimes im zweiten Halbverse kann uns nach unsern Erfahrungen mit den Dichtungen des zwölften und dreizehnten Jahrhunderts nicht mehr Wunder nehmen; interessant ist jedoch die Beobachtung Rosenthals, dass gewisse Gedichte, wie der *Alisaunder*, sich diese Freiheit oder richtiger diese Unregelmässigkeit nur selten gestatten, nur vier- bis fünfmal in 1249 Versen, während in *William of Palerne* etwa 200 Fälle dieser Art in 5540 Versen vorkommen. Eine andere schon bekannte Erscheinung, nämlich den Doppelreim in verschiedenster Stellung: parallel *aabb*, gekreuzt *abab* und umschliessend *abba*, hat Rosenthal bei diesen Gedichten ebenfalls oft beobachtet:

Eft he seide to hemselfe: wo mote ȝou worþen. P. P. Cr. 493.
But schortly for to telle þe schap of þis tale. Als. 1160.
And syþen by þe chymne in chamber þay seten. Gw. 1402.

§ 97. Zur Qualität des Stabreimes der alliterierenden Dichtungen des vierzehnten und fünfzehnten Jahrhunderts ist zunächst zu bemerken, dass die Gesetze im Ganzen dieselben sind, wie in früherer Zeit, nur mit gewissen Modifica-

tionen: also die Consonanten reimen in der Regel jeder
einzelne mit sich selber, die Vocale dagegen unter sich. Zuweilen aber scheint die für die Consonanten im Allgemeinen
gültige Regel auch auf die Vocale ausgedehnt worden zu
sein, da, wie Rosenthal beobachtet hat, z. B. in dem überhaupt
durch grosse Correctheit des Metrums sich auszeichnenden
Gedichte *Alisaunder* bei vocalischer Alliterarion meistens
nur dieselben Vocale wiederkehren. Gegenüber dieser grösseren Strenge kommt es aber sonst gewöhnlich vor, dass
auslautendes *h* oder der spiritus asper mit anlautendem
Vocale oder dem spiritus lenis alliteriert, nur wiederum nicht
im *Alisaunder*, häufig dagegen nach Trautmann in den
Dichtungen *Gawain, Cleanness, Patience*, doch auch in anderen:

Her*tes and* hindes *and* o*p*er *bestes manye*. W. 389.
And ʒaf hem hors *and* armes *as an* hend *lord schold*.
                      ib. 1103.
Hen*rri was* entrid *on the* est half. R. R. Pr. 11.

In der Regel alliteriert einfache Consonanz mit Doppelconsonanz, doch ·wird zuweilen auch hierin grössere Strenge
beobachtet, so im *Gawain*, wo nur *st* mit *st*, *sp* mit *sp* reimt,
und wo ausserdem, ähnlich wie in den beiden andern eben
citierten Dichtungen (*Cl.* und *Pat.*) zusammengesetzte Stabreime beliebt sind. In andern aber alliteriert zunächst *s* mit
sch, resp. *sh* ohne Anstand:

For he schulde *hem* serve *of the* same *after*. R. R. Pr. 14.
To schewe *you my* sentence *in singular noumbre*. Cr. K. 46.

Der Dichter des *Alisaunder* erlaubt sich diese Freiheit nicht,
der des *Gawain* auch nicht, oder nur selten.

In den mehr südlichen Dichtungen dieser Periode, im
Alisaunder wieder nicht, alliteriert oft auch *f* mit *v* romanischer Wörter:

Of falsnesse *and* fastinge *and* vouwes *ibroken*. P. Pr. 68.
So ful *was it* filled *with* vertuous *stones*. R. R. I. 35.

Ob dagegen *f* mit *w* alliteriert, scheint doch noch unsicherer zu sein, als Rosenthal annimmt. Fälle, in denen
man kaum umhin kann, einen solchen unreinen Stabreim zu

vermuthen, sind namentlich solche, in denen das *f* als Hauptstabreim im zweiten Halbverse steht, z. B.:

Hee wendes too þe werre   with **Philipp** *to holde.*   Als. 884.
But ʒif he wold in ani wise   himself shewe formest. W. 939.

Ich wäre indess eher geneigt, in solchen Fällen das Fehlen des Stabreimes im zweiten Halbverse anzunehmen, zumal, da die meisten andern von Rosenthal beigebrachten Beispiele nicht zwingend sind.

Dass dagegen *v* öfters mit *w* alliteriert, ist eher erklärlich:

þat he wist witerly   it was þe vois *of a childe.* W. 40.
And wel þei were warnestured   of vitayles inow. ib. 1121.

so auch *Morte Arthur* 326:

þat wroughte me at Viterbe   *a velanye ones.*

Nach Trautmann, Anglia I, p. 140, kommt dieser Stabreim hauptsächlich in schottischen Dichtungen vor.

Alliteration aber von *ch* mit *k* (*c*), wovon Rosenthal verschiedene Beispiele aus *Piers Pl.* beibringt, kann ich nur in solchen Fällen zugeben, wo das *ch* nur eine andere Schreibung für *k* ist, z. B.:

Now bee **Crist**, *quod þe* **king**,   *ʒif I mihte* **chacche** P. P. II, 167.

wo auch die abweichende Schreibung *cacche* vorkommt.

Das Vorkommen einer unreinen Alliteration von *g* und *k* scheint mir aus den von Rosenthal citierten Beispielen sicherer erwiesen zu sein, da einige derselben ziemlich unabweisbar sind und auch ähnliche Alliterationen anderer Muten anzutreffen sind:

To acorde wiþ þe **k**ing   *and* **g**raunte *his wille.* W. 3657.
Cros *and curteis* **Cr**ist   *þis begynnynge spede.* P. P. Cr. 1.

Der einzige Ausweg gegen die Annahme eines derartigen unreinen Stabreimes wäre wieder das gänzliche Fehlen desselben in dem einen Halbverse zuzugeben. Einer interessanten Alliteration ist noch Erwähnung zu thun, deren sich, wie Trautmann beobachtet hat, der sonst so correcte Dichter des *Troy Book* manchmal bedient, nämlich die Verwendung des auslautenden *n* des unbestimmten Artikels vor folgendem Vocale:

An ymage full nobill, þat he naite shulde. 776.
An oyntment þat was noble, anon she hym set. 782.
und ähnlich der Formen *tone, tother* statt *one, other*:
the tone fro the tother was tore for to ken. 3911.

§ 98. Hinsichtlich der alliterierenden Dichtungen vom
Ausgange des vierzehnten bis zum Ende des fünfzehnten Jahrhunderts sind besonders *Morte Arthur* und Dunbars einziges
alliterierendes Gedicht *The twa maryit weman and the wedo*
interessant, beide im Norden der Insel entstanden und aus
diesem Grunde namentlich hier zusammen betrachtet. Was
das Metrum in Morte Arthur und Dunbars Gedicht vor Allem
charakterisiert, ist die nun frappant zu Tage tretende **Häufung der Alliteration.** Unverkennbar ist hier diese Häufung zunächst in manchen Versen im Inneren selber; d. h. in
der Weise, dass oft die zweite Hebung des zweiten Halbverses,
manchmal aber auch eine höher betonte Senkung mit dem
alliterierenden Buchstaben bedacht wird:

The conyngeste of clergye   undyre Criste knowene. Arth. 809.
Castez coursez be crafte,   whene þe clowde rysez. Arth. 752.
Buskes baners one brode,   betyne of gowles. ib. 3647.
Towyne tressele one trete   trussene upe sailes. ib. 3656.
Stirttelys steryne one steryne   with styffe mene of armes.
ib. 3623.

Noch häufiger vielleicht, als in diesem Gedichte kommt dieselbe Erscheinung bei Dunbar vor, z. B.:
Hegeit, of ane huge hicht, with hawthorne treis. 4.
I drew in derne to the dyk to dirkin efter myrthis. 9.
The dew donkit the daill and dynarit the foulis 10;
ferner 92, 291, 294 etc. Die beiden Verse 9/10 geben zugleich
eine Probe von der Haupteigenthümlichkeit beider Gedichte,
nämlich der fortgesetzten Verwendung ein und desselben
Stabreimes durch mehrere, oft c. ein halbes Dutzend Verse
hindurch, eine übertriebene Kunstmässigkeit, deren sich auch
der Dichter des Morte Arthur mit grossem Eifer befleissigt
und die, soweit meine Beobachtung reicht, hauptsächlich im
Norden gepflegt worden zu sein scheint[1]). In beiden Ge-

---

1) Dasselbe hat für diese und andere schottische Dichtungen auch
Trautmann beobachtet; vgl. Anglia I, p. 123, 140; doch ist es, wie die

14

dichten ist das Fortlaufen derselben Stabreime durch mehrere
Verse fast mehr die Regel, als die Ausnahme. In den ersten
100 Versen des Dunbar'schen Gedichtes stehen etwa 45 Verse
für sich allein, die übrigen in gemeinsam alliterierenden
Gruppen, meistens von zwei und drei Versen, zuweilen von
vier und fünf, wie z. B. v. 11—14, 52—55, 84—88, 410—413 etc.
Ein ähnliches Verhältniss ist in dem *Morte Arthur* bemerkbar,
wo sogar noch grössere Gruppen denselben Stabreim haben,
so z. B. v. 320—327, also 7 Verse; 387—392: 6 Verse. Von
den 35 Versen auf p. 13 reimen überhaupt nur 14 für sich.

§ 99. Nicht minder interessant ist eine andere metrische
Eigenthümlichkeit dieses Gedichtes, die schon bei Älfric und
in der Legende von der h. Margarethe auftauchte. Hin und
wieder begegnen nämlich Verse, welche des Stabreimes in
sich ganz entbehren, aber dann alliterieren die beiden Vershälften mit dem vorhergehenden oder folgenden Verse, zuweilen auch mit beiden:

I salle the f*orthire of* d*efence* f*osterde ynewe,*
Ff*ifty thowsande mene* w*ythin two eldes,*
Of my w*age for to* w*ende* wh*are so the lykes.* 300—302.
Bot on the C*ristynmes daye, whene they were alle semblyde,*
That comliche c*onquerour* c*ommaundez hym* s*elvyne* 70, 71.
F*ragrant, all full of* f*resche odour* f*ynest of smell,*
Ane m*arbre tabile coverit wes* b*efoir thai Thre Ladeis,*

Db. 33/34.

Was beiden Gedichten im Uebrigen noch eigenthümlich ist
und bezeichnend zugleich, neben der zum Theil übertriebenen,
zum Theil falschen Verwendung des Stabreimes, ist der Umstand, dass zuweilen, wie dies schon betreffs der vorangehenden Jahrhunderte beobachtet wurde, die den Stabreim
tragende Silbe eine für gewöhnlich nicht betonte ist, sogar
wenn sie den Hauptstab trägt (wir bezeichnen derartige
Reime durch gewöhnlichen steilen Druck), z. B.:

In gl*amórgan with* gl*ee : thare* gl*adchip was evere.* Arth. 59.
That wr*oghte me at* V*iterbe a* v*elanye ones* 326, 352.
He s*ulde fore solempnitee have* s*ervede þe hym* s*elvene* 514.

---

früher aus *Piers Plowman* etc. citierten Beispiele zeigen, nicht als eine
ausschliesslich schottische Eigenthümlichkeit anzusehen.

Auch bei Dunbar kommen solche Fälle vor, die jedenfalls
nicht mit der heutigen Betonung übereinstimmen:

And send me sentence to say,   substantious, and noble.
Sa, that my preching may pers   your perverst hertis 248/9.
Wer not ruffil of my renounc   and rumour of pepil 332, 368.

Im Bau des Verses ist ferner noch der grosse Umfang der
Senkungen sowohl im Innern als auch im Auftakt hervorzuheben, wodurch derselbe weniger schwungvoll erscheint, als
der mehr in daktylischen Rhythmen sich bewegende Vers des
vierzehnten Jahrhunderts, wie er uns namentlich in dem metrisch sehr correcten Gedichte *The Destruction of Troy* entgegentritt. Die Dunbar'schen Verse sind in dieser Hinsicht
oftmals besonders frei gebaut; trotzdem ist aber auch in
ihnen das Grundschema der vier Hebungen des Langverses
selbst bei gehäufter Alliteration im Innern des Verses noch
deutlich und sicher als Gesetz erkennbar. Dass dies in der
That der Fall ist und die mit dem alliterierenden Buchstaben
versehenen Senkungen (durch gewöhnlichen Druck kenntlich)
nicht als eigentliche Hebungen anzusehen sind, geht schon
daraus hervor, dass die Zahl der regelmässig nach altem
Gebrauche gebauten Langverse mit drei oder zwei Stabreimen
noch immer überwiegt, wie dies der folgende Passus, womit
Dunbar seine Dichtung einleitet, veranschaulichen möge:

*Apon the **M**idsumer evin,   **m**irriest of nichtis,*
*I **m**uvit furth allane,   neir as **m**idnicht wes past,*
*Besyde ane **g**udlie **g**rene **g**arth,   full of **g**ay **f**louris*
*Hegeit, of ane **h**uge **h**icht,   with **h**awthorne treis;*
*Quhairon ane **b**ird, on ane **b**ransche,   so **b**irst out hir notis,   5*
*That never ane **b**lythfullar **b**ird   was on the **b**euche harde;*
*Quhat through the **s**ugarat **s**ound   of hir **s**ang glaid,*
*And through the **s**avour **s**anative   of the **s**ueit flouris,*
*I **d**rew in **d**erne to the **d**yk   to **d**irkin eftir myrthis;*
*The **d**ew **d**onkit the **d**aill   and **d**ynarit the foulis.*   10
*I hard, under ane **h**olyn   **h**evinlie grein **h**ewit,*
*Ane hie speiche, at my **h**and,   with **h**autand wourdis;*
*With that in **h**aist to the **h**ege   so **h**ard I inthrang*
*That I was **h**eildit with **h**awthorne,   and with **h**eynd leivis:*
*Throw **p**ykis of the **p**let thorne   I **p**resandlie luikit,*   15

Gif ony persoun wald approche within that plesand garding.
I saw Thre gay Ladeis sit in ane grene arbeir,
All graithit in to garlandis of fresche gudely flouris;
So glitterit as the gold wer thair glorius gilt tressis,
Quhill all the gressis did gleme of the glaid hewis.   20

Von diesen zwanzig Versen, die als Probe ausreichen, da sie uns die wesentlichsten Eigenthümlichkeiten der alliterierenden Langzeile Dunbars sämmtlich vorführen, sind fünfzehn regelmässig nach altem Brauche mit zwei, drei oder vier Stabreimen gebaut, und dieses für das eigentliche Wesen des Metrums charakteristische Verhältniss dauert durch das ganze 530 Verse umfassende Gedicht fort, in gleicher Weise, wie die fast durchgehende Bindung mehrerer Verse (nur v. 3 und 4 stehen in dem obigen Passus für sich allein) durch denselben Stabreim. Bei einer solchen bewundernswerthen Fülle von Reimen, die unserem Dichter ebenso wie für den Endreim, so auch auf dem Gebiete der Alliteration zu Gebote steht, obwohl er bei derselben fast ganz, nicht völlig (vgl. v. 119, 126 etc.), auf die weniger wirkungsvollen Vocale Verzicht leistet, ist es erklärlich, dass der Stabreim öfters auch im Verse selber überwuchert und die Senkungen, wie z. B. in v. 3, 18 bei paralleler, in 9, 10 (v. 4 ist zweifelhaft wegen der Aussprache von *huge*) bei gewöhnlicher Reimstellung mit an demselben Theil nehmen.

Kapitel 11.

Die alliterierende Langzeile strenger Richtung im fünfzehnten und sechszehnten Jahrhundert.

Strophische Gliederung und Zerfall.
Nachwirkungen.

§ 100. Bevor wir das Gebiet der alliterierenden Langzeile, wie sie unter strenger, ja verschärfter Beobachtung der alten Reimregeln noch einmal mit Virtuosität von dem genialsten schottisch-englischen Dichter des fünfzehnten Jahrhunderts gehandhabt wurde, verlassen, ist noch einer Verwendung derselben

Erwähnung zu thun, welche sie schon im dreizehnten Jahrhundert der früher betrachteten freien Entwickelung dieses Versmasses näher brachte, allerdings dann aber auch in gleicher Weise ihren endlichen Untergang — freilich erst im sechszehnten Jahrhundert herbeiführte. Es ist dies die Bindung der strengen Langzeile mittelst gleichzeitiger Anwendung des Endreimes im Versschlusse (daneben öfters, wie bei der freien Richtung, vor der Cäsur und dem Versschlusse) zu Reimpaaren, resp. zu Strophen mit verschiedener Reimstellung.

In der p. 198 citierten Abhandlung von Skeat findet sich eine, wie er selbst bemerkt, unvollständige Liste solcher Gedichte. Er nennt ausser dem früher citierten, von ihm hierher gerechneten Gedichte *Sir Gawain and the Green Knight* noch folgende Dichtungen: I. *Golagros and Gawayne*, neu herausgegeben von Trautmann in der Anglia II, 395—440, früher zusammen mit II. *Awntyrs of Arthure*, in Maddens Ausgabe des vorher genannten, für den Bannatyne Club 1839 edierten Gedichtes. III. Die *Pistel of Susan ed.* v. Horstmann, Anglia I, p. 93—101 und früher (1822) von Laing in den *Select Remains of Scottish Poetry.* IV. *Tail of Raoul Coilȝear*, ibid. V. *Songs on king Edwards Wars by Laurence Minot ed. by* J. Ritson, London 1825, und von Th. Wright in den *Political Poems and Songs relating to English History,* London 1859, vol. I, p. 58—91. VI. *Saint John the Evangelist* in den *Religions Poems in Prose and Verse ed. by* G. P. Perry (E. E. T. S. 26) London, 1867, p. 87—94. VII. *The Buke of the Howlat by Sir R. de Holande* (1455) *ed. by* Pinkerton, 1792 und für den Bannatyne Club, 1823. VIII. Der Prolog des achten Buches von Gawin Douglas Uebersetzung von Virgils Aeneide. IX. Einige Stücke in den *Reliquiae Antiquae* ed. by Wright and Halliwell, vol. I, p. 7, 19, ferner eines in Guest, *History of English Rhythms,* vol. II, p. 295. Einige andere Dichtungen dieser Art werden im Folgenden gelegentlich erwähnt werden.

§ 101. Dadurch, dass in diesen strophischen Gedichten nur der Schluss des Langverses reimt, der Endreim also nicht so häufig wiederkehrt, macht sich der Einfluss desselben hier weniger stark bemerkbar, als bei der durch Zulassung des Binnenreimes schnell ihrem Untergange entgegengeführten

freien Langzeile und bleibt andererseits die Alliteration sowie der durch sie getragene Rhythmus des Verses mehr, als
bei jener, innerhalb der alten Regeln.

Gleichwohl werden auch hier die alten Gesetze des
Stabreimes, da er in den strophischen Gedichten mehr zum
Schmuck als zum Bindemittel dient, keineswegs mit derselben
Strenge gehandhabt, wie dies in den vorhin betrachteten, bloss
alliterierenden Dichtungen dieser Zeit, trotz mancher Aus-
schreitungen noch immer zu beobachten war. Häufung der
Reimstäbe in noch stärkerem Masse, als bei jenen, und andererseits oftmaliges Fehlen derselben im Halbverse oder selbst
im Langverse sind die charakteristischen Eigenschaften des
strophisch gebundenen alliterierenden Verses dieser Epoche.
Die letztere Eigenschaft macht sich in dem früher citierten
Gedichte *Joseph of Arimathie* besonders stark bemerkbar,
wie Rosenthal a. a. O. p. 417 und p. 437 Anm. 1 hervorgehoben
hat, der daher seine Beispiele nur selten aus diesem Gedichte
wählt und es besser ganz ausgeschlossen hätte. Mögen an
dieser Stelle einige sofort sich darbietende Verse aus demselben zum Belege des oben Gesagten angeführt werden, zunächst solche mit fehlendem Stabreime in einem der beiden
Halbverse:

On the crosse, and for us shedde his precious blode. 6.
With Longis spere smyten hangyng on the rode. 8.
They locked the dore and than went theyr way. 52.

Viel häufiger begegnen Verse, denen die Stabreime gänzlich
fehlen, oder die allenfalls mit einem der benachbarten Verse
alliterieren, und die daher sich hauptsächlich nur durch die
zwei Hebungen des Halbverses und durch den Rhythmus
des ganzen Gedichtes als altnationale Langverse darstellen.
Dies wird sich am besten durch Mittheilung einer ganzen
Strophe, z. B. der dritten, veranschaulichen lassen:

And pylate graunted hym all his askyng,
Than ioseph retourned with countenaunce demure,
And prayed Nycodymus to go with hym
For to take downe our lordes precious body.
So Joseph layde Jhesu to rest in his sepulture
And wrapped his body in a clothe called sendony;

Ryche was it wrought, with golde and sylke full pure,
Joseph of a mayd it bought in Aromathy cite.

Die Strophe ist zugleich geeignet, von der Qualität des Stab-
und Endreimes einen Begriff zu geben, der für die Beschaffenheit des ganzen Gedichtes zutrifft; *p* alliteriert mit *b* (vgl.
p. 208) wie auch v. 6 und sonst öfters, *wr* mit *r*, *askyng* reimt,
obwohl die Stammsilbe durch die Alliteration noch besonders
gehoben ist, mit *hym*, ähnlich wie in dem Verse:

To haue the body of Jhesu hym for to bury

reimend auf *Aromathy*, Alliteration und Endreim mit einander
in Widerstreit sich befinden; vgl. für derartige oft vorkommende Fälle v. 74, 88, 221, 236 etc. Fast jede Strophe des
Gedichtes zeigt, dass der Verfasser desselben den Anforderungen des recht schwierigen Metrums sehr wenig gewachsen
war. Andere gleichzeitige und spätere Dichtungen, die in
ähnlichen oder noch complicierteren Strophenformen geschrieben sind, machen in formeller Hinsicht einen viel vortheil-
hafteren Eindruck, wie die in dem Kapitel über die altenglischen Strophen mitzutheilenden Proben veranschaulichen werden. Wir wollen daher, um Wiederholungen zu vermeiden,
uns hier darauf beschränken, das für die Entwickelung des in
denselben verwendeten Langverses Charakteristische in Kürze
hervorzuheben.

§ 102. Zunächst ist zu bemerken, dass in einer Gruppe
von strophischen, meist der Spielmannspoesie angehörigen
Dichtungen aus dem Anfange des vierzehnten Jahrhunderts
der Langvers in verhältnissmässig correcter Gestalt auftritt,
z. B. in mehreren Liedern der von Böddeker nach Ms. Harl.
2253 wieder neu herausgegebenen „Altenglischen Dichtungen“,
Berlin, 1878. So unter den Politischen Liedern I, II, III, IV,
VII; unter den Weltlichen Liedern I, VI; ähnlich auch das
Gedicht *Susanna* und andere der oben genannten Dichtungen.
Da die Alliteration hier wesentlich zum Schmucke dient, so
ist das häufige Vorkommen von vier Stabreimen besonders
charakteristisch, seien es nun zwei verschiedene, am liebsten
in paralleler Stellung, wie:

baroun and bonde, þe clerc and þe knyht. PL. II, 30.
falsshipe fatteþ and marreþ wiþ myht. ib. 32.

Fforte cocke wiþ knyf nast þou none nede. PL. III, 2.
Lest þou be sturne wiþ strif for bone þat þou bede. ib. 4.
þe gedelynges bueþ glotouns ant drinkeþ er hit dawe.
PL. VII, 27/8.
ase gernet in golde and ruby wel ryht. WL. I, 4.
his Innes and his orchardus were with a dep dich. Sus. 5.

oder, was noch viel öfter vorkommt, so dass es in diesen
Gedichten fast die Regel ist, vier gleiche Reime in derselben
Zeile, wie dies in Verbindung mit dem parallelen Reim z. B
nahezu durchgeführt ist in WL. I; Strophe 2 lautet:

hire rode is ase rose þat red is on rys,
wiþ lilye white leres lossum he is,
þe primerole he passeþ, þe paruenke of pris,
wiþ alisaundre þareto ache and anys.
coynte ase columbine such hire cunde ys,
glad vnder gore in gro and in grys,
he is blosme opon bleo, brihtest vnder bis,
wiþ celydoyne ant sauge, ase þou þi self sys.
þat syht vpon þat semly, to blis he is broht,
he is solsecle, to sanne ys forsoht.

Die letzten vier Verse zeigen ferner, wie in diesen strophischen Gedichten ebenfalls oft e i n Stabreim durch mehrere
aufeinander folgende Verse sich hindurchzieht, was u. a., wie
Trautmann beobachtet hat (a. a. O. p. 133), auch in der Su-
sanne sehr oft vorkommt.

Die dritte Strophe des Liedes WL. I. zeigt dann auf-
fällige Beispiele von Reimhäufung innerhalb der Verszeile:

þou trewe tortle in a tour, y telle þe my tale:
he is þrustle þryuen ant þro, þat singeþ in sale.

Auch diese Erscheinung tritt in den andern Gedichten, in
dem einen mehr, in dem andern weniger auffallend zu Tage,
so recht häufig in PL. II.

§ 103. Aus den meisten der bisher mitgetheilten Beispiele war ersichtlich, dass in den alliterierenden Langzeilen
mancher strophischen Dichtungen ein gewisser der Taktgleichheit sich nähernder Rhythmus vorliegt, welcher zum Theil
dadurch zu erklären ist, dass durch die fast zur Regel erhobene

Anwendung der vier Stabreime in der Langzeile diese überhaupt eine festere Gliederung erhält, zum grösseren Theil
aber wohl, ebenso wie die strophische Bindung der Zeilen
durch den Endreim auf lateinisch - romanischen Einfluss zurückzuführen ist.

Dieser Rhythmus kann im Ganzen, je nach dem Vorhandensein oder Fehlen des gewöhnlich zwischen einer und
drei Silben schwankenden Auftaktes, als ein anapästischer
oder daktylischer bezeichnet werden, wobei· man sich jedoch
hüten muss, an regelrechte und beabsichtigte Verse dieser
Art zu denken. Je kürzer die Verse sind, also je geringeren
Umfang die Senkungen haben, desto ähnlicher werden diese
vierhebigen Langverse den gleichtaktigen Rhythmen überhaupt, so dass sie oft auch von den Alexandrinern oder bei
noch gedrungenerem Bau von den viertaktigen Versen kaum
zu unterscheiden sind, wie denn vermuthlich die Dichter
selber diese Rhythmen schwerlich immer streng von einander
gesondert haben.

Wie leicht zunächst die längere, in daktylischen Rhythmen sich bewegende Langzeile durch stärkere Betonung einer
gewöhnlich im Auftakte oder zwischen den beiden Hebungen
des Halbverses liegenden Senkung mit dem alexandrinischen
sechstaktigen Verse vermengt werden konnte und kann, geht
hervor aus den metrischen Bemerkungen Böddekers, in denen
er dem alliterierenden epischen Verse sechs Hebungen zu-
schreibt (p. 134) und ihn p. 116 in der Einleitung zu PL. V
sogar den bekannten sechsfüssigen Vers nennt, welchen er
aber doch durch Hinweis auf PL. I für denselben epischen
Vers erklärt, in welchem auch PL. II, III, IV gedichtet sind.

Nach dem Gesammtrhythmus jener Lieder haben die Verse:

Ich herde men vpo mold make muche mon. PL. II, 1.
Lord þat lenest vs lif ant lokest vch an lede. PL. III, 1.
Ne mai no lewed lued libben in londe. PL. IV, 1.
Lustneþ lordinges boþe ȝonge ant olde. PL. V, 1.

für uns alle denselben vierhebigen, meistens — in PL. V seltener, doch auch dort unverkennbar, — durch die Alliteration deutlich hervortretenden Rhythmus. Andererseits würden alle diese
und die meisten der übrigen Verse jener Dichtungen, wenn

sie zufällig zwischen sechstaktigen Versen stünden, für ganz
gewöhnliche altenglische Alexandriner mit den bekannten
germanischen Licenzen gelten können.

In demselben Rhythmus schrieb etwa Mitte desselben
Jahrhunderts Laurence Minot fünf seiner politischen Lieder,
von denen je zwei Anfangsverse zum Belege hier citiert
werden mögen nach Wrights Ausgabe:

Skottes out of Berwik   and of Abirdene,
At the Bannok·burn   war ʒe to kene.   p. 61.

Minot with mowth   had menid to make
Suth sawes and sad   for sum mens sake.   p. 70.

Sir David the Bruse   was at distance,
When Edward the Baliolfe   rade with his lance.   p. 83.

I wald noght spare for to speke,   wist I to spede,
Of wight men with wapin   and worthly in wede.   p. 87.

War this winter oway,   wele wald I wene
That somer suld schew him   in schawes ful schene.   p. 89.

Diese Verse haben den nämlichen, nur noch ausgeprägteren
daktylischen Rhythmus, wie die früher citierten und zeigen
dieselbe Sorglosigkeit in Bezug auf die Verwendung (resp.
das Fehlen) des Stabreimes auf der einen, dieselbe Neigung
zu gelegentlicher Häufung desselben auf der anderen Seite.
Beides ist für jene Dichtungen durchweg charakteristisch.

§ 104.   Bezeichnend für den mit der strophischen Bindung zusammenhängenden Einfluss der französischen Rhythmik
auf dieses altnationale Metrum ist noch die schon in einigen
der oben erwähnten Spielmannslieder zu Tage tretende Erscheinung, dass mit langzeilig reimenden Versen, welche in
der Regel den Hauptbestandtheil der Strophe ausmachen, kurzzeilig, d. h. entweder als Halbverse oder als noch kleinere
Bestandtheile, so zu sagen als Viertelverse reimende zu einem
strophischen Gefüge verbunden sind.

Da in dem Kapitel über die altenglischen Strophen die
verschiedenen Variationen dieses so in seine Bestandtheile
zerlegten und durch die strophische Bindung wieder zusam-
mengefügten Langverses, soweit sie uns bekannt geworden
sind, mitgetheilt werden sollen, so mögen hier zur Veranschau-

lichung dieser eigenartigen Formen nur ein paar Proben folgen, zunächst Str. 1 von PL. VI mit mangelhafter, öfters nur
in den Verspaaren auftretender Alliteration:

Lystneþ, Lordinges, a newe song ichulle bigynne
of þe traytours of scotlond, þat take beþ wyþ gynne.
Mon þat loueþ falsnesse, and nule neuer blynne,
Sore may him drede þe lyf þat he is ynne,
 Ich vnderstonde:
Selde wes he glad,
þat neuer nes asad
 of nyþe ant of onde.

Während die drei letzten Kurzverse vollständige Halbverse
von Langzeilen mit zwei Hebungen sind, besteht der erste
nur aus einer Hebung mit den dazu gehörigen Senkungen,
wie dies noch deutlicher durch die entsprechenden Verse der
übrigen Strophen: *wiþ Loue* Str. 2, *to abyde* Str. 3, *ant drede*
Str. 4, *þrye* Str. 5 etc. veranschaulicht wird. In andern Fällen bestehen die Kurzzeilen sämmtlich aus halben Langzeilen,
so in der complicierten Strophe, in welcher PL. IV geschrieben ist, nur macht sich unter diesen Halbversen in Folge
grösserer oder geringerer Ausdehnung der Senkungen, welche
denselben eingeräumt ist, und zwar den correspondierenden
Versen der einzelnen Strophen in ziemlich gleicher Weise,
ein gewisser Unterschied bemerkbar, wodurch Böddeker veranlasst wurde, den Schlussvers, in welchem der Auftakt
durchweg fehlt oder auf ein Minimum beschränkt ist, als
verschiedenartig von den übrigen kurzen Versen anzusehen,
indem er jenem mit Recht nur zwei Hebungen, diesen aber,
seiner Theorie von dem sechshebigen oder sechsfüssigen Langverse gemäss, drei Hebungen zuweist.

 Eines ähnlichen wirksamen Strophenschlusses bedient
sich der Dichter des bereits citierten Gedichtes *Susanna*, wovon die erste Strophe als Probe dieser Versart aus einer
etwas späteren Epoche desselben Jahrhunderts (c. 1360 nach
Horstmann) folgen möge:

þer was in Babiloine a bern, in þat borw riche,
þat was a Jeuʒ ientil, and Joachim he hiht;
he was so lele in his lawe: þer liued non him liche.

Of alle riche þat renke arayes he was riht.
his Innes and his orchardus were with a dep dich,
halles and herbergages heiჳ uppon heiht,
To seche þoru þat cite þer nas non sich
Of erbus and of erberi so auenauntliche Idicht,
> *þat day,*
wiþ inne þe sercle of sees,
Of Erberi and Alees
Of alle Maner of trees,
Soþely to say.

Mit einem ähnlichen, aber in der Reimstellung *ababa* gereimten Schlusse aus einem einhebigen und vier daran sich anschliessenden zweihebigen (den dreitaktigen sich nähernden) Kurzzeilen sind bekanntlich auch die einzelnen aus rein alliterierenden, nicht zugleich reimenden Langversen bestehenden Abschnitte (Strophen nennt sie ten Brink) der Dichtung *Sir Gawayn and the Green Knight* versehen. In den Dichtungen I, II, IV, VII, VIII des p. 213 gegebenen Verzeichnisses haben die Strophen fast dieselbe Gestalt wie die obige; nur ist der dem einhebigen Kurzverse entsprechende Vers eine regelmässige Langzeile.

In einer verwandten Strophenform (acht Langzeilen in gleicher Reimstellung und sechs Halbzeilen reimend *ccdccd*) ist auch eine Dichtung des um c. 1440 geschriebenen *Thornton-Ms.* geschrieben, nämlich das interessante, nur dort überlieferte Gedicht *Of Sayne John the Evaungelist*, welches meines Erachtens nicht viel früher entstanden sein wird, und aus dem Anfange des sechszehnten Jahrhunderts ist uns u. a. auch die W. Dunbar zugeschriebene *Ballad of Kind Kittok*[1]) in fast derselben Strophen- und Versart erhalten (die fünf Halbzeilen, reimend *cdddc*).

Während die Verse des ersteren einen correcten, meist gedrungenen Bau zeigen:

Of all mankynde þat he made þat mast es of myghte,
And of the molde merkede and mesured that tyde, Str. I, 1, 2.

---

1) The Poems of William Dunbar ed. by David Laing, Edinburgh, 1834, vol. II, p. 35, 36, vgl. auch p. 408.

In Galylee *graithely* gome *was* þou get
As God *of his* gudnes graunted þe grace Str. III, 1, 2;

sind diejenigen des letzteren von loserer Structur:

My Gudame wes a gay wife, bot scho wes rycht gend,
Scho duelt furth fer into France, apon Falkland fell;
Thay callid her kynd kittok, quha sa hir weill kend:
Scho wes like a caldrone cruke cler under kell; Str. I, 1—4.

ähnlich wie die alliterierende Langzeile in Douglas' Aeneide.

Möge als letzte Probe derselben, wie sie zu Anfang des
sechszehnten Jahrhunderts (1513) von einem der gewandtesten
und hervorragendsten Dichter damaliger Zeit gehandhabt
wurde, die erste Strophe des zuletzt genannten Denkmals folgen aus *Virgils Æneis translated by* Gawin Douglas, Edinburgh, 1710, *printed by* A. Samson and R. Freebairn, *The*
Prolouge of the VIII Buke (p. 238):

Of dreuilling *and* dremys quhat doith *to* endite?
For as I lenit *in a* ley in Lent *this* last nycht,
I slaid *on ane* swevynyng, slomer *and ane* lite,
And soue *ane* selcouth sege I saw *to my* sycht,
Swownand *as he* swelt wald, *and* sowpil *in* site;
Was neuer wrocht *in this* warld ware woful ane wicht.
Ramand; Resoun *and* rycht ar rent *be fals* ryte,
Frendschip flemyt *is in* France, *and* faith *has the* flicht
Leyis, lurdanry *and* lust ar oure laid sterne:
  Pece *is* put out *of* play,
  Welth *and* welefare away,
  Luf *and* lawte bayth tway
    Lurkis ful derne.

§ 105. Gleichwie in diesen letzten, strophisch gebundenen ebenso wie in den gleichzeitigen unstrophischen, reimlosen
alliterierenden Versen die Langzeile in Gefahr war, durch
Ueberwuchern der Senkungen und Theilnahme derselben an
der Alliteration ihren ursprünglichen, vierhebigen Rhythmus
einzubüssen und in einen alexandrinerartigen Vers auszuarten,
macht sich eine andere Richtung in der Behandlung jenes
Metrums bemerkbar, welche es dem viertaktigen Verse nahe
brachte. Schon unter den lyrischen Gedichten des *Harl. Ms.*

2253 finden sich einige, welche in derartigen Versen geschrieben sind; so z. B. das Politische Lied VII:

Of rybaudʒ y ryme ant rede o my rolle,
of gedelynges, gromes, of colyn and of colle,
harlotes, horsknaues; bi pate and by polle
To deuel ich hem to-lyure ant take to tolle!

Trotz des gedrungenen Baues der Langzeile ist jedoch in dem ganzen Gedichte wie in der mitgetheilten ersten Strophe desselben noch der daktylische Rhythmus vorherrschend. Denselben langzeiligen vierhebigen Charakter haben die Anfangsverse von WL. VI:

In a fryht as y con fere fremede,
y founde a wel feyr fenge to fere;
heo glystnede ase gold when it glemede,
nes ner gome so gladly on gere.

Dagegen würde man, wenn nicht der allgemeine Charakter des Metrums durch das ziemlich regelmässige Eintreten der Cäsur in der Mitte des Verses (entwéder nach der zweiten Hebung oder nach der dazu gehörigen Senkung) so v. 7:

heo me bed go my gates, lest hire gremede,

(vgl. noch v. 16, 17, 22 etc.) und häufiges Vorkommen parallelen oder viermaligen Stabreimes (v. 2), wie:

navy þe none harmes to heþe. 10.
þat nolde þe noht rede so ryht. 28.

als der vierhebige hervorträte, manche Verse desselben Liedes für viertaktige halten können, so u. a. v. 29—32:

such reed me myhte spaclyche reowe,
when al my ro werc me at raht;
sone þou woldest vachen an newe,
ant take an oþer wiþinne nyʒe naht.

In den Schlussversen derselben Strophe macht sich dann der vierhebige Rhythmus wieder mehr und mehr geltend:

þenne mihti hongren on heowe,
in vch an hyrd ben hated and forhaht,
ant ben ycayred from alle þat y kneowe
ant bede clenyen þere y hade claht.

Dass in diesem Gedichte die beiden verschiedenen Principien
der Verskunst: der nationale vierhebige und der dem französischen achtsilbigenVerse nachgebildete viertaktige Rhythmus
ineinander verschwimmen oder sich einander angleichen, ist
unverkennbar; und zwar muss man anerkennen, dass der
daraus entspringende schwankende, unbestimmte Tonfall der
Verse zu dem neckischen Inhalt des Liedes, einer Pastorelle
nach französischem Muster, vortrefflich stimmt.

Vollständig durchgeführt finden wir den gleichtaktigen
Rhythmus, aber mit Beibehaltung der Alliteration in über-
reicher Verwendung in dem Gedichte WL. IV, wovon die
erste Strophe als Probe ausreicht:

> Weping haueþ myn wonges wet
> for wikked werk and wone of wyt;
> vnbliþe y be, til y ha bet
> bruches broken, ase bok byt
> of leuedis loue, þat y ha let.
> þat lemeþ al wiþ luefly lyt,
> ofte in song y haue hem set:
> þat is vnsemly þer hit syt.
> Hit syt and semeþ noht
> þer hit is seid in song;
> þat y haue of hem wroht,
> ywis, hit is al wrong.

Diese Verwendung der Alliteration lediglich zum
Schmucke der gleichtaktigen Rhythmen war im vierzehnten und fünfzehnten Jahrhundert ungemein beliebt. Fast
alle Lieder des Harl. Ms., desgl. die Lieder Laurence Minots,
wie überhaupt die Dichtungen des Nordens, in welcher
Vers- und Strophenart sie auch geschrieben sein mögen,
tragen mehr oder minder den alten Alliterationsregeln entsprechende Stabreime als nationale Zier an sich, die in
manchen Fällen von den Dichtern aus dem reichen Schatz
überlieferter Wendungen und Wortverbindungen in unbeab-
sichtigter Weise entnommen, ebenso oft aber nach einem bestimmten dichterischen Plane von ihnen verwendet und neu
combiniert wurden. Ein interessantes Beispiel dieser letzten
Art gewährt u. a. das bekannte, in viertaktigen Versen und
einer complicierten Strophenart geschriebene Gedicht *The*

Pearl p. 1 ff. in *Morris' Eearly English Allit. Poems (E. E. T. S.* 1.), ein anderes, späteres (1460) die in fünftaktigen Versen geschriebene Uebersetzung der *consolatio philosophiae* des Boethius in Wülckers Altenglischem Lesebuche II, p. 56.

§ 106. Während in den früher betrachteten langzeiligen Strophen uns das Streben entgegentrat, das nationale Metrum durch kunstvolle Verbindung der Verse mittelst des Endreimes nach Art der bewunderten Vorbilder der französischen und provençalischen höfischen Dichter dem mehr und mehr zunehmenden Geschmack an den fremdländischen Dichtungsformen entsprechend umzugestalten, zeigt sich hier das entgegengesetzte Bemühen, die den fremden Mustern nachgebildeten Rhythmen durch Uebertragung des volksthümlichen, echt nationalen Stabreimes auf dieselben dem Volke weniger fremdartig erscheinen zu lassen. So macht sich derselbe Vorgang, welcher sich in der Entwickelung und Gestaltung der englischen Sprache hinsichtlich der Ausgleichung der nationalen Gegensätze in unbewusster Weise in der Nation allmählich vollzog, in der Entwickelung der Rhythmik zum Theil in bewusster Weise bemerkbar. Dass die letztere der beiden Richtungen den Sieg davon trug, ist sehr erklärlich, da sie der natürlichen Entwickelung entsprach, welche die Verskunst bei dem Zustande der immer mehr an Flexions- und Ableitungsendungen einbüssenden und dadurch für den gleichtaktigen Rhythmus immer geeigneter werdenden Sprache nehmen musste. Ausserdem war die strophische Bindung der alliterierenden Langzeilen durch den Endreim, wie dies Skeat a. a. O. mit Recht hervorgehoben hat, etwas dem eigentlichen Wesen derselben Widersprechendes, etwas übertrieben Künstliches, Maniriertes, welches wohl eine Zeitlang in der Dichtkunst so zu sagen Mode werden, jedoch nicht von Bestand sein konnte. Ebenso wenig konnte auch die mit Absicht und grösserer oder geringerer Regelmässigkeit gepflegte Uebertragung des Stabreimes auf die den romanischen Formen nachgebildeten Verse, obwohl sie von den schottischen Dichtern, so z. B. Dunbar noch im fünfzehnten und von Lyndesay sogar noch im sechszehnten Jahrhundert geübt wurde, sich dauernd erhalten.

Dennoch aber war diese Art der Ausgleichung der nationalen Verschiedenheiten in der Rhythmik die natürlichere, und sie ist daher in der englischen Poesie noch mehr, als in der deutschen ein wichtiger und wirkungsvoller, wenn auch nicht mehr nach bestimmten Regeln sich geltend machender Factor der poetischen Diction geblieben. „Die behagliche Freude am Gleichklang der verbundenen Wörter, welche", wie K. Regel sich ausdrückt[1]), „allen germanischen Stämmen in ihren Dichtungen, wie in ihrer sinnlich erregten und darum dichterisch gefärbten Rede mit so grosser Stärke eingeboren ist und sich ursprünglich nur am Anlaut im Stabreime, dann auch am In- und Auslaut im Anklang und völligen Endreime überall so reichlich bethätigt hat und noch bethätigt", ist, was den Stabreim anbelangt, bei keinem germanischen Volksstamme zu stärkerem und dauerenderem Ausdrucke gelangt, als bei dem englischen, welcher die auf dem Stabreime beruhende Versform der alliterierenden Langzeile von den Anfängen seiner Literatur an bis ins sechszehnte Jahrhundert hinein, also fast tausend Jahre hindurch, in seinen Dichtungen anwandte. Was ist natürlicher, als dass auch diejenigen Dichter, welche sich seit der normannischen Eroberung der neu eingeführten Rhythmen bedienten, aus „jenem alten Strom des volksthümlichen Sprach- und Dichtergeistes, der lebendig und lebenzeugend fortrauschte", schöpften? — Welchen Schatz dichterisch gefärbter, alliterierender Wendungen und Wortverbindungen Layamon der englischen Sprache überliefert hat, ist von Regel in der oben erwähnten Abhandlung ausgeführt worden[2]). Wie andere Dichter aus demselben Born schöpften, hat Wissmann in seinem King Horn gezeigt. Ja, selbst Chaucer, der als Südengländer von sich behauptete: „Ich kann in Rum, Ram, Ruff mein Wort nicht kleiden" (vgl. p. 196), wollte und konnte doch als Mann des Volks, der den echten Volkston wie kein Anderer zu treffen verstand, dieses echt volksthümlichen

---

1) In seiner verdienstvollen Abhandlung über „Die Alliteration im Layamon". (Germanistische Studien, herausgegeben von K. Bartsch, Wien, 1874, I, 172 ff.)

2) vgl. auch seinen Aufsatz: Spruch und Bild im Layamon, Anglia I, p. 197 ff.

Mittels der Poesie nicht entrathen [1]). Chaucers grosser Geistes-
verwandter Shakspere [2]) bedient sich später gleichfalls desselben in ausgiebigem Masse, und so könnte von den meisten
englischen Dichtern, namentlich den aus dem Volke hervorgegangenen und fürs Volk schreibenden, gezeigt werden, dass
sie alle aus diesem nie versiegenden Quell geschöpft haben.
Indess die Ausführung dieses Gegenstandes im Einzelnen gehört in das Gebiet der Poetik, nicht mehr in das der Metrik,
welche mit der Alliteration sich nicht weiter zu befassen
braucht, sobald dieselbe nicht mehr als Trägerin oder Be-
gleiterin des alliterierenden langzeiligen Verses auftritt.

Kapitel 12.

Die vierhebige Langzeile im altenglischen Drama.

Der Skelton'sche Vers.

§ 107. Die vierhebige Langzeile, dies altnationale Metrum,
hatte mit den zuletzt citierten, regelrechten Repräsentanten desselben seine Rolle keineswegs vollständig ausgespielt. Guest
hat bereits a. a. O. II, p. 102 auf die Aehnlichkeit der kurzen
Skelton'schen Rhythmen mit der zu Kurzversen aufgelösten
alten Langzeile aufmerksam gemacht. Noch stärker tritt die
Verwandtschaft seiner Langzeilen, so z. B. in manchen Partien seines *Moral-Play Magnyfycence* [3]) mit den altenglischen
Langzeilen zu Tage. Die frühsten, fürs Volk bestimmten
Erzeugnisse der dramatischen Literatur, wie auch die Lyrik,
gewährten überhaupt den altnationalen Rhythmen die letzten
Zufluchtsstätten, welche sie aber mit vornehmeren Gästen in
bescheidener Weise zu theilen hatten. Während Verginius,
Appius, Conscience, Cambyses, Venus, Cupido und derartige
distinguierte Persönlichkeiten in feierlichen Septenaren, Alex-

---

1) vgl. Lindner, Die Alliteration bei Chaucer im Jahrbuch für
romanische und englische Literatur. Neue Folge, II, p. 311 ff.

2) vgl. Die Alliteration im Englischen vor und bei Shakespeare.
Programm der höhern Bürgerschule zu Marne (Holstein) vom Director
Prof. Dr. Seitz, Marne, 1875.

3) *The poetical works of John Skelton ed. by A. Dyce. 2 vols.
London, 1843. I, 225 ff.*

andrinern, oder unter Umständen in leichtbeschwingten, viertaktigen Rhythmen sich zu unterhalten pflegen, reden die
volksthümlichen Personen derselben Stücke, in welchen jene
auftreten, so Haphazard in *Appius and Virginia* und Ambi-
dexter in Preston's *Cambyses*, gern in den alten, vierhebigen
Rhythmen, über deren Verwendung und Gestaltung im altenglischen Drama wir daher noch einige Bemerkungen anzuschliessen haben. Wir dürfen dieselben hier um so eher
auf das Nothwendigste beschränken, als jene altnationalen
Rhythmen zu dem jambischen Versbau des Elisabeth'schen
und späteren englischen Dramas bekanntlich in keinerlei
directer Beziehung stehen und ihre Beschaffenheit überdies
bei der Betrachtung der altenglischen Strophen durch manche
aus den *Miracle-Plays* entnommene Beispiele näher veranschaulicht werden wird.

§ 108. Die *Towneley Mysteries*[1]), die älteste Sammlung
unter den drei sogenannten Collectiv-Mysterien, gewähren uns
eine ähnliche, höchst erwünschte, sichere Handhabe für die
Beurtheilung des im Drama oder zum mindesten in dem betreffenden Spiele der obigen Sammlung verwendeten, in der Regel
strophisch gebundenen, aber daneben auch oft mit mehr oder
minder regelrechten Stabreimen versehenen Langverses hinsichtlich seiner rhythmischen Gliederung, wie sie für die
Beurtheilung der angelsächsischen Langzeile die p. 47 in der
Anmerkung citierten angelsächsisch-lateinischen Verse aus
dem Gedichte *The Phoenix* boten.

Die Anfangsstrophen des Spieles *Processus Talentorum*
p. 233 ff. sind nämlich theils ganz in lateinischer Sprache, wie
die erste Strophe, theils halb lateinisch, halb englisch geschrieben, wie die folgenden Strophen, und da die lateinischen
Verse durchaus accentuierend nach dem Rhythmus der englischen gebaut sind, so können wir aus jenen mit Sicherheit
erkennen, wie in diesen der sonst wohl verschiedener Auffassung zugängliche Tonfall beschaffen ist. Wir lassen daher
zunächst die zwei ersten Strophen hier folgen:

---

1) Herausgegeben in den *Publications of the Surtees Society Nr. 3.
London, 1836.*

Cérnite qui státis   quod mírae sim probitátis,
Haéc cognoscátis   vos caédam ni taceátis,
Cúncti discátis   quasi sístam vir deitátis
Ét majestátis,   michi fúndo ne neceátis,
    Hóc modo mándo;
Néve loquáces,
Síve dicáces,
Póscite páces,
    Dúm fero fándo.

Stýnt, I say, gyf me pláce,   quia sum dóminus dominórum,
Hé that agans me saýs   rapiétur lux oculórum,
Thérfor gyf ye me spáce,   ne téndam vim brachiórum,
And thén get ye no gráce,   contéstar jura polórum,
    Caveátis;
Réwle I the Júre
Máxime púre,
Tówne quoque júre,
    Mé paveátis.

Hier ist der vier- resp. zweihebige Rhythmus in der
ersten lateinischen Strophe ganz unverkennbar, und es wäre
schon aus diesem Grunde unzulässig, die halb lateinischen,
halb englischen Verse der folgenden Strophe etwa wie Alexandriner scandieren zu wollen, also etwa:

Stýnt I saý gyf me pláce,   quia súm dominús dominórum,
He thát agáns me saýs   rapiétur lúx oculórum,

wogegen sich ausserdem in allen Strophen der n u r zweihebige Betonung zulassende Rhythmus des hinsichtlich der
vier letzten Verse überall aus Halbzeilen bestehenden Abgesangs aufs entschiedenste sträubt, obwohl der Tonfall
hier nur selten und unvollkommen durch den Stabreim gestützt wird.

Viel deutlicher dagegen, wenn auch selten in regelmässiger Durchführung, macht sich in ähnlich gebauten
Strophen derselben Sammlung die Alliteration bemerkbar, so
in den beiden Hirtenspielen, wie z. B. in folgenden Versen
(p. 87):

It is wonder to wyt,   where wytt shuld be fownde,
Here ar old knafys yit   standis on this grownde;

These wold by thare wytt   make a shyp be drownde,
He were welle qwytt   had sold for a pownde etc.,

oder in folgenden aus dem zweiten Hirtenspiele (p. 101):

Was never syn Noe floode   sich floodes seyn,
Wyndes and ranye so rude,   and stormes so keyn,
Som stamerd, som stod   in dowte, as I weyn,
Now God turne alle to good,   I say as I mene, etc.

Die Unregelmässigkeit des Stabreimes in den obigen
Beispielen ist durch den Druck zur Genüge angedeutet:
An anderen Stellen tritt entschiedene Häufung in der
Verwendung des Stabreimes zu Tage, so z. B. in folgender,
das Spiel *Magnus Herodes* (p. 140 ff.) eröffnender Strophe:

Moste myghty Mahowne   meng you with myrthe,
Both of burgh and of towne   by fellys and by fyrthe,
Both kyng with crowne   and barons of birthe,
That radly wylle rowne,   many greatt grithe
    Shalle be happ;
Take tenderly intent
What sondes ar sent,
Els harmes shalle ye hent
    And lothes you to lap.

Hier ist der vierhebige Rhythmus der Verse durch den
oft vierfachen Stabreim besonders deutlich vernehmbar. Andere Strophen, die desselben fast ganz entbehren, wie z. B.
die Anfangsstrophe des Spieles *Processus Noe* (p. 20):

Myghtfulle God veray,   maker of all that is,
Thre persons withoutten nay,   oone God in endless blis,
Thou maide bot nyght and day,   beest, fowle and fysh,
Alle creatures that lif may   broght thou at thi wish etc.,

haben allerdings mehr den Klang alexandrinischer Rhythmen;
doch treten im weiteren Verlauf des Spieles die vierhebigen
Verse wieder entschieden hervor, so p. 25:

Noe. *God spede, dere wife,   how fare ye?*
Uxor. *Now, as ever myght I thryfe,   the wars I thee see;*
    Do telle me belife   where has thou thus long be?
    To dede may we dryfe   or lif for the etc.

Wenn wir nicht voraussetzen wollen, dass der Dichter
absichtlich das Metrum geändert habe, was unwahrscheinlich

ist, da er die nämliche Strophenform beibehält, so sind wir
nicht berechtigt, einen principiellen Unterschied zwischen
jenen Versen anzunehmen. Doch findet das § 73—75 über
die Vermischung und Verbindung der Langzeile freier Richtung mit dem Septenar und den französischen Metren Gesagte
auch hier Anwendung auf den Ausgang der Langzeile strenger
Richtung, welche um diese Zeit, also etwa dreihundert Jahre
später, als jene, den nämlichen Prozess der Auflösung durch-
macht.

§ 109. So bieten z. B. die *Coventry Mysteries*[1]) zahlreiche
Beispiele der Verbindung vierhebiger und viertaktiger Verse in
der Weise, dass in ein und demselben Spiele auf eine aus
Versen der ersteren Gattung gebildete Strophe eine andere
aus Versen der zweiten Art zusammengesetzte folgt, so z. B.
in sehr anschaulicher Weise in dem Spiele *Mary's Betroth-
ment* (p. 99):

Episcopus, et idem Joseph:

Sey than aftyr me, — „Here I take the, Mary, to wyff,
To havyn to holdyn, as God his wyl with us wyl make;
And as long as bethwen us lestyght oure lyff,
To love zow as myselff, my trewthe I zow take."

Nunc ad Mariam sic dicens episcopus:

Mary, wole ze have this man, .
And hym to kepyn as zour lyff?
Maria: *In the tenderest wyse, fadyr, as I kan*
And with alle my wyttes ffyff.

Aehnlicher Wechsel des Rhythmus ist häufig zu beobachten,
so p. 1, 90, 131 etc., wie bei der Betrachtung der altenglischen
Strophen noch weiter durch Beispiele belegt werden wird.

Die Behandlung des Stabreimes ist in den *Coventry
Mysteries* gerade so schwankend, als in der *Towneley Collection.*
Häufig tritt derselbe, wie in dem obigen Beispiele, nur als
ein regellos durch mehrere Verse sich hindurch ziehender
Gleichklang zu Tage. An anderen Stellen ist eine geregeltere

---

1) *Ludus Coventriae. A collection of Mysteries ed. by J. O. Halliwell, Esq. F. R. S. London: Printed for the Shakespeare Society, 1841.*

Verwendung oder selbst Reimhäufung bemerkbar, so z. B. in den Anfangsstrophen des Spieles *Adoration of the Magi* (p. 161).

Herode: *As a lord in ryalte in non regyon so ryche,*
And rulere of alle remys, I ryde in ryal aray;
Ther is no lord of lond in lordchep to me lyche,
Non lofflyre, non lofsumere, evyr lestyng is my lay: etc.

Eine derartige verschiedene Behandlung des Stabreimes würde für beide Sammlungen ein wichtiges Kriterium abgeben bei einer Untersuchung über die Verfasser der einzelnen Spiele.

§ 110. Je mehr wir uns der neuenglischen Zeit nähern, desto regelloser und unbestimmter erscheint die Alliteration im vierhebigen Verse, so dass sie aufhört eine charakteristische Eigenthümlichkeit desselben zu sein. Das Wesentliche dieses Versmasses beruht fortan, wenn auch öfters deutliche Spuren der Alliteration sich bemerkbar machen, lediglich in den vier Hebungen des Verses, die durch eine relativ beliebige, in der Regel aber einen daktylischen, resp. anapästischen Rhythmus erzeugende Anzahl von Senkungen getrennt sind, sowie in der Cäsur, welche nach der zweiten Hebung oder den dazu gehörigen Senkungen eintritt und den Vers in zwei rhythmische Reihen theilt, die zwar selten an Silbenzahl und Tonfall sich völlig entsprechen, in der Regel aber doch der Symmetrie sich nähern und an Klangfülle einander das Gleichgewicht halten. Dieser Vers, dessen Klang, abgesehen von der oft mangelhaften oder fehlenden Alliteration, im Wesentlichen derselbe ist, wie derjenige der in § 102 und § 103 besprochenen Langzeile, ist es, der uns in den altenglischen *Moral-Plays* und *Interludes* namentlich häufig entgegentritt, sowie auch noch in den ersten Repräsentanten des regelmässigen Dramas, und zwar in der oben angedeuteten Verwendung mit Vorliebe im Munde volksthümlicher Personen oder überhaupt in volksthümlich durchgeführten Scenen, in der Regel paarweise durch den Endreim gebunden, öfters auch durch kreuzweise Reimstellung in mehr oder weniger regelmässiger strophischer Gliederung.

Das schon erwähnte *Moral-Play Magnyfycence* John Skeltons, sowie die meisten der in den ersten vier Bänden von *Dodsley's Collection of Old English Plays (ed. Hazlitt)*,

London, 1874 enthaltenen Dramen, wie vol. I. *The four Elements* (1—50), *Calisto and Malibaea* (53—92), *Everyman* (99—142) *Hickscorner* (147—195), *The Pardoner and the Friar* (199—238), *The World and the Child* (243—275), *Thersites* (395—431); vol. II: *Lusty Juventus* (45—102), *Jack Juggler* (109—157), *Nice Wanton* (163—184), *Jacob and Esau* (189—264), *Disobedient Child* (269—320), *Marriage of Wit and Science* (325—394); vol. III: *New Custom* (5—52), *Ralph Roister Doister* (55—161), *Gammer Gurton's Needle* (173—256), *The Trial of a Treasure* (261—301), *Like well to like* (307—359); vol. IV: *Damon and Pithias* (11—104), *Appius and Virginia* (109—155), *Cambyses* (163—248), und andere Stücke derselben Epoche können uns Beispiele dieses Metrums liefern, dessen nähere Beschaffenheit wir indess hier aus Rücksicht auf den Raum nur in aller Kürze skizzieren können. Wir citieren die Stücke der Dodsley'schen Sammlung mit Bände- und Seitenzahl der letzteren, woraus unter Berücksichtigung der obigen Angaben zugleich hervorgeht, welches Drama gemeint ist.

Wie bei der alten, alliterierenden Langzeile, so werden auch bei dieser, durch regellose Verwendung oder auch durch gänzliches Fehlen des Stabreimes charakterisierten, die verschiedenen Nuancen dieses vierhebigen Metrums, herbeigeführt durch das Verhältniss und die Stellung der Senkungen zu den Hebungen, womit natürlich auch die Beschaffenheit der Cäsur zusammenhängt.

Gänzliches Fehlen einer Senkung zwischen den beiden Hebungen im Innern eines Halbverses ist in Folge der starken Einwirkungen, welche die gleichtaktigen Rhythmen nach und nach auf den vierhebigen Langvers ausübten, nur in ganz vereinzelten Fällen anzutreffen, öfters dagegen nach stumpfer Cäsur durch Fehlen des Auftaktes, wie denn überhaupt durch diese beiden Factoren, d. h. durch das Fehlen oder Vorhandensein der Senkung (resp. Senkungen) v o r d e r e r s t e n Hebung jedes Halbverses (also des Auftaktes) und durch das Fehlen oder Vorhandensein der Senkung (resp. Senkungen) n a c h d e r z w e i t e n Hebung jedes Halbverses (also durch die Beschaffenheit der Cäsur und des Versschlusses) der Rhythmus dieses vierhebigen Verses im Wesentlichen bestimmt wird, sowie er ferner durch die verschiedenen Combinationen der daraus abzuleitenden Fälle in mannichfaltiger Weise variiert werden kann, während nur in seltenen Fällen die zwischen den beiden Hebungen jedes Halbverses liegenden Senkungen, welche gewöhnlich zwei, seltener nur eine Silbe umfassen, in Folge grösserer Ausdehnung in Betracht zu ziehen sind.

§ 111. Da es ein verwirrendes Bild geben würde, wenn wir die zahlreichen, hieraus resultierenden Möglichkeiten im Bau des Verses alle unter gesonderten Rubriken betrachten wollten, so beschränken wir uns darauf, die durch verschiedene Verwendung des für den Versrhythmens namentlich massgebenden Auftaktes entstehenden Arten vierhebiger Verse zu sondern. Danach haben wir vier Gruppen zu unterscheiden:

1. Verse mit Auftakt in beiden Halbversen.
2. Verse mit Auftakt im ersten, ohne Auftakt im zweiten Halbverse.
3. Verse ohne Auftakt im ersten, mit Auftakt im zweiten Halbverse.
4. Verse ohne Auftakt in beiden Halbversen.

Daran wären etwa noch zwei minder wichtige Gruppen anzuschliessen:

5. Verse mit längerer Senkung im ersten Halbverse.
6. Verse mit längerer Senkung im zweiten Halbverse.

Einige Beispiele aus den oben citierten Dichtungen zu jeder Gruppe mögen die verschiedenartige Gestaltung dieses Verses näher veranschaulichen, die ausserdem in jedem einzelnen Falle noch durch die Beschaffenheit der Cäsur (die keineswegs immer gleich scharf die beiden Vershälften trennt, manchmal auch fast ganz verwischt ist), ferner des Versschlusses und der innerhalb der zwei Hebungen jedes Halbverses befindlichen Senkungen ein eigenartiges Aussehen gewinnt, dessen nähere Erörterung nicht weiter erforderlich sein wird.

Verse der ersten Gruppe, mit vorhandenem Auftakte in beiden Halbversen, sind die zahlreichsten. Beispiele, zunächst aus Skelton's *Magnyfycence*, der im Ganzen etwas längere Senkungen liebt:

If lýbertie sholde lépe   and rénne where he lýst,
It wére no vértue,   it were a thýnge vnblýst; 134/5.

For by meásure i wárne you, we thýnke to be gýdyd; 186.
For mýschefe wyl maýster vs, yf meásure vs forsáke. 156.
It is goód yet that lýberte be rúled by reáson. 1403.
I shall fláppe hym as a fóle to fáll at my féte. 1525.

Einen gedrungeneren Bau hat dieser Vers im Ganzen in den Dramen der *Dodsley Collection*, von denen˙ namentlich *Ralph Roister Doister* die Auftakte liebt:

For that mán that desíreth no máner cūnníng,
All that while no bétter than a . béast is hé. I, 15.
By our Lády, then will ye be strángled in a hálter. I, 168.
Maledíctus qui aúdit verbum Deí negligénter,
Woe be that mán, saith our Lórd, that giveth no aúdience,
Or heáreth the Word of Gód with négligénce. I, 217.
I am the róyallest reádily that rénneth in this roút,
There is nó knight so grísly that I dreád or doúbt. I, 252.
Behóld you my hánds, my légs, and my feét,
Every párt is stróng, propórtionable and meét. I, 401.
Full gréat 1 do abhór this your wicked saýíng,
For no doúbt, they increáse much sín and více. II, 72.
You may saý you were síck, and your heád˙ did áche:
That you lústed not this night any súpper máke. II, 119.
Have I spént so much lábour for yoú to províde
And you nóthing regárd what of mé may betíde? II, 216.
Have now so much vácant and voíd time of leísure
To wálk and to tálk and discoúrse all of pleásure. II, 217.
Master Rálph Roister Doíster is but deád and góne. III, 59.
I cán with a wórd make him faín or lóth. I, 59 etc. etc.

Etwas minder oft sind Verse der zweiten Gruppe, mit vorhandenem Auftakte im ersten und fehlendem Auftakte im zweiten Halbverse, anzutreffen, wobei in der Regel, nicht immer, weibliche Cäsur vorhergeht:

For wélthe without meásure sódenly wyll slýde Skelton's
Magn. l194,
And néxt come I áfter, Cráfty Conveýaunce ib. 1349.
Of all doúghty I am doúghtyest dúke as I déme ib. 1517.
Howe sódenly wórldly wélth dothe dekaý,
How wýsdom thorowe wántonnesse ványsshyth awaý 2579/80.
Some write cúrious térms nóthing to púrpose Dodsl. I, 7.

Be it vírtuous, vícious, wísdom or fólly. ibid.
Excépt he the cómmonwealth sómewhat regárd. I, 9.
Behóld, I praý you, seé where they árc. I, 10.
From the ládder of lífe dówn he will thee thrust. I, 173.
And áll manner frúit fálleth from the treés. II, 152.
I am your eldest són Ésau by my náme. II, 249.
And sháll ich be hére sáfe from their cláws? III, 197.
I will ráther have my coát twénty times swinged; III, 95.
Subpoéna of lánd, lífe and treásury. IV, 133.
That drónel, that droúsy drákenosed drível IV, 151.
And wéll this próverb cómeth in my heád IV, 151.

Zahlreicher sind Verse der dritten Gruppe zu finden, mit fehlendem Auftakte im ersten und vorhandenem im zweiten Halbverse:

Meásure contíjnwyth prospéryte and wélthe. Skelton's
Magn. 142.
Meásure and I' wyll néuer be devýdyd; ib. 188.
Cráfty conueýaunce is no chýldys gáme. ib. 1384.
Trúst me, Lýberte, it gréueth me ryght sóre. ib. 1391.
A'll that ye saý, sir, is reáson and skýll. ib. 1397.
Maýster Suruaýour, where haue ye bén so lónge? ib. 1398.
Sýr, ye shall fólowe myne áppetyte and intént. ib. 1427.
Spéke, I beséche the, leue nóthynge behýnde ib. 1562.
Stúdieth and láboureth and líveth by God's láw; Dodsl. I, 8.
Nóthing regárding their neíghbour's destrúction; I, 8.
Gáthered togéther, it descéndeth agaín; I, 14.
Whérefore our Sáviour, in his hóly scripture
Gíveth thee thy júdyment, thou cúrsed creáture. I, 217.
Thérefore sith nóthing but trífles may be hád, II, 112.
Quíckly móved, but not líghtly appeásed. II, 116.
Ésau is given to loóse and lewd líving. II, 196.
Líving in this wórld from the wést to the cást; III, 103.
Síghing and sóbbing they weép and they waíl, III, 174.
Chárge him, commánd him, upón his allégiance, IV, 133.
Háste for a hángman in házard of hémp:
Rún for a rídduck, there is nó such ímp. IV, 134.

Seltener dagegen sind Verse der vierten Gruppe anzutreffen, mit fehlendem Auftakte in beiden Halbversen:

Sýr, without ány lónger delyaúnce Skelton's Magn. 239.
Maýster Suruaýour, Lárgesse to me cáll; .ib. 1414.
Líkcwise for a cómmonwealth óccupied is hé, Dodsl. I, 9.
Whát, you saúcy málapert knáve, II, 145.
Sómetimes at this game, sómetimes at thát; II, 297.
Lét us depárt hénce for a seáson : II, 299.
Win her or lóse her, trý you the tráp. IV, 132.

Es würde leicht sein, diesen Beispielen noch manche
andere hinzuzufügen, doch dürfte die beigebrachte Anzahl
zu derjenigen der andern Gruppen in einem ihrem Vorkommen einigermassen entsprechenden Verhältnisse stehen.

Verse mit längerer Senkung zwischen den zwei Hebungen der beiden Vershälften sind namentlich bei Skelton
häufig, doch auch in den anderⱥn Dramen nicht selten anzutreffen, so im ersten Halbverse:

Remémbre you not how my lýberte by meásure ruled wás?
Sk. Magn. 1399
For in Pleásure, and Surueýaunce, and álso in thé,
(*I have sét my hóle felýcité;*) ib. 1810/11.
By our lákyn, syr, I have ben a háwkyng for the wýlde
swán
(*My háwke is rámmysshe, and it hápped that she rán,*) 1830/1.
And shów him, if he cóme not hére to-mórrow night,
(*I woll néver receíve him agaín, if I might;*) Dodsl. II,153.
(*Have I trótted and trútged all night and all daý,*)
And now leáve me without doór, and só go your waý? II, 216.
Wéll then, this is my coúnsel, thus stándeth he cáse; IV, 127.

Im zweiten Halbverse:

For by cráfty conueýaunce wonderful thýnges are wróught:
(*By conuaýance cráfty I have bróught*) Sk. Magn. 1388.
Thau hast bén so waýwarde, so wránglyng, and so wróthsome,
ib. 2321.
Where aͬrt thou, King A'rthur, and the Kníghts of the
Round Táble
(*Come, bring fórth your hórses oút of the stáble*) Dodsl. I,400.
Gramércies, Mérrygreek, most boúnd to thee I ám;
(*But úp with that heárt, and speak oút like a rám;*) III, 61.
What ís it? hath ány man ˙ threátened you to beát? III, 62.

Nó, by my tróth,   I would háve her to my wife. III, 63.
But I hére she has máde   prómise to anóther. III,. 64.
With poor Cóck their boý,   they be driven in such fits,
(I feár me the fólks   be not wéll in their wits.) III, 175.

In der Regel ist, wie viele der obigen Beispiele zeigen, nach einem in Folge längerer Senkungen etwas unrhythmischen Verse in dem mit ihm reimenden, von uns eingeklammerten, der vierhebige, gewöhnlich daktylische Tonfall um so deutlicher wieder hergestellt, der oft in grösseren Versgruppen mit ziemlicher Regelmässigkeit durchgeführt ist, so z. B. in folgender hübschen Stelle aus Skelton's *Magnyfycence*, v. 1596—1601.

Full mány a stronge cýte   and tówne hath ben wónne
By the meánes of móney   withoút ony gónne.
A maýstres, I téll you,   is bút a small thýnge;
A goódly rýbon,   or a gólde rýnge
May wýnne with a sáwte   the fórtresse of the hólde;
But óne thynge I wárne you,   prece fórth and be bólde [1]).

Oder der Prolog zu *Gammer Gurton's Needle:*
As Gámmer Gúrton,   with mány a wide stích,
Sat piécing and pátching   of Hódge her man's breéch,
By chánce or misfórtune,   as shé her gear tóss'd,
In Hódge leather breéches   her neédle she lóst.
When Díccon the Bédlam   had heárd by repórt,
That Goód Gammer Gúrton   was róbbed in this sórt,
He quíetly persuáded   with hér in that stoúnd,
Dame Chát, her dear Góssip,   this neédle had foúnd, etc.

In demselben Rhythmus[2]) wurden auch manche volksthümliche Lieder und Balladen abgefasst, so u. a. die bekannte, in *Percy's Relics* veröffentlichte Ballade *King John and the Abbot of Canterbury,* beginnend mit den Strophen:

---

1) Vgl. den Goethe'schen Spruch: Geh' den Weibern zart entgegen, Du gewinnst sie, auf mein Wort. Und wer rasch ist und verwegen, Kommt vielleicht noch besser fort.

2) Es ist dies dieselbe Versart, welche Guest (II, 248) als *The tumbling metre of four accents* bezeichnet, wohingegen sein *tumbling metre of five accents* überhaupt nicht existiert, sondern mit dem vierhebigen auch in den von ihm (II, 246) citierten Proben zusammenfällt.

An ancient story   Ile tell you anon
Of a notable prince,   that was called king John;
And he ruled England   with maine and with might,
For he did great wrong,   and maintein'd little right.

And Ile tell you a story,   a story so merry,
Concerning the Abbot   of Canterburye;
How for his house-keeping,   and high renowne,
They rode poste for him   to faire London towne.

Bürger hat in seinem Gedicht „Der Kaiser und der Abt“ den Inhalt, Ton und Rhythmus des englischen Originals in freier Behandlung vortrefflich wiedergegeben und ist in dem letzteren Punkte nur insofern abgewichen, als er den in der obigen zweiten Strophe zufällig auftretenden Wechsel weiblicher und männlicher Reimpaare in allen Strophen durchgeführt hat.

§ 112. Wie uns unter den Dichtungen des dreizehnten Jahrhunderts im *King Horn* die alliterierende Langzeile freier Richtung in aufgelöster Gestalt entgegentrat, so sehen wir die alliterierende Langzeile strenger Richtung während des fünfzehnten und sechszehnten Jahrhunderts dem nämlichen Schicksal entgegengehen und in das Stadium der Auflösung eintreten mit demjenigen Metrum, welches von dem Namen des hervorragenden Dichters John Skelton, der es in seinen satirischen und volksthümlichen Dichtungen mit Vorliebe anwandte, in der englischen Literatur und Verslehre die Benennung *Skeltonical* oder *Skeltonic verse* (*rhyme*) erhielt, von ihm aber keineswegs, wie man wohl in älteren Literaturgeschichten, z. B. in derjenigen Spaldings angegeben findet, erfunden wurde. Denn schon in den alten Mysterien, so in den *Towneley Mysteries* (p. 45 ff.) und in den *Chester Plays* (p. 8, 9) kommen Gruppen von kürzeren Versen vor, die hinsichtlich der freieren Reimstellung an jenes Metrum erinnern, und in verschiedenen der vor Skelton geschriebenen *Moral-Plays*, so in *The Four Elements* und namentlich in *The World and the Child* sind manche Stellen in unverkennbaren Skelton'schen Versen geschrieben, deren Verwandtschaft mit der vierhebigen Langzeile noch weiter dadurch belegt wird, dass beide Formen derselben, die zu Ende gereimte und die durch den Reim

in zwei Kurzzeilen aufgelöste, neben und unter einander vor-
kommen, wie folgende Stelle aus dem letztgenanten Stücke
(*Dodley's Old Plays* I, 247) veranschaulichen möge, in welcher
Lust and Liking das Wort hat:

Ha, ha, now Lust and Liking is my name.
I am as fresh as flowers in May,
I am seemly-shapen in same,
And proudly appareled in garments gay:
My looks been full lovely to a lady's eye,   5
And in love-longing my heart is sore set:
Might I find a fode that were fair and free,
To lie in hell till doomsday for love I would not let,
My love for to win,
All game and glee,   10
All mirth and melody,
All revel and riot;
And of boast will I never blin.
But, sirs, now I am nineteen winter old,
I-wis, I wax wonder bold: 15
Now I will go to the world
A higher science to assay:
For the World will me avance,
I will keep his governance,
His pleasing will I pray,   20
For he is a king in all substance.
All hail! master, full of might
I have you served both day and night:
Now I comen, as I you behight.
One and twenty winter is comen and gone.   25

Nachdem die Rede zuerst langzeilig begonnen, geht sie mit v. 9
in zweihebige Kurzzeilen über, um mit v. 14 und 15 einen dem
viertaktigen Verse ähnlichen Rhythmus anzunehmen. Aehnliche Uebergänge finden sich auch in Skelton's *Magnyfycence*,
so p. 257, wo *Fansy* redet:

Adue, tyll sone.
Stowe, byrde, stowe, stowe!   980
It is best I fede my hawke now.
There is many euyll faueryd, and thow be foule;
Eche thynge is fayre when it is yonge: all hayle, owle!

Lo, this is
My fansy, iwys: 985
Nowe Cryst it blysse!
It is, by Jesse,
A byrde full swete,
For me full mete:
She is furred for the hete   990
All to the fete;
Her browys bent,
Her eyen glent:
Frome Tyne to Trent,
From Stroude to Kent,   995
A man shall fynde
Many of her kynde,
Howe standeth the wynde
Before or behynde:
Barbyd lyke a nonne,   1000
For burnynge of the sonne;
Her fethers donne;
Well faueryd bonne.
Nowe, let me se about,
In all this rowte   1005
Yf I can fynde out
So semely a snowte
Amonge this prese:
Euen a hole mese —
Pease, man, pease!   1010
I rede, we sease.
So farly fayre as it lokys,
And her becke so comely crokys,
Her naylys sharpe as tenter hokys!
I haue not kept her yet thre wokys   1015
And howe styll she dothe syt!
Teuyt, teuyt, where is my wyt?
The deuyl spede whyt!
That was before, I set behynde;
Nowe to curteys, forthwith vnkynde;   1020
Somtyme to sober, somtyme to sadde,
Somtyme to mery, somtyme to madde; etc.

Die viertaktigen Reimpaare, in welche der Rhythmus mit v. 1019 übergeht, nachdem in den vorhergehenden Versen mit Beibehaltung der Skelton'schen Reimfolge schon der gleichtaktige Rhythmus eingetreten war, dauern bis zum Schluss der Rede fort.

Die Reimordnung des eigentlich Skelton'schen Metrums, welches den mittleren Theil der Rede einnimmt, und in welchem bekanntlich seine satirischen und scherzhaften Dichtungen *Phyllyp Sparowe, Elynour Rummynge, Colyn Cloute* u. a. m. geschrieben sind, ist bei näherer Betrachtung nicht ganz so regellos, als es auf den ersten Blick den Anschein hat. Guest hat schon darauf hingewiesen (II, 102), dass dieselbe erinnere an die bei den Strophenbildungen zu betrachtende Form des *virelay*, welches auf Reimverkettung der Strophen beruht: *aaab bbbc cccd* etc. Dies wird noch wahrscheinlicher dadurch, dass die dem *virelay* höchst wahrscheinlich zu Grunde liegende *lay*-Form der erweiterten Schweifreimstrophe in manchen Stellen der in Skelton'schen Rhythmen sich bewegenden *Moral-Plays* zum Durchbruch kommt oder geradezu das Princip des Metrums bildet, wie z. B. in einer dem aus *The World and the Child* mitgetheilten Passus unmittelbar vorangehenden Stelle (p. 246):

> *Aha, a new game have I found:*
> *See this gin, it renneth round!*
> *And here another have I found*
> *And yet mo can I find.*
> *I can mow on a man,*
> *And make a lesing well I can,*
> *And maintain it right well then,*
> *This cunning came me of kind.*

Eine ähnliche Strophe liegt vor in dem oben mitgetheilten Passus in v. 14—21, sobald man die meines Erachtens durchaus berechtigte Umstellung der beiden letzten Verse (20, 21) vornimmt. In andern Abschnitten, namentlich der Skelton'schen Gedichte, tritt diese Grundform weniger klar hervor, indem öfters die erste Hälfte der Strophe um mehrere Reimverse erweitert, die andere verkürzt ist und, wie beim *virelay*, die correspondirenden Reime fehlen, so z. B. in *Colyn Cloute*:

16

> *What can it auayle*
> *To dryue forth a snayle,*
> *Or to make a sayle*
> *Of an herynges tayle;*
> *Fo ryme or to rayle,*
> *To wryte or to endyte,*
> *Eyther for delyte,*
> *Or elles for despyte;*
> *Or bokes to compyle*
> *Of dyvers maner style, etc.*

Was den Rhythmus der Verse betrifft, so ist derselbe in der
Regel, wie in der obigen Probe, der zweihebige, doch mischen
sich oftmals, wie schon aus den bisher citierten Beispielen
zur Genüge hervorgeht, drei- und viertaktige Verse ein; andererseits kommen auch Verse mit nur einer Hebung vor, so
zu Anfang des Skelton'schen Gedichtes, *Caudatos Anglos*
betitelt (I, 193):

> *Gup, Scot,*
> *Ye blot:*
> *Laudate*
> *Caudate,*
> *Set in better*
> *Thy pentameter.*
> *This Dundas,*
> *This Scottishe as,*
> *He rymes and rayles*
> *That Englishman haue tailes.*

Auch die Einmischung lateinischer Verse oder Reime,
wie hier, ist für das Skelton'sche Metrum charakteristisch
und erhöht die komische Wirkung desselben. Skelton war,
wie Dyce in der Vorrede seiner Ausgabe der Werke dieses
originellen Dichters bemerkt (p. 50), der erste, welcher längere
Gedichte in diesem Metrum verfasste. Er trug dadurch viel
zu der wachsenden Popularität desselben bei, welche durch
weitere Verwendung im Drama, so z. B. in dem Stücke
Thersites und durch verschiedene von Dyce im Appendix III
(p. CVII ff.) mitgetheilte Proben aus anderen, etwas späteren,
in derselben Versart geschriebenen satirischen Dichtungen
bezeugt wird.

Kapitel 13.

Die septenarisch-alexandrinische Langzeile in ihrer weiteren Entwickelung und Verwendung.

§ 113. Die beiden verschiedenen Formen der paarweise gereimten Langzeile, die uns zu Ende des zwölften und Anfang des dreizehnten Jahrhunderts in den nach lateinischen und französischen Mustern abgefassten englischen Gedichten entgegentraten, die septenarische und die alexandrinische, sind auch in dem folgenden Zeitraume der altenglischen Poesie sehr. beliebt. Und zwar werden sie, ähnlich wie früher, theils gesondert und theils gemischt angewandt.

Wir können danach drei Gruppen von Dichtungen in langen Reimpaaren aus dieser Zeit unterscheiden:

1. Solche, in denen das Princip des lateinischen Septenars vorwaltet nach Art des Versbaues in der *Moral Ode*.
2. Solche, in denen Septenare und Alexandriner gemischt vorkommen.
3. Solche, die nur in Alexandrinern ohne eingemischte Septenare geschrieben sind.

Als die Hauptrepräsentanten der ersten Gruppe sind zahlreiche Heiligenlegenden zu nennen, die im südlichen England entstanden und in dem bekannten *Harleian MS.* Nr. 2277 (c. 1330 geschrieben) uns überliefert worden sind. Eine Anzahl derselben sind gedruckt worden von *Furnivall, Early English Poems and Lives of Saints* für die *Philolog. Society. Berlin,* 1862. Die dort abgedruckten Heiligenlegenden und Wundergeschichten sind namentlich *St. Dunstan, An Oxford Student, The Jews and the Cross, St. Swithin, St. Kenelm, St. James, St. Christopher, The 11000 Virgins, St. Edmund the Confessor, St. Edmund the King, The Life of St. Katherine, The Life of St. Andrew, St. Lucy, St. Edward, Judas Iscariot, Pilate.* Ganz im selben Versmass ist ferner noch geschrieben das im selben MS. enthaltene *Life of St. Margarethe,* jüngere Version, veröffentlicht von *Cockaine (E. E. T. S. Nr. 13,* p. 24—33), *Thomas Becket, ed. by Black,* London 1845, und ein anderes im *Harl. MS.* 2277 enthaltenes Gedicht: *Fragment on Popular Science*, veröffentlicht von *Wright* in seinem *Popular Treatises on Science, written during the Middle Ages*, London, 1841.

Alle diese Gedichte weichen, wie gesagt, in ihrem rhythmischen Bau sehr wenig von der etwa Ende des zwölften Jahrhunderts gedichteten *Moral Ode* ab, wovon sich in dem *Harl. MS.* eine ebenfalls von Furnivall gedruckte jüngere Copie befindet. Das durchgehende Princip ist also jambischer Rhythmus des Verses mit vier Hebungen im ersten Halbverse bei männlicher Cäsur und drei Hebungen im zweiten Halbvers mit weiblichem Ausgange, d. h. die erste Hälfte der Langzeile ist akatalektisch, die zweite katalektisch gebaut; so durchaus regelmässig die zwei ersten Verse von *Pop. Sc.*:

The riȝte put of helle is   amidde the urþe wiþinne,
Oure Loverd þat al makede iwis,   queinte is of gynne.

Darauf folgen aber gleich zwei andere Verse mit stumpfem Ausgange :

Hevene and urþe y-makede iwis,   and siþþe alle þing
                                                              þat is,
Urþe is a lutel hurfte   aȝen heuene iwis.

Solche Verse, wie diese, die im *Poema morale* gar nicht anzutreffen sind, kommen in unserem Gedichte in grosser Anzahl vor; von den ersten 110 Versen haben hier sogar 70 männlichen Ausgang. In den anderen oben citierten Gedichten ist das Verhältniss ein ähnliches. Wenn wir nun hierin wohl den Einfluss des afrz. Alexandriners zu erkennen haben (vgl. p. 118), dessen Vers ja eben so wohl stumpf, als klingend auslauten kann, so macht sich im übrigen der Einfluss dieser Versart in diesen strenger septenarisch gebauten Gedichten nur in geringem Masse geltend. Gleichwohl sind dennoch, wenn auch der Charakter des Versbaues im Grossen und Ganzen ein septenarischer ist, einzelne Alexandriner, zuweilen sogar in Reimpaaren nachzuweisen, so z. B. :

Ac bituene somer and winter   as bituene Averyl and May,
And eft-sone in harvest   after seint Clementes day; 169/70,

ebenso v. 319/20; 332; 354; die beiden letzten im Reime auf regelrechte Septenare. Etwas häufiger, obwohl auch nur in verhältnissmässig geringer Anzahl, begegnen Alexandriner in einigen der citierten Heiligenleben; so z. B. in *St. Dunstan*:

þat folc stod in gret wonder and also in grete doute 8

im Reime auf einen Septenar; ähnlich:

And hi speke ech to oþer in whiche maner it were
Hou hit queynte so sodeynliche þe liȝt þat hi bere 9, 10.

ferner ibid. v. 34. 41, 48, 49 etc.; ähnlich im *Oxford Student*:

He hadde þe while he lyvede þulke bone in mone 35

folgt ein Septenar; ferner 56, 69, und recht auffallend, weil mit männlicher Cäsur bei nur 3 Hebungen, v. 61:

þe clerkes awoke anon as hi slepe boþe þer;

folgt ein Septenar. Ebenso finden sich in den anderen Legenden vereinzelte Alexandriner, so in *St. Swithin* v. 92, 100; *St. Kenelm* v. 16, 115; *St. Christopher* v. 27, 55, 86, 226; *Eleven thousand virgins* v. 1, 3, 4, 7, 10, 11, 14, 17, 18, überhaupt etwas häufiger, doch namentlich zu Anfang des Gedichts, ferner noch 82, 83 etc.; *St. Edmund*, v. 36, 94, doch seltener; fast nur in Septenaren bewegen sich die übrigen Legenden *St. Katherine, St. Andrew, St. Lucy, Judas, Pilatus, Thomas Becket, St. Margarethe*. In einigen finden sich öfters bei septenarischen Versen weibliche Cäsuren, so im *Oxford Student*, v. 65:

þe clerkes to here priue maistre tolde al þat hi seȝe,

ebenso v. 66—70; häufig auch in *St. Edmund* v. 21, 30, 33, 48 etc. Weiter erstreckt sich indess der Einfluss des Alexandriners nicht auf den Bau des Verses; viel stärker aber macht sich andererseits der germanische Einfluss in schon bekannter Weise, ähnlich wie im *Poema Morale*, geltend. Zunächst im Fehlen des Auftaktes, wovon alle Gedichte zahlreiche Beispiele gewähren, so z. B. *Popular Science*:

Urþe is a lutel hurfte aȝen hevene iwis 4
Hevene goþ aboute wordle evene hit mot weye, 6

wo auch im zweiten Halbverse der Auftakt fehlt; ferner v. 11, 36 etc., so *Oxford Stud.* in beiden Vershälften:

Selþe hit com out of his þoȝt what so he iseȝe; 21

ferner v. 23, 30, 42 und in allen andern Gedichten sehr oft.
Auch Umstellung des Taktes kommt sehr oft vor, so *Oxf. Stud.*:

> *Moder, he seide, what is þe man   þat zund anhonged is?* 5
> *Felawe, quaþ on, hit is tyme,   þat we þe taperes tende.* 42
> *Hevene and urþe ymakede iwis   and siþþe alle þing þat is*
> *Urþe is a lutel hurfte   azen hevene iwis;* Pop. Sc. 3/4

ähnlich v. 14, 16, 74 und an vielen andern Stellen der übrigen
Gedichte.' Umgekehrt ist nicht minder häufig zweisilbiger
oder gar dreisilbiger Auftakt und zweisilbige Senkung in der
ersten wie in der zweiten Vershäfte anzutreffen, so *Oxf. Stud.*:

> *Hau miƷte hio isco quelle hire child,   þat hire hurte ne brac*
> *atuo.* 15
> *Selþe wher he euere were   out óf his húrte he hit brouƷte.* 18
> *þe deol þat oure leuedi hadde   þo heo iseƷ here sone deye.* 22
> *Hit biful siþþe in a tyme,   as hit doþ bi menie on.* 23
> *And þat he bede to oure leuedi for þulke sor,   þat heo hadde*
> *on hire þoƷt.* 29

ähnlich auch in andern Dichtungen, wie *St. Swithin* 103,
Kenelm 25, *St. James* 10 etc.

Nicht minder charakteristisch für das Obwalten germanischen Einflusses ist das Fehlen der Senkung, welches an
jeder Stelle des Verses stattfinden kann; so in *St. Dunstan*:

> *His móder hét kénedríde   his fáder Hérstón.* Dunst. 24
> *þe child wáx and wél iþéƷ   for hit moste nede.* ib. 28
> *Seint Dúnstan cóm hóm aƷén   and faire was vnderfonge.* ib. 113
> *And álmest foúrténe níƷt,   er he were þanne ido.* Swith. 86

ferner *St. Kenelm*, v. 64, 65, 182 etc. Zahlreiche Beispiele
wären aus diesem und den andern Gedichten leicht beizubringen, die in ihrem Versbau so viel Uebereinstimmendes
haben, dass man annehmen möchte, sie rühren von einem
einzigen Dichter her.

Abweichend in mancher Hinsicht dagegen ist der Versbau einer Anzahl der von Horstmann herausgegebenen Legenden [1]), am wenigsten noch das Metrum der Legende von

---

1) Altenglische Legenden: Kindheit Jesu, Geburt Jesu, Barlaam
und Josaphat, St. Patriks Fegefeuer, herausgegeben von Dr. Carl
Horstmann. Paderborn, 1875.

St. Patrik, welche vielmehr, ähnlich wie die früheren, einen ganz septenarischen Charakter hat, wenn auch zu Anfang einige Alexandriner vorkommen, so v. 4, 6. Aehnlich verhält es sich mit der Legende von der Geburt Jesu, von Horstmann nach zwei MSS. ediert, p. 64—109. Auch hier ist der Vers fast ganz septenarisch, jedoch abweichend von dem gewöhnlichen Muster insofern, als von v. 1—80 Mittelreime auftreten, z. B. v. 1, 2:

> *Of ioie and blisse is al my song: kare to bileue,*
> *and to herie him among þat al our sorwe schal reve.*

Einige Alexandriner, die in der *Ashmol.*-Handschrift vorkommen, haben in dem *Egerton-MS.* die septenarische Form, andere sind in beiden vorhanden.

§ 114. In viel grösserem Masse dagegen, als in irgend einem der früheren Gedichte, sind in *Barlaam* und *Josaphat* Septenar und Alexandriner gemischt, so dass dies Gedicht schon zu der zweiten Gruppe, welcher eben diese Mischung eigenthümlich ist, zu rechnen ist. Es beginnt gleich mit einem solchen gemischten Reimpaare:

> *Jhon of damascene   telleþ us þe storiȝe,*
> *Of Barlaam and josaphat   to have hem in memoryȝe,*

ebenso das folgende Reimpaar. Dann folgen von 5—10 lauter Alexandriner, ferner v. 16, 30, 21, 22, 23, 25, 30, 31, 33, 34, kurz, etwa die Hälfte, darunter viele mit männlicher Cäsur, wie auch das Versende in der Regel männlich ist. Das Hauptdenkmal in dieser gemischten Versart ist die Chronik des Robert of Gloucester[1]). Hinsichtlich dieses umfangreichen Werkes ist der gemischte Charakter des Versbaues, der aus Septenaren und Alexandrinern in willkürlicher Folge und Verbindung besteht, schon längst richtig erkannt und meines Wissens nie bestritten worden. Um so wichtiger ist es, aus diesem Werke für beide Versarten eine Anzahl von Belegen beizubringen, da die in Kapitel 6 dieses Abschnittes von uns aufgestellten Behauptungen über die altenglische Wortbetonung dadurch noch weiter gestützt werden.

---

1) *Robert of Gloucester's Chronicle ed. by Thomas Hearne. Oxford,* *1724. 2 vols.*

Ich entnehme des bequemeren Citierens wegen meine Beispiele
aus dem von Mätzner in seinen Sprachproben gedruckten
Abschnitte. Die ersten zehn Verse desselben gewähren gleich
ein anschauliches Bild dieses gemischten Versbaues und der
charakteristischen Eigenthümlichkeiten und Freiheiten desselben:

Aftur kyng Baþulf,   Leir ys sone was kyng,
And reigned sixti ȝer   wel þoru alle þyng.
Up þe water of Soure   a city of gret fame
Ile endede, and clepede yt Leicestre,   aftur ys owne name
þre doȝtren þis kyng hadde,   þe eldeste Gornorille,   5
þe mydmost hatte Regan,   þe ȝongost Cordeille.
þe fader hem louede alle ynoȝ,   ac þe ȝongost mest:
For heo was best an fairest,   and to hautenesse drow lest.
þo þe kyng to elde com,   alle þre he broȝte
Hys doȝtren tofore hym,   to wyte of here þouȝte.   10

Darunter sind nur drei Septenare, nämlich v. 1, 7 und 9, und
zwei davon, 1 und 7, mit männlichem Reime, die anderen
sind unverkennbare Alexandriner, v. 2 sogar mit männlicher
Cäsur, der nur als Septenar gelesen werden könnte, wenn
man *and* als erste Hebung rechnen wollte, was zwar an sich
nicht unmöglich wäre, aber durchaus der natürlichen Betonung der Erzählung widersprechen würde. Uebrigens wären
andere unzweifelhafte Alexandriner mit männlicher Cäsur
ohne Mühe in beträchtlicher Anzahl beizubringen, so:

þe kyng send word aȝeyn   þat it was ys wille. 62.
To wylne so gret cost and   be of so gret mod. 102.
He þoȝte on þe noblei   þat he hadde in ybe. 123.

Sobald nun aber das Vorkommen, und noch dazu das häufige
Vorkommen von Alexandrinern bewiesen ist, ist kein Grund
mehr vorhanden, etwa der natürlichen Betonung der Wörter
Zwang aufzuerlegen, um statt eines gut lesbaren Alexandriners
einen schlecht lesbaren Septenar herauszubekommen, was,
wenn wir die Betonungstheorien von Trautmann, Rosenthal
und Wissmann (s. § 60) adoptieren wollten, so ziemlich bei
allen Langversen dieser Reimchronik möglich sein dürfte;
danach würde man beispielsweise vielleicht zu scandieren
haben:

v. 3   *Úp þe wáter of Soúrè*   oder
v. 8 ·   *For hé was bést and faírèst*   oder
v. 10   *Hys dóʒtrèn tofóre hím,*

trotz der beständigen Tonlosigkeit dieser Silben im Innern des Verses, wie z. B. in Vers 5. Derartige in der prosaischen Rede entschieden tonlose Flexions- resp. Ableitungssilben dürften nur in den allerseltensten Fällen als Hebungen behandelt worden sein.

In den beiden von Mätzner mitgetheilten Abschnitten von zusammen über 500 Versen ist mir kein Vers begegnet, wo eine derartige Flexionssilbe durch den Reim, wie etwa *best: fairest; then: doʒtren* erwiesen wäre, und selbst in solchen Fällen würden wir diese Wörter nicht im directen Gegensatz zu der gewöhnlichen Accentuation mit jambischer Betonung zu lesen haben, sondern mit schwebender Betonung. Das zeigt sich deutlich genug durch die Behandlung nicht nur gewisser zweisilbiger Composita, sondern auch einiger voll tönender Ableitungssilben, die in der That als Hebungen im Reime oder richtiger als Reimsilben auf Hebungen Verwendung finden. Bei Nominal-Compositis hat die erste Silbe in der Regel den Hauptton, die zweite den Nebenton und steht daher für gewöhnlich in der Senkung; sie kann aber, wenn es der Rhythmus erheischt, auch als Hebung behandelt werden, doch nicht in der Weise, dass alsdann vollständige Umsetzung des Tones eintreten und etwa die erste, sonst hochtonige Silbe als Senkung behandelt werden dürfte, sondern beide Silben sind gleichmässig hochtonig, so dass also nach germanischer Weise zwei Hebungen aufeinander folgen. Beispiele dieser Art gewähren z. B. die Wörter *upward, donward, kyndom, Norþwey, ssreward:*

Cunedag was þo al one kyng   and þe kýndom tó him nóm,
And nóbliche þré and þrítti ʒér   héld þe kýndóm, 215/6

ähnlich v. 199, wogegen pag. 162, v. 12 dem romanischen Princip des Rhythmus zu Liebe zwischen die beiden Hebungen ein tonloses *e* eingeschoben ist:

Myd ʒyftys and myd vayre byheste   and auong þe kynedom,

ebenso v. 158 u. 227. Gerade so v. 202/3:

And byturnde hem aboue al heselyche,   as yt wóld be
adónwárd
And oþer byuore ne myȝte noȝt   so quiclyche úpwárd.

Dagegen v. 208/9:

And myd suerd and myd ax;   vor hii þat úpward nóme
Ne myȝte non wylle abbe of dunt,   as hii þat dónward cóme.

Ebenso sind zu vergleichen:

Myd Harald Arfager kýng of Nórþweý 22

im Reim auf *eye (awe),* ferner v. 30: *pléy: Nórþwéy* und v. 39:

On bódy þer wás of Nórþwey, betere nas þer non,

wo das Wort *Norþwey* seinen gewöhnlichen Ton hat, indess
bei Annahme eines septenarischen Verses auch *Nórþwéy* gelesen werden könnte.   Ebenso wird demnach zu behandeln
sein das Wort *ssreward* in Vers 56:

And þat hii kudde hym afterwarde   aȝén Wílliám bastárd
As ȝé ssole sóne yhúre   vor he was évere a ssréwárd.

Fälle ähnlicher Art wären leicht in grösserer Anzahl beizubringen, so z. B. *Rob. of Gl. ed Hearne* I, p. 126: *London —
treson* (wogegen Langtofts Chr. II, 329: . . . *táken is and bóndon
. . . . and léd him únto Lóndon*); 138. *Scotlond — to stonde*;
133: *hure — Arthure*; 145: *Yrlond — stonde* etc. Es geht aus
diesen Beispielen nicht minder deutlich, als aus den früheren
hervor, dass nur von schwebender Betonung die Rede
sein kann.

Daran schliessen sich naturgemäss andere volle Ableitungssilben an, die eine ähnliche Behandlung zulassen und erheischen, wie —*yng,* — *lyng,* — *esse,* — *nesse,* u. a. (s. p. 145)
z. B. Mätzner I:

þo oþer doȝter he aschede þó þat sáme áskýng
Sire, quod heo, bi hye Godes, Lordes of alle þyng, 23/4

nicht *ásking;* ebenso 55: *bigýnnýng: éndíng;* p. 156, 59/60:
for híre tréwnésse: of híre gódnésse.

Ist nun hierin wohl eine Art Accommodation an das romanische Betonungsgesetz zu erkennen, so macht sich doch
neben dem schon erwähnten häufigen Fehlen der Senkung
zwischen zwei Hebungen durch Fehlen und noch öfter Ver-

doppelung oder Umstellung des Auftaktes, sowie durch doppelte oder mehrfache Senkung zwischen den Hebungen und durch Verschleifungen der germanische Einfluss in viel stärkerem Masse geltend. Wenige Beispiele von den vielen, die sich bei einem Blick in den Text darbieten, genügen. Fehlen des Auftaktes: Mätzner v. 1: *After kýng Báþúlf*, v. 3: *Up þe water of Soure*. Doppelter Auftakt: *and to haútenésse drow lést* Mätzner 82: *Heo ne koúþe óf no fikelýng* ib. 32. Umgestellter Auftakt: 13, 2 *Dóʒter ic bídde þé*; 24, 2 *Lórdes of álle þýng*. Zwei- resp. dreisilbige Senkungen: *þe óþer dóʒter he hádde assaýed þat he ne dúrste tó hire wýnde* ib. 112.

Es ist unnöthig, hierauf weiter einzugehen, da sich diese Freiheiten des Rhythmus wie in den früheren Gedichten hier wiederholen.

§. 115. Der Hauptrepräsentant der dritten Gruppe von Dichtungen in Langversen, d. h. solcher, die nur in Alexandrinern ohne eingemischte Septenare geschrieben sind, ist Robbert Mannyng (of Brunne) mit seiner Uebersetzung von Peter Langtofts französisch geschriebener Reimchronik [1]) der Geschichte Englands von 1272—1307. Peter Langtoft hatte sein Werk in französischen Alexandrinern in einreimigen Tiraden abgefasst. Robert Mannyng behielt dies Versmass bei, nur dass er die Verse paarweise reimte und von p. 69 in der Hearne'schen Ausgabe an noch Mittelreime eintreten liess (die indess auch in dem früheren Theile vereinzelt vorkommen), so dass wir von da an vierzeilige Strophen in kreuzweise reimenden Versen von drei Hebungen annehmen könnten, wenn nicht der Mittelreim auch manchmal fehlte, so z. B. p. 72, v. 5 u. 6 v. o., ebenso v. 5 u. 6 v. u., p. 73, v. 1 u. 2, 7 u. 8 u. a. m.

Die vier Arten altfr. Alexandriner, die wir kennen (vgl. § 54), sind auch hier von dem englischen Uebersetzer sämmtlich nachgebildet:

---

1) *Peter Langtoft's Chronicle as illustrated and improv'd by Robert of Brunne ed. by Thomas Hearne, M. A. Oxford, 1825. 2 vols.*

I. *Messengers he sent þorghout Inglond*
II. *Unto þe Inglis kynges þat had it in þer hond,* p. 2, v. 3/4

oder:

III. *After Ethelbert com Elfrith his broþer,*
IV. *þat was Egbrihtes sonne and ȝit þer was an oþer,*
p. 21, v. 7/8.

Schon diese Verse zeigen deutlich, dass auch in diesem dem französischen Alexandriner direct nachgebildeten Versmasse der germanische Einfluss nicht minder stark, als in den vorhin betrachteten Gedichten obwaltet. In dem ersten Verse haben wir in beiden Vershälften Fehlen des Auftaktes, in der zweiten Hälfte auch Fehlen einer Senkung zu verzeichnen; der zweite Vers ist regelmässig; im dritten zu Anfang Fehlen des Auftaktes, im zweiten Halbverse Fehlen einer Senkung; der letzte hat die regelmässige Silbenzahl, aber im ersten Halbvers mit Umstellung des Taktes. Zweisilbige Auftakte und Senkungen sind ebenfalls sehr häufig zu bemerken, so:

To purueie þam a skulkyng, on þe English eft to ride,
p. 3, v. 8
Bot soiorned þam a while in rest a Bangore. p. 3.
In Westsex was þan a kyng, his name was Sir Ine,
Whan he wist of þe Bretons, of werre ne wild he fine.
p. 2, v. 1/2.

Wie sehr Robert Mannyng sich bemühte, den Versbau seines Originals möglichst genau wieder zu geben, geht noch weiter daraus hervor, dass er einige Stellen genau nachbildete, in denen Peter Langtoft statt der gewöhnlichen Alexandriner die sogenannte *ryme couée* oder eigentlich eine Modification derselben, in so fern alle Verse nur drei Hebungen haben, eintreten liess. Ich citiere Peter Langtoft nach den Auszügen in *Wright's Political Songs, Camden Society, 1839*; so pag. 275:

Pour le graunt honur ke Edward le sené
Fist à Johan Bailloil, tele est la bounté
Dunt le rays Edward
Du ray Johan musard
est regwerdoné.

De Escoce sait cum pot,
Parfornir nus estoet
la geste avaunt parlé;

vgl. *Langtoft's Chronicle ed Hearne II,* 266:

A vileyine þam iþouht, to make þam duze pers,
Desherite Edward of alle his seignorie,
Of Jon Baliol musard suilk was his curteysie.
For Edward yode dede } *a wikked bounte.*
þe Baliol did him mede }
Turne we ageyn to rede } *a Maddok þer left we.*
and on our geste to spede }

Die englische Stelle bei Wright p. 286 ist vom Uebersetzer beibehalten mit einigen abweichenden Lesarten,
Hearne II, 273, und zwei Versen mehr. So stimmen noch
weiter im Rhythmus überein Wr. p. 292 (französ.) und H. II,
p. 276; Wr. p. 295 (engl.) und H. II, p. 277 (etwas verschiedener
englischer Text in beiden; bei Langtoft verstümmelt); Wr.
p. 298 und H. II, p. 278; Wr. p. 300/1 (franz. u. engl.) und
II. II, p. 279; W. p. 305 und H. II, p. 281; Wr. p. 308 und
H. II, p. 282 (hier hat Robert de Brunne die *ryme couée* schon
früher eintreten lassen); Wr. p. 322/3 (franz. u. engl.) und
II. II, p. 330.

§. 116. Nach Robert de Brunne's Zeit tritt die septe-
narisch-alexandrinische Langzeile entschieden an Popularität
hinter den übrigen Metren zurück, namentlich seitdem durch
Chaucer's Beispiel der fünftaktige Vers beliebt wurde. Am
häufigsten noch fand sie, wie später durch Beispiele gezeigt
werden wird, in der Lyrik Verwendung, doch auch hier viel
öfter in der durch Mittelreime zu Kurzversen aufgelösten
Form, als in der eigentlichen, nur zu Ende der Langzeilen
gereimten Gestalt.

In beiderlei Form begegnen uns diese Versarten, welche
wie früher (§. 73—75, 108) ausgeführt wurde, auf die vierhebige Langzeile einen gewissen assimilierenden Einfluss ausübten, auch im altenglischen Drama.

So ist z. B. Christi Abschiedsrede an seine Jünger in
dem Spiele *Conspiratio et capcio* der *Townsley Mysteries*
(p. 182) in diesem Metrum geschrieben, und zwar in der

zweiten, namentlich durch Robert of Gloucester vertretenen
Art desselben, in welcher Septenere und Alexandriner mit
einander wechseln, wie aus folgender Stelle, in welcher wir
die Kurzverse des Herausgebers als Langzeilen drucken, hervorgeht:

᷉ ᷈ *Now loke youre hartes be grefyd noght,   nawther in
                                        drede ne in wo,*

᷈ *Bot trow in God, that you has wroght,   and in me
                                        trow ye also*

— ᷈ *In my fader house, for sothe,   is many a wonnyng
                                        stede,*

᷉᷉ *That man shalle have aftyr thare trowthe,   soyn after
                                        thay be dede.*

*And here may I no longer leynd,   bot I shalle go
                                        before,   5*

And yit if I before you weynd,   for you to ordan thore,

᷈ *I shalle com to you agane,   and take you to me*

᷈ ᷈ *That where so ever I am,   ye shalle be with me.*

᷈ *And I am way and sothe-fastnes,   and lyfe that ever
                                        shal be,*

᷈ *And to my fader comys none, iwys,   bot oonly thorow
                    ·   me.   10*

᷉᷉ *I wille uot leyf you alle helples,   as men withouten
                                        freynd,*

As faderles and moderles,   thof alle I fro you weynd;

*I shalle com eft to you agayn,   this warld shalle me
                                        not se,*

᷉᷉ *Bot ye shalle se me welle certan,   and lyfand shalle
                                        I be.*

*And ye shalle lyf in heven,   then shalle ye knaw,
                                        iwys,   15*

᷈ *That I am in my fader even   and my fader in me is.*

And I in you, and ye in me,   and ilka man therto,

᷈ ᷉᷉ *My commaundement that kepys trule and after it wille do.*

*Now have ye hart what I have sayde,   I go and com
                                        agayn,*

— *Therfor looke ye be payde   and also glad and fayn; 20*

For to my fader I weynd,   for more then I is he,

I let you wytt, as faythfulle freynd,   or that it done be.

That ye may trow when it is done, for certes, I may
noght now

— *Many thynges so soyn   at this tyme speak with you.*

Die Vermengung der beiden Versarten tritt uns hier ganz in derselben Weise wie früher entgegen, nämlich so, dass öfters Alexandriner, wie v. 21—24, mit Septenaren reimen, während die Verse 7 und 8, 15 und 16 durch Anwendung von Verschleifungen in den Versen 7 und 15 als alexandrinische Verspaare gelesen werden könnten. Im Uebrigen ist der Rhythmus der septenarische, und zwar in correcterer und ungezwungenerer Durchführung, als in den meisten der früheren Dichtungen; desgleichen die Alexandriner, wo sie in unverkennbarer Gestalt vorkommen, wie in dem Gebet (p. 184):

Fader, thi son I was,   of the I aske this boyn,
If this payn may not pas,   Fader, thi wille be doyn.

Eine andere vom Herausgeber langzeilig gedruckte Stelle (p. 305, 306) ist vorwiegend (nicht ausnahmslos) in Alexandrinern geschrieben, doch auch mit Mittelreimen.

Aehnlich wie in den *Mysteries*, namentlich der *Towneley Collection*, wird auch in den *Moral Plays* sehr oft ein langzeiliges Metrum verwendet, welches zwischen alexandrinischem und vierhebigem Tonfall hin- und herschwankt. Eine besonders charakteristische Stelle hierfür findet sich in dem Stücke *Jacob and Esau (Dodsl. II, 208)*, wo Esau von der Jagd ganz ausgehungert heimkehrend auftritt und *so faint, that he can scarce go*, folgende Rede hält:

O whát a griévous paín   is húnger tó a mán?
Take áll that I háve for meát,   hélp whó that cán.
O Lórd, sóme good bódy,   for Gód's sake, give me meát.
I fórce not whát it wére,   so thát I hád to eát.
Meát or drínk, sáve my lífe —   or breád, I réck not whát: 5
If thére be nóthing élse,   some mán give mé a cát.
If ány good bódy   on me will dó so much cóst,
I will teár and eat her ráw,   she shall né'er be róst;
I prómise of hónesty   I will eát her ráw.
And what a nóddy was I',   and a whóreson dáw,   10
To let Rágan gó   with all my dógs at ónce:
A shoúlder of a dóg   were now meát for the nónce.

O', what shall I do? my teeth I can scarcely charm
From gnawing away the brawn of my very arm.
I can no longer stand, for faint I must needs lie. 15
And except meat come soon, remediless I die.

Die Rede Esaus beginnt mit alexandrinischen Rhythmen, um dann mit der drastischen Schilderung seines Heisshungers in ein lebhafteres, vierhebiges Tempo überzugehen und schliesslich wieder mit den früheren, ruhigeren Rhythmen zu enden.

Entschiedener, als in diesem Stück treten die alexandrinischen Langverse in anderen hervor, so z. B. in *Redford's Marriage of Wit and Science (Dodsl. II)* p. 387, wo *Will* den fünften Akt mit den Versen eröffnet:

Once in my life I have an odd half-hour to spare,
To ease myself of all my travail and my care.
I stood not still so long this twenty days I ween,
--- But ever more sent forth on messages I have been.
--- Such trudging and such toil, by the mass was never seen;
My body is worn out and spent with labour clean.

Nach diesem regelmässigen Anfang verläuft dann aber die Rede in den verschiedenartigsten Metren, wie überhaupt in diesem Drama das Versmass sehr oft wechselt und manchmal in unbestimmter Weise combiniert ist, so z. B. Alexandriner und Septenare regelmässigster Art in folgender Stelle (p. 386):

O, let me breathe a while, and hold thy heavy hand,
My grievous faults with Shame enough I understand.
Take ruth and pity on my plaint, or else I am forlorn;
Let not the world continue thus in laughing me to scorn.
Madam, if I be he, to whom you once were bent,
With whom to spend your time sometime you were content:
If any hope be left, if any recompense
Be able to recover this forpassed negligence,
O, help me now poor wretch in this most heavy plight,
And furnish me yet once again with Tediousness to fight.

Das erste und dritte Verspaar sind Alexandriner, das zweite Septenare, die beiden letzten eine Verbindung von Alexandriner und Septenar, die in seltenen Fällen auch in umgekehrter Reihenfolge auftritt, so z. B.

What Recreation did for thee   in these thy rueful haps,
And how the second time   thou fell into the lap.   (p. 385)
O noble Wit, the miracle   of God and eke of Nature:
Why cursest thou thyself   and every other creature? (p. 370)

an manchen Stellen dieses Dramas aber, so p. 341, 346, 359 etc.,
mit vorangestelltem Alexandriner, wie in dem letzten Verspaare des oben citierten Passus, regelmässig durchgeführt ist.

Wer dieses geschmacklose Metrum, welches sich also aus
der in altenglischer Zeit so sehr gebräuchlichen willkürlichen
Verbindung von Alexandrinern und Septenaren allmählich
entwickelte, zuerst in consequenter Durchführung zur Anwendung gebracht hat, ist bis jetzt meines Wissens noch nicht
festgestellt worden[1]). Guest meint (II, 233), dass es bald nach
dem Jahre 1500 in die Mode gekommen sei, bringt aber
keine Belege aus so früher Zeit dafür bei. Er bemerkt, es
sei im sechszehnten Jahrhundert unter dem Namen *poulter's
measure* bekannt gewesen, *because the poulterer, as Gascoigne
tells us, giveth twelve for one dozen and fourteen for another.*

Im sechszehnten Jahrhundert war es nicht nur im Drama
neben fortlaufenden Alexandrinern und Septenaren (*Appius and
Verginia; Cambyses*) sehr beliebt, sondern auch in der Lyrik
(sowohl langzeilig gereimt, als auch durch Mittelreime zu
Kurzzeilen aufgelöst) und auch in der Epik, wie z. B. Arthur
Brookes Gedicht *Romeus and Juliet* in diesem Metrum geschrieben ist. Doch diese Dichtungen gehören schon der
modernen Zeit an und zeigen in der Behandlung dieses Versmasses durchweg den regelmässigen, auch in Silbenzahl mit
dem Rhythmus übereinstimmenden Tonfall, der die neuenglische Metrik im Grossen und Ganzen von der altenglischen
unterscheidet und ebenfalls schon dem Alexandriner und
Septenar des altenglischen Dramas eigenthümlich ist, wie
die citierten Beispiele zur Genüge dargethan haben.

---

1) Vgl. die Anm. p. 117/8, wo aber bezüglich des von Ritson
mitgetheilten Gedichtes irrthümlich die consequente Durchführung dieses
Metrums angenommen worden ist.

Kapitel 14.

Das viertaktige kurze Reimpaar in seiner weiteren Entwickelung und Verwendung.

§. 117. Dieses Metrum, welches uns in dem gereimten Pater Noster schon in der zweiten Hälfte des 12. Jahrhunderts zum ersten Male begegnete, wurde im 13. und 14. Jahrhundert ausserordentlich beliebt. Es wurde zuerst, wie es scheint, durch die moralisierenden Gedichte populär, wie wir es denn in einigen solchen Dichtungen aus der Mitte des 13. Jahrhunderts, so namentlich in *The Owl and Nightingale*, schon mit einer unverkennbaren Virtuosität behandelt finden. Im Norden des Landes blieb es in diesem Zeitraume noch weiter für Dichtungen religiösen Inhalts, für Homilien, Legenden, Paraphrasen biblischer Schriften beliebt, während der Süden das lange Reimpaar für diese Stoffe bevorzugte. Allgemeine Verbreitung aber fand jenes kurze Versmass durch die zahlreichen Dichtungen romantischen Inhalts aus den verschiedensten Sagenkreisen.

• Der wesentliche Unterschied des viertaktigen Metrums von dem vierhebigen besteht, wie schon früher (§. 105) angedeutet wurde, darin, dass in diesem regelmässig nach der zweiten Hebung, oder nach der zweiten Hebung und dazu gehörender Senkung (resp. Senkungen) die Cäsur eintritt, im viertaktigen Verse dagegen gewöhnlich keine Cäsur bemerkbar ist, der Schluss des Gedankens vielmehr erst mit dem Versschluss eintritt. Das hängt damit zusammen, dass im vierhebigen Verse die Zahl der Senkungen keine fest begrenzte, folglich auch die Zahl der Worte eine grössere und in der Regel schon innerhalb des Umfanges eines Halbverses eine für einen kurzen Satz oder einen wichtigeren Satztheil ausreichende ist, während im viertaktigen Verse die Zahl der Senkungen principiell mit der Zahl der Hebungen übereinzustimmen hat, was thatsächlich zwar in altenglischer Zeit selten vollständig, in der Regel aber annähernd erreicht wird, so dass der viertaktige Vers

in Folge der geringeren Zahl der Senkungen einen kürzeren
Umfang, d. h. eine geringere Zahl von Silben und Wörtern
hat, die gewöhnlich erst mit dem Schluss des Verses den
Abschluss eines Satzes oder eines wesentlichen Bestandtheils
desselben ermöglichen. Dass diese Versarten bisweilen in
einander verschwimmen, indem sich unter vierhebige Verse
von gedrungenem Bau solche mischen, in denen die Cäsur
nur schwach oder gar nicht hervortritt, und die somit den
viertaktigen Versen sich nähern, wurde schon früher hervorgehoben. Andererseits ist das Wesen des viertaktigen Verses
nicht so zu fassen, als ob derselbe keine Cäsur haben
dürfe. Die Cäsur kann vielmehr gerade so wie bei dem
romanischen achtsilbigen Verse [1]), dem Vorbilde des Viertakters, eintreten oder nicht, und wird ebenso wie dort, wenn
sie eintritt, meistens unmittelbar nach der zweiten Hebung
(resp. der vierten Silbe) also als männliche Cäsur sich bemerkbar machen, doch ist auch dies in altenglischer Zeit
keineswegs ausnahmslose Regel. Gegenüber den Ausführungen
von Guest aber, der für den viertaktigen Vers die Cäsur nach
der zweiten Hebung als unumgänglich nothwendiges Erforderniss hinstellt (I, 190/1) und cäsurlose viertaktige Verse als
false rhythm bezeichnet, wobei er alliterierende Langzeilen
aus allen Epochen und viertaktige Verse alt- und neuenglischer Dichter durcheinander gemischt als Beispiele correcter
Verse anführt, muss betont werden, dass gerade cäsurlose
Verse den eigentlichen Typus des viertaktigen Metrums bilden, welcher allerdings manchmal, bei dem einen Dichter
häufiger, bei dem anderen seltener, je nach dem ruhigeren
oder bewegteren Ton des Gedichtes, von Versen mit Cäsur
unterbrochen wird. Dabei ist zu beachten, dass mit dem
Fortschritt und der Vervollkommnung der altenglischen Verskunst, sobald die Dichter gelernt hatten, einen Gedanken
durch mehrere Verse fortzuspinnen, das Vorkommen der Cäsur zunimmt, während in den ersten Proben dieses Metrums
der Schluss des Satzes in der Regel mit dem Versschluss zu-

---

1) Vergl. Stimming, der Troubadour Jaufre Rudel, Kiel, 1873,
p. 31, wo er den betreffenden Passus aus den Leys d'amors (I, 130)
citiert.

sammenfällt und die an dieser Stelle eintretende Pause daher
jede andere im Inneren des Verses etwa sich bemerkbar
machende so vollständig überwiegt, dass dieselbe daneben
nicht weiter in Betracht kommt. Aus diesem Grunde konnte
die Cäsur bei der ersten Besprechung des Viertakters (Kapitel 4) unberücksichtigt bleiben, während sie bei der weiteren
Entwickelung dieses Metrums nicht ausser Acht zu lassen ist.

Wie beim Alexandriner kann die Cäsur in Folge des
nicht strenge silbenzählenden Charakters des altenglischen
gleichtaktigen Rhythmus auch beim viertaktigen Verse stumpf
und klingend sein; im Gegensatz zu jenem Metrum aber ist
sie nicht an eine bestimmte Stelle des Verses gebunden, sondern kann auch, obwohl sie in der Regel nach der zweiten
Hebung eintritt, nach dem ersten oder dem dritten Takte,
wenn auch nur in seltenen Fällen, sich bemerkbar machen.

Das seltenere oder häufigere Vorkommen dieser verschiedenen Arten der Cäsur hängt zusammen mit den verschiedenen Richtungen in der Behandlung des viertaktigen
Verses, welche sich auch hier in der altenglischen Poesie
unterscheiden lassen.

§. 118. Im Norden des Landes, wo der freie Rhythmus
der alliterierenden Langzeile sehr populär war, wird auch
das kurze Reimpaar zum Theil recht frei behandelt, zum
Theil aber von anderen, einige Decennien später schreibenden
Dichtern in sichtlicher Opposition gegen die zu grosse Regel-
losigkeit in die Fesseln silbenzählender französischer Verskunst eingeschnürt, der sich manchmal die Sprache nur ge-
zwungen fügt; im Mittellande und im Süden dagegen, wo
das kurze Reimpaar schon Mitte des 13. Jahrhunderts mit
entschiedener Kunstfertigkeit gehandhabt wurde, bildet es
sich immer mehr zur anmuthigsten rhythmischen Einkleidung
erzählender Dichtung aus.

Die hauptsächlichsten Repräsentanten der freieren
Behandlung dieses Versmasses im Norden sind die sogenannten *Surtees Psalmen*[1]) (Ms. Anfang des 14. Jahrhunderts),
der schon erwähnte Robert de Brunne, der 1303 William

---

1) Herausgegeben für die *Surtees Society*, Bel 16 und 19, London,
1843/4.

Waddington's *Manuel des Pechiez* ins Englische übertrug unter
dem Titel *Handlyng Synne*[1]), ferner Richard Rolle de
Hampole (c. 1340) mit seinem Gedicht *The Pricke of Conscience*[2]). Der Uebersetzer oder Paraphrast der *Surtees Psalmen*
erlaubt sich weitaus die grössten Freiheiten. Dem Anscheine
nach haben die Verse dort lediglich die vier Hebungen als
feststehendes Gesetz, während die Senkungen sehr schwankend
behandelt werden. Der Rhythmus ist aber dennoch der gleichtaktige, nur werden oft zwei oder mehrere Senkungen zu
einem kurzen Takttheil zusammengefasst, so Psalm 118:

> *In þi rightwisenesses biþinke I sal*
> *þine saghes noght forgete with-al,* 16

und noch gewaltsamer:

> *Lagh set to me, Laverd, wai*
> *Of þi rightwisnesses and I sal seke it ai,* 33

wo wir also zweisilbigen Auftakt haben, und wo ausserdem
vier Senkungen im Innern des Verses zu éiner verschleift
werden müssen[3]); ähnlich v. 46:

1) Herausgegeben für den *Roxburghe-Club* von F. J. Furnivall,
M. A. London, 1862.

2) Herausgegeben von R. Morris, M. A. für die *Philological
Society*, Berlin und London, 1863.

3) Wem derartige Scansionen unwahrscheinlich vorkommen, der
bedenke, dass die englischen liturgischen Gesänge noch heutigen Tages
Erstaunliches hinsichtlich der Einzwängung einer übertrieben grossen
Zahl von Silben in einen bestimmten Rhythmus leisten und zwar
keineswegs immer unter Beobachtung der für solche Licenzen erforderlichen Bedingungen.

In sehr amusanter Weise ist übrigens die Verskunst eines unge-
bildeten, mit den Schwierigkeiten der Sprache und des Rhythmus
mühevoll ringenden Reimers persiflirt worden von Thackeray in seinen
eben dadurch besonders komisch wirkenden *Ballads of Policeman X*
(*Ballads* and *The Rose* and the *Ring* by *W. M. Thackeray*, London, Smith,
Elder & Co., 1879, p. 243 ff.), von denen zur Vergleichung mit den
viertaktigen sowohl, als auch den früher betrachteten vierhebigen Versen,
denen sie noch näher stehen, einige Strophen citiert werden mögen:

An igstrawnary tail I vill tell you this veek —
I stood in the Court of A' Beckett the Beak,
Vere Mrs. Jane Roney, a vidow, I see,
Who charged Mary Brown with a robbin of she.

And I spak of þi witnesses in kinges sight,
And noght was schént daí ne night.

Andererseits fehlt, wie in diesem letzten Verse, öfters eine
Senkung zwischen zwei Hebungen, namentlich aber häufig
der Auftakt; sehr oft auch begegnet Umstellung des Taktes,
sei es zu Anfang oder in der Mitte des Verses, so:

Seli þat ransakes witnes hisse
In alle þar hert sekes him for blisse. 2

Kurz, regelmässig gebaute Reimpaare bilden hier weit eher
die Ausnahme, als die Regel; das vierte Verspaar kann als
solches gelten:

þou bade þine bodes, ilke — dele,
To be yhemed swith[e] wele.

Spuren von Alliteration finden sich, wie in dem ersten Verse
dieses Paares, ähnlich wie in mehreren der vorhin citierten
Verse in grosser Anzahl; gleichwohl darf man nicht annehmen,
dass die Unregelmässigkeit des Metrums hinsichtlich der Behandlung der Senkungen damit in Zusammenhang steht; das
von dem Uebersetzer beabsichtigte und in der Regel auch
trotz der vielen Senkungen deutlich erkennbare Metrum ist
das viertaktige, wie schon daraus hervorgeht, dass die Cäsur
keineswegs eine allgemein durchgeführte Erscheinung ist,
sondern ganz im Gegentheil und, wie die citierten Beispiele
zeigen, gerade bei den längeren Versen häufiger fehlt, als sie
eintritt.

Nicht ganz so willkürlich verfährt Robert Mannyng
im Bau des kurzen Reimpaares, welches er für sein *Handlyng
Sinne* nach dem Vorbilde seiner Vorlage, dem *Manuel des
Pechiez* von Waddington, adoptiert. Doch ist auch sein Vers
noch ein sehr belebter, zum Theil durch häufiges Fehlen

This Mary was pore and in misery once,
And she came to Mrs. Roney its more than twelve monce.
She adn't got no bed, nor no dinner nor no tea,
And kind Mrs. Roney gave Mary all three.

Manche unter den altenglischen Dichtern stehen in Bezug auf
metrische Geschicklichkeit mit Thackeray's *Policeman X* so ziemlich
auf derselben Stufe.

des Auftaktes oder gelegentlich einer Senkung, so wie andererseits durch häufiges Verschleifen mehrerer Senkungen charakterisierter. — Probe: *Morris and Skeat, Specimens* II, p. 51:

> *Befyl hyt so vpon a day,*   5581
> *þat pore men sate yn þe way,*
> *And spred here hatren on here barme*
> *Aȝens þe sonne þat was warme,*
> ⁓ *And rékened þe cústome hoúses echóne,*   5585
> ⁓ *At whých þey had góde, and at whýche nóne;*
> ∾ *þére þey hadde góde, þey preýsed weýl,*
> ⁓ *And þére þey hadde nóght, néuer a déyl;*
> — *A's þey spák of mány whát*
> •• *Come Pérs fórþ ýn þar gát.*   5590

Während die ersten vier Verse regelmässig gebaut sind, zeigen die letzten sechs die verschiedenartigsten Freiheiten: 5585 und 5586 mehrfache Verschleifungen; 87: umgestellten Auftakt; 88: Verschleifungen; 89: Fehlen des Auftaktes; 90: Fehlen zweier Senkungen. Deutlich vernehmbare Cäsur findet sich nur in den Versen 5586—8, und zwar in den beiden ersten klingende, in dem letzten stumpfe Cäsur. Diesen Charakter trägt der von Morris und Skeat mitgetheilte Abschnitt durchweg in Uebereinstimmung mit Robert Mannyng's Behandlung des Alexandriners.

In ganz ähnlichem Rhythmus ist abgefasst der *Pricke of Conscience* des Richard Rolle of Hampole, wo namentlich mehrsilbige Verschleifungen und doppelter Auftakt ausserordentlich häufig sind, während Fehlen des Auftaktes und der Senkungen seltener bemerkbar ist. Es wird um so mehr gerechtfertigt erscheinen, auch von diesem Denkmal eine kleine metrische Probe mitzutheilen, als Guest (II, 236) das Versmass eines von Warton nach einem, wie es scheint, nachlässig geschriebenen Ms. mitgetheilten Abschnittes dieses Gedichts für das fünftaktige hielt. Wir wählen den Anfang des von Mätzner in seine Sprachproben aufgenommenen Abschnittes:

> *Ferst whan God made al thyng of noght,*   327
> ⁓ *Of the foulest matere man he wroght*
> ⁓ *þat was of erthe; for twa skyls to halde,*

⌣⁀ þe tane es *forthy* þat God walde   375
~~~ Of foule matere mak men in despite
    Of Lucifer þat fel als tyte
    Til helle, als he had synned þurh pride,
~~~ And of alle þat with him fel þat tyde;
~~~ For þai suld have ꝥan þe mare shenshepe,   380
~~~ And þe mare sorow when þai tuk kepe,
~~~ þat men of swa foul matere suld duelle
— In þat place fra whilk þai felle.
    þe tother skille es þis to se:
    For man suld here þe meker be   385
    Ay when he sese and thynkes in thoght,
    Of how foul mater he is wroght.
~~~ For God, thurgh his gudnes and his myght,
~~~ Wald, ꝥat sen þat place in heven bright
~~~ Was mayde voyde thurgh þe syn of pride,   390
~~~ It war filled ogayne on ilka syde
    Thurgh þe vertu of mekenes
    þat even contrary til pryde es;
— þan may na man þider come
    Bot he þat meke es, and boghsome.   395

Silbenverschleifungen und fehlende Auftakte sind hier die charakteristischen Licenzen dieses bewegten Metrums, welches aber einmal durch viele durchaus regelmässige Verse als das viertaktige gekennzeichnet und ferner durch die Behandlung der Cäsur in demselben noch weiter als solches verbürgt wird. Starke Cäsuren finden sich in dem mitgetheilten Passus nur v. 374, 377, 378 (nach dem ersten Takte), 390. Diesen Charakter hat das Metrum des Gedichtes durchweg.

§ 119. Im Gegensatz zu diesen Dichtungen von freierer Structur des Verses macht sich eine Gruppe anderer Dichtungen des Nordens durch ein entschiedenes Streben, in strengerer Weise die richtige Silbenzahl des französischen kurzen Reimpaares einzuhalten, bemerkbar. Dahin gehören ausser einigen Liedern Minots, die indess noch einen freieren Bau haben, obwohl sich dasselbe Streben nach Regelmässigkeit darin zeigt, zumal in den strophisch gebundenen (nur eins ist in Reimpaaren abgefasst), die *Metrical Homilies* (c. 1330)

ed. by Small, Edinburgh, 1862, der *Cursor Mundi (c. 1320)*
ed. by R. Morris (E. E. T. S. 57, 59, 62, 67, 68), Barbour's
Bruce (1375) ed. by Jamieson, Edinburgh, 4⁰, 1820, auch *by Skeat*
(E. E. T. S. Extra-Ser. 11, 21, 29) und *Andrew of Wyntown's Chro-*
nykyl of Scotland (c. 1420) ed. by D. Macpherson, London, 4⁰,
1795; auch *ed. by David Laing (Historians of Scotland, vol. 9)*
8⁰, Edinburgh and London, 1879. Im Vergleich zu den frtiheren
Versen sind die kurzen Reimpaare dieser Gedichte schon
sehr regelmässig, ja für einen harmonischen Klang des englischen Verses zu regelmässig, so dass in Folge des strengeren,
silbenzählenden Princips öfters der natürlichen Betonung der
Wörter Zwang auferlegt wird. ˙Am freiesten bewegen sich
noch die *Metrical Homilies*, wo noch immer manche Verse
vorkommen mit fehlender Senkung, so Mätzner 279 v. 1:

> *Sain Jón télles ús a tále,*

ferner v. 81, 83 etc., oder mit fehlendem Auftakt, wie v. 2, 3:

> *In our godspel, of a bridale,*
> *That was maked in a cite,*

ferner v. 8, 25, 43, 59, 76 etc., oder mit doppeltem Auftakt:

> *Itt bihoues com of mi godhede* 18

oder auch mit doppelten Senkungen:

> *Wit water, and thai did son his wille.* 38

Damit sind aber so ziemlich schon die in den ersten hundert
Versen vorkommenden Unregelmässigkeiten erschöpft. Manche
Verse dieser Dichtungen tragen schon ein ganz silbenmessen-
des Gepräge, so v. 42—46:

> *Thai did Críst comándemént*
> *And bár the wíne riht þár he mént.*
> *þis wíne tásted þát bern bálde,*
> *And tíl him þé bridgóm he cáld.*

In viel ausgeprägterer Weise noch tritt dasselbe Streben
zu Tage in dem umfangreichen *Cursor Mundi*. Aus der Vergleichung der vier MSS., die von dem Herausgeber Morris
in parallelen Columnen gedruckt worden sind, geht hervor,
dass der Dichter entschieden correcte Verse nach französischem Muster zu schreiben beabsichtigte, was ihm auch im

Grossen und Ganzen gut gelungen ist. Eine kritische Ausgabe müsste ihm daher vor allen Dingen auch in dieser Hinsicht gerecht werden. Andererseits aber lässt die Vergleichung der MSS. nicht minder deutlich erkennen, dass unter diesem Streben nach Correctheit und Regelmässigkeit bezüglich der Silbenzahl nicht selten der natürliche, durch die Wortbetonung bedingte Rhythmus des Verses leidet, oder vielmehr, dass aus Reimnoth öfters die Ableitungssilbe, sehr selten die Flexionssilbe eines Wortes zum Reime verwendet, das Wort also der natürlichen Accentuation zuwider mit schwebender Betonung gelesen werden muss, wodurch dann der ganze Vers einen schleppenden Klang erhält [1]). Oefters sind es die nördlichen Participial-Endungen auf -and, welche so gebraucht werden, zuweilen auch die südlichen auf -ing, so:

> But for-þi þat na werk may stand
> Wit-outen grundwall to be lastand, 125

ähnlich 391/92 : stand : dwelland ;

> Of all þis werld mad adam king,
> Euer to last wit-outen ending ; 669/70

andere Fälle der Art, die innerhalb der ersten tausend Verse vorkommen, sind drightin : vyn 179/80; formast : mast 433/4; adam : nam 623/4; 631/2; woman : an 629/30; 885/6. In den meisten Fällen ergiebt sich hier die schwebende Betonung durch das Consonantengewicht des Stammwortes oder die Composition von selber. Ein wirklich unerträglicher und in Folge abweichender Lesarten zweier Handschriften keineswegs sicher verbürgter Reim ist v. 77/78 :

> Suilk in herþ es fundun nan,
> For scho es modur and maidan ;

(var. lect.: founden none : mayden alone). Uebrigens sind auch die anderen nordenglischen Dichter dieses Zeitraumes von

---

1) Vgl. Brücke, Physiol. Grundlagen der nhd. Verskunst, der in ähnlichem Zusammenhange von solchen durch die Noth veranlassten Incongruenzen (p. 18) sagt : „Man hat dafür zu sorgen, dass der Vers nicht zu sehr entstellt werde, wenn man beim Recitieren den wahren Accent noch hörbar macht; dass der Rhythmus einigermassen verändert werde, kann man nicht vermeiden."

derartigen Härten keineswegs freizusprechen; so finden wir in den *Metrical Homilies: standand : land* 35/36; *feste: strangeste* 47/48; *godspelle : telle* 56/57; *bodi : to bi* 67/68; *mai : sundai* 91/92; bei Rob. Manning: *jangland : hand* 5593/94. Die richtige schwebende Scansion wird durch zahlreiche Fälle solcher Reime, in denen beide Silben hochtonig gebraucht werden, dargethan, z. B. :

> *Súmwhat óf his clóping*
> *For þe loue of hevene kyng* 5703/4

ferner 5725, 5770, 5807, 5836, 5897/8 etc.

Auch bei John Barbour und Andrew of Wyntown, deren Verse im Ganzen glatter gebaut sind, fehlen derartige Reime keineswegs gänzlich. Bei Barbour namentlich zeigt sich wieder deutlich, dass dieselben stets mit schwebender Betonung gelesen werden müssen, denn wo in seiner Chronik solche Reime vorkommen, liegt fast immer auch auf der Stammsilbe der Hochton, so *hérýng : cárpyng* 5/6; *likánd : plésánd* 9/10:

> *As wés king Róbert off Scótlánd,*
> *That hardy wes off hart and hand;*
> *And gúd Schyr Jámes off dóuglás,*
> *That in his tyme sa worthy was.* 27—30

ferner 35/36; 49/50; 57/58; 83/84; 95/96; 99/100 etc.

Von reimenden Flexionssilben sind mir bei Barbour keine Beispiele begegnet, wie denn überhaupt sein Vers recht glatt gebaut ist. Selbst Fehlen des Auftaktes ist selten (56, 101 etc.), noch seltener doppelter Auftakt oder doppelte Senkung. Bemerkenswerth ist noch seine grosse Vorliebe für den männlichen Reim. In den ersten 200 Versen kommen nur 18 weibliche Reime vor, und zwar fast nur solche, die auf ein tonloses End-*e* ausgehen.

Eine kurze Probe aus Barbours *Bruce* möge zur besseren Veranschaulichung dieser strengeren Richtung in der Behandlung des kurzen Reimpaares von Seiten dieses Dichters und der anderen oben erwähnten, welche ähnliche Principien befolgten, dienen. Wir wählen den Anfang von Buch V :

> *This wes in were, quhen vyntir tyde*
> — ⌣⌢ *Vith his blastis, hydwis to byde,*

— *Wes ourdriffin: and byrdis smale,*
As thristill and the nychtingale,   4
Begouth rycht mealy to syng,
ᴗᴖ *And for to mak in thair synging*
— *Syndry notis, and soundis sere,*
ᴗᴖ *And melody plesande to here.*   8
• *And the treis begauth to ma*
Burgeonys and brycht blwmys alsua,
To vyn the heling of thar hevede,
That vikkit vyntir had thame revede;   12
• *And all grewis begouth to spryng.*
Into that tyme the nobill king,
ᴗᴖ *Vith his flot and a few menʒe,*
ᴖᴖᴖ *Thre hundir I trow thai mycht weill be,*   16
ᴗᴖ *[Wes] to the se, furth of Arañe,*
A litill foñow the evyn gare.
Thai rowit fast with all thar mycht,
Till that apon thame fell the nycht,   20
That it wox myrk on gret maner,
Swa that thai wist nocht quhar thai wer.
For thai na nedill had na stane,
But rowit alwayis in-till ane,   24
ᴗᴖ *Stemmand alwayis apon the fyre,*
That thai saw byrnand licht and schire!
It wes bot auentur that thame led:
And thai in short tyme swa thame sped,   28
That at the fyre arivit thai,
And went to land but mair delay.

Schwebende Betonungen und fehlende Auftakte sind die am häufigsten hier vorkommenden Licenzen. Silbenverschleifungen dagegen kommen sehr selten vor und auch kräftige Cäsuren, wie in v. 1—3, 8, 17, sind viel seltener anzutreffen, als Verse mit fehlender Cäsur, zumal in ruhig fortschreitender Erzählung.

Ganz den nämlichen Charakter trägt der Versbau bei Andrew of Wyntown, soweit ich denselben kennen gelernt habe.

§ 120. Die löbliche Mittelstrasse zwischen der Ungebundenheit der nordenglischen Dichter zu Anfang des vierzehnten Jahrhunderts und der etwas unbeholfenen Pedanterie derjenigen des Ausgangs dieses Zeitraumes haben die Dichter von Mittel- und Südengland eingeschlagen. Auch hier zeigen die älteren Dichtungen grössere Lebendigkeit, die späteren grössere Regelmässigkeit in der Behandlung des kurzen Reimpaares, die aber in beiden Fällen mit Mass und Geschick gehandhabt wird. Hierher gehören namentlich *The Story of Genesis and Exodus ed. by R. Morris (E. E. T. S. 7)*, *The eleven Pains of Hell ed. by R. Morris in An Old Engl. Miscellany (E. E. T. S. 49) p. 147 ff.*, *The Ule and Nightingale ed. by F. H. Stratmann, Krefeld, 1868*; ferner *The Fox and the Wolf* (u. a. in *Mätzners, Sprachpr. p. 130*), *The land of Cokaygne* (desgl. p. 148), *The lay of Havelok (E. E. T. S. Extr.- Ser. 4)* und einige kleinere *lays* [1]), wie der *Lay le Freine (Weber Metr. Rom. I, 357)*, *Sir Orfeo ed. Zielcke, Breslau*, 1880; dann zahlreiche Heiligenlegenden und Romanzen, von welchen letzteren namentlich folgende hier Berücksichtigung gefunden haben: *King Alisaunder (Weber, Metr. Rom. I)*, *Richard Coer de Lion (ib. II)*, *The Life of Ipomydon (ib. II)*, *The Sevyn Sages (ib. III)*, *Guy of Warwick ed. by Dr. J. Zupitza (E. E. T. S. Extr.-Ser. 25, 26)*, ferner *Gower's Confessio Amantis ed. by R. Pauli, London*, 1857, mehrere von Chaucers Jugendgedichten und eins aus der zweiten Epoche seiner dichterischen Thätigkeit, nämlich *The House of Fame.*

Ein durchgreifender wesentlicher Unterschied kann nach dem früher Gesagten in der Behandlung des kurzen Reimpaares bei den nordenglischen Dichtern dieses Zeitraums und derjenigen der Dichter des Südens nicht vorhanden sein. Der allgemeine Typus bleibt der nämliche, also der Rhythmus von vier Takten, wie derselbe von Morris klar dargelegt ist in seinen Bemerkungen *On the Metre of Havelok (Pref. XLIV ff)*. Es sei gestattet, um meine vollständige Uebereinstimmung mit seiner (und Ellis') Ansicht über dieses Metrum darzuthun, das Wichtigste seiner Auseinandersetzung hier zu citieren: *The*

---

[1] Das gebräuchlichere Metrum für die altenglischen Dichtungen dieser Gattung ist indess die später bei den Strophenformen zu betrachtende *rime couée.*

chief rule is that every line shall contain four accents (four measures, sagt Ellis präciser, wie Morris zugiebt, Anm.), *the two principall types being afforded by the eight-syllable and nine-syllable lines* (mit vorhandenem Auftakte):

(a) *For hém ne yédë góld ne fé*, 44;
(b) *It wás a kíng bi árë dáwes*, 27;

and (2) *by the seven-syllable and eight-syllable lines* (mit fehlendem Auftakte):

(c) *Hérknet tó me gódë mén*, 1;
(d) *A'lle thát he micthë fýndë*, 42.

To one of these four forms every line can be reduced, by the use of that slighter utterance of less important syllables which is so very common in English poetry. It is not the number of syllables but of accents, that is essential. Zum Schluss seiner Vorrede wiederholt dann Marris eine treffende Bemerkung, die er schon bei *Genesis and Exodus* p. XXXVIII gemacht hatte: „*A poet's business is, in fact, to take care that the syllables which a r e to be rapidly pronounced are such as easily c a n be so; and that the syllables which are to be heavily accented are naturally those that o u g h t to be. If he gives attention to this, it does not much matter whether each foot has t w o or t h r e e syllables in it.*"

Gleichwohl tritt doch der romanische Einfluss im Versmasse jener beiden Dichtungen des südlichen Mittellandes aus der zweiten Hälfte des 13. Jahrhunderts, die von Morris herausgegeben worden sind, als éin Gedicht unter dem Titel *The Story of Genesis and Exodus*, in viel stärkerem Masse zu Tage, als in der früher (§. 52, 53) betrachteten gleichfalls dem Süden angehörigen Paraphrase des Paternoster, der ältesten in kurzen Reimpaaren geschriebenen altenglischen Dichtung. Es sind zwar, wie Morris in einer längeren metrischen Betrachtung ausgeführt hat, auch dort die bekannten metrischen Licenzen, in denen der germanische Einfluss sich geltend macht, vorhanden, aber in viel geringerer Zahl.

So fehlt auch dort zunächst öfters der Auftakt, wodurch der Vers bei männlichem Ausgange sieben-, bei weiblichem achtsilbig wird, z. B.:

Luuen god and seruen him ay,   5

wo zugleich Verschleifung des *e* in *seruen* eintritt, oder v. 29:

Fader god of alle dhinge;

indess unter den ersten 112 Versen von *Genesis* kommen nur ein halbes Dutzend solcher Verse vor, in *Exodus* etwa die dreifache Zahl, wie denn das Metrum dieses Gedichts überhaupt einen lebendigeren Eindruck macht. Auch das End-*e* und das flexivische *e* der Endungen ist, wie nicht weiter ausgeführt zu werden braucht, derselben metrischen Behandlung unterworfen, wie in dem früheren Gedicht; indess wird es doch viel seltener elidiert oder übersprungen, sondern meistens dem silbenzählenden Princip gemäss als Senkung gemessen. Aehnlich kommt es im Vergleich zu dem *Pater Noster* ebenfalls nur selten vor, dass zwei kurze Wörter oder Silben zusammen eine Senkung ausmachen müssen.

Beispiele solcher Verschleifungen sind:

dog he ne be lered on no boken 4;
dat weldet alle dinge wit rigt and skil, 52;
In to dis dhisternesse her bineden, 66;

ähnliche Fälle kommen in den ersten 100 Versen von *Genesis* nicht mehr vor, sondern nur einige ziemlich leichte Verschleifungen des *e* wie:

Her beneden and dund abuuen. 10.
Of waters froren, of ises wal. 97.

Viel häufiger dagegen scheinen stärkere Verschleifungen im Exodus zu sein, vgl. 2541—2544:

And bi odere seuene kinges sel,
Wexen he dore and dogen wel.
de egtenede king amonaphis,
Agenes dis folc hatel is.

Auch der dieser Gruppe vorangehende und nachfolgende Vers sind noch ähnlich gebaut, wie überhaupt von den ersten 100 Versen nahezu die Hälfte.

Das Fehlen einer Senkung im Innern des Verses kommt verhältnissmässig selten in beiden Gedichten vor. Beispiele:

hu man may him wél lóken. Gen. 3.
fórd glód dat firme ligt. ib. 75.
and cúmen dér eár was nón. Exod. 2562.

Dagegen treten im *Genesis* besonders eine Anzahl von Versen
hervor, in denen entschieden das französische, silbenmessende
Princip sich zeigt:

In firme bigining, of nogt 39.
May no fir get melten đat ys. 99
His owen sed beren bad he. 120.

Noch interessanter sind v. 31—34:

đu giue me seli timinge
To thaunen đis werdes biginninge
đe, leverd god, to wurđinge
Queđer so hic rede or singe!

wo das romanische, silbenzählende und das germanische,
hauptsächlich auf Taktgleichheit beruhende Princip der Vers-
behandlung sich in evidenter Weise mischen; ähnlich noch
v. 684, 833, 834, 1025, 1244, 1505—1508, 1623, 1624, 2140,
2398, also nur in wenigen Fällen, und stets ist es nur die
Ableitungssilbe *ing*, welche in der Weise im Reim den Ton
trägt. Aehnliche Fälle kommen im *Exodus* vor (z. B. 3516),
im Allgemeinen aber herrscht durchweg germanische Betonung in beiden Gedichten.

§. 121. In einer ähnlichen Behandlung dieses Versmasses
sind noch zwei andere, etwas weniger umfangreiche Dichtungen jener Zeit abgefasst: Das eine von den 11 Höllen-
qualen, *The XI pains of Hell, Old Engl. Misc.*, p. 147, ein
beschreibendes Gedicht, und dann das bekannte lyrisch-didak-
tische Streitgedicht „Die Eule und die Nachtigall", *The
owl and the nightingale.*

Das erstere Gedicht ist interessant, weil wieder sicherlich ein französisches Original zu Grunde liegt, wie denn in
einzelnen Theilen sogar die französische Fassung in dem
englischen Text beibehalten ist. Trotzdem ist doch der germanische Charakter des Metrums in Folge öfteren Fehlens
des Auftaktes und häufiger Verschleifungen vorherrschend;
es hat in dem Metrum viel Aehnlichkeit mit dem *Pater Noster*,
nur ist es noch regelmässiger und geschickter gebaut.

Der Dichter von Eule und Nachtigall, der nach
ten Brink's Ansicht c. Mitte des 13. Jahrhunderts schrieb,
handhabt das Versmass der kurzen Reimpaare schon mit

grosser Gewandtheit. Er versteht es, das silbenzählende, französische und das germanische, accentuierende Princip aufs
geschickteste mit einander in Einklang zu bringen. Das
heisst, mit dem jambischen Rhythmus stimmt in der Regel
auch die natürliche Betonung der Wörter überein, deren Silben
zu gleicher Zeit die nach französischem Gesetz erforderliche
und gestattete Zahl einhalten. Wo er sich aber die bekannten
Licenzen gestattet, Fehlen des Auftaktes und Verschleifungen,
handhabt er dieselben mit dichterischem Geschick, indem er
nur solche Silben verschleift, die sich leicht verschleifen
lassen, so dass keine Härten entstehen. Folgende kurze
Probe wird die technische Fertigkeit des Dichters zur Genüge erkennen lassen:

> *Ich was in one sumere dale,*
> *In one swiþe diȝele hale,*
> *Iherde ich holde grete tale*
> *Ane ule and one nihtegale.*
> *þat plaid was stif and starc and strong,*   5
> *Sum hwile softe, and lud among;*
> ‿ᴖ *And eiþer aȝen oþer swal,*
> *And let þat uvele mod ut al.*
> *And eiþer seide of oþres custe*
> *þat alre worste þat hi wuste;*   10
> *And hure and hure of oþres songe*
> *Hi heolde plaiding swiþe stronge.*
>   *þe nihtegale bigon þe speche,*
> *In one hurne of one breche;*
> *And sat up one faire boȝe,*   15
> *þar were abute blosme inoȝe,*
> *In ore waste þicke hegge,*
> *Imeind mid spire and grene segge.*
> *Heo was þe gladre for þe rise,*
> *And song a feole cunne wise:*   20
> ‿ᴖ *Bet þuhte þe drem þat he were*
> *Of harpe and pipe, þan he nere,*
> *Bet þuhte þat he were ischote*
> *Of harpe and pipe þan of þrote.*
>   *þo stod on old stoc þar bi side,*   25
> — *þar þe ule song here tide,*

And was mid ivi al bigrowe,
Hit was þare ule eardingstowe.

Der Rhythmus ist hier, wie schon die wenigen metrischen
Zeichen erkennen lassen, ein ungemein gleichmässiger. Silbenverschleifungen kommen fast gar nicht vor, wenn man nicht
etwa vorzieht, den 21. Vers zu scandieren:

Bet þuhte þe drém þát he wére,

also mit Verschleifung, fehlender Senkung und dadurch ent-
stehender scharfer Cäsur, wie sie sonst in dem ganzen Passus
nicht vorkommt. Dem regelmässigen Rhythmus dieser ersten
Verse entspricht der Versbau des ganzen Gedichtes.

§. 122. Damit lag nun ein ausgebildetes Metrum vor,
welches für verschiedene Dichtungsarten verwendbar war
und in der That mit geringen Modificationen bis auf den
heutigen Tag vielfach verwendet worden ist. In altenglischer
Zeit war es sehr beliebt: bis tief in die Regierungszeit Edu-
ards III blieb es die vorherrschende Form des englischen
versificierten Romans, später wurde es von Gower und Chaucer
mit Vorliebe gepflegt, von dem letzteren aber durch den fünftaktigen Vers ersetzt, welcher dann zunächst die Oberherrschaft behauptete und in den folgenden Jahrhunderten vorwiegend die weitere Entwickelung des gleichtaktigen Versrhythmus vertritt.

Im Allgemeinen kann man sagen, dass die Verfasser der
späteren, p. 269 citierten, süd- und mittelländischen Dichtungen
sich mit entschiedenem Geschick dieses Metrums bedienten,
dass sie meistens wohllautende, fliessende Verse schrieben und
so nicht unwesentlich zur Verfeinerung des rhythmischen Gefühles beitrugen.

Sie gestatten sich die bekannten Abweichungen vom
regelmässigen achtsilbigen Verse französischen Musters, aber,
wie gesagt, meist in geschickter Weise. Es wird genügen, einige
Proben der verschiedenen Licenzen aus den einzelnen Gedichten zu citieren. Fehlen des Auftaktes ist am häufigsten zu bemerken, so:

Hé nes néuere in nóne wise. VW. 3.
Só þat hé ofsei ane wúl. VW. 10.

ferner v. 13, 20, 22, 28, 29, 30, 37, 44

> *Fúr in seé bi Wést Spaýngne* Cok. 1, 2.
> *I's a lónd ihóte Cokaýngne.*

ferner v. 7, 10, 11, 22, 25—35, 39—41 etc.

> *Háuelok wás a fúl god góme.* Hav. 7.
> *þát ye mówen noú yhére*
> *A'nd þe tále ye mówen ylére.* 10, 11.

ferner 1, 2, 18, 21, 22, 26, 42, 50 etc.

> *Treówe lóve in heórte dúriþ,* Alis. 2052.
> *E'rly, só the sónne him lýghtis;* 2060.
> *A'rcheláus áfter him cám,* 2065.

20, 67, 70, 79, 83, 85, 93, 94, 97, 98 etc.

> *Féle off hém that wólde hére,* Rich. 26.
> *Nóble jústis I úndyrstónde,* 27.

38, 48, 49, 50, 57, 59, 68, im Ganzen anscheinend etwas seltener.

> *In his týme he wás ful bólde,* Ipom. 5.
> *Feýre he wás on fóte and hánd,* 7.
> *Góld and sýlver he hád plenté;* 12.

13, 14, 18, 27, 37, 38, 53, 54, 56, 57, 62, 68, 69 etc.

Aehnlich ist das Verhältniss in den *Seven Sages*:

> *Léves yowr spéche and héres this spéll:* 2.
> *O'f the séven ságes of Róme* 4

ferner 5, 8, 16, 30, 34, 38, 51, 52, 53, 68 etc.

Auch die zweite Version des *Guy of Warwick* aus dem 15. Jahrhundert verhält sich ganz ähnlich:

> *Máne aventeúres háthe befálle,*
> *Thát ʒyt bé not knówen álle;* 3/4.

reichlich der fünfte Theil der ersten hundert Verse sind so gebaut: 5, 17, 22, 29, 31, 35, 39, 41, 42, 63, 73, 86, 90, 97—100.

Eine nicht minder häufig anzutreffende Licenz ist die der doppelten Auftakte und der Silbenverschleifungen im Innern des Verses, in der Regel bei tonlosen Flexionsendungen:

At ꝥe furmeste bruche ꝥat he fond VW. 21.
He ne hounderstood nout of ꝥe ginne. 77.
ꝥat hy ne miʒtte non lengour libe. 42.
ꝥoʒ paradis be miri and briʒt. Cok. 5.
Fluren cakes beꝥ ꝥe scingles alle. 57.
The rym is maked of Hauelok Hav. 23.
He was ꝥe stalworꝥeste man at nede. 25.
Of a tale ꝥat ich you wile telle. 3.
He ne yaf a note of hise oꝥes. 419.
Ladde after him XX. thousand hardy. Alis. 2074.
Mauryn braught after, of Ynde lond. 2077.
Wiꝥ his children and wiꝥ his wyve. 2085.
And after he taught him other dede. Ipom. 56.
And hire name was dame Milisant. S. Sag. 12.
It was nothing that he lufed mare. 31.
His fader was emperoure of Rome. 27.
Seven maysters that war in Rome. 34.
And take ensawmpull be wyse men. GW. 7.
Ther was none bettur on ꝥat halfe ꝥe see. 92.
And comawndyd, y schulde, par ma faye, 165.

Im *Richard Coer de Lion* sind Verschweifungen seltener zu finden. Der Dichter arbeitete höchst wahrscheinlich nach einer französischen Vorlage. Denn er sagt in der Einleitung des Werkes (v. 21—28), die noch einen etwas bewegteren Versbau aufweist, als die eigentliche Erzählung:

 ⏑⏑ *In Frenssche bookys this rym is wrought,*
 ⏑ *Lewede menne knowe it nought;*
 ⏑ *Lewede menne cunne French non;*
 ⏑⏑ *Among an hondryd unnethis on;*
 ⏑⏑ *And nevertheles, with glad[e] chere,*
 — *Fele off hem that wolde here,*
 — *Noble iustis, I undyrstonde,*
  Of doughty knyghtes off Yngelonde.

Vermuthlich wurde der Dichter durch den silbenzählenden Versbau des französischen Originals veranlasst, auch dem englischen kurzen Reimpaar eine etwas regelmässigere Behandlung zu Theil werden zu lassen. Uebrigens zeigt schon die kurzen Probe, dass Silbenverschleifungen in dem Gedichte keineswegs gänzlich fehlen, ebensowenig wie der Dichter sich die bereits oben erwähnte Licenz hinsichtlich der freien Behandlung des Auftaktes nicht versagt; so findet sich doppelter Auftakt in den Versen:

> *Off Turpyn, and of Ocier Daneys;* 16.
> *And comaundyd every man to be there,* 253.

Verschleifungen im Innern des Verses:

> *With chothys of golde spred aboute;* 70, 144.
> *The fayreste that myghte fonde bene.* 86.
> *He bare a schafte that was grete and strong.* 285.

Häufiger ist schon die metrische Licenz der Taktumstellung, welche gegen die silbenzählende Scansion nicht verstösst, in diesem Gedichte anzutreffen, so z. B. in v. 22, 23 des oben citierten zusammenhängenden Passus und sonst an manchen Stellen. Taktumstellung findet sich auch in den übrigen Dichtungen in zahlreichen Fällen, namentlich zu Anfang des Verses, doch auch im Innern:

> *Other mid mete, other mid drunche.* VW. 14.
> *Vox, quad the kok, what dest thou thare?* 33.
> *The kok him wes flowen on hey.* 31.
> *I do the lete blod ounder the brest.* 51.
> *Of oile, melk, honi and wine.* Cok. 46.
> *Miri to sing[e] dai and niȝt.* 100.
> *At the biginning of vre tale,* Hav. 13.
> *Fil me a cuppe of ful god ale.* 14.
> *Krist late vs heuere so for to do;* 17.
> *A wol fair cloth bringen he dede.* 185.
> *Monye ther riden in riche wise,* Alis. 174.
> *Mury hit is in feld and hyde;* 458.
> *Haveþ ydyght heore maigne.* 2058.
> *Jonas brouȝte also, of Cartage,* 2075.
> *Mekely, lordynges gentyll and fre,* Ipom. 1.
> *Lysten awhile and herken to me.* 2.
> *Many there come frome dyvers townes;* 86.
> *Ladyes, mayden gentill and fre,* 87.
> *Whether sho past to pyne or play,* S. Sag. 21.
> *Other ich am of wine dronke,* 211.
> *Other the firmament is isonke.* 212.

Wyse sche was and curteis of mowthe; GW. 63.
Now of þe stewarde speke we then; 83.
Gye at þe mayde toke hys leue. 188.

Verhältnissmässig viel seltener ist eine dritte Licenz,
welche gerade das charakteristische Kennzeichen der frühesten
Dichtungen altenglischer Zeit ausmacht, das Fehlen der
Senkung im Innern des Verses, also die Aufeinanderfolge
zweier Hebungen. Am häufigsten noch ist sie in den älteren
Dichtungen, so VW.:

> *Than hálf an oúndred wímmén.* VW. 8.
> *And míd hem sát on kók.* 30.
> *Go hóm, Crist the give káre!* 34
> *Béþ þer nó mán but twó.* Cock. 13.
> *Nis þer flei, flé no loúse.* 37.
> *Of réd góld upón hijs bac.* Hav. 47.
> *þe kíng déde þe maýden arise.* 205.
> *The king cried ármes anón.* Alis. 2103.

In diesen beiden letzten Fällen ersetzt das Consonantengewicht der zusammentreffenden Wörter vollständig die fehlende
Senkung, die in späteren Handschriften vermuthlich durch ein
unorganisch angehängtes *e* würde ausgedrückt worden sein.
In *Rich.* wird das Fehlen einer Senkung wegen der
früher erwähnten metrischen Beschaffenheit des Gedichtes
nur selten zu constatieren sein, ebenso in *Ipomedon, Seven
Sages,* und wo sie sich findet, dürfte sie meistens durch ein
organisches oder unorganisches *e* zu ersetzen sein; so:

> *Of Troye men[ne] rede in ryme* Rich. 17.

in Uebereinstimmung mit v. 22: *Lewede menne knowe it nought.*
ferner:

> *Of Poyle-lond[e] lord was he.* Ipom. 11.
> *The thrid[de] maister was litel man.* S. Sag. 77.

Je nach dem grösseren oder geringeren Grade der Uebereinstimmung von Silbenzahl und Takttheilen ist auch das
seltenere oder häufigere Vorkommen der Cäsur in diesen
Dichtungen zu beobachten.

§ 123. Besondere Erwähnung verdient noch die Behandlung des kurzen Reimpaares von Seiten der beiden her-

vorragendsten Repräsentanten der Dichtkunst dieser Epoche,
Gower und Chaucer. Gower war kein eigentlich nationaler
Dichter im strengen Sinne des Wortes. Er dichtete, wie wir
wissen, ausser in englischer, auch in lateinischer und französischer Sprache, und so trägt denn auch sein englischer Vers
in seiner monotonen Regelmässigkeit ein gewisses fremdartiges,
unenglisches, französisches Gepräge. In dem von Morris und
Skeat mitgetheilten Stück (*Spec.* II, p. 270) aus seiner *Confessio
Amantis*, der Erzählung von den drei Kästchen, einem Gedicht
von 118 Versen, findet sich keine einzige der bisher betrachteten
nationalen Licenzen, weder Fehlen der ersten Senkung, noch
doppelter Auftakt, noch auch Silbenverschleifungen oder Umstellungen des Taktes, ebenso wenig natürlich Fehlen einer
Senkung im Innern des Verses, so dass die Verszeile nur selten
eine kräftigere Cäsur aufweist, stets streng jambischen Rhythmus und durchgängig 8 oder 9 Silben hat, je nachdem der Reim
ein stumpfer oder ein klingender ist; vgl. folgende kurze Probe:

> In a cronique þis I rede: —
> Aboute a king, as moste nede,
> Ther was of knyhtes and squiers
> Gret route, and eke of officers.
> Some of long time him hadden serued,   5
> And þohten þat þei haue deserued
> Auancement, and gon wiþoute;
> And some also ben of þe route
> That comen bot a while agon,
> And þei auanced were anon.   10
> These olde men vpon þis þing,
> So as þei dorst, aȝein þe king,
> Among hemself compleignen ofte;
> Bot þer is noþing seid so softe;
> That it ne comþ out at[t]e laste.   15
> The king it wiste, and als-so faste,
> As he which was of hih prudence,
> He schop þerfore an euidence
> Of hem þat pleignen in þat cas,
> To knowe in whos defalte it was.   20

Man muss die Kunst des Dichters anerkennen, der im
Gegensatz zu seinen nordenglischen Zeitgenossen trotz der

Befolgung so strenger rhythmischer Gesetze doch niemals
der natürlichen Wortbetonung Gewalt anthut, so dass sich
seine Verse durchaus glatt und fliessend lesen und durchgängig einen accentuierenden, nur höchst selten, wie dies bei
dem sonst ebenso regelstrengen Orm noch sehr oft der Fall
war, einen silbenzählenden Klang haben, wie v. 35:

Of fin gold and of fin perreie.

Aber gerade diese Glätte und Gleichmässigkeit des Versbaues
giebt ihm sehr schnell den Charakter der Einförmigkeit und
dem Leser das Gefühl der Ermüdung. — Während übrigens in
den früher betrachteten, romantischen Dichtungen Reime auf die
Participal-Endungen *ing* und *and*, sowie auf ähnliche vollere,
aber doch durchweg unbetonte Ableitungssilben noch manchmal
vorkommen, fehlen dieselben in dem erwähnten Gower'schen
Gedicht gänzlich und müssen, obwohl sie auch bei ihm anzutreffen sind, jedenfalls zu den Seltenheiten gezählt werden, was
als ein Beweis gegen die Zulässigkeit solcher Wörter mit
schwebender, geschweige denn mit versetzter Betonung von
Wichtigkeit ist, indem ein Dichter von Gowers feinem rhythmischen Gefühl dieselben als gezwungene, unschöne Reime meidet.

Den schönsten, wahrhaft künstlerischen Gegensatz zu
dieser strengeren Behandlung des kurzen Reimpaares bildet
der echt nationale, volksthümliche und doch kunstvolle Versbau Chaucers, der es versteht, dem Ton seiner Dichtung
auch die poetische Form derselben, hier also den Rhythmus
des kurzen Reimpaars anzupassen, indem er die nationalen
Eigenthümlichkeiten desselben mit dem halb unbewussten, halb
künstlerischen Gefühl des wahren Dichters für seine Zwecke
zu verwerthen versteht. Alle die uns bekannten Licenzen
finden sich auch bei ihm vor (vgl. Kap. 8 dieses Abschnittes),
nur das Fehlen einer Senkung im Innern des Verses seltener.
Häufig ist das Fehlen des Auftaktes, so:

And this quene hight Alcyone, Book Dchss. 65.
Purely for defaulte of sleepe, ib. 5.

im letzteren Beispiele, wie in der Regel, bei ihm sehr wirkungsvoll; nicht minder ist es die häufig bei ihm bemerkbare Umstellung des Taktes:

Al is ylyche goode to me, ib. 9

in zwiefacher Wiederkehr:

>*Cértes I níll néuer eatc bréad* ib. 92.

Auch der Verschleifungen bedient er sich mit vielem Geschick:

>*For hím, alás! she loved álderbést.* ib. 87
>*Soch sórowe this lády tó her tóke;* ib. 95

seltener sind zweisilbige Auftakte.

In wahrhaft virtuoser Weise tritt sein poetisches Talent in der Behandlung dieses Metrums zu Tage in dem *House of Fame*, wo zu Anfang der lebendige Rhythmus des Verses im schönsten, harmonischen Verhältniss steht zu dem schalkhaften Tone der Einleitung dieses Gedichts, so dass ich mir nicht versagen kann, die ersten vierundzwanzig Verse zu citieren nach Morris' *Aldine Ed. V, p. 209*:

>*God turne us every dreme to goode!*
>*For hyt is wonder, be the roode,*
>— *To my wytte, what causeth swevenes*
>∿ *Eýther on morwes, or on evenes;*
>∾ *And why theffecte folweth of somme,*   5
>*And of somme hit shal never come;*
>*Why that is an avisioun,*
>⸗ *And why this is a réveláciouin;*
>*Why this a dreme, why that a swevene*
>⸗ *And noght to every man iliche evene;*   10
>⸗ *Why this a fantome, why these oracles,*
>⸗ *I n'ot; but whoso of these meracles*
>*The causes hnoweth bet then I,*
>*Devyne he; for I certeinly*
>*Ne kan hem noght, ne never thinke*   15
>*To besely my wytte to swinke,*
>*To knowe of hir significaunce*
>*The gendres, neyther the distaunce*
>*Of tymes of hem, ne the causis,*
>⌣⌢ *For-why this is more than that cause is;*   20
>— *As yf folkys complexiouns,*
>— ⸗ *Make hem dreame of reflexiouns;*
>*Or ellis thus, as other sayne,*
>⸗ *For to grete feeblenesse of her brayne,* etc.

Ausser den am Rande bezeichneten Licenzen trägt noch
weiter das Vorkommen des Enjambements nebst starker
männlicher Cäsur nach dem ersten Takt (v. 12) und eines
gebrochenen Reimes (20) wesentlich zur Charakteristik des
Metrums bei. Sobald der Dichter dann mit dem Verspaar

> *The tenthe day now of Decembre;*
> *The which, as I kan yow remembre,*

zur zusammenhängenden Erzählung übergeht, tritt sofort auch
im Versbau ein ruhigerer Ton ein.

Wir sehen, dass Chaucer bezüglich dieses Metrums
keineswegs etwas Neues schuf, sondern nur das von seinen
Vorgängern aus Frankreich importierte, für die heimischen
Bedürfnisse hergerichtete und allmählich mehr und mehr ver-
vollkommte Instrument meisterhaft zu spielen verstand.

§ 124. Kurze Reimpaare gemischt mit andern Versen
und Strophen erheischen noch eine besondere Erwähnung, da
sie u. a. das charakteristische Metrum sind für eine besondere
Art von *lays*, die freilich in der altenglischen Literatur keine
grosse Pflege gefunden zu haben scheint. Es sind dies die
zwischen Volks- und Kunstpoesie in der Mitte stehenden, ungleichmetrischen, vorwiegend lyrischen *lays*, von denen Wolf namentlich im vierten Abschnitt seines Werkes „Ueber die Lais"
(p. 73 ff.) handelt, und die das gemeinsame, charakteristische
Kennzeichen haben, dass sie nicht in einem consequent durchgeführten Strophenbau (vorwiegend *rime couée*) geschrieben, sondern in grösseren Partien mit fortlaufenden, kurzen Reimpaaren
oder auch längeren Versen untermischt sind. Das älteste hierher
gehörige Denkmal altenglischer Dichtung ist indess nicht lyrischer, sondern epischer Art; es ist dies die bekannte, auch in
Mätzners Altengl. Sprachproben p. 103—113 gedruckte Erzählung *Dame Siriz*, eine gegen Ende des 13. Jahrhunderts geschriebene, aus 450 Verszeilen bestehende Dichtung. Dieselbe
ist zum grösseren Theil in *rimes couées* abgefasst, welche
aber an sechs Stellen durch im Ganzen 180 kurze Reimpaare
unterbrochen werden, die ihrer Structur nach von den gewöhnlichen in keiner Weise abweichen.

Desto bemerkenswerther sind dagegen die viertaktigen
Verse eines bereits von Wolf (Lais, Anm. 174) erwähnten, in

Wülckers Lesebuch I, 74 neuerdings wieder abgedruckten,
lay-förmigen Gedichtes (a. 1311), betitelt von *Wright, Polit.
Songs* p. 253: *Song on the King's (Edward II) breaking his
confirmation of Magna Charta.*

Septenarische Verse mit Mittelreim, *rime couée* und vier-
resp. zweitaktige Verse lösen sich hier ab, und zwar die
letzteren in der Art, dass an drei Stellen je drei zweitaktige
und je drei viertaktige, durch Schlagreim und Endreim verbundene Verse aufeinander folgen in nachstehender Weise:

> *For miht is riht,*
> *Liht is niht,*
> *And fiht is fliht.*
> *For miht is riht, the lond is laweles,*
> *For niht is liht, the lond is loreles,*
> *For fiht is fliht, the lond is nameles.*

Da das eigentliche Metrum der *lays*, die *rime couée*, deren
Entstehung und Entwickelung in dem Kapitel von den zweitheiligen, gleichgliedrigen Strophen erörtert werden wird, ihrem
Hauptbestandtheile nach in der Regel aus zwei viertaktigen
Verspaaren besteht, die kürzeren, durch das zweite lange Verspaar von einander getrennten Verse aber in der Regel Dreitakter,
also alexandrinische Halbverse sind, so ist das Wenige, was über
den Rhythmus der Verse in diesen Strophen zu sagen ist, am
besten hier einzufügen. Wir knüpfen unsere Bemerkungen an
die Legenden vom h. *Owain*[1]) und dem h. *Alexius*[2]), ferner an
die Romanzen von *Sir Cleges*[3]) und *Amis and Amiloun*[4]),
sowie an die Erzählung *The wright's chaste wife*[5]) an.

Zunächst ist hervorzuheben als dem Bau der Schweifreimstrophe besonders eigenthümlich ein beständiges Schwanken zwischen jambischem und trochäischem, anapästischem

---

1) Herausgegeben von Kölbing, Engl. Studien I, p. 98 unter dem
Titel St. Patrik's Purgatorium.

2) Herausgegeben von J. Schipper in den Quellen u. Forschungen
von B. ten Brink, W. Scherer und El. Steinmeyer, XX. Strassburg u.
London, 1877.

3) Weber, Metrial Romances I, p. 329 ff.

4) ib. II, p. 369 ff.

5) ed. by Fred. J. Furnivall. E. E. T. S. 12, p. 1 ff.

und daktylischem Rhythmus. Denn es dürfte nur wenige
Strophen in diesen Dichtungen geben, in denen die Verse
nicht durch mehrere der erwähnten Licenzen: Fehlen des
Auftaktes oder einer Senkung im Innern des Verses, doppelte Auftakte und Verschleifungen, Taktumstellungen und
schwebende Wortbetonung im Reime des gleichmässig jambischen Charakters beraubt würden, oft durch alle zusammen.

Es wird genügen, von den einzelnen Gedichten einige
Strophen zu citieren und zur Illustration des Gesagten einige
wenige Bemerkungen hinzuzufügen. Als besonders charakteristisch für dies volksthümliche Metrum mag noch zunächst
hervorgehoben werden, dass das Fehlen von Auftakten und
auch von Senkungen im Innern des Verses, wenn auch viele
flexivische *e* durch Schuld der Schreiber ausgefallen sein
mögen, viel häufiger ist, als in den langen und kurzen Reimpaaren. Vgl. aus *Owain* Str. 6:

> þat he him schuld[e] grace sende,
> — Hou he miȝt[e] raþest wende
> ∾ Out of þe fendes bond,
> ⁓ And do hem com to amendement
> And leue on god omnipotent,
> • þe folk of Yrlond.

Die folgende Strophe hat besonders viel fehlende Senkungen:

> And als he was in holy chirche,
> — Godes werkes for to wirche,
> • And made his praiér,
> • And búd fór þat ich þing
> — Sone he fel on slepeing
> • Tofórn his aütér.

Fehlen des Auftaktes tritt namentlich oft ein in den kürzeren
Zeilen, die dann einen um so wirksameren Abschluss der
Strophe oder Halbstrophe bilden, wie dies in meiner Ausgabe
der Version I der Alexiuslegenden hervorgehoben wurde
(p. 59).

Auch dass der rhetorische Nachdruck, der auf einer
Hebung liegt, oft die Senkung ersetzen muss, wurde dort bereits bemerkt und durch Beispiele belegt, so:

þat i bé it néste. Alex. 483.
Whi hústou þús dóne? 492.

Spätere Abschreiber der Mss. pflegten oft diese Reste alt-germanischen Rhythmus, die ihnen unharmonisch klangen, durch Flicksilben oder Flickwörter zu ersetzen, wie v. 492 *MS. N* deshalb *idone* statt *done* liest.

Sehr oft begegnet in den viertaktigen Versen Umstellung des Taktes, meistens an erster Stelle, öfters auch in der Mitte des Verses, zuweilen an beiden Stellen zugleich, so Al. I:

Biddeþ his men comen him nere, 134.
Comen into þat ilke place, 149.

Auch zweisilbige Senkung im Innern des Verses ist nicht selten:

To wénden and séken his dére sóne 137.
When þei were wédded þe férste nizt, 55.

Sehr selten dagegen ist doppelter Auftakt anzutreffen, obwohl keineswegs ausgeschlossen, so *Sir Cleg.* 27 ff.:

•	*The knýght háde a géntyll wýffe,*
⁓	*There might never better bere life,*
⁓	*And mery sche was on sighte.*
	Dame Clarys hight þat fayre lady,
•	*Sche was ful good sekyrly,*
⁓	*And gladsum both day and nyghte.*
—	*Almes gret sche wolde geve,*
	The pore pepull to releue,
⁓	*Sche cherissed many a wight.*
—	*For them hade no man dere,*
— ⁓	*Reche or pore, whethyr they were,*
	They dede euer ryght

Während dies Gedicht, obwohl natürlich nicht alle Strophen ein so bewegtes Aussehen haben, in einem sehr lebhaften Rhythmus gehalten ist, verlaufen die Verse in *Amis and Ami-loun* im Ganzen regelmässiger.

So die Strophe v. 73—84 als Probe:

The two barons that Y of tolde,
And here sonnes, fayre and bolde,
To courte thei come ful yare.

> — *Whan thei serued yong and olde,*
> — *Many men gan hem beholde,*
>   *Off lordinges that there ware,*
> — *Howe they were of body bryght,*
> — *And how lyke they were of syght,*
>   *Off hide, hewe and here.*
> — *Alle they saide, withoute les,*
> — *Fairer childer than thes wes,*
>   *Ne saw thei neuer ere.*

Nur Fehlen des Auftaktes dient hier zur Belebung des Metrums, welchem man ebensowenig Holprigkeit, als Einförmigkeit zur Last legen kann. Die lyrischen Gedichte, welche sich in dieser Strophenart bewegen, haben ebenfalls meistens einen regelmässigeren Versbau. Solche Verse würden Chaucers Spott schwerlich herausgefordert haben. Dass übrigens Chaucers Satire mit seinem *Sir Thopas* nicht weniger gegen die Form, als gegen den Inhalt, den Ton und die Ausdrucksweise solcher Gedichte gerichtet war, geht, abgesehen davon, dass er von dem Wirthe sagt:

> *This may wel be rym dogerel — quod he*

daraus hervor, dass der Dichter den Versbau in seinem *Sir Thopas* anfangs recht regelmässig verlaufen lässt, um dann in éiner Strophe plötzlich in schalkhafter Parodie[1]) der Ungeschicklichkeit mancher Dichter den regelmässigen Strophenbau durch eine andere, in der altenglischen Literatur auch sonst vorkommende Strophenform zu unterbrechen, in welcher mittelst eines kurzen eintaktigen Verstheils eine dritte Halbstrophe an die beiden vorhergehenden angehängt ist.

Eine Probe von solcher bänkelsängerartiger, ungeschickter Behandlung dieses Metrums bietet die oben erwähnte Erzählung *The wrights chaste wife* (c. 1450) in welcher sich manche Strophen finden von so holpriger Beschaffenheit wie die folgende (649—654):

> *And alle tho that doo her husbondys ryght,*
> *Pray we to Jhesu fulle of myght,*
>   *That feyre mott hem byfalle,*

---

1) Dieselbe Ansicht äussert auch J. Bennewitz in seiner Dissertation: Chaucers Sir Thopas. Eine Parodie auf die altenglischen Ritterromanzen. Halle, 1879, p. 24.

And that they may come to heuen blys,
For thy dere moderys loue therof nott to mys,
Alle good wyues alle.

Auch die Länge der Strophen ist hier keineswegs eine gleichmässige, da die Reihe der zwölfzeiligen Strophen, welche, wie es scheint, beabsichtigt waren, öfters aus Reimnoth durch sechszeilige Strophen unterbrochen wird und andererseits leichte Reime oft durch mehrere Strophen hindurchgeführt werden, so p. 355—372; 457—480. Das p. 261 Anm. 3 von der Ungeschicklichkeit mancher altenglischen Reimer Bemerkte, findet im vollsten Umfange u. a. auch auf dies Gedicht Anwendung.

Von dieser Kategorie in der Verwendung des kurzen Reimpaares liefert auch das schon erwähnte, nordenglische, umfangreiche Gedicht *Cursor Mundi* Proben, indem dort diejenige Stelle, welche von Christi Leiden und Tod handelt (p. 854—979), von dem Dichter in einem anderen Metrum gedichtet ist, welches er für diesen Gegenstand als das angemessenere, würdigere ansah, nämlich in Strophen von 4 bis 7 Septenaren, die in ihrem Bau in keiner Weise von der gewöhnlichen Art abweichen. Der Dichter hat sich in dieser Verwendung zweier verschiedenen Versmasse in ein und demselben Gedichte offenbar von ähnlichen ästhetischen Grundsätzen leiten lassen, wie der Verfasser des schon besprochenen, von Furnivall mitgetheilten Gedichtes *Christ on the Cross* (*E. E. Poems and Lives of Saints, p. 20*).

§ 125. Während in Dichtungen wie die zuletzt erwähnte der viertaktige Vers nur sehr selten in Verbindung mit anderen Versarten Verwendung fand, tritt er sehr oft, wie schon mehrfach angedeutet, in Gemeinschaft mit Septenaren, Alexandrinern, vierhebigen Langzeilen und Schweifreimstrophen (*rime couée*) auf im altenglischen Drama. Ja, dieses Gebiet der altenglischen Dichtung ist als dasjenige zu bezeichnen, wo der viertaktige Vers noch am meisten Pflege fand, nachdem er mit dem Ausgange des vierzehnten Jahrhunderts das Feld der lyrischen Poesie zum grossen Theile und das der epischen Dichtung fast gänzlich an den fünftaktigen Vers eingebüsst hatte.

In den drei Collectiv-Mysterien ist er sehr beliebt. So

geht beispielsweise das in einer *rime couée*-Art beginnende
Spiel *Mactatio Abel* der *Towneley Mysteries* sehr bald in
kurze, kreuzweise reimende, vier- und dreitaktige Verse und
dann aus beiden mit einander abwechselnden Vers- und Reim-
verbindungen in kurze Reimpaare über, um bald darauf wieder den früheren Platz zu machen. Der Rhythmus des vier-
resp. dreitaktigen Verses bleibt dabei natürlich stets derselbe,
wie der folgende kurze Passus (p. 9) zeigt, wo Abel zunächst
spricht:

> ⁓ *Come furthe, brothere, and let us gang*
> *To worship God; we duelle fulle lang;*
> *Gif we hym parte of oure fee,*
> ⁓ — *Corne or catalle, wheder it be.*
> *And therfor, brother, let us weynd,*
> • *And first cléns us fróm the feỹnd,*
>   *Or we make sacrifice;*
> — • *Thén blís withoútten énd*
>   *Get we for our servyce,*
> *Of hym that is oure saulis leche.*

Cayn

> *How, let furth youre geyse, the foxe wille preche;*
> • *How long wilt thou me appech*
> —   *With thi sermonyng?*
> —⊣ *Hold thi tong, yit I say,*
> *Even there the good wife strokid the hay;*
> —⁓ *Or sit downe in the dewille way,*
> —   *With thi vayn carpyng.*
> ⁓ *Shuld I leife my plogh and alle thyng*
> *And go with the to make offeryng?*
> — *Nay! thou fyndes me not so mad!*
> *Go to the deville, and say I bad!*
> *What gifys God the to rose hym so?*
> *Me gefys he nocht bot soro and wo.*

Dem volksthümlichen Tone der Rede entsprechend, findet
sich hier, wie die metrischen Zeichen erkennen lassen, ein
reichlicher, doch keineswegs übertriebener Gebrauch der volksthümlichen Freiheiten des Versmasses.

An Stellen, die einen ruhigeren Ton erheischen, ist auch das Metrum ein ruhigeres, so in dem strophisch abgefassten Spiele *Conspiratio et Capcio* (p. 174), wo zuerst Cayphas folgende Worte spricht:

--- *Sir, I can rekyn you on a raw*
A thowsand wonders and welle moo
Of crokyd men, that we welle knaw,
How grathly that he gars them go,
--- *And even he leges agans oure law,*
— *Tempys oure folk and turnys us fro.*

Annas.

Lord, dom and deyf in oure present
Delyvers he by downe and daylle,
⌣⌢ *What hurtys or harmes thay hent,*
Fulle hastely he makes them haylle.
And for siche warkes as he is went
Of ilk[e] welthe he may avaylle,
And unto us he takes no tent,
Bot ilk man trowes unto his taylle.

In den *Coventry Mysteries* geht das viertaktige Metrum, wie früher (§ 109) hervorgehoben wurde, manchmal in das vierhebige über und umgekehrt, namentlich in gewissen Strophenformen, doch sind auch dort oft genug entschieden viertaktige Verse anzutreffen, wenn auch meistens in längeren Strophen, selten in Reimpaaren, wie p. 301, und zwar hier von ziemlich losem Bau:

— Pylat: *Serys, than telle me o thyng,*
• *What xal be his acusyng?*
— Annas: *Sere, we telle the altogedyr,*
--- *ffor his evyl werkys we browth hym hedyr;*
--- *And yf he had not an evyl doere be,*
We xuld not a browth hym to the.

Auch in den Schweifreimstrophen dieser Sammlung hat der viertaktige, resp. dreitaktige Vers öfters einen ähnlich bewegten Rhythmus.

In geringerem Grade ist dies der Fall in den *Chester Plays*, welche fast ganz in einer bei den Strophen zu erläu-

ternden *rime couée*-Art, an einzelnen Stellen aber auch (so
p. 9, 10) in kurzen, vier- und dreitaktigen Versen mit regellos
überschlagender Reimstellung geschrieben sind.

In sehr freier Weise dagegen wird der viertaktige Vers,
sei er nun mit überschlagenden oder paarweisen Reimen,
oder in *rime couée*-Form gebunden, in manchen *Moral-Plays*
behandelt. Von der ersteren Combination möge zunächst
folgende Stelle aus *Every man* (*Dodsley I, 120/21*) ein Bild
geben, wo die Person, nach der das Stück genannt ist, redet:

    Oh, to whom shall I make my moan,
    For to go with me in that heavy journey?
    First Fellowship he said he would with me gone;
    His words were very pleasant and gay,
    But afterward he left me alone.   5
    Then spake I to my kinsmen all in despair,
    And also they gave me words fair,
  • *They lácked no fair speáking;*
    But all forsake me in the ending.
    Then went I to my Goods that I loved best,   10
    In hope to have found comfort; but there had I least:
    For my Goods sharply did me tell,
  — *That he bringeth many in hell.*
    Then of myself I was ashamed,
    And so I am worthy to be blamed: 15
  • *Thus may I well myself hate.*
    Of whom shall I now counsel take?
    I think that I shall never speed,
    Till that I go to my Good Deed;
  — *But, alas! she is so weak,*   20
    That she can nother go nor speak:
    Yet will I venter on her now.
—— *My Good Deeds, where be you?*

An einzelnen Stellen, so v. 10 und 11, geht hier der
Rhythmus fast aus dem viertaktigen in den vierhebigen Vers
über, während in der letzten Hälfte der Rede der gleichtaktige Rhythmus ziemlich correct eingehalten ist.

Mit nicht geringerer Ungebundenheit wird in einigen
Stücken dieser Art das Metrum der *rime couée*-Form behandelt.

So äussert sich in *The Four Elements* (*Dodsl. I*) *Experience*
in folgenden Versen (p. 31):

~~~ Lo, eastward, beyond the great ocean,
~~~ Here entereth the sea called Mediterranean,
~~~ Of two thousand miles of length:
  The Soldan's country lieth hereby,
~~~ The great Turk on the north side doth lie,
  A man of marvellous strength.

Da wir bei der häufigen Wiederkehr solcher Rhythmen
nicht berechtigt sind, jedesmal ein Verderbniss des Textes
vorauszusetzen und Emendationen vorzunehmen (wie z. B. in
der obigen Strophe durch Streichung der überflüssigen Wörter
sea called der zweite Vers leicht leidlich correct gemacht
werden könnte), so haben wir in derartigen Versen nichts
anders, als drastische Proben zu erkennen von einer gewissen
Verwilderung des rhythmischen Gefühles, welches Ende des
fünfzehnten und Anfang des sechszehnten Jahrhunderts bei
manchen, in volksthümlicher und tendenziöser Absicht schreibenden, aber mangelhaft beanlagten Dichtern um sich griff,
während den begabteren der Sinn für den Rhythmus des Versbaues keineswegs verloren gieng, wie schon die Behandlung
des Septenars und Alexandriners in manchen gleichzeitigen
Dramen (vgl. § 116) und weiter auch das Beispiel *John Heywoods* erkennen lässt, der in seinen durchaus volksthümlichen
Interludes den Versbau nicht nur correct, sondern sogar mit
feiner Unterscheidung der rhythmischen Nuancen durchzuführen
versteht. So lässt er z. B. in seinem Stück *The four P. P.*
(*Dodsl. I, p. 343*) den *Palmer* in folgenden wohlgebauten,
ruhigen Versen reden:

 Forsooth, this life I did begin
 To rid the bondage of my sin:
 For which these saints rehearsed ere this
 I have both sought and seen, iwis;
 Beseeching them to bear record
 Of all my pain unto the Lord,
 That giveth all remission,
 Upon each man's contrition;
 And by their good mediation,

Upon mine humble submission,
I trust to have in very deed
For my soul health the better speed.

Man vergleiche damit folgende Verse des in viel lebhafterem
Tone redenden *Pardoners* (p. 345).

By the first part of this last tale,
It seemeth ye came of late from the ale.
For reason on your side so far doth fail,
That ye leave reasoning, and begin to rail.
Wherein you forget your own part clearly,
For you be as untrue as I:
And in one point ye are beyond me,
For you may lie by authority,
And all that have wandered so far,
That no man can be their controller.
And where you esteem your labour so much,
I say yet again my pardons are such,
That if there were a thousand souls on a heap,
I would bring them to heaven as good cheap.

Während die Verse, welche der Pilger redet, kaum irgend
welche metrische Licenzen aufweisen, nehmen diejenigen des
Ablasskrämers in Folge häufigen Vorkommens von mehrfachen Senkungen und Silbenverschleifungen sofort einen bewegteren, öfters daktylischen Klang an und gehen mit den
letzten vier Versen geradezu in den vierhebigen, daktylischen
Rhythmus, wie er in Kapitel 12 charakterisiert wurde, über. —

Die nämlichen Licenzen, welche beim Alexandriner und
dem daraus durch Halbierung hervorgehenden dreitaktigen
Verse möglich sind, sind auch bei dem durch Halbierung des
viertaktigen Verses oder des akatalektischen Gliedes des Tetrameters entstehenden zweitaktigen Verse möglich, nur in
Folge des geringeren Umfangs desselben auch in geringerer
Ausdehnung, und in noch geringerem Grade natürlich bei dem
Eintakter, der wiederum als eine Halbierung des zweitaktigen
Verses anzusehen, indess wie Guest (I, 185) mit Recht bemerkt, nicht als Vers zu bezeichnen ist, sondern entweder
als eine durch Schlagreim abgetrennte Hälfte eines zweitaktigen Verses oder, wenn er ohne correspondierendes Glied

dasteht, als sogenannter *bob*. Dieser strophische Bestandtheil, der in der altenglischen Lyrik eine nicht unbedeutende
Rolle spielt, wird näher charakterisiert werden in dem Kapitel
über den Refrain, sowie ebenfalls Proben dieser kurzen Versarten, die nur in der Lyrik eine Rolle spielen, erst bei der
Betrachtung der verschiedenen Strophenformen zu finden sein
werden.

IV. Abschnitt.

Zweite Epoche der altenglischen Zeit.
Formen der späteren Uebergangszeit.

Kapitel 1.

Die altenglischen Reimarten in ihrer Stellung zu den mittellateinischen, provenzalischen und altfranzösischen Reimen.

§ 126. Bevor wir auf die verschiedenen Reimarten und Strophenbildungen, die uns in der altenglischen Poesie, namentlich in der Lyrik, entgegentreten, näher eingehen können, sind einige allgemeine Vorbemerkungen unerlässlich.

Die altenglische Lyrik wurde in beträchtlichem Masse von der mittellateinischen und der provenzalisch-französischen Lyrik beeinflusst, und zwar in noch höherem Grade, als nach der inhaltlichen, nach der formalen Seite hin. Die altenglischen Strophen sind daher grösstentheils als directe Nachahmungen oder mehr oder minder freie Umbildungen der lateinischen und romanischen Strophenformen anzusehen, wie in den folgenden Kapiteln durch Hinweise und vergleichende Beispiele dargethan werden · soll.

Der Einfluss der mittellateinischen Lyrik · auf die altenglischen Strophenformen wird durch die Stellung der lateinischen Sprache als Kirchen- und Gelehrtensprache hinlänglich erklärt. Die Gründe für die Einwirkung der provenzalisch-französischen Lyrik auf die englische liegen ebenfalls nicht fern.

Dieselben Ursachen, welche die volksthümliche Entwickelung der nordfranzösischen Lyrik Mitte des 12. Jahrhunderts unter dem Einfluss der provenzalischen höfischen, kunstmässigen Lyrik stellten, waren es auch, welche es der gallo-romanischen Lyrik, wie wir diese Combination provenzalisch-nordfranzösischer Formen nennen wollen, ermöglichte, auf die Entwickelung der englischen nationalen Lyrik einen fast ebenso bedeutenden Einfluss auszuüben, als die höfische Epik der Franzosen auf die englische Epik zum Theil durch die nämlichen Ursachen bereits erlangt hatte.

Abgesehen von den für die Verbreitung der mittelalterlichen Cultur, Literatur und Kunst so hochbedeutsamen Kreuzzügen, an denen die ruhelosen anglonormannischen Ritter in England einen ebenso lebhaften und begeisterten Antheil nehmen, als ihre nordfranzösischen Stammesgenossen und die als Muster alles feinen Ritterthums geltenden Provenzalen, waren es namentlich politische Ereignisse, welche Mitte des 12. Jahrhunderts eine enge Verbindung dieser Länder und Völker und somit eine noch nachhaltigere Beeinflussung ihrer Cultur, die freilich vorwiegend als eine Strömung von Süden nach Norden zu bezeichnen ist, bewirkt hatten. Von grösster Wichtigkeit war vor allem die Vermählung Eleonorens von Poitou mit Ludwig VII. von Frankreich (1137) und später (1152) mit Heinrich von Anjou, Herzog von der Normandie, der im Jahre 1154 auch den englischen Thron bestieg und so die grössere westliche Hälfte Frankreichs, wenn auch als Lehn der französischen Krone, in innigste Verbindung mit England brachte. An Eleonorens Hof lebte bekanntlich der berühmte Troubadour Bernart von Ventadorn, zuerst in der Normandie und später auch in England. Eleonorens Sohn, Richard Löwenherz, der 1169 zu Guyenne Hof hielt, war, wie manche gekrönte Herren seiner Zeit, zugleich ein Sänger und ein Held; es sind uns in nordfranzösischer und provenzalischer Sprache Proben seiner Kunst erhalten; sein Hof war, wie derjenige Heinrichs II., ein Sammelplatz französischer Sänger. So ist es leicht erklärlich, dass auch die nationale Lyrik der Engländer von der provenzalisch-französischen Poesie ebensowenig unbeeinflusst bleiben konnte, als es mit der Epik der Fall war.

Und wenn in der letzteren der gallo-romanische Einfluss sofort deutlicher und bestimmter zu Tage tritt, so liegt dies nur
an der grösseren Einfachheit der epischen Rhythmen und
Formen, die sich mit Leichtigkeit und ohne wesentliche Modificationen in die englische Sprache übertragen liessen,
während die zum Theil sehr kunstvollen strophischen Formen
der provenzalischen und französischen Lyrik vielfach dem
germanischen Wesen, noch mehr wohl dem vorläufig noch
wenig fügsamen und schmiegsamen Charakter der englischen
Sprache widerstrebten. So kam es, dass manche der kunstvolleren Formen provenzalischer und französischer Lyrik in
der englischen Sprache gar keine Nachahmung fanden, andere
nur in modificierter, freilich oft sehr origineller Gestalt, und
nur die einfacheren, grösstentheils auch in der mittellateinischen Poesie vorhandenen, ziemlich früh und im Ganzen
wenig oder gar nicht verändert nachgebildet wurden.

Auf die eigenthümliche Beschaffenheit der provenzalischen und nordfranzösischen Strophenformen, sowie auf
die in den frühesten und einfachsten Formen denselben vorangehenden, später jedoch auch von ihnen beeinflussten mittellateinischen rhythmischen Gebilde dieser Art ist es daher nur
nöthig näher einzugehen in solchen Fällen, in denen sich
Nachbildungen derselben im Englischen nachweisen lassen
und eine Erklärung derselben erforderlich ist. Auch erachten
wir es nicht als unsere Aufgabe, neue theoretische Untersuchungen anzustellen über den Strophenbau in der mittellateinischen und in der provenzalisch-französischen Lyrik
oder über die wechselseitige formale Beeinflussung dieser
verschiedenen Gebiete mittelalterlicher Poesie.

Aber selbst wenn das genaue Verhältniss in allen Punkten
festgestellt wäre, was keineswegs der Fall ist, so würde es
doch nur in den seltensten Fällen möglich sein, das Verhältniss der englischen Strophenformen zu jenen, da — dieselben gleichzeitig und zwar sowohl in ihren volksthümlichen,
als auch in ihren kunstmässigen Bildungen ihren Einfluss auf
die englische Poesie geltend machten —, zu constatieren, d. h.
in jedem einzelnen Falle zu bestimmen, ob eine altenglische
Strophe auf ein lateinisches, auf ein provenzalisches oder auf
ein französisches Vorbild zurückzuführen sei, wie es aus dem-

selben Grunde auch nur in den seltensten Fällen möglich
und daher nicht rathsam ist, volksthümliche und kunstmässige
Strophenformen von einander zu trennen.

Wir müssen uns deshalb damit begnügen, indem wir
die altenglischen Strophenbildungen, so weit sie uns bekannt
geworden sind, nach ihrer Eigenart betrachten und nach ihrer
Gestalt in Gruppen sondern, auf die möglichen Vorbilder,
die sich in der Regel in der Poesie jener Völker nachweisen
lassen, möglichst oft durch Anführung von Beispielen aufmerksam zu machen, und in denjenigen vereinzelten Fällen,
wo wir selbständigen Weiterentwickelungen in den englischen
Strophenformen begegnen, auf die verwandten fremden oder
nationalen Formen hinzuweisen.

§ 127. Von grösster Bedeutung für den Strophenbau
ist der Reim, da derselbe, wenn auch nicht als erstes und
unerlässliches Erforderniss, so doch — wenigstens für die
altenglische Dichtkunst — als der unzertrennliche Begleiter
und das wesentlichste Bindemittel eines strophischen Gefüges
anzusehen ist.

Hinsichtlich seines Ursprungs und seiner allmählichen
Entwickelung in der ersten Periode der englischen Sprach-
geschichte verweisen wir auf das in den Kapiteln 7 des
ersten und 3 des zweiten Abschnitts Gesagte. Einen mächtigen Impuls erhielt die englische Reimkunst, sobald die
mittellateinische und die provenzalisch-französische Poesie,
zumal die Lyrik, ihren Einfluss auf die englische Dichtung
geltend machte. Da dies zu einer Zeit geschah, als die
formale Seite der Dichtkunst jener Literaturen bereits einen
hohen Grad der Ausbildung erreicht hatte, so ist es für
unseren Zweck nicht nöthig, die Entwickelung des Reimes
in ihnen zu verfolgen [1]).

---

1) vgl. Huemer, Untersuchungen über den jambischen Dimeter
bei den christlich-lateinischen Hymnendichtern der vorkarolingischen Zeit
p. 25 ff.; dess. Untersuchungen über die ältesten lateinisch-christlichen
Rhythmen p. 44 ff. E. Martin, die Carmina burana und die Anfänge
des deutschen Minnegesangs in der Zeitschr. f. deutsches Alterthum
XX, 46—69. A. Tobler, Vom französischen Versbau alter und neuer
Zeit, Leipzig, 1880, p. 93 ff.

Wir können uns vielmehr damit begnügen, die um jene
Zeit in denselben vorkommenden Arten des Endreimes sowie ihrer Verwendung zu erörtern und vorläufig in Kürze
darauf hinzuweisen, welchen Einfluss sie auf die Entwickelung
der altenglischen Reimkunst ausgeübt haben. Dabei gehen
wir von der provenzalischen Poesie aus, in welcher sowohl die
einfachsten, als auch die kunstvollsten Reimgebilde vorliegen.

Hinsichtlich der Arten des Reims sind drei Gruppen
zu sondern, welche sich scheiden a) nach der Zahl und
b) nach der Beschaffenheit der vom Reim betroffenen
Silben; c) nach der Stellung des Reims innerhalb eines
strophischen Gefüges. Mit diesem dritten Punkt im engsten
Zusammenhange steht die Verwendung des Reimes für den
Strophenbau.

§ 128. Die Unterscheidung der einsilbigen oder männlichen und der zweisilbigen oder weiblichen Reime
war schon den mittellateinischen Dichtern wie den Provenzalen
bekannt, welche letzteren diese Bezeichnung hernahmen von den
verschiedensilbigen Geschlechtsformen des Adjectivs, wie *masc :
bos, fem : bona; masc : amatz; fem : amada*.

Beim männlichen Reim zweier Wörter liegt der Gleichklang in den letzten und zugleich betonten Vocalen derselben
nebst den darauf etwa noch folgenden Consonanten der Silbe;
beim weiblichen Reim zweier Wörter liegt dagegen der Gleichklang in den letzten betonten Vocalen nebst den etwa noch
dazu gehörigen folgenden Consonanten der Silbe und einer
zweiten, auf dieselbe folgenden, unbetonten Silbe.

Andere in den früheren Kapiteln ebenfalls schon gebrauchte Ausdrücke für diese zwei Arten sind stumpfe und
klingende Reime. Beide Arten kommen bereits in den früher
(§ 36—40) besprochenen angelsächsischen Dichtungen, welche
absichtlich oder unabsichtlich neben der Alliteration auch den
Endreim zulassen, vor, wie ein Blick auf die dort citierten
Beispiele erkennen lässt.

Aber auch der dreisilbige sogenannte gleitende
Reim, in welchem nach der betonten Reimsilbe noch zwei
unbetonte Silben an dem Gleichklange theilnehmen, ist dort
schon oft genug anzutreffen, z. B. *héredon : généredon; féredon :
biwéredon; hlýnede : dýnede; swínsade : mínsade* etc. im *Rhy-*

ming Poem; — *dýnede: clýnede* El. 50, *þródude: reódode* ib. 1239; *byrigde: gebyrede,* Sax. Chr. (1036) 17 etc. Derartige Reime sind der provenzalischen und französischen Poesie fremd, und wenn auch in der lateinischen rhythmischen Poesie analoge Reime vorkommen, so haben wir mit Rücksicht auf das in den oben citierten Paragraphen über die Entstehung und Entwickelung des Reimes Bemerkte doch weder für den zweisilbigen, weiblichen, noch für den dreisilbigen, gleitenden englischen Reim nöthig, fremde Beeinflussung anzunehmen.

§ 129. Auch für gewisse, nach der Beschaffenheit der Wörter zu unterscheidende Reimarten, die sich in den altenglischen Dichtungen ebenso wie in den provenzalischen und französischen Gedichten des Mittelalters vorfinden, ist es nicht nöthig, fremden Einfluss vorauszusetzen. Unter diesen sind zunächst zu nennen der r ü h r e n d e oder r e i c h e R e i m und der g l e i c h e Reim. Das Wesen des e r s t e r e n besteht darin, dass die reimenden Silben oder Wörter aus denselben Lauten bestehen, aber verschiedene Bedeutung haben, wobei drei besondere Fälle möglich sind, nämlich:

1) dass beide Wörter bei verschiedener Bedeutung vollständig gleich sind, wie im *King Horn:*

> *And a god schup he hurede,*
> *þat him scholde lo n d e*
> *In Westene lo n d e.* 752—4.

2) dass das eine der reimenden Wörter ein zusammengesetztes, das andere ein einfaches ist:

> *Horn tok his leue,*
> *Ne miȝte he no leng bileue;* ib. 741/2.

3) dass beide Wörter sich in verschiedener Zusammensetzung befinden:

> *Ye woote youre forward and I it you r e c o r d e.*
> *If even - song and morwe-song a c c o r d e,*
> > Cant. Tales. Prol. 828/9.

Alle drei Arten finden sich in folgender Strophe des *Mirror of the Periods of man's life* (*E. E. T. S. 24, p. 77*) anscheinend mit einer gewissen Absichtlichkeit verwendet:

þanne comeþ forþ good h o p e:
  To saue man he wolde fonde ;
„þou wronge wcuere ouer h o p e!
  I make him free, þou woldist make him bonde;
  I schal conclude þee, þou w a n h o p e,
    Wile good feiþ wole wiþ me stoonde;
  Hooli writte seiþ, in god y h o o p e,
    His merci is ouer þe werkis of his honde.“ 601—608.

Provenzalen, Franzosen und Engländer gestatteten sich
derartige Reime, wenn diese später auch den Romanen als
eine besondere Kunstform galten, ursprünglich offenbar aus
ein und demselben Grunde, nämlich aus Bequemlichkeit,
eine Rücksicht, die in noch höherem Grade bei den g l e i c h e n
R e i m e n massgebend war, welche ebenfalls in den mittelalterlichen Denkmälern der Literaturen jener Völker oft vorkommen, jedoch in späterer Zeit in Folge strengerer Anforderungen an die poetische Form als unschön und dem
eigentlichen Zweck des Reims widerstrebend verpönt wurden,
da der Reiz desselben ja gerade darin besteht, dass ein vom
Schlusswort einer rhythmischen Reihe dem Sinne nach ab-
weichendes Wort sich ungezwungen und natürlich als ein
ähnlich klingendes Schlusswort einer correspondierenden Reihe
darbietet und den Zusammenhang der beiden Reihen in har-
monischer Weise dem Ohre vernehmbar macht. Ein Beispiel
des in altenglischen Dichtungen oft vorkommenden gleichen
Reims findet sich *K. Horn* 757/8 :

  To lond he him sette,
  And fot on stirop sette.

Als eine wirkliche Kunstform, wenn auch von zweifelhaf-
tem Werthe, ist der g r a m m a t i s c h e R e i m anzusehen, welcher
in der nahe zusammenstehenden oder gegenüber gestellten
reimenden Abwandlung eines Wortes durch verschiedene
Formen der Flexion oder Ableitung besteht, wie *pris: prise:*
mise: mis. Diese Reimart fand in der provenzalischen und
französischen Poesie besondere Pflege; auch den angelsächsischen Dichtern war sie in Bezug auf die Alliteration nicht
fremd gewesen (vgl. § 29); von den altenglischen Dichtern
aber wurde sie wegen des an Flexionsendungen mehr und

mehr Einbusse erleidenden Entwickelungsganges der Sprache nicht gepflegt, vielleicht war sie ihnen nicht einmal bekannt.

Besondere Erwähnung verdient noch der gebrochene Reim, wovon zwei Arten zu unterscheiden sind. Entweder besteht nämlich ein Bestandtheil des Reims aus zwei Wörtern, eine Reimart, die bei den provenzalischen und französischen Dichtern häufig[1]), doch auch bei den altenglischen reimenden Dichtern und zwar schon bei den frühesten nicht selten zu finden ist, z. B.:

> *Kniȝt, nu is þi time*
> *For to sitte bi me*; K. Horn 533/4.
> *At the uncouplynge of hys houndys.*
> *Withinne a while the herte founde ys,*
> Chaucer, Boke of the Duch. 377/8.

daher ebenfalls nicht auf fremden Einfluss zurückgeführt zu werden braucht. Die andere Art besteht darin, dass ein Wort um des Reimes willen auseinander gerissen wird, z. B. *abril : vil — tat, sagra — men : agra.* Bei den Provenzalen heisst ein solcher Reim *rims trencatz,* wovon sich ebenfalls Beispiele, in diesem Fall vielleicht Nachahmungen, in altenglischen Gedichten finden dürften. Unter den neuenglischen Dichtern bedient sich namentlich Byron bisweilen zur Hervorbringung einer komischen Wirkung dieser Reimart; da dieselbe immerhin zu den selteneren gehört, so mögen hier in Ermangelung eines altenglischen Reimes dieser Art zwei hübsche Beispiele aus Byron folgen:

> *Here my chaste Muse a liberty must take —*
> *Start not! still chaster reader — she'll be nice hence —*
> *Forward, and there is no great cause to quake;*
> *This liberty is a poetic licence,*
> *Which some irregularity may make*
> *In the design, and as I have a high sense*

---

[1]) Unter den Gedichten des Troubadours Folquet de Lunel, herausgegeb. von F. Eichelkraut, Berlin, Weber, 1872 findet sich eins (VI), welches ganz mit grammatischen und gebrochenen Reimen gebildet ist, und zwar wird ein und derselbe Reim auf *ila* und *il* durch alle Strophen beibehalten.

Of Aristotle and the Rules, 't is fit
To beg his pardon when I err a bit. Don Juan (Canto I,
120 ; Tauchn. Ed.)

Das andere findet sich in einem

Fragment of an Epistle to Thomas Moore v. 20 ff. :

The Czar's look, I own, was much brighter and brisker,
But then he is sadly deficient in whisker;
And wore but a starless blue coat, and in k e r s e y --
m e r e breches whisk'd round, in a waltz with the Jersey,
Who, lovely as ever, seem'd just as delighted
With majesty's presence as those she invited.

(Tauchn. Ed. IV, 109.)

Im Gegensatz zu dieser mühsamen Art der Reimbildung
ist der **Doppelreim** hervorzuheben, welcher, gewöhnlich
dreisilbig, zum Unterschied von dem klingenden Reime die
Eigenthümlichkeit hat, dass der Stamm und die Endung
des Wortes eine Hebung des Verses ausmachen, oder der
Gleichklang sich auf zwei Worte erstreckt, von denen das
erste auf gewöhnliche, das zweite auf rührende Art reimt,
die aber beide accentuiert sind, während bei den klingenden
Reimen die mitreimenden Endungen oder Wörter überzählig,
also verklingende Bestandtheile des Verses sind. Solche Doppel-
reime sind in altenglischen Dichtungen, namentlich den späteren,
ziemlich oft anzutreffen, z. B. in dem oben citierten Gedicht
des *Lambeth MS* 853 (c. 1430), betitelt: *The Mirror of the*
Periods of man's life, v. 397—400

> *Feéndis þreten fáste to táke mé,*
> *And stéren hélle-houndis to bíte mé;*
> *Deéþ seiþ, my breéd he haþ báken mé;*
> *Now schákeþ he his spére to smíte me;*

gewöhnlich aber finden sie sich bei romanischen Wörtern
(deren Endungen damals noch voller tönten und oftmals allein
den Reim trugen), wie:

enténción : reprehénción Ch. Troil. and Cr. I, 683/4.

Doch sind derartige Reime wohl in den meisten Fällen als
zufällige anzusehen.

In gleicher Weise dürfte die in der deutschen Metrik
unter dem Namen des erweiterten Reimes vorkommende,
der lateinischen Reimkunst ebenfalls bekannte [1]) Reimart, wo
sie in angelsächsischen und altenglischen Dichtungen sich
findet, oft dem Zufall ihr Dasein verdanken. Das Wesen
dieser Reimart besteht darin, dass noch eine dem eigentlichen Reime vorangehende, tonlose Vorsilbe des Wortes,
oder auch ein getrennt davor stehendes Wort mitreimt nach
gewöhnlicher oder rührender Reimweise, wie etwa *forgotten:
or rotten, to-night: too bright*. Reime dieser Art sind mehrfach im ags. Reimliede anzutreffen, z. B. *onlah : onwrah* 1;
getonge:gehonge 42; *gedreosad:gehreosad* 55;. dsgl. *to seche:to
eche*, Chauc. Troyl. I, 886/7; *biforne : iborne*, ib. 296/8.
Als das Gegentheil dieser Reimart sind die unaccentuierten Reime anzusehen, d. h. solche Reime, in denen
nicht, wie es die Regel ist, die betonten, resp. die betonten
nebst den darauf folgenden unbetonten Silben, sondern nur
die unbetonten Endsilben der Wörter reimen [2]), wovon sich
in dem früher citierten *lay* auf den Bruch der *magna charta*
durch Edward II einige Beispiele finden, so ausser den schon
mitgetheilten die Reime *streintheles : reutheles : loveless; the-
weless : penyless : almusles*; *wreeful : wrongful : sinful*.

§ 130. Als erster der dritten Hauptart von Reimen,
der nach ihrer Stellung unterschiedenen, möge der Binnenreim genannt werden, welcher gleichfalls in seinem frühesten
Vorkommen als zufällig anzusehen ist. Guest hat diesen
Reim, der indess eine viel weniger umfangreiche Rolle spielt,
als er ihm zuschreiben möchte (I, 125—136), mit dem Ausdruck
Sectional Rhyme bezeichnet, weil durch einen solchen Reim
zwei innerhalb eines Halbverses (*Section*) [3]) stehende Wörter

1) vgl. Ebert, Allgemeine Geschichte der Literatur des Mittelalters im Abendlande. Leipzig, 1880. II, p. 326.

2) Hiermit sind nicht, wie Guest es thut (II, p. 146), solche,
schon oft erwähnte, in altenglischer Zeit häufig vorkommende, mangelhafte Reime zusammenzuwerfen, in denen eine für gewöhnlich unaccentuierte, in der Regel tieftonige Silbe mit einer accentuierten reimt,
wie *king : living; land : dwelland; of some : disertum* (Guest). Man könnte
derartige Reime etwa einseitig unaccentuierte Reime nennen.

3) Vgl. Tobler, a. a. O. p. 112, wo der Begriff weiter gefasst ist.

verbunden werden. Gleichwohl ist dieser Reim von grossem
Interesse, da er als der eigentliche Keim der auf dem Vollreim
beruhenden Reimkunst anzusehen ist (vgl. § 37). In den
angelsächsischen Denkmälern, aus denen Guest zahlreiche
Beispiele beibringt, wird er daher in den meisten Fällen als
zufällig anzusehen sein, oder auf Wendungen beruhen, welche
der Dichter bereits als in Folge des Gleichklangs verbundene
aus dem Sprachschatz entnehmen konnte, so:

> sið þan ic hond and rond hebban mihte. Bw. 656.
> sǽla and mǽla : þæt is sôð metod ib. 1611.

Auch in altenglischer Zeit dürfte das Auftauchen dieses Reimes
oft als ein zufälliges anzusehen sein, wie in dem von Guest
aus *The Bruce* 2, 268 (?) citierten Beispiel:

> But he that in his deed was wiss
> Wyst thai assemblyt : war and quhar.

Entschieden mit Absicht verwendet findet er sich in zwei u. a.
auch von *Furnivall, Earl. Engl. Poems and Lives of Saints*
gedruckten Dichtungen, betitelt *Old Age* (p. 148) und *Earth*
(p. 150). Die Anfangsverse des ersteren lauten:

> Elde makiþ me geld and growen al grai,
> when eld me wol feld nykkest þer no nai;
> eld nul meld no murþes of mai,
> When eld me wold aweld, mi wele is awai;
> eld wold keld and cling so the clai,
> wiþ eld I mot held and hien to mi dai.

Im weiteren Verlaufe des Gedichts treten statt der Binnenreime leoninische Reime ein, und die Reimpaare gehen damit
in *rimes couées* über.

In grösserem Umfange und mit Absicht als Kunstmittel
verwendet begegnet diese Reimart erst häufiger im 16. Jahrhundert, so oftmals im *Mirror for Magistrates* und in T. Tus-
sers Lehrgedicht *Five hundreth points of good Husbandry*,
aus welchen beiden Dichtungen Guest zahlreiche Beispiele
beibringt:

> So many as loue me and use me aright,
> With treasure and pleasure: I richly requite. Tusser.

Thus might not right did thrust me to the crown;
M. for M. Vortigern, 13.

Then up with your c u p, till you stagger in speech,
And match me this c a t c h, though you swagger and screech,
Ah, d r i n k till you w i n k, my merry men each. W. Scott.

Nahe verwandt mit dieser Reimart ist eine andere,
welche wir mit Guest (I, 136) umgestellten Reim (*Inverse
Rhyme*) benennen, und welche darin besteht, dass die letzte
accentuierte Silbe des ersten Halbverses mit der ersten accentuierten Silbe des zweiten Halbverses reimt. Guest führt
ein- und zweisilbige Reime dieser Art an:

These steps both r e a c h and t e a c h thee shall
To come by t h r i f t to s h i f t withal. Tusser.
His breast full of r a n c o u r like c a n k e r to fret,
His heart like a lion his neighbour to eat. ib.

Viele andere der von ihm beigebrachten Beispiele sind
aber entweder als zufällige Gleichklänge anzusehen, wie

In such a p l i g h t what m i g h t a lady doe? Higg. M. for M.
And let r e p o r t your f o r t i t u d e commend. ib.

oder als rhetorische Wiederholungen desselben Wortes, wie:

And art thou g o n e and g o n e for ever? Burns.
I followd f a s t, but f a s t e r did he fly. Shaksp. M. N. D. 3. 2.

Auch von dieser Reimart dürften schon im Altenglischen Beispiele vorkommen, doch gehört das von Furnivall *Early English Poems and Lives of Saints* p. 21 mitgetheilte und nach
seiner Angabe (*Pref.* V) von Guest hierher gerechnete *Rhyme-
beginning Fragment* nicht dieser Gattung von Reimen an,
sondern einer anderen, auf provenzalischen Einfluss zurückzuführenden, die weiter unten erörtert werden soll.

Von diesem *Inverse Rhyme*, wie auch namentlich von dem
Sectional Rhyme wohl zu unterscheiden ist der leoninische
Reim, der die zwei Halbverse eines Langverses durch den
Endreim verbindet, wie dies schon in dem ags. *Rhyming
Poem* (vgl. § 36) vollständig durchgeführt ist:

scealcas wǽron s c e a r p e, scyl wæs h e a r p e, 27 etc.

Auf dem allmählichen Vordringen dieser Reimart in der
alliterierenden Poesie beruht, wie früher (§ 67—91) ausge-

führt wurde, die Entwickelung der alliterierenden Langzeile freier Richtung zu einem kurzen, meist drei- und viertaktigen Reimpaare.

Zum Unterschiede von den *versus leonini*, deren Hemistiche (Halbverse) mit einander unmittelbar reimen, wurden — schon in der mittelalterlichen Verslehre — solche Langverse, „von denen entweder alle oder mehrere oder wenigstens zwei nur durch denselben End- oder Schlussreim gebunden waren, *versus caudati* genannt" [1]). Beide haben das charakteristische Kennzeichen der Unmittelbarkeit der Reime (*rimes plates*, fortlaufende Reime) gemein.

Einen Fortschritt in der Entwickelung der Reimkunst bezeichnen schon die *versus interlaqueati*, in denen die correspondierenden Halbverse zweier auf einander folgender Langverse an paralleler Stelle (vor der Cäsur) durch eingeflochtenen Reim (*rime entrelacée*) gebunden werden [2]), wie dies in der früher betrachteten Reimchronik von Robert Brunne an gewissen Stellen der Fall ist, so namentlich von p. 69 an, wenn auch nicht ausnahmslos:

Edward is dede, alas! messengers ouerwent
To William. Harald was, þorgh comon assent,
Was corouned nobly, and for kyng þei him helde,
Bot þe duke of Normandie to William felle þe schelde.

Wird diese Reimart consequent durchgeführt, so wird dadurch die alexandrinische Langzeile zu Strophen aus vier dreitaktigen Versen in kreuzweiser Reimstellung (*rimes croisées*) aufgelöst (*abab*), wobei die Beschaffenheit (das Geschlecht) der Reime, wie das obige Beispiel zeigt, beliebiger Art sein kann, ohne Rücksicht auf regelmässige Reihenfolge derselben.

Bemächtigt sich dagegen der eingeflochtene Reim des katalektischen jambischen Tetrameters, so entsteht daraus bei consequenter Durchführung derselben wegen des Gesetzes der männlichen Cäsur und der weiblichen (um die letzte Hebung verkürzten) Endung des septenarischen Langverses eine

---

1) Wolf, Ueber die Lais, p. 198.
2) Ein interessantes und frühes Beispiel dieser Reimart in gereimten Hexametern citiert Guest, *Hist. of Engl. Rhythms II, 288.*

vierzeilige Strophe aus zwei viertaktigen Versen mit männlichem und zwei dreitaktigen Versen mit weiblichem Reime in gekreuzter Reimstellung (*4a3b4a3b*), wie z. B. in den p. 177 mitgetheilten Proben aus dem Bestiarius.

Diese beiden durch den gekreuzten Reim gekennzeichneten Strophenarten entwickeln sich also ganz ungezwungen aus den zu Grunde liegenden, paarweise reimenden, alexandrinischen und septenarischen Langzeilen. Sie gehören im Gegensatz zu den auf fortlaufender Reimfolge beruhenden, echt volksthümlichen Reimen und Strophen schon zu den Erzeugnissen der Kunstpoesie (vgl. Wolf, Ueber die Lais p. 75), aber gleichwohl noch zu den einfachsten Strophenformen der Dichtung, sowohl in der romanischen, als in der mittellateinischen Lyrik, in welcher letzteren aber die auf Grundlage der entsprechenden trochäischen Verse entstehenden Strophen (vgl. § 41, 42) noch beliebter waren. Weiter fand dann auch diese Reimstellung auf vier- und fünftaktige Verse Anwendung.

Eine noch höhere Stufe in der Entwickelung der Reimkunst bekundet schon eine dritte der nach der Stellung der Reime benannten Reimarten: der umschliessende oder umarmende Reim (*abba*), welcher ebenso wie der gekreuzte Reim auch der angelsächsischen, alliterierenden Reimkunst bekannt war (vgl. § 28). Auch diese Reimart, welche in der englischen Poesie älterer und neuerer Zeit nur verhältnissmässig dürftige Verwendung fand, begegnet schon in mittellateinischen Dichtungen. Aus MS. Laud 40 citiert Guest ein nach 1100 von dem Mönche Reginald von Canterbury geschriebenes Gedicht, in welchem diese Reimart durchgeführt ist, welche in ausgedehnterem Masse bei den Provenzalen und Nordfranzosen Pflege fand.

Von viel grösserer Wichtigkeit ist die letzte der nach der Reimstellung benannten Reimarten, nämlich die sogenannte *rime couée*, der Schweifreim, durch welchen zwei gleichartig gebaute, ursprünglich aus drei Gliedern bestehende, paarweise am Ende gereimte Langverse, die ausserdem jeder in den zwei ersten Gliedern mit leoninischem Reime versehen sind, also die Form $\frac{aab}{ccb}$ haben, zu sechs Verszeilen, und zwar in der Regel zwei längeren, gewöhnlich viertaktigen Verspaaren *aa, cc* und einem kürzeren, gewöhnlich dreitaktigen Verspaare *bb* aufgelöst und in der Reimstellung *aabccb* gebunden werden. Die Entstehung dieser Reimart wird später mit der Strophenform, der sie angehört, erörtert werden. Nur sei hier zunächst bemerkt, dass das kurze Verspaar *bb* ursprünglich nichts anderes ist, als der an den zweigliedrigen Langvers angehängte Refrain, und dass diese Reim- und Strophenart, wie die fortlaufenden Reimpaare, durchaus volksthümlichen Ursprungs ist.

Hiermit wären die wichtigsten der in der altenglischen Dichtkunst vorkommenden Arten des Endreimes erwähnt.

Was die Beschaffenheit desselben anbelangt, so ist Reinheit des Reimes das erste Erforderniss, welches die Kunstpoesie erheben und anstreben musste. In dieser Hinsicht waren die nordfranzösischen, und namentlich die provenzalischen Dichter die besten Vorbilder, weniger gute die mittellateinischen volksthümlichen Dichtungen. Wie wenig die frühesten altenglischen Dichtungen, in denen der Endreim noch mit der Alliteration um die Oberherrschaft rang, dieser Anforderung entsprachen, wurde schon durch die zahlreichen, aus denselben mitgetheilten Proben und Hinweise veranschaulicht, woraus indess zugleich auch der in dieser Hinsicht eintretende allmähliche Fortschritt ersichtlich war[1]).

Ein weiteres Gesetz für die Beschaffenheit des Reimes war und ist es, dass nur eine betonte Silbe, und zwar in der Regel eine hochtonige (abgesehen natürlich von dem erweiterten und unaccentuierten Reim), denselben tragen, resp. beginnen kann. Aus Reimnoth oder -bequemlichkeit wurden, wie in den früheren Kapiteln öfters hervorgehoben wurde, auch tieftonige Silben dazu verwendet (vgl. p. 303 Anm. 2). Tonlose Silben mit dem Reime zu belasten widerstrebt dem Wesen desselben und ist ein auch in altenglischer Zeit nur selten vorkommender Fehler gegen die Reimkunst.

---

1) Eine eingehende Darstellung der Entwickelung der altenglischen Reimkunst muss einer besonderen Untersuchung vorbehalten bleiben.

Kapitel 2.

**Die Verwendung des Reimes zur altenglischen Strophen-
bildung und das Verhältniss derselben zu den mittellateinischen, provenzalischen und altfranzösischen
Strophen.**

§ 131. Mit der Verknüpfung zweier oder mehrerer Verse
durch den Endreim oder mehrerer durch den Endreim verbundener Gruppen von Versen hängt, wie schon früher (vgl.
§ 42) bemerkt wurde, für gewöhnlich in der mittelalterlichen
und modernen Dichtkunst der Bau der Strophe zusammen.
Unter dem Begriff der Strophe im Allgemeinen ist die
Verbindung mehrerer Verse zu einem gegliederten Ganzen
zu verstehen. Die Verknüpfung derselben durch den Reim,
welche bekanntlich der classischen Dichtkunst gänzlich fremd
war, ist auch für die mittelalterliche Dichtkunst nicht als unerlässliche Bedingung einer Strophe anzusehen. In der mittellateinischen Dichtung kommt der Reim nur nach und nach
als Schmuck und Gliederungsmittel der Strophe zur Geltung
und zu allgemeinerem Gebrauche[1]. Für die provenzalische
und französische Poesie war der Reim freilich unerlässliches
Erforderniss der Strophe, und wenn die erstere auch solche
Dichtungen kennt, in denen die Reimwörter der einen
Strophe erst in der darauf folgenden gebunden werden, so
ist dies im Grunde genommen doch nur als eine kunstvollere
Verwendung des Reimes zu strophischer Verknüpfung anzusehen, indem dadurch zwei Strophen gewissermassen zu einer
Doppelstrophe vereinigt werden.

Auch in der altenglischen Dichtkunst giebt es ohne Reim
keine Strophen, denn die reimlosen Septenare Orms, an die
man etwa denken könnte, folgen aufeinander in ungegliederter

---

1) vgl. Wolf, Ueber die Lais, p. 199. Huemer, Untersuchungen
über den jambischen Dimeter, p. 26 ff. und dessen Untersuchungen
über die ältesten lateinisch-christlichen Rhythmen, p. 44 ff. K. Bartsch,
die lateinischen Sequenzen des Mittelalters, Rostock, 1868, p. 129 ff.

Ordnung. Als im Laufe des zwölften Jahrhunderts Dichtungen nach romanischen Mustern mit consequenter Durchführung des Endreims auftauchten, hatten sich hinsichtlich
der Verwendung desselben behufs Bindung der Verse zu einer
Strophe und bezüglich des Baues dieser letzteren gewisse
Regeln ausgebildet, von denen die einfachsten für alle drei
Sprachen, welche in dieser Hinsicht auf die englische ihren
Einfluss ausübten, allgemeine Gültigkeit hatten, während die
complicierteren, namentlich in der Dichtkunst der Provenzalen, dieser Reimkünstler *par excellence*, zur Ausbildung gelangten und bei den Franzosen und Engländern nur theilweise
und in beschränktem Masse Nachahmung fanden.

Es wird sich daher empfehlen, für die folgenden Bemerkungen über den Gebrauch des Reimes zum Strophenbau,
welche wir auf das Nothwendigste beschränken, von der provenzalischen Reimkunst auszugehen, um so mehr, als dieselbe
bekanntlich schon in früher Zeit zur Blüthe gelangte und für
die Poesie der westeuropäischen Völker überhaupt von einfluss-
reichster Bedeutung war, sowie auch deshalb, weil über das
Wesen derselben bereits die gründlichsten und eingehendsten
Untersuchungen vorliegen, welche uns als willkommene Führer
dienen können[1]).

§ 132. Wir beginnen damit, in Kürze die in dieser
Hinsicht in der provenzalischen Poesie gültigen allgemeinen
Regeln zu resumieren, welche indess, wie wir sehen werden,
weder in der nordfranzösischen, noch in der altenglischen
Poesie unbedingte Anerkennung fanden.

In der provenzalischen Volkspoesie reimten stets nur
zwei oder mehrere gleichartige Verse zusammen, und der
Gedanke ist dort in der Regel mit dem Verse zu Ende. Die
Kunstdichter dagegen schufen willkürlich am liebsten jeder
aus eigener Erfindung neue, compliciertere strophische Ge-

---

1) vgl. namentlich Diez, die Poesie der Troubadours, Zwickau,
1826, p. 84—103 und Karl Bartsch, „Die Reimkunst der Troubadours"
in Eberts Jahrbuch für romanische und englische Philologie, I, 171—197;
auch dessen Abhandlung „Der Strophenbau in der deutschen Lyrik" in
Pfeiffers Germania, II, 257—296.

bilde, indem sie auch Verse von ungleicher Silbenzahl,
manchmal auch von verschiedenartigem Rhythmus, steigendem
und fallendem, in einander schlangen und durch den Sinn
verknüpften, wobei sie den Satz nicht immer mit dem Verse
enden, sondern auch in den folgenden Vers hinüberschreiten
liessen.

Dies pflegt bezeichnet zu werden mit dem aus der französischen Metrik übernommenen Ausdruck *enjambement* [1]). In
der Entwickelungsgeschichte der französischen Rhythmen spielt
diese Erscheinung eine wichtige Rolle. In der epischen und
volksthümlichen lyrischen Poesie des Mittelalters war in der
französischen Poesie das *enjambement* selten anzutreffen, in
den complicierten Strophenformen der kunstmässigen Lyrik
dagegen desto häufiger. Für die Dichtungen Clement Marots,
Ronsards und seiner Zeitgenossen war es geradezu charakteristisch. Durch Malherbes und Boileaus dictatorisches Ein-
schreiten wurde es dann als ein Verstoss gegen den Versbau
für längere Zeit aus der französischen Poesie verbannt, bis
Voltaire und namentlich die Romantiker dem Verse wieder
freiere Bewegung gestatteten.

An sich ist die Zulässigkeit des *enjambement* unbestreit-
bar. Unschön ist dasselbe nur, wenn ein ganz unselbständiger
Theil eines Satzes oder Satzgliedes aus dem Verse, zu dem
es logisch gehört, und dessen Abschluss durch den Reim noch
besonders hervorgehoben wird, in den Anfang des folgenden
Verses hinübergeschoben wird. Daraus erklärt es sich, dass
in reimlosen Versen dem *enjambement* grössere Ausdehnung
eingeräumt werden kann, als in gereimten, wie schon aus
einer Vergleichung des Ormulum und der gleichzeitigen gereimten Dichtungen ersichtlich ist.

In der englischen Dichtkunst war die Anwendung des
enjambement niemals und in keiner Dichtungsart, so viel man
aus dem Gebrauch ersehen kann, untersagt; selbstverständlich
aber ist dasselbe in den einfachen, volksthümlichen Formen
der Poesie viel seltener zu finden, als in den späteren, kunstmässigen Dichtungen, wo die Schwierigkeit der Reimfolge
die Dichter öfters nöthigte, von jener Licenz Gebrauch zu

---

1) Vgl. darüber Lubarsch, Französische Verslehre p. 440—449.

machen, so z. B. in den Anfangsversen des Liedes PL. VIII[1]),
(*Wright Pol. Songs of Engl. p. 246; Percy, Reliques II, 5*):

> *Alle þat beoþ of huerte trewe,*
> *a stounde herkneþ to my song*
> *of duel, þat deþ haþ diht vs newe,*
> *þat makeþ me syke and sorewe among!*

Ein anderes Beispiel eines unschönen *enjambements* findet
sich in den p. 306 aus Robert Brunne citierten Versen.

Für die Verknüpfung der Verse, gleichartiger oder un-
gleichartiger, durch den Reim zu einer Strophe waren in
der provenzalischen Dichtkunst keine bestimmten Formen
vorgeschrieben. Weder die Strophenformen der classischen
Literatur, die den Provenzalen kaum bekannt war, noch die
einfachen Strophen des Kirchenliedes waren dabei massgebend
oder die letzteren nur hinsichtlich gewisser allgemeiner, bei
der Gliederung der Strophe zu erörternder Grundsätze und
für die ursprünglichsten, einfachsten Weisen des Volksliedes.
Die Kunstdichtung mochte ursprünglich daran anknüpfen,
aber sie entwickelte sich dann in durchaus selbständiger
Weise, indem die Dichter nach Belieben neue Strophen
schaffen oder auch schon bekannter und beliebter Strophenformen entweder mit gewissen Modificationen oder in unveränderter Gestalt sich bedienen durften[2]). Auch in der altfranzösischen und altenglischen strophischen Dichtung verhält es sich ähnlich.

Hinsichtlich der Zahl der Verse, aus denen eine Strophe
bestehen konnte, war ebensowenig eine feste Regel vorhanden,
als bezüglich der Länge der Verse. Es gab in der provenzalischen Poesie Strophen von mehr als zwanzig, ja von mehr
als vierzig Versen. Das waren aber ungewöhnlich lange Bildungen. Meistens ist die Zahl der Verse einer Strophe bedeutend kleiner, je nach der Gattung des Gedichtes, wie
z. B. im einfachen Liede die Strophe selten mehr als acht

---

1) Die Abkürzungen PL = Politische Lieder, WL = Weltliche
Lieder, GL = Geistliche Lieder sind diejenigen Böddekers, dessen Ausgabe „Altenglische Dichtungen" des MS. Harl, 2253, Berlin, 1878 in
solchen Fällen citiert wird.

2) Diez, a. a. O. p. 89.

Verse hat. Auch die Zahl der Strophen eines Gedichts war
freigestellt; doch blieb sie im einfachen Liebeslied gewöhnlich zwischen fünf und sieben.

Diese allgemeinen Bemerkungen dürften in gleicher
Weise ebenfalls für die altfranzösische und für die altenglische Lyrik Gültigkeit haben.

§ 133. In Bezug auf die Vertheilung der Reime
in den Strophen ist zu bemerken, dass es in der provenzalischen Lyrik ebenso wie in der lateinischen und in der
späteren, altfranzösischen Lyrik einreimige Strophen gab
und solche, in denen die Reime wechseln. Beide Arten
sind auch in der altenglischen Lyrik vertreten. Doch dürfte
es hier sehr selten vorkommen, dass bei der ersteren Art,
wie dies in der provenzalischen Poesie öfters der Fall ist,
der eine Reim sich durch zwei oder auch mehrere Strophen
hindurchzieht. — Hinsichtlich des Verhältnisses der Strophen
eines Gedichtes zu einander galt zunächst die Regel, dass
die an gleicher Stelle in den einzelnen Strophen stehenden
Verszeilen hinsichtlich der Silbenzahl gleich sein mussten,
und ferner war es Regel in der altfranzösischen strophischen Lyrik, dass die Bindung der einzelnen Verse durch
den Reim in allen Strophen eines Gedichtes in derselben
Ordnung erfolgen musste. Beide Regeln galten auch für den
altenglischen Strophenbau. In der altfranzösischen[1]) strophischen Lyrik war bei Gleichheit der Versart auch Gleichheit des Geschlechtes der Reime erforderlich, während nicht-
lyrische strophische Dichtungen diese Regel ausser Acht
liessen und an gleichen Stellen verschiedener Strophen un-
gleiches Geschlecht der Reime eintreten liessen.

Die altenglischen volksthümlichen Dichtungen schlossen
sich diesem letzteren, freieren Brauche an, während die späteren, kunstmässigen Gedichte der ersteren, strengeren Regel
folgten.

Eine andere charakteristische Eigenthümlichkeit der provenzalischen Strophenbildung war die, dass die Reime nicht

---

1) vgl. Tobler, Vom französischen Versbau alter und neuer Zeit
Leipzig 1880. p. 11, 13.

immer in derselben Strophe gebunden wurden. Dies konnte auch in der folgenden Strophe geschehen und zwar entweder so, dass nur ein Vers der Strophe erst in der nächsten Strophe gebunden wurde, — in der deutschen Metrik nennt man die Reime solcher Verszeilen Körner[1] —, oder so, dass alle Verse der ganzen Strophe erst in der folgenden ihre entsprechenden Reime fanden. Von diesen beiden Arten der Verkettung der einzelnen Strophen mit einander fand nur die letztere, durch Wiederkehr eines Reimes an entsprechender Stelle von Strophe zu Strophe bewirkte, in der altfranzösischen und altenglischen Poesie Nachahmung. Einen ausgedehnteren Gebrauch dieser Körner, wie er den Provenzalen bekannt war, haben weder die Franzosen, noch die Engländer zugelassen. Die Körner finden sich nämlich in den provenzalischen Gedichten nach Bartsch a. a. O. p. 178 an mehreren Stellen der Strophe, am häufigsten im ersten und letzten, ersten und vierten, im letzten Verse allein oder in den beiden letzten Versen. Finden die Körner sich in der letzten Zeile der Strophe, so sind sie dem später zu betrachtenden Refrain zu vergleichen.

Völlig ungebundene Verse waren in der provenzalischen Poesie nicht erlaubt; ebensowenig wohl in der altfranzösischen. In der altenglischen Poesie waren sie jedenfalls sehr selten. Ein Beispiel derartiger Strophenbildung mit je zwei völlig reimlos dastehenden Versen gewährt ein von Guest in anderem Zusammenhange citiertes Gedicht von Michael von Kildare[2], beginnend mit den Strophen:

Hail, seint Michel, with the lange sper!
Fair beth thi winges up thi shōldér.
Thou hast a rede kirtil anon to thi fote,
Thou ert best angle, that ever God makid!

---

1) Dante bezeichnet in seiner Schrift „De vulgari eloquentia" eine solche Verszeile mit dem Worte *clavis*, die leys d'amors der Provenzalen gebrauchten dafür den Ausdruck *rims espars*, was aber streng genommen nur einen in der eigenen Strophe nicht gebundenen Vers bedeutete, einerlei, ob die Bindung durch den Reim in den folgenden Strophen eintrat oder nicht.

2) Reliquiae antiquae ed. by Wright and Halliwell vol. II, p. 174.

This vers is ful wel i-wroʒt,
Hit is of wel furre y-broʒt.

— — — — — —

— — — — — —

Hail, ʒe holi monkes, with ʒur corrin,
Late and rathe ifillid of ale and win!
Depe cun ʒe bouse, that is al ʒure care,
With seint Benetis scurge lome ʒe disciplineth!
Taketh hed al to me,
Tat this is sleche ʒe wel mow se!

Die in den Schlussversen der ersten Strophe gegebene Ver-
sicherung, dass der „*vers*" gut und von weit her gebracht sei,
lässt darauf schliessen, dass die Strophe doch nach einem
fremden Muster gebaut war. — Mit Sicherheit sind andere Ver-
knüpfungen der Strophen durch den Reim auf romanische
Vorbilder zurückzuführen. So zunächst die bei den Provenzalen
sehr beliebte Art, dass die Reime der ersten Strophe in allen
übrigen wiederkehren. Auch die Nordfranzosen haben diese
Durchreimung mit denselben, in jeder Strophe in gleicher
Ordnung wiederkehrenden Reimen nachgeahmt, aber oft in
unvollkommener Weise [1]), so dass die nur im Grossen und
Ganzen übereinstimmenden Reime der einzelnen Strophen oft
durch abweichende unterbrochen werden. In Folge dieser
freieren Behandlung der Strophe wurde bei den Nordfranzosen
alsbald das zur Regel, was bei den Provenzalen als das Seltenere, meist nur bei einreimigen Strophen Gebräuchliche erscheint, nämlich, dass mit jeder Strophe andere Reime wiederkehren und die Uebereinstimmung des Reimsystems des
Gedichtes nur in der gleichen Gliederung und dem gleichen
Geschlecht der Reime innerhalb der einzelnen Strophen zu
Tage tritt. In der englischen Poesie kam hauptsächlich, doch
nicht ausschliesslich (vgl. z. B. Chaucers *Ballad to King
Richard, Good Counsail, Purse,* und das ältere *Rhyme-beginning Fragment,* p. 317) dies System zur Anwendung.

· Andere kunstmässige Eigenthümlichkeiten des provenzalischen Strophenbaues haben weder in der nordfranzösischen

---

1) Vgl. Wackernagel, Altfranzösische Lieder und Leiche. Basel,
1846, p. 174.

Sprache, noch in der englischen, vermuthlich wegen der
grossen Schwierigkeit und des geringeren Reichthumes an
Reimen, Nachahmung gefunden ; so ausser dem schon erwähnten Fall, dass alle Reime nicht in derselben, sondern
erst in der folgenden Strophe gebunden werden, der Brauch,
dass die Ordnung derselben in den Strophen nach bestimmten
Gesetzen wechselt, oder auch, dass in jeder Strophe, die erste
ausgenommen, ein Theil` der Reime durch neue abgelöst
wird. Dagegen fand eine andere kunstvolle Art der Verkettung der einzelnen Strophen durch den Reim Nachahmung bei den Nordfranzosen, nämlich die, dass die Schlusszeile jeder Strophe mit der Anfangszeile der nächstfolgenden
gebunden wird, indem entweder ein Wort der ersteren, welches nicht nothwendig das Reimwort zu sein braucht, oder
ein Theil des Verses zu Anfang des ersten Verses der folgenden Strophe wiederholt wird, oder auch der ganze Vers nebst
dem Reim den Anfangsvers der folgenden Strophe bildet,
oder endlich nur der letzte Reim wieder aufgenommen wird.
Diese Art der Verkettung der einzelnen Strophen, namentlich
die letztere, durch gleichen Reim der End- und Anfangszeile
zweier Strophen, fand auch in der altenglischen Lyrik viel-
fache Nachahmung. Indess auch die erstere Art durch Wiederholung eines Wortes der Schlusszeile der Strophe zu
Anfang des ersten Verses der folgenden Strophe ist in altenglischen Dichtungen nicht selten anzutreffen, wie sich bei
verschiedenen, später zu citierenden Strophenformen zeigen
wird. Bisweilen werden auch die einzelnen Theile der
Strophen durch dasselbe Hilfsmittel — *Iteration* nennt es
Guest — enger verknüpft, so in den von ihm aus dem Gedichte *Sir Gawane and Sir Galuron* (II, 290) citierten Strophen,
wovon eine hier gleichfalls zur Veranschaulichung folgen möge :

With riche dayntes on des thi drotes are dight,
And I in danger and doel, in dongon I dwelle,
Naxte and nedeful, naked on night,
Ther folo me a ferde of fendes of helle!
They hurle me unhendely, thai harme me in hight;
In bras and in brymston I bren as a belle.
Was never wrought in this world a wofuller wight!
Hit were ful tore any tonge my torment to telle.

Now wil I of my torment tell or I go,
Thenk hertly on this,
Fonde to wende thi mys,
Thou art warned iwys,
Bewar be my wo!
Wo is me for thi wo quod Waynour iwys etc.

Diese Verkettung kann so weit gehen — und auch dafür
gewährte die provenzalische Poesie Vorbilder — dass sogar die
einzelnen Verse der Strophe auch auf solche Art verbunden
sind. Das einzige mir bekannte englische Beispiel dieser Art
ist das bereits früher (p. 305, 314) erwähnte, von Furnivall unter
dem Titel *A Rhyme-beginning Fragment* (nach F. entstanden
vor 1300; so früh schwerlich) mitgetheilte Gedicht, welchem
hier, als einem Unicum, die Aufnahme nicht versagt werden kann:

> *Loue hauiþ me broʒt in liþir þoʒt,*
> *þoʒt ic ab to blinne;*
> *blinne to þench hit is for noʒt,*
> *Noʒt is loue of sinne.*
>
> *Sinne me hauiþ in care ibroʒt,*
> *broʒt in mochil vnwinne:*
> *winne to weld ic had iþoʒt;*
> *þoʒt is þat ic am inne.*
>
> *In me is care, how i ssal fare,*
> *fare ic wol and funde;*
> *funde [Furn: fare] ic wiþouten are,*
> *ar i be broʒt to grunde.*

Es macht sich also schon in recht früher Zeit, wie dies kleine,
auch durch Wiederholung derselben Reime in allen Strophen
charakterisierte Poem erkennen lässt, der Einfluss romanischer
Reimkunst in der altenglischen Poesie aufs entschiedenste
bemerkbar. In den *Leys d'amors* der Provenzalen heissen so
verbundene oder gebaute Strophen *coblas capfinidas*. Eine
gewisse Aehnlichkeit mit einer solchen einzelnen Strophe gewinnt eine Gruppe von Strophen, welche, — wie dies z. B. in
dem vom Herausgeber nicht strophisch eingetheilten, aber
aus zwölfzeiligen Strophen bestehenden Gedichte *The Pearl*
in *Morris' Early English Alliterative Poems* (E. E. T. S. 1,
p. 1 ff.) der Fall ist —, ohne dass die einzelnen Verse auf

solche Art mit einander verbunden werden, durch einen zum
Schluss jeder Strophe wiederkehrenden Refrainvers (vgl.
Kapitel 4 dieses Abschnittes) verknüpft sind.

Kapitel 3.

Die Gliederung der Strophe.

§ 134. Die Gliederung der Strophe, worauf schon
mehrfach Bezug genommen wurde, bildet den nächsten Gegenstand unserer allgemeinen Erörterung. Da auch in dieser
Hinsicht die altenglische Dichtkunst unter dem Einfluss der
mittellateinischen und der romanischen Lyrik sich entwickelte, so empfiehlt es sich, die für die letztere in der
romanischen Philologie gültige Terminologie beizubehalten.
Dieselbe stammt zum Theil aus der deutschen Metrik, zum
Theil aus Dantes Schrift: *De vulgari eloquentia* [1]) und aus
Boehmers werthvoller Monographie [2]) über dieselbe. Wie die
provenzalische Lyrik für die italienische Lyrik Vorbild war, so
dass Dante in obiger Schrift die Troubadours als Muster anführen konnte, und die von ihm für die italienische Lyrik
aufgestellten allgemeinen Grundsätze mit geringen Modificationen auch auf die provenzalische anwendbar sind, so ist sie
es in ähnlicher Weise auch für die altfranzösische Lyrik gewesen. Doch nicht nur die Strophenformen dieser, sondern
auch diejenigen der mittellateinischen Lyrik lassen sich von
denselben Gesichtspunkten aus betrachten. Das erklärt sich
aus dem ursprünglichen und innigen Zusammenhange der
Strophe mit dem Gesange [3]). Darauf nimmt auch Dante zunächst in seinen Erörterungen über die strophische Gliederung Bezug. „Jede Stanze (*stantia* ist Dantes Ausdruck für

---

1) Opere minori di Dante Alighieri, Ed. di Pietro Fraticelli. Firence,
1858, vol. II, p. 146 ff.

2) Ueber Dante's Schrift de vulgari eloquentia. Nebst einer Untersuchung des Baues der Dante'schen Canzonen von Eduard Boehmer.
Halle, 1868.

3) Vgl. Wolf, Ueber die Lais, p. 15.

Strophe) ist so gefügt, dass sie mit einer Melodie (*oda*) verbunden werden kann. Es kann nun eine Stanze nach einer
stetigen Melodie gehn, bei welcher keine Wiederholung eines
musikalischen Theiles und kein Zwischenspiel (*diesis*) [1]) vorkommt. Andere Stanzen enthalten ein Zwischenspiel, und
kann dies nicht vorkommen, ohne dass eine musikalische
Wiederholung stattfindet entweder des dem Zwischenspiel
vorhergehenden Theiles oder des nachfolgenden oder beider
Theile. Findet die Wiederholung vor dem Zwischenspiel
statt, so sagen wir, die Stanze habe Stollen (*pedes*); und hat
sie am angemessensten zwei, obschon zuweilen drei vorkommen, doch sehr selten. Findet die Wiederholung nach dem
Zwischenspiel statt, so sagen wir, die Stanze habe Wenden
(*versus*). Wenn vorher keine Wiederholung ist, so sagen wir,
die Stanze habe eine Stirn (*frons*). Wenn nachher keine, so
sagen wir, sie habe einen Schweif (*cauda sive syrma*)."

Aus diesen mit Boehmers Worten (p. 27, 28) wiedergegebenen allgemeinen Grundsätzen Dantes hinsichtlich der
Strophengliederung (a. a. O. cap. X) geht hervor, dass er
folgende Strophenarten unterscheidet:

I. Untheilbare Strophen.

II. Theilbare Strophen. Diese sind wieder zu sondern
in zwei Hauptgruppen:

1. Solche Strophen, die aus zwei (selten mehreren)
gleichen Theilen (wegen der Wiederholung derselben Melodie) und einem ungleichen Theile (nach
anderer Melodie) bestehen und wieder in zwei
Arten zu scheiden sind:

a) Strophen mit vorangestellten Stollen (*pedes*)
und folgendem Schweif oder Abgesang (*cauda*).

b) Strophen mit vorangestellter Stirn (*frons*) und
folgenden Wenden (*versus*).

---

1) Dante giebt dafür folgende Definition: *diesim dicimus de-
ductionem vergentem de una oda in aliam: hanc* [*scil. diesim*] *voltam
vocamus, cum vulgus alloquimur.* Der Dante'sche Ausdruck stammt,
wie Boehmer bemerkt, aus Isidor, orig. 3, 20, 6: *diesis est spatia
quaedam et* (zweitens) *deductiones modulandi atque vergendi* [*al.: ver-
gentes*] *de uno in alterum sonum.*

2. Solche Strophen, in denen in beiden Theilen, vor
und nach dem Zwischenspiele (*diesis*), Wiederholung der Melodie stattfindet, die also aus zwei oder
mehreren Stollen und zwei oder mehreren Wenden
bestehen, deren Zahl sich nicht zu entsprechen
braucht. Wohl aber müssen die Stollen unter sich
gleich sein und ebenso die Wenden (dsgl. in den
unter II, 1, a, b aufgeführten Strophen), während
Dante es unentschieden lässt, ob Stollen und Wenden
in gleicher Zahl in einer solchen Stanze vorkommen
dürfen, und ob die Stollen und Wenden einander
in Bezug auf Verszahl oder Silbenzahl oder in beiderlei Hinsicht, also völlig, gleich sein dürfen
(Boehmer, a. a. O. p. 30).

Bei ungleicher Zahl und ungleichem Bau der Stollen
im Verhältniss zu den Wenden würde die Strophe, ähnlich
wie die unter II, 1, a, b genannten, eine dreitheilige Gestalt annehmen, bei gleicher Zahl und gleichem Bau der
Stollen und Wenden eine vier-, sechs- etc. -theilige, welche
indess, Stollen und Wenden für sich genommen, als eine
zweitheilige aufgefasst werden könnte.

Auf diese Möglichkeit hat jedoch Dante, wie schon bemerkt, nicht weiter Bezug genommen, wie er denn überhaupt
die zweitheiligen Strophen unberücksichtigt gelassen hat.
Diese aber sind von nicht geringerer Wichtigkeit, als die
eintheiligen oder untheilbaren und die dreitheiligen Strophen.

§ 135. Die Hauptgruppe der zweitheiligen Strophen,
die gleichgliedrigen, aus zwei gleichen Theilen oder Gliedern (Perioden, Stollen) bestehenden, sind vielmehr, wie frühere
Ausführungen (vgl. § 42) dargethan haben, als die Grundformen
aller strophischen Bildung überhaupt anzusehen, in der sich die
einfachsten und frühesten epischen und lyrischen Dichtungen
sowohl der mittellateinischen, als auch der romanischen Literatur in der Regel bewegen. Die andere Gruppe zweitheiliger Strophen, die ungleichgliedrigen, aus zwei ungleichen Theilen oder Gliedern, *frons* und *cauda*, bestehenden,
in denen also keine Wiederholung einer Melodie stattfinden
könnte, gehören einer fortgeschritteneren Epoche strophischer
Formationen an. Obwohl sie in der provenzalischen Poesie

vorkommen [1]), lässt Dante sie unberücksichtigt, da in der italienischen Poesie hauptsächlich das Princip der Dreitheiligkeit des Strophenbaues gepflegt wurde, welches die Provenzalen, obwohl sie es kannten und manchmal, sogar im Bau des ganzen Liedes, befolgten, doch nicht mit solcher Entschiedenheit in den Vordergrund stellten, wie die Italiener und in gleicher Weise die für die altenglische Dichtkunst bedeutungsvolleren Nordfranzosen es thaten. Während die Kunstfertigkeit der provenzalischen Dichter hauptsächlich in ihrer Reimkunst zu Tage tritt, bildeten die Nordfranzosen durch die Beobachtung jenes Gesetzes die Entwickelung des eigentlichen Strophenbaues weiter aus. Bei den nordfranzösischen Kunstdichtern ist die Dreitheiligkeit die gewöhnliche, wenn auch nicht ausnahmslose Regel.

§ 136. Die dreitheilige Strophe besteht auch bei ihnen, wie bei Dante, aus drei Theilen, von denen zwei, die beiden Stollen (*pedes*), die man zusammen nach deutscher Bezeichnungsweise auch den Aufgesang nennen kann, sich vollständig gleichen, während der dritte Theil, der Abgesang oder Schweif (*cauda*) ungleich gebaut ist. Als Beispiel wählen wir eine in sechszeiligen Strophen geschriebene Pastorelle aus Bartsch, Altfranzösische Romanzen und Pastorellen, p. 151:

L'autrier mi chevachoie
pencis com suis sovent, } erster Stollen
leis un boix qui verdoie, } zweiter Stollen } Aufgesang
pres d'un preit lons de gent,
trovai pastoure qui gardoit sa proie. } Abgesang.
kant je la vix, ver li tornai ma voie.

Deleiz lai pastorelle
tout maintenant m'acis. } erster Stollen
je la vi jone et belle, } zweiter Stollen } Aufgesang
de s'amour la requix.
belle, voilliez que vostre amor soit moie; } Abgesang.
je vos donrai amoniere de soie.

Hier bestehen die beiden Stollen aus achtsilbigen Versen mit abwechselnd weiblichen und männlichen, kreuzweise ver-

---

[1] Vgl. Jaufre Rudel von Stimming, Kiel, 1883, p. 37.

bundenen Reimen; der Abgesang dagegen besteht aus zwei
zehnsilbigen, paarweise reimenden Versen, die durch den
gleichen weiblichen Reim mit dem Aufgesange verknüpft
sind. Solche Verbindung des Abgesanges mit dem Aufgesange
durch den Reim, welche in den verschiedenen Strophenformen
auf mancherlei Weise bewirkt werden kann, ist eine allerdings sehr häufig vorkommende, aber für den Bau der Strophe
nicht nothwendig erforderliche Erscheinung. Mehr oder weniger strenge beobachtete Regel ist es aber, dass die beiden
Stollen, die den Aufgesang ausmachen, sich in jeder Beziehung, also hinsichtlich der Länge und Stellung der
Verse, sowie des Geschlechts und der Anordnung der Reime
gleichen, und namentlich, dass mit dem Ende des zweiten
Stollen ein Satz oder ein Hauptbestandtheil eines solchen
zum Abschluss gebracht werde, der Aufgesang also vom Abgesang durch eine deutlich bemerkbare Pause getrennt sei,
wie dies z. B. in der zweiten Strophe, weniger in der ersten
der Fall ist. Dagegen ist es nicht nöthig, dass der Abgesang
vom Aufgesang stets durch die Beschaffenheit der Verszeilen
unterschieden sei. Es kommt sogar vor, wenn auch selten,
dass der Abgesang ganz gleichen Bau hat mit den Stollen,
die Strophe also aus drei gleichen Theilen besteht; so z. B.
a. a. O. p. 42:

> *L'autre jour mon chamin erroie,* } 1. Stollen   } Aufgesang
> *si oi dame gaimenteir,*
> *ki ce seoit sos la codroie,* } 2. Stollen
> *a son mari voloit chozeir:*
> *„cuidies vos que je vostre soie,* } Abgesang.
> *vilains, por vostre rioteir?"*

Bei ungleicher Länge des Aufgesangs und Abgesangs beruht
hierin schon ein wesentliches Unterscheidungsmittel, wie z. B.
bei der sehr häufig und in den verschiedensten Reimstellungen
vorkommenden siebenzeiligen Strophe, wovon sich a. a. O.
p. 194 ein gutes, auch durch gleiche Verslänge des Auf- und
Abgesangs charakterisiertes Beispiel findet:

> *L'autrier quant je chevauchoie* } 1. Stollen   } Aufgesang
> *desouz l'onbre d'un prael*
> *Trouvai gentil pastorele* } 2. Stollen
> *les cuz verz, le chief blondel,*

vestue d'un bliaudel,
la color fresche et vermeille, } Abgesang.
de roses fet un chapel.

Bei gleicher Verslänge und gleicher Verszahl des Auf- und
Abgesangs kann Verschiedenheit der Reimstellung zur Unterscheidung dieser beiden Hauptglieder der Strophe ausreichen,
wie eine a. a. O. p. 182 befindliche Strophe veranschaulichen
möge:

Au parissir de la campaigne, } 1. Stollen }
dont la sente perdi l'autrier,
les la bruiiere en une plaigne } 2. Stollen } Aufgesang
trouvai pastoure sans bregier.
coraje ot fier et cuer legier,
le cors ot gent pour enbrachier. } Abgesang.
ses bestes garde a la montaigne:
n'aferist pas a tel mestier.

Der vierzeilige Aufgesang hat hier die Reimstellung *Ab Ab*,
(weibliche Reime mit grossen, männliche mit kleinen Buchstaben bezeichnet), der ebenfalls vierzeilige Abgesang dagegen die Reimstellung *bbAb*. Es kehren also im Abgesange
die Reime des Aufgesanges wieder, nur in anderer Verwendung und Stellung. Ausserdem aber ist zur deutlicheren
Sonderung des Aufgesangs vom Abgesange der letztere noch
durch einen Binnenreim im ersten Verse kenntlich gemacht.
Diesen in der altfranzösischen Poesie beliebten, doch zu dem
obigen Zweck keineswegs unumgänglich erforderlichen Kunst-
griff werden wir auch in der altenglischen Strophenbildung
oft beobachten können.

§ 137. Hinsichtlich der Stellung der zwei gleichen
Theile und des ungleichen Theiles der dreitheiligen Strophe
ist es das Gewöhnliche, dass die beiden ersteren den Anfang der Strophe bilden, der letztere den Schluss. Viel
seltener findet das umgekehrte Verhältniss statt, dass der
ungleiche Theil an der Spitze der Strophe steht, die beiden
gleichen den Schluss derselben bilden, in welchem Fall es
zweckmässig ist, die Dante'schen Bezeichnungen Stirn (*frons*)
mit darauf folgenden Wenden (*versus*) zu gebrauchen. Ein

Beispiel einer so gebauten Strophe findet sich bei Bartsch
a. a. O. p. 225:

Par desous l'ombre d'un bois	
trovai pastoure a mon chois;	} Stirn,
contre yver ert bien guarnie	
la tousete, ot les crins blois.	} 1. Wende,
quant la vi sanz compaignie,	
mon chemin lais, vers li vois.	} 2. Wende.

Hier ist wieder durch den Reim die Verbindung der Stirn mit
den Wenden, welche im zweiten Verse den Reim der ersteren
aufnehmen, hergestellt. Natürlich sind auch hier, ähnlich wie
bei den Stollen und dem Abgesange verschiedene Bindungen
möglich, die in erster Linie durch die Verszahl der Strophen
bedingt sein würden. Doch sind derartige Strophen mit vorangestelltem ungleichen Theile, wie gesagt, in der romanischen
Poesie seltener und daher auch nicht in so grosser Mannichfaltigkeit anzutreffen. als diejenigen mit nachgestelltem Abgesange. Dasselbe gilt für die altenglische Dichtung.

Auch in der Strophenzahl wurde von den Franzosen
die Dreitheiligkeit des ganzen Baues eines Liedes durchgeführt [1]), indem es aus drei Strophen bestehen konnte, oder
aus sechs, also aus drei gleichen Strophengruppen, oder aus
sieben, oder, was am häufigsten der Fall war, aus fünf, wie
denn überhaupt die ungerade Strophenzahl besonders beliebt
war. In dieser Hinsicht nahm die altenglische Lyrik sich die
französische ebenfalls vielfach zum Muster, wie überhaupt hinsichtlich des dreitheiligen Strophenbaues.

Auch in der mittellateinischen Lyrik war die Dreitheiligkeit nicht unbekannt (vgl. z. B. Carmina burana p. 198, 124;
p. 201, 127; p. 202, 128; p. 207, 134; p. 210, 139 etc.);
es wird sich später bei der näheren Betrachtung der Schweifreimstrophe ergeben, dass diese sogar aus dem Princip der
Dreitheiligkeit im Kirchengesange hervorgegangen ist. Indess schon die in der dreitheiligen altenglischen Strophe besonders zu Tage tretende und, wie früher ausgeführt wurde,

---

1) Vgl. darüber Wackernagel, Altfranzösische Lieder und Leiche
p. 174.

hauptsächlich der provenzalisch-französischen Reimkunst nachgebildete, kunstvolle Reimverknüpfung weist auch für den
Bau jener Strophe selber auf die romanische Dichtkunst als
nächstes Vorbild hin. Ja, in den meisten Fällen lassen sich
die verschiedenen Arten der in der altenglischen Literatur
vorkommenden dreitheiligen Strophen in der französischen
Lyrik nachweisen, und bei Berücksichtigung des bedeutenden
Einflusses, den die französische Literatur im Allgemeinen und
die französische Kunstlyrik im Besonderen auf die altenglische Literatur und speciell auf die Lyrik ausgeübt hat,
gehen wir daher wohl nicht fehl, wenn wir annehmen, dass
die Dreitheiligkeit in der kunstvolleren altenglischen Strophenbildung im Allgemeinen auf französischen Einfluss zurückzuführen sei. Auch bei den meisten untheilbaren und den
zweitheiligen ungleichgliedrigen Strophen dürfte dies zutreffen.
In viel geringerem Masse aber wird romanischer Einfluss anzunehmen sein bei den einfacheren, zweitheiligen, gleichgliedrigen Strophenbildungen, da für diese die allen westeuropäischen Nationen gemeinsame mittellateinische Lyrik Vorbild
sein konnte und vermuthlich auch war.

Es dürfte indess, wie schon früher bemerkt, schwer
sein, in jedem einzelnen Falle zu bestimmen, ob eine lateinische, provenzalische oder französische Strophe für die betreffende altenglische Strophe Vorbild war. Wir begnügen uns deshalb damit, den combinierten Einfluss jener drei Literaturen
in den bisherigen Bemerkungen hervorgehoben zu haben und
bei der Betrachtung der verschiedenen einzelnen, durch häufige
Verwendung des Refrains in seinen verschiedenen Gestaltungen
noch besonders charakterisierten altenglischen Strophenformen
in den späteren Kapiteln auf die möglichen Vorbilder, so
weit sie uns aus der mittellateinischen oder aus der provenzalischen oder aus der französischen Literatur oder aus allen
dreien in gleicher Gestalt bekannt geworden sind, thunlichst
oft hinzuweisen.

Kapitel 4.

Refrain und Geleit. Versarten der Strophen.

§ 138. Unter Refrain, den die Provenzalen *refrim*,
d. h. Wiederhall genannt zu haben scheinen (Diez, a. a. O. p. 92),
versteht man in der Metrik für gewöhnlich den mehr oder
weniger gleichlautenden Schluss jeder Strophe, der entweder
aus einer oder mehreren, keine bestimmte Bedeutung enthaltenden oder auch eine solche ausdrückenden Silben, resp.
Worten (meist Jubelrufen) oder einem gleichmässig wiederkehrenden Verstheil oder auch einem ganzen Verse oder
endlich einer Versgruppe bestehen kann. Der Refrain, im
Deutschen auch Kehrreim genannt, hat einen durchaus volksthümlichen Ursprung. „Er entstand wahrscheinlich aus dem
Antheil des Volks (oder der Gemeinde) an Liedern, die von
Einem oder Mehreren bei feierlichen Gelegenheiten, bei Gottesdienst, Spiel und Tanz ihm vorgesungen wurden, indem es
einzelne Worte, Verse oder ganze Strophen im Chor wieder-
holte (daher öfter vom Vorsänger selbst intoniert oder an die
Spitze des Liedes gestellt) oder in den Pausen des Vorsängers
(nach grösseren oder kleineren Absätzen, Tiraden, Strophen)
ihm durch einen wiederholten Zuruf antwortete, der wohl
ursprünglich die durch das Vorgetragene in ihm erzeugte
Stimmung, Beifall, Abscheu, Freude, Schmerz u. s. w. aus-
drückte, in der Folge aber oft zur allgemeinen stehenden
Formel oder zur conventionellen Acclamation vorzüglich bei
Kirchen-, Kriegs-, Fest- und Spielliedern ward. Daher ist
der Refrain so alt wie die Volkslieder selbst und kommt
vorzugsweise in diesen und ihnen nachgebildeten volksmässi-
gen Gesängen vor [1].“ Aus dem Volksgesange war der Refrain
ins Kirchenlied eingedrungen, aus diesem wieder, oder vielleicht noch eher direct aus dem Volksliede in manche Arten
der Kunstlyrik, da die Dichter in dieser regelmässigen Wiederkehr desselben Verses (resp. Verstheiles) oder derselben
Gruppe von Versen ein vortreffliches Mittel erblickten, auf

---

1) Wolf, Ueber die Lais, Sequenzen und Leiche p. 18 ff.

das Gefühl zu wirken. Der Refrain war daher in der mittellateinischen kirchlichen und profanen Dichtung, desgleichen
in der provenzalischen, altfranzösischen und, wie wir sehen
werden, auch in der altenglischen Poesie sehr beliebt. Aus
der angelsächsischen Dichtung ist, wie bereits früher (p. 83
Anm.) erwähnt wurde, nur eine Dichtung mit Refrain bekannt geworden.

Was die Stellung des Refrains betrifft, so bildet derselbe in der Regel den Schluss der Strophe. In seltenen
Fällen kann derselbe aber auch, wie dies in der provenzalischen Dichtkunst häufiger vorkam, im Innern der Strophe
vorkommen. In Ermangelung eines älteren Beispiels dieser
Art mögen die Anfangsverse einer zwar schon der neuenglischen Zeit angehörigen, aber sowohl hinsichtlich des Tones,
als auch namentlich des Strophenbaus direct aus der altenglischen Zeit entstammten Ballade der Regierungszeit Heinrichs VIII, betitelt *The Ungrateful Knight and Fair Flower
of Northumberland* (*Ritson, Ancient Songs and Ballads* II,
p. 75) hier citiert werden, deren vierzeilige, kreuzweise reimende Strophen so gebaut sind, dass der Schlussvers der
ersten Halbstrophe aus einem regelmässig wiederkehrenden
Refrain, derjenigen der zweiten Halbstrophe gleichfalls aus
einem Refrain oder aus einem refrainartigen Verse mit leichten Variationen des Wortlautes besteht:

> *It was a knight, in Scotland born,*
> *(Follow, my love, come over the strand),*
> *Was taken prisoner and left forlorn,*
> *Even by the good earl af Northumberland.*

> *Then was he cast in prison strong,*
> *(Follow, my love, come over the strand),*
> *Where he could not walk nor lye along,*
> *Even by the good earl of Northumberland.*

Die nächsten Strophen haben den Schlussvers:

> *And she is the fair flower of Northumberland*

mit einigen leichten Variationen; andere Strophen haben re-
frainartige Schlussverse auf den Reim *Scotland* und *England*.

§ 139. Abgesehen von der Stellung des Refrains ist
also dies Gedicht noch lehrreich für die Ausdehnung desselben, indem daraus ersichtlich ist, dass der Refrain entweder
nur den Schluss eines Verses bilden, oder den ganzen Vers
erfassen, oder auch auf mehrere Verse sich erstrecken kann.
Ja, selbst eine ganze Strophe kann auf diese Weise als regelmässig wiederkehrender Refrain an die Hauptstrophen eines
Liedes, mit welchem sie nicht einmal in innerem Zusammenhange zu stehen braucht, angehängt werden; öfters wurde
sie dann wohl, wie dies schon mit den Worten Wolfs hervorgehoben wurde, zunächst dem ganzen Liede vorangestellt,
so z. B. in dem Gedichte bei Böddeker WL X (*Th. Wright,
Spec of L. P.* p. 41; *Ritson, Ancient Songs and Ballads* I,
p. 58):

> *Blow, northerne wynd,*
> *sent þou me my suetyng!*
> *blow, norþerne wynd,*
> *blou! blou! blou!*
> *Ichot a burde in boure bryht,*
> *þat fully semly is on syht,*
> *menskful maiden of myht,*
> *feir ant fre to fonde;*
> *In al þis wurhliche won*
> *a burde of blod ant of bon:*
> *neuerꝫete y nuste non*
> *Lussomore in londe.*
> *blow, etc.*

In der altfranzösischen Poesie waren derartige strophische
Refrains ausserordentlich beliebt, namentlich in der Pastorelle, wofür zahlreiche Beispiele zu finden sind bei Bartsch,
a. a. O. Eins derselben (p. 165) möge hier mitgetheilt werden:

> *L'autrier chivachoie*
> *leis un boix ki verdoie,*
> *trovai pastoure aigniaus gardant*
> *et jolivement chantant*
> *'teirelire un don,*
> *Robeson,*
> *musairs viennent et musairs vont,*
> *teirelire un don tridon.'*

Der Refrain wiederholt sich hier, wie in dem obigen alt-englischen Gedicht, mit jeder Strophe und zeigt nur den we-sentlichen Unterschied, dass er mit der eigentlichen Strophe in logischem Zusammenhange steht.

Ein weiterer Schritt der Entwickelung war der, dass ein Theil der Refrainstrophe inhaltlich eine leichte Variation erlitt, wie z. B. in der Pastourelle des Gilebers de Bernevile (Bartsch p. 266):

> *Dales Loncpre u boskel*
> *erroie avant ier,*
> *la vi mener grant revel*
> *en mi un sentier*
> *une jolie tousete,*
> *sage plaisant et jonete.*
> *dieus, tant m'abeli*
> *quant seule la vi!*
> *et la bele tout ensi*
> *enprint a chanter*
> *'Robin cui je doi amer,*
> *tu pues bien trop demourer',*

wo Strophe 3—6 die Variationen haben:

> *adonc recoumense ensi*
> *la bele a chanter*
> *'Robin cui je doi amer,*
> *tu pues trop bien demourer'.*

Eine Pastorelle auf p. 202 möge den Uebergang zum völlig verschiedenen Wortlaute des Refrains veranschaulichen:

> *Quant pre reverdoient, que chantent oisel,*
> *je me chevauchoie delez un prael,*
> *par desouz une ante*
> *truis pastoure gente:*
> *s'amor m'atalente,*
> *gardoit son aignel.*
> *va de la doutance,*
> *ancor de sa manche*
> *me fait un cembel.*

Die zweite Strophe hat den Refrain:

> *va de la doutance,*
> *bien me fist samblance*
> *d'avoir jeu novel.*

Die dritte weicht auch im Wortlaut des ersten Verses des
Refrains und in den Reimen desselben ab, die aber in ähnlicher Weise, wie oben, den Reimen der eigentlichen Strophe
entsprechen:

> *Quant ele me vit devers li torner,*
> *esbahie fu de moi regarder.*
> *je li dis 'suer bele,*
> *vostre amor novele*
> *desouz la mamele*
> *m'a au cuer navre.*
> *va de la dondele,*
> *vos iestes si bele*
> *que n'i puis durer'.*

Aehnlich wie die beiden ersten Strophen des Liedes sind die
beiden letzten im Refrain variiert.

§ 140. Guest hat in seiner *History of English Rhythms* II, 290
und 324 ff. für diese verschiedenen Arten und Abstufungen des
Refrains verschiedene Bezeichnungen angewandt. Die Wiederholung derselben Worte nennt er *Burthen*, die Wiederholung desselben Rhythmus, wozu er bereits das zuletzt
citierte Beispiel rechnen würde, *wheel*. Diesen letzteren Ausdruck wendet er aber auch in solchen Fällen an, in welchen
nicht, wie in dem letzten Beispiel, ein ausserhalb der Strophe
stehender Refrain im Wortlaute wechselt, sondern auch dann,
wenn innerhalb der eigentlichen, nicht mit einem besonderen
Refrain versehenen Strophen an correspondierender Stelle
derselben ein neuer und natürlich (wegen des Hauptgesetzes
strophischer Gliederung s. § 133) in allen Strophen gleicher
Rhythmus eintritt, wie z. B. in folgender Pastourelle, Bartsch,
a. a. O. p. 200:

> *L'autre jour en un jardin*
> *m'en aloie esbanoiant;*
> *un poi defors un vergier*
> *trouvai tousete seant,*

si plesant
c'onques de biaute si grant
mes paller n'oi ;
s'oi si grant paour de li
que je m'en foui.

   Ele print a se courcier
     son chainse par de devant,
   si me prist a enchaucier,
     et ades m'aloit huchant,
     et criant
   'ahi, chetis recreanz,
   couars cuers failli,
   retornez vous devers mi,
   d'une foiz vous pri'.

Guest würde den mit dem kurzen Verse, oder richtiger Verstheile,
dem sogenannten *bob*[1]), beginnenden Schluss der Strophe als
den *wheel* derselben, oder vielmehr als den *bob-wheel* bezeichnen,
ähnlich wie er es auch mit den beiden Schlussversen der
schon früher citierten Strophe des Michael of Kildare und
mit dem durch Verkettung hervorgehobenen Schluss der aus
Gawane and Golagras entnommenen Strophe (s. p. 316/7) thut,
eine Benennung, die in diesen Fällen schwerlich berechtigt
ist, wenn man den Begriff des Refrainartigen damit verbindet,
eher dagegen, wenn man sie in demselben Sinne gebraucht,
wie den in dem Kapitel von der Gliederung der Strophen
erläuterten Begriff der *cauda* oder des Abgesanges, obwohl
derselbe seiner Entstehung nach mit dem Refrain verwandt
ist. Als wirkliche *wheels* dagegen würden nach unserer Auffassung die beiden aus Bartsch, a. a. O. p. 266 und p. 202 citierten Beispiele anzusehen sein (vgl. p. 329), welche einen refrainartigen Charakter haben und ausserhalb der schon an sich
streng gegliederten Strophe stehen, wie dies z. B. auch der Fall
ist in folgender Strophe (Bartsch, p. 108), in welcher ein Refrain von drei Versen auf die dem obigen Beispiel ähnliche,
eigentliche Strophe folgt:

---

   1) Der Ausdruck *bob*, den Guest definiert als *a very short and
abrupt wheel or burthen*, ist, wie er bemerkt, von Johnson in die englische Verslehre eingeführt worden.

De Saint Quentin a Cambrai
chevalchoie l'autre jour ;
les un boisson esgardai,
touse i vi de bel atour.
la colour
ot freche com rose en mai.
de cuer gai
chantant la trovai
ceste chansounete
'en non deu, j'ai bel ami,
cointe et joli,
tant soie je brunete'.

Dass hier der mit dem kurzen Verse *la colour* beginnende
und noch die nächsten vier Verse umfassende Strophentheil
(nach Guests Definition schon zum *bob-wheel* gehörig) als der
Abgesang des eigentlichen Strophenkörpers anzusehen ist, auf
welchen dann der in allen Strophen wiederkehrende, dreizeilige Refrain folgt, kann keinem Zweifel unterliegen.

Strophen, welche auf der Zusammensetzung irgend welcher
Art mit diesem sogenannten *wheel* resp. *bob-wheel* Guests, also
entweder als Abgesang oder als einem an die Strophe angehängten, wirklichen Refrain beruhen, waren übrigens, wie die verschiedenen bereits citierten Beispiele erkennen lassen (vergl.
auch § 104) und wie sich noch weiter ergeben wird, bei den
altenglischen Dichtern sehr beliebt. Ihre Vorbilder fanden
sie namentlich in der altfranzösischen Poesie, doch verwertheten sie dieselben oft in origineller Weise. Häufig ist die Entstehung des *wheel* die, dass die beiden Hälften eines Langverses
durch leoninischen Reim (s. § 130) in zwei kurze Verse verwandelt werden, und des *bob* die, dass der Halbvers wieder
halbiert wird, wofür u. a. die p. 219 citierte Strophe zu vergleichen ist. Ebenso oft wird der *bob* mit einem oder mehreren
Langversen oder mit kürzeren Versen und Langversen zu einem
Abgesang, resp. *bob-wheel* verbunden. Auch der Binnenreim
(*Sectional Rhyme*) wird bisweilen, ähnlich wie in manchen
altfranzösischen Vorbildern, zur Bildung des *bob-wheel* her-
beigezogen, dessen Reimstellung mannichfach variiert wurde.
Als eine ganz besondere Art des *bob-wheel* möge schliess-

lich noch der in den *Proverbs of Hendyng* [1]) vorkommende
erwähnt werden, der aus einem einzeiligen, prosaischen Sprüch-
worte besteht, welches an die den Inhalt desselben paraphra-
sierende Strophe angehängt wird nebst dem ständigen Refrain
Quoth Hendyng. Nur in der zweiten Strophe reimt das
Sprüchwort zufällig mit dem Refrain:

> *Jesu Crist, al folkes red,*
> *That for vs alle þolede ded*
> *Vpon the rode-tre,*
> *Leue vs alle to ben wys,*
> *Ant to ende in hys seruys!*
> *Amen, par charite!*
> *„God biginning makeþ god endyng;"*
> *Quoth Hendyng.*

> *Wyt ant wysdom lurneþ ʒerne,*
> *Ant loke that non other werne*
> *To be wys ant hende;*
> *For betere were to bue wis,*
> *þen forte were foh ant grys,*
> *Wher-so mon shal ende.*
> *„Wyt ant wysdom is god warysoun;"*
> *Quoth Hendyng.*

Die reimlose Form des *bob-wheel* der zweiten Strophe ist
die gewöhnliche. In der siebenzehnten jedoch besteht das
Sprüchwort aus sechs nach dem Schema der Hauptstrophe
geordneten, nur um je einen Fuss verkürzten Verszeilen und
in drei andern Strophen (18; 22; 38) aus zwei gereimten
Zeilen. Die erste Strophe des Gedichtes ist ohne *bob-wheel,*
desgleichen die Schlussstrophe.

§ 141. Wie wir den Refrain in seiner einfachsten Form
und somit auch die aus ihm hervorgegangenen, refrainartigen,
strophischen Gebilde, obwohl die letzteren von der kunstmässigen Poesie beeinflusst wurden, als durchaus volksthüm-

---

1) *Wright and Halliwell, Reliquiae Antiquae* I, p. 109 ff. *Kemble, The
Dialogues of Salomon and Saturn, Appendix, Ælfric Soc. 1849.* Mätzner,
Altenglische Sprachproben I, p. 304 ff. *Morris and Skeat, Spec. of Early
English,* II, p. 35 ff. Böddeker, Altengl. Dichtungen, p. 285 ff.

lichen Ursprungs anzusehen haben, so ist eine andere in der
altenglischen Lyrik vertretene Erscheinung mit gleicher Bestimmtheit als ein Erzeugniss der Kunstdichtung zu bezeichnen und zwar der romanischen, nämlich das Geleit. Die
in den altenglischen Dichtungen gebräuchliche Benennung
l'envoi weist auf eine Entlehnung aus dem Französischen hin;
die Franzosen ihrerseits aber haben das Geleit aus der Kunstdichtung der Provenzalen herübergenommen, welche es *tornada*
nannten, d. h. Wendung, Apostrophe, Anrede (Diez a. a. O.
p. 92/3). Das Geleit, eine eigene Erfindung der provenzalischen Dichter, ist ein kleiner Epilog zum Gedicht, der in
Bezug auf Inhalt und Form — nach der Vorschrift der
Leys d'amors musste dieselbe von gleichem Bau mit der
zweiten Hälfte der Strophe sein — in einem gewissen Zusammenhange mit dem Gedichte steht und in der Regel persönlichen Beziehungen gewidmet ist. Der Dichter wendet
sich in dem Geleit gleichsam mit einem Scheidegruss direct
an das Lied, welches er gedichtet hat, oder an den Boten,
welcher es der Geliebten oder einem hohen Gönner über-
bringen soll, oder auch mit Empfehlungen oder Lobsprüchen
an diese Person selber. In der altfranzösischen Lyrik ist
das Geleit seltener anzutreffen, als in der provenzalischen,
und nach Diez (p. 250) gewöhnlich an die Canzone gerichtet,
welche gebeten wird, zur Herrin zu wandern, nicht selten
auch an die letztere selber. Auch in der altenglischen Dichtung, wo das Geleit ebenfalls, wie nach den früheren Bemerkungen über den Einfluss der romanischen Reimkunst leicht
erklärlich ist, in früher Zeit (Ende des dreizehnten Jahrhunderts) nachgeahmt wurde, bilden derartige Wendungen gewöhnlich den Inhalt desselben, obwohl sich auch in dieser
Hinsicht die englische Poesie freier entwickelte. In der
Form aber hat es sich von dem oben erwähnten Brauche der
Leys in der Regel noch weiter entfernt. Man kann daher die
in dieser Hinsicht in Betracht kommenden poetischen Gebilde in drei Arten eintheilen: Wirkliche Geleite, formell
geleitartige Schlüsse, inhaltlich geleitartige Schlüsse.

§ 142. Wirkliche Geleite scheiden sich wieder in
solche, deren Form von derjenigen der Strophen des Liedes

abweicht, oder — was bei den Provenzalen sehr selten vorkam
— (Diez, p. 94) mit derselben übereinstimmt. Ersteres ist der
Fall bei dem Gedichte WL. XII (*Wright, Spec. of Lyr.
Poetry*, p. 92), wo das Geleit eine Anrede an die Geliebte
enthält. Die Form desselben unterscheidet sich insofern
von derjenigen der Strophen des Liedes, die aus vier einreimigen, septenarischen Langversen bestehen, als es aus nur
drei einreimigen Langversen und einem darauf folgenden,
durch leoninischen Reim zu einem kurzen Reimpaare aufgelösten, vierten ursprünglichen Langverse zusammengesetzt ist.
Die erste Strophe lautet:

When þe nyhtegale singes, þe wodes waxen grene,
Lef ant gras ant blosme springes in aueryl, y wene,
ant loue is to myn herte gon wiþ one spere so kene,
nyht ant day my blod hit drynkes, myn herte deþ to tene.

Die Geleitstrophe hat die Form:

Bituene lyncolne and lyndeseye, norhamptoun ant lounde,
ne wot y non so fayr a may, as y go fore ybounde.
suete lemmon, y preȝe þe, þou louie me a stounde.
y wole mone my song
to wham þat hit ys on ylong.

Spätere Beispiele abweichender Geleitstrophen finden
sich bei *Chaucer*, *The Compleynte to his Purse*; in dem
aus siebenzeiligen Strophen bestehenden Gedicht wendet er
sich an seine leere Börse, in dem aus einer fünfzeiligen Strophe
bestehenden Geleit an den König; ferner in seiner *Comgleynt
of Venus*, wo auf achtzeilige Strophen ein zehnzeiliges, an
eine *Princess* gerichtetes Geleit folgt.

Ein mit der Strophenform des Liedes übereinstimmendes
Geleit hat das Gedicht WL. XIV (*Wright, Spec. of L. P.*
p. 111), wo es einen Gruss an die Geliebte enthält, ferner
ein Gedicht der *Polit. Rel. and Love Poems ed. Furnivall*
(*E. E. T. S. 15*) p. 44, wo mit den Worten *Go, litille bill* das
Gedicht selber angeredet wird, ähnlich Dunbars *Golden
Targe* (*Thou lytill Quair, be ever obedient* etc.); auch Chau-
cers *Ballade sent to K. Richard* (Anrede an den König).
Unter den kleineren Dichtungen des letzteren finden sich
zwei, in welchen dem Gedichte selber der Titel 'Envoi' gege-

ben wird, hier in dem Sinne poetische Epistel (*L'envoy de Chaucer à Scogan, L'envoy de Chaucer à Bukton*) zu fassen. In dem zweiten ist die letzte, mit den übrigen gleichgebaute Strophe wieder das eigentliche Geleit, in welchem auf Inhalt und Zweck des Gedichtes Bezug genommen wird. Auch bei andern Dichtern ist eine derartige Verwendung des *Envoy* anzutreffen.

In der provenzalischen Poesie war es nicht ungewöhnlich, dass einem Gedichte zwei oder mehrere, in der Form wohl meistens von einander abweichende Geleite angehängt wurden. Auch dies findet sich in der altenglischen Dichtung nachgeahmt, so z. B. in der oben citierten Furnivall'schen Sammlung, p. 40, wo die letzte, mit den beiden andern Strophen in der Form übereinstimmende, achtzeilige Strophe des Gedichtes (fünftaktige Verse) den Auftrag des Dichters an das Lied enthält (*go, litil bill* etc.), während er sich mit einer darauf folgenden, kurzen, vierzeiligen Strophe aus dreitaktigen, kreuzweise reimenden Versen direct an die Geliebte wendet. Bei längeren Gedichten kommen auch längere Geleite vor, so z. B. ein Geleit von vier siebenzeiligen Strophen, welches *Sir Richard Ross*, der Uebersetzer des in achtzeiligen Strophen geschriebenen Gedichtes *La belle dame sanz merci* (*ibid.* p. 52—80) demselben selbständig anfügte (*Goo, litle book, god sende the good passage;* etc.). Ein schönes, kunstvoll gebautes Geleit aus sechs sechszeiligen, gleichreimigen Strophen, mit welchem der Dichter sich an die Frauen wendet, bildet bekanntlich den Schluss von Chaucers in siebenzeiligen Strophen abgefasster *Clerkes Tale*. Wegen des nicht persönlichen Beziehungen gewidmeten, sondern an das ganze weibliche Geschlecht gerichteten Inhalts dieser Schlussstrophen könnte man dieselben vielleicht schon eben so passend zu der folgenden Gruppe rechnen.

§ 143. Formell geleitartige Schlussstrophen. Durch die in der Regel, oder wenigstens oft abweichende Form des Geleits bildete sich der Brauch aus, auch ohne den mehr oder weniger stereotypen Inhalt des Geleites beizubehalten, der Schlussstrophe eines Gedichts überhaupt eine dieselbe als solche charakterisierende Form zu geben.

Möge hier zunächst Gl. III *Th. Wright, Spec. of L. P.*
p. 47) als Beispiel citiert werden von einer Schlussstrophe,
die der provenzalischen Regel entspricht, wonach das Geleit
in der Form (auch im Reim, was hier freilich nicht der Fall
ist) dem Schluss der Hauptstrophe gleichen soll:

Dredful deþ, why wolt þou dare	
bryng þis body, þat is so bare,	
ant yn bale ybounde?	
Careful mon ycast in care,	
yfalewe as flour ylet forþfare,	
ychabbe myn deþes wounde.	
murþes helpeþ me no more;	Aufgesang,
help me, lord, er þen ich hore,	
ant stunt my lyf a stounde!	
þat zokkyn haþ yzyrned zore,	
Nou hit sereweþ him ful sore,	
ant bringeþ him to grounde.	
to grounde hit haueþ him ybroht:	
whet ys þe beste bote?	
bote heryen him þat haht vs boht,	Abgesang,
vre lord, þat al þis world haþ wroht,	
ant fallen him to fote.	
Nou icham to deþe ydyht,	
ydon is al my dede;	
god vs lene of ys lyht,	geleit-
þat we of sontes habben syht,	artiger
ant heuene to mede!	Schluss.
amen.	

Aehnlich endet das Liebeslied WL. VII (*Wright, Spec. of
L. P.* p. 38) mit einer geleitartigen, um einen Vers verkürzten Strophe, die vielleicht auch, da der Dichter darin
einen auf seine Person bezüglichen Wunsch ausspricht, als
ein wirkliches Geleit aufgefasst werden könnte. Möge dasselbe hier nebst der vorangehenden Strophe des Liedes als
Beispiel mitgetheilt werden:

Ich vnnc hire wel, ant heo me wo;
ycham hire frend, ant heo my fo;

22

me þuncheþ min herte wol breke a two
for sorewe and syke!
in godes greting mote heo go,
þat wayle whyte.

Ich wolde ich were a þrestelcock,
a bountyng oþer a lauerok.
swete bryd!
bituene hire curtel ant hire smok
y wolde ben hyd.

Häufiger enthalten solche geleitartige Schlüsse fromme Wünsche oder Bitten an die Gottheit, wie in dem ersteren Gedichte; so z. B. die um einen Vers verknüpfte Schlussstrophe in GL. XII (*Wright, Spec. of L. P.* p. 87), ferner die fünfzeilige Schlussstrophe des in vierzeiligen Strophen geschriebenen Gedichtes *The twelve letters that shall save merry England* (*Furnivall, Pol. Rel. and Love Poems, E. E. T. S. 15, p. 1*). Ein in paarweise gereimten Alexandrinern geschriebenes didaktisches Gedicht, betitelt *This world is false and vain* (ibid. p. 86) hat sogar eine aus vier kurzen, dreitaktigen Reimpaaren bestehende lateinische Schlussstrophe ähnlichen Inhalts aufzuweisen.

§ 144. Kaum noch mit dem Geleite zu vergleichen sind endlich solche Schlussstrophen, die in keiner Weise von den übrigen Strophen des Liedes hinsichtlich der Form abweichen, sondern entweder nur eine Anrede an eine bestimmte Person enthalten, wie z. B. in WL. IV (*Wright, Spec. of L. P.* p. 31), wo der Verfasser einen andern Dichter, Namens Richard, direct anredet, oder in denen sich der Dichter, was besonders häufig vorkommt, mit einer Bitte an Gott, Christus, die h. Jungfrau, oder mit der Aufforderung zum Gebet an seine Leser oder Zuhörer wendet, wie z. B. GL. XIV (*Wright, Spec. of L. P.* p. 94): *Preye we alle to oure leuedy*, etc., ähnlich in *Furnivall's Hymns to the Virgin, E. E. T. S. 24*, p. 39: *Now jhesu crist, oure sauyour*, etc.; p. 100: *Almiȝti god! now make us stable* etc., p. 105, 112 etc. Ist es bei der ersten Gruppe noch möglich, an einen Einfluss des Geleites zu denken, so ist bei diesen letzteren,

gebetartigen Schlüssen jedenfalls nur die allgemeine Sitte
geistlicher Dichtung massgebend gewesen.

§ 145. Trotz des grossen Einflusses, welchen die mittellateinische und die provenzalisch-französische Lyrik, wie aus
den bisherigen Betrachtungen hervorgeht, auf die formale
Seite der altenglischen Strophenbildung ausübte, bewahrte
sich dennoch die englische Dichtkunst auch auf diesem Gebiete in entschiedener Weise ihre Originalität. Am deutlichsten
macht sich dies bemerkbar in der Verwendung und Behandlung
der verschiedenen Versarten in der Strophenbildung.
Denn es sind keineswegs allein die nach romanischen Mustern
gebauten Verse, welche zu lyrischen Strophenformen verknüpft werden; im Gegentheil, gerade wie in den epischen
und satirisch-didaktischen Dichtungen dieser Zeit bis ins sechszehnte Jahrhundert hinein die zwei verschiedenen Principien
des Versbaues, das germanische der alten, viermal gehobenen,
alliterierenden Langzeile mit zunehmendem Schwanken in der
Behandlung der alten Alliterationsgesetze (vgl. Abschn. III,
Kapitel 10) und das unter lateinisch-romanischem Einfluss
waltende Princip der rhythmischen Gliederung des Verses in
gleiche Takte nebeneinander bestehen, so auch, wie schon
früher hervorgehoben wurde (Abschn. III, Kap. 11) in der altenglischen Lyrik. Wenn ferner auch hier, gerade so wie
dort, das letztere den unvergleichlich grösseren und allmählich sich ausbreitenden Raum einnimmt, so ist es doch auch
in den lyrischen Strophen der unter starker germanischer
Beeinflussung sich bewegende, durch Auftakte, mehrfache
Senkungen, Fehlen derselben etc. charakterisierte gleichtaktige Rhythmus, nur in seltenen Fällen der strengere, zugleich silbenzählende, romanische Rhythmus, der in denselben
zur Verwendung gelangt. Je nach dem Grade germanischer
Beeinflussung machen sich hier die verschiedensten Nuancen
des Versbaues bemerkbar, die indess nicht, da das Grundschema stets dasselbe ist, von einander gesondert zu werden
brauchen, oft auch kaum gesondert werden können. Ja,
selbst zwischen den beiden Hauptgruppen, den vierhebigen
und den viertaktigen Versen, ist zuweilen, wie bereits mehrfach hervorgehoben wurde, eine strenge Scheidung wegen

des Verschwimmens der beiden Principien in einander nicht
möglich. Interessant als eine solche Probe der Vermengung
beider Principien war das schon § 105 citierte Gedicht, wo
derselben, wenn nicht künstlerische Absicht, so doch künst-
lerisches Gefühl zu Grunde liegt. Häufiger freilich mag mangelhafter Ueberlieferung der Texte oder auch dichterischem
Unvermögen die Schuld beizumessen sein, so z. B. in dem
Gedichte *The twelve letters that shall save merry England*
(*E. E. T. S. 15, p. 1*), woraus einige Strophen hier zum Belege
citiert werden mögen:

> *Erly in a someristide*
> *y sawe in london, as y wente,*
> *A gentilwoman of chepe-side*
> *workinge on a vestment.* 4
>
> *She sette XII lettrs on a Rowe,*
> *And saide, if þat y myght it vnderstond,*
> *Thorough þe grace of god, ye schule it knowc,*
> *This lettres XII shalle save mery Englond.* 8

Während die erste Strophe fast ganz silbenzählend verläuft,
hat die zweite schon einen viel bewegteren, durch mehrfache
Senkungen charakterisierten Klang, der in manchen Strophen
des Gedichtes so sehr zunimmt, dass ihre Verse eher vierhebigen, als viertaktigen Verszeilen ähnlich sind; vgl. z. B.
die folgenden:

> *An E for þe egile þat grete worship hath wone*
> *Thorowe þe spredinge of his wengis þat neuer begane to flee,*
> *There was neuer birde brede vnder þe stone*
> *More fortunable in a felde þan þat birde hath be.* 52
>
> *An R for þe Raged staf þat no man may a-skape,*
> *from scotlonde to Calles þerof they stonde in awe,*
> *he is a stafe of stedfastnes bothe erly and latte*
> *To Chastes siche kaytifes as don ayenst þe lawe.* 56

Derartige unbestimmte Metra gehören aber zu den selteneren
Fällen. In der Regel ist der vierhebige von dem vier- resp.
sechstaktigen Rhythmus selbst bei regelmässiger Durchführung
des Stabreims neben dem Endreim scharf gesondert, wie wir

dies bereits p. 223 hervorhoben, wo eine solche aus vier-
und dreitaktigen, zugleich reimenden und alliterierenden
Versen gebildete dreitheilige Strophe den früher betrachteten,
ebenso complicierten, aus vierhebigen, alliterierend-reimenden Versen gebauten Strophenformen zur Vergleichung
gegenübergestellt wurde.

Was nun im Uebrigen die in der Lyrik zur Verwendung gelangten gleichtaktigen Verse anlangt, so ist in dieser
Hinsicht wenig zu bemerken. Es sind die schon bekannten
altenglischen Versarten, zunächst der siebentaktige Septenar
und der sechstaktige Alexandriner, die meistens gesondert,
selten dagegen, was in den epischen Dichtungen oft der Fall
war, in gemischter Reihenfolge und erst in späterer Zeit in
bestimmter Reihenfolge (vgl. p. 256/7) strophisch verbunden
werden; ferner sind es die aus diesen Versarten theils durch
eingeflochtenen Reim (*rime entrelacée*) hervorgegangenen, theils
mit ihnen verwandten vier- und dreitaktigen, in der Regel
ebenfalls mit jambischem Tonfall verlaufenden Verse, denen
sich zuweilen der Vers von einem Takte (*bob*) und der von
zwei Takten, im Laufe des vierzehnten Jahrhunderts noch
der später zu betrachtende jambische Vers von fünf Takten
zugesellen.

Je nachdem diese Versarten gesondert oder gemischt
in den Strophen zur Verwendung kommen, haben wir
gleichmetrische und ungleichmetrische Strophen
zu trennen; und je nachdem in denselben ein Reim
durchgeführt ist, oder die Reime wechseln (wobei nur
in seltenen Fällen eine bestimmte Reihenfolge männlicher
und weiblicher Reime beobachtet wird), haben wir, was in
gleicher Weise für die aus vierhebigen, wie für die aus
gleichtaktigen Versen bestehenden Strophen gilt,
einreimige und mehrreimige Strophen zu unterscheiden.

Von diesen verschiedenen Gesichtspunkten aus werden
wir die einzelnen, nach ihrem Bau unterschiedenen Hauptgruppen der altenglischen Strophen zu sondern haben, deren
Betrachtung wir uns in den folgenden Kapiteln zuwenden.

Kapitel 5.

Zweitheilige gleichgliedrige Strophen.

§ 146. Als die einfachste zweitheilige, gleichgliedrige
Strophenart ist diejenige anzusehen, welche nach dem Vorbilde der paarweise gereimten, epischen Dichtungen gebaut
ist. Unter den verschiedenen Versarten, welche für dieselben
gebräuchlich waren, eignete sich jedenfalls das kurze Reimpaar für die lyrische Dichtung am besten. Nur von diesem
Metrum sind uns Strophen mit der Reimstellung *aabb* in der
altenglischen Lyrik begegnet und auch diese nur in seltenen
Fällen. Zu den ältesten Beispielen gehören jedenfalls die
in der nordenglischen Psalmenübersetzung vorkommenden
Strophen, die sich, wie z. B. in Psalm CXVIII, vereinzelt
unter den meist in einfachen Reimpaaren wiedergegebenen
Uebersetzungen der einzelnen Bibelverse finden, so z. B. v. 7:

> *Schrive unto þe sal I,*
> *In righting of hert for-þi;*
> *In þat þat I lered, mare and lesse,*
> *Domes of þi rightwisenesse.*

Während hier, wie auch in v. 69, 73, 78 und 176 desselben
Psalms männliche und weibliche Reime wechseln, bestehen
andere Strophen nur aus weiblichen Reimen, wie 23, oder
nur aus männlichen, wie 34. Ein bestimmter Wechsel von
männlichen und weiblichen Reimen ist in der altenglischen
Poesie überhaupt nur in wenigen Fällen nachweisbar und
auch dann selten in consequenter Durchführung. — In einer
viel späteren, schon der neuenglischen Zeit angehörigen Ballade aus der Zeit Edwards des Sechsten, die Ritson *Anc.
Songs II*, p. 44 mittheilt unter dem Titel *A merry Ballet of
the Hawthorne Tree* ist das Geschlecht der Reime gleichfalls
willkürlich:

> *It was a maide of my countre,*
> *As she came by a hathorne-tre,*
> *As full of flowers, as might be seen,*
> *She mervel'd to se the tre so grene.*

Durch Verdoppelung wird diese Strophe zu einer achtzeiligen Strophe, wovon gleichfalls der *Early Engl. Psalter*
vereinzelte Beispiele aufweist, so Ps. XLI, 6:

Whi, mi saule, dreri ertou,
And whi to-droves þou me nou?
Hope in God; for yhit sal 1 to him schriue,
Hele of mi face, (7.) and mi God of liue.
Mi saule to-dreved es at me,
For þat sal I mine of þe;
Of þe hil of Jordan and Hermon,
Of þe littel hil on on.

Diese Strophen scheinen nie sehr beliebt geworden zu sein, vermuthlich weil sie als solche zu wenig in sich abgeschlossen waren und zu sehr an die fortlaufenden kurzen Reimpaare erinnerten, wie denn einige längere Strophen der *Surtees* Psalmen, z. B. XIII, 3 (16 Zeilen) von jenen kaum noch zu unterscheiden sind.

§ 147. Desto häufiger kommt eine andere einfache Art zweitheiliger strophischer Gliederung vor, nämlich mit der Reimstellung *abab*, die anzusehen ist als hervorgegangen aus zwei gereimten Langzeilen mit eingeflochtenem Reim, oder mit Reimen zugleich in der Mitte und am Ende, wie in den Alexandrinern Peter Langtofts. Indess sind es seltener Alexandriner, als vielmehr ursprüngliche Langverse von acht Takten [1]) und Septenare, welche auf diese Weise in kurze,

---

1) Dieser Vorgang der Auflösung von einreimigen Strophen aus vier achttaktigen, langzeilig reimenden Versen durch Einfügung von Mittelreimen zu achtzeiligen, kreuzweise reimenden Strophen wird in vortrefflicher Weise veranschaulicht durch ein unlängst von Horstmann (Altenglische Legenden, Neue Folge, Heilbronn, 1881, p. 242 ff.) in zwei Texten veröffentlichtes Gedicht, wovon der jüngere Text (b) eine derartige Umarbeitung und strophische Auflösung mit dem älteren Texte (a) vorgenommen hat. wie aus der Vergleichung fast aller vom Herausgeber zweckmässig in parallelen Colonnen gedruckten, inhaltlich einander durchaus entsprechenden Strophen, so z. B. gleich aus der folgenden ersten zur Evidenz hervorgeht:

He that made heuen and erthe	*He that made botho sunne and mone*
and sonne and mone for to schine,	*In heuene and erthe for to schyne,*
Bring ous into his riche	*Brynge vs to herene, with him to wone*
and scheld ous fram helle pine!	*And schylde vs from helle pyne!*
Herken, and y you wil telle	*Lystnys, and I schal you telle*
the liif of on holy rirgine,	*The lyff off an holy virgyne,*
That treuli trowed in Jhesu Crist:	*That trewely Jhesu louede wel:*
hir name was hoten Katerine.	*Here name was callyd Katerine.*

kreuzweise reimende Verse, im ersteren Fall von je vier
Takten, im zweiten von vier und drei Takten aufgelöst werden. Von der ersteren Gattung findet sich zunächst wieder
eine gute Probe im *Early English Psalter, Ps. XLIV*, 11 u. 12
nach dem *Egerton MS.*:

> Here nou, doghtre, and se,
>   Held þine ere, and to me here;
> For-gete þi folke, what so þai be,
>   þi fader hous, þat esse þe dere.
> And þi fairhed sal yorne he kinge,
>   For he Laverd þi God of alle;
> And to him, fer-be alle þinge,
>   Sal þai bidde, bogh gret and smalle.

Ein regelmässiger Wechsel zwischen männlichen und weiblichen Reimen ist auch hier nicht durchgeführt. Aehnliche
Strophen, die ziemlich beliebt waren, finden sich noch *E. E. T. S.*
24, *Hymns to the Virgin and Christ* (vor 1430), p. 15:

> Jhesu, lord, þat madist me,
>   And wiþ þi blessid blood hast bouȝt,
> Forȝeue þat y haue greued þee
>   Wiþ worde, wiþ wil, and eek wiþ þouȝt;

ferner daselbst p. 101, 104; in Wright, *Political Poems and
Songs* II, p. 221; in Ritson, *Anc. Songs* I, p. 40; in Horst-
mann, Altengl. Legenden. Neue Folge, p. 275 ff. Auch diese
Strophenbildung war natürlich schon in der mittellateinischen
Poesie zu Hause, vgl. *Carm. bur.* 190:

> Amor quaerit juvenes,
> Ut ludant cum virginibus,
> Venus despicit senes,
> Qui impleti sunt doloribus.

desgleichen in der provenzalischen und französischen Poesie.

§ 148. Besondere Beachtung verdienen noch solche
zweitheilige Strophen dieser Art, in denen der Schlussvers
des letzten Theils aus einem Refrain besteht, wodurch dann
das ganze Gedicht eine festere, geschlossenere Gestalt erhält,
insofern nicht nur der Refrain, sondern ein ganzes Reimpaar
in den einzelnen Strophen des ganzen Gedichtes stets dasselbe

ist. Dichtungen in dieser Form sind namentlich häufig bei späteren Dichtern, wie z. B. bei Wm. Dunbar, der überhaupt für den Refrain eine grosse Vorliebe hatte, so findet sich in der Ausgabe von Laing, vol. I, 211 ein Beispiel mit lateinischem Refrain in dem Gedicht *Lament for the Makaris*:

> *I that in heill wes and glaidness,*
> *Am trublit now with gret seikness,*
> *And feblit with infirmitie;*
> *Timor Mortis conturbat me.*

> *Our plesance heir is all vane glory,*
> *This fals Warld is bot transitory,*
> *The flesche is brukle, the Feynd is sle,*
> *Timor Mortis conturbat me.*

Zahlreiche Strophen dieser Art mit englischem Refrain sind uns von ihm überliefert, so vol. I, 105, *Welcome to the Lord Treasurer*:

> *I thocht lang quhile sum Lord come hame,*
> *Fra whom faine kyndness I wald clame;*
> *His name of confort I will declair,*
> *Welcom, my awin Lord Thesaurair!*

> *Befoir all raik of this regioun,*
> *Under our Roy of most renoun,*
> *Of all my mycht, thocht it war mair,*
> *Welcom, my awin Lord Thesaurair.*

Aehnliche Strophen s. Dunbar ed. Laing I, 110, 111, 113, 173, 175, 204, 209 etc. Als eine weitere Entwickelung dieser zweitheiligen Strophenart ist diejenige Strophe anzusehen, in welcher der Refrain auch auf den Schlussvers der ersten Halbstrophe sich erstreckt. Natürlich muss dann, wenn nicht vollständige Einreimigkeit des Gedichts eintreten soll, die ebenso monoton, als schwer durchführbar sein würde, die Reimstellung eine gekreuzte sein (*abab*).

Eine Probe derartigen Strophenbaues gewährt uns die schon früher p. 327 citierte Ballade aus der Regierungszeit Heinrichs VIII., betitelt: *The Ungrateful knight and Fair Flower of Northumberland.* Dieselbe gehört freilich, wie schon bemerkt wurde, nicht mehr der uns hier zunächst beschäfti-

genden altenglischen Zeit an, sondern dem Beginn der neuenglischen Periode. Da sie indess sowohl bezüglich des Tones,
als auch namentlich des Metrums und des Strophenbaues als
directer Nachkomme jener alten Ballade anzusehen ist, so
erschien es zweckmässig, sie hier in den Kreis unserer
Betrachtung hineinzuziehen.

§ 149. Aus der vierzeiligen Strophe von viertaktigen
Versen mit gekreuzter Reimstellung geht durch Verdoppelung
die nicht minder oft vorkommende achtzeilige Strophe
hervor, wovon zunächst GL. XVI (*Th. Wright, Spec. of L. P.
p. 99*) eine Probe bieten möge:

> *God, þat al þis myhtes may,*
> *in heuene ant erþe þy wille ys oo,*
> *ichabbe be losed mony a day,*
> *er ant late y be þy foo;*
> *ich wes to wyte and wiste my lay;*
> *longe habbe holde me þer fro;*
> *vol of merci þou art ay,*
> *al vngreyþe icham to þe to go.*

Unter Furnivalls *Polit. Rel. and Love Poems* (*E. E. T. S.* 15),
p. 109, findet sich ein Gedicht, betitelt *Alia Cantica*, mit ähnlicher Strophenbildung, und ein anderes unter den Liedern
L. Minots, nämlich *Polit. Poems and Songs by Th. Wright*
II, 58, ferner auch die Gregorlegende, obwohl nicht in consequenter Durchführung dieser Reimstellung (s. die Ausgabe
von Fritz Schulz, Königsberg, 1876, p. 58). In allen dreien
findet ebenso wie in dem obigen Gedicht GL. XVI kein beabsichtigter Wechsel männlicher und weiblicher Reime statt,
während diese dem Romanischen entlehnte Kunstform sich
bemerkbar macht, wenn auch nicht in strenger Durchführung,
in der älteren, vor 1250 geschriebenen Liebesweise des Fran-
ziskaners Thomas de Hales, herausgegeben von Morris,
Old. Engl. Misc. p. 93:

> *A Mayde cristes me bit yorne,*
> *þat ich hire wurche a luue ron.*
> *For hwan heo myhte best ileorne*
> *to taken on oþer soþ lefmon,*
> *þat treowest were of alle berne*

and beste wyte cuþe a freo wymmon.
Ich hire nule nowiht werne,
ich hire wule teche as ic con.

Dieser Wechsel der männlichen und weiblichen Reime findet sich in der nämlichen Stellung in der überwiegenden Mehrzahl der 26 Strophen des Liedes durchgeführt; in Strophe 18 befinden sie sich in umgekehrter Stellung. Drei Strophen (3, 11, 19) haben nur männliche Reime, fünf andere nur weibliche, nämlich Strophe 8, 12, 17, 20, 22. Strophe 17 ist ausserdem nicht in gleicher Weise, wie die übrigen durchgereimt, sondern hat die Reimstellung *ababcbcb*, wobei natürlich der zweitheilige Charakter der Strophe gewahrt bleibt. Noch entschiedener ist dies der Fall bei der Reimstellung *ababcdcd*, da eine solche Strophe anzusehen ist als entstanden aus der Zusammenstellung zweier vierzeiligen Strophen mit verschiedenen Reimen. Beispiele: *Wright, Polit. Poems and Songs* II, 221, 235; Dunbar *ed.* Laing I, 137. Dagegen nimmt sie einen dreitheiligen Charakter an, wenn der letzte Vers ein Refrain ist, wie *E. E. T. S.* 15, p. 103; 24, p. 91, weil die stete Wiederholung derselben Worte und die dadurch bedingte Wiederkehr desselben Reimes der zweiten, sonst gleich gebauten Strophenhälfte den Klang des Abgesanges giebt, so dass dann die Reimpaare *abab* als die beiden Stollen erscheinen.

§ 150. Diese auf Reimkreuzung beruhende Strophenbildung, welche auch in der altenglischen dramatischen Dichtung Verwendung fand, und zwar in vierzeiliger, wie in achtzeiliger Form (vergl. z. B. *Coventry Mysteries* p. 49—69; *Chester Plays*, p. 11—19, 212, 213), wurde abgesehen von den später zu betrachtenden ungleichmetrischen (meist aus vier- und dreitaktigen Versen bestehenden) Strophen noch in andern Versarten nachgebildet, so zunächst in Versen aus drei Takten, und zwar sowohl in vierzeiliger (*Pol. Poems and Songs* I, 270), als in achtzeiliger Gestalt (GL. XV; *Wright, Spec. of L. P.* p. 97). Beide Beispiele sind noch deswegen interessant, weil in den Strophen englische und lateinische, resp. französische Verse wechseln, so *Pol. Poems* I, 270:

Syngyn y wolde, but, alas!
descendunt prospera grata;
Englond sum tyme was
regnorum gemma vocata.

GL. XV hat achtzeilige Strophen:

Maiden moder milde,
oiez cel oreysoun;
from shame þou me shilde,
e de ly 'malfcloun.
for loue of þine childe
me menez de tresoun;
Ich wes wod and wilde,
ore su en prisoun.

Auch in diesem Gedichte ist mit Ausnahme der zweiten
Strophe, welche lauter männliche Reime hat, der in der ersten
Strophe befolgte Wechsel weiblicher und männlicher Reime
durchgeführt. Im selben Versmass und Strophenbau, aber
ohne jenen Reimwechsel, bewegt sich ein durchweg englisches
Gedicht Minots (*Wright, Pol. Poems and Songs* I, 72), jedoch
nur die sechs ersten Strophen desselben:

Towrenay, ȝow has tight
To timber, trey, and tene;
A bore with brems bright,
Es broght opon ȝowre grene.
That es a semely sight,
With schilterouns faire and schene
Thi domes-day es dight,
Bot thou be war, I wene.

Die drei letzten Strophen dieses Liedes sind in einer eigenthümlichen, dreitheiligen Gliederung gebaut. — Einer anderen
gleichmetrischen Strophe aus dreitaktigen Versen mit der
Reimstellung *aabccb* wird unter den verschiedenen Formen
der ungleichmetrischen Schweifreimstrophe, aus der sie hervorgegangen ist, Erwähnung gethan werden.

In derselben Weise, wie die gleichtaktigen Verse, wurden
auch vierfach gehobene, alliterierende Verse zu vierzeiligen
und achtzeiligen Strophen mit kreuzweiser Reimstellung verbunden. Beide Arten finden sich in dem schon § 105 er-

wähnten Gedichte des *MS. Harl.* 2253: WL. VI (*Th. Wright,
Spec. of L. P.* p. 36). Ein von Furnivall, *E. E. T. S. 15*, p. 6
herausgegebenes Gedicht *For Jake Napes Sowle* besteht nicht,
wie er druckt, aus vierzeiligen, sondern wie Ritson, *Anc. Songs
I*, 117 und Wright, *Pol. Poems and Songs* II, 232 sorgfältiger beobachtet und gedruckt haben, aus achtzeiligen, nach der Formel
ababbcbc reimenden, also dreigliedrigen Strophen. Dagegen
sind zwei ältere, in dem *MS. Harl.* 2253 überlieferte Gedichte, nämlich PL. II (*Wright, Pol. Songs* p. 149) und
WL. XIII (*Th. Wright, Spec. of L. P.* p. 110; *Ritson, Anc.
Songs* I, p. 68) in achtzeiligen, zweitheiligen, gleichgliedrigen
Strophen abgefasst. Die erste Strophe des zweiten Liedes,
des Gedichtes vom Mann im Monde, möge hier folgen:

> *Mon in þe mone stond and strit,
> On is bot forke is burþen he bereþ;
> hit is muche wonder þat he nadoun slyt,
> for doute leste he valle, he shoddreþ and shereþ.
> when þe forst freseþ, muche chele he byd;
> þe þornes beþ kene, is hattren to-tereþ;
> Nis no wyht in þe world þat wot when he syt,
> ne, bote hit bue þe hegge, whet wedes he wereþ.*

Vier- und achtzeilige Strophen dieser Art sind in den *Coventry Mysteries* ein beliebtes Metrum, vergl. z. B. p. 70—78,
80—81 etc.

§ 151. Endlich war noch diese Strophenbildung ausserordentlich beliebt in altenglischer Zeit und ist es in der
ganzen Folgezeit der englischen Literatur geblieben bei ungleichmetrischen Versen aus abwechselnd vier und drei
Takten, die ihrer Entstehung nach anzusehen sind als ein
septenarisches Reimpaar mit eingeflochtenen Reimen. Auch
für diese Strophenart findet sich in der mittellateinischen
Poesie das Vorbild, so *Carm. bur.* 136:

> *O cupido, 'concitus'
> hoc amor innovatur,
> hoc ego sollicitus,
> hoc mihi mens 'turbatur'.*

Lateinische und englische Verse finden sich auf diese Weise

zu einer Strophe verbunden *Pol. Poems* II, 249 in einem Gedicht aus dem 15. Jahrhundert gegen die Mönche, beginnend:

> *Freeres, freeres, wo ʒe be!*
> *ministri malorum,*
> *For many a mannes soule bringe ʒe*
> *ad poenas infernorum.*

Namentlich in der echt volksthümlichen Balladendichtung wurde diese Strophenart sehr häufig angewendet: so sind die beiden berühmten Balladen *The Battle of Otterburn* und *The Hontyng of the Cheviat* (Ritson, *Anc. Songs* I, 94 u. 105) in diesem Metrum gedichtet. Die erstere beginnt mit der Strophe:

> *Yt féll abowght the Lámasse týde,*
> *Whan húsbondes wýnne ther haýe,*
> *The dowghtye Dowýlasse bowýnd him to rýde,*
> *In Ýnglond to táke a praýe.*

Die fünfte Strophe sieht dem lateinischen Vorbilde noch ähnlicher wegen der deutlicher hörbaren weiblichen Versausgänge der dreitaktigen Verse:

> *Than spáke a bérne upón the bént,*
> *Of cómforte that wás not cólde,*
> *And saýd, We háve Northomberlónd,*
> *We háve all wélth in hólde.*

Dass die weiblichen Ausgänge bei dem ursprünglichen Metrum keineswegs consequent durchgeführt wurden, haben wir schon bei der Betrachtung des altenglischen Septenars gesehen. In je grösserem Masse die Abschleifung der Flexionsendungen zunahm, um so mehr verschwinden auch die weiblichen Ausgänge dieses ursprünglich septenarischen Versmasses, welches in diesen Dichtungen seinen eigenartigen Charakter schon fast ganz eingebüsst hat und uns entgegentritt als ein Metrum aus abwechselnd vier- und dreitaktigen Versen mit fast nur männlichen Versausgängen. Sehr oft fehlen indess in den einzelnen Strophen die Reime der viertaktigen Verse, wodurch dann doch wieder die septenarische Natur der Verse, die nur gewissermassen zu Ende der Langzeilen reimen, hervortritt. Besonders charakteristisch für diese Gedichte ist noch der äusserst unruhige Gang des Rhythmus, der oft über mehrfache Senkungen und Auftakte hinwegeilend, nur mühsam den gleichtaktigen Charakter bewahren kann, so z. B. v. 41—44:

> Sir Harry Perssy cam to the walles,
> The Skottyssh oste for to se;
> And saýd, And thou hast brént Northómberlónd,
> Full sore it rewyth me.

Aehnlich verhält es sich mit v. 61—64:

> Ther schál I býde the, saýd the Dowglás,
> By the faýth of mý bodýe.
> Théther schall I cóm, sayd syr Hárry Perssý,
> My trówth I plýght to thé.

Genau in demselben wenig kunstmässigen Versmass und Stropheubau bewegt sich The Hontyng of the Cheviat. Eine verhältnissmässig regelmässige Strophe ist v. 23—26:

> Thén the wýld thorowe the woódes wént;
> On évery sýde sheár;
> Greá hondes thoroẃe the grévis glént,
> Fór to kýll thear deár.

Als Probe einer der zahlreicheren unregelmässigen, durch mehrfache Auftakte und Senkungen charakterisierten Strophen möge v. 51—53 citiert werden:

> Leave óff the brýtlying of the deár, he saýde,
> And to your bówys lock ye taýk good héed;
> For néver sithe ye weár on your móthars bórne,
> Had ye néver so míckle néd.

Bemerkenswerth für den echt volksthümlichen Charakter, den auch dies Gedicht in Inhalt, Sprache und Form zeigt, ist noch der Umstand, dass verschiedene sechszeilige Strophen, so v. 1—6, 93—98, 253—258 mit der Reimstellung abcbdb eingeschoben sind. — Für die Balladendichtung blieb dies Versmass sehr beliebt, wurde aber von den späteren Dichtern mit viel grösserer Kunstfertigkeit gehandhabt, wenn auch dieselbe volksthümliche Einfachheit und Natürlichkeit in Bezug auf Inhalt und Sprache dieser Dichtungen absichtlich bewahrt blieb. Proben solcher in etwas regelmässigeren Versen geschriebenen Balladen, die dafür freilich zum Theil nur mit den Ausgängen der kurzen dreitaktigen Verse reimen,

sind z. B. *Flodden Field* von *Thomas Delonay* (Ritson, a. a. O.
II, 70) aus dem Anfange des 16. Jahrhunderts, *Fair Margaret
and Sweet William* (Ritson II, 92). Die Anfangsverse des
ersteren lauten:

> *King Jamie hath made a vow,*
> *Keep it well if he may,*
> *That he will be at lovely London*
> *Upon saint James his day.*

> *„Upon saint James his day, at noon,*
> *At fair London will I be;*
> *And all the lords in merry Scotland,*
> *They shall dine there with me".*

vom zweiten:

> *As it fell out upon a day,*
> *Two lovers they satt on a hill;*
> *They sat together a long summers day*
> *And could not talk their fill.*

> *I see no harm by you, Margaret,*
> *And you see none by me;*
> *Before to-morrow at eight o'clock*
> *A rich wedding you shall see.*

Obwohl die Verse hier weit regelmässiger gebaut sind, als
in den meisten der vorhin erwähnten alten Balladen, so ist
doch der Rhythmus noch wegen der häufigen überzähligen
Senkungen ein durchaus volkthümlicher. Von ganz regelmässigen, nur hin und wieder durch zweisilbige Senkung
oder Taktumstellung beeinträchtigen Versen dieser Art gewährt eine Probe die allerdings schon der neuenglischen
Zeit angehörende Ballade *The Lady's Fall* (*Ritson* II, 110),
welche in vierzeiligen Strophen, nicht wie Ritson sie gedruckt
hat, in achtzeiligen Strophen gedichtet ist; zum wenigsten
sind die beiden Hälften derselben nicht einmal durch einen
durchgehenden Reim mit einander verbunden. Die ersten
Strophen lauten:

> *Mark well my heavy doleful tale,*
> *You loyal lovers all,*
> *And heedfully bear in your breast*
> *A gallant ladys fall.*

Long was she woo'd, ere she was won
To taste a wedded life,
But folly wrought her overthrow,
Before she was a wife.

Durch Verdoppelung, d. h. Durchführung der nämlichen Reime durch ein zweites Verspaar, wird diese Strophe, ähnlich wie die früher betrachtete, gleichmetrische zu einer achtzeiligen Strophe erweitert. Nach der Ansicht von Guest (II, 313 ff.) wäre die alte Ballade *Chevy-chace* ursprünglich in dieser Form abgefasst worden, welche in mehreren Fällen noch in zwei aufeinander folgenden, in den Reimen übereinstimmenden Strophen vorliege, wie z. B. in Str. 5/6:

The dryvers throwe the woodes went
For to reas the dear;
Boman bickarte uppone the bent
With ther browd aras cleare.

Then the wyld thorowe the woodes went;
On every syde shear;
Grea-hondes thorowe the greves glent,
For to kyll thear dear.

In den meisten Fällen, meint er, seien die ursprünglich achtzeiligen Strophen durch willkürlich und irrthümlich eingeführte, neue Reime der Abschreiber in vierzeilige Strophen aufgelöst worden. Wir müssen gestehen, dass wir den umgekehrten Gang der Entwickelung: die allmähliche Erweiterung der vierzeiligen Strophe mittelst Durchreimung zu der achtzeiligen, für wahrscheinlicher halten.

§ 152. Die nach dem früher (p. 307) erwähnten Schweifreime (*rime couée, tail-rhyme*) benannte Schweifreimstrophe ist unter den ungleichmetrischen, zweitheiligen Strophenarten eine der ältesten und wichtigsten. Zugleich ist sie noch von besonderem Interesse deswegen, weil sie geeignet ist, den Uebergang von diesen zu den dreitheiligen Strophen zu vermitteln. Denn während sie ihrer Gestalt nach entschieden zu den zweitheiligen, und zwar zu den gleichgliedrigen Strophen, gerechnet werden muss, ist sie ihrer Entstehung nach aus dem Princip der Dreitheiligkeit hervorgegangen.

Dies wird klar werden, indem wir zunächst ihre Gestalt, und im Anschluss daran ihren Ursprung und ihre Entwickelung näher ins Auge fassen.

In ihrer einfachsten Gestalt besteht die Schweifreimstrophe aus sechs, vier-, resp. dreitaktigen Versen, die in der Reimstellung *aabccb* gebunden sind, und zwar ist die gewöhnlichste Form dieser Strophe die, dass das Verspaar, welches durch die Reime *bb* verbunden wird, um einen Takt kürzer ist, als die beiden Verspaare mit den Reimen *aa cc*. Uebrigens kann auch das umgekehrte Verhältniss, oder Gleichartigkeit aller Verse in Bezug auf ihren Umfang stattfinden, ebenso wie auch noch weitere Variationen dieser Strophe in Bezug auf die Zahl der Verse, aus der sie bestehen kann, möglich sind. In ihrer einfachsten Gestalt aber besteht sie gewöhnlich aus zwei gleichmässig gebauten Halbstrophen von zwei paarweise reimenden kurzen Versen von vier Takten und je einem auf dieselben folgenden noch kürzeren Verse von drei Takten, und dadurch, dass die gleichartigen kurzen Schlussverse der beiden Halbstrophen durch den Reim verbunden sind, werden auch diese zu einem zusammenhängenden strophischen Gefüge vereinigt. Zur nochmaligen Veranschaulichung dieser bereits mehrfach erwähnten Reim- und Strophenart folge hier zunächst das Beispiel, welches eine in einer Admonter Handschrift des 12. Jahrhunderts enthaltene, lateinische, metrische Abhandlung *Regulae de rhythmis* [1]) zu einem ähnlichen Zweck anführt:

> *Sermone Marcus Tullius,*
> *fortuna Cesar Julius*
> *tibi non equantur.*
> *Tibi summa prudentia,*
> *prefulgens et potentia*
> *celesti dono dantur.*

Diese Reim- und Strophenart hat, wie schon p. 308 bemerkt wurde, einen durchaus volksthümlichen Ursprung. Denn die beiden kurzen Verse sind ursprünglich nichts Anderes, als

---

1) Vgl. darüber Zarncke in den Berichten der Kön. Sächs. Gesellschaft der Wissenschaften (Philol.-Hist. Classe) v. 28. Oct. 1871, p. 40 ff.

ein Refrain, und diese Strophe selbst ist, wie Wolf nachgewiesen hat (Ueber die Lais, p. 27), ihrem Wesen und
ihrer Anlage nach hervorgegangen aus dem echt volksthümlichen, alten Brauche der Rund- und Chorgesänge, indem sich
das Volk oder die Gemeinde an Liedern, die von Einem
oder Mehreren bei festlichen Gelegenheiten, beim Gottesdienst
oder auch bei sonstigen Feiern, bei Festgelagen, Spiel und
Tanz vorgetragen wurden, insgesammt durch einen jubelnden,
beistimmenden Zuruf oder durch Wiederholung des Schluss-
verses, oder auch besonderer, regelmässig nach jeder Strophe
wiederkehrenden Worte betheiligte. Dieser Brauch ist bei allen
occidentalischen Völkern: Griechen, Lateinern und den Töchter-
Nationen nachzuweisen (vgl. Wolf a. a. O. p. 18 ff.), und zwar
nicht nur in der Volkspoesie, sondern seit der ältesten Zeit
auch in den Kirchenliedern, woraus eben der Responsorien-
gesang sich entwickelt hat. Dadurch, dass auch die Einrichtung
des ersten christlichen Kirchengesanges dieser Sitte sich
anschloss, und man nach Einführung einer geregelten, mit
Instrumental-Musik begleiteten Liturgie das Volk — seit dem
vierten Jahrhundert etwa — auf diese Zurufe zu den Gebeten und
Gesängen der Priester, namentlich auf das *Kyrie eleison* und
das *Alleluja*, beschränkte, wurde diese ganze Einrichtung noch
mehr befestigt und so der Grund gelegt zu der obigen lyrischen Strophenform, die sich aus einer merkwürdigen Erweiterung dieses Refrains entwickelte. Denn ebenso wie das
Kyrie eleison wurde das *Alleluja* ausgedehnt, oder bei dem
letzteren Wort vielmehr bloss die letzte Silbe *ja* zu einem
in einer langen Folge von Tönen sich erstreckenden Jauchzen
und Jubeln, *neuma* oder *pneuma* genannt, welches die unaus-
sprechliche Freude symbolisch bezeichnen sollte[1]). Eine andere Benennung dafür war *sequentia*, weil dieser Jubelgesang
unmittelbar auf das *Graduale* folgte. Als die Melodien für
diese Jubilationen mannigfaltiger wurden, fieng man an, um
sie leichter im Gedächtniss behalten zu können, ihnen Texte
unterzulegen (c. 830), und der St. Galler Mönch Notker Bal-

---

1) Vgl. Die Lateinischen Sequenzen und Prosen des Mittelalters
in musikalischer und rhythmischer Beziehung dargestellt von Dr. Karl
Bartsch. Rostock, 1868, p. 1 ff.

bulus († 912) machte sich namentlich als eigentlicher Schöpfer
solcher Sequenzen-Texte verdient. Dieselben hiessen auch
laudes, weil sie meist zum Lobe Gottes oder der h. Jungfrau
oder anderer Heiligen gedichtet waren. Sie wurden auch
Prosen genannt, da sie ursprünglich wie Prosa aussahen und
nur aus rhythmischen, meist zweitheiligen Langzeilen bestanden. Diese Prosen oder Sequenzen waren nur eine Fort-
setzung der *cantus allelujatici*, nach deren Melodie sie auch
gesungen wurden, d. h. nach jeder, gewöhnlich zweitheiligen
Langzeile wurde von der ganzen Gemeinde, später von einem
Sängerchor, das Alleluja gesungen, z. B. am Anfang der Prosa
De nativitate Domini des h. Bernard:

> *Laetabundus   Exultet fidelis chorus,   Alleluja,*

oder der nach einer ähnlichen Melodie (vergl. Wolf, p. 196)
gehenden Sequenz *De Sancto Egidio:*

> *Egidio psallat coetus iste letus,   Alleluia.*

Statt des *Alleluja* trat später auch wohl ein anderer Refrain
ein, der ebenfalls nach jeder Langzeile wiederholt wurde,
z. B. der Name der h. Jungfrau: *Maria*, oder *Ave Maria,
Sancta Maria*, oder auch andere Wörter, wie *die ista, fabrica
mundi* etc., wie denn in den obigen Sequenzen das letzte Glied
der auf den Anfangsvers folgenden Verse nur der Silbenzahl
nach dem *Alleluja* entspricht und so die Stelle des Refrains
vertritt. Mit der fortschreitenden Entwickelung der rhythmischen und Vulgärpoesie und der mehr und mehr zunehmenden Popularität des Endreimes entstanden so aus den ursprünglichen, kaum einen bestimmten Rhythmus erkennen lassenden,
meist nur am Schluss assonierenden Langzeilen, und zwar
hauptsächlich aus solchen, in welchen an Stelle des *Alleluja*
oder eines andern Refrains schon ein drittes Satzglied des
Textes getreten war, dreifach gegliederte Langverse, bestehend
aus zwei unmittelbar (durch leoninischen Reim) gereimten,
wegen der gleichen Melodien für beide auch gleiche Silbenzahl umfassenden Gliedern und einem meist kürzeren Schluss-
gliede (*cauda* genannt), welches mit dem entsprechenden
Gliede des folgenden, ähnlich gebauten Langverses reimte.
Solche Langverse wurden wegen ihrer Dreitheiligkeit und
wegen ihres letzten, als *cauda* bezeichneten Gliedes von den

mittelalterlichen Metrikern *versus tripertiti caudati* genannt,
und zwei derartige, durch den Reim der *cauda* verbundene
Langverse ergeben also, wenn sie nach der für Strophen üb-
lichen Anordnung nach Reimzeilen in ihre Bestandtheile aufgelöst werden, die durch das oben citierte Beispiel veran-
schaulichte, lyrische Strophe, welche aus der lateinischen
kirchlichen Poesie rasch in die lateinische vulgäre Dichtkunst
eindrang und auch in der mittelalterlichen Literatur der
Franzosen und Engländer für die lyrische und erzählende
Dichtung ausserordentlich beliebt wurde. Es ist dies dieselbe
Reim- und Strophenart, welche Robert de Brunne in seiner
Reimchronik als *ryme couée*, Schweifreim (*tail-verse*), bezeichnet,
und die in der von Hearne edierten Handschrift durch die
auch im Druck befolgte Anordnung der Strophen als zwei
Langzeilen, wie II, p. 279:

> *Men may merci haue, traytour not to saue, for luf ne for awe,*
> *Atteynt of traytorie, suld haf no mercie, wiþ no maner lawe;*

oder indem das kurze Verspaar mit dem als gewöhnliche
Kurzzeilen unter einander geschriebenen Verspaare zusammen
eine Langzeile ausmacht, wie p. 266:

> *For Edward gode dede*
> *þe Baliol did him mede* } *a wikked bounte.*
> *Turne we ageyn to rede*
> *and on our geste to spede* } *a Maddok þer left we.*

und so auch äusserlich eine ihrem Namen entsprechende Gestalt
zeigt, wie dies übrigens in gleicher Weise in den handschriftlichen Ueberlieferungen mancher anderen, in dieser Strophenform geschriebenen Dichtungen der Fall ist, so z. B. nach dem
ersteren Schema bei der Aufzeichnung der ältesten Version
der Alexiuslegenden im *Vernon MS.*, nach dem zweiten zu
Anfang der Aufzeichnung derselben Version im *MS. Laud* 108,
bis v. 105, von wo an die gewöhnliche Aufzeichnung dieser
Strophenform mit unter einander geschriebenen Versen eintritt.

§ 153. Wie aus den bisherigen Bemerkungen hervorgeht, wurde die Schweifreimstrophe durch die Lyrik hervorgebracht und fand in der altenglischen Literatur auch zunächst
in der Lyrik häufige Verwendung. Als Beispiel möge GL. XVII
(*Wright, Spec. of L. P. p. 101*) dienen:

Lustneþ alle a lutel þrowe,
ʒe þat wolleþ ou selue yknowe,
vnwys þah y be:
Ichulle telle ou ase y con,
hou holy wryt spekeþ of mon;
herkneþ nou to me.

Andere Beispiele sind GL. IX (ib. p. 80) *Th. Wright, Polit. Poems* I, 67 (*Minot*); ib. I, 363; II, 151, 229; Dunbar I, 125 etc.

Auch Verdoppelung der sechszeiligen *rime couée* zur zwölfzeiligen mit der Reimstellung *aabccbddbceb* ist nicht selten anzutreffen; vgl. z. B. das schöne Frühlingslied WL. VIII (*Wright, Spec. of L. P.* p. 43):

Lenten ys come wiþ loue to toune,
wiþ blosmen ant wiþ briddes roune,
þat al þis blisse bryngeþ;
dayes eʒes in þis dales,
notes suete of nyhtegales,
vch foul song singeþ.
þe þrestelcoc him þreteþ oo;
away is huere wynter woo,
when woderoue springeþ.
þis foules singeþ ferly fele,
ant wlyteþ on huere wynter wele,
þat al þe wode ryngeþ.

Die drei Strophen des Liedes haben sämmtlich in den mit *b* bezeichneten Versen weibliche Reime, die überhaupt als Schluss der Halbstrophe beliebt waren, vermuthlich unter dem Einfluss des jambischen katalektischen Tetrameters, mit welchem die Verse dieser Strophe insofern Aehnlichkeit haben, als die paarweise reimenden angesehen werden könnten als eine Wiederholung des ersten, viertaktigen Gliedes jenes Metrums, die mit überschlagendem Reime gebundenen als der katalektische Schluss desselben, wie dies Guest a. a. O. II, p. 308, thut. Dagegen ist aber einzuwenden, dass, wie in dieser Strophe, auch die akatalektischen Glieder sehr oft mit klingenden Reimen ausgehen und die katalektischen mit stumpfen, oder alle Verse mit stumpfen Reimen, wie in der vorher citierten sechszeiligen Strophe; desgleichen auch in andern zwölfzeiligen Strophen,

wie WL. V, IX (*Th. Wright, Spec. of L. P.* p. 33, 45). Spätere
Proben dieser Strophenart, welche lange beliebt blieb, finden
sich in den *Poems of Dunbar I, 49: The Dance of the sevin
deidly Synnis* und p. 54: *The Justis betuix the Tailyeour and the
Sowtar*, und zwar in derselben volksthümlichen Behandlung
des Verses, wie in den obigen Beispielen.

Auch die besonders häufig, wie schon früher bemerkt,
für die altenglischen *lays* verwendete und daher auch in der
Legenden- und Romanzendichtung gebräuchliche Schweifreimstrophe zeigt hinsichtlich ihres Baues und des Rhythmus der
Verse (vgl. § 124) die nämlichen charakteristischen Eigenthümlichkeiten, wie die lyrische Strophe, nur in noch ausgeprägterer
Weise, namentlich hinsichtlich des Strophenbaues. Zwar ist
die gewöhnliche Form entweder die ursprüngliche, sechszeilige
Strophe, wie z. B. in dem *lay: The cockwolds daunce (Hart-
schorne Anc. metr. Tales. London, 1829. 8⁰. p. 209—221)* in
der Legende von *Owain*, in Version I u. II der Alexius-Le-
genden, oder noch häufiger die zwölfzeilige, wie in Version III
derselben, in den folgenden *lays* (nach Wolf, p. 42): *Launfall,
Kyng of Tars, Emare, Le bone Florence de Rome, The Erle of
Toulous, Horn Childe and Maiden Rimnild* und in der Romanze
von *Amis and Amiloun*. In manchen andern erzählenden
Dichtungen aber ist keine bestimmte Strophenform eingehalten;
so sind zwölfzeilige Strophen mit sechszeiligen untermischt in
Lybeaus Disconus und *Syr Gowghter*, oder mit vereinzelten
neun- und fünfzehnzeiligen, wie in *Syr Tryamoure, Sir Cleges*,
oder sechszeilige mit zwölf- und vierundzwanzigzeiligen, wie
in *The wright's chaste wife*. In solchen Dichtungen tritt
der ursprünglich langzeilige, paarweise (in beliebiger Ausdehnung) reimende Charakter dieses Metrums wieder klar zu
Tage, wie denn selbst in einzelnen erzählenden Dichtungen,
so in *Sir Isenbras*, die *rime couée* mit Reimpaaren untermischt ist, und auch der Versbau jener durchaus an den Bau
der in dem Abschnitt III, Kapitel 2, 4, 5, 13, 14 betrachteten,
gleichtaktigen Verse erinnert.

Dass die Schweifreimstrophe trotz des Ungeschicks,
mit der sie manchmal gehandhabt wurde, dennoch sehr
populär war, zeigt weiter auch der Umstand, dass sie
nicht nur für lyrische und epische, sondern auch für drama-

tische Dichtungen Verwendung fand. So nimmt sie z. B.
in den *Towncley Mysteries* ein breiten Raum ein (vgl. p. 1—5,
p. 49—54, p. 66—71, p. 73—80, p. 216—223, p. 228—232,
p. 280—281) und wird oft auch in geschickter Weise im Dialog
an die einzelnen redenden Personen vertheilt, was folgende
Strophen aus der *crucifixio* (p. 219) veranschaulichen mögen:

Secundus tortor :   *Do dryfe a naylle ther thrughe out,*
                    And then thar us nothyng doutt,
                      For it wille not brest.
Tertius tortor :   *That shalle I do, as myght I thryfe!*
                      For to clynk and for to dryfe
                        Therto I am fulle prest;
                      So let it styk, for it is wele.
Quartus tortor :   *Thou says sothe, as have I cele,*
                      Ther can no man it mende.
Primus tortor :   *Hald downe his knees.*
Secundus tortor :   *That shalle I do,*
                      His noryshe yede never better to,
                      Lay on alle your hende.

Auch die *Coventry Mysteries* bedienen sich öfters dieser
Strophe, während die *Chester Plays* sie verschmähen.

Für ihre Beliebtheit zeugt zweitens der Umstand, dass
sie verschiedene Modificationen, Erweiterungen und Nachbildungen erfuhr, die im Folgenden näher erörtert werden sollen.

§ 154. Von Weiterbildungen der *rime couée* ist zunächst zu nennen die Hinzufügung eines dritten Reimverses
zu den Reimpaaren *aa* und *cc*, so dass das Schema *aaabcccb*
entsteht. Diese auch schon in der mittellateinischen Dichtung
bekannte (vgl. Zarncke, a. a. O. p 46) Strophenart wurde ebenfalls beliebt. Als Probe möge citiert werden das Dunbar'sche
Gedicht: *Off the fenyeit Freir of Tungland, ed. Laing* I, 39:

       As ying Aurora, with hir cristall hale,
       In orient schew hir visage pale,
       A swevyng swyth did me assale,
          Off sonnis of Sathanas seid;
       Me thocht a Turk of Tartary
       Come out of the land of Barbary,

And lay forloppin in Lombardy,
Full lang in waith-man weid.

Dass indess diese Strophenbildung schon viel früher in Gebrauch war, zeigt sich daraus, dass sie, als zweigliedrige Strophe angesehen und mit einem Refrain als Abgesang versehen, bereits im *MS. Harl.* 2253 vorkommt: WL. X (*Wright, Spec. of L. P.* p. 51; *Ritson, Ancient Songs* I, 58), so wie auch, dass sie dort in Versen, die sich alten, vierfach gehobenen Langzeilen nähern, auftritt: PL. V (*Wright, Polit. Songs,* p. 187; *Ritson, Anc. Songs,* I, 51):

Lustneþ, lordinges, boþe ȝonge ant olde,
Of þe freynsshe men þat were so proude ant bolde,
Hou þe flemmysshe men bohten hem ant solde
    Vpon a wednesday.
Betere hem were at home in huere londe,
þen forte seche flemmyshe by þe see stronde,
Whare þourh moni frenshe wyf wryngeþ hire honde,
    Ant singeþ weylaway!

Eine interessante, durch Einfügung eines „bob-wheel" herbeigeführte Variation dieser Strophe bietet noch das Lied *Lytyll Thanke* bei Ritson, a. a. O. I, 136, insofern nach jeder Halbstrophe ein kurzer, refrainartiger Vers auftritt:

Go ye beffore, be twayne and twayne,
Wysly that ye be not i-sayne,
And I'll go home and com agayne,
    To witte what dothe owre syre,
        Gode gosyp.
For yyff hit happ he dyd me see,
A strype or to god myght send me,
Yytte sche that is aferre lette her flee,
    For that is nowght be this fyre,
        Gode gosyp.

Uebrigens war jene einfachere, erweiterte Schweifreimstrophe auch in der altfranzösischen Poesie bekannt; so kommt sie vor bei *Rutebeuf* ed. *Jubinal* I, p. 250.

In der altenglischen Poesie war sie besonders für die *Miracle Plays* beliebt. In den *Coventry Mysteries* wird sie öfters verwendet, so p. 324—330, 430—353, desgleichen in den

Towneley Mysteries p. 15, 154—157, 234—236 etc. Die *Chester Plays* sind ihrem weitaus grössten Bestandtheile nach in dieser Strophenart abgefasst, welche in der Regel aus gleichtaktigen, bisweilen aber auch aus vierhebigen Versen gebildet ist, so p. 186—196. Der Herausgeber dieser Sammlung druckte die Verse ohne strophische Eintheilung, vermuthlich aus dem Grunde, weil öfters die correspondierenden Reime fehlen, was indess in den meisten Fällen der mangelhaften Ueberlieferung des Textes zuzuschreiben sein wird. In manchen Strophen mit mangelnden oder ungenauen Reimen liegt die Emandation auf der Hand, so ist p. 89, 17 zu lesen: *hell* statt *cairth*, p. 102 letzte Zeile: *aye* statt *ever*, desgleichen p. 110; p. 106: *stoute* statt *stronge*, p. 181: *claie* statt *cloutes etc.*

Andere Modificationen und Weiterbildungen der ursprünglichen Form der *rime couée* entstanden durch Abänderungen der Verse in ihrem Längenverhältniss zu einander.

Eine naheliegende Variation war zunächst die, dass man allen Versen der ganzen Strophe dieselbe Länge gab, indem man die viertaktigen Verse auf dreitaktige reducierte und sie so den ursprünglich um einen Takt verkürzten Schlussversen der Halbstrophe gleich machte. Beispiele sind nicht selten, so Ritson I, 70: *A. Song* (1308):

> *Sith Gabriel gan grete*
> *Ure ledi Mari swete,*
> *That godde wold in hir lighte,*
> *A thousand yer hit isse,*
> *Thre hundred ful iwisse,*
> *Ant over yeris eighte.*

Natürlich kommt diese Strophe, von der Horstmanns Altengl. Legenden (Neue Folge) Heilbronn, 1881, eine andere Probe gewähren (p. 230 ff.), auch in verdoppelter Form vor, so GL. II (*Wright, Spec. of L. P.* p. 41) und zwar in der künstlicheren Reimstellung *aabaabccbccb* statt, wie gewöhnlich, *aabccbddbeeb*:

> *Of a mon matheu þohte,*
> *þo he þe wynȝord wrohte;*
> *ant wrot hit on ys boc.*

In marewe men he solde,
At vnder mo he brohte,
Ant nom, ant non forsoc.
At mydday ant at non
He sende hem þider fol son,
To helpen hem wiþ hoc;
Huere foreward wes to fon
So þe furmest heuede ydon,
Ase þe erst vndertoc.

Auch die aus lauter dreitaktigen Versen bestehende, einfache Strophe wird in gleicher Weise erweitert, wie die regelmässige *rime couée*, durch Hinzufügung eines dritten Reimverses zu den beiden ersten Reimpaaren. Ein Beispiel bietet das Gedicht *The Pilgrim's Sea-Voyage and Sea-Sickness, E. E. T. S.* 25, p. 37 (*MS. temp. Henry VI*):

Men may leue alle gamys,
That saylen to seynt Jamys!
Ffor many a man hit gramys,
When they begyn to sayle.
Ffor when they haue take the see,
At Sandwyche, or at Wynchylsee,
At Brystow, or wher that hit bee,
Theyr hertes begyn to fayle.

Ja, die *Coventry Mysteries* gewähren Beispiele dieser Strophenart aus zweitaktigen Versen, so in dem Spiele *The Resurrection* p. 342:

Now in his grownde
He lyth bounde,
That tholyd wounde,
ffor he was ffals.
This lefft cornere
I wyl kepe here,
Armyd clere,
Both hed and hals.

Daran schliessen sich dann p. 343 Strophen an, welche dem ursprünglichen Schema insofern entsprechen, als alle Verse

gleichmässig um zwei Takte verkürzt erscheinen, die Strophe
also aus zwei- und eintaktigen Versen besteht:

> *Myn heed dullyth,*
> *Myn herte ffullyth*
> *Of sslepp.*
>
> *Seynt Mahownd,*
> *This beryenge growND*
> *Thou kepp!*

Bei Skelton ed. Dyce (I, 148) kommt die erstere, aus zwei-
und später viertaktigen Versen bestehende Form mit der interessanten, an die Urform erinnernden Variation vor, dass
der Schweifvers in beiden Halbstrophen einen Refrain (*Saw
I never*) bildet.

§ 155. Hier ist der geeignete Ort, einer in der altenglischen Poesie nur vereinzelt vorkommenden Dichtungsart
Erwähnung zu thun, welche mit der oben betrachteten Schweifreimstrophe, und zwar bezüglich des unten zu citierenden
Beispiels mit der vorletzten Form derselben unverkennbare
Verwandtschaft hat, wenn sie auch hinsichtlich der ihre
Eigenart ausmachenden, charakteristischen Eigenthümlichkeit,
nämlich der Reimverkettung der einzelnen Strophen unter
einander, als eine Nachbildung einer französischen Gedichts-
form anzusehen ist.

Es ist dies das sogenannte *virelay*, eine Dichtungsform,
welche von Lubarsch in seiner „Französischen Verslehre"
p. 388 beschrieben ist. Das *virelay* besteht danach aus Versen von ungleicher Länge, die zu neunzeiligen Strophen
mit der Reimstellung *aabaabaab* verknüpft waren, und zwar
die einzelnen Strophen unter sich noch weiter in der Weise,
dass der Schlussreim der ersten Strophe den Anfangsreim
der folgenden bildete, also *bbcbbcbbc*, und so fort. Die Verse
an dritter, sechster und neunter Stelle waren in der Regel
die kürzeren. Jedoch ist mit dieser Beschreibung des *virelay*
nicht die ausschliesslich gültige Form gegeben, wie das von
Bartsch, Chrestomathie de l'ancien français, p. 413 mitgetheilte
Beispiel zeigt. — Vermuthlich gab es noch andere Variationen,
wenn wir das englische Gedicht, welches in Morris' *Aldine*

Edition von Chaucers Werken *vol. VI*, p. 305 sich findet, für
eine genaue Nachahmung eines französichen Vorbildes halten
dürfen. Vielleicht war es eine selbständige Gestaltung dieser
französischen Dichtungsart in Anlehnung an die oben erwähnte,
modificierte und erweiterte Balladenstrophe, wie auch Wolf,
Ueber die Lais, p. 229 und Guest a. a. O. II, 312, 313 annehmen. Die Anfangsverse lauten:

> *Alone walkyng,*
> *In thought pleynyng,*
> *And sore syghyng,*
>   *All desolate,*
>
> *Me remembryng*
> *Of my lyvyng,*
> *My death wyshyng,*
>   *Bothe early and late.*
>
> *Infortunate*
> *Is soo my fate*
> *That, wote ye whate?*
>   *Oute of measure*
>
> *My lyfe I hate:*
> *Thus desperate,*
> *In such poor estate,*
>   *Do I endure.*
> *Of other cure etc.*

Diese dem *virelay* eigenthümliche Reimordnung hat, wie
früher (p. 241) bemerkt wurde, die freiere Reimfolge des sogenannten Skelton'schen Verses stark beeinflusst und ist in
längeren Partien der in diesem Metrum geschriebenen Dichtungen öfters mit annähernder, nie jedoch mit vollständiger
Regelmässigkeit durchgeführt.

§ 156. Endlich lag es nahe, noch einen Schritt weiter
zu gehen in der Umgestaltung der Schweifreimstrophe, und
die beiden Hauptreimpaare der Halbstrophen um einen Takt
oder um zwei Takte im Vergleich mit den Schweifversen zu
verkürzen, so dass nun das umgekehrte Verhältniss eintrat
im Vergleich zum ursprünglichen Aussehen der Bestandtheile
der Strophe: statt dass die Reimpaare um einen Takt länger

waren, als die kreuzweise reimenden Verse, sind jetzt die
letzteren um einen Takt (resp. um zwei Takte) länger, als
die ersteren. Auch dieser Schritt in der Weiterentwickelung
der *rime couée* war schon in der mittellateinischen Dichtung
gethan worden: das erste Gedicht der *carmina burana* ist
z. B. in diesem Versmass geschrieben [1]):

O Fortuna,	*nunc obdurat*
velut Luna,	*et tunc curat*
statu variabilis	*ludo mentis aciem,*
semper crescis,	*egestatem,*
aut decrescis;	*potestatem*
vita detestabilis	*dissolvit ut glaciem.*

Dieselbe Strophenform findet sich im Provenzalischen (*Bartsch,
Chrestomathie Provençale:* p. 79) und im Altfranzösischen (*Ritson
I, 15: A. Ballad on the Death of Simon de Montfort, Earl of Lei-
cester;* eine dreifache Strophe, das letzte Glied mit Refrain, also
ausgesprochen dreitheilig; ähnliches Beispiel im Englischen:
E. E. T. S. 26, p. 79). In einfacher, zweigliedriger Gestaltung,
aber mit der kunstvolleren Reimbindung *aabaabccdccd,* hat
Dunbar sich dieser Strophenform bedient in einem seiner
witzigsten satirischen Gedichte, betitelt *Of the Ladyis Solistaris
at Court,* I, 92:

> *Thir Ladyis fair,*
> *That makis repair,*
> *And in the Court ar kend,*
> *Thre dayis thair,*
> *Thay will do mair,*
> *Ane mater for till end,*
> *Than thair gud men*
> *Will do in ten,*
> *For ony craft thay can ;*
> *So weill thay ken,*
> *Quhat tyme and quhen,*
> *Thair menes thay sowld mak than.*

Ihrer Entstehung nach kann übrigens diese Strophe, welche
Guest mit Unrecht für die Grundform der Schweifreimstrophe

---

1) Guest citiert I, 303 ein noch älteres Beispiel aus dem IX. Jahrh.

hält, auch angesehen werden als hervorgegangen aus dem
katalektischen Tetrameter[1]). In dieser langzeiligen Form hat
z. B. Skeat, *Spec. of Engl. Literature*, III, p. 97 die Verse
der schönen, alten Ballade *The Notbrowne Maid* gedruckt,
während Percy, *Reliques*, II, die Form achtzeiliger Strophen
aus vier- und dreitaktigen Versen gewählt hat, von denen
die ersteren noch wieder durch Binnenreim in zwei Halbverse aufgelöst, aber als solche nicht durch den Druck gekennzeichnet sind. Bei der strophischen Anordnung liessen
sich die Dichter jedenfalls oft von dem Vorbilde der Schweifreimstrophe bestimmen, ebenso wie die späteren Herausgeber.
Daher haben diese Strophen je nach der Einrichtung des
Druckes bald das Aussehen variierter Schweifreimstrophen (vgl.
Bartsch, *Chrest. provenc. 11e ed.* p. 79) und bald das Aussehen
achtzeiliger Strophen aus vier- und dreitaktigen Versen in
kreuzweiser Reimstellung (vgl. Bartsch, Altfranzösische Romanzen und Pastorellen, p. 78, wo die Reimstellung freilich
aabaabccbccb ist). Die Möglichkeit der Auflösung zur Schweifreimstrophe wird noch dadurch gestützt, dass bisweilen, wie
dies bei dem später zu erwähnenden Gedichte *Moral Ode*
(*E. E. T. S.* 26, p. 79) der Fall ist, einer der kurzen Verse in
refrainartiger Weise wiederkehrt.

Kapitel 6.

Einreimige, untheilbare und zweitheilige ungleich-
gliedrige Strophen.

§ 157. Es erschien zweckmässig, die obengenannten
Strophenarten im Zusammenhange zu behandeln aus dem
Grunde, weil die uns vorliegenden altenglischen Proben der-
selben in der That mit einander in einem inneren Zusammen-

---

1) Die Verse der p. 366 citierten lateinischen Strophe sind — jede
Halbstrophe als ein Langvers geschrieben — als correcte, trochäische,
katalektische Tetrameter anzusehen, während die jambischen Verse des
Dunbar'schen Gedichts — bei solcher Auffassung — des letzten, unaccentuierten Takttheiles des jambischen, katalektischen Tetrameters ermangeln
(wie dies allerdings schon in früher Zeit vorkommt), also eigentlich brachykatalektisch sind (vgl. § 83).

hange stehen, indem sowohl die untheilbaren, als auch die
zweitheiligen, ungleichgliedrigen Strophen in der Regel ihrem
Hauptbestandtheile nach aus einer einreimigen Strophe, oder
aus einem Strophentheile mit mehreren fortlaufenden Reimen
bestehen.

Hinsichtlich der einreimigen Strophe könnte es
zweifelhaft erscheinen, ob sie zu den theilbaren, oder zu den
untheilbaren Strophen zu rechnen sei. Mit Rücksicht auf
die syntaktische Gliederung wird sich eine' vierzeilige, einreimige Strophe (*aaaa*) in der Regel lals aus zwei Haupttheilen
(*aa; aa*) bestehend darstellen; desgleichen in den meisten
Fällen eine achtzeilige (*aaaa; aaaa*). Bei der sechszeiligen
ist es aber schon oft zweifelhaft, ob zweitheilig (*aaa; aaa*)
oder dreitheilig (*aa; aa; aa*) abzutheilen sei; noch unbestimmter wird dies bei der fünfzeiligen Strophe oder überhaupt bei solchen aus ungerader Verszahl. Ob solche Strophen
in bestimmte Theile gegliedert wurden, oder nicht, würde
sich mit Sicherheit nur dann entscheiden lassen, wenn wir
Kenntniss von den Melodien hätten, nach denen sie etwa
gesungen wurden. Auf jeden Fall aber ist eine derartige
Verschiedenheit des Klanges der einzelnen Verse und eine
dadurch bewirkte Gruppierung derselben bei den einreimigen
Strophen nicht bemerkbar, wie sie sich in den früher betrachteten, mehrreimigen Strophen bei paarweiser und noch
stärker bei gekreuzter Reimstellung vernehmbar macht.

Sowohl einreimige Strophen aus den verschiedenen bekannten Versarten, als auch Zusammensetzungen mit einreimigen Strophentheilen sind in der altenglischen Dichtung,
namentlich der ersten Epoche, nicht selten anzutreffen.

§ 158. Beispiele einreimiger Strophen von viertaktigen
Versen, die auf einfachste Weise entstehen durch Zusammenstellung zweier Verspaare mit denselben Reimen, gewähren die beiden geistlichen Lieder IV und VIII (*Wright,
Spec. of L. P.* p. 57 u. 68). GL. IV beginnt mit den Versen:

> *Suete iesu, king of blysse,*
> *myn huerte loue, min huerte lisse,*
> *þou art suete myd ywisse,*
> *Wo is him þat þe shal misse!*

Suete iesu, min huerte lyht,
þou art day wiþoute nyht;
þou ʒeue me streinþe ant eke myht,
forte louien þe aryht.

Eine gewisse zweitheilige Gliederung der Strophe ist in diesen beiden Anfangsstrophen, wie durchgehends in dem ganzen Gedichte, durch das syntaktische Verhältniss der beiden Reimpaare, von denen das zweite gewöhnlich einen coordinierten Zusatz oder einen Nachsatz zum ersten enthält, in unverkennbarer Weise durchgeführt; dennoch ist es eben so gut möglich, dass die einzelnen Strophen des Liedes nach einer fortlaufenden Melodie gesungen wurden, als dass eine Wiederholung der Melodie in den einzelnen Strophentheilen stattfand, und wenn dies der Fall war, so kann sie sich eben so gut auf die einzelnen Verse, als auf die Verspaare erstreckt haben. — Der Rhythmus ist in der Regel ein trochäischer, doch sind jambische Verse durch Vortreten eines Auftaktes eingemischt, so v. 2, 7, 12, 15, 20 etc., wie denn überhaupt in dieser Epoche englischer Dichtung jambische und trochäische Rhythmen noch nicht streng gesondert auftreten dürften. GL. VIII ist genau so gebaut wie GL. IV. Derartige einfache Strophen waren auch in der mittellateinischen Lyrik beliebt, so *Carm. Bur.* p. 33:

Homo reus captivatur,
dum hic vagus exulatur,
non de jure gratulatur,
dum hic brevis moriatur.

Sie waren auch der provenzalischen und nordfranzösischen Poesie geläufig; vergl. z. B. Bartsch, *Chrest. Provençale,* 2. Aufl. p. 21.

In gleicher Weise wurden andere Versarten zu solchen vierzeiligen, einreimigen Strophen verknüpft, so z. B. der Septenar, wovon wir Proben haben in den Strophen der WL. XI, XII (*Wright, Spec. of L. P.* p. 90, 92) und des GL. XIII (*ib.* p. 93). WL. XI beginnt mit den Versen:

My deþ y loue, my lyf ich hate, for a leuedy shene,
Heo is briht so daies liht, þat is on me wel sene;

al y falewe so doþ þe lef in somer when it is grene ;
ȝef mi þoht helpeþ me noht, to wham shal y me mene?

Mittellateinische Vorbilder für diese Strophe, in der die vereinzelt auftretenden, im weiteren Verlauf des Liedes nicht consequent durchgeführten Binnenreime der ersten Vershälfte nicht in Betracht kommen, sind schon § 43 citiert worden.

Noch ältere Proben dieser Strophenart sind zu finden in Morris' *Old English Miscellany* (*E. E. T. S.* 49), wo vier Gedichte, nämlich: 1. *Doomsday* (p. 162—168), 2. *Death* (p. 168—184), 3. *A prayer to our Lady* (p. 192—193) und 4. *A Prayer to the Virgin* (p. 194—196) in derselben abgefasst sind. Das letzte derselben ist entschieden nach lateinischem Muster gebildet, da es in regelmässigen Septenaren geschrieben ist und nur insofern eine Abweichung zeigt, als Strophe 4 und 5 männliche Reime haben.

Die drei anderen Gedichte aber bestehen, wie dies auch bei den früher besprochenen Dichtungen Passion und Samariterin (vgl. § 55—57) sich zeigte, aus Versen, die theils nach lateinischem, septenarischem, theils nach altfranzösischem, alexandrinischem Muster gebaut sind, jedoch finden sich dieselben hier selten in gemischter Verwendung (wie dies in den eben genannten Dichtungen der Fall war), sondern, wie es die festere Gliederung der lyrischen Strophe erheischte, vorwiegend in gesonderter Verwendung. So beginnt das erste Gedicht *Doomsday* mit zwei septenarischen Strophen, worauf dann bis zum Schluss alexandrinerartige Strophen folgen. Aehnlich verhält es sich mit dem Marienlied (p. 192), wo ebenfalls septenarische Strophen (3, 4, 5, 8) mit alexandrinerartigen (1, 2, 6, 7) abwechseln. In den letzten drei Strophen (9, 10, 11) scheint indess, wenn die Ueberlieferung eine correcte ist, was zweifelhaft sein mag, diese Regel nicht beobachtet zu sein. In dem zweiten der erwähnten Gedichte, „Auf den Tod", ist es thatsächlich nicht der Fall, vgl. v. 33:

þenche we on þe laste dai, þat we schule heonne fare,
Vt of þisse worlde wiđ pine and wiđ kare,
Al so we hider comen naked and bare,
And of ure sunnen ȝeuen ondsweare.

Aehnlich wie in dieser Strophe ist übrigens in dem ganzen

Gedichte der alexandrinerartige Vers vorherrschend, weswegen
denn auch manche Strophen männliche Reime haben, z. B.
65—72, 73—80, 41—48, 59—56, 145—152 etc.

Daneben macht sich in diesem, wie in den drei andern
lyrischen Gedichten, der nationale Einfluss in bekannter
Weise durch häufiges Fehlen des Auftaktes und einzelner
Senkungen geltend, wie schon aus den citierten Beispielen
zur Genüge hervorgeht. In derselben Strophenform bewegt
sich eine neuerdings von Horstmann herausgegebene Legende
von *Seynt Mergrete* (Altengl. Legenden. Neue Folge, 1881,
p. 225 ff.). Eine andere, ebendort (p. 242 ff.) edierte Legende,
Seynt Katerine, in zwei Texten, ist, wie der mit *a* bezeichnete
veranschaulicht, ursprünglich in achttaktigen Langversen geschrieben (von Horstmann gedruckt in der strophischen Form
abcbdbeb), woraus im Text *b* durch leicht nachweisbare, spätere
Einfügung von Binnenreimen achtzeilige Strophen mit der
Reimstellung *ababababab* gemacht worden sind (s. p. 343, Anm.).

Auch mit der alliterierenden, vierfach gehobenen Langzeile, wurde diese Strophe nachgebildet, wie das PL. VII
(*Wright, Pol. Songs of Engl.* p. 232) erkennen lässt. Wright
und Böddeker haben diesen Charakter der Verse und Strophen
des Gedichtes verkannt, indem sie dasselbe, der in der Handschrift anfangs befolgten Methode sich anschliessend, in Strophen von acht Versen drucken, während das MS. die zweite
Hälfte des Gedichts von v. 47 an richtig in Strophen von vier
Langzeilen aufgezeichnet enthält. Böddeker hat die eigentliche Natur der Verse freilich wohl bemerkt, indem er darauf
hinweist, dass die einzelnen Verse je zwei durch den Stabreim verbundene Hebungen zeigen, doch war gerade dies
Gedicht nicht geeignet, um daran die Entwickelung der Kurzzeile aus der alten, alliterierenden Langzeile, oder richtiger
die Vermengung der romanischen Kurzzeile von drei Takten
mit dem alten, ursprünglich zweitaktigen Halbverse der Langzeile zu illustriren, da die leoninischen Reime, die in Layamons
Brut und in den Sprüchwörtern Alfreds auftreten, fehlen, weshalb denn die Verse dieses Gedichts recht eigentlich ihren
langzeiligen Charakter sich bewahren:

Of rybaudz y ryme ant rede o my rolle,
Of gedelynges, gromes, of colyn ant of colle,

Harlotes, horsknaues; bi pate *and by* polle
To deuel ich hem to-lyure and take to tolle!

§ 159. Im Anschluss an die bisher betrachteten, einreimigen Strophenformen wird es zweckmässig sein, zunächst
noch eine kleine Gruppe von Strophenbildungen zu behandeln, die als **untheilbare Strophen** bezeichnet werden
können, wenn wir sie nicht zu der nächsten Gruppe, zu den
zweitheiligen, ungleichgliedrigen Strophen rechnen wollen,
mit denen sie freilich entschiedene Verwandtschaft haben (vgl.
§ 160). Sie sind um so eher hier anzuschliessen, als sie die
gewöhnlichste Art der Erweiterung einer einreimigen Strophe
veranschaulichen, nämlich durch Hinzufügung eines Refrains,
der aber, wenn er, wie in den folgenden Beispielen, nur aus
einem Verse besteht, nicht gewichtig genug ist, um als *cauda*
der Strophe auftreten und dieser einen zweitheiligen Klang
verleihen zu können.

Die einfachste Art derselben, die vorzukommen scheint,
ist die **dreizeilige, einreimige Strophe aus viertaktigen Versen**, denen sich dann als Schluss der Strophe ein
gleicher oder kürzerer Vers als ständig wiederkehrender Refrain anschliesst, der öfters auch aus lateinischen oder wohl
auch aus französischen Wörtern besteht. Ein Beispiel einer
derartigen Strophe findet sich in Furnivalls *Pol. Rel. and
Love Poems* (*E. E. T. S.* 15), p. 4. Die beiden ersten Strophen
lauten mit Ausschluss des dem Gedicht vorangestellten Refrains:

> *Sithe god hathe chose þe to be his knyȝt,*
> *And posseside þe in thi right,*
> *Thoue hime honour with al thi myght,*
> > *Edwardes Dai gracia.*

> *Oute of þe stóke þat longe lay dede*
> *God hathe causede the to sprynge and sprede,*
> *And of al Englond to be the hede,*
> > *Edwardes Dei gracia.*

Die lateinische oder provenzalische Poesie scheint hier das
Vorbild geliefert zu haben, vgl. folgende Strophen eines provenzalischen, nach dem Rhythmus und der Melodie der lateinischen Hymne *In hoc anni circulo* gedichteten geistlichen

Liedes bei Bartsch, *Chrestomathie Provençale* IIe ed. p. 15, wo aber die mit den provenzalischen abwechselnden, lateinischen Strophen fortgelassen sind:

> *Mei amic e mei fiel,*
> *laisat estar lo gazel:*
> *aprendet u so noel*
> > *de virgine Maria.*
>
> *Lais l'om dire chi non sab,*
> *qu'eu lol dirai ses nul gab:*
> *mout n'em issit a bo chab*
> > *de virgine Maria.*

Ein gerade so gebautes, englisches Gedicht mit demselben Refrain steht in *Wright's Songs and Carols (Percy Soc.* 1874) p. 18, andere p. 21, 23, 24, 25 etc. mit englischem Refrain.

Eine Probe eines anderen, mit dem früher citierten ziemlich gleichzeitigen, englischen Gedichtes und demselben ähnlich bezüglich der strophischen Form findet sich Ritson, *Anc. Songs* I, 140, betitelt *Wolcum Yol*, wiederum mit vorangestelltem Refrain:

> *Wolcum yol, thu mery man,*
> *In worchepe of this holy day:*
> *Wolcum be thu, hevene kyng,*
> *Wolcum, born in on morwenyng,*
> *Wolcom for hom we xal syng,*
> > *Wolcum yol.*
>
> *Wolcum be ye Stefne and Jon,*
> *Wolcum Innocentes everychon,*
> *Wolcum Thomas martyr on,*
> > *Wolcum yol.*

Selbst William Dunbar, der hervorragendste altschottische Dichter, bedient sich zu Ende des 15. Jahrhunderts noch dieser Strophe, und zwar in der kunstvolleren Weise, wovon uns ein Gedicht Wilhelms IX, Grafen von Poitiers bei Bartsch, *Chrest. Prov.* p. 30 (vgl. auch ein lateinisches Gedicht vom Jahre 1405 bei *Wright, Pol. Poems* II, 114), eine Probe gewährt, in welchem die einzelnen Strophen nicht durch einen Refrain, d. h. durch Wiederkehr derselben Worte, sondern

nur durch den gleichen Reim des letzten kurzen Verses
gebunden sind. Das Dunbar'sche Gedicht (I, p. 172) beginnt
mit den Strophen:

> Quha will behald of Luve the chance,
> With sueit dissavyng countenance,
> In quhais fair dissimulance,
>   May none assure :
>
> Quhilk is begun with inconstance
> And endis nocht but variance ;
> Scho haldis with continewance
>   No serviture.

Das Gedicht ist insofern noch kunstvoller, als das provenzalische und das lateinische, als auch die vorangehenden Haupt-
verse der Strophe durch das ganze Gedicht hindurch dieselben
Reime haben.

§ 160. Als die einfachste Art zweitheiliger Strophen
ungleicher Gliederung, die also nur aus *frons* und *cauda*
bestehen, treten uns zunächst solche entgegen, in denen die
Zweitheiligkeit auf dem Vorhandensein eines dritten, von den
einreimigen Versen im Reim abweichenden Verspaares beruht. Diese Strophenbildung scheint im Ganzen wenig beliebt geworden zu sein, vermuthlich wegen ihrer zu grossen
Einfachheit. Die primitivste Gestalt ist die, wo die vierzeilige
frons einreimig ist, worauf dann eine im Reim abweichende,
zweizeilige *cauda* folgt nach Art eines lateinischen Gedichts
vom Jahre 1382, Wright, *Pol. Poems* I, 253: *On the Council
of London:*

> *Heu! quanta desolatio Angliae praestatur,*
> *Cujus regnum quodlibet hinc inde minatur,*
> *Et hujus navigium pene conquassatur ;*
> *Regnum nec consilio nec ope juvatur.*
>   *With an O and an I, prae dolore ventris,*
>   *Meum jam consilium jacet in vi mentis.*

Von diesem in septenarischen Versen geschriebenen Gedicht
findet sich bezüglich der Form im selben MS. und im selben
Bande, p. 268, eine unzweifelhafte Nachahmung, wie schon
daraus hervorgeht, dass der erste Halbvers des Abgesanges

aus denselben refrainartigen Versen besteht. Es ist betitelt:
On the Minorite Friars:

> *Of thes frer mynours me thenkes moch wonder,*
> *That waxen are thus hauteyn, that som tyme weren under;*
> *Among men of holy chirch thai maken mochel blonder;*
> *Nou he that sytes us above make ham sone to sonder!*
> *With an O and an I, thai praysen not seynt Poule,*
> *Thai lyen on seynt Fraunceys, by my fader soule.*

Nach Art der schon früher betrachteten episch-didaktischen
Dichtungen aus dem 13. Jahrhundert sind zwischen die septenarischen Verse, die dem Gedichte den eigentlichen rhythmischen Grundcharakter geben, alexandrinische Verse eingemischt, wie denn dasselbe gleich mit einem solchen unverkennbaren Alexandriner beginnt. In derselben Strophenform
bewegt sich auch ein in vierhebigen Versen geschriebenes
Gedicht von Minot, *Pol. Poems* I, 61: *Of the batayl of Ba-
nocburn:*

> *Skottes out of Berwik and of Abirdene,*
> *At the Bannok burn war ȝe to kene;*
> *Thare slogh ȝe many sakles, als it was sene;*
> *And now has king Edward wroken it, I wene.*
> *It es wrokin, I wene, wele wurth the while;*
> *War ȝit with the Skottes, for thai er ful of gile.*

Der Schweif der Strophe ist mit der Stirn durch *concatenatio*
verbunden und tritt in dem Gedicht noch in um so ausgeprägterer Weise als solcher hervor, als in demselben in refrainartiger Weise in jeder Strophe dieselben Reime wiederkehren. Im gleichen Versmass und Strophenbau sind andere
von Minot herrührende Gedichte desselben Bandes geschrieben (p. 83, 87, 89), wovon die Anfangsverse schon § 103
citiert wurden, das erste ohne *concatenatio* und mit einer
um zwei Verse längeren Anfangsstrophe. Als eine durch Verdoppelung der *frons* entstehende Erweiterung dieser Strophenart ist die folgende anzusehen, welche in WL. I (*Th. Wright,
Spec. of L. P.* p. 25) vorliegt:

> *Ichot a burde in a bour ase beryl so bryht,*
> *ase saphyr in seluer semly on syht,*
> *ase iaspe þe gentil, þat lemeþ wiþ lyht,*

ase gernet in golde, ant ruby wel ryht,
ase onycle he ys yholden on hyht,
ase diamaund þe dere in day when he is dyht;
he is coral ycud wiþ cayser ant knyht,
ase emeraude amorewen þis may haueþ myht:
þe myht of þe margarite haueþ þis mai mere,
ffor charbocle ich hire chos bi chyn ant by chere.

Auch in den einzelnen Strophen dieses Gedichtes ist der Schweif mit der Stirn durch *concatenatio* verbunden.

Beispiele derselben Strophenformen in kürzeren Versen sind uns nicht begegnet[1]). Dagegen bedient sich Anfang des 16. Jahrhunderts W. Dunbar einer aus viertaktigen Versen bestehenden sechszeiligen Strophe, welche mit der obigen entschiedene Verwandtschaft hat. Es ist nur der Schweif der Strophe mit der Stirn dadurch noch enger verknüpft, dass der letzte Vers derselben mit dem zweizeiligen Refrain als Abgesang denselben Reim gemein hat, so dass die Reimstellung in diesen Strophen *aaab bb* ist. Von Dunbars

---

1) Ein seltsames Gedicht aus der Zeit König Edwards II., betitelt *Song against the Kings taxes* (*Th. Wright, Polit. Songs*, p. 182), geschrieben in halb lateinischen und halb französischen Versen, möge hier erwähnt werden, da der Strophenbau desselben mit den bisher betrachteten Aehnlichkeit hat, wenn wir die Verse im Anschluss an den Druck des Herausgebers auffassen als Septenare, nur dass die *cauda* um einen Vers verkürzt wäre; dagegen würden wir Dreitheiligkeit der Strophe anzunehmen haben, wenn wir die Verse nach den eingeflochtenen Reimen in kurze Verse auflösen. Die erste Strophe lautet:

Dieu, roy de mageste, ob personas trinas,
Nostre roy e sa meyne ne perire sinas;
Grantz mals ly fist aver gravesque ruinas,
Celi qe ly fist passer partes transmarinas.
Rex ut salvetur, falsis maledictio detur.

Wir würden der Auflösung zu strophischer Form nach dem Schema *ababcbcbdd* den Vorzug geben, da der Reim in der Mitte der Langverse (*rime entrelacée*) nicht, wie in den p. 228 citierten Strophen (vgl. namentlich die zweite) in allen Versen derselbe bleibt, sondern von zwei zu zwei Versen wechselt, und da ferner Gedichte aus kürzeren Versen mit kreuzweiser Reimstellung in entsprechender Verbindung verschiedener Idiome häufiger anzutreffen sind (vgl. p. 348).

Gedichten sind uns zwei in dieser Strophenform erhalten, nämlich das originelle, in einem scherzhaften Tone gehaltene Bittgesuch an König James IV, betitelt: *The Petition of the Gray Horse Auld Dunbar* I, 149 und ein moralisierendes Gedicht *Luve Erdly and Divine* I, 221. Die Anfangsstrophen des letzteren lauten:

> *Now culit is Dame Venus brand;*
> *Trew Luvis fyre is ay kindilland,*
> *And I begyn to undirstand,*
> *In feynit luve quhat foly bene:*
>> *Now cumis Aige quhair Yowth hes bene,*
>> *And true Luve rysis fro the splene.*
>
> *Quhill Venus fyre be deid and cauld,*
> *Trew luvis fyre nevir birnis bauld;*
> *So as the ta luve waxis auld,*
> *The tothir dois incress moir kene:*
>> *Now cumis Aige quhair Yowth hes bene,*
>> *And true Luve rysis fro the splene.*

Im selben Versmass und Strophenbau ist ein noch etwas älteres Gedicht (aus dem 15. Jahrhundert) abgefasst, betitelt *A song in praise of Sir Penny* bei Ritson, *Anc. Songs* I, 134. Einer ganz ähnlichen Strophenart bedient sich Skelton in einem Liede, betitelt *Manerly Margery Milk and Ale* (I, p. 28), nur dass die *frons* fünf einreimige, viertaktige Verse umfasst, während die *cauda* gleichfalls aus zwei Refrainversen besteht, die in der letzten Strophe mit einer leichten Variation sogar noch einmal wiederholt werden, so dass diese Strophe neunzeilig ist, während die übrigen siebenzeilig sind.

Als einer mit der sechszeiligen Strophe verwandten, vermuthlich — wie ein später zu citierendes Beispiel GL. VI (Ritson, *Ancient Songs* I, 65) wahrscheinlich macht — aus derselben durch Verkürzung um einen Vers hervorgegangenen Strophenbildung ist hier am besten einer fünfzeiligen Strophe Erwähnung zu thun, deren sich mit besonderer Vorliebe ebenfalls Dunbar bedient, mit etwas abweichender Reimstellung, und zwar in zweierlei Gestalt, nämlich in der Form *aabab* und *aabba*, in der letzteren z. B. in einem Gedichte an den König, betitelt *On his heid-ake* I, 128:

My heid did yak yesternicht,
This day to mak that I na micht,
So sair the magryme dois me menyie,
Perseing my brow as ony ganyie,
That scant I luik may on the licht.

In demselben Versmass und Strophenbau, und zwar stets ohne Refrain, finden sich noch Gedichte von ihm: I, 128, 156, 203, 253; ausserdem p. 27, 28, 31, 36 einige Gedichte in geradeso gebauten, später zu besprechenden Strophen aus fünftaktigen Versen. Viel, häufiger bediente er sich dieser Strophe in der Reimstellung *aabab*, so in *The Devills Inquest* I, 45:

This nycht in my sleip I wes agast,
Me thocht the Devill wes tempand fast
The people, with aithis of crewaltie;
Sayand, as throw the mercat he past,
Renunce thy God, and cum to me.

Der letzte Vers bildet überall, wo Dunbar sich dieser Strophe bedient, wie in diesem Gedicht, den ständig wiederkehrenden Refrain, der also mit dem Aufgesang durch den Reim verknüpft ist. Gedichte ernsten und satirischen Inhalts in dieser Strophenart finden sich bei Dunbar noch: vol. I, 81, 107, 115, 123, 157, 159, 161, 165, 167, 170, 181, 184, 187, 189, 195; vol. II unter den ihm zugeschrieben Gedichten noch p. 31, 49.

§ 161. Indem wir von den gleichmetrischen zu den ungleichmetrischen Strophen übergehen, schliessen wir an die zuletzt betrachteten Dunbar'schen fünfzeiligen Strophen zunächst die schon bei der Gelegenheit erwähnte Strophenform von gleichem Umfang, aber von ungleicher Länge der Verszeilen an, welche uns in GL. VI (*Wright, Spec. of L. P.* p. 60; *Ritson, Anc. Songs* I, 65) vorliegt:

Wynter wakeneþ al my care,
nou þis leues waxeþ bare;
ofte y sike ant mourne sare,
    when hit cómeþ in my þóht,
óf þis wórldes ioíe, hou hit geþ ál to nóht.

Stirn und Schweif der Strophe sind hier durch verschiedene Reime und Verschiedenheit des Metrums von einander unter-

schieden. Die Stirn besteht mit der einzigen Ausnahme des
dritten, mit einem Auftakte versehenen Verses der zweiten
Strophe:

þat móni món seiþ, sóþ hit ýs

aus drei einreimigen, streng trochäischen, viertaktigen Versen,
der Schweif dagegen aus einem Reimpaar, in dessen erstem
Verse ich nicht, wie ten Brink es in seiner übrigens meister-
haften Uebersetzung des Liedes (Gesch. der engl. Lit. p. 389)
thut, einen ebenfalls viertaktigen, trochäischen Vers erkenne,
wozu der Tonfall der ersten und zweiten Strophe freilich
Veranlassung geben könnte, sondern einen dreitaktigen, jambischen Vers, wie der betreffende Vers der dritten (letzten)
Strophe

ant shild vs from helle

mit Nothwendigkeit schliessen lässt, der somit denselben
Rhythmus und die halbe Länge des zweiten Verses der *cauda*,
eines Alexandriners, hat.

Dasselbe Verhältniss liegt vor in einem andern Gedicht
gleichen Strophenbaues aus dem 15. Jahrhundert, betitelt von
Ritson (*Anc. Songs* I, 129) *A Song on an inconstant Mistress*,
in welchem der letzte Vers einen Refrain bildet, wodurch
alle Strophen in der *cauda* gleichreimig werden. Die erste
Strophe lautet:

Some tyme y loved, as yc may see,
A goodlyer ther myght none be,
Here womanhode in all degree,
Full well she quytt my mede.
Who so lyst to love god send hym right good spede.

Da die Strophen dieses Liedes einen durchweg jambischen Tonfall haben, so erinnern sie noch mehr als diejenigen des ersteren
Beispiels in den vier ersten Versen an die Halbstrophe der
erweiterten Schweifreimstrophe, unter deren Einfluss sie entstanden sein könnte.

§ 162. Einer sechszeiligen, interessanten, zweitheiligen, ungleichgliedrigen und ungleichmetrischen, altenglischen
Strophenart, der sich übrigens auch noch R. Burns bedient
hat, ist am besten hier Erwähnung zu thun, da sie entschie-

den als eine freilich ziemlich starke Modification der
Schweifreimstrophe, sei es der einfachen, oder der § 154
erwähnten, erweiterten *rime couée* sich darstellt. Es ist die
auch in der provenzalischen Poesie bekannte (vgl. Bartsch,
Provenzalisches Lesebuch, 1. Aufl., p. 46) Strophenart, von
der uns GL. XIV und WL. VII (*Wright, Spec. of L. P.* p. 94
und 38) Proben gewähren, und in der ausserdem die Romanze *Octavian Imperator* (*Weber, Metrical Romances vol. III,*
157) geschrieben ist. GL. XIV beginnt:

> *Ase y me rod þis ender day*
> *by grene wode to seche play,*
> *mid herte y þohte al on a may,*
> > *Suetest of alle þinge;*
> *Lyþe, ant ich ou telle may*
> > *al of þat suete þinge.*

Dass diese sechszeilige Strophe, welche auch in den *Towneley
Myst.* öfters, so p. 120—134, p. 254—269, p. 171—274 etc.
anzutreffen ist, dagegen in den *Coventry Myst.* nur vereinzelt
(p. 315), den Charakter der Schweifreimstrophe hat, ist unverkennbar. Sie ist anzusehen als hervorgegangen entweder aus
der alten Schweifreimstrophe durch Umstellung des Schluss-
verses des ersten und des Anfangsverses der zweiten Halbstrophe, oder aus der erweiterten Schweifreimstrophe, in welcher
die zweite Halbstrophe dann wieder um zwei viertaktige Verse
verkürzt worden wäre. Die erstere Entstehungsart dürfte als
die wahrscheinlichere gelten[1]). Indess ist zu beachten, dass
in dem Abgesange des Gedichtes GL. III (*Wright, Spec. of
L. P.* p. 47) entschieden das letztere Verfahren eingeschlagen
wurde, um den Abgesang durch Verkürzung der ersten Halbstrophe um einen Vers als solchen bemerkbar zu machen,
wobei zugleich doch nach provenzalischer Regel die allgemeine Aehnlichkeit mit dem Aufgesange, einer doppelten
Schweifreimstrophe (*aabccbddbeeb*), oder vielmehr dem zweiten
Stollen, also der einfachen Schweifreimstrophe (*ddbeeb*), gewahrt bleibt. Die Strophenform dieses Geleites, welches

---

1) Wir finden diese Ableitung bestätigt bei Wolf, Ueber die
Lais, Anm. 67, p. 230.

nicht durch Reimbindung der Versausgänge, sondern nur durch *concatenatio* mit der Hauptstrophe verknüpft ist, kommt sonst meines Wissens nur noch in den *Towneley Mysteries* (p. 321— 323) als Abgesang einer später zu betrachtenden, dreitheiligen Strophe vor und möge daher besonders mitgetheilt werden:

> *vnwunne haueþ myn wonges wet,*
> *þat makeþ me rouþes rede;*
> *Ne sem y nout þer y am set,*
> *þer me calleþ me fule flet*
> *Ant waynoun! wayteglede.*

Bemerkenswerth ist noch eine von Guest (II, 318) erwähnte, wie es scheint, nur von dem irischen Dichter Michael von Kildare angewandte Erweiterung der ursprünglichen Strophe, die darin besteht, dass das letzte Verspaar noch zweimal wiederholt wird, die Strophe demnach die Form hat: *aaababab.* Das Gedicht steht *Rel. Antiquae ed. by Wright and Halliwell* II, 190. Bei einem anderen, ähnlich gebauten, von Guest (II, 348) citierten Liede kommt in einer Strophe eine Wiederholung der drei letzten ungleichmetrischen Verse vor, so dass die Strophe die Form *aaababbab* hat. WL. VII und *Octavian* weichen insofern von GL. XIV ab, als in jenen die kurzen Verse nicht dreitaktig, sondern zweitaktig sind.

Einer mir sonst nur als Geleit von WL. VII bekannten Modification dieser Strophenform thut Guest (II, 350) Erwähnung. Diese Strophe, in der, wie er bemerkt, ein Lied Maitlands gegen die „*Thieves of Liddisdale*" geschrieben ist, hat die Form einer gewöhnlichen Schweifreimstrophe, deren zweite Hälfte um einen Langvers verkürzt ist, und deren Kurzverse nur aus zwei statt aus drei Takten bestehen:

> *Now me to spulyie sum not spairis,*
> *To tak my geir na captane cairis,*
> *Thai ar sa bald;*
> *Yit tyme may cum, may mend my sairis,*
> *Thoch I be ald.*

Der letzte kurze Vers kehrt, wie es scheint, als Refrain wieder.

§ 163. Einige eigenthümliche, ungleichmetrische Strophenformen dieser ungleichgliedrigen Formationen sind hier noch

hervorzuheben, deren sich der auch in Bezug auf seine poetischen Formen ungemein vielseitige und originelle Dunbar
bedient. So ist zunächst zu erwähnen die sechszeilige Strophe
seines Gedichts *Aganis Treason. Ane Epitaph for Donald
Owre* (I, 135). Die Strophe besteht aus einer *frons* von zwei
viertaktigen und einer *cauda* von vier zweitaktigen Versen:

> In vice most vicius he excellis
> That with the vice of Tressone mellis;
> Thocht he remissioun
> Haif for prodissioun,
> Schame and suspissioun Ay with him dwellis.

Laing druckt die Strophe in obiger Form, wobei er aber
durch den grossen Anfangsbuchstaben des letzten Halbverses
andeutet, dass derselbe auch als wirkliche Verszeile angesehen
werden könne, was mir das Richtige zu sein scheint. Ebenso
würde ich eine ähnliche, in dem Dunbar'schen *Dirige to
the King at Stirling* (I, 88) vorkommende Strophenform, womit er die kirchlichen Responsionen parodierte, nach den
Reimen lieber aufgelöst haben zu der Strophenform *abaaababCC*,
statt sie, wie Laing es thut, in folgender Form zu drucken:

> God and Sanct Jeill, heir yow convoy
> Baith sone and weill, God and Sanct Jeill,
> To sonce and seill, solace and joy,
> God and Sanct Jeill, heir yow convoy.
>   Out of Strivilling panis fell,
>   In Edinburghs joy, son mot ye dwell!

Die beiden letzten Verse dieser eigenartigen Strophe bilden
jedenfalls die *cauda*, die vorangehenden die *frons*. Einer
anderen, dem Ton und Inhalt eines Rügegedichtes vortrefflich entsprechenden, originellen Strophenform dieses hervorragenden Dichters ist ebenfalls wegen der ungleichen Länge
der Verse bei dieser Gruppe der ungleichmetrischen Strophen
Erwähnung zu thun, obwohl sie hinsichtlich der Reimstellung
mehr an die oben erwähnten gleichmetrischen Strophen erinnert. Es ist dies die Strophenform, in welcher das Gedicht
To the Merchantis of Edinburgh (I, 97) geschrieben ist, und
welches beginnt wie folgt:

Quhy will ye, merchantis of renoun,
Lat Edinburgh, your nobill toun,
For laik of reformatioun
The commone proffeitt tyne and fame?
　　Think ye nocht schame,
That ony uther regioun
Sall with dishonour hurt your Name!

Der fünfte Vers, welcher in Verbindung mit dem siebenten
(letzten) als Refrain, oder in refrainartiger Weise in jeder
Strophe wiederkehrt, wird besonders dadurch wirkungsvoll,
dass er im Verhältniss zu den vorhergehenden Versen um
einen Takt verkürzt ist und so in scharf ausgeprägter Weise den
in dem Nachsatz (*cauda*) ausgesprochenen strafenden Vorwurf
einleitet, der durch die Reimverknüpfung mit dem Vordersatz
(*frons*) auch äusserlich gleichsam als die logische Folge der
in diesem erhobenen Anklagen hingestellt wird.

Eine gewisse Aehnlichkeit mit diesen Dunbar'schen
Strophen haben die zwei ersten, durch „Körner" verbundenen
Strophen eines bei Skelton vol. I, p. 400 stehenden Gedichtes
und auch die folgende originelle, mit einem Refrain versehene
Strophenform eines vol. I, p. 144 gedruckten Liedes:

The kinges baner on felde is [s]playd,
The crosses mistry can not be nayd,
To whom our Sauyour was betrayd,
　　And for our sake;
Thus sayth he,
I suffre for the,
　　My deth I take.
　　　Now synge we, as we were wont,
　　　Vexilla regis prodeunt.

Die beiden letzten Verse bilden den Abgesang und stehen
als Refrain in gewisser Hinsicht ausserhalb der eigentlichen
Strophe, welche als zwei, an Verszahl und Verslänge ungleiche,
nur durch den Schweifreim gebundene Halbstrophen von
Schweifreimstrophen, deren correspondirende Hälften fehlen,
angesehen werden könnte, so dass eine dreitheilige, ungleichgliedrige Strophe vorliegen würde. Deutlicher aber sondern
sich Hauptstrophe und Refrain als die zwei wesentlichen
Theile der Strophe ab.

§ 164. Sind die zuletzt betrachteten strophischen
Formen, mit Ausnahme der letzten, entschieden nur als
zweitheilige, ungleichgliedrige Strophen anzusehen, so könnte
man bei einigen anderen, aus gleichtaktigen Versen bestehenden Strophen wegen des mehrreimigen, anscheinend
durch gekreuzte Reimstellung gekennzeichneten Charakters
der Hauptstrophe in Zweifel sein, ob man sie den zweitheiligen oder den dreitheiligen Strophen zurechnen solle. Indess ihre zunächst in die Augen springende Eigenschaft
ist die, dass sie auf demselben Princip der Zusammensetzung mit einer durch einen kurzen Vers oder Verstheil
(*bob*) eingeleiteten, resp. einen oder mehrere Verse umfassenden, von der Hauptstrophe durch Verslänge und Reimstellung
sich scharf absondernden *cauda* beruhen. Sichere Schlüsse
hinsichtlich der Gliederung des Aufgesanges würden hier
freilich wieder nur aus den Melodien zu ziehen sein. Doch
halten wir es, namentlich mit Rücksicht auf die weiter
unten dargelegte Entwickelung, welche diese Strophenarten
in den verschiedenen Nachbildungen mit altnationalen, vierhebigen Versen nahm, für nicht unwahrscheinlich, dass die musikalische Behandlung der lyrischen
Strophen aus gleichtaktigen Versen bei paarweise verbundenen oder gekreuzten Reimen keine andere war, als diejenige der Strophen mit einreimiger *frons*.

In der folgenden Strophe des in Alexandrinern und
vereinzelten Septenaren geschriebenen Gedichtes *On the evil
times of Edward II (Th. Wright, Pol. Songs*, p. 323) macht
sich z. B. unseres Erachtens in Folge des abrupten fünften,
logisch zur *frons* gehörigen, durch den Reim mit der *cauda*
verbundenen Verses die ungleiche Zweitheiligkeit, d. h. die
Zusammensetzung aus *frons* und *cauda*, viel deutlicher in dem
Bau und Klang der Strophe bemerkbar, als die Dreitheiligkeit:

Whii werre and wrake in londe and manslauht is i-come,
Whii hungger and derthe on eorthe the pore hath undernome,
Whii bestes ben thus storve, whii corn hath ben so dere,
Ye that wolen abide, listneth and ʒe muwen here
                                          the skile,
I nelle liʒen for no man, herkne who so wilc.

God grcteth wel the clergie, and seith theih don amis,
And doth hem to understonde that litel treuthe ther is;
For at the court of Rome, ther treuthe sholde biginne,
Him is forboden the paleis, dar he noht com therinne
for doute;
And thouh the pope clepe him in, ʒit shal he stonde theroute.

Die von Guest (II, 334) citierte Strophe, in welcher
a. 1481 Dame Juliana Berners ihr *Treatise on Hunting*
schrieb, ist der oben citierten insofern verwandt, als in derselben die Stirn noch um ein Verspaar erweitert ist, woran
sich dann ein durch leoninischen Reim in zwei Halbverse aufgelöster, siebenter Langvers als *cauda* anschliesst:

Me dere sones, where ye fare , by frith or by fell,
Take good hede, in his tyme how Tristrem woll tell,
How many maner bestes of venery there were;
Listenes now to our Dame, and ye shulen here:
Ffowre maner bestes of venery there are,
The first of hem is a hart, the second is an hare,
The boar is one of tho,
The wolf, and no mo.

Diese Strophe kann jedenfalls nicht als eine dreitheilige, sondern nur als eine zweitheilige (oder als eine viertheilige)
bezeichnet werden. Auch die p. 314/5 citierte Strophe, in
welcher der Aufgesang aus vier Versen in der Reimstellung
aabc, also jedenfalls nicht aus zwei sich völlig entsprechenden
Theilen besteht, möge hier noch 'einmal in Erinnerung gebracht werden.

Zur Zeit Edwards III., also nur wenige Decennien später,
als das vorher citierte Gedicht *On the evil times of Edward II.*
entstand, bedient sich Minot einer ähnlichen Strophenform
in dreitaktigen Versen und wenig abweichender Reimstellung:
ABABABABcAC, wobei wieder als besondere Eigenthümlichkeit hervorzuheben ist, dass ein logisch zum Aufgesange ge-
höriger *bob*-Vers (c) den Abgesang einleitet, während die Verse
des Aufgesanges nur durch die eingeflochtenen Reime von denjenigen des früheren Gedichtes, nicht aber im Rhythmus sich
unterscheiden. Uebrigens sind nur die drei letzten Strophen
des schon p. 348 citierten, sonst in achtzeiligen Strophen

(*ababab*) geschriebenen Gedichtes [1]) so gebaut. Die letzte
Strophe lautet:

> *King Edward, frely fode,*
> *In Fraunce he will noght blin*
> *To make his famen wode*
> *That er wonand tharein.*
> *God, that rest on rode*
> *For sake of Adams syn,*
> *Strenkith him maine and mode,*
> *His reght in France to win,*
>   *And have.*
> *God grunte him graces gode,*
> *And fro all sins us save!*

Während die früher mitgetheilte, einfache Anfangsstrophe des
Gedichtes eine zweitheilige, gleichgliedrige Formation hat,
nimmt dieselbe nun durch Hinzutritt der mit einem *bob* eingeleiteten, logisch aber der Hauptstrophe angehörigen *cauda*,
ähnlich wie bei der früheren, den Charakter der *frons* an.

Als Vorbild für diese Strophe konnte eine Strophe des
William de Shoreham gedient haben, deren Aufgesang frei-
lich nur den halben Umfang hat und sich in septenarischen
Rhythmen bewegt, wie auch der Schlussvers des Abgesanges.
Die Form der Strophe möge durch folgendes Beispiel veran-
schaulicht werden (nach Wülckers Altengl. Lesebuch I, p. 21):

> *Nou her we mote in this sarmon*
> *Of ordre maky saze,*
> *Then was bytokned suithe wel*
> *Wylom by the ealde lawe*
>   *To agynne,*
> *Tho me made Godes hous*
> *And ministres therinne.*

Der *bob* gehört logisch in allen Strophen stets zum Aufgesange, weshalb die beiden Langverse desselben, trotz ihrer
nur zweimaligen Wiederkehr, dennoch nicht den Charakter
der Stollen annehmen, sondern nicht anders anzusehen sind,
als die drei Verse des Aufgesanges in folgender Strophe eines

---

1) *The religious poems of* William de Shoreham *ed. by* Th. Wright,
London, 1849 (*Percy Society* Nr. 85).

späteren, bei Wright, *Songs and Carols* (*Percy Soc.* Nr. 23, London, 1848), p. 46 gedruckten Liedes:

> *Now ys the thwelthe day cum,*
> *The fadyr and the son togedir is won,*
> *The holy gost his wyth them num*
> > *In fere:*
> *God send us gud neu ere.*

Die grösste Aehnlichkeit mit jener Minot'schen Strophe hat diejenige Strophe, in welcher die Tristrem-Romanze geschrieben ist, nur dass die *cauda* mit der Hauptstrophe gemeinsame Reime hat nach dem Schema *ABABABABbAB*, und die folgende des, wie ich mit Guest (II, 342) annehme, gewiss nicht von König James I. von Schottland herrührenden, volksthümlichen Gedichtes *Christ's Kirk on the Green*. Die Abweichung liegt nur darin, dass die Hauptstrophe aus septenarischen Versen mit eingeflochtenem Reim, die *cauda* nur aus dem *bob* nebst dem ersten Gliede des Tetrameters besteht, die beide mit dem zweiten Gliede dieses Verses in der Hauptstrophe reimen:

> *Was nevir in Scotland hard nor sene*
> > *Sic dansing, nor deray,*
> *Neither at Falkland on the Grene,*
> > *Nor Peebelis at the play,*
> *As was of wowaris, as I wene,*
> > *At Christis kirk on ane day —*
> *Thir came our kitties waschen clene,*
> > *In thair new kertillis of gray*
> > > *Full gay!*
> *At Christis Kirk of the Green that day.*

§ 165. Den Uebergang von den gleichtaktigen, ungleichmetrischen Strophen dieser Art zu denjenigen aus vierhebigen Versen möge die eigenartige Strophe eines altenglischen Gedichtes bilden, welches zu den am häufigsten abgedruckten zählt. Es ist das erste bei Böddeker, PL. 1 (*Percy, Rel. II,* p. 1; *Ritson, Anc. Songs I,* p. 12; *Th. Wright, Pol. Songs,* p. 59; *Mätzner, Altengl. Sprachproben I,* p. 152). Der Inhalt und die Diction dieses Liedes sind bekanntlich durchaus volksthümlicher Art; auch der Rhythmus der kaum noch als gleichtaktige anzusehenden Verse nähert sich den vier-

hebigen, und die Strophenform, in der es geschrieben ist,
war namentlich für Dichtungen in diesem Metrum beliebt:

> *Sitteþ alle stille ant herkneþ to me:*
> *þe kyng of alemaigne, bi mi leaute,*
> *þritti þousent pound askede he*
> *fforte make þe pees in þe countre,*
>   *ant so he dude more.*
> *Richard, þah þou be euer trichard,*
>   *tricchen shalt þou neuer more.*

Diese Anordnung des stets wiederkehrenden Refrains als die
zwei letzten Zeilen der Strophe, wovon die erste somit eine
in altenglischer Zeit vereinzelt vorkommende, zwischen leoninischem Reim und Binnenreim in der Mitte stehende Reimart aufweisen würde, ist die von allen Editoren mit Ausnahme
Ritsons befolgte. Wir gestehen aber, dass wir seiner Strophenform den Vorzug geben, in welcher die zweite Strophe des
Gedichtes hier folgen möge:

> *Richard of alemaigne, whil þat he wes kyng,*
> *He spende al is tresour opon swyuyng;*
> *Haueþ he nout of walingford o ferlyng:*
> *Let him habbe, ase he brew, bale to dryng,*
>   *maugre wyndesore.*
>   *Richard,*
>   *þah þou be euer trichard,*
>   *tricchen shalt þou neuer more.*

Gerade die Strophen solcher Dichtungen, die in dem altnationalen, vierhebigen Versmass geschrieben sind, sind oft mit
einer *cauda* versehen, die durch einen zu Anfang oder im
Inneren derselben stehenden, kurzen Vers von nur einer Hebung
nebst den dazu gehörigen Senkungen ihr charakteristisches
Aussehen erhält, während wir kein anderes Beispiel eines
dem oben erwähnten entsprechenden, beabsichtigten Reimes
aus derselben Epoche nachzuweisen vermöchten.

Eine ähnlich gebaute Strophe aus acht Verszeilen, in
welcher der *bob*, um Guests Ausdruck beizubehalten, den Anfang der *cauda* bildet, ist schon § 104 citiert worden. Es
möge hier die zweite Strophe des Gedichtes (PL. VI; *Th.*
Wright, Pol. Songs, p. 212; *Ritson, Ancient Songs*, I, 28) folgen:

þat y sugge by þis scottes þat bueþ nou to-drawe,
þe heuedes o londone brugge whose con yknawe :
he wenden han buen kynges, ant seiden so in sawe.
betere hem were han ybe barouns, ant libbe in godes lawe
wiþ Loue.
whose hateþ soth ant ryht,
lutel he douteþ godes myht,
þe heye kyng aboue.

Wie in dieser Strophe, so gehört in den meisten übrigen der
kurze Vers, welcher formell die *cauda* einleitet, syntaktisch
noch zu der *frons* der Strophe; in einigen besteht er, wie
z. B. in der ersten, aus einem kurzen Zwischensatz. Mit
fünfzeiliger, gleichmetrischer *cauda* begegnet diese Strophenform [1]) in dem c. 100 Jahre späteren Gedichte *The Turnament
of Tottenham* (*Ritson, Anc. Songs* I, 85—94) :

---

1) Eine ganz eigenthümliche Strophe dieser Art scheint Skelton
erfunden zu haben; wenigstens ist mir sonst nirgendwo eine Strophe
mit einer so seltsamen *cauda* begegnet, wie sie die folgende (I, 141)
aufweist :

Beholde me, I pray the, with all thi hole reson,
And be not so hard hartid, and ffor this encheson,
Sith I for thi sowle sake was slayne in good seson,
Begylde and betraide by Judas fals treson ;
Vnkyndly entretid,
With sharpe corde sore fretid,
The Jewis me thretid,
They mowid, they grynned, they scornyd me,
Condempnyd to deth, as thou maist se,
Woffully araid.

Dabei kehrt der letzte kurze Vers in allen Strophen wieder, jedoch wohl
nicht allein (wie Laing druckt), da er der Anfangsvers folgender Refrainstrophe ist, die dem Gedichte vorangestellt ist und dasselbe auch be-
schliesst :

Woofully arayd,
My blode, man,
For the rane,
Hytt may nott be nayd ;
My body blow and wane,
Woyfully arayde.

Of alle thes kene conquerours to carpe it wer kynde;
Of fele feghtyng folk ferly we fynde;
The Turnament of Totenham have we in mynde;
It wer harme sych hardynes wer holden byhynde.
    In story as we rede
    Of Hawkyn, of Herry,
    Of Tomkyn, of Terry,
    Of them that were dughty
    And stalworth in dede.

Dass der dritte Reim *c* nicht ganz genau ist, ist eine zufällige, vereinzelte Abweichung, ebenso, dass in der vierten Strophe die drei Reimverse *c* vier Hebungen haben statt zwei, wie sonst überall.

§ 166. Eine etwas abweichende Strophenform liegt vor in dem Gedichte PL, III (*Th. Wright, Pol. Songs*, p. 153):

Lord þat lenest vs lyf ant lokest vch an lede:
fforte cocke wiþ knyf nast þou none nede;
boþe wepmon ant wyf sore mowe drede,
Lest þou be sturne wiþ strif for bone þat þou bede
    In wunne,
    þat mon-kunne
    shulde shilde hem from sunne.

Die Strophe ist insofern besonders bemerkenswerth, als auch die Halbverse der Langzeilen durch eingeflochtenen Reim (*rime entrelacée*) gebunden sind; trotzdem behalten dieselben aber ihren vierhebigen Charakter und bleiben mit der *cauda* in rhythmischer Uebereinstimmung, da diese aus drei Bruchtheilen dieses Metrums von fortschreitender Länge besteht.

Als eine weitere Entwickelung dieser Strophenform ist die folgende anzusehen, in welcher der Monolog des Herodes in den *Towneley Mysteries* (p. 151) geschrieben ist:

Now in peasse may I stand, I thank the, Mahowne,
And gyf of my lande that longes to my crowne,
Draw therfor nere hande, both of burgh and of towne,
Markys ilkon a thowsande, when I am bowne,
    Shalle ye have.

I shalle be fulle fayn
To gyf that I sayn,
Wate when I com agayn
And then may ye crave.

Wir haben hier wieder eingeflochtene Reime in der Hauptstrophe, während die mit derselben syntaktisch verbundene, aber nach Art des *Turn. of Tottenham* um zwei Halbverse erweiterte *cauda* in der Reimstellung *abba* mit einem einhebigen Verse anhebt, wie aus den andern Strophen des Monologs noch deutlicher hervorgeht. Diese Strophenart kommt recht oft in den *Towneley Myst.* vor, so z. B. im *Processus Noe* (p. 20—34) in ungewöhnlich geschickter dialogischer Vertheilung, wie folgende Strophe (p. 30) veranschaulichen wird:

Uxor : *Spare me not, I pray the, bot even as thou thynk,*
      Thise grete wordes shalle not flay me.
Noe :   *Abide, dame, and drynk,*
      For betyn shalle thou be with this staf to thou stynk;
      Ar strockes good? say me.
Uxor :   *What say ye, Wat Wynk?*
Noe :   *Speke,*
      Cry me mercy, I say!
Uxor :   *Therto say I nay.*
Noe :   *Bot thou do, bi this day,*
      Thi hede shalle I breke.

Andere Stellen der *Towneley Myst.* in dieser Strophenart finden sich p. 84—119 (die beiden Hirtenspiele) p. 140—153, p. 172—173, p. 190—191; p. 204—210, p. 242—243, p. 307—314, p. 319—321, ferner p. 233 einige Strophen in lateinischer oder zum Theil in lateinischer, zum Theil in englischer Sprache (vgl. § 108). Dieselbe Hauptstrophe tritt uns in Verbindung (und zwar durch *concatenatio*) mit einer *cauda*, gebaut nach Art der p. 380 erwähnten, umgestalteten Schweifreimstrophe, noch einmal in den *Towneley Myst.* (*Lazarus*) entgegen, p. 325:

Ilkon in siche aray with dede thai shalle be dighte,
And closid cold in clay, wheder he be kyng or knyght,
For alle his garmentes gay, that semely were in sight,
His fleshe shalle frete away with many a wofulle wight.

When wofully sich wyghtys
Shalle gnawe thise gay knyghtys,
Thare lunges and thare lightys,
 Thare harte shalle frete in sonder,
Thise masters most of myghtys
 Thus shalle thay be broght under.

Die Aehnlichkeit dieser *cauda* mit ihrem Vorbilde besteht aber lediglich in der Reimstellung, während sie sich von demselben dadurch wesentlich unterscheidet, dass die Verse alle von gleicher Länge, nämlich — wie in der vorhergehenden Strophe — Halbverse der alexandrinerartigen Langzeilen (vergl. übrigens das § 108 Gesagte) der Hauptstrophe sind.

Ganz denselben Charakter, freilich ohne strenge Durchführung der eingeflochtenen Reime der Langverse, die aber nach Art der bisher (von p. 386 an) citierten Beispiele in den Endreimen gebunden sind, trägt eine andere, elf-, resp. neunzeilige Strophe eines derselben Epoche angehörigen Liedes, betitelt: *The Virgin's song over her dead son* (*E. E. T. S.* 24, p. 126). Die vier ersten Verse der Strophe sind vierhebig, aber mit stark daktylischem Rhythmus, die drei folgenden, welche den Anfang der in refrainartiger Weise in allen Strophen wiederholten *cauda* bilden, entsprechen den drei mittleren Versen des früheren Gedichtes *The Turnament of Tottenham*, können aber, statt mit zwei Hebungen, ebenso gut als dreitaktige Verse gelesen werden, das letzte Reimpaar ist entschieden viertaktig und bildet den Schluss der *cauda*, während es in der vorigen Strophe ebenfalls zweihebig war und die *cauda* umschloss.

Die erste Strophe, die zum Unterschiede von den übrigen noch zwei einleitende Verse mit verschiedenem Reim hat, lautet:

Sodenly afrayd, halfe wakynge halfe slepyng,
and gretly dysmayd, a woman sate wepyng,
With fauour in here face for passynge my reson,
And of here sore wepyng þis was þe encheson;
Here sone yn here lappe layd, sche seyd, sleyn by treson:
If wepyng myȝt rype be, hit semyd then yn seson.
 Jhesus, so sche sobbed,
 so here sone was bobbed
 And of hys lyue robbed;

Seynge thys wordys as y sey the,
„Who can not wepe, com lerne of me."

Y seyd y cowde not wepe, y was so hard hertyd.
Sche answerd me schortly with wordys þat smartyd,
„Lo, nature schall meve þe; thow must be conuertyd,
thyn owne fadyr thys nyȝth ys dede:" thys sche twhertyd:
„Jhesus, so my sone ys bobbed,
and of hys lyue robbed.
ffor soth then y sobbed
Veryfyyng thys wordys, seyng to the,
Who can not wepe com lerne at me."

§ 167. Aus dem häufigen Vorkommen des eingeflochtenen Reimes in der einreimigen, langzeiligen Strophe und der dadurch bewirkten Reimkreuzung entstanden vermuthlich die langzeiligen, lediglich zu Ende kreuzweise reimenden Strophen.

Auch diese wurden nach Art der bisher betrachteten mit Abgesängen verbunden und fanden namentlich in den *Miracle Plays* häufige Verwendung. So ist z. B. aus den *Towneley Mysteries* folgende, p. 203—204 und p. 234 vorkommende Strophenform hervorzuheben, womit Pilatus das Spiel *flagellatio* eröffnet:

Peasse at my bydyng, ye wyghtys in wold!
Looke none be so hardy to speke a word bot I,
Or by Mahowne most myghty, maker on mold,
With this brande that I bere ye shalle bytterly aby;
Say, wote ye not that I am Pylate, perles to behold?
Most doughty in dedes of dukys of the Jury,
In bradyng of batels I am the most bold,
Therfor my name to you wille I descry,
No mys.
I am fulle of sotelty,
Falshod, gylt, and trechery;
Therfor am I namyd by clergy
As mali actoris.

Eine ganz ähnliche Strophenart ist in den *Coventry Mysteries* beliebt und kommt dort bezüglich des Metrums in mehrfach

variierter Form vor, wie dies gleich die zwei ersten Strophen
des Prologs veranschaulichen mögen:

Now gracyous God, groundyd *of alle goodnesse,*
As thi grete *glorie nevyr* begynnyng *had,*
So thou socour and save alle tho that sytt and sese,
And lystenyth to oure talkyng with sylens stylle *and sad,*
ffor we purpose us pertly stylle *in this* prese,
The pepyl *to* plese with pleys *ful glad.*
Now lystenyth us, *lovely,* bothe *more and* lesse,
Gentyllys *and* ℨemanry *of goodly* lyff *lad,*
                This tyde.
We ℨal ℨou shewe, *as that we kan,*
How that this werd ffyrst *began,*
And how God made bothe molde and man,
                Iff that ℨe *wyl abyde.*

In the ffyrst pagent, *we thenke to play*
How God dede make, thorowe his owyn myth,
Hevyn *so clere upon the fyrst day,*
And therin he sett angelle fful bryth.
Than angelle with songe, this is no nay,
Xal worchep *God, as it is ryth;*
But Lucyfer, that angelle so gay,
In suche pompe than is he pyth,
                And set in so grete pride,
        That Goddys sete he gynnyth to take,
        Hese *lordys pere hymself to make,*
        But than he ffallyth *a* ffend *ful blake,*
                ffrom hevyn *in helle to abide.*

Während in der ersten Strophe die Verse des Aufgesanges
den Klang vierhebiger Langverse haben, bewegt sich die
frons der zweiten in viertaktigen Rhythmen. Die *cauda* hin-
gegen ist in beiden Strophen gleich und weist in Bau und
Rhythmus, wenn wir den „*bob*" ausschliessen, auf das entschiedenste auf die Halbstrophe der um einen Vers erweiterten Schweifreimstrophe als ihr Vorbild hin. Dies wird noch
weiter durch den Umstand gestützt, dass in einzelnen Spielen
derselben Sammlung beide Strophenarten neben einander vorkommen. So eröffnet in dem Schäferspiel der Engel das

Gespräch mit der ersteren Strophe, worauf dann die Hirten
in Schweifreimstrophen, welche in Bezug auf die Länge der
Verse mehrfach von einander abweichen, sich unterhalten.
Ebenso kommt auch die *cauda*-Strophe vereinzelt mit einem
Aufgesange aus septenarischen Versen vor, so p. 19 in der
„Schöpfung":

> *I am the trewe trenyté,*
> *Here walkyng in this wone;*
> *Thre personys myself I se,*
> *Lokyn in me God alone.*
> *I am the ffadyr of powsté,*
> *My Sone with me gynnyth gon,*
> *My Gost is grace in magesté,*
> *Weldyth welthe up in hevyn tron.*
> *O God thre I calle,*
> *I a fadyr of myth,*
> *My sone kepyth ryth,*
> *Ny gost hath lyth,*
> *And grace with alle.*

Die *cauda* besteht aus noch kürzeren Versen, als der Auf-
gesang, was bei Strophen mit einer *frons* aus vierhebigen
Versen in der Regel der Fall ist, während in Strophen aus
viertaktigen Versen gewöhnlich *frons* und *cauda* ähnliche
Rhythmen haben, d. h. die drei mittleren Verse der letzteren
gleichfalls viertaktig sind. Zuweilen findet eine derartige
Uebereinstimmung aber auch bei Strophen aus vierhebigen
Versen statt, so z. B. *Cov. Myst.* p. 383—388, worauf das
Metrum in Strophen gleicher Structur, nur mit Wegfall der
cauda, übergeht, wie überhaupt Strophen mit und ohne *cauda,*
sowie Strophen aus vierhebigen und viertaktigen Versen in
den *Coventry Mysteries* häufig wechseln.

Einer ganz ähnlichen Strophenart begegnen wir in den
Poems of John Audelay (fünfzehntes Jahrhundert) *ed. by
J. O. Halliwell, London, printed for the Percy Society, 1844.*
Diese Strophe, die gleichfalls aus viertaktigen oder vier-
hebigen Versen besteht, ist nur insofern verschieden, als die
Hauptstrophe die Reimstellung *ababcbc* hat, mithin allein
stehend als eine dreigliedrige, gleichmetrische Strophe an-
zusehen wäre; die angehängte *cauda* aber, welche in ihrem

Bau und Versrhythmus genau den vorhergehenden entspricht,
giebt ihr wieder den Charakter der *frons*.

Strophen mit achtzeiligem Aufgesange und einem Abgesange aus kürzeren Versen waren jedoch die gewöhnlicheren
und wurden mit vierhebigen, alliterierenden Langzeilen, in der
frons oft nachgebildet, wie schon p. 219/20 und p. 221 durch
zwei Proben veranschaulicht wurde, die nur insofern von einander abweichen, als in der letzteren statt eines kurzen, die *cauda*
einleitenden Verses ein Langvers, der aber mit dem letzten
kurzen Verse des Abgesanges durch den gleichen Endreim
gebunden ist, diese Function ausübt. Diese Strophenart war
sehr beliebt; sie findet sich, wie p. 220 erwähnt wurde, in
der Mehrzahl der p. 213 citierten Dichtungen, während die
p. 213 unter III genannte die erstere Strophenform aufweist.

Der Vollständigkeit halber mögen noch die verwandten
Strophenformen von zwei ebenfalls bereits früher (p. 220) citierten Dichtungen hier mitgetheilt werden, zunächst diejenige, in der das Gedicht: *Ballad of Kind Kittok* (*Dunbar
ed. Laing* II, 35) geschrieben ist:

> *My Gudame wes a gay wife, bot scho wes rycht gend,*
> *Scho duelt furth fer in to France, apon Falkland fell;*
> *Thay callit her Kynd Kittok, quha sa hir weill kend:*
> *Scho wes like a caldrone cruke cler under kell;*
> *Thay threpit that scho deit of thrist, and maid a gud end.*
> *Efter hir dede, scho dredit nought in hevin for to duell;*
> *And sa to hevin the hieway dredless scho wend,*
> *Yit scho wanderit, and yeid by to ane elriche well.*
> > *Scho met thar, as I wene,*
> > *Ane ask rydand on a snaill,*
> > *And cryit, Ourtane fallow, haill!*
> > *And raid ane inche behind the taill,*
> > *Quhill it wes neir evin.*

Hier besteht der Abgesang, wie die übrigen Srophen noch
deutlicher zeigen, aus zweihebigen Halbversen, verbunden
nach dem Schema *cdddc*, wie im *Turn. of Tottenham* (s. p. 390).

Eine andere Art der Auflösung des Abgesanges in Halbzeilen zeigt das Gedicht *Of Sayne John the Euaungelist*
(*E. E. T. S.* 26, p. 87, Horstmann, Altengl. Legenden, N. F.,

p. 467), wo auf den achtzeiligen Aufgesang ein durch *conca-*
tenatio mit ihm verbundener Abgesang von zweihebigen Halbversen folgt nach dem Reimschema der Schweifreimstrophe
ccdccd:

> *Of all* mankynde *þat* he made *þat* maste es *of* myghte,
> *And of þe* molde merkede and mesured that tyde,
> Wirchipede be *þou* Euaungelist with euer-ilke a wyghte,
> *þat* he wroghte in *þis* werlde wonnande so wyde.
> Louede be *þou* lufely lugede in lyghte.
> *To* life ay in lykynge *þat* lorde the relyede,
> That in bedleme was borne of a byrde brighte.
> *That* barne brynge vs to blysse *þare* beste es to byde;
>   To byde in hys blysse,
>   Thare he is and his
>   Dysciplis ilkone.
> *Whare* myrthe may noghte mysse,
> That way *þou* vs wysse,
>   Euaungelist Ihon.

Der Zusammenhang der früheren, meistens durch einen *bob*
eingeleiteten Abgesänge mit der Schweifreimstrophe wird
dadurch aufs neue wahrscheinlich gemacht, wie auch durch
einige andere der im Folgenden zu erörternden Dichtungen.

§ 168. Wir schliessen hieran nämlich die Betrachtung
einer eigenartigen, kleinen Gruppe von Dichtungen an, welche
wir als ungleichmetrische *lays* bezeichnen, und auf
welche schon § 124 aufmerksam gemacht wurde.

Die Eigenthümlichkeit derselben [1]) besteht darin, dass
eine strophische Gliederung, welcher meistens die *rime couée*
zu Grunde liegt, in ihnen nicht consequent, sondern nur in
gewissen Partien durchgeführt ist, und dass in dem Verhältniss einzelner dieser Partien zu einander sich eine mehr oder
weniger regelmässig beobachtete Gleichförmigkeit bemerkbar
macht.

Am wenigsten ist dies der Fall in dem erzählenden *lay*
von der *Dame Siriz*, welche, wie schon bemerkt wurde, in
kurzen Reimpaaren und in *rimes couées* geschrieben ist. In-

---

1) Hinsichtlich anderer *Lay*-formen vgl. p. 269. 359.

dess ist in der Vertheilung derselben keine bestimmte Anordnung zu entdecken; sie wechseln in grösseren oder kleineren Gruppen mit einander ab, und zwar so, dass von den 450
Versen des Gedichtes die Versgruppen 1—132, 149—166,
175—192, 237—284, 315—320, 379—408, 417—450 in Schweifreimstrophen abgefasst sind, die aber unter sich wieder insofern abweichen, als einzelne Gruppen wie 149—166 den
Rhythmus der gewöhnlichen *rime couée* (*aabccb*), nämlich in
den Stellen *aa, cc* viertaktige, in *bb* dreitaktige Verse haben,
während andere, wie v. 1—24, lauter dreitaktige, noch andere,
wie 25—42, in den Stellen *aa, cc* viertaktige, in *bb* zweitaktige Verse haben. Aehnlich sind auch in der Romanze
Syr Isenbras Reimpaare unter die Schweifreimstrophen gemischt.

Regelmässiger gegliedert ist das gleichfalls schon
früher erwähnte, lyrische *lay* auf den Bruch der *magna charta*
durch Edward II. Es besteht aus drei Theilen: der Einleitung (v. 1—20), dem Thema (v. 21—68) und dem Schluss
(v. 69—98), die in sich metrisch gleichmässig, unter einander aber verschieden sind. Die Einleitung besteht aus
zwanzig dreitaktigen, kreuzweise reimenden, französischen
und englischen, paarweise auf einander folgenden Versen
mit abwechselnd weiblichen und männlichen Reimen in der
Reimstellung *abababab cdcdcdcd aeae;* sie könnte also angesehen werden als eine längere, dreitheilige Strophe mit
zwei Stollen und einem Abgesange.

Diese Einleitung möge hier zur besseren Veranschaulichung zunächst *in extenso* folgen:

> *L'en puet fere et defere,*
> *Ceo fait-il trop sovent ;*
> *It nis nouther wel ne faire,*
> *Therfore Engelond is shent.*
> *Nostre prince de Engletere,*
> *Par le consail de sa gent,*
> *At Westminster after the feire*
> *Made a gret parlement.*
>
>   *La Chartre fet de cyre,*
> *Jeo l'enteint et bien le crey,*
> *It was holde to neih the fire*

And is molten al awey.
Ore ne say mes que dire,
Tout i va a Tripolay.
Hundred, chapitle, court and shire,
Al hit goth a develway.
Des plusages de la tere
Ore escotez un sarmoun,
Of IV wise men, that ther were,
Whi Engelond is brouht adoun.

An diese Einleitung schliesst sich das eigentliche Thema des Gedichtes an, welches in vier gleichmässigen Strophen ausgeführt wird, deren Bau durch die nachstehende erste derselben veranschaulicht werden möge:

The ferste seide: „I understonde,
Ne may no king wel ben in londe,
Under God almihte,
Bute he cunne himself rede,
Hou he shal in londe lede
Everi man wid rihte.
For miht is riht,
Liht is niht,
And fiht is fliht.
For miht is riht, the lond is lawcles,
For niht is liht, the lond is loreles,
For fiht is fliht, the lond is nameles.“

Den Schluss des *lay* bilden fünf gewöhnliche Schweifreimstrophen, die also in ihrem Bau mit der ersten Hälfte der Strophen des eigentlichen Themas übereinstimmen.

Ein anderes lyrisches *lay*, betitelt *The Prisoner's Prayer* (*Transactions of the Philol. Society for 1868*; Wülckers Lesebuch I, 105) ist noch künstlicher aufgebaut. Es ist dem französischen Original, welches Wülcker a. a. O. I, 168 mitgetheilt hat, in der Form genau nachgebildet. Das Gedicht, welches vierundvierzig Verse umfasst, besteht aus fünf Theilen, die alle unter sich strophisch verschieden sind. Der erste Theil (v. 1—6) ist eine gewöhnliche Schweifreimstrophe; der zweite (v. 7—14) ist eine achtzeilige, zweitheilige, gleichgliedrige Strophe aus viertaktigen Versen mit kreuzweiser Reimstellung

nach dem Schema *ababcdcd*. Die drei folgenden Theile sind
nach dem Princip der Schweifreimstrophe aufgebaut, welches
aber in jedem einzelnen auf besondere Weise variiert ist.
Der erste derselben, also Theil 3, besteht aus zwei gleichartigen Schweifreimstrophen *aabccb; ddeffe* (v. 15—26) nach
Art der p. 366 erwähnten, mit je zwei kurzen Verspaaren *aa,
cc; dd, ff* und längeren, dreitaktigen Schweifversen *bb; ee*. —
Theil vier (v. 27—34) ist eine aus acht dreitaktigen Versen
bestehende, erweiterte Schweifreimstrophe nach dem Reimschema *aaabcccb*. Theil fünf ist eine noch um ein Verspaar
erweiterte, zehnzeilige Schweifreimstrophe, nach dem Schema
aaaabccccb, mit gewöhnlichem Versrhythmus, also die Schweifverse *bb* dreitaktig (mit weiblichem Reim), die übrigen viertaktig. — Einem anderen, *lay*-artigen, halb lateinisch, halb
englisch geschriebenen Gedichte, auf welches Wolf, Ueber die
Lais, p. 322 aufmerksam machte, und welches in den *Reliquiae antiquae* (I, 138, 139) *A Song on Death* betitelt ist,
fehlt die für diese Dichtungen charakteristische Schweifreimstrophe, indem es sich in septenarischen und alexandrinischen
Rhythmen bewegt.

Auch in den *Towneley Mysteries* begegnen solche *lay*-
artige Stellen; so könnte man p. 223, 224 in der *crucifixio*
einen Marienleich ausscheiden.

Die Einleitung desselben besteht aus einer den § 166 be-
schriebenen Formen ähnlichen Strophe. An die aus einer erweiterten Schweifreimstrophe bestehende *cauda* dieser Strophe
schliesst sich eine zweite Strophe an, welche im Verhältniss zu
der ersten in *frons* und *cauda*, die durch einen Reim verbunden
sind, je um die Hälfte verkürzt ist. An diese eine dritte, welche
als eine erweiterte Schweifreimstrophe nebst einem durch
gleiche Reime damit verknüpften Abgesange anzusehen ist.
Es wird zweckmässig sein, diesen kurzen Leich hier mitzutheilen, zumal da derselbe vom Herausgeber strophisch nicht
richtig eingetheilt ist:

Maria.   *Alas, the doyle I dre, I drowpe, I dare in drede;*
       Whi hynges thou, son, so hee? my baylle begynnes to brede.
       Alle blemyshed is thi ble, I se thi bodi blede,
       In warld, son, were never we so wo as I in wede.

My foode that I have fed,
In lyf longyng the led,
Fulle stratly art thou sted
 Emanges thi foo men felle;
Sich sorow forto se,
My dere barn, on the,
Is more mowrnyng to me
 Then any tong may telle.

Alas, thi holi hede hase not wheron to held,
Thi face with blode is red was fare as floure in feylde,
 How shuld I stand in sted
 To se my barne thus blede,
 Bete as blo as lede,
  And has no lym to weylde?

Festynd both handes and feete
With nalys fulle unmete,
His woundes wrynyng wete,
 Alas my childe, for care!
For alle rent is thi hyde,
I se on aythere syde
Teres of blode downe glide
 Over alle thi body bare,
  Alas!
That ever I shuld byde
And se my feyr thus fare.

Umfangreicher ist ein p. 324—327 vorkommender Lazarus-
leich, weswegen wir uns mit der blossen Beschreibung desselben begnügen. Er beginnt mit zwei achtzeiligen, abwechselnd aus vier- und dreitaktigen, kreuzweise reimenden
Versen bestehenden Strophen; auf diese folgt eine modificierte
Schweifreimstrophe (*aaabab*), woran sich fünf gleichgebaute
Strophen anschliessen, deren erste (p. 391/2) mitgetheilt ist,
und in denen die *cauda* gleichfalls den Bau jener Schweifreimstrophe hat. Darauf folgen vier achtzeilige Strophen
aus viertaktigen, kreuzweise reimenden Versen, aber mit
zum Theil umgekehrter Reimfolge in den einzelnen Halbstrophen (*ababbaba*; *cdcddede*; *fghgibib*; *klklklkl*). Den durch
concatenatio mit dem letzten Vers verbundenen Schluss des

Leichs bilden zwei aus lauter dreitaktigen Versen bestehende Schweifreimstrophen nach Art der obigen (*aaabab*), nur dass die letzte um einen Vers verkürzt ist (*aabab*).

Kapitel 7.

Dreitheilige Strophen.

§ 169. Die dreitheiligen Strophen zerfallen in zwei grosse Gruppen: ungleichmetrische und gleichmetrische.

Die ungleichmetrischen Strophen sind in der englischen Poesie entschieden die älteren, und unter diesen sind gewisse Strophenarten besonders beliebt, welche auf einer Zusammensetzung der Schweifreimstrophe, sowohl in einfacher, als auch in erweiterter und modificierter Gestalt, mit septenarischen, resp. alexandrinischen Rhythmen beruhen. Theoretisch könnten viele dieser Strophen auch angesehen werden als die früher (§ 134) erwähnte Dante'sche Combination von Stollen und Wenden, also als viertheilige Strophen von je zwei gleichen Gliedern. Da aber das eine Paar in der Regel von grösserem Umfange ist, als das andere, so machen diese Strophen doch einen dreitheiligen Eindruck, und zwar je nachdem der umfangreichere der beiden ungleichen Doppeltheile voransteht oder nachfolgt, den von zwei Stollen mit folgendem Abgesang, oder von vorangestellter Stirn mit zwei Wenden.

Die erstere Combination tritt uns entgegen in dem Gedicht GL. XII (*Th. Wright, Spec. of L. P. p. 87*):

> *Nou shrinkeþ rose ant lylie flour,*
> *þat whilen ber þat suete sauour,*
>   *in somer, þat suete tyde;*
> *ne is no quene so stark ne stour,*
> *ne no leuedy so bryht in bour,*
>   *þat ded ne shal by glyde.*
> *whose wol fleyshlust forgon,*
>   *ant heuene blis abyde,*
> *on iesu be is þoht anon,*
>   *þat þerled was ys side.*

Dasselbe ist der Fall in dem aus dreitaktigen Versen bestehenden, also eigentlich der gleichmetrischen Gruppe angehörigen Gedichte WL. III (*Th. Wright, Spec. of L. P.
p. 29*), welches aber doch, weil es' auf demselben Princip
der Zusammensetzung mit einer Schweifreimstrophe beruht,
besser hier Erwähnung findet:

> Wiþ longyng y am lad,
> On molde y waxe mad,
> a maide marreþ me;
> y grede, y grone, vnglad,
> for selden y am sad
> þat semly forte se.
> leuedy, þou rewe me!
> to rouþe þou hauest me rad;
> be bote of þat y bad,
> my lyf is long on þe.

Hier hat also die vierzeilige Strophe umschliessende Reimstellung *baab* und tritt damit in entschiedener Weise als Abgesang hervor, der durch dieselben Reime mit dem Aufgesang
gebunden ist. Oefters steht auch, wie gesagt, die vierzeilige
Strophe, und zwar mit sich kreuzendem Reim *abab* als Stirn
voran, während die zwei Wenden der Schweifreimstrophe
entweder gar nicht, oder nur theilweise mit dem Aufgesang
durch die Reime gebunden sind [1]). Ersteres findet z. B. statt
bei der Reimstellung *ababccdeed* in GL. X (*Th. Wright, Spec.
of L. P. p. 83*):

> Jesu, for þi muchele miht,
> þou ʒef vs of þi grace,
> þat we mowe dai ant nyht
> þenken o þi face.
> in myn herte hit doþ me god,
> when y þenke on iesu blod,
> þat ran doun bi ys syde,
> from is herte doun to is fot;
> for ous he spradde is herte blod,
> his wondes were so wyde.

---

1) Der Unterschied von den früher (p. 386/7) besprochenen, zweitheiligen, ungleichgliedrigen Strophen besteht in der nur zweimaligen
Wiederkehr des Langverses, der dadurch den Charakter des Stollen erhält.

Als eine interessante Modification der obigen Strophe (wegen
der in der Schweifreimstrophe vorkommenden, abweichenden
Reimstellung des zweiten Gliedes, nebst Verkürzung des ver-
setzten Verses) ist die folgende Strophe anzusehen, die den
Anfang des Gedichtes *An orison of our Lady* (*E. E. T. S.* 49,
p. 158) bildet:

> On hire is al mi lif ilong,
>> Of hwam ich wule singe,
> And herien hire þer-among,
>> Heo gon us bote bringe.
> Of helle pine þat is strong
> Heo brohte us blisse þat is long
>> Al þurh hire childinge.
> Ich bidde hire one mi song,
>> Heo ȝeoue us god endinge,
> þah we don wrong.

Hier muss die kürzere, septenarische Strophe als Aufgesang,
die längere, umgestaltete Schweifreimstrophe als Abgesang
angesehen werden.

Das frühere Verhältniss tritt wieder ein in der folgenden,
nach dem Muster der vorigen, aus dreitaktigen Versen gebauten Strophe der Lieder GL. VII und XI (*Th. Wright,
Spec. of L. P.* p. 61, 87), wo die Verse der beiden Theile
durch einen Reim gebunden sind, ähnlich wie bei dem vorhin citierten Gedicht GL. XII, mit der Reimstellung *ababccbddb*.
Die erste Strophe lautet in GL. XI:

> I syke when y singe
>> for sorewe þat y se,
> When y wiþ wypinge
>> biholde vpon þe tre,
> ant se iesu, þe suete,
> is herte blod for lete
>> for þe loue of me ;
> ys woundes waxen wete,
> þei wepen stille ant mete:
>> marie, reweþ þe.

Weniger klar ist das Verhältniss der beiden Haupttheile
bei folgender Strophe, in welcher eine erweiterte Schweif-

reimstrophe den Schluss bildet, WL. II (*Th. Wright, Spec. of L. P. p. 27; Morris Spec. of Earl. Engl. II, p. 43*):

> *Bytuene mersh ant aueril,*
>> *when spray biginneþ to springe,*
>> *þe lutel foul haþ hire wyl*
>>> *on hyre lud to synge.*
> *Ich libbe in loue longinge*
> *for semlokest of alle þinge;*
> *he may me blisse bringe,*
>> *icham in hire baundoun.*
> *An hendy hap ichabbe yhent,*
> *ichot, from heuene it is me sent,*
> *from alle wymmen mi loue is lent*
>> *ant lyht on alysoun.*

Hier besteht nämlich die zweite Hälfte der Schweifreimstrophe aus einem Refrain[1]), wodurch dieselbe den Charakter des Abgesanges annimmt.

In regelmässigerer Durchbildung findet sich diese Strophenart angewendet in der alten Ballade *King Cophetua and the Beggar-Maid*, *Percy Rel.* I, 150 (Frankfort 1803) mit der natürlicheren Reimstellung *ababcccbdddb*:

> *I read that once in Affrica*
>> *A princely wight did raine,*
>> *Who had to name Cophetua,*
>>> *As poets they did fayne:*
> *From natures laws he did decline,*
> *For sure he was not of my mind,*
> *He cared not for women-kinde,*
>> *But did them all disdaine.*
> *But marke, what hapned on a day.*
> *As he out of his window lay,*
> *He saw a beggar all in gray,*
>> *The which did cause his paine.*

---

1) Dasselbe Verhältniss liegt vor in einer einfacheren, aber ähnlich zusammengesetzten Strophe bei *Wright, Songs and Carols (Percy Soc. 1847)*, wo in den beiden septenarischen Versen der eingeflochtene Reim öfters fehlt und das zweite Glied der Schweifreimstrophe ebenfalls ein Refrain ist.

Die Regelmässigkeit der Verse zeigt, dass das Gedicht schon dem Beginn der neuenglischen Zeit angehört.

Eine verwandte Strophenbildung zeigt das in den *Rel. Antiquae* I, 89 zuerst mitgetheilte und von da in Mätzners Sprachproben aufgenommene alte Marienlied, welches beginnt mit folgender Strophe:

> *Of on that is so fayr and briʒt,*
> > *velut maris stella,*
> *Briʒter than the day is liʒt,*
> > *parens et puella;*
> *Ic crie to the, thou se to me,*
> *Levedy, preye thi sone for me,*
> > *tam pia,*
> *That ic mote come to the*
> > *Maria.*

Der Abgesang ist hier anzusehen als eine modificierte, d. h. in der zweiten Halbstrophe um einen Vers verkürzte Schweifreimstrophe nach Art der p. 381 erwähnten. An dieselbe Strophenart erinnert der Abgesang der folgenden, eigenthümlichen, in *Wright's Songs and Carols (Percy Soc. 1847)* p. 15 gedruckten Strophe:

> *A ferly thyng it is to meñe,*
> > *That a mayd a chyld have borne,*
> *And syth was a mayden clene,*
> > *As prophetes sayden herbeforne.*
> *I-wys it was a wonder thyng,*
> *That, thowrow an aungelles gretyng,*
> *God wold lyʒt in a mayden ʒyng,*
> > > *With aye,*
> *Aye, aye, I dar well say,*
> *Here maydenhed ʒede no away.*

Der *bob* nebst dem darauf folgenden Verse kehren hier in refrainartiger Weise wieder.

Auf einer ähnlichen, aber freilich nicht gleichmässig correct durchgeführten Combination beruht die Strophenbildung eines von Wülcker (Altengl. Lesebuch I, 44) aufs neue abgedruckten[1]) Osterliedes, dessen erste Strophe lautet:

---

1) Früher schon gedruckt *Rel. Ant.* I, 100—102 und *Morris' Old Engl. Misc.*, p. 197—199.

> *Somer is comen and winter gon,*
> *þis day biginniz to longe,*
> *And þis foules euerichon*
> *Ioye hem wit songe:*
> *So stronge*
> *Kare me bint,*
> *Al wit ioye, þat is funde*
> *In londe,*
> *Al for a child,*
> *þat is so milde*
> *Of honde.*

Aufgesang und Abgesang sind hier nicht unmittelbar, sondern durch einen *bob* verbunden, der mit dem ersteren reimt, während er logisch im Gegensatz zu der p. 386 citierten, ähnlichen Strophenform in allen Strophen zu dem letzteren, dem Abgesange, gehört, welcher übrigens meistens in Bezug auf Rhythmus und Reim ungenau durchgeführt ist.

Auch die erweiterte Schweifreimstrophe wird zu derartigen Combinationen benutzt, so z. B. die folgende, aus den *Towneley Mysteries* (p. 224) entnommene, in welcher an eine gewöhnliche, erweiterte Schweifreimstrophe eine kurze, zweizeilige *cauda* angehängt ist, und zwar ähnlich, wie in der vorher citierten Strophe mittelst eines *bob*, der aber hier mit der *cauda* reimt, während diese selbst durch den mittleren Reim mit der Hauptstrophe verknüpft ist:

> *Alas, for doylle, my lady dere,*
> *Alle forchangid is thy chere,*
> *To see this prynce withouten pere*
> *Thus lappyd alle in wo;*
> *He was thi foode, thi faryst foine,*
> *Thi luf, thi lake, thi luffsom son,*
> *That high on tre thus hynges alone*
> *With body black and blo;*
> *Alas!*
> *To me and many mo*
> *A good master he was.*

Als eine Erweiterung dieser Strophenart ist noch eine in den *Towneley Myst.* p. 135—139 in sehr geschickter, dialogi-

scher Verwendung vorkommende Form anzusehen, in welcher
mit zwei durch eingeflochtenen Reim aufgelösten, alexandrinischen Versen eine mit einer *cauda* (nach Art der vorhergehenden) versehene, gewöhnliche Schweifreimstrophe [1])
verbunden ist:

Angelus: *Lo, Joseph, it is I,*
              an angelle send to the.
Josephus: *We, leyf, I pray the why?*
              what is thy wylle with me?
Angelus: *Hens behufys the hy,*
              And take with the Mary,
                 Also hyr chyld so fre;
              For Herode dos to dy
              Alle knave chyldren, securly,
                 Withe in two yere that be
                     of eld.
Josephus: *Alas, fulle wo is me!*
              Where may we beyld?

§ 170. Indem wir uns im Folgenden der Betrachtung
anderer Arten von ungleichmetrischen, dreitheiligen Strophen
zuwenden, ist zunächst eine Strophenform hervorzuheben, die
dadurch entsteht, dass zu den zwei Theilen einer gleichgliedrigen, zweitheiligen Strophe ein dritter, gleichgebauter,
aber in den Reimen (nicht mit Nothwendigkeit) abweichender
Theil hinzugefügt wird, wie dies in dem bereits früher (p. 367)
citierten Gedicht *The Notbrowne Maid* der Fall ist, wobei
es einerlei ist für den Bau und den dreitheiligen Charakter
der Strophe, ob wir dieselbe nach der früher erwähnten Methode von Morris als sechs septenarische Langzeilen drucken
oder, wie Percy es thut, als zwölfzeilige Strophen aus vier-
und dreitaktigen Versen, oder als achtzehnzeilige Schweifreimstrophe, wie wir es mit Wolf (Ueber die Lais, p. 47, 459)

---

1) In *Wright, Songs and Carols, Percy Soc. 1847* findet sich p. 5
eine verwandte, seltsame Strophenart mit einer Stirn aus zwei meistens
fünftaktigen Versen und zwei Wenden aus Schweifreimstrophen nebst
angehängtem zweizeiligem Refrain aus sechstaktigen Versen mit Binnenreim und Endreim.

bezüglich der folgenden, ersten Strophe der Ballade zu thun
vorziehen:

> *Be it right or wrong,*
> *These men among,*
> *On women do complaine,*
> *Affermyng this,*
> *How that it is*
> *A labour spent in vaine*
> *To loue them wele;*
> *For neuer a dele*
> *They loue a man agayne;*
> *For lete a man*
> *Do what he can,*
> *Ther fauour to attayne,*
> *Yet yf a newe*
> *To them pursue,*
> *Ther furst trew louer than*
> *Laboureth for nought,*
> *And from her thought*
> *He is a banisshed man.*

Ganz dieselbe strophische Form hat ein Gedicht, betitelt *Moral Ode*, herausgegeben aus einem MS. vom Jahre 1440 von
Perry, (*E. E. T. S.* 24) p. 79, welches nur die eine interessante
und abweichende Eigenthümlichkeit hat, dass der erste kurze
Vers des Abgesangs in refrainartiger Weise in jeder Strophe
wiederkehrt, ein Grund mehr, wie bereits früher bemerkt,
dass wir auch hier die viertaktigen Verse, die Perry druckt,
in zwei kurze nach Art des provenzalischen, p. 367 erwähnten
Gedichtes aufzulösen haben. Eine derartige Hinzufügung eines
dritten, den beiden vorangegangenen Gliedern der Strophe
gleichen Theiles, nur mit verschiedenen Reimen, ist jedenfalls
als die einfachste, kaum genügende Art der Bildung des zur Dreitheiligkeit nothwendigen Abgesangs anzusehen (vgl. p. 322).

In entschiedenerer Weise tritt der Abgesang als solcher
hervor, wenn nur ein Theil des vorangegangenen Stollens
in demselben nachgebildet ist, wie z. B. in einem Gedicht
GL. III. (*Th. Wright, Spec. of L. P.* p. 47), welches in der
gewöhnlichen, zwölfzeiligen Schweifreimstrophe gedichtet ist
mit fünfzeiligem Abgesange, in welcher die gewöhnliche, ein-

fache Schweifreimstrophe nur um eine Anfangszeile verkürzt
erscheint:

> *Heʒe louerd, þou here my bone,*
> *þat madest middelert ant mone,*
>   *ant mon of murþes munne ;*
> *trusti kyng, ant trewe in trone,*
> *þat þou be wiþ me sahte sone,*
>   *asoyle me of sunne.*
> *ffol ich wes in folies fayn,*
> *In luthere lastes y am layn,*
>   *þat makeþ myn þryftes þunne;*
> *þat semly sawes wes woned to seyn,*
> *Nou is marred al my meyn,*
>   *away is al my wunne.*
> *vnwunne haueþ myn wonges wet,*
>   *þat makeþ me rouþes rede ;*
> *Ne sem y nout þer y am set,*
> *þer me calleþ me fule flet,*
>   *ant waynoun! wayteglede.*

Die Form einer aus regelmässigen, dreitaktigen Versen
bestehenden, nach dem Schema der vorhergebenden und der
früher (p. 381) citierten, modificierten Schweifreimstrophe hat
der Abgesang der folgenden, vom Herausgeber, wie es scheint,
nicht erkannten, jüngeren Strophe, in welcher der Monolog
Christi am Kreuze (*Towneley Mysteries* p. 221—223) von Anfang
bis zu Ende geschrieben ist, und deren vereinfachter Aufgesang aus einer gewöhnlichen, sechszeiligen Schweifreimstrophe
besteht:

> *I pray you pepylle, that passe me by,*
> *That lede youre lyfe so lykandly,*
>   *Heyfe up youre hertes on highte,*
> *Behold if ever ye saw body*
> *Suffer and bett thus blody,*
>   *Or yit thus dulfully dight.*
> *In warld was never no wight*
>   *That suffred half so sare.*
> *My mayn, my mode, my myght,*
> *Is noght bot sorow to sight,*
>   *And comfurthe none bot care.*

In noch stärkerer Weise tritt der Abgesang hervor, wenn er aus Versen von ganz verschiedenem Rhythmus besteht. So gewährt uns PL. IV (*Wright, Pol. Songs* p. 155) eine Probe eines scharf ausgeprägten, wirklichen Abgesanges, der in gleicher Gliederung nach jeder Strophe (doppelte *rime couée* in stark alliterierenden, der Vierhebigkeit sich zuneigenden Versen) wiederkehrt und aus fünf dreitaktigen nebst einem zweitaktigen Schlussverse besteht in der Reimstellung *aabbba*. Es wäre entschieden falsch, diesen Abgesang als *bob-wheel* zu bezeichnen mit Anwendung der Definition Guests für einen solchen. Die Anfangsstrophe des Gedichtes, einer Klage über das Verfahren der geistlichen Gerichtshöfe, lautet:

Ne mai no lewed lued libben in londe,
be he neuer in hyrt so hauer of honde,
   So lerede vs biledes.
ʒef ich on molde mote wiþ a mai,
y shal falle hem byfore ant lurnen huere lay,
   ant rewen alle huere redes.
ah bote y be þe furme day on folde hem byfore,
ne shal y nout so skere scapen of huere score;
   so grimly he on me gredes,
þat y ne mot me lede þer wiþ mi lawe;
on alle maner oþes þat heo me wulleþ awe,
   heore boc ase on bredes.
     heo wendeþ bokes on brad,
     ant makeþ men a moneþ a mad;
      of scaþe y wol me skere,
      ant fleo from my fere;
      ne rohte hem whet yt were,
     boten heo hit had.

Die Ungleichheit des Abgesanges im Vergleich zum Aufgesang ist hier eine sehr beträchtliche, auf der andern Seite ist aber doch wieder unverkennbare Aehnlichkeit vorhanden, indem die drei ersten Verse als dreitaktige Hälfte einer Schweifreimstrophe anzusehen sind, auf welche dann eine andere Halbstrophe, allerdings in umgekehrtem Verhältniss der Reime, folgt.

Weniger Nöthigung ist vielleicht vorhanden, die folgende, in GL. I (*Th. Wright, Spec. of P. L. p. 24*) vorliegende,

elfzeilige Strophe als dreitheilig anzusehen, denn wenn
wir die viertaktigen, kreuzweise gereimten Verse auffassen
als Langverse, die durch Endreim und eingeflochtenen Reim
gebunden sind [1]), so liegt eine Strophe vor mit vierzeiliger
frons und dreizeiliger, aus kurzen Versen bestehender *cauda*,
welche, was die erstere betrifft, mit den früher (p. 386/7) citierten die grösste Aehnlichkeit hat:

> *Middelerd for mon wes mad,*
> > *vnmihti aren is meste mede;*
> *þis hendy haþ on honde yhad,*
> > *þat heuene hem is hest to hede.*
> *Icherde a blisse budel vs bad*
> > *þe dreri domes dai to drede,*
> *Of sunful sauhting sone be sad,*
> > *þat derne doþ þis derne dede.*
> > *þah he ben derne done,*
> > *þis wrakeful werkes vnder wede,*
> > *in sone soteleþ sone.*

Da indess der für jene Strophen charakteristische, mit der
frons logisch verbundene, eigentliche *bob* hier fehlt, so bewahrt die obige Strophe doch ihre dreitheilige Gliederung.
Dieser Strophenform am nächsten kommt eine andere, WL.
IV, (*Th. Wright, Spec. of L. P.* p. 31), in welcher der Abgesang dieselbe Reimstellung hat mit dem Aufgesang und aus
vier je um einen Takt kürzeren, also dreitaktigen Versen besteht; die erste Strophe dieses Gedichts wurde schon p. 223
citiert. Aufgesang und Abgesang, die auch als Stollen und
Wenden gelten könnten, sind in derselben durch *concatenatio*
verbunden.

Viel grössere Verschiedenheit zwischen Aufgesang und
Abgesang ist vorhanden in der, auch in Bezug auf eine darin vorkommende, ungewöhnliche Versart sehr interessanten Strophenform der beiden Lieder GL. XVIII und WL. XIV (*Th. Wright,
Spec. of L. P.* p. 111, 113). Der Aufgesang der achtzeiligen,
aus Versen von ungleicher Länge zusammengesetzten Strophe
besteht nämlich aus zwei viertaktigen Versen mit männlichem

---

1) Auf das Vorkommen achttaktiger Langverse in der altengl.
Poesie wurde schon p. 343, Anm., hingewiesen.

Ausgange (*aa*) und zwei dreitaktigen mit weiblichem Ausgange in gekreuzter Reimstellung (*abab*), die also einem
septenarischen Reimpaare mit eingeflochtenem Reime gleichen;
der Abgesang besteht zunächst aus einem mit dem letzten
Verse des Aufgesanges durch den Reim verbundenen, fünftaktigen Verspaare, und ferner aus einem zweiten, als Refrain
stets wiederkehrenden Verspaare (*cc*), wovon der erste ein
Septenar, der zweite ein Fünftakter ist. GL. XVIII, Str. 1:

> *Lutel wot hit anymon,*
>> *hou loue hym haueþ ybounde,*
> *þat for vs oþe rode ron,*
>> *ant bohte vs wiþ is wounde.*
>> *þe loue of hym vs haueþ ymaked sounde,*
>> *ant ycast þe grimly gost to grounde.*
> *Euer ant oo, nyht ant day, he haueþ vs in is þohte,*
> *He nul nout leose þat he so deore bohte.*

§ 171. **Dreitheilige, gleichmetrische Strophen.**
Während bei den ungleichmetrischen, dreitheiligen Strophen
der Unterschied zwischen Aufgesang und Abgesang sich hauptsächlich durch die Verschiedenheit der Verse bemerkbar macht,
tritt bei den gleichmetrischen die Abweichung namentlich in
der Reimstellung und in dem Verhältniss der beiden Theile
hinsichtlich ihrer Verszahl zu Tage.

Daher kann man solche Strophen nicht im eigentlich
kunstmässigen Sinne als dreitheilige Strophen bezeichnen, in
denen eine gewisse Dreitheiligkeit lediglich durch Hinzufügung eines in Bezug auf Versbau und Reimstellung mit
zwei vorangehenden Verspaaren völlig übereinstimmenden
dritten Verspaares beruht, wie dies mit vereinzelten Strophen
des *Early Engl. Psalter* (*Surtees Soc. 16*) der Fall ist, so
z. B. Ps. XLIV, 5:

> *For þi wlite and fairehed ilike*
> *Bihald soundful, ga forth, and rike;*
> *For sothnes and hand-tamenes,*
> *And rightwisenes, þat in þe es.*
> *And it sal lede, selkouthli,*
> *þi right-hand, ful stedefastli.*

Höchstens könnte man in dieser primitiven Strophenform

(vergl. noch I, 3; XXX, 12, 14, XXXI, 5, XXXVI, 7, 20, XXXVIII, 12 u. a. m.) den Keim der Dreitheiligkeit erkennen, wenn man nicht vorzieht, den Ursprung derselben mit Schneider a. a. O. p. 33 in der Halbstrophe der alten Schweifreimstrophe, oder mit Bartsch, Germania II, 283 in der deutschen Alliteration, zumal in der Form ¹) des isländischen *ljôđahâttr* zu erblicken.

Doch in einer derartigen Strophe, die man sich denken kann als hervorgegangen aus drei Langversen mit leoninischem Reim, tritt noch kein Unterschied der einzelnen Langverse und kein bestimmtes Verhältniss derselben zu einander hervor. Ein solches macht sich indess schon bemerkbar, sobald die zwei ersten Langverse in der Mitte und zu Ende in den Reimen übereinstimmen, der dritte aber abweicht, wie z. B. in v. 25—27 des *Rhyming Poem* (vgl. p. 68) oder an manchen Stellen von Layamons *Brut*. Noch deutlicher tritt der Unterschied in einer solchen Versgruppe hervor, sobald die zwei ersten Langverse gemeinsamen eingeflochtenen Reim und gemeinsamen Endreim haben, der letzte aber abweichend nur in den beiden Vershälften reimt, wenn also — die Langverse zu Halbversen aufgelöst — die vier ersten in kreuzweiser, die beiden letzten in paarweiser Stellung reimen, wofür in Ermangelung eines besseren (gleichmetrischen), älteren Beispiels die Verse 628—633 des Bestiarius (s. p. 177) zur Veranschaulichung dienen können. Natürlich ist in diesen Dichtungen an eine beabsichtigte, strophische Gliederung nicht zu denken, aber sie können zeigen, wie sich eine solche allmählich mit dem Vordringen des Reimes so zu sagen von selbst entwickeln konnte. Von der ersteren Art findet sich ebenfalls ein zufälliges, nicht als eigentliche Strophe anzusehendes Beispiel im *Early English Psalter*, Ps. XLIX, 21:

> *Set þou sclaundre witerli.*
> *þes dide þou, and ai blan I:*
> *þou wendest ful wickedli*
> *þat I sal be like to þe forþi.*
> *I sal threte þe, and with-al*
> *Set ogain þi face I sal;*

---

¹) Auf die Aehnlichkeit der Schweifreimstrophe mit dieser macht Wolf (Ueber die Lais, p. 40) aufmerksam.

und auch von der zweiten ist wenigstens das frühe Vorkommen der kreuzweisen Reimstellung dieser Versart im *Egerton MS.* der *Surtes Psalmen* bereits p. 344 nachgewiesen worden. Es wäre leicht möglich, dass sich in dem ungedruckten Theil desselben, da die Uebersetzung sich theils in fortlaufenden Reimpaaren, theils in kreuzweise gereimten Versen, resp. vierzeiligen Strophen in der Reimstellung *abab* bewegt, auch einzelne Strophen finden, in welchen beide Methoden combiniert wären, die also die Reimstellung *ababcc* aufweisen würden. Uebrigens muss doch auch hier, wie überhaupt in der altenglischen Reimkunst, die kreuzweise Reimstellung wohl auf lateinisch-romanischen Einfluss zurückgeführt werden.

Diese einfachste, dreitheilige, gleichmetrische Strophenart ist mir bisher in altenglischer Zeit nur vereinzelt in den *Coventry Mysteries* p. 315 vorgekommen:

Fyrst his clothis ʒe xal of don,
And makyn hym nakyd for to be;
Bynde hym to a pelere, as sore as ʒe mon,
Then skorge hym with qwyppys that al men may se!
Whan he is betyn, crowne hym for your kyng!
And than to the cros ʒe xal hym bryng!

Trotz ihrer Seltenheit muss diese Strophe aber dennoch als eine namentlich für die lyrische Poesie höchst geeignete bezeichnet werden. Zum Beweise möge hier noch eine Strophe citiert werden, die sich sowohl in Shaksperes *Measure for Measure* (IV, 1), als auch in Beaumont and Fletchers *Bloody Brother*, (hier nebst einer zweiten) findet (V, 2), woher sie Percy für seine *Reliques* entnommen hat, und vielleicht mit Recht unter seinen *Ancient Songs and Ballads* (I, 190) aufführt:

Take, oh take those lips away,
That so sweetlye were forsworne;
And those eyes, the breake of day,
Lights, that do misleade the morne:
But my kisses bring againe,
Scales of love, but seal'd in vaine.

§ 172. In Folge des Bedürfnisses, den Abgesang der Strophe in ausgeprägterer Weise als solchen hervortreten zu lassen und somit der ganzen Strophe in bestimmterer Weise

das Gepräge der Dreitheiligkeit zu geben, entwickelt sich aus
der sechszeiligen die siebenzeilige Strophe durch Hinzufügung einer dritten, reimlosen, oder durch den Reim gebundenen Zeile zum Abgesang, die sich meistens zu Anfang
oder in der Mitte desselben befindet, so dass die ganze
Strophe die Gestalt *aabbcdc* (*aabbcbc*) hat, oder in kreuzweiser Reimstellung der Stollen die Form *ababbcc*, oder die
einfachere Form *ababcdc*. Diese letztere Gestalt hat z. B.
ein Gedicht der *Carmina burana* p. 188, 113 beginnend:

> *Redivivo vernat flore*
> *tellus, quae diu marcuit,*
> *et vernali sol calore*
> *pulso brumae status claruit,*
> *nam philomena dulciter*
> *dulcissimis concentibus*
> *delectat corda suaviter.*

Natürlich können daraus durch mannigfache Variation in
der Stellung und Natur der Reime viele Abarten hervor-
gehen und weiter durch Hinzufügung neuer Verse und Vers-
systeme zahlreiche neue Strophenarten entstehen.

Die reine siebenzeilige Strophe aus viertaktigen Versen,
die in der altfranzösischen Lyrik frühzeitig in Gebrauch war
(vgl. Wackernagel, Altfrz. Lieder p. 10), scheint jedoch in
der altenglischen Poesie nicht vor dem fünfzehnten Jahrhundert
aufzutreten. So kommt sie vor als einleitende Strophe zu
einem sonst in achtzeiligen Strophen geschriebenen Gedicht
(a. 1441) *Lament on the Duchess of Gloucester* (*Wright, Polit.
Poems* II, 205):

> *Thorowowt a pales as I can passe,*
> *I hard a lady make gret mone,*
> *And ever she syked and sayd, „Alas!*
> *Alle wordly joy ys from me gone;*
> *And alle my frendes from me can fle;*
> *Alas! I am fulle woo begon;*
> *Alle women may be ware by me!“*

Wir haben hier also die Reimstellung *ababcbc*. Vielleicht
aber ist diese siebenzeilige Strophe lediglich auf eine Flüch-

tigkeit des Schreibers zurückzuführen, der vor dem fünften
mit *and* beginnenden Verse einen Vers ausfallen liess.

Unzweifelhaft reine siebenzeilige Strophen finden sich
übrigens schon früher unter den *Minor Poems of Dan. John
Lydgate* ed. *J. O. Halliwell, London, Percy Society,* 1840;
so p. 129, *Bycorne and Chichevache:*

> *O prudent folkes takithe heede,*
> *And remembrithe in youre lyves,*
> *How this story dothe procede,*
> *Of the husbandes and theyr wyfes,*
> *Of theyr accorde and theyr stryves,*
> *Withe lyf or dethe whiche to derayne*
> *Is graunted to these bestes twayne.*

Die Reimstellung ist also *ababbcc.* Der zum Abgesang hin-
zutretende dritte Vers ist mit dem Aufgesang durch den Reim
verbunden. Dieselbe Strophenart aus viertaktigen, resp. vierhebigen Langzeilen kommt in den *Chester Plays* vor, p. 1—7
und p. 156—158; desgl. bei Skelton I, 15, der die nämliche Strophenform auch mit zweitaktigen Versen nachgebildet
hat (I, 399):

> *I you assure,*
> *Ful wel I know*
> *How besy cure*
> *To you I owe;*
> *Humbly and low*
> *Commendynge me*
> *To yowre bownte.*

Dunbar bedient sich in zwei Gedichten: *The Tod and the
Lamb,* I, 83 und *Complaint aganis Mure,* I, 117 einer ähnlichen Strophe aus viertaktigen Versen mit der Reimstellung
aabb cbc. Strophe I des ersteren lautet:

> *This hindir nycht in Dumfermeling,*
> *To me wes tawld ane windir thing,*
> *That lait ane Tod wes with ane Lame,*
> *And with hir playit, and maid gud game,*
> *Syne till his breist did hir imbrace,*
> *And wald haif riddin hir lyk ane Rame;*
> *And that me thocht ane ferly cace.*

Der letzte Vers bildet in beiden Gedichten den ständig wiederkehrenden Refrain. Diese Reimstellungen und die vorhin erwähnte *ababcbc* dürften die gebräuchlichsten gewesen sein.

§ 173. An diese siebenzeilige Strophe reiht sich die
viel beliebtere **achtzeilige Strophe** dreitheiliger Gliederung unmittelbar an. Da indess die achtzeilige Strophe, wie
wir gesehen haben, auch als zweigliedrige, durch Verdoppelung oder Durchreimung der einfachen, vierzeiligen Strophe
entstandene Strophenform in den verschiedensten Versarten
vorkommt, so dürfte es wohl kaum nothwendig sein, die
achtzeilige, nur durch die Reimstellung von jener unterschie-
dene, dreitheilige Strophe als aus der siebenzeiligen hervorgegangen anzusehen, wie dies z. B. Schneider (Deutsche Verskunst p. 180) und Bartsch (*Germania* II, 287) thun, indem sie
meinen, dass dieselbe durch die Bindung der reimlosen Zeile
des Abgesanges der siebenzeiligen Strophe mittelst Einfügung
einer neuen Reimzeile entstanden sei. Es ist dies um so
weniger wahrscheinlich, als die zunächst sich darbietende
Weiterbildung der achtzeiligen, zweitheiligen Strophe *abababab*
nur in der Umstellung der Reime des zweiten Theils bestehen
würde: *ababbaba*, von welcher Strophenart uns indess in der
altenglischen Poesie bisher keine Probe begegnet ist. Der
nächste Schritt wäre dann der, dass in der zweiten Hälfte
der Strophe ein neues Reimpaar auftritt, so dass die Formel
ababbcbc entsteht. Ja, da auch die siebenzeilige Strophe in
der Regel durch einen Reim, meistens *b*, im Abgesang mit
dem Aufgesange verbunden ist, und da ferner die achtzeilige
Strophe viel früher und in viel häufigerer Verwendung auftritt, als die siebenzeilige, so ist es vielleicht ebenso wahrscheinlich, dass sich die letztere, beispielsweise die Form
ababcbc aus der ersteren in der Form *ababbcbc* durch Ausfall
der ersten Zeile des Abgesanges entwickelt habe (wie es bei
dem oben citierten Beispiel möglicherweise der Fall war),
als dass sie aus der sechszeiligen durch Hinzufügung einer
neuen Verszeile entstanden ist.

In der Reimstellung *ababbcbc*, in welcher die Verse
abab als die beiden Stollen anzusehen sind, während *bcbc* den
Abgesang bildet, war diese Strophe schon früher sehr beliebt.
Guest hat bereits darauf aufmerksam gemacht, dass der

deutsche Mönch Ernfrid schon im neunten Jahrhundert in
derselben Vers- und Strophenart ein lateinisches Gedicht
schrieb, wovon er folgende Strophe citiert (II, 356):

Felicitatis regula
Hac fine semper constitit,
Ad puncta cum venit sua,
In se voluta corruit,
Quaecumque vita protulit,
Ambigua laeta tristia,
Quocumque se spes extulit,
Infida dura credula.

Auch in der altfranzösischen Lyrik war diese Strophenform
gebräuchlich (vgl. Wackernagel, Altfr. Lieder, p. 15), und die
altenglischen Dichter haben sie vermuthlich von dort entnommen. Eine Probe bietet PL. VIII (*Wright, Songs of Engl.*
p. 246):

Alle þat beoþ of huerte trewe,
  a stounde herkneþ to my song
of duel, þat deþ haþ diht vs newe
  þat makeþ me syke ant sorewe among!
of a knyht, þat wes so strong,
  of wham god haþ don ys wille;
me þuncheþ þat deþ haþ don vs wrong,
  þat he so sone shal ligge stille.

Das Gedicht ist, wie schon früher bemerkt wurde, eine Uebersetzung und auch bezüglich der Strophenform eine genaue
Nachbildung eines französischen Liedes. Nur fügte der Uebersetzer zur letzten Strophe einen dreizeiligen, mit derselben
enge zusammenhängenden, geleitartigen Schluss (*efe*) in selbständiger Weise hinzu, so dass diese Strophe, welche ausserdem eine etwas andere Reimstellung hat, nun die Gestalt
ababcdcdefe hat.

Auch in vierhebigen Versen wurde diese Strophe, wie
schon früher bemerkt, nachgebildet, wie das Gedicht *On the
death of the Duke of Suffolk* (a. 1450) (*Wright, Pol. P.* II, 232;
Ritson I, 117; *E. E. T. S.* 15, p. 6) zeigt:

In the monethe of May, when gresse groweth grene,
Flagrant in her floures, with swete savour,

Jac Napes wolde one the see a maryner to ben,
With his cloye and his cheyn, to seke more tresour.
Suyche a payn prikkede hym, he asked a confessour.
Nicolas said, „I am redi thi confessour to be;"
He was holden so that he ne passede that hour.
For Jac Napes soule Placebo and Dirige.

In derselben Strophenform ist ein längeres, alliterirendes Gedicht, betitelt *The Lyfe of Joseph of Armathia* vom Jahre 1350, herausgegeben von Skeat aus dem *Vernon MS.* in N. 44 der *E. E. T. S.* geschrieben (vgl. § 101), ferner ein späteres: *Percy Rel.* II, 105. Strophen dieser Art in viertaktigen Versen sind ausserordentlich zahlreich, sowohl mit Refrain als Schlussvers, wie auch ohne Refrain, so z. B. *Furnivall, Earl. Engl. Poems and Lives of Saints* p. 124, 130, 138 (vom Herausgeber nicht strophisch eingetheilt); *Ritson* I, 76, 122; ferner bedient sich Minot derselben: *Wright, Pol. Poems* I, 75, 80; andere Proben daselbst I, 215, 250, 304, II, 125, 141, 243; häufig auch kommt sie vor bei Lydgate: *Minor Poems* 58, 199, 220, 222, 225, 228, 247, 259; Dunbar bedient sich ihrer gleichfalls, so: *vol.* I, 22, 129, 133, 236, 243, 249, 285; sie kommt ferner vor: *vol.* II, 44, 45, 47, 51, 57, 91, und auch Lyndesay gebraucht sie: *vol.* V, 566, 588.

Werden die Reime noch weiter modificiert, so dass die zweite Hälfte der Strophe in einem oder in zwei Reimen, nicht aber in der Anordnung derselben abweicht, nach den Formeln *ababcbcb* oder *ababcdcd*, von denen die verschiedenen Strophen des Dunbar'schen Gedichts *The Testament of Mr. Andro Kennedy* (I, 137) Proben gewähren, so nimmt die Strophe wieder den Charakter der Zweitheiligkeit an.

Eine selten vorkommende Strophenform zeigt ein in den *Rel. Antiq.* I, 70—74 stehendes, *A Song of Love-Longing* betiteltes Gedicht, dessen Strophen aus dreitaktigen Versen bestehen in der Reimstellung *aabbcdcd*. Dabei kehren die Verse *cdcd* in refrainartiger Weise in allen Strophen wieder und machen sich so noch deutlicher als Abgesang geltend.

Im Gegensatz hierzu ist nochmals auf die bereits früher erwähnte Erscheinung aufmerksam zu machen, dass bisweilen umgekehrte Stellung der Reime eintreten kann, wie in der folgenden, durch ein Reimpaar als Abgesang erweiterten, also

zehnzeiligen Strophe des Gedichtes *Long Life* (*E. E. T. S.*
49, p. 156):

> *Mon mai longe liues wene,*
> *Ac ofte him lieđ þe wrench.*
> *Feir weder turneđ ofte into reine,*
> *And wunderliche hit makeđ his blench.*
> *þaruore mon þu þe bi-þench,*
> *Al schal falewi þi grene,*
> *Weilawei, nis king ne quene,*
> *þat ne schal drinche of deaþes drench.*
> *Mon er þu falle of þi bench,*
> *þine sunne þu aquench.*

Die Reimstellung der Verse, die fast durchweg einen trochäischen Tonfall haben, ist also *abab baab bb* in diesem aus fünf
Strophen bestehenden, auch im Bau dreitheiligen Gedichte.

§ 174. Viel seltener, als die sieben- und achtzeiligen
Strophenarten kommt die zwölfzeilige Strophe vor, entstanden durch Hinzufügung eines der vierzeiligen Halbstrophe
gleichgebildeten, nur in den Reimen theilweise oder ganz abweichenden dritten Theiles als Abgesang zu der zweigliedrigen,
achtzeiligen Strophe. Von solcher Strophenbildung gewährt
uns z. B. das schöne Gedicht *The Pearl* (c. 1360) (*E. E. T. S.* 1,
p. 1 ff.) eine Probe, was dem Herausgeber Morris entgangen
zu sein scheint, da er es nicht strophisch eingetheilt hat.
Strophe I lautet:

> *Perle plesaunte to pryncess paye,*
> *To clanly clos in golde so clere,*
> *Oute of oryent I hardyly saye,*
> *Ne proued I neuer her precios pere,*
>   *So rounde, so reken in vche araye,*
> *So smal, so smoþe her sydez were.*
> *Quere-so-euer I jugged gemmez gaye,*
> *I sette hyr sengeley in synglure;*
>   *Allas! I leste hyr in on erbere,*
> *þurz gresse to grounde hit fro me yot;*
> *I dewyne for-dolked of luf daungere,*
> *Of þat pryuy perle with-outen spot.*

>   *Syþen in þat spote hit fro me sprange,* etc.

Die Reimstellung ist also *ababababbcbc*, und zwar bildet der letzte Vers den Refrain, dessen Worte nach provenzalischem Vorbilde (*coblas capfinidas* oder *concatenatio*) ganz oder theilweise in dem Anfangsverse der folgenden Strophe wiederholt werden. Bei dem beträchtlichen Umfange des Gedichts würde dies leicht ermüdend wirken, wenn dasselbe nicht in kürzere Kapitel eingetheilt wäre, in denen der Refrain wechselt, so dass nach höchstens einem halben Dutzend Strophen stets ein anderer Refrain eintritt. Man muss die Geschicklichkeit anerkennen, mit welcher der Dichter sich dieser schwierigen Strophenform bediente, welche für ihn jedenfalls keine „halsbrechende" war, wie Trautmann sie (Anglia I, 119) nennt. Im selben Rhythmus und Strophenbau, alle mit Refrain, sind noch geschrieben die Gedichte *E. E. T. S.* 15, p. 161, 205, 215; ferner *ib. vol.* 24, p. 12, 18, 79; *Furnivall, E. E. Poems and Lives of Saints*, p. 118 (nicht strophisch eingetheilt).

Minder beliebt, wie es scheint, aber in noch früherer Zeit gebräuchlich als die leichtere Art, war die Strophenform, in welcher der Abgesang ganz abweichende Reime hat, so dass das Schema ist: *abababbabcdcd*. Davon gewährt das schon früher erwähnte, in alliterierenden, vierhebigen Versen geschriebene Gedicht PL. II eine Probe:

Ich herde men vpo mold make muche mon,
hou he bеþ itened of here tilyynge :
„gode зeres ant corn boþe bеþ agon,
ne kepеþ here no sawe ne no song synge.
Nou we mote worche, nis þer non oþer won,
mai ich no lengore lyue wiþ mi lesinge.
зet þer is a bitterore bit to þe bon,
for euer þe furþe peni mot to þe kynge.

þus we carpеþ for þe kyng, ant carieþ ful colde,
and wenеþ forte keuere and euer buþ acast.
whose haþ eny god, ·hopеþ he nout to holde,
bote euer þe leuest we leosеþ alast.

In derselben Strophenart aus viertaktigen Versen ist das von Horstmann herausgegebene Gedicht K i n d h e i t J e s u [1])

---

1) Sammlung Altenglischer Legenden, grösstentheils zum ersten Male herausgegeben von C. Horstmann. Heilbronn, 1878, p. 101 ff.

(14. Jahrhundert) dem grössten Bestandtheile nach geschrieben. Diese Strophenform, welche in der ersten und zweiten Strophe beobachtet ist, wird aber öfters durch andere unterbrochen, so: p. 217—228: *ababababab*, p. 357—368: *ababcdcdefef*, namentlich aber durch achtzeilige mit der Reimstellung des Aufgesanges (*abababab*) und fehlendem Abgesang, oder in anderer Reimstellung, wie *ababcdcd* (101—108), oder *ababbcbc* (237—244); auch längere Strophen kommen vor, wenn die Ueberlieferung und die Eintheilung des Herausgebers die richtige ist. Bisweilen können dieselben auf die kürzeren, achtzeiligen Formen zurückgeführt werden, wie v. 25—40, 515—530 etc., wogegen sich in anderen Fällen, wie 469—478: *ababcbcdcd* das Fehlen eines Reimpaares wiedersetzt. In einem von Horstmann mitgetheilten zweiten Text (p. 111 ff.) ist die zwölfzeilige Strophe regelmässiger durchgeführt. — Bemerkenswerth ist eine andere, zwölfzeilige Strophe aus vierhebigen Versen, deren sich Skelton in seinem Gedicht *King Edward the Fourth* bedient. Dieselbe hat die Reimstellung *ababbcbccdcd*. Es ist also das zur Bildung der achtzeiligen, dreitheiligen Strophe gebräuchliche Verfahren hier noch einmal wiederholt; da indess der letzte Vers der Strophe ein Refrainvers ist, so nimmt der ganze, zu der achtzeiligen Strophe hinzugefügte, dritte Theil das Wesen eines Abgesanges an.

Als eine Erweiterung der zwölfzeiligen Strophe ist folgende dreizehnzeilige Strophe anzusehen, in welcher das Gedicht *The XI pains of hell* (*E. E. T. S.* 49, p. 210 ff.) geschrieben ist:

> Þe sononday is godis oun chosyn day,
> Þe wyche angelis in heuen þai worchipyn þore.
> Gret sorow and dole here ȝe may,
> Hou mychael and poule þay went in fere
> To se what payns in hel were þer,
> And þer þay se a sorouful syȝt;
> Herkyns to me now moy ȝe here
> What payns to synful mon be dyȝt.
> Because men nel not beleue,
> Þerfore hit was godis oune wyl
> Þat mekel schuld led poule to hel

To se þe payns, þe gret parel,
þe soþ him-selue he myʒt hit preue.

Die beiden Stollen dieser Strophe, deren Reimschema *ababbcbc deecd* ist, sind also zusammen der bekannten, durch Reimstellung dreitheiligen Strophenform gleich, nehmen aber durch Hinzutritt des mit neuen Reimen in umschliessender Stellung aufgebauten Abgesanges wieder den Charakter zweier gleichartigen Stollen an.

§ 175. Strophen aus fünftaktigen Versen. — Zu eigenartigen Strophenbildungen hat der fünftaktige Vers keine Veranlassung gegeben. Charakteristisch aber für sein spätes Beliebtwerden ist der Umstand, dass bisher keine Strophen zweitheiliger Gliederung in dieser Versart aus älterer Zeit aufgetaucht zu sein scheinen. Dichtungen in vierzeiligen Strophen mit der Reimstellung *aabb* sind einige aus späterer Zeit bekannt geworden, so ein Gedicht *Polit. Poems*, II, 282: *On Englands Commercial Policy*, aus der Regierungszeit Edwards IV. (1461—1483) und die um c. 100 Jahre spätere, schon neuenglische Ballade *Titus Andronicus Complaint* (*Percy, Rel.* I, 185), doch sind Strophen dieser Art im Grunde genommen von fortlaufenden Reimpaaren nicht verschieden. Die hier in Betracht kommenden Strophen sind daher hauptsächlich dreigliederiger Art und fast ausschliesslich Nachbildungen der entsprechenden Strophenformen aus viertaktigen Versen. Wir brauchen also auf die theoretische Betrachtung jener Strophen hier nicht wieder zurückzukommen, und können uns mit der einfachen Beschreibung der geradeso gebauten, aus fünftaktigen Versen bestehenden, nach ihrem Versumfange unterschiedenen Strophen begnügen.

Chaucer scheint derjenige Dichter gewesen zu sein, durch dessen Beispiel die verschiedenen Strophenarten aus fünftaktigen Versen, wenn nicht zuerst eingeführt, so doch in der englischen Literatur zuerst populär wurden. Bei ihm finden sich schon alle Strophenarten vor, deren sich seine Nachfolger, höchstens hin und wieder noch mit einigen leichten Modificationen in der Reimstellung, bedienten.

Wenig beliebt scheint die fünfzeilige, zweitheilige, ungleichgliedrige Strophe (vgl. p. 378) gewesen und geblieben

zu sein. Sie kommt vor in der Reimstellung *aabba* als Geleit
des den letzten Lebensjahren Chaucers angehörigen Gedichts,
welches betitelt ist: *The Compleynte of Chaucer to his Purse.*
Chaucer kannte also jedenfalls diese Strophenart, und man
kann daher die Beschaffenheit der Strophe schwerlich als einen
Verdachtsgrund anführen gegen die Echtheit des ihm neuerdings
abgesprochenen Gedichtes *Of the Cuckow and the Nightingale.*
Strophe 1 desselben lautet (nach *der Aldine Ed.* IV, 75):

> *The god of love, ah! benedicite,*
> *How myghty and how grete a lorde is he!*
> *For he can make of lowe hertys hie,*
> *And highe hertes low, and like for to die,*
> *And harde hertis he can make free.*

Diese Strophenart ist, wie gesagt, im Uebrigen nicht beliebt
in der altenglischen Literatur. Sie wird erst von Dunbar,
der überhaupt die fünfzeilige Strophe, namentlich die von
viertaktigen Versen liebt, wieder gepflegt, der sich in lyrischen,
satirischen und allegorischen Gedichten ihrer bedient, so in
einer Liebes-Epistel: *To a Ladye* I, 27; ferner p. 28: *The
Visitation of St. Francis*; p. 31: *Dunbar's Dream*; p. 36: *The
Birth of Antichrist.*

§ 176. Von der sechszeiligen Strophe kommt bei
Chaucer nur ein Beispiel vor, und zwar mit einer Anordnung der
Reime, die entschieden auf dem Vorbilde französischer Strophenbildung beruht. Dieser Strophenart bedient sich Chaucer in
dem seiner *Clerkes Tale* angehängten Geleite, welches aus
sechs Strophen besteht mit dem Reimschema *ababcb*, und
zwar in der Weise, dass in allen sechs Strophen dieselben
Reime in derselben Ordnung wiederkehren, und ausserdem die
einzelnen Strophen noch durch einen besonderen, mit den
übrigen Versen der Strophe nicht reimenden, sondern nur
von Strophe zu Strophe reimenden Verse *c* (die *rimas dissolutas*
der Provenzalen, die Körner der deutschen Meistersinger)
gebunden sind. Die beiden ersten Strophen des Geleites mögen diese Strophenbildung veranschaulichen (*Ald. Ed.* IV, 315):

> *Grisild is deed, and eek hir pacience,*
> *And bothe at oones buried in Itayle;*
> *For whiche I crye in open audience,*

No weddid man so hardy be to assayle
His wyves pacience, in hope to fynde
Grisildes, for in certeyn he schal fayle.

O noble wyves, ful of heigh prudence,
Let noon humilité your tonges nayle;
Ne lat no clerk have cause or diligence
To write of yow a story of such mervayle,
As of Grisildes, pacient and kynde,
Lest Chichivache yow swolwe in hir entraile.

Durch dieselben Reime sind, wie gesagt, auch noch die weiteren vier Strophen des Geleites gebunden, gewiss ein Meisterstück technischer Fertigkeit in der Dichtkunst, wie es nur einem Dichter von Chaucers Virtuosität und Begabung gelingen konnte. Auch sind mir keine Strophenbindungen ähnlicher Art aus jener Zeit bekannt. Selbst ein Meister des Reimes, wie William Dunbar, hat nichts Derartiges aufzuweisen. Uebrigens scheint auch die einfache sechszeilige Strophe wenig gepflegt worden zu sein. Wenigstens weiss ich kein anderes Beispiel mit fünftaktigen Versen aus altenglischer Zeit nachzuweisen, wenn ich auch kaum zweifle, dass sie öfters als poetische Einkleidung gebraucht wurde.

§ 177. Um so populärer war dafür die siebenzeilige Strophe mit der Reimstellung *ababbcc*, *rhyme royal* genannt, wie Skeat bemerkt (*Spec. of Engl. Litt. III, 41*), seit König James I. von Schottland sich zu seinem schönen Gedichte *The Kingis Quhair* derselben bediente, während Guest annimmt (II, 359), dass diese von Gascoigne in der Form *rhythmeroyal* gebrauchte Benennung herrühre von dem französischen Ausdruck *chant-royal*, womit gewisse, in ähnlichen Strophen zu Ehren Gottes oder der h. Jungfrau geschriebene Gedichte bezeichnet zu werden pflegten, die bei den poetischen Wettkämpfen in Rouen zur Wahl eines „Königs" verlangt wurden. Letzteres scheint wahrscheinlicher, da die Bezeichnung „royal" nicht ausnahmslos der siebenzeiligen Strophe beigelegt wurde, und ein Nachkomme des schottischen Königs, James I. von England, die achtzeilige Strophe mit einem ähnlichen Namen, nämlich *ballat-royal* bezeichnete. Indess lange vor seiner Zeit war diese Strophenart, die in der altfranzösischen Poesie

ihr genaues Vorbild findet (vgl. Wackernagel, Altfranzösische
Lieder p. 25, 42, 43 etc. und Gowers französische Balladen)
schon in der englischen Poesie bekannt und beliebt. In
Chaucers Jugendgedichten [1]), welche bekanntlich von der
französischen Dichtung jener Zeit stark beeinflusst sind, scheint
diese Strophenart zuerst vorzukommen, und zwar chronologisch
genauer zum ersten Male in seinem c. 1367 geschriebenen *Compleynte of the Dethe of Pité* (VI, 285). Strophe 1 desselben lautet:

> *Pité, that I have sought so yore agoo*
> *With herte soore, and ful of besy peyne,*
> *That in this worlde was never wight so woo*
> *Withoute the dethe; and yf I shal not feyne,*
> *My purpose was of Pitee for to pleyne,*
> *And eke upon the crueltee and tirannye*
> *Of Love, that for my trouthe doth me dye.*

In derselben Strophenart, bei der das Geschlecht der Reime
durchaus gleichgültig ist, sind noch eine Anzahl anderer,
kleinerer Gedichte Chaucers abgefasst, so der Anfang seines
Complaynt of Mars, seine Verse an den Schreiber Adam, die
Gedichte *Good Counseil of Chaucer*, *Oratio Galfridi Chaucer*
sein *Envoy* an *Scogan*, zwei Balladen und das Gedicht an seine
leere Börse, welches mit der erwähnten fünfzeiligen Strophe als
Geleit schliesst; ausserdem die grösseren Gedichte *Troylus and
Cryseyde*, *The Assembly of Foules*, *Queen Anelyda and False
Arcyte*, und vier Canterbury-Geschichten, nämlich *The man of
Lawes Tale*, *The Clerkes Tale*, *The Prioresses Tale* und *The Se-
counde Nonnes Tale*, von den ihm zugeschriebenen Gedichten ferner *The Court of Love*, *The Flower and the Leaf*, *Chaucers Dream*
und *The Complaynt of the black Knight*. Auch John Gower,
der Zeitgenosse Chaucers, dichtete in dieser Strophe, wie sein
längeres Gedicht *Adress to Henry IV.* (*Polit. Poems, Wright*
II, 4—15) beweist. Ein Abschnitt seiner *Confessio amantis*,
die Bittschrift des Liebenden, welche Venus aus den Händen
seines Beichtpriesters, des Genius, entgegennimmt (*ed. Pauli*

---

1) Vgl. zu denselben die hübsche Abhandlung „Ueber Chaucers
lyrische Gedichte“, von Al. Würzner, Steyr, 1879, wo auch auf die
strophischen Formen überall Bezug genommen wird.

vol. III, p. 349—352), ist ebenfalls in dieser Strophenart geschrieben. Die Nachfolger Chaucers bedienten sich gern
derselben, so Lydgate in seinen *Minor Poems* p. 2, 27, 62,
69, 72, 73, 74 (mit Refrain), 78, 84, 103, 179, 213, 241, 254, ferner
Occleve in seinem Gedichte *De regimine Principum*; dann, wie
schon bemerkt, König James I. in seinem Gedicht *The Kingis
Quhair*, Stephen Hawes in seinem *Passetyme of Pleasure;*
auch Skelton bediente sich ihrer (I, 6, 23, 30, 137, etc.); ferner
Dunbar in seinem schönen Gedicht *The Thrissill and the
Rois*, vol. I, p. 3, ferner p. 121, 225, 235, 289 vol. II, 100
(Kennedy); auch Lyndesay hat grössere und kleinere Ge-
dichte in dieser Strophe geschrieben, so seine *Tragedie of the
Cardinal* II, 198, *The Testament of Papingo* II, 226, *The
Dream* II, 263, *The Testament of Squire Meldrum* III, 366 ;
Sackville schrieb darin sein *Mirror for Magistrates*, womit
diese Strophe schon in die neuenglische Zeit übertritt.

Zwei leichte, schon bei Chaucer vorkommende Modificationen dieser, wie wir sehen, also seit ihrer Einführung in der
ganzen altenglischen Zeit ausserordentlich beliebten Hauptstrophe scheinen indess gar keinen Beifall gefunden zu haben.
Uebrigens finden sie sich auch nur, so zu sagen, als zufällige
Variationen unter regelmässigen Strophen zweier Gedichte.
So hat in dem sonst, wie schon bemerkt, in *rhyme royal* geschriebenen Gedichte *The Compleynte of the Dethe of Pité* die
fünfzehnte Strophe die Reimstellung *ababcbc*, und eine andere,
unvollständige, siebenzeilige Strophe mit der Reimstellung
ababcb findet sich als siebente in dem Gedichte *Aetas Prima*
(VI, 319), welches sonst aus Strophen von acht Zeilen besteht
mit der Reimstellung *ababcbc*, ein neuer Hinweis für die
Annahme, dass die siebenzeilige Strophe durch Wegfall einer
Zeile aus der gewöhnlichen, achtzeiligen Strophe entstanden
sein könnte.

§ 178. Diese achtzeilige Strophe aus fünftaktigen Versen,
in der Reimstellung *ababbcbc*, deren sich gleichfalls die französischen Dichter gern bedienten, und die auch John Gower
für einige seiner Balladen gebrauchte, war ebenso beliebt,
als die siebenzeilige, jedoch hauptsächlich für kürzere Gedichte gebräuchlich, während die *rhyme royal* seit Chaucer

auch für umfangreiche, epische Dichtungen die sehr gewöhnliche
Einkleidung war. So weit bis jetzt bekannt, ist Chaucers
frühester dichterischer Versuch das *ABC* oder *La priere de Nostre
Dame* (V, 78) das erste, aus fünftaktigen Versen und in achtzeiligen Strophen geschriebene englische Gedicht. Strophe 1
des Gedichtes möge als eine Probe dieser Strophenart dienen:

> *Almyghty and alle mercyable Quene,*
> *To whom al this worlde fleeth for socoure*
> *To have relees of synne, of sorowe, of teene!*
> *Gloriouse Virgyne, of alle floures flour,*
> *To the I flee confounded in errour!*
> *Help, and releve, thow mighty debonayre,*
> *Have mercy of my perilouse langour!*
> *Venquysshed hath me my cruel adversayre.*

Derselben Strophe bediente sich Chaucer noch für eine Anzahl anderer, kleinerer Dichtungen, so z. B. in dem oben erwähnten Gedichte *Aetas Prima*, in dem *Envoy to Bukton*, in
Prosperity und in der *Ballade de Vilage sauns Peynture*, von
den grösseren Gedichten ist nur die *Monkes Tale* in dieser
Strophenart abgefasst. In den von Wright edierten *Polit.
Poems and Songs* finden sich ferner mehrere Gedichte in
dieser Strophenart, so in vol. II, p. 148, 209, 215, 238 (mit
Refrain), 254, 267; Lydgate scheint sie sehr bevorzugt zu
haben: unter den *Minor Poems* begegnet sie uns p. 22, 46,
49, 52, 55, 60, 66, 80, 95, 135, 178, 207, und mit dem letzten
Vers als Refrain: p. 118, 122, 150, 156, 164, 171, 173, 193,
205, 208, 216, 232; auch drei unlängst von Horstmann (Altengl. Legenden, N. F. p. 371 ff., p. 376 ff., p. 446 ff.) edierte
Legenden Lydgates: *S. Giles, S. Edmund* und *S. Margarete*
sind in dieser Strophenform, jedoch ohne Refrain, geschrieben. Dunbar liebt sie nicht minder; er bedient sich ihrer
namentlich gern für beschreibende und moralisierende Dichtungen, so vol. I, p. 153 in der schwungvollen Beschreibung
der zur Feier des Besuchs der Königin von der Stadt Aber-
deen veranstalteten Feierlichkeiten, in dem Gedicht *Gude
Counsale* p. 177, ferner: p. 179, 193, 199, 201, 216, 228, 235;
mit Refrain ausserdem: 247, 251, 277, 281, 283; II, p. 55, 58,
61, 89, 93, 96, 97, die vier letzten von Kennedy. Auch

bezüglich dieser Strophenart sind ein paar unbedeutende Modificationen in der Reimstellung zu erwähnen, die schon bei Chaucer vorkommen. So hat die sechste Strophe des schon erwähnten Gedichtes *Aetas Prima* die Reimstellung *ababbcac*, die indess mehr zufällig zu sein scheint und auch keine weitere Nachahmung gefunden hat. Das grösstentheils in achtzeiligen Strophen geschriebene Gedicht *Complaynt of Mars and Venus* (VI, 260) aber hat in dem letzten Theile, in der Klage der Venus, die Reimstellung *ababbccb*, und zwar wiederum in der kunstvollen Weise, dass je drei Strophen dieselben Reime haben und ausserdem noch weiter durch einen gemeinsamen Refrain gebunden sind. Dieser Strophenart, aber ohne Refrain und gemeinsame Reime in den einzelnen Strophen, bedienten sich auch Dunbar und Kennedy in dem Streitgedicht, welches bekannt ist unter dem Titel *The flyting of Dunbar and Kennedy*. Bei anderen Dichtern dieser Zeit ist sie uns indess nicht wieder begegnet.

§ 179. Von anderen, unwichtigeren, aber doch als originelle Bildungen anzusehenden und daher interessanten Strophenarten aus fünftaktigen Versen sind noch zu nennen die neun- und die zehnzeilige Strophe. Beide kommen schon bei Chaucer vor, die neunzeilige sogar in verschiedener Reimstellung. So besteht in dem Gedicht *The Complaynt of Mars and Venus* die nach der in *rhyme royal* geschriebenen, längeren Einleitung folgende, eigentliche Klage des Mars aus sechszehn neunzeiligen Strophen mit der Reimstellung *aabaabbcc*. Strophe 10 der Klage lautet:

> *Hit semeth he hath to lovers enemyté,*
> *And lyke a fissher, as men al day may se,*
> *Bateth hys angle-hoke with summe plesaunce,*
> *Til mony a fissch ys wode to that he be*
> *Sesed therwith; and then at erst hath he*
> *Al his desire, and therwith all myschaunce,*
> *And thogh the lyne breke he hath penaunce;*
> *For with the hoke he wounded is so sore,*
> *That he his wages hathe for evermore.*

Dieselbe anmuthige Strophenart kehrt bei Lindesay wieder in dem aus acht Strophen bestehenden Prolog zu seinem

Testament of the Papyngo (II, 223), einem im Uebrigen in *rhyme royal* geschriebenen Gedichte. Aus der *rhyme royal* ist jedenfalls auch diese neunzeilige Strophenart hervorgegangen, indem man in jener Strophe (*ababbcc*) die beiden Stollen des Aufgesanges je um den ersten Vers erweiterte, während der Abgesang unverändert blieb.

Als weitere Modificationen dieser neunzeiligen Strophe ist eine andere Art anzusehen, die im Aufgesange dieselbe Gestalt hat, aber im Abgesange die Reimstellung ändert oder vielmehr die Reime des Aufgesanges in veränderter Stellung wiederkehren lässt, so dass das Schema *aabaabbab* entsteht. Auch diese Strophenart kommt schon bei C h a u c e r vor, da er sich derselben bedient in dem Gedichte *Of Quene Anelyda and False Arcyte*, und zwar in der letzten Hälfte, der *Compleynt of Faire Anelyda upon Fals Arcyte* (V, 203). Die Schlussstrophe derselben ist, wie die erste Hälfte des ganzen Gedichtes, in der verwandten *rhyme royal* geschrieben. — In derselben Strophe dichtete D u n b a r sein bekanntes, allegorisches Gedicht *The Golden Targe* (I, 11) und L y n d e s a y bediente sich ihrer in dem Epilog zu seinem Gedichte *The Dream* (II, 263).

Als eine Erweiterung dieser letzteren, neunzeiligen Strophe mit der Reimstellung *aabaabbab* ist eine ebenfalls schon bei C h a u c e r vorkommende, zehnzeilige Strophe anzusehen mit der Reimstellung *aabaabbaab*, wo also der Abgesang um einen Vers erweitert ist. Diese Strophe kommt nur einmal bei ihm vor, nämlich als *Envoy* seines Gedichtes *Complaynt of Mars and Venus* (VI, 274).

§ 180. Endlich wurde der fünftaktige Vers noch verwendet zu einer besonderen Strophenart, deren zum Schluss dieser Betrachtung Erwähnung zu thun ist, nämlich zu dem sogenannten R o n d e l oder R o u n d e l, wie es im älteren Englisch heisst. Der Name schon weist darauf hin, dass wir es hier mit einer Nachbildung einer französischen Dichtungsart, resp. Strophenart[1]) zu thun haben. Im Französischen war dieselbe weder an eine bestimmte Versart, noch zu jeder Zeit an eine bestimmte Anzahl von Versen gebunden. Das We-

---

1) Vgl. Lubarsch, Französische Verslehre. Berlin, 1879, p. 376 ff.

sentliche dieser Dichtungsart aber bestand für gewöhnlich in der dreimaligen Wiederkehr zweier Refrainverse an bestimmten Stellen eines dreitheilig gegliederten, nur mit zwei Reimen gebildeten Gedichtes, nach der Formel *abbaabababbaab*, wobei die fettgedruckten Buchstaben die Refrainverse bedeuten. Aus dem Englischen sind nur wenige Proben dieser Dichtungsart bekannt geworden, so z. B. das schon von Guest (II, 367) citierte, bei Ritson, *Anc. Songs* I, 128 und ein anderes, daselbst p. 129. In beiden ist die Zahl der Verse dieselbe, die Reimstellung (abgesehen von dem Refrain) und die Versart sind aber verschieden. Das erstere, ein Rondel Lydgates auf König Heinrich VI. Krönung, besteht aus fünftaktigen Versen:

> *Rejoice ye reames of England and of Fraunce!*
> *A braunche that sprang oute of the floure de lys,*
> *Blode of seint Edward and seint Lowys,*
> *God hath this day sent in governaunce.*
>
> *God of nature hath yoven him suffisaunce*
> *Likly to atteyne to grete honure and pris.*
>
> *O hevenly blossome, o budde of all plesaunce,*
> *God graunt the grace for to ben als wise*
> *As was thi fadèr, by circumspect advise,*
> *Stable in vertue withoute variaunce.*

Die wesentliche Eigenthümlichkeit des Rondels, die Wiederholung eines Refrains, fehlt dieser Lydgate'schen Nachbildung, wenigstens in dem von Ritson mitgetheilten Druck. Vermuthlich aber waren die Refrainverse in der Handschrift nicht wiederholt, und Ritson hat dann versäumt, in seinem Druck eine Andeutung zu geben, wo der Refrain wiederkehrt, wie er dies bei dem zweiten Gedichte gethan hat. Dasselbe lautet:

> *When Fortune list yewe here assent,*
> *What is too deme that may be doo,*
> *There schapeth nought from her entent,*
> *For as sche will it goth ther to.*
>
> *All passeth by her jugement,*
> *The hy astate the pore allsoo.*
>   *When Fortune etc.*

Too lyre in joy out of turment,
Seyng the worlde goth too and fro,
Thus is my schort aviscament,
As hyt comyth so lete it go.
                When Fortune etc.

An derselben Stelle, wo hier vermuthlich die z w e i Anfangsverse
als Refrain wiederkehren, wird der Refrain auch in dem ersteren
Gedichte zu wiederholen sein; jedoch bleibt es dort unentschieden, ob nur der erste Vers oder die ganze Strophe als Refrain wiederkehrt. Ein anderes, gleichfalls schon von Guest
(II, 368) citiertes, in der *Aldine Edition* von Chaucers Werken,
vol. VI, 304/5 gedrucktes Rondel (nebst noch zwei anderen,
gleichgebauten) hat die nachstehende, etwas abweichende Form:

Youre two cyn will sle me sodenly,
I may the beauté of them not sustene,
So wendeth it thorow-out my herte kene.

And but your words will helen hastely
My hertis wound, while that it is grene,
Youre two cyn will sle me sodenly.

Upon my trouth I sey yow feithfully,
That ye ben of my liffe and deth the quene,
For with my deth the trouth shal be i-sene.
                Youre two, etc.

Während in diesem, ebenso wie in dem dritten dieser drei letzt-
genannten Rondels, nur der erste Vers als Refrain wiederholt
zu werden scheint, weicht das zweite insofern ab, als dort des
logischen Zusammenhanges wegen jedenfalls zwei Verse wiederkehren (was übrigens auch bei den beiden andern Gedichten der Fall sein könnte), vielleicht sogar die ganze Strophe
wiederholt wird. Möglich, dass noch andere Nachbildungen
französischer Rondels vorkommen. Im Allgemeinen aber
scheinen diese französischen Dichtungsarten fester Form, wie
auch das früher (§ 155) erwähnte Virelay, in der altenglischen
Poesie wenig Nachahmung gefunden zu haben.

28

Kapitel 8.

Der fünftaktige jambische Vers vor und bei Chaucer.

§ 181. Unter allen Versarten, die in der englischen Poesie zur Verwendung gelangt sind, muss unzweifelhaft dem fünftaktigen, jambischen Verse die erste Stelle eingeräumt werden. Denn die Thatsache dürfte kaum anzufechten sein, dass, zunächst quantitativ genommen, kein anderer Vers in so zahlreichen und umfangreichen Denkmälern in der englischen Dichtkunst vertreten ist, als dieser; und in Bezug auf die Qualität der in ihm sich bewegenden Dichtungen ist weiter zu bemerken, dass zu jeder Zeit, so oft der poetische Genius der englischen Nation einen neuen, mächtigen Aufschwung nimmt, er den fünftaktigen, aufsteigenden Rhythmus bei seinem Fluge bevorzugt.

So ist das hervorragendste Werk altenglischer Dichtkunst, Chaucers *Canterbury Tales* zum grössten Theil in jenem Metrum abgefasst, welches, zu fortlaufenden Reimpaaren verbunden, höchst wahrscheinlich zum ersten Male von Chaucer in seiner *Legende of good women*, und zwar vermuthlich, wie Skeat zuerst bemerkt hat [1]), nach dem Vorbilde des bei Guillaume de Machault († 1377) vorkommenden, französischen, paarweise reimenden, zehnsilbigen Verses in der englischen Poesie gebraucht wurde, und welches dann bei seinen Nachfolgern auch das vorwiegend begünstigte blieb für die erzählende Dichtung, während es in strophischer Bindung mehr im Dienste lyrischer Poesie stand.

Dasselbe Verhältniss blieb auch in der Folgezeit bestehen, nur erhielt das fünftaktige Reimpaar — *heroic couplet* oder *heroic verse* von den Engländern benannt — c. 180 Jahre später einen übermächtigen Concurrenten an dem fünftaktigen, reimlosen Verse, dem sogenannten *blank verse*, der im vierten Jahrzehnt des sechszehnten Jahrhunderts etwa vom Earl of

---

1) Vgl. Chaucer, *Prioresses Tale ed. by* Rev. W. W. Skeat, M.A. *Oxford. at the Clarendon Press, 1877, p. XIX.*

Surrey (1518(?)—1547) mit seiner Uebersetzung des zweiten und vierten Buches von Virgils Aeneide in die englische
Poesie eingeführt wurde und im selben Jahrhundert noch in
der mächtig aufstrebenden dramatischen Poesie zur alleinigen, fast unbestrittenen Herrschaft gelangte. Im folgenden
Jahrhundert griff dies Metrum dann sogar mit Miltons *Paradise Lost* und *Paradise Regained* in das bisher den gereimten
fünftaktigen Rhythmen theilweise erhalten gebliebene Gebiet
des Epos hinüber, doch ohne sich dauernd daselbst behaupten
zu können. Ja, wenige Decennien später war es sogar in
Gefahr, die Oberherrschaft im Drama an seinen unter französischem Schutz und unter Drydens Anführerschaft zu einem
kurzen Eroberungskriege sich aufraffenden Rivalen, den *heroic
verse*, zu verlieren. Doch der *blank verse* ging schliesslich
dennoch, da Dryden bei besserer Einsicht ihm alsbald seine
Gunst wieder zuwandte, siegreich aus dem Kampfe hervor:
ihm blieb das dramatische, dem *heroic verse* das lyrische, satirische und didaktische Gebiet unterworfen, so weit nicht die
andern Vers- und Strophenarten schon einzelne Theile davon
occupiert hatten oder sich anzueignen suchten.

Uns interessiert hier fürs erste nur der *heroic verse* und
der fünftaktige Rhythmus in den früher betrachteten Strophenarten, da der *blank verse*, obwohl er diesem nahe verwandt
ist, doch einer späteren, der neuenglischen Epoche, in der
Entwickelung der englischen Rhythmen angehört.

Natürlich ist der altenglische *heroic verse* oder auch der
fünftaktige Vers in gleichzeitigen andern Strophenbildungen
als ein Product seiner Zeit ins Auge zu fassen, und daher
durchaus nicht als in seinem innersten Wesen von den sonstigen, nach romanischen Vorbildern enstandenen, altenglischen
Rhythmen verschieden anzusehen.

Dieselbe Sprache, deren Chaucer sich in seinem in viertaktigen Versen abgefassten *House of Fame* bedient, reden auch
seine in fünftaktigen Versen sich unterhaltenden Canterbury
Pilger; dieselben rhythmischen Bestandtheile, aus denen das
altenglische viertaktige Reimpaar, der Septenar und der
Alexandriner bestehen, und zwar mit allen ihren bereits näher
betrachteten, charakteristischen Eigenschaften, machen auch
das fünftaktige Reimpaar aus. Wir können daher bezüglich

unserer Betrachtung der Geschichte des fünftaktigen Verses unmittelbar an das bei jenen, ebenfalls gleichtaktigen Versarten Bemerkte wieder anknüpfen. — Uebrigens ist uns hier unsere Aufgabe wesentlich erleichtert durch die vortrefflichen Untersuchungen über Chaucers Sprache und Versbau, welche Skeat in seiner Ueberarbeitung des Tyrwhitt'schen Essays der *Aldine Edition* voranstellte, durch desselben Forschers Bemerkungen über Chaucers *Metre and Versification* in der Einleitung zu seiner Ausgabe der oben genannten *Prioresses Tale*, p. LIII ff., und vor allen Dingen durch die grundlegenden Studien, welche A. J. Ellis auf dem Boden der historisch-vergleichenden Betrachtung mit Berücksichtigung der sorgfältigen Arbeiten des Amerikaners Prof. Child über den fünftaktigen Vers Chaucers gemacht und in seinem bewundernswürdigen Werke *On Early English Pronunciation* niedergelegt hat.

§ 182. Verse von fünf Takten kommen, so weit bis jetzt bekannt, zum ersten Male in der englischen Poesie vor in zwei p. 412/3 citierten Gedichten (GL. XVIII u. WL. XIV) des zu Anfang des vierzehnten Jahrhunderts aufgezeichneten *MS. Harl. 2253*. Die Gedichte selber werden, wie die meisten andern der Sammlung, schon der letzten Hälfte des dreizehnten Jahrhunderts angehören. Dieselben sind zwar nicht in Strophen von ausschliesslich fünftaktigen Versen abgefasst, sondern der Hauptbestandtheil der Strophen ist septenarischer Art; um so entschiedener aber macht sich der in den einzelnen Strophen an derselben Stelle wiederkehrende fünftaktige Rhythmus der betreffenden Verse bemerkbar. Gewiss auch darf man annehmen, dass dies nicht die einzigen Proben dieses Metrums aus so früher Zeit waren; wahrscheinlich wurden schon damals ganze Strophen und Gedichte in dieser Versart verfasst, die ja in der nordfranzösischen Lyrik jener Zeit ebenso beliebt war, als der Achtsilbler. Doch dürfen wir wohl aus dem Umstande, dass bisher in der altenglischen Dichtkunst keine Dichtungen in fünftaktigen Versen aus dem dreizehnten und grösseren Theil des vierzehnten Jahrhunderts aufgetaucht sind, schliessen, dass diese allerdings kunstvollere Versart in derselben nicht so

schnell Nachahmung fand, als die bisher betrachteten, einfacheren romanischen Versarten.

Indem wir die viel discutirte Frage nach dem Ur-
sprunge [1]) des französischen, resp. provenzalischen, zehnsilbigen Verses auf sich beruhen lassen, begnügen wir uns für unseren Zweck mit dem Hinweise, dass der englische, fünftaktige
Vers höchst wahrscheinlich [2]) dem französischen Zehnsilbler
nachgebildet worden ist. Derselbe besteht in seiner einfachsten Gestalt bekanntlich aus einem steigenden oder jambischen
Rhythmus von zehn Silben mit der Cäsur hinter der vierten
Silbe, die also einen Hauptaccent trägt. Da aber der altfranzösische Zehnsilbler dieselben Freiheiten zulässt, wie der
altfranzösische Alexandriner, nämlich sogenannte weibliche
Cäsuren neben den auch im Neufranzösischen gestatteten

---

1) Vgl. darüber die p. 88, Anm. citirten Schriften; ferner: Benloew,
Précis d'une théorie des rhythmes, Paris, 1862, p. 69 ff., ten Brink,
Conjectanea in historiam rei metricae francogallicae, Bonner Diss. 1865.

2) Wir stellen diese Entstehungsart des fünftaktigen Verses nicht
als eine Thatsache hin aus dem Grunde, weil es immerhin denkbar ist,
dass der englische Fünftakter sich ohne romanische Einwirkung durch
Verkürzung um einen Takt aus dem Alexandriner entwickeln konnte,
wie manche, sei es durch die Schuld der Abschreiber entstellte, sei es
aus dem Ungeschick der Dichter herrührende Beispiele solcher Verse
in altenglischen, alexandrinischen Gedichten darthun, oder auch, dass
er durch Erweiterung um einen Takt aus dem viertaktigen Verse
entstanden sei, wie z. B. in dem *Early English Psalter* sich einzelne
Verspaare finden, welche, für sich genommen, sich ungezwungen in den
fünftaktigen Rhythmus fügen, so z. B. Ps. XLIV, v. 7:

Þi sete, Laverd, werld of werld es inne;
Yherde of rightinge yherde of rike Þine.

Gleichwohl werden auch derartige Verse, zumal wenn diese gereimte Uebersetzung der Psalmen für den Gesang bestimmt war, sich in den allgemeinen, viertaktigen Rhythmus derselben fügen müssen, wie deutlich
hervorgeht aus solchen, öfters vorkommenden Verspaaren, in welchen
ein anscheinend fünftaktiger Vers mit einem unverkennbaren Viertakter
verbunden ist, z. B. Ps. XLIV, v. 9:

Þe quene on right-hales stode,
In schroude gilt, um-given with sernes gode.

Für den fünftaktigen, altenglischen Vers der Kunstpoesie dürfte die
Annahme, dass er dem altfranzösischen Zehnsilbler nachgebildet wurde,
schwerlich anzufechten sein.

weiblichen Versausgängen, so wird die normale Zahl von zehn
Silben in gleicher Weise, wie dort diejenige von zwölf Silben,
öfters überschritten. Während wir also einen normalen Vers
von zehn Silben vor uns haben in dem Verse:

Ja mais n'iert tels   com fut as anceisors [1])

haben wir ein Beispiel eines elfsilbigen Verses, in Folge
weiblichen Versausganges, in:

Sor toz ses pers   l'amat li emperedre,

desgleichen einen elfsilbigen, durch weibliche Cäsur:

Enfant nos done   qui seit a ton talent,

und einen zwölfsilbigen, durch weibliche Cäsur und weiblichen Versausgang:

Donc li remembret   de son seinor celeste.

Diese letztere Art der Cäsur, die also aus einer tonlosen,
auf die betonte vierte Silbe folgenden, in den Rhythmus des
Verses nicht eingreifenden Silbe besteht, kommt hauptsächlich in der altfr. Epik (doch auch in der Lyrik, s. Tobler
a. a. O. p. 71) vor und wird daher e p i s c h e Cäsur genannt;
die erstere dagegen, in der eine solche überzählige, tonlose
Silbe fehlt, die Cäsur also stumpf oder männlich ist, die ge-
w ö h n l i c h e Cäsur.

Für die späteren Denkmäler anglo-normannischer Sprache
ist es, wie S u c h i e r nachgewiesen hat in seiner Schrift: Ueber
die Matthäus Paris zugeschriebene *Vie de Saint Auban*, Halle,
1876, charakteristisch, dass manchmal der Auftakt fehlt, wie
noch öfter im Alexandriner, doch nimmt er, und wenn sich
in der sonstigen afrz. Poesie nichts Aehnliches nachweisen
lassen sollte, wohl mit Recht an, dass dies auf englischen
Einfluss zurückzuführen sei.

---

1) Die Beispiele sind die von G. P a r i s aus der von ihm edierten *Vie de Saint Alexis* (*Paris, 1872*) dem ältesten, französischen Denkmal in dieser Versart, p. 131 angeführten, während dies Metrum im Provenzalischen zuerst im Boetius-Lied auftritt. Betreffs weiterer Charakteristik
dieses Verses vgl. D i e z „Ueber den epischen Vers" in A l t r o m a n i s c h e
S p r a c h d e n k m a l e von Fr. Diez. Bonn, Ed. Weber, 1846, und R o c h a t,
„*Histoire du vers décasyllabe*" in Eberts Jahrbuch vol. XI.

§ 183. Dieser so gebaute, fünftaktige Vers ist es, der uns in dem Abgesange der einzelnen Strophen der oben citierten Lieder zum ersten Male, so weit bis jetzt bekannt, in englischer Nachbildung entgegentritt, und der sich von dem fünftaktigen Jambus Chaucers und der meisten seiner Nachfolger namentlich dadurch unterscheidet, dass die Cäsur stets an derselben Stelle, nämlich nach dem zweiten Takte eintritt, während sie bei jenen in Bezug auf Lage und Beschaffenheit viel grössere Mannigfaltigkeit zeigt.

Da die Reime der betreffenden Verse in allen Strophen der beiden Lieder stets klingend sind, so kommen zwei Arten des französischen Musters, nämlich Verse mit stumpfer Cäsur und stumpfem Reime, und Verse mit klingender Cäsur und stumpfem Reime nicht vor, sondern nur die beiden anderen Arten, nämlich Verse mit stumpfer Cäsur bei klingendem Reime und mit klingender Cäsur bei klingendem Reime. Eine Probe von jener Gattung gewährt in GL. XVIII die letzte Strophe:

ffor loue of vs   his wonges waxeþ þunne,
His herte blod   he ȝef for al mon kunne.

Von dieser die vorletzte Strophe:

vpon þe rode   why nulle we taken hede?
His grene wounde   so grimly conne blede.

Hieher gehört auch der einzige Vers, welcher hinsichtlich der Cäsur zweifelhaft sein könnte, nämlich v. 14 in Str. 2:

ant crien euer   to jesu crist „þyn ore!"

auch wenn wir mit Böddeker und Wright das Wort *crist* zur Anrede ziehen und lesen:

ant crien euer   to iesu: „crist, þyn ore!"

denn der Nachdruck, welcher auf dem Worte *euer* liegt, bewirkt das Eintreten einer stärkeren Pause nach diesem Worte.

Durch Fehlen des Auftaktes können, ähnlich wie bei den früher betrachteten, gleichtaktigen Rhythmen, die obigen Typen um eine Silbe vermindert werden:

ȝef þou dost,   hit wol me reowe sore, WL. XIV, v. 20.
ant ycast   þe grimly gost to grounde. GL. XVIII, v. 6.

Die elfsilbigen Verse des fünftaktigen Rhythmus (in Folge
klingender Reime bei stumpfer Cäsur) werden dadurch auf
zehnsilbige, die zwölfsilbigen (in Folge klingender Reime bei
klingender Cäsur) auf elfsilbige zurückgeführt. Von dieser
letzteren Gattung gewähren indess die beiden Gedichte keine
Proben, ebenso wenig natürlich, — da fünftaktige Verse mit
männlichen Reimen dort überhaupt nicht vorkommen —, von
den beiden durch die Cäsur unterschiedenen Arten derselben,
mit Verkürzung durch den fehlenden Auftakt, wodurch der
elfsilbige (in Folge klingender Cäsur bei stumpfem Reime)
in einen zehnsilbigen, der zehnsilbige (mit stumpfer Cäsur
und stumpfem Reim) in einen neunsilbigen verwandelt werden würde.

In ähnlicher Weise kann auch der zweite Verstheil der
Verkürzung durch Fehlen des Auftaktes unterworfen werden,
so dass aus der Combination der einzelnen Fälle theoretisch
folgende sechszehn Variationen im Bau des fünftaktigen Verses
entstehen können, die den analogen Fällen im Bau des französischen, zehnsilbigen Verses entsprechen würden:

I. Hauptarten.		III. Mit fehlendem Auftakte nach der Cäsur.	
1 ◡—◡— |◡—◡—◡—	10 S.	9 ◡—◡— |—◡—◡—	9 S.
2 ◡—◡—◡|◡—◡—◡—	11 S.	10 ◡—◡—◡|—◡—◡—	10 S.
3 ◡—◡— |◡—◡—◡—◡	11 S.	11 ◡—◡— |—◡—◡—◡10 S.	
4 ◡—◡—◡|◡—◡—◡—◡	12 S.	12 ◡—◡—◡|—◡—◡—◡11 S.	

II. Mit fehlendem Auftakte zu Anfang.		IV. Mit fehlendem Auftakte zu Anfang und nach der Cäsur.	
5 —◡— |◡—◡—◡—	9 S.	13 —◡— —◡—◡—	8 S.
6 —◡—◡ ◡—◡—◡—	10 S.	14 —◡—◡ |—◡—◡—	9 S.
7 —◡— |◡—◡—◡—◡	10 S.	15 —◡— —◡—◡—◡	9 S.
8 —◡—◡ |◡—◡—◡—◡	11 S.	16 —◡—◡ —◡—◡—◡10 S.	

Von diesen verschiedenen Combinationen würde also die dreizehnte den kürzesten Vers liefern, der dem von Suchier in
seiner oben erwähnten Schrift p. 23 citierten, ähnlich gebauten
französischen Verse:

li mes lur ad trestut cunté,

entsprechen würde.

In den beiden altenglischen Liedern kommt diese Versart nicht vor, wie überhaupt keine einzige der vierten Gruppe, die als dem regelmässigen jambischen Rhythmus zu sehr widerstrebend nur sehr selten anzutreffen sind. Dagegen ist die dritte Gruppe, mit fehlendem Auftakte nach der Cäsur bei vorhandenem Auftakte zu Anfang des Verses, mit einem Beispiel nach dem Schema Nr. 12 vertreten durch WL. XIV, 27:

> *Bote heo me louye, sore hit wol me rewe*;

Jedoch, da in keinem der beiden Lieder Verse nach dem Schema 9, 11, 13, 15, also mit fehlendem Auftakte in dem zweiten Verstheile nach männlicher Cäsur vorkommen, so ist nicht mit Bestimmtheit zu sagen, ob wir die nur so mit Sicherheit nachweisbare Erscheinung des Fehlens eines Auftaktes im zweiten Verstheile in dem obigen Beispiele anzunehmen haben, oder ob wir dieselbe nicht vielmehr anzusehen haben als eine besondere Art der Cäsur zwischen Senkung und Hebung des dritten Fusses, die in der provenzalischen und französischen Lyrik in ähnlicher Weise[1]) neben der männlichen Cäsur fast ausschliesslich vorkam, und die wir daher mit Diez (Altromanische Sprachdenkmale, p. 53) lyrische Cäsur nennen. Diese Art der Cäsur, von der unten die Rede sein soll, wurde in der weiteren Entwickelung des fünftaktigen Jambus sehr beliebt, und Verse dieser Art nach dem Schema 10 und 12 sind neben den acht Versarten der Gruppe I und II diejenigen, die unter den verschiedenen Variationen des fünftaktigen Jambus am zahlreichsten vertreten sind und also allein schon eine grosse Mannichfaltigkeit des Rhythmus erzeugen.

Hinsichtlich des altenglischen Verses kommen nun aber ausserdem noch die andern, für die gesammte gleichtaktige

---

1) Nämlich die dritte Silbe betont und die vierte tonlos im ersten Gliede, z. B. *Et as autres | la coi si de bon aire* Mätzner, afrz Lieder, III, v. 11. Doch auch Verse mit weiblicher Cäsur bei betonter vierter und mit um eine Silbe verkürztem zweitem Versgliede (also ganz wie in dem obigen altengl. Verse), kommen in der afrz. Lyrik vor: *Quen-cor ne die | je ma diserance* ib. XXII, 26, ja, ausnahmsweise auch die epische Cäsur, vgl. Tobler, a. a. O. p. 72, 73.

Rhythmik dieser Zeit charakteristischen Freiheiten, als da sind:
Verschleifungen, mehrfache Auftakte und Senkun-
gen, wie z. B. in den Versen 33, 34 von WL. XIV:

> *ase sterres ber* in *welkne*, *ant grases sour ant suete;*
> *whose louep vntrewe, his herte is selde seete;*

ferner auch Taktumstellungen und das freilich immer
seltener werdende Fehlen einer Senkung im Innern des
Verses (kein Beispiel in WL. XIV und GL. XVIII) hinzu,
um die Zahl der so entstehenden neuen Variationen im Bau
desselben ganz ausserordentlich zu vermehren und ihm ein
sehr belebtes Gepräge zu geben, welches zwar den einzelnen
Denkmälern in verschiedenem Masse, dem einen mehr, dem
andern minder scharf aufgedrückt[1]), jedoch bis zu einem gewissen Grade allen eigenthümlich ist, mögen sie nun in lyrischen Strophen, oder in Reimpaaren aus fünftaktigen Versen
abgefasst sein.

§ 184. In hohem Grade tritt diese Eigenschaft als
charakteristische Eigenthümlichkeit des Chaucer'schen
Verses zu Tage, wie dies auch bereits von früheren Forschern, namentlich von Alexander J. Ellis, obwohl auch von
diesem noch nicht in hinlänglichem Masse und nach allen
Richtungen hin, hervorgehoben worden ist. Unzulänglich sind
namentlich die Bemerkungen, welche Morris, Skeat und auch
Ellis über die Cäsur machen.

Für uns sind gleichwohl Ellis' Auseinandersetzungen über
das Wesen und die charakteristischen Eigenthümlichkeiten
des fünftaktigen Verses von um so grösserer Bedeutung, als
sie in der Gesammtauffassung dieses Rhythmus übereinstimmen mit den Resultaten, zu denen wir auf Grund unserer
bisherigen, historischen Betrachtung auf durchaus selbständi-
gem, von ihm unabhängigem Wege bezüglich des Wesens der
früheren gleichtaktigen Versarten gelangt sind.

Es wird daher zweckmässig sein, das Wesentliche aus
Ellis' Bemerkungen über Chaucers Versbau hier aus seinem

---

1) So ist z. B. der Rhythmus des ernsten, geistlichen Liedes XVIII
entschieden ein ruhigerer, als derjenige des heiteren, in derselben Strophenform, wie ich mit Warton annehme, parodistisch abgefassten Liebes-
liedes WL. XIV.

grossen Werke *vol.* I, p. 330—342 anzuführen und zu besprechen. Die Punkte, die er, ebenso wie wir es früher gethan haben, in Betracht zieht, sind: die schwebende Betonung, Taktumstellung, Fehlen des Auftaktes, doppelte Auftakte und Senkungen, Silbenverschleifung, Silbenunterdrückung
und die Cäsur.

Von der Annahme ausgehend, dass die Betonung der
französischen Wörter überhaupt eine mehr gleichmässige sei,
dass namentlich die Reimsilbe im Französischen nicht von
einem so starken Accent getroffen werde, als im Deutschen,
führt Ellis aus, dass Chaucer sich bezüglich der Betonung
französischer Wörter einfach von dem Brauche der französischen Dichter habe leiten lassen, und dass überhaupt die
Betonung der in die englische Sprache aufgenommenen französischen Wörter zu Chaucers Zeit eine mehr gleichmässige
für alle Silben, also schwebende oder silbenzählende gewesen
sei, entgegen der Annahme von Morris und deutschen Gram-
matikern, welche der Ansicht sind, dass die gewöhnliche
Betonung der romanischen Wörter im Englischen die germanische, dem Anfang des Wortes zustrebende gewesen sei,
während die Betonung der Endsilbe im Reim auf das Nachwirken des französischen Einflusses zurückzuführen sei, der
dann auch auf gewisse germanische Endungen wie *inge, ande,*
esse, nesse etc. sich erstreckt habe. Welcher Ansicht wir
uns auch zuneigen — und im Allgemeinen glaube ich, dass die
Ellis'sche Ansicht die richtigere ist — das Resultat kommt auf
dasselbe hinaus, wie es Ellis zusammenfasst in den Worten:
„*Chaucer apparently took the liberty of placing French words,*
foreign names and English words with heavy terminations, as
-ynge, -nesse and some others, in any part of his line which
suited his convenience, most probably pronouncing them with
an even stress on each syllable, which in process of time became
transformed into a double method of accentuating. For English
words generally the usual Germanic rule of the stress on the
radical syllable apparently prevailed (p. 332)“.

Die Thatsache der Verwendung vieler zwei- und mehrsilbiger romanischer Wörter mit verschiedener Betonung oder richtiger mit willkürlicher Einfügung in den gleichtaktigen, accentuierenden Rhythmus altenglischer Dichtungen

ist so bekannt und in den bisher citierten Proben schon so oft zu Tage getreten, dass es bezüglich des Chaucer'schen Verses [1]) ausreicht, diesen selbstverständlich auch von ihm befolgten Brauch nur durch einige wenige Beispiele zu veranschaulichen [2]).

a) Zweisilbige Wörter: *By éterne wórd to deÿen ín prisoún* Kn. T. 251, ebenso v. 165, 200, 934; dagegen: *This prísoun caúsede mé not fór to crÿe* ib. 237; *Out óf this prísoun hélp that wé may scápe* ib. 249; *pitoús : mous* Prol. 143/4; dagegen: *Wịth hérte pítous* Kn. T. 95; *But we beséken mercy and socour* ib. 60; dagegen: *pitously : mercy* ib. 92; *certaÿn* ib. 281; dagegen: *But cértain* N. Pr. T. 496, etc.

b) Dreisilbige Wörter: *And bÿ etérne wórd write and conférmed,* Kn. T. 1492; dagegen in dem oben citierten Beispiel: *By éterne wórd,* etc. ib. 352 (übrigens ist hier vielleicht zweisilbiger Auftakt vorzuziehen); *with sád viságe* Cl. T. 693; dagegen: *And saúgh his visage* Kn. T. 543; *of swích meruaílle* Cl. T. 1186; dagegen: *For mérueille óf this knÿght* Sq. T. 87; *victórie of hem* Kn. T. 1388; dagegen: *And thús with victorie ánd with mélodÿe* ib. 14; *thurgh thÿ preyére : dére* Pr. T. 1669/70; dagegen: *for preÿer né for hÿre* Mncpl. T. 6; *bataÿlle : faÿlle* Kn. T. 995/6; dagegen: *Hir bátailes, whó so list hem fór to réde,* Monk. T. 3509; *At mórtal bátailles hádde he bén fífténe* Prol. 61, etc. Gerade so werden manche Eigennamen behandelt: vgl. gegenüber der gewöhnlich in der

---

1) Wir citieren Chaucer, da die *Aldine Edition* einer durchgehenden Verszählung ermangelt, nach den bekannten Ausgaben der *Clarendon Press: The Prologue, The Knightes Tale, The Nonne Prestes Tale by* Rev. R. Morris, L. L. D. *Sixth Edition.* Oxford, 1885; *The Prioresses Tale, Sire Thopas, The Monkes Tale, The Clerkes Tale, The Squieres Tale* ed. by Rev. W. W. Skeat, M. A. *Second Edition,* Oxford, 1877; *The Tale of the Man of Lawe, The Pardoneres Tale, The Second Nonnes Tale, The Chanouns Yemannes Tale* ed. by the Rev. W. W. Skeat, M. A. Oxford, 1877. Die im Folgenden für diese einzelnen *Tales* gebrauchten Abkürzungen bedürfen keiner weiteren Erklärung.

2) Für zahlreichere, aus Chaucer und Gower entnommene Beispiele vgl. Childs Liste bei Ellis a. a. O. I, p. 369; vgl. auch Koch, Hist. Gram, I, § 251—253, wo Beispiele aus Chaucer und Robert of Gloucester zusammengestellt sind.

Knightes Tale vorkommenden Betonung *Arcite* 155, 173, 254
etc. den Vers *This A'rcite ánd this Pálamón ben mét* 778,
ebenso v. 639; ähnlich *Athénes* ib. 548 und *A'thenes* ib. 533,
537 etc. Diese Beispiele zeigen, dass bei romanischer Accentuation die Wörter in der Regel vollgemessen, also mit der
letzten tonlosen Silbe als Senkung im Rhythmus (oft freilich
als weiblichem Versausgang) verwendet werden, wogegen
diese Silbe bei germanischer Betonung gewöhnlich verschleift
wird oder abfällt, was übrigens auch bei romanischer Betonung oft genug vorkommt (vgl. *natúre in hér coráges* Prol. 11;
purtreýe and write ib. 96 etc.). Im Ganzen ist die romanische Betonung und Verwendung im Rhythmus noch bei den
meisten Wörtern die vorherrschende, namentlich bei denjenigen, welche auf *age, ance (aunce), ence* endigen.

c) Aehnlich verhält es sich mit den viersilbigen Wörtern, unter welchen diejenigen, welche auf die oben genannten
Endungen ausgehen, sowie ferner auf die Endungen *ion (ioun)*,
cion (cioun) besonders zahlreich vertreten sind. Zum Unterschiede von der neuenglischen Behandlung dieser Wörter
werden dieselben bei Chaucer (und seinen Zeitgenossen) fast
nur voll gemessen im jambischen Rhythmus verwendet und
fügen sich um so leichter in denselben ein, als sie meistens
an sich schon einen jambischen oder trochäischen Tonfall
haben; namentlich im Reime finden sie sich häufig: *hóstelrýe*:
cómpainýe Prol. 23/4; *resoún : condícioún* ib, 37/38; *réverénce :*
cónsciénce ib. 141:142; *toun : conféssioún* ib. 217/8; *góver-*
naúnce : chévysaúnce ib. 281/2; Verschleifung oder Abstossung
der letzten Silbe kommt auch bei diesen Wörtern wohl im Innern
des Verses vor (*no vilcynýe ne saýde* Prol. 70; *His sácrifíce he*
dide Kn. T. 1404); sehr selten aber hängt dieselbe mit ungewöhnlicher Betonung, resp. ungewöhnlicher rhythmischer Verwendung des Wortes zusammen, während dies bei dreisilbigen,
germanisch betonten Wörtern, wie oben bemerkt wurde und
später bei der Erörterung der Silbenverschleifung (resp.
Silbenmessung) noch weiter gezeigt werden soll, in der Regel
der Fall ist. Schwierigkeiten bereiten nur solche auf tonloses *e* auslautende, viersilbige Wörter dem Rhythmus, in
denen auf eine tonlose erste Silbe zwei betonte Silben, eine
hochtonige und eine tieftonige (oder in umgekehrter Ordnung)

folgen, oder auch solche Composita, in denen die beiden
ersten Silben betont sind. Derartige Wörter (romanische wie
germanische) fügen sich nur mit schwebender Betonung, sei es
im Innern, sei es als Ausgang des Verses, in den Rhythmus
ein: *An houshaldere, and that a gret, was he*; Prol. 339. *To
han with sike lazars aqueyntaunce* ib. 245; *gret avantage : usage*
Kn. T. 1589; *the cherles rebellynge* ib. 1601.

d) Nicht minder einfach, als die rhythmische Behandlung
der viersilbigen Wörter, gestaltet sich diejenige der fünfsilbi-
gen, die fast ausnahmslos einen jambischen Tonfall haben
und daher für den jambischen Rhythmus wie geschaffen sind;
sie können im Innern des Verses vollgemessen oder, wie Kn. T.
1587 *expériénce an art*, mit unterdrücktem *e* verwendet werden, finden sich aber namentlich im Reime vor: *empoýsonýnge*
Kn. T. 1602; *discónfytýnge* ib. 1862; *discónfytúre* ib. 1863;
appáraillýnge (mit schwebender Betonung) ib. 2055. —

Wie die obigen Beispiele zeigen, werden die mit germanischen Endungen zusammengesetzten, romanischen Wörter
ganz den rein romanischen entsprechend im Rhythmus verwendet und veranschaulichen so recht deutlich, wie derartige
volltönende germanische Endsilben (*ing, inge, and, esse, nesse*
etc.) sich den romanischen auf *ance* (*aunce*), *ence* accomodieren
und ebenso wie diese bei vorhergehender unbetonter Silbe
hochtonig, bei vorhergehender betonter mit gleichmässiger,
schwebender, silbenzählender Betonung des ganzen Wortes
nach französischem Brauche im Rhythmus Platz finden konnten.

Ellis hätte zu seiner oben citierten allgemeinen Bemerkung noch hinzufügen können, dass die Annahme schwebender, gleichmässiger Betonung den ganzen Hergang jedenfalls
viel leichter erklärlich macht, als wenn man annimmt, dass
dem Reime zu Liebe die gewöhnliche Betonung des Wortes,
zumal eines germanischen, plötzlich der gerade entgegengesetzten habe weichen müssen. Mit Recht auch weist er hin
auf ähnliche Fälle schwebender Betonung in neuhochdeutschen
Reimen, indem er andeutet, dass wir englische Verse, wie:
Sownynge alway the thencres of his wynnynge.
Ile wolde the see were kept for eny thinge Prol. 275/6.
Therto he couthe endite, and make a thing,
Ther couthe no wight pynche at his writyng; ib. 325/6.

To drawe folk to heven by fairnesse
By good ensample, this was his busynesse: ib. 519/20.

bezüglich der Betonung der Endsilbe gerade so anzusehen
haben, wie das Wort etwas in dem von ihm citierten
Goethe'schen Mailied: Zwischen Waizen und Korn, Zwischen
Hecken und Dorn, Zwischen Bäumen und Gras, Wo gehts
Liebchen, Sag mir das! An dem Felsen beim Fluss, Wo
sie reichte den Kuss, Jenen ersten im Gras, Seh' ich etwas!
Ist sie das?

Aehnliche Fälle, in denen der natürliche Accent mit
dem rhythmischen in Collision geräth, und wo daher ein
Compromiss zwischen beiden geschlossen werden muss, lassen
sich wohl bei allen deutschen Dichtern, bei dem einen mehr,
bei dem andern weniger häufig nachweisen, sowohl im Innern des Verses, als auch im Reime, je nach dem Grade der
Sorgfalt, welche auf den Versbau verwendet wird. Ein Beispiel
aus einem in der Regel sehr sorgfältig reimenden, neueren
Dichter, welches zugleich ein interessantes Streiflicht wirft
auf die so häufig vorkommende, altenglische Reimsilbe *-and*
möge noch erwähnt werden:

Wie hält der hohe Riese, der ragende Roland
In deines Marktes Ringe, das Recht bewachend, Stand!
(Fitger, Fahrendes Volk, p. 211, 224.)

Brücke bespricht, wie schon mehrfach hervorgehoben, dieselbe Erscheinung in eingehender Weise. Es sei gestattet,
ein von ihm aus Minkwitz citiertes Distychon hier zu wiederholen:

Glücklicher Fürst Deutschlands, du verstehst dein Volk zu
beherrschen,
Weil du des Rechts Grundsatz ehrest und offen bekennst.

Die Verse sind um so mangelhafter, weil, wie Brücke bemerkt, die Arsis vor der regelmässigen Cäsur im Hexameter
und Pentameter von besonderer Kraft ist, und somit die
falsche Aussprache von Deutschlands und Grundsatz geradezu
herausgefordert wird.

Entgegen den Theorien von Minkwitz, welcher verlangt,
dass man nach dem Rhythmus des Verses ohne Rücksicht
auf die natürliche Betonung des Wortes scandieren soll,

stellt Brücke mit Recht folgende, meines Erachtens unbestreitbare Fundamental-Regeln auf (p. 10):

1) Man soll beim mündlichen Vortrage die natürliche (pro-
saische) Accentuierung so viel als thunlich beibehalten.

2) Man soll beim Aufbau des Verses darauf sehen, dass
dies geschehen könne, ohne dass der rhythmische Gang
darunter leidet.

Und da dies eben doch nicht immer geschieht, so fügt
er (p. 10) den von uns bereits p. 266, Anm. citierten Rath,
beim Recitieren den wahren Accent noch hörbar zu machen,
d. h. schwebende Betonung, wie ich es nenne, oder *an even
stress on each syllable*, wie Ellis es englisch ausdrückt,
eintreten zu lassen, hinzu. Wie schon öfters im Anschluss
an Ellis und Morris bemerkt wurde, steht das Altenglische in dieser Hinsicht, wie in mancher anderen, auf demselben Standpunkt der Entwickelung, wie das Neuhochdeutsche. Die mit den Schwierigkeiten der neueingeführten
Rhythmen und ihres noch dialektisch schwankenden, allmählich erst zum Range einer gebildeten Schriftsprache sich entwickelnden Idioms oft mühsam ringenden, altenglischen Dichter
aber haben in dieser Beziehung noch viel mehr auf die Nach-
sicht und das Entgegenkommen der Recitatoren ihrer Poesien
gerechnet, als die neuhochdeutschen Dichter, und dem entsprechend sind also sowohl die französischen Wörter, als
auch die deutschen Wörter mit voller Endsilbe, falls die
letztere den Reim trägt, oder auch, wenn sie im Innern des
Verses einer Hebung des Versschemas entsprechen, was bei
den germanischen Wörtern allerdings seltener vorkommt, zu
behandeln.

§ 185. Das führt uns zu einem andern Punkte, den
Ellis hervorhebt, nämlich dass Chaucers Vers keineswegs
immer fünf Hebungen habe, eine in jedem der fünf Takte,
aus denen er besteht; dass vielmehr eine Anzahl von Versen,
namentlich die vorwiegend aus einsilbigen Wörtern zusammengesetzten, entschieden nur silbenzählend seien nach französischem Vorbilde, so Kn. T. 990:

That everych of you schall gon wher him leste.

Man kann hinzufügen, dass derartige Verse nicht zu den

wohllautendsten gehören, und dass andererseits diejenigen,
in denen der fünftaktige Rhythmus in markierter Weise hervortritt, als die besseren zu bezeichnen sind. Es wird zweckmässig sein, zu dem einzigen von Ellis in dieser Hinsicht
beigebrachten Beispiele noch einige andere hinzuzufügen,
so aus dem Prolog:

> *At that tyme, for him luste ryde soo;* 102
> *Or if men smot it with a yerde smerte :* 149.

In andern Fällen hat man die Wahl, ob man sich für Taktumstellung oder silbenzählende, schwebende Betonung entscheiden will, so z. B. v. 176:

> *And held after the newe world the space.*

wo ich mich für die letztere erklären möchte, weil Taktumstellung an zweiter Stelle bei Chaucer selten vorkommt und
als Hemmniss des Verses anzusehen ist — ferner v. 195:

> *And for to festne his hood under his chynne,*

wo eher trochäische Betonung zulässig wäre, weil Taktumstellungen an vierter Stelle öfter vorkommen und namentlich nach der Cäsur, wie hier, nicht störend wirken. Häufiger
noch werden derartige, silbenzählende Verse in den strophischen Gedichten anzutreffen sein, weil in denselben das Vorkommen doppelter Senkungen seltener ist, als im Reimpaar,
so in der *Prioresses Tale*:

> *For noght oonly thy laude precious* 1645
> *O grete god, that parfournest thy laude* 1797
> *For reuerence of his mooder Marye.* 1880.

Unzweifelhaft kann die Betonung eines Wortes von der Stellung desselben im Verse wesentlich beeinflusst werden. In
diesem letzten Verse wird das Wort *mooder* mit schwebender
Betonung zu scandieren sein und nicht mit trochäischer, weil
es nicht, wie vorhin das Wort *under*, nach der Cäsur steht.

§ 186. Die Cäsur ist überhaupt von grösster Wichtigkeit im Bau des fünftaktigen Verses, und mit ihr steht zunächst das im innigsten Zusammenhange, was Ellis (p. 333/4)
in zu vager Weise bezüglich der zwei Haupthebungen bemerkt, welche der moderne fünftaktige Vers (und in ähn-

licher Weise, wenn auch nicht in so stricter Durchführung, der Chaucer'sche Vers) trage, und welche, wie er angiebt, „entweder auf der letzten betonten Silbe des zweiten und vierten oder des ersten und vierten oder des dritten und irgend eines andern Taktes liegen, abgesehen von der letzten betonten Silbe des fünften Taktes, welche gleichfalls einen (durch den Reim erzeugten) Hauptton habe". Denn da der normal gebaute fünftaktige, jambische Vers durch die Cäsur in zwei ungleiche Theile oder rhythmische Reihen (vergl. p. 30) getheilt wird, von denen jede einem rhythmischen Hauptaccent (vgl. p. 81) unterworfen ist, und da die Cäsur, wie nun ausgeführt werden soll, an sehr verschiedenen Stellen des Verses eintreten kann, und thatsächlich nur selten in einer kleinen Gruppe aufeinander folgender Verse, beispielsweise in einer sieben- oder achtzeiligen Strophe, sich in jedem Verse an derselben Stelle befindet, so wechselt damit auch die Stellung der rhythmischen Hauptaccente des fünftaktigen Verses, wodurch die grösste Mannigfaltigkeit im Tonfall dieses Metrums hervorgebracht wird. Seltsamerweise haben Morris und Skeat auf diesen wichtigen Punkt nicht hinlänglich aufmerksam gemacht. Skeat begnügt sich einfach mit dem Hinweis auf das häufige Vorkommen weiblicher Cäsur und citiert Beispiele dafür, bei denen er aber nicht hervorhebt, dass dieselbe an den verschiedensten Stellen des Verses eintritt. Auch Ellis weist nur mit einigen Worten, und ohne Beispiele anzuführen, auf die Verschiedenartigkeit der Cäsur hin. Er sagt p. 335: *Besides the stress the caesura plays an important part in modern verse. This consists in terminating a word at the end of the second measure or in the middle of the third, or else more rarely at the end of the third or middle of the fourth measure.*

Mit der Sonderung dieser vier Fälle sind aber keineswegs alle Arten der Cäsur, die bei Chaucer vorkommen, erschöpft. Es giebt vielmehr sechs Hauptarten der Cäsur, die zu beachten sind, abgesehen von gewissen, später zu erwähnenden Ausnahmefällen. Diese sechs Arten sind die folgenden:

1) **Männliche Cäsur nach dem zweiten Takte**, sogenannte **gewöhnliche Cäsur**:

The drought of Marche   hath perced to the roote, Prol. 2.
Of which vertue   engendred is the flour ; 4.
Whan Zephirus   eek with his swete breethe 5.
Enspirud hath   in every holte and heethe 6.

Diese Cäsur muss entschieden als die Hauptart der in Chaucers fünftaktigem Verse vorkommenden Cäsurarten bezeichnet
werden.   Von den ersten zweihundert Versen des Prologs
sind mehr als die Hälfte, c. 110, so gebaut.   Von den c. 250
Versen der *Prioresses Tale* reichlich 150, so dass hier bisweilen in ganzen Strophen diese Cäsur durchgeführt ist, so
z. B. 1713—1719, 1853—1859.

    2) Weibliche Cäsur nach dem zweiten Takte,
sogenannte epische Cäsur:

To Caunturbury   with ful devout corage, 22.
But sore wepte sche,   if oon of hem were deed, 148.
What schulde he studie,   and make himselven wood, 184.
And in his harpyng,   whan that he hadde sunge, 266.

Solche Beispiele, in denen eine tieftonige Silbe oder ein ein-
silbiges Wort den überzähligen Takttheil bilden, sind verhältnissmässig selten anzutreffen, da sie den gleichtaktigen Rhythmus des Verses doch einigermassen hemmen.   Häufiger sind
solche Fälle, in denen jene Silbe aus einer tonlosen Ableitungs-
oder Flexionsendung besteht, wie z. B.:

That hem hath holpen   whan that they were seeke. 18.
Hire nose tretys;   hire eyen greye as glas; 152.
I saugh his sleves   purfiled atte honde 193.
His heed was balled,   that schon as eny glas, 198.
Which that my fadere,   in his prosperite, Monk. T. 3385
That god of heuen   hath dominacioun 3409,

oder aus einem durch einen folgenden Consonanten vor der
Apocope geschützten, auslautenden *e:*

In curteisie   was set ful moche hire leste. Prol. 132.
Ther nas no dore   that he nolde heve of harre, 550.
And wel ye woote   no vileinye is it. 740.

Die Zahl der Verse mit dieser Art von Cäsur nimmt aber
bedeutend zu, sobald wir annehmen, wie Skeat es m. E. im
Ganzen mit Recht thut (vgl. *Prioresses Tale*, p. LXI), dass

das tonlose, auslautende *e*, welches vor einem Vocale oder folgenden *h* in der Regel elidiert wird, durch die nach demselben eintretende Cäsur gewöhnlich auch gegen die Elision geschützt werde[1]), was sicherlich der Fall ist in einem Verse wie:

This poure widwe   awaiteth al that nyght Pr. T. 1776,

wo es zugleich eine syncopierte Ableitungssilbe vertritt. Doch Skeat nimmt, entgegen der Auffassung von Ellis, der das *e* alsdann durch einen Apostroph ersetzt, die Vernehmbarkeit desselben auch an in Versen, wie:

The drought of Marche   hath perced to the roote, Prol. 2.
Whan they were wonne;   and in the Greete see 59.
Juste and eek daunce,   and wel purtreye and write. 96.

und ähnlich in vielen andern, leicht auffindbaren Fällen. Dass die Cäsur das *e* vor folgendem Vocale oder *h* stets gegen die Elision schütze, möchte ich freilich ebenso wenig behaupten, als Skeat, dem ich beipflichte, wenn er sagt, dass es manchmal für den Rhythmus ziemlich gleichgültig sei, ob das *e* elidiert werde, oder nicht, obwohl die für diese Annahme von ihm (p. LXI' unten) beigebrachten Beispiele meistens das Gegentheil beweisen. In Versen mit leichter Cäsur, wie z. B. in v. 2 und 4 des Prologs, oder in den Versen:

At night was come   into that hostelrie 23.
Of his stature   he was of evene lengthe 83,

ist jedenfalls die Elision des *e* leichter gestattet, als in solchen mit schwerer Cäsur, wie etwa in dem oben citierten Verse 59. Die Wahrscheinlichkeit der Scansion mit hörbarem *e* in den meisten derartigen Fällen wird noch weiter gestützt durch die nächste der Hauptarten der im Chaucers fünftaktigem Verse vorkommenden Cäsuren, nämlich:

3) Die Cäsur zwischen den beiden Takttheilen des dritten Fusses, oder die gewöhnliche lyrische Cäsur, da es bei dieser Cäsurart ja gerade in vielen Fällen

---

1) Dies widerspricht nicht dem p. 94 Bemerkten, da stumpfe Cäsur ein metrisches Erforderniss des Septenars ist, welches im *Poema Morale*, wie dort ausgeführt wurde, freilich durchaus nicht immer beobachtet wird.

das tonlose *e* ist, welches die vor der Pause stehende Senkung
des dritten Taktes repräsentiert, und zwar nicht nur vor
einem mit einem Consonanten, sondern bisweilen auch vor
einem mit einem Vocale oder *h* beginnenden folgenden Worte.
Diese Art der Cäsur ist als ein Compromiss zwischen den beiden vorhergehenden Arten anzusehen, indem die Cäsur zwar
eine weibliche ist, dennoch aber die Silbenzahl die regelmässige bleibt, da die überschlagende Silbe schon die Senkung des folgenden Taktes bildet. Für den streng gleichtaktigen Rhythmus ist sie jedenfalls geeigneter, als die epische
Cäsur, daher für die Lyrik besonders passend. Beispiele,
von denen einige aus Skeat (p. LXI) entnommen:

> *Fro thé senténce   óf this trétis lýte* Thop. 2153.
> *Than hád your tále   ál be tóld in vaýn.* N. Pr. Prl. 3989.
> *And wel we weren   esed atte beste.* Prol. 29.
> *And made forward   erly for to ryse,* 33.
> *Or that I forther   in this tale pace,* 36.
> *A peire of bedes   gauded al with grene;* 159.

Diese Art der Cäsur ist neben der gewöhnlichen Cäsur die
am häufigsten bei Chaucer vorkommende. Auch v. 1 gehört
hierher, einerlei, ob man ihn nach Ellis liest mit fehlendem
Auftakt:

> *Whán that A'pril   with his schoúres swóte,*

oder, was richtiger ist, da, abgesehen von anderen Gründen,
Fehlen des Auftaktes bei Chaucer nur selten vorkommt, und
es nicht wahrscheinlich ist, dass er seine Dichtung mit einem
unregelmässigen Verse begonnen habe, nach ten Brink (Krit.
Ausg. des Prologs, Marburger Univ.-Progr. 1871) und Morris:

> *Whan thát Aprílle   wíth his schowres swoóte.*

Verse dieser Art sind noch v. 14, 17, 21, 24, 31, 40, 44,
47, 50 etc.; im Ganzen kommt diese Cäsurart in den ersten
zweihundert Versen des Prologs fünfundvierzig Mal vor und
vierzig Mal in der *Prioresses Tale.*

Wenn Chaucer, wie es wahrscheinlich ist, durch die
fünftaktigen Reimpaare des Dichters M a c h a u l t zu seinem
heroic verse angeregt wurde, so hat er, bezüglich der Behandlung der Cäsur bis zu einem gewissen Grade sich nach
ihm gerichtet, nämlich insofern, als er ebenso, wie jener, in

der Regel die männliche Cäsur nach der vierten Silbe ein-
treten lässt, bei weiblicher Cäsur aber der lyrischen Art den
Vorzug giebt und sich die weibliche epische Cäsur gerade
so wie Machault in selteneren Fällen gestattet. In dem von
Bartsch in seiner *Chrestomathie de l'ancien français* p. 408—
410 mitgetheilten, in zehnsilbigen Reimpaaren geschriebenen
Gedichte Machaults ist die männliche Cäsur nach der vierten
Silbe weitaus die am häufigsten vorkommende.

Ob nun aber Chaucer dies Metrum in selbständiger
Weise hinsichtlich der Cäsur insofern weiter entwickelte,
dass er dieselbe in den drei verschiedenen Arten je um
einen Takt weiter nach dem Ende des Verses hin eintreten liess, muss doch zweifelhaft erscheinen. Diese Art der
Cäsur nämlich, nach der betonten sechsten Silbe, die in dem
provenzalischen Epos von *Girart de Rossilhon* zum ersten
Male auftritt, ist auch in mehreren altfranzösischen Epen zur
Verwendung gekommen, so z. B. in der *Chanson de geste* von
Aiol et Mirabel, herausgegeben von Förster, Heilbronn, 1876,
u. a. m. (s. Tobler a. a. O. p. 74) und kam sogar, wie die
p. 73 von Tobler citierten Beispiele, die er freilich lieber für
cäsurlose Verse erklären möchte, meines Erachtens deutlich
erkennen lassen, unter Verse mit den früher erwähnten, für
die Lyrik gebräuchlichen Cäsurarten gemischt, auch in dieser
altfranzösischen Dichtungsgattung vor, und zwar in der Regel
als stumpfe Cäsur, doch auch als epische Cäsur, wie der von
Rochat citierte Vers:

Ki est a conpaignie   a cuer volaige Mätzner, afr. L. p. 23
und gleichfalls als lyrische Cäsur (nach der von uns p. 441 für
das Englische eingeführten Auffassung und Bezeichnung, vergl.
auch die Anm.), wie der folgende, in Wackernagel, Altfranz.
Lieder, p. 31, 4 stehende Vers einer Geleitstrophe beweist:

a mon signor lou conte   je li mans.
Diese Cäsurarten sind auch bei Chaucer recht oft vertreten.
Zunächst:

4) **Gewöhnliche männliche Cäsur nach dem
dritten Takte:**

That slepen al the night   with open eye, Prol. 10.
And eek in what array   that they were inne: ib. 41.
And everych hostiler   and tappestere, ib. 241.

Diese Art der Cäsur ist in v. 3, 11, 49, 64, 94, 107, 115 etc., im Ganzen in etwa zwanzig Versen unter den ersten zweihundert des Prologs, und in gleicher Anzahl in der *Prioresses Tale* anzutreffen.

5) **Weibliche epische Cäsur nach dem dritten Takte:**

Housbondes at chirche dore   sche hadde fyfe, ib. 460.
That cause is of his morthre   or gret seeknesse. Kn. T. 398.
Ther as he was ful merye, and wel at ese. Nonne Prst. T. 438.

Unzweifelhafte Beispiele, wie dies letzte, d. h. solche, in denen die unaccentuierte, überzählige Silbe nach dem dritten Takte eine tieftonige ist, sind, wie auch bei der Cäsur nach dem zweiten Takte, verhältnissmässig selten zu finden. Ziemlich zahlreich dagegen sind solche Fälle, in denen sie ein tonloses *e* innerhalb einer Endung oder ein auslautendes, durch einen folgenden Consonanten gegen Apocope geschütztes *e* ist, wie in dem ersten Beispiel.

Durch die berechtigte Hinzuziehung vieler solcher Fälle, in denen das folgende Wort mit einem Vocale oder *h* beginnt, wie in den Versen:

Eck thou, that art his sone,   art proud also, Monk. T. 3413
Whan that Arcite hadde songe,   he gan to sike, Kn. T. 682,

wird auch diese Cäsurart noch erheblich vermehrt. Hieran schliesst sich an:

6) **Die lyrische Cäsur zwischen den beiden Takttheilen des vierten Taktes** analog derjenigen im dritten. Auch bei dieser Cäsurart ist es öfters das tonlose *e*, welches die vor der Cäsur stehende Senkung des Verses repräsentiert, und zwar ebenfalls nicht selten vor einem mit einem Vocale oder *h* beginnenden Worte:

In Gernade atte siege   hadde he be Prol. 56.
At many a noble arive   hadde he be. ib. 60.
Byfel that in that sesoun   on a day, ib. 19.
In Southwerk at the Tabard   as I lay, ib. 20.
That toward Caunterbury   wolden ryde; ib. 27.
And therto hadde he riden,   noman ferre, ib. 48.

Diese Cäsurart kommt, wenn auch nicht ganz so oft, wie die

gleiche im dritten Takte, doch auch in recht erheblicher Anzahl vor; etwa ein Dutzend Fälle begegnen in den ersten
zweihundert Versen des Prologs der *Canterbury Tales.*

Der accentuierende Charakter der englischen Sprache
führte jedenfalls die leichtere Versetzbarkeit der Cäsur her-
bei. Ja, dieselbe nimmt in dem fünftaktigen Verse, in dem
paarweise gereimten, wie in dem zu Strophen verbundenen,
sogar einen solchen Umfang an, dass sie in keineswegs ganz
vereinzelten Fällen noch über die vorhin angegebenen Grenzen
hinausgreift. So kommen Verse vor, in denen die Cäsur
nach dem ersten Takt eintritt, und zwar in allen drei
Arten, nämlich als gewöhnliche, männliche, oder als
epische, oder auch im zweiten Takte als lyrische Cäsur,
wobei hervorzuheben ist, dass in der Regel vorhergehendes
enjambement derartige Cäsuren veranlasst. Die beiden ersten
Arten sind die selteneren. **Männliche Cäsur:**

Farwel,   for I ne may no lenger dwelle. Kn. T. 1496.
Bihold,   goddesse of clene chastité, ib. 1468.

Nach vorhergehendem *enjambement:*

But mercy, lady brighte,   that knowest wele
My thought,   and seest what harmes that I fele, ib. 1374.
But oonly for the feere   thus sche cryede
And wep   that it was pité for to heere. ib. 1487.

Epische Cäsur:

O regne,   that wolt no felawe han with the! ib. 766.
Me thoughte   she leyde a greyn vpon my tonge. Pr. T. 1852.

Mit *enjambement:*

This worthy duk   answerde anon agayn
And seide,   „This is a schort conclusioun: Kn. T. 885.

He „Alma redemptoris"   gan to singe
So loude,   that al the place gan to ringe Pr. T. 1803.

Lyrische Cäsur, ziemlich oft vorkommend:

Hire maydens   that sche thider with hire ladde, Kn. T. 1417.
His felaw,   which that elder was than he, Pr. T. 1720.
Now certes,   I wol do my diligence ib. 1729.

Mit *enjambement* nicht minder oft:

That hath destruyed wel neyh al the blood
Of Thebes, with his waste walles wyde. Kn. T. 473.
The hertes of hire folk, right as hire day
Is gerful, right so chaungeth sche array. ib. 680.
For this is he that com unto thi gate
And seyde, that he highte Philostrate. ib. 870 etc.

Seltener sind diejenigen Fälle, in denen weiteres Hinaus-
rücken der Cäsur nach dem Ende des Verses hin, als
es die lyrische Cäsur nach dem dritten Takte, also die Cäsur innerhalb des vierten Taktes, gestattet, zu constatiren
ist. Die nächste Möglichkeit wäre männliche Cäsur
nach dem vierten Takte, die in der That in vereinzelten
Fällen vorkommt, so z. B.:

O lord our lord, thy name how merueillous
Is in this large worlde ysprad — quod she: — Pr. T. 1644.

Epische Cäsur nach dem dritten Takt:

„Purs is the erchedeknes helle“, quod he. Prol. 658.
Diuyded is thy regne, and it shal be
To Medes and to Perses yiuen, quod he. Mnk. T. 3425.

Lyrische Cäsur nach dem vierten Takt, also im fünften
Takt:

And softe unto himself he seyde: „Fy
Upon a lord that wol han no mercy, Kn. T. 915/6.

Das *enjambement* dürfte in den meisten Fällen, wie in den
obigen Beispielen, die Veranlassung zu solchen Cäsuren sein.
Ob dieselben nun aber mit Nothwendigkeit nur so und
nicht anders zu fassen sind, ob man z. B. in dem letzten
Beispiele nicht eine Cäsur hinter *himself* annehmen könnte,
die man jedenfalls als Nebencäsur gelten lassen darf, wie
eine solche sich in den meisten Fällen unter dem Einfluss
des allgemeinen Versrhythmus an den gewöhnlichen Cäsur-
stellen neben diesen ungewöhnlichen Cäsuren bemerkbar
machen wird (so z. B. hinter *large* Pr. T. 1644, hinter *seest*
Kn. T. 1374, dagegen nicht in Prol. 658 u. a. m.) —, das
hängt natürlich sehr davon ab, welche Gesetze bezüglich der
Trennbarkeit der einzelnen Satztheile durch die Cäsur man
aus dem Sprachgebrauche des betreffenden Dichters zu dedu-

cieren vermag. Da aber die Cäsur im englischen fünftaktigen
Verse unstreitig eine wandelbare ist, so ist es viel schwerer,
überhaupt derartige Gesetze für denselben aufzustellen, als
für den französischen Vers, wo die Cäsur sich fast immer an
bestimmter Stelle befindet, und wo also leichter Regeln zu abstrahieren sind, welche Satztheile durch die Cäsur von einander getrennt werden können, und welche nicht. Im provenzalischen Verse herrschte in dieser Hinsicht ein ziemlich
strenger Brauch, zumal in der epischen Poesie. Nur ganz
vereinzelt kommt es dort vor, dass unmittelbar zusammen-
gehörige Satztheile durch die Cäsur von einander getrennt
werden. Der Artikel, die Casuszeichen, die Bindewörter *et*,
non und *ni*, wie auch die Präpositionen dulden niemals die
Cäsur hinter sich [1]). Weniger streng verfuhren in dieser
Hinsicht die französischen Dichter, zumal die Lyriker. Für
den englischen Vers war es wegen der Wandelbarkeit der
Cäsur leichter, jene Fundamentalregel zu befolgen, wie meistens thatsächlich geschieht. Dass indess der strenge, provenzalische Brauch nicht immer beobachtet wurde, ist mit
Sicherheit zu sagen. So ist es nicht schwer, Beispiele zu
finden, in denen auf die Conjunction *and* oder die Negation
not die Cäsur folgt, die dann freilich so leichter Art ist,
dass sie nicht als eigentlicher Verseinschnitt erscheint, und
die wir daher als v e r w i s c h t e C ä s u r bezeichnen möchten,
so z. B.:

With torment and with shamful deth echon Pr. T. 1818.
He sette not his benefice to hyre, Prol. 507.
By forward and by composicioun, ib. 848.

Oder nach Präpositionen:

Han sped hem for to burien him ful faste; Pr. T. 1828.
In vertu of the holy Trinitee, ib. 1836.
That I was of here felaweschipe anon, Prol. 32.
In houres by his magik naturel. ib. 416.

Das Charakteristische an diesen und vielen anderen derartigen
Versen ist jedenfalls das, dass sich die Cäsur in denselben
als eigentliche Pause kaum bemerkbar macht, weil sie nicht

---

[1]) Vgl. Diez, Altromanische Sprachdenkmale, p. 81.

den Abschluss einer rhythmischen Reihe bildet. Unzweifelhaft ist dies als ein neues und nicht unwichtiges Moment anzusehen, welches in Verbindung mit den anderen Eigenthümlichkeiten des Chaucer'schen Verses dazu dient, demselben
seine so ausserordentlich mannigfaltige und wechselvolle Gestaltung zu verleihen, die ihn für den ruhigen Fluss be-
schreibender und erzählender Darstellung und den lebhafteren
Gang des Dialogs in allen seinen Tonarten gleich geeignet
macht. Denn es wird dadurch, ebenso wie durch den Wandel
der Cäsur innerhalb des Verses, jene Gleichförmigkeit im
Baue der rhythmischen Reihen der einzelnen Verse verhütet,
die bei fester Lage der Cäsur, wie z. B. beim Alexandriner
und Septenar, oder auch beim altfranzösischen, fünftaktigen
Verse unvermeidlich ist, und, wenn nicht geschickte Verwendung des *enjambement* zu Hilfe kommt, dem Versbau leicht
einen monotonen Klang verleiht.

Ausserdem kommt noch die Verschiedenheit der männlichen und weiblichen Versausgänge hinzu, die in beliebiger Anordnung auf einander folgen, manchmal männliche
und weibliche Reime wechselnd, dann wieder mehrere gleichartige Reimpaare, doch selten mehr als ein halbes Dutzend zu-
sammenstehend. Im Ganzen sind die weiblichen Reime wegen
der vielen, auf tonloses *e* oder sonstige, mit tonlosem *e* gebildete Endungen auslautenden Wörter in etwas grösserer
Anzahl anzutreffen, doch nicht in dem Masse, dass die eine
Reimart als die besonders bevorzugte erschiene. Von den
856 Versen des Prologs haben 388 männliche Reime, also
nur etwas weniger, als die Hälfte. In der *Prioresses Tale*
beträgt die Zahl der männlichen Reime etwas über ⅓ der
ganzen Verszahl, nämlich 93 : 258.

§ 187. Der kräftige Schwung des Rhythmus wird, abgesehen von der Cäsur und der wechselnden Stellung derselben, ferner hauptsächlich gefördert durch die häufigen
Umstellungen des Taktes, auf welche Ellis nicht in ge-
nügender Weise aufmerksam macht. Er bemerkt einfach
(p. 333): *In the first measure the chief stress was often on the
first syllable, as:*

Bright was the day and blew the firmament 10093.

Das ist alles, was er über diesen wichtigen Punkt sagt [1]).
Zunächst ist dazu zu bemerken, dass er zwischen sogenannten
rhetorischen Taktumstellungen, wie in dem von ihm citierten
Beispiele, und den durch den Wortton bedingten, hätte unterscheiden müssen, da die letzteren fast nicht minder zahlreich sind, als die ersteren, ganz abgesehen von häufig so
vorkommenden Particip-Präsens-Formen, wie:

Syngynge he was or floytynge, al the day; Prol. 91,

die allenfalls als schwebende Betonungen angesehen werden
könnten, was aber schwerlich angienge in Versen, wie:

Redy to wenden on my pilgrimage ib. 21.
Under his belte he bar ful thriftily. ib. 105.
After the scole of Stratford atte Bowe, ib. 125.

Zweitens hätte hervorgehoben werden sollen, dass derartige
Taktumstellungen auch an allen andern Stellen des Verses,
mit Ausnahme des letzten Versfusses, um auch diesen Ausdruck der Abwechslung halber einmal wieder zu gebrauchen,
eintreten können, wenn sie auch in der Regel nur in dem
auf die Cäsur folgenden Takte sich finden. Im Vergleich
mit den Dichtungen des dreizehnten Jahrhunderts kommt
diese Durchbrechung des Versrhythmus in Folge der logischen
Betonung des Wortes freilich bei Chaucer seltener vor; gleichwohl ist sie aber doch entschieden neben den andern nationalen Licenzen seines Rhythmus, wie Fehlen des Auftaktes
und doppelten Senkungen oder Verschleifungen in seinem
Versbau zu constatieren und zwar, wie schon bemerkt, namentlich zu Anfang des Verses und nach der Cäsur. Durch
den Wortaccent bedingte Trochäen sind ausser den schon
citierten Fällen in den ersten 200 Versen des Prologs noch:

Therfore he was a pricasour aright; 189.
Grayhoundes he hadde as swifte as fowel in flight. 190

---

1) Wir müssen übrigens, um nicht so verstanden zu werden, als
ob derartige Ausstellungen den Werth des hervorragenden Werkes her-
untersetzen sollten, darauf aufmerksam machen, dass Ellis keine eigentliche Metrik Chaucers zu schreiben beabsichtigte, sondern zu seinem, alle
Hauptpunkte erörternden, metrischen Excurse nur als einer Vorarbeit
zu seinen Untersuchungen bezüglich der Aussprache Chaucers genöthigt war.

Rhetorische Trochäen:

Trouthe and honour, fredom and curteisie. 46.
Schort was his goune, with sleeves longe and wyde. 93.
Wel cowde he sitte on hors, and fayre ryde. 94, 106.
Juste and eek daunce, and wel purtreye and write. 96.
Caught in a trappe if it were deed or bledde. 145.

Auch in den strophisch gegliederten Dichtungen ist diese
Freiheit nicht minder oft anzutreffen, so begegnen in *The
Prioresses Tale* u. a. folgende Trochäen durch Wortbetonung:

Gydep my song that I shal of yow seye. 1677.
Hateful to Crist and to his companye; 1682.
Children an heep, ycomen of Cristen blood, 1687.
Answerde him thus: „this song, I haue herd seye, 1721.

Ferner 1738, 1777, 1822, 1840, 1868, 1897 etc.
Rhetorische Trochäen:

Help me to telle it in thy reuerence! 1663.
Noght wiste he what this latin was to seye, 1713.

Beide Arten, namentlich aber die erstere, kommen auch öfters
nach der Cäsur, namentlich nach der gewöhnlichen, männlichen Cäsur, also im dritten Takte vor:

Aboute his nekke under his arm adoun. Prol. 393.
And is this song maked in reuerence Pr. T. 1727.
That in that place after hire sone she cryde ib. 1795.

Aehnliche Fälle sind bei Cäsur nach dem dritten Takte hin
und wieder zu beobachten, wie in dem früher citierten Verse
195 des Prologs, oder in dem folgenden:

Whoso schal telle a tale after a man, Prol. 731.

In solchen Fällen, wenn eine Cäsur vorhergeht und eine
neue rhythmische Reihe beginnt, wirken derartige Unter-
brechungen des regelmässigen Rhythmus eher belebend, als
hemmend.

Am wenigsten schön wirken sie, wie früher durch Beispiele belegt wurde, im zweiten Takte, wo wir in der Regel
dem Dichter durch Annahme schwebender Betonung zu Hilfe zu
kommen haben. Als eine erträgliche Licenz, die unter Umständen sogar zu einer metrischen Schönheit werden kann,

ist die Taktumstellung an zweiter Stelle des Verses nur dann
anzusehen, wenn sie durch einen kräftigen, rhetorischen Nachdruck gestützt wird, wie es z. B. in dem Verse:

That if gold ruste, what schal yren doo? Prol. 500.

der Fall ist, vielleicht auch, wenn auch weniger entschieden,
in dem bereits oben citierten Verse:

Ther nas quyksilver, litarge, ne bremstoon, ib. 629.

§ 188. Eine andere, in der ganzen bisherigen Rhythmik
gebräuchliche und auch von Ellis nach Gebühr hervorgehobene,
wichtige Erscheinung im Versbau Chaucers ist das Fehlen
des Auftaktes, wobei der Vers, wie bei der Taktumstellung,
mit einer Hebung beginnt, nur dass dieselbe hier in Folge
der fehlenden ersten, unaccentuierten Silbe einen ganzen Takt
ersetzen muss und daher meistens einen besonderen Nachdruck
hat (dann allein ist diese Licenz erträglich), worauf der Vers
in gewöhnlichem Wechsel von Senkung und Hebung verläuft,
während bei der Taktumstellung die Silbenzahl die regelmässige bleibt, auf die erste Hebung aber (wenn nicht doppelte
Taktumstellung vorliegt) zwei Senkungen folgen.

Von allen nationalen Freiheiten der altenglischen Verskunst ist das Fehlen des Auftaktes nächst dem Fehlen einer
Senkung im Innern des Verses diejenige Licenz, welche dem
gleichtaktigen Rhythmus am meisten widerstrebt, und welche
wir daher immer mehr vermieden sehen, je mehr sich das
rhythmische Gefühl verfeinert.

Auch Chaucer macht von dieser Freiheit nur einen
mässigen Gebrauch. In dem aus 858 Versen bestehenden
Prolog kommen nach Ellis' Bezeichnung nur ein Dutzend
solcher Fälle vor (davon acht bei männlichem Versausgange),
von denen mehrere dem oben hervorgehobenen Erforderniss
des rhetorischen Nachdrucks auf der ersten Silbe entsprechen
und daher eher vortheilhaft, als störend wirken, wie:

Al bysmotered   with his habergeoun. 76.
Twenty bookes,   clad in blak and reede, 294.
Everych for the wisdom   that he can, 371.

Aehnliche Fälle sind: *Knightes Tale* 1512, 1518, 1537 etc.
Weniger angenehm dagegen ist der Rhythmus solcher Verse,

in denen das erste, die fehlende Senkung mitvertretende Wort
keine logische Berechtigung hat, einen derartigen Nachdruck
zu tragen, wie z. B.:

> *In a gowne of faldyng to the kne.* Prol. 391.

Skeat citiert a. a. O. p. LXIV einige ähnliche, unschöne
Verse aus Chaucers strophischen Dichtungen, in denen der
Dichter übrigens von dieser Licenz einen noch mässigeren
Gebrauch macht. In der ganzen *Prioresses Tale* kommt kein
einziges Beispiel vor. Beispiele von fehlendem Auftakt im
zweiten Versgliede bei männlicher Cäsur, die bei Occleve
und Lydgate oft begegnen werden (bei weiblicher würde sie
mit der häufig vorkommenden Erscheinung der lyrischen Cäsur
zusammenfallen, die vielleicht — auch im Romanischen? —
damit zusammenhängt), wodurch also zwei Hebungen auf einander folgen würden, dürften schwerlich beizubringen sein.
Doch ist ein Fall — wahrscheinlich kommen mehrere vor,
vgl. noch Prol. 626, Clrk. T. 1106 — höchst beachtenswerth
für unsere Vermuthung, dass die englische, lyrische Cäsur
durch die Auslassung des Auftaktes im zweiten Versgliede
zu erklären sei, nämlich v. 586 des Prologs:

> *And yit this maunciple sette here aller cappe.*

Wir haben hier einen Vers, der in seinem Klange genau einem
Verse mit epischer Cäsur nach dem zweiten Takt entspricht.
Da aber die Cäsur nicht die Silben eines Wortes trennen
darf, also hinter die zweite unaccentuierte, (nur vor folgendem
Vocal völlig verschleifbare), überzählige Silbe des zweiten
Taktes fallen muss, so macht sich in Folge dessen das zweite
Versglied als eine mit fehlendem Auftakt beginnende rhythmische Reihe deutlich vernehmbar.

Seltener noch, als Fehlen des Auftaktes im zweiten Versgliede dürften Beispiele fehlender Senkung innerhalb
des Verses zu finden sein. Höchstens würden solche Verse
Beispiele dieser in der früheren Rhythmik ganz gebräuchlichen, für Chaucers kunstmässig geschultes, rhythmisches
Gefühl aber, wie es scheint, unerträglichen metrischen Licenz
gewähren, in denen das Wort *saynt* als Hebung unmittelbar
vor einer folgenden Hebung steht, wie z. B. in v. 509 des
Prologs (nach Ellis):

> *And ran to London unto saynt Powles,*

da wir die von ihm für solche Fälle angenommene, durch
Zerdehnung herbeigeführte, zweisilbige Aussprache des Wortes
saynt nicht zugeben können. Indess die richtige Lesart *seynte*
(bei Morris und ten Brink) stellt den correcten Rhythmus
wieder her, der auch in andern, ähnlichen Fällen (Prol. 120,
697) nicht gestört ist.

§ 189. Viel öfter als das Fehlen des Auftaktes gestattet
sich Chaucer die Freiheit der d o p p e l t e n S e n k u n g, jedoch
selten als doppelten Auftakt, häufiger im Innern des Verses,
z. B.:

Of Engelond, to Caunterbury they wende, Prol. 16.
By water he sente hem hoom to every land. ib. 400.
And thries hadde sche been at Jerusalem; ib. 463.
As hoot he was, and leccherous, as a sparwe, ib. 626.

Mit diesen, durch doppelte Senkungen im Innern charakterisierten Versen sind aber nicht, wie Ellis es thut, und scheinbar mit Recht, da der rhythmische Klang ein ähnlicher ist,
diejenigen bereits früher besprochenen Verse zusammenzuwerfen, in denen die doppelte Senkung eine Folge epischer
Cäsur ist, z. B.:

To Caunterbury with ful devout corage, Prol. 22.
What schulde he studie, and make himselven wood, ib. 184,

oder auch der Taktumstellung, wie in folgendem, ebenfalls
epische Cäsur aufweisenden Verse:

Wyd was his parische, and houses fer asounder ib. 491.

Während diese Licenz der doppelten Senkungen im Innern
bei Chaucer ziemlich oft vorkommt, wenn auch nicht so häufig
als Ellis durch seine metrischen Zeichen vor seinem *Text of
Chaucers Prologue* (*E. E. Pron. III, 680 ff.*) andeutet, ist d o p-
p e l t e r oder mehrsilbiger A u f t a k t bei ihm sehr selten zu
finden. Einen unbestreitbaren doppelten Auftakt citiert Skeat:

Comprehended in this litel tretis heer, Thop. 2147.

Dieselbe Erscheinung liegt vor in dem Verse:

With a thredbare cope as is a poure scoler, Prol. 260.

den Ellis meines Erachtens unrichtig als sechstaktigen Vers
bezeichnet, ebenso wie den oben citierten Vers 148 des Pro-

logs, wo epische Cäsur vorliegt; ja, auch den Vers 764, der
in seiner Lesung lautet (einfacher bei Morris und ten Brink):

I ne sawgh not this yeer so méry a cómpanye

möchte ich eher mit dreisilbigem Auftakte, als mit sechs
Hebungen lesen, da derartige Verse, so weit ich beobachtet
habe, überhaupt bei Chaucer nicht vorkommen. Morris und
Skeat thun derselben keine Erwähnung und scheinen sie also
auch nicht anzunehmen.

§ 190. Eine grosse Anzahl zweisilbiger Senkungen
hängt zusammen mit den in Chaucers fünftaktigem Verse
nicht minder oft, als in den früheren, gleichtaktigen Rhythmen
vorkommenden Silbenverschleifungen, die sehr verschiedener Art und verschiedenen Grades sein können. Da indess
diese Punkte schon öfters in den vorhergehenden Kapiteln, namentlich auch in dem sechsten des vorhergehenden Abschnittes
berührt worden sind, und da ausserdem bereits von Child,
Ellis, Morris und Skeat die eingehendsten Untersuchungen
über diese Fragen vorliegen, so wird es ausreichen, die wichtigsten Resultate derselben hier in Kürze zu resumieren,
woraus sich ergeben wird, dass, wie die schon § 184 in Betracht gezogene Wortbetonung Chaucers und seiner Zeitgenossen, so auch die damit zusammenhängende rhythmische
Behandlung der tonlosen Ableitungs- und Flexionssilben im
Wesentlichen dieselbe ist, wie zu Orms Zeit, selbstverständlich also auch, wie diejenige der innerhalb dieses Zeitraumes
entstandenen Denkmäler.

Im Anschluss an die zuletzt erwähnten, mehrfachen
Senkungen sind zunächst einige solche Fälle zu erwähnen,
in denen zwei unbetonte Silben die Senkung bilden, von
denen die erste mit einem Vocal endet, die zweite mit einem
Vocale beginnt, z. B.:

For many a man so hard is of his herte, Prol. 229.

Aehnlich 212, 349, 350, *busy a* 321, *victórye of hem* Kn. T. 1388.

Hier haben wir es schwerlich mit vollständiger Contraction der beiden Wörter zu thun, sondern anzunehmen, dass
die beiden Silben gesondert in dem Zeitmasse einer Senkung
gesprochen wurden.

Stärker sind schon solche Contractionen, in denen die
beiden zusammentreffenden Vocale zwei unaccentuierten Silben
eines einzigen Wortes angehören, die rhythmisch allerdings
nur in selteneren Fällen bei Chaucer und seinen Zeitgenossen
dem Zeitmasse einer Senkung entsprechen und damit der
neuenglischen Aussprache und Betonung sich nähern, sondern sich für gewöhnlich mit voller Silbenmessung in die
Chaucer'schen Rhythmen einfügen (vgl. § 184, b, c). Die meisten der hierhergehörigen Wörter sind romanischen Ursprungs
und zwar solche mit Ableitungssilben, wie *ier, ual. ion, ian,
iage, ience, ious* etc., denen sich einige ähnliche, germanische
Endungen, namentlich Comparationsformen von Adjectiven
auf *y* und *ly*, wie auch Verbalformen anschliessen. Einige Beispiele werden ausreichen, dies näher zu veranschaulichen:

Ful wél bilóved   and fámuliér was hé Prol. 215.
Ne me ne list   thilke ópynyóns to télle Kn. T. 1955.
Perpétuellý,   nat oonly for a yeer. ib. 600.
He cáryeth ál this hárneys   him byfórn; ib. 776.
What helpeth it   to táryen fórth the daý, ib. 1962.
His vois was mérier   thán the mérye orgón. N. Pr. T. 31.

Einen noch stärkeren Grad der Contraction, bei der übrigens
ebenfalls verschiedene Abstufungen bemerkbar sind, reprä-
sentieren solche Wörter, in denen bei vocalischem Auslaute des
ersten und vocalischem Anlaute des zweiten Vocals einer dieser beiden Vocale, in der Regel der erste, ganz verschwindet,
und somit die zwei Wörter zu einem einzigen verschmelzen.

Das Vorstadium einer derartigen Verschmelzung, nämlich eine nicht ganz ausgeführte und ausführbare, möge folgender Vers veranschaulichen, wo das eine Wort nicht vocalisch, sondern mit einem *h* beginnt:

Of brend gold was the caas   and eek the herneys; Kn. T. 2038.

oder wo durch vollständige Contraction eine Undeutlichkeit
entstehen würde:

By etérne wórd   to deýen in prisoún, ib. 251.

(Vgl. indess die p. 444 erwähnte Möglichkeit einer anderen
Scansion dieses Verses.) Völlige Contraction liegt vor in
Fällen, wie:

Sownynge alway thencres of his wynnynge. Prol. 275.
Thestat, tharray, the nombre, and eek the cause ib. 716.

Dass es in Fällen, wo zwei gleiche Vocale zusammenstossen,
der erste, gewöhnlich dem bestimmten Artikel angehörige ist,
welcher ausgestossen wird, geht hervor aus der Analogie
solcher Fälle, in denen die beiden Vocale ungleich sind, wie
in dem obigen *tharray* aus *the array*, oder in *thascendent*
Prol. 417, *thorisoun* Kn. T. 1403, *thoffice* ib. 2005, *tharmes*
ib. 2058, ähnlich auch *to abiden* ib. 69, *tallegge* aus *to allegge*
ib. 2142, *nys* aus *ne ys* ib. 43, *nolde* aus *ne wolde* ib. 45 u. a. m.
Dass derartige Zusammenziehungen [1]) lediglich als metrische
Freiheiten anzusehen sind, welche dem momentanen, rhythmischen Bedürfnisse und nicht etwa dem Streben, den Hiatus
zu vermeiden, entsprangen, bedarf wohl kaum der Erwähnung.
Ein Blick in den Text lehrt uns, dass bei Chaucer, wie in
der ganzen vorhergehenden Epoche der englischen Dichtung
und ebenso auch in der folgenden, auf den Hiatus keinerlei
Rücksicht genommen wird, dass vielmehr contrahierte Formen,
wie die obigen, viel seltener sind, als uncontrahierte, mit beiden
Silben, trotz des Zusammentreffens der Vocale, im Rhythmus
des Verses verwendete Wörter:

Lete I this noble duk to Athenes ryde, Kn. T. 15.
Bytwixen Athenes and the Amazones; ib. 22.
I have, God wot, a large feeld to ere, ib. 28.
And wayke ben the oxen in my plough, ib. 29.

An die vocalischen Zusammenziehungen oder Verschmelz-
ungen reihen sich die consonantischen an, die dadurch entstehen,

1) Wir haben die in der griechisch-lateinischen Metrik und Grammatik für ähnliche Erscheinungen gebräuchlichen Benennungen, wie
Synaloephe, Synaeresc, Synicesc etc., absichtlich vermieden, einmal,
weil dieselben den vorliegenden, englischen Erscheinungen doch nicht
in allen Fällen völlig entsprechen, und zweitens, um eine einfache,
ihrem Wesen nach in den verschiedenen Formen gleichartige Erscheinung nicht unnöthigerweise zu einer complicierten zu machen. Es fragt
sich, ob es nicht zweckmässiger gewesen wäre, für die allerdings ge-
bräuchlicheren und daher von uns beibehaltenen Ausdrücke Syncope,
Apocope, Elision nur eine einzige Benennung, und zwar dann nach dem
Vorgange der Engländer die letztere anzuwenden.

dass unter dem Zwange des Rhythmus, d. h. um den unbetonten Bestandtheil eines meistens zwei- oder dreisilbigen Wortes als Senkung zu verwerthen, ein zwischen zwei Consonanten befindlicher Vocal beseitigt wird. Auch hier sind wieder verschiedene Abstufungen möglich, je nach der Natur des zu beseitigenden Vocals und der zusammentreffenden Consonanten. Während z. B. in dem Verse:

And thus with victorie   and with melodye Kn. T. 14.

das *o* in *victorie* noch einigermassen hörbar bleiben muss, wenn das Wort nicht entstellt und undeutlich werden soll, und ebenso ein leichter Vocal. zwischen zwei *liquiden*, wie *pómely gray* Prol. 615, kann vollständige S y n c o p e eintreten in Versen, wie:

Thy sovcrein temple   wol I most honouren ib. 1549.
Considereth eek,   how that the harde stoon ib. 2163.
And bathed every veyne   in swich licour, Prol. 3.
So hadde I spoken   with hem everychon, ib. 31.

wie dieselbe u. a. schon grammatisch eingetreten ist in dem Worte *schuld(e)red*:

He was schort schuldred,   brood, a thikke knarre, ib. 549.

Hieran schliessen wir einige Wörter an, in denen auf eine accentuierte, mit einer *muta* schliessende Silbe eine *le* oder *re* geschriebene, doch *el*, *er* gesprochene (öfters auch so geschriebene), tonlose Silbe romanischen oder germanischen Ursprunges folgt, welche ähnlicher Behandlung zugänglich ist, doch mit völliger oder fast gänzlicher Ausstossung des Vocals in der Regel nur vor einem nicht durch die Cäsur von ihr getrennten, vocalisch oder mit *h* anlautenden Worte. So z. B.:

At Alisaundre he was   whan it was wonne, Prol. 51.
At many a noble arive   hadde he be. ib. 60.
Ful semcly   hire wympel ipynched was; ib. 151.
Then robes riche,   or fithele, or gay sawtrie. ib. 296.
A bettre envyned man   was nowher noon. ib. 342.
A Maunciple, and my self,   ther were no mo. ib. 544.

Vgl. mit diesem letzten Verse den p. 463 citierten v. 586, in welchem dasselbe Wort vor einem folgenden, die Verschleif-

ung oder Syncope verhindernden Consonanten steht, wie
ähnlich v. 435:

Of his diéte mésuráble was he,

und zugleich vor folgender Cäsur, die allein schon ausreicht,
die Silbe zu schützen, vgl.:

His bootes souple, his hors in gret estate. ib. 203.
For of his ordre he was licentiat. ib. 220.

Aehnlich, wie mit den in den obigen Beispielen citierten
Wörtern, verhält es sich mit den Wörtern, wie *adder, after,
anger, answer, begger, chambre, delyver, ever, never, fader,
maner, silver, water, wonder* und anderen, bei Ellis I, 367/8
citierten, nur dass dieselben, wenn sie nicht vollgemessen gebraucht werden, in der Regel, wie Child es mit Recht hervorhebt, als Verschleifungen zu behandeln sind. Auch Ableitungssilben auf *en* werden in gleicher Weise entweder
vollgemessen verwerthet oder verschleift, vgl. *an héven fór to
seé* Sq. T. 558; dagegen: *To whóm bothe hévene and érthe*
Kn. T. 1440; *that sché was séven night óld* N. Pr. T. 53.

§ 191. In viel umfangreicherem Masse tragen die zahlreichen, tonlosen Flexionsendungen, welche entweder ein
e (i, u) als vocalischen Bestandtheil vor einem die Silbe schliessenden Consonanten, oder als Auslaut haben, zur Verwendbarkeit zwei- und mehrsilbiger Wörter aller Art im Rhythmus des Chaucer'schen Verses bei, indem diese Endungen
entweder vollgemessen als Senkungen verwerthet, oder durch
Verschleifung als Theil einer Senkung benutzt, resp. durch
völlige Ausstossung des Vocals beseitigt werden können, um
einem anderen Worte oder einer anderen Silbe den Platz der
Senkung einzuräumen.

Es sind von Seiten der Engländer über diese dem neuhochdeutschen Sprachgebrauche ganz analoge, der neuenglischen, an Flexionsendungen sehr armen Sprache, aber fremd-
artige Erscheinung des Chaucer'schen Idioms und Metrums
so eingehende Erörterungen angestellt worden, dass wir denselben nichts Wesentliches hinzuzufügen haben, sondern uns
damit begnügen, die Resultate derselben, die ja nicht nur für

Chaucer und seine Zeitgenossen [1]), sondern auch, was die bisherigen Betrachtungen gezeigt haben, für die Dichter der beiden vorhergehenden Jahrhunderte, sowie ebenfalls, wie wir sehen werden, für diejenigen der beiden folgenden Jahrhunderte, wenn auch in abnehmendem Umfange, Gültigkeit haben, hier unter Hinweis auf die eingehenden Darstellungen bei Ellis, Child und Morris in aller Kürze zu resumieren.

Die Hauptregel für die verschiedenen, hier in Betracht kommenden unaccentuierten Endungen mit einem Vocal, gewöhnlich *e*, seltener *i*, *u*, vor einem die Silbe schliessenden Consonanten ist die, dass sie, wie § 58 bis § 66 ausgeführt wurde, sämmtlich tonlos, aber als unbetonte Silben hörbar sind, während in den entsprechenden, neuenglischen Formen der Vocal in der Regel schon ausgestossen, die Silbe also als solche verstummt, resp. mit der vorhergehenden Silbe verschmolzen ist. In altenglischer Zeit dagegen tritt diese Verschmelzung nur in selteneren Fällen aus Rücksicht auf den Rhythmus ein. Es wird genügen im Folgenden diesen zweifachen Gebrauch betreffs der einzelnen Silben durch einige wenige Beispiele zu veranschaulichen:

1. Die Endung des Gen. Sg. des Substantivs *es* a) vollgemessen: *schíres énde* Prol. 15; *in his lórdes wérre* 47; *pigges bones* 700; *oure táles júgge* 814; *the kýnges coúrt*, Kn. T. 323; *for Góddes sáke* ib. 942 etc. b) Verschleifungen resp. Syncopierung höchst selten, fast nur bei dreisilbigen Wörtern: *As ény rávenes féther* Kn. T. 1286, *a sómeres daý*; Sq. T. 64.

2. Die Endung des Nom. Plur. *es.* a) vollgemessen: *schówres swoóte* Prol. 1; *cróppes, ánd* 7; *fówles máken* ib. 9; *hálwes, koúthe* ib. 14 etc. b) öfters syncopiert oder verschleift: *I saúgh his sléves purfíled* Prol. 193; *bý his éres fúl roúnd ishórn.* ib. 589; *the ármes of daún Arcýte* Kn. T. 2033; namentlich nach vorhergehender, tieftoniger Silbe in germanischen wie romanischen Wörtern: *Greýhoundes he húdde* Prol. 190; *hoúsbondes át that toún* Kn. T. 78; *bódyes víleinýe,* ib. 84; *the ládies máde* ib. 138; *Of yéddynges hé* Prol. 237;

---

1) Für Beispiele aus Gower vgl. Prof. Childs *Observations on the Language of Chaucer and Gower* bei Ellis a. a. O. III, p. 342 ff.

the távernes wél ib. 240; *stíwardes of rénte* ib. 579 etc. Bei zwei-
oder mehrsilbigen Wörtern, namentlich solchen, die auf eine
liquida oder eine *dentalis* auslauten, ist oft nur ein *s* resp. *z*
als Pluralzeichen angehängt, wie *séllers* Prol. 248; *lázars*
245; *sesouns* 347; *séssioúns* 355; *pílgryms* Kn. T. 1990; *hoús-
bonds* 1965; *instruméntz* Sq. T. 270. Hier ist also vollständige Syncopierung eingetreten.

3. Die adverbiale Endung *es*. a) in der Regel vollgemessen: *And élles cérteyn wére thei to bláme*. Prol. 375;
For cértes, Lórd, Kn. T. 64; b) auch verschleift oder syncopiert: *Or élles it wás* Sq. T. 209.

4. Die Endung des Nom. Pl. des Substantivs *en* a) gewöhnlich vollgemessen: *hire eýen greýe* Prol. 152; *the óxen
in my ploúgh*, Kn. T. 29; *children lýte*, ib. 335; b) verschleift
resp. syncopiert: *his légges, ánd his tón*; N. Pr. T. 42.
Hastów had fleén al nýght, Manc. Prol. 17; *She bóthe hir ýonge
children vntó hir cálleth*, Cl. T. 1081.

5. Die Endung der Präpositionen auf -*en*: a) vollgemessen: *Abóven álle nácioúns* Prol. 53; *withoúten více* Sq.
T. 101, 121, 125; *Withoúten hýre*, Prol. 538; *Bytwíxen Áthenes*
Kn. T. 22 etc. b) Verschleift und syncopiert: *withoúten
aný raunsoún* Kn. T. 347; *Vnnéthe aboúten hir mýghte theý
abýde*, Cl. T. 1106; *Bitwíxen hem wás imaád* Kn. T. 2236;
him bifórn; Man of L. 997 etc. Bei abgefallenem *n* wird in
der Regel auch das *e* verschleift oder ausgestossen: *Withinne
a litel whyle*, Sq. T. 590.

6. Die Infinitiv-Endung *en* wird a) in dieser vollen
Form meistens auch vollgemessen verwendet: *Whilom, as
ólde stóries téllen ús*, Kn. T. 1; *thus maý we seýen álle*, ib. 410;
Encréscen doúble wise ib. 480; *to stónden in his* Prol. 88. b) Verschleift, abgesehen von syncopierten Formen, wie *han*
Prol. 224, Kn. T. 18 etc. *sayn*, Prol. 284, N. Pr. T. 98; selten
vorkommend: *Ye mote . . . Stróken him in the woúnde*, Sq. T.
165, wo nicht Taktumstellung, sondern fehlender Auftakt anzunehmen ist.

7. Die starke Part. Pf. Endung *en* wird a) ebenfalls
gewöhnlich vollgemessen gebraucht: *Sche wás arisen, ánd
al rédy dight*; Kn. T. 183; *As thoúgh he stóngen wére* ib. 221;
Him sémed han géten hém protéccións Sq. T. 56; b) manchmal

auch verschleift und syncopiert: *Was risen, and rómede*
Kn. T. 207; *Fórtune hath yéven us this advérsité.* ib. 228; *For
hé hadde géten him yit no bénefíce,* Prol. 291; *born: sworn*
Kn. T. 231—232 etc.

8. Die Plural-Endung *en* des Präs. und Prät. starker
und schwacher Verben wird a) vollgemessen als Senkung verwendet: *Hire hósen wéren óf fyn scárlet reéd,* Prol.
456, *mighten táke exémple* Prol. 568; *For this ye knówen álso
wél as I,* ib. 730; *We drónken, únd to réste wénte echoón,* ib.
820; *But we beséken mércy únd socoúr.* Kn. T. 60; b) verschleift und syncopiert: *And fórth we ríden a litel móre
than paás,* Prol. 825; *my liéf is fáren on lónde.* N. Pr. T. 59;
Ther ás men wóndreden ón an hórs alsó, Sq. T. 307; *That ál
the révers saýn* N. Pr. T. 157; *Ful longe wern his legges,* Prol. 591;
Somme woln been armed Kn. T. 1265; *they schúln not dye,* ib.
1683 etc. Als Pf.-Endung schwacher Verba wird *en* selten
verschleift; anzunehmen ist Verschleifung in *Hádden a náme*
Sq. T. 251, wo die meisten MSS. *hadde* lesen.

9. Die Endung *est* der zweiten Person des Prä-
sens und der schwachen Perfect-Formen, oder auch des
Superlativs wird a) in der Regel als volle Senkung verwendet: *That broughtest Tróye* N. Pr. T. 408; *Thow wálkest
nów* Kn. T. 425; *Hire gretteste ooth* Prol. 120. b) Contrahierte
Formen sind nur bei *scyst* aus *seyest* Kn. T. 747 und ähnlichen mit vocalischem resp. vocalisch erweichtem Stammaus-
laute die in der Regel vorkommenden.

10. Die Endung *eth* der dritten Pers. Sg. Praes.
und des Plur. des Präs. und des Imperativs wird a)
meistens vollgemessen (selbstverständlich bei vorhergehendem Zischlaute, wie *cesseth* Sq. T. 257): *So príketh hém
natúre* Prol. 11; *And if you líketh álle* ib. 777; *hérkneth if
yow léste.* ib. 828; *Now dráweth cút* ib. 835. b) Verschleift
resp. syncopiert: *Cometh nér, quoth hé,* ib. 839; *And thin-
keth, here cómeth my mórtel énemy,* Kn. T. 785.

11. Die Endung *ed* des Partic. Perf. wird meistens
vollgemessen: *Líned with táffata* Prol. 440; *Ywýmpled wél*
ib. 470; *ipróved ófte síthes.* ib. 485; *hadde swówned with a
dédly chére,* Kn. T. 55 etc.; doch auch b) oft verschleift
oder syncopiert, namentlich hinter einem Vocal: *ybúried*

nor ybrent, Ku. T. 88; *And han hem caried softe* ib. 163;
doch auch hinter Consonanten; *Covered in cloth* ib. 1300; *His
longe heer was kembd byhynde his bak,* ib. 1285; *Fulfild of ire*
ib. 82.

12. Auch als Endung der ersten und dritten Person Sing. und des ganzen Plur. des Perfects schwacher
Verben kommt die Endung *ed* vor und wird dann, da die
eigentliche Flexionsendung *e* resp. *en* bereits dem Rhythmus
zu Liebe abgefallen ist, als vollgemessene Senkung verwendet: *Ther dwelte a king that werreyed Russye,* Sq. T. 10;
They murmurede as doth a swarm of been, ib. 203; vgl. auch
die übrigen von Skeat a. a. O. LXVIII citierten Beispiele.

§. 192. Dieser letzte Fall berührt schon die ebenfalls
bereits von Andern eingehend erörtete Frage bezüglich der
rhythmischen Behandlung des auslautenden *e*.

Der verschiedene Ursprung, den es, wie u. a. Ellis a. a. O. I,
p. 335—339 ausführt, in grammatischer oder etymologischer
Hinsicht haben konnte, und wonach die verschiedenen Arten
zweckmässig zu sondern sind, war für seine Aussprache und
auch für seine Verwendung im Rhythmus von untergeordneter
Bedeutung. Viel wichtiger in dieser Beziehung war die Beschaffenheit des folgenden Wortes. Die Regeln, welche
Ellis bezüglich der Aussprache des End-*e* aufstellt, sind die
folgenden: Das tonlose End-*e* wurde, wenn es ein wesentlicher,
stammhafter Bestandtheil des Wortes oder flexivischer Natur
war, in der Regel ausgesprochen, ausgenommen in folgenden
Fällen:

1. Es wurde regelmässig (Child gebraucht hier und in
dem zweiten Fall den angemesseneren Ausdruck gewöhnlich) elidiert vor einem folgenden Vocal.

2. Es wurde regelmässig elidiert vor folgendem *he, his,
him, hir, her, hem* und gewöhnlich vor *hadde, have, how*; nach
Prof. Child auch vor *hath* und *her* (hier).

3. Das End-*e* war stumm, obwohl es gewöhnlich geschrieben wurde, in den Wörtern *hire* ihr, *hire* deren, *oure*
unser, *youre* euer.

4. Es verstummte häufig in *hadde, were, time, more.*

5. In seltneren Fällen wurde das stammhafte oder flexivische *e* auch wohl elidiert zur Kräftigung des Ausdruckes oder aus Rücksichten auf Rhythmus und Reim, gerade wie im Neuhochdeutschen, namentlich das stammhafte *e* und das der obliquen Casus, selten das der Verbal-Flexionen.

Diese Regeln, welche Morris a. a. O. p. XLVII in ähnlicher Fassung aufstellt, sind im Grossen und Ganzen richtig; gleichwohl gestatten sie, wie schon mehrere der bisher citierten Beispiele gezeigt haben, und wie auch in den Untersuchungen Childs hervorgehoben ist, manche Ausnahmen.

Namentlich wird das End-*e*, ebenso wie die früher betrachteten Flexionsendungen, deren vocalischen Bestandtheil es bildet, vor Consonanten sehr oft verschleift, und andererseits vor Vocalen und *h* keineswegs immer elidiert, sondern manchmal auch vollgemessen als Senkung verwendet, wenn dies auch viel häufiger vor Consonanten der Fall ist.

Auch diese doppelte Behandlung des End-*e* möge im Folgenden durch einige Beispiele für Vollmessung und Verschleifung resp. Elision und Apocope betreffs jeder hinsichtlich der grammatischen resp. etymologischen Entstehung unterschiedenen Art des End-*e* näher beleuchtet werden, wobei einzelne, gelegentlich sich darbietende Fälle von Vollmessung vor folgendem Vocal für alle Arten ausreichen müssen. Wir beginnen im Anschluss an die bisherigen Betrachtungen mit den Verbalformen.

1. Das End-*e* des Infinitivs wird a) vollgemessen: *to télle yów al thé condícioún* Prol. 38; *rýde sóo*; ib. 102; *to cóuntreféte chéere* ib. 139; b) elidiert resp. verschleift: *He cowde . . . . lúste and eck daúnce, and wél purtreje and write.* ib. 96; *to táke our weý* ib. 34; *Men móot yive sílver* ib. 232, etc.

2. Das End-*e* das Part. Pf. starker Verba wird a) meistens vollgemessen oder wenigstens nicht verschleift verwendet als klingender Reim, wie *sonne : ironne* Prol. 9; *byfore : ibore* ib. 378; *to undertake : ben schake* ib. 406; *knyghtes olde : holde* Sq. T. 70; doch auch im Innern des Verses: *ydráwe né ybóre* ib. 326; b) verschleift resp. elidiert: *ycóme from his viáge*, Prol. 77; vor leichter Cäsur: *The caúse iknówe, and óf his hárm the roóte*, ib. 423; vollständig elidiert: *ne wás ther spóke a wórd* Sq. T. 86; *Though hé were cóme agcýn* ib. 96.

3. Das End-*e* verschiedener Personenendungen
der Verbalflexion, nämlich der ersten Person des Ind.
Präs. Sg., des Präs. Plur. (bei abgefallenem *n*), sowie des ganzen
Plurals (bei abgefallenem *n*) des Ind. Impf. schwacher Verba,
des Sing. und Plur. Conj. aller Verba, des Imperat. Sg. der
schwachen Verba, der zweiten Pers. Ind. Impf. einiger starken Verba wird gleichfalls a) oftmals vollgemessen als
Senkung, resp. als klingender Reim verwendet, seltener freilich in dem zuerstgenannten unter diesen verschiedenen Fällen:
to ryse : I yow devyse Prol. 34; *I trowe : undergrowe* ib. 155
—156; *diademe : I deme* Sq. T. 44; *ye smyte*[1]) ib. 157, im
Reime; *Ye móte with the* ib. 164; *they . . . . deuyse*, ib. 261
im Reime; *whan that they were seeke.* Prol. 18; *And máde fór-
ward* ib. 33; *And wente for to doon* ib. 78; vor folgendem *h:*
Ther as he wiste han a good pitaunce; ib. 224; *Yet hadde he
but litel gold in cofre;* ib. 298; *For catel hadde they inough*
ib. 373. Von *thou were* führt Child (s. Ellis a. a. O. I, 355)
zwei Fälle an. b) Nicht minder oft wird das *e* jener Verbal-
endungen im Rhythmus verschleift vor Consonanten, resp.
elidiert vor Vocalen und *h*, namentlich als Endung der ersten
Person Präs. *I tröwe som mén* Sq. T. 213; *I seÿe namóre*
ib. 289; *I léte hem, til* ib. 290; *so hádde I spóken* Prol. 31;
that theÿ were ínne: ib. 41; *Whan theÿ were wónne;* ib. 59, 81;
ás it wére a méde ib. 89; *hádde he bé.* ib. 60, 61, 101, 109;
knight hadde bén also ib. 64, 146, 394, 399; *Ne wétte hire
fÿngres* ib. 129; *if thát sche sáwe a moús* ib. 144; *if it were
deéd* ib. 145; *wólde it wél* ib. 374; *sche coúthe the ólde daúnce.*
ib. 476; *Bidde him descénde, and trílle anóther pín,* ib. 321.

4. Das End-*e* des Nom. und Acc., germanischer
zweisilbiger Substantiva, in denen es ags. *e* oder die Abschwächung eines volleren ags. Vocals oder auch unorganisch
hinzugetreten ist, wird oft a) vollgemessen verwerthet: *whán
the sónne wás to réste* Prol. 30; *Hire nóse trétys* ib. 152; *a spánne
broód* ib. 155; *if it your wílle bé* Sq. T. 1; *His stéde which*
ib. 170; *a tále wól i télle* ib. 6, 102, 168, *your hérte wílneth*

---

1) Manche der hier angeführten Beispiele sind, wie dieses, aus
Skeats *Introd.* zu seiner *Prior. Tale* etc. entlehnt.

120; b) verschleift oder elidiert: *Troúthe and honoúr*
Prol. 46; *Thát no drópe ne fílle* ib. 131; *this réve of whích*
ib. 619; *This stéde of brás* Sq. T. 115; *Hath sét her hérte*
on ány máner wíght ib. 138; *His néwe lóue and ál* ib. 140 etc.

5. Gerade so verhält es sich mit dem flectierten *e*
solcher und vieler im Nominativ einsilbigen Substantive,
wenn es nach den Präpositionen *for, at, on, vpon, by, from, with,*
vnder, in, of, to, vnto etc. als Dativzeichen auftritt; a) vollgemessen: *At méte wél itaúght* Prol. 127; *That in hire cúppe*
wás ib. 134; *with a yérde smérte* ib. 150; *from Húlle tó Car-*
táge ib. 404; *in yoúthe* ib. 461; *Ne óf his spéche daúngeroús*
ib. 517; *but los of týme* Sq. T. 74; vor einem Vocal bei lyrischer Cäsur: *As wél in spéche ás in cóntenánce*, ib. 93; *át your*
héste ib. 114; *úpon róte* 153; *vntó his ére* ib. 196 etc.; b) verschleift, resp. elidiert, oft bereits auch in der Schrift ganz
abgefallen: *in évery hólte and heéthe* Prol. 6; *In hópe to stónden*
ib. 88; *And in his hónd' he bár* ib. 108; *U'nder his bélte he*
bár ib. 105; *And bý his síde a swérd* ib. 112; *For sóthe he*
wás ib. 283; *of méte and drýnke* ib. 345; *in the lónde of Tár-*
tarýe Sq. T. 9; *át the·bórd' delíciouslý* ib. 79; *In át the hálle*
dóre al sódeynlý ib. 80 etc.

6. Substantive romanischen Ursprungs werden,
mögen sie als Nominative oder als oblique Casus vorkommen, ähnlich behandelt. Das End-*e* wird a) vollgemessen
rhythmisch verwendet: *átte siége hádde he bé* (also vor einem *h*)
Prol. 56; *in hire saúce dépe* ib. 129; *Of greéce, whán sche*
drónken hádde ib. 135; *Is signe thát a mán* ib. 226; *to coúntre-*
féte chére: óf manére ib. 139, 140, und sonst sehr oft als weibliche Reime, wie *penaúnce: pitaúnce* ib. 223. 224; *poraílle:*
vitaílle ib. 247. 248; *góvernaúnce: chévysaúnce* 281. 282; *réve-*
rénce: senténce 305. 306 etc.; b) verschleift oder elidiert:
évery veýne in swích licour ib. 3; *natúre in hére coráges* ib.
11; *of áge he wás* ib. 81; *of his statúre he wás* ib. 83; *tó the*
cápe of Fýnystére ib. 408; *his bénefíce to hýre* ib. 507; *a dó-*
seyne in that hoúse ib. 578; *of rénte and lónd* ib. 579 etc.

7. Das End-*e* des Adjectivs germanischen, wie romanischen Ursprungs wird, möge es nun organisch oder unorganisch, Pluralzeichen oder ein sonstiges Flexionszeichen sein,
derselben rhythmischen Behandlung unterworfen; nur wird

es, während es in allen anderen Fällen ebenso oft verschleift oder elidiert, als vollgemessen vorkommt, in der sogenannten *definite form* (nach dem Artikel und dem Pronomen) a) meistens als **vollgemessene** Silbe verwendet: *with his swéte bréthe* Prol. 5; *and in the Greéte seé* ib. 59; *the néwe wórld* ib. 177; *the béste béggere* ib. 252; *the lónge daý* ib. 354; *a thikke knárre* ib. 549; *a drónke mán* Kn. T. 404. 406; *át his ówne gise* Prol. 663; *The yónge gúrles* ib. 664; *This stránge knýght* Sq. T. 89; *Your éxcellénte doúghter* ib. 145; *his queýnte spére* ib. 239 *and youre etérne graúnte* Kn. T. 448 etc.; doch auch in anderen Fällen, namentlich als **Pluralzeichen**: *straúnge stróndes* Prol. 13; *To férne hálwes* ib. 14; *al fúl of frésshe floúres, white and reéde* (neben Vollmessung auch Elision) ib. 90; *Of smále hoúndes* ib. 146; *and téndre hérte* ib. 150; *ólde thínges* ib. 175; *with sike lázars* ib. 245; *O yónge Húgh of Lincoln*, Prior. T. 1874; *O dére cósyn Palamon*, Kn. T. 376; *Of álle gráce* ib. 387; *Of gréte Néro* ib. 1174 etc.; b) **elidiert** oder **verschleift** wird das adjectivische End-*e* zunächst namentlich nach dem unbestimmten Artikel (keineswegs aber mit Nothwendigkeit, wie Skeat anzunehmen scheint, der den unbestimmten Artikel von der *definite form* ausschliesst, wenn er a. a. O. p. LXXI sagt: *by confusion, Chaucer uses „thikke“, even when indefinite*; s. die obigen Beispiele): *a broún viságe* Prol. 109; *a gaý bracér* 111; *a gaý daggére* ib. 113; *a faýr forheéd* ib. 254 (in Tyrwhitts Ausgabe haben alle diese Adjective ein *e*; vgl. auch Koch, histor. Grammat. der engl. Sprache I, p. 447) *as is a poúre scolér* ib. 260; doch auch in anderen Fällen: *as méke as is a maýde* ib. 69; *of évene léngthe* ib. 83; *bríghte and kéne* (Plur.) ib. 104; *hire eýen greýe as glás* ib. 152; *sófte and reéd* ib. 153; abgefallen ist es gewöhnlich auch in mehrsilbigen Wörtern germanischen wie romanischen Ursprungs bei betonter *paenultima* (mit Ausschluss des *e*): *in sóndry lóndes* ib. 14; *at mórtal bátailles* ib. 61; *a lústy báchelér* ib. 80; (vgl. aber *a wántown únd a mérye*, im Reime auf *bérye* ib. 207 / 8); *a géntil Párdonér* 669; *so méry a cómpanýe* ib. 764 etc.

8. Gerade so wie mit dem End-*e* des Adjectivs verhält es sich auch mit demjenigen des **Adverbs** und der **Präposition**. Es wird a) in manchen Fällen **vollgemessen** als

Senkung verwendet: *Ful ófte týme* Prol. 52; *and faire rýde* ib. 94; *But sóre wépte sche* ib. 148; *móre than á curát* ib. 219; *Ful loúde sóngen* Sq. T. 55; *As sóre wóndren* ib. 258; *Aboúte prime* Kn. T. 1331 etc.; b) elidiert oder verschleift: *And éveremóre he hádde* Prol. 67; *And eék as lówde as dóth* ib. 171; *So móche of dáliaúnce* ib. 211; *stílle, as ány stoón* Sq. T. 171; *ther ís namóre to seýne* ib. 314; *ye géte namóre of me* ib. 343; *Aboúte this kýng* Kn. T. 1327 etc.

9. Das End-*e* der Pronomina, welche gewöhnlich in der Senkung stehen, wird in der That fast immer abgestossen: *uppón hire bréste* Prol. 131; *hire léste* ib. 132; *Hire óverlíppe* ib. 133; *That in hure cúppe* ib. 134; *óf hire cónsciénce* ib. 142; *Hire nóse trétys*; *hire eýen* ib. 152; *here gére apíked wás* ib. 365; *Here gúrdles ánd here poúches* ib. 368.

10. Das End-*e* der Zahlwörter dagegen, bestimmter wie unbestimmter, wird zweifacher Behandlung unterworfen: a) vollgemessen: *fyfe* im Reim auf *lyfe*, Prol. 460; *alle*, dsgl. ib. 323; *Of álle deýntees* ib. 346; b) elidiert resp. apocopiert: *álle in oó lyveré* ib. 363; *In álle the órdres foúre is noón that can* ib. 210.

11. Besondere Erwähnung verdient noch das End-*e* drei- und mehrsilbiger Wörter, dessen metrische Behandlung von der Betonung derselben stark beeinflusst wird.

Bei hochbetonter erster und tieftoniger zweiter Silbe fällt es in dreisilbigen Wörtern germanischen und romanischen Ursprunges, wie schon bei den schwachen Perfectformen auf *ede* erwähnt wurde, ebenso wie bei den bereits betrachteten sonstigen Flexionsendungen derartiger Wörter in der Regel der Verschleifung, Elision oder Apocope anheim: *He which that háth the schórteste schal bygýnne* Prol. 836; *A tréwe swýnkere ánd a goód was hé* ib. 531; *The méllere wás a* ib. 545; *At wrástlynge hé wolde háve* ib. 548; *He wás a jánglere ánd a* ib. 560; *He wás the béste béggere ín his hoús* ib. 252; *Sýngynge he wás, or floýtynge ál the daý* ib. 91; ebenso in romanischen Wörtern: *And saúgh his vísage ál in anóther kýnde* Kn. T. 543; *for preýer' né for hýre* Mancpl. T. 6; *This A'rcite ánd this Pálamón* Kn. T. 779; übrigens kann das *e* in vereinzelten Fällen dieser Art auch als eine Silbe gemessen werden, so in dem mangelhaften Verse Prol. 122; *Ful wel sche sang the servise divyne* (wo es, da es keine Hebung tragen kann, mit schwebender Betonung zu lesen ist), so wie es auch bei betonter *paenultima* verschleift, elidiert oder apokopiert werden; vgl. ausser den schon p. 445 citierten Beispielen noch die Verse: *Allás! I né have nó langúge to télle* Kn. T. 1369; *Of his statúre he wás* Prol. 83; *In híre presénce I récche nát to sterve.* Kn. T. 540. Gewöhnlich aber wird das End-*e* der Wörter mit solchem Tonfall nicht beseitigt, namentlich nicht im Reime: *pilgrimage: corage* Prol. 21. 22; *ryse: devyse* ib. 334; *visage: usage* ib. 109, 110; *daggere: spere* ib. 113, 114; *cheere: manere* 139: 140; *estate: prelate* ib. 203, 204; *penaunce: pitaunce* ib. 223, 224; *reverence: sentence* 305, 306; *mere: mellere* ib. 541, 542; für völlig gleichwerthig mit einer Senkung im Innern des Verses möchte ich indess derartige weibliche Räume nicht halten, da neben Reimen wie *here: officere* Sec. Non. T. 366, 368; *weddynge: comynge* Kn. T. 25, 26 auch Reime vorkommen wie *cloysterer: scoler* Prol. 259, 260; *a thing: at your lyking* Pordon. T. 457. 458, welche beweisen, dass das *e* solcher Wörter kein wesentlicher Laut war und sehr leicht abfiel. Vermuthlich werden derartige Silben als weibliche Versausgänge nicht viel vernehmbarer gewesen sein, als sie es vor epischer Cäsur waren, wie in den Versen: *In motteleye, and high on horse he sat*, Prol. 271; *Or with a bretherhede to ben withholde* ib. 511, wenn überhaupt ein Unterschied anzunehmen ist. Im Innern eines Versgliedes wird auch bei solcher Betonung das End-*e* in der Regel verschleift oder abgestossen: *by áventúre ifálle* Prol. 25; *no vileynýe ne saýde* ib. 70. 140; *cómpainýe in youthe* ib. 461; *fláterie and jápes* ib. 705; *His sácrifice he déde* Kn. T. 1404 etc. Uebrigens werden solche Silben nach Bedürfniss im Innern des Verses auch vollgemessen verwendet: *Wel couthe he in eschaúnge scheéldes sélle* Prol. 278; *Arcíte wás agoón* Kn. T. 418; *This ís thefféct and his enténte playn* ib. 629; zuweilen sogar auch in germanischen Wörtern: *What is mankýnde móre unto yow hólde* Kn. T. 449.

Das End-*e* vier- und fünfsilbiger Wörter ist schon früher bei der Erörterung der rhythmischen Behandlung derselben in Betracht gezogen worden.

§ 193. Im Gegensatz zu der aus Rücksicht auf die rhyth-

mische Verwendbarkeit sehr oft vorgenommenen, gewöhnlich
durch Verschleifung, Elision, Apocope, seltener durch Syncope
und sonstige Contraction oder Verschmelzung herbeigeführten
Verkürzung der Wörter ist noch die aus einem ähnlichen Bedürfnisse entstehende, allerdings nur selten vorkommende
Zerdehnung derselben zu erwähnen. Dieselbe wird in der
Regel bewirkt durch Einschiebung eines tonlosen *e* zwischen
eine hochtonige Stammsilbe und eine darauffolgende, tieftonige Ableitungs- oder Endsilbe, um dadurch diese letztere
fähig zu machen, im regelmässigen, das Fehlen einer Senkung
nicht zulassenden, jambischen Rhythmus eine Hebung zu
tragen. Beispiele: *Of Éngelónd* Prol. 16; *his neighebour right
ás himsélve.* ib. 535; *And schórteliche*, Kn. T. 627; *that in a
dáwenýnge* N. Pr. T. 62 etc. —

Da alle diese hinsichtlich der rhythmischen Verwendung
mehrsilbiger Wörter in Bezug auf Betonung und Silbenmessung, resp. Silbenunterdrückung in Betracht kommenden
metrischen Erscheinungen, die wir hier bei der Betrachtung
des fünftaktigen, jambischen Verses des hervorragendsten altenglischen Dichters an zweckmässigster Stelle übersichtlich
zusammenfassen zu können glaubten, sich gleichfalls, wie bei
den früher betrachteten viertaktigen, alexandrinischen und
septenarischen Versen, so auch bei der weiteren Entwickelung
des fünftaktigen Rhythmus, wenn auch mit leichten, dem neuenglischen Brauche allmählich sich angleichenden Modificationen bemerkbar machen, so werden wir erst bei dem letzten
der altenglichen Epoche noch zuzurechnenden Vertreter dieses
Metrums in Kürze auf jene Fragen zurückkommen.

Wie für die früheren Dichter, so mögen auch für Chaucer
und seine Nachfolger zusammenhängende, kürzere Proben aus
ihren Dichtungen die Beschaffenheit des Versbaues derselben
zur deutlicheren Anschauung bringen, wobei wir uns der p. 99
erklärten Zeichen und Typen für die gleichen metrischen
Licenzen dieser späteren Dichter bedienen, für die verschiedenen Cäsurarten aber, welche in der Gestaltung und Entwickelung des fünftaktigen Rhythmus eine so wesentliche
Rolle spielen, folgende neue Bezeichnungen hinzufügen:

Die Cäsur wird in der Verszeile stets, wie auch bei den
früheren Versarten, durch eine Lücke an der betreffenden

Stelle im Druck bezeichnet, mit Ausnahme bei Versen mit verwischter Cäsur, welche an dem Fehlen jeglicher typographischen Bezeichnung kenntlich sind.

Männliche Cäsur nach dem zweiten Takte wird als die gewöhnliche Cäsur nicht weiter kenntlich gemacht, als durch die Lücke in der Verszeile.

⊤ ist das Zeichen für epische Cäsur nach dem zweiten Takte.
⊢ ist das Zeichen für lyrische Cäsur nach dem zweiten Takte. .
‖ ist das Zeichen für männliche Cäsur nach dem dritten Takte.
⫪ ist das Zeichen für epische Cäsur nach dem dritten Takte.
‖⊢ ist das Zeichen für lyrische Cäsur nach dem dritten Takte.

Die übrigen Cäsurarten, nach dem ersten und dem vierten Takte, kommen zu selten vor, als dass besondere Zeichen dafür erforderlich wären.

Zur Veranschaulichung des Rhythmus in Chaucers *heroic verse* möge die folgende Schilderung seines *Wif of Bath* dienen, nach Morris' Ausgabe des Prologs, der *Canterbury Tales* (Oxford, Clarendon Press, 1875) v. 445—476:

⊢ *A good Wif was ther of byside Bathe,*   445
‖ *But sche was somdel deef, and that was skathe.*
⌣⌢ *Of cloth-makyng she hadde such an haunt,*
    Sche passede hem of Ypres and of Gaunt.
⊢ *In al the parisshe wyf ne was ther noon*
⌐ *That to the offryng byforn hire schulde goon,*   450
⌐ *And if ther dide certeyn so wroth was she,*
    That sche was out of alle charité.
    Hire keverchefs ful fyne weren of grounde;
⊤ *I durste swere they weygheden ten pounde*
| *That on a Sonday were upon hire heed.*   455
⊢ *Hire hosen weren of fyn scarlet reed,*
    Ful streyte y-teyd, and schoos ful moyste and newe.
∼ *Bold was hire face, and fair, and reed of hewe.*
‖⊢ *Sche was a worthy womman al hire lyfe,*
∼ ⫪ *Housbondes at chirche dore sche hadde fyfe.*   460
    Withouten other compainye in youthe ; ·
‖ *But therof needeth nought to speke as nouthe.*
⌁ ‖ *And thries hadde sche ben at Jerusalem ;*
⊢ *Sche hadde passed many a straunge streem ;*

‖ *At Rome she hadde ben,   and at Boloyne,*   465
‖ *In Galice at seynt Jame,   and at Coloyne.*
⊢ *Sche cowde moche of wandryng   by the weye.*
~ ⊢ *Gat-tothed was sche,   sothly for to seye.*
⊢ *Uppon an amblere esily sche sat,*
     Ywympled wel,   and on hire heed an hat   470
‖⊢ *As brood as is a bokeler   or a targe ;*
⌣^ *A foot-mantel   aboute hire hipes large,*
     And on hire feet   a paire of spores scharpe.
⊤ *I felaweschipe   wel cowde sche lawghe and carpe.*
∥ *Of remedyes of love   she knew parchaunce,*   475
     For of that art   sche couthe the olde daunce.

Als Probe von Chaucers Behandlung des fünftaktigen, jambischen Verses in strophischer Bindung diene der Prolog zur
Prioresses Tale nach Skeats Ausgabe (*Oxford, Clarendon Press*,
1877) v. 1643—1677:

     O lord our lord,   thy name how mcrucillous
     Is in this large worlde ysprad   — quod she:¹) —
⌣^ *For noght oonly   thy laude precious*   1645
     Parfourned is   by men of dignitee,
‖⊢ *But by the mouth of children   thy bountee*
⌣^ *Parfourned is,   for on the brest souking*
‖ *Som tyme shewen they   thyn herying.*

⊤ *Wherfor in laude,   as I best can or may,*   1650
     Of thee, and of the whyte lily flour
     Which that thee bar,   and is a mayde alway,
⌈ *To telle a storie   I wol doon my labour;*
     Not that I may   encresen hir honour;
     For she hir-self   is honour, and the rote   1655
‖ *Of bountee, next hir sone,   and soules bote. —*

⊤ *O mooder mayde!   o mayde mooder free!*
~ *O bush vnbrent,   brenning in Moyses syghte,*
~~~ *That rauysedcst   doun fro the deitee,*
⌣^ ⌈ *Thurgh thyn humblesse,   the goost that in thalyghte,*
     Of whos vertu,   whan he thyn herte lyghte,   1661
     Conceyued was   the fadres sapience,
⊢ *Help me to telle it   in thy reucrence!*

---

¹) Vgl. für die Cäsur dieses Verses die Bemerkungen auf p. 457.

~ ⊢ *Lady! thy bountee, thy magnificence,*
   Thy vertu, and thy grete humilitee   1665
‖ *Ther may no tonge expresse in no science;*
⊢ *For som tyme, lady, er men praye to thee,*
   Thou goost biforn of thy benignitee,
‖ *And getest vs the lyght, thurgh thy preyere,*
   To gyden vs vn-to thy sone so dere.   1670

‖ *My conning is so wayk, o blisful quene,*
⫟ *For to declare thy grete worthynesse,*
   That I ne may the weighte nat sustene,
   But as a child of twelf monthe old, or lesse,
⊢ *That can vnnethes any word expresse,*   1675
   Ryght so fare I, and therfor I yow preye,
~ *Gydeth my song that I shal of yow seye.*

Kapitel 9.

Die weitere Entwickelung des fünftaktigen jambischen Verses.

Von Gower bis Lyndesay.

§. 194. Obwohl Gower bekanntlich ein Zeitgenosse Chaucers war und seine französischen, in zehnsilbigen Versen abgefassten Balladen[1]) schon in seiner Jugend geschrieben haben soll (was unwahrscheinlich, jedenfalls nicht erwiesen ist), muss er doch hinsichtlich der wenigen, von ihm erhaltenen, in fünftaktigen jambischen, englischen Versen gedichteten Strophen zu den Nachfolgern Chaucers gerechnet werden. Denn diese Dichtungen Gowers, welche bestehen aus dem früher citierten, in *rhyme royal* geschriebenen, kurzen Passus der 1593 vollendeten *Confessio Amantis* und einem mässig umfangreichen, in derselben Strophenform geschriebenen Ge-

---

1) *Ballades and other Poems. By John Gower. Printed by Earl Gower for the Roxburghe Club from the original MS. in the library of the Marquis of Stafford, at Trentham. London, 1818.*

dichte an König Heinrich IV [1]), der 1399, ein Jahr vor Chaucers Tod, den Thron bestieg, wurden abgefasst, nachdem durch zahlreiche grössere und kleinere Dichtungen dieses Dichters der fünftaktige jambische Vers sowohl zu Reimpaaren, als auch zu längeren Strophen gebunden, in England längst populär geworden war.

Während wir geradeso wie in Chaucers viertaktigen Reimpaaren, so auch in seinem gleichfalls einem französischen Vorbilde nachgeahmten, fünftaktigen jambischen Verse ein Metrum vor uns haben, welches ganz das nationale Gepräge der Rhythmen jener Zeit trägt —, nur in künstlerischer Behandlung —, macht sich die Glätte und Gleichmässigkeit des französischen Vorbildes in viel grösserem Masse bemerkbar in den obengenannten Dichtungen Gowers, wie zunächst die Anfangsstrophe des ersteren, der Bittschrift des Liebenden in der *Confessio Amantis* ed. Pauli (III, p. 349—352), veranschaulichen möge:

> *The woful peine   of loves maladie,*
> *Ayein the which   may no phisique availe,*
> *Min hert hath so   bewhapped with sotie,*
> ‖– *That where so that I reste   or travaile,*
> ⊢ *I finde it ever   redy to assaile*
> *My reson which that can him nought defende.*
> *Thus seche I help,   wherof I might amende.*

Es kann uns diese Gleichmässigkeit des Rythmus nicht Wunder nehmen, wenn wir uns des schon bei der Betrachtung des viertaktigen Verses über diesen Zeitgenossen Chaucers Gesagten erinnern. Solche absolute Glätte, wie er sie seinen kurzen Reimpaaren zu geben verstand, hat er indess in diesen fünftaktigen Rhythmen nicht angestrebt, oder wenn er sie beabsichtigt hat, jedenfalls nicht erreicht, vermuthlich weil ihm diese neue und compliciertere Vers- und Strophenform doch grössere Schwierigkeiten bereitete, als jenes Vermass. Namentlich das zweite, etwas umfangreichere Gedicht an

---

1) Gedruckt nach Morleys Angabe (*English Writers* II, 78) in Urrys Ausgabe von Chaucers Werken; neuerdings in *Wright's Political Poems and Songs* II, p. 4—15 unter dem Titel *Address of John Gower to Henry IV.*

König Heinrich IV, welches wir wegen der genauen Wiedergabe einer aus des Dichters Zeit stammenden Handschrift im Folgenden ausschliesslich berücksichtigen, ist metrisch etwas freier gebaut. Freilich, Fehlen des Auftaktes, oder doppelte Senkungen zu Anfang oder im Innern des Verses, oder gar Fehlen einer Senkung im Innern des Verses lässt sich der formgewandte Dichter auch hier nicht zu Schulden kommen. Doch aber hat er sich gewisser Fälle von Taktumstellungen und schwebenden Betonungen nicht zu enthalten vermocht.

Zu Anfang des Verses kommen Taktumstellungen häufiger vor, rhetorische, wie durch den Wortaccent bedingte, so z. B. p. 5, Str. 1:

Axe of thi God, so schalt thou noght be werned p. 5, Str. 1.
Pes is the beste above alle erthely thinges. p. 6, Str. 1.
Betre is the pees, of which may no man lese p. 6. Str. 2.
Aftir reson зit tempre thi corage, p. 8, Str. 5.
Crist is the heved, and we ben membres alle, p. 9, Str. 1.

Auch nach der Cäsur kommen einzelne derartige Fälle vor, so:

To every creature undir the sonne p, 10, Str. 3.
If holy cherche after the dueté p. 11, Str. 1.

Doch auch an anderen Stellen, und dann jedenfalls mit schwebender Betonung zu lesen, wie:

So that undir his swerd it might obeie; p. 5, Str. 3.
Of God what thing him was levest to crave, ib., Str. 2.
He ches wisdom unto the governynge ib. Str. 2.
How that manslaghtre schulde be forbore; p. 9, Str. 2.

Daran schliessen sich passend einige Fälle schwebender Betonung im Reime an, die ähnlich, wie in dem letzten Beispiele, zusammengesetzte Wörter betreffen:

O kyng, fulfilled of grace and of knyghthode,
If pes profred unto thi manhode, p. 8, Str. 5; p. 10, Str. 1.
Such was the wille that time of the Godhede;
But aftirwards, whanne Crist tok his manhede, p. 9, Str. 2.

Ein einziges Mal findet sich auch die Endung -*inge* im Reime p. 5:

King Salomon, which hadde at his axinge
He ches wisdom unto the governynge. p. 5, Str. 2.

Im Ganzen ist also der jambische und zugleich silbenzählende Rhythmus, ebenso wie beim kurzen Reimpaar, auch hier von Gower strenge gewahrt.

Die grössten Freiheiten gestattet er sich noch bezüglich der Cäsur. Zwar ist die männliche Cäsur nach dem zweiten Takt entschieden die Regel, wie z. B. in den drei zuletzt citierten Versen, doch kommen daneben auch die andern Hauptarten der Cäsur, wenn auch nur ausnahmsweise, vor. Am häufigsten ist unter denselben die lyrische Cäsur anzutreffen, so z. B. in den Versen:

Among the princes   in this erthe hiere. p. 5, Str. 5.
In alle places   where it is withholde; p. 6, Str. 1.

Solche Cäsuren kommen etwa fünfzig in dem 400 Verse zählenden Gedichte vor.   Auch epische Cäsur ist nicht selten zu finden, so z. B.:

Ffor of bataille   the final ende is pes. p. 6, Str. 2.
And to the heven   it ledeth ek the weie; ib., Str. 4.
Crist is the heved,   and we ben membres alle, p. 9, Str. 1.
Whan him was levere` his oghne deth desire p. 14, Str. 1.
And al his lepre   it hath so purified ib., Str. 2.
As y which evere   unto my lives ende p. 15, Str. 1.

Nimmt man in Versen wie:

Ordeigne and take,   as he therto is holde, p. 6, Str. 1.
To cleime and axe   his rightful heritage ib., Str. 1.

keine Elision des *e* vor folgendem Vocal und *h* an, so mehrt sich die Zahl der epischen Cäsuren noch beträchtlich.

Es muss jedenfalls nicht nothwendigerweise elidiert werden, wie hervorgeht aus dem Verse mit lyrischer Cäsur:

Resteined were   unto Cristes lore p. 14. Str. 3.

während es andererseits ebenso gut elidiert werden kann, wie sich ergiebt aus dem Verse:

So schal the cronique   of thi pacience p. 14, Str. 5.

Die verschiedenen Cäsuren nach der dritten Hebung sind natürlich seltener anzutreffen, jedoch fehlen sie ebenfalls nicht gänzlich.   Oefters findet sich namentlich die männliche Cäsur nach dem dritten Takte, so im ersten Verse des Gedichts:

O worthi noble kyng   Henry the ferthe,
The worschipe of this lond,   which has doun falle, p. 4, Str. 2.
Good is teschue werre,   and natheles p. 6, Str. 2.
Forthi, my worthi prince,   in Crist[e]s halve p. 7, Str. 5.
Leie to this olde sor   a newe salve, ib., Str. 5.
And do the werre awei,   what so betide; ib., Str. 5.
My worthi liege lord,   Henri be name, p. 14, Str. 4.

Ein Beispiel von lyrischer Cäsur nach dem dritten Takte
gewährt der Vers:

The werre hath no thing siker,   thogh he winne. p. 7, Str. 4

und von epischer, der Vers:

If werre may be lefte,   tak pes on honde, p. 6, Str. 4,

wenn dort das *e* in *lefte* authentisch ist.

Interessant ist noch das Reimverhältniss, insofern die
weiblichen Reime in überwiegender Mehrzahl vorhanden sind.
Von den 400 Versen des Gedichtes reimen nur siebenzig mit
männlichem Ausgange.   Endlich ist noch bemerkenswerth
das mehrfache Vorkommen des Hinüberschreitens des Satzes
in die folgende Verszeile (*enjambement*); so z. B. öfters in den
drei ersten Strophen auf p. 9, die hier zugleich als eine Probe
von Gowers Versbau folgen mögen:

      My worthi lord,   thenke wel how so befalle
T   *Of thilke lore,   as holi bokes sein,   .*
⁓ T *Crist is the heved,   and we ben membres alle,*
⊢   *As wel the subjit   as the sovereign;*
      So sit it wel,   that charité be plein,
‖⊢ *Which unto God himselve   most accordeth,*
      So as the lore of Cristes word recordeth.

T   *In tholde lawe,   er Crist himself was bore,*
      Among the ten comandementz y rede
⁓⌣ ⊢ *How that manslaghtre   schulde be forbore;*
⌣⌢   *Such was the wille   that time of the Godhede;*
⌣⌢   *But aftirwards,   whanne Crist tok his manhede,*
‖   *Pes was the ferste thing   he let do crie*
⊢   *Azein the worldes   rancour and envie.*
      And er Crist wente   out of this erthe hiere,
T   *And stigh to hevene,   he made his testament,*

Wher he beqwath to his disciples there
And ʒaf his pes, which is the foundament
Of charité, withouten whos assent
The worldes pes may never wel be tried,
Ne love kept, ne lawe justefied.

Aehnlich gebaute Strophen mit *enjambement* finden sich p. 6,
vorletzte Strophe, p. 10 letzte Strophe, und so noch öfters.
Auch in dieser Hinsicht zeigt sich Gower als den gebildeten
Kunstdichter, wie er denn überhaupt auch dies Metrum im
Ganzen mit grossem Geschick handhabt.

§ 195. An Gower und Chaucer schliessen sich die Schüler
des letzteren, Thomas Occleve (c. 1370 bis c. 1454) und
John Lydgate (c. 1473 bis 1460), unmittelbar an. Der
erstere ist bekannt als der Verfasser eines in *rhyme royal*
geschriebenen Gedichtes, betitelt *The Governail of Princes*,
wovon wir den von Skeat in seinen *Specimens of Engl. Li-*
terature p. 14—22 mitgetheilten Abschnitt benutzen konnten.
Lydgate war einer der fruchtbarsten Dichter seiner Zeit und
schrieb eine beträchtliche Anzahl lyrischer und epischer Gedichte in strophischer Form, wie in *heroic verse*. Es erschien
für unseren Zweck, um seinen Versbau kennen zu lernen,
ausreichend, einige derselben eingehender zu betrachten. Wir
wählten die zwei ersten der unter dem Titel *A Selection*
from the Minor Poems of Dan. John Lydgate von J. O.
Halliwell in vol. II der *Percy Society*, London 1840, herausgegebenen Gedichte, das von Zupitza in den Sitzungsberichten
der Wiener Academie 1873 herausgegebene, in achtzeiligen
Strophen geschriebene Gedicht von *Guy of Warwick* und den
von Skeat in seinen *Specimens* gedruckten Abschnitt der
Storie of Thebes.

Occleve und Lydgate standen als Dichter weit hinter
ihrem grossen Vorbilde zurück, sowohl an Genie, als auch
an Virtuosität in der Behandlung der dichterischen Form.
Ihre Inferiorität zeigt sich namentlich darin, zumal bei
Occleve, dass sie sich möglichst eng an das Hauptschema
des fünftaktigen Verses, mit der Cäsur nach der zweiten
Hebung (vorwiegend männliche oder weibliche lyrische Cäsur), anzuschliessen trachten, dass sie aber nicht leicht, wie

der geschickte Gower dies verstand, die logische und durch
den Wortaccent bedingte Betonung des Wortes und Satz-
theiles mit dem ihnen vorschwebenden Versschema in Einklang zu bringen vermögen, sondern dass sie sehr oft genöthigt sind, sich mittelst der französischen, silbenzählenden
Methode, oder durch Anwendung schwebender Betonung, sowie auch der bei Chaucer nur selten und bei Gower gar
nicht vorkommenden Weglassung des Auftaktes zu helfen, so
gut wie es eben geht, dagegen aber die genialeren Seiten des
Chaucer'schen Verses, die kräftigen Taktumstellungen und
den anmuthigen Wechsel in der Behandlung der Cäsur gänzlich vernachlässigen.

Fehlen des Auftaktes zunächst ist, wie gesagt, recht
oft bei Occleve anzutreffen, und zwar zu Anfang, wie auch
nach der Cäsur. So zu Anfang:

Tyme and tyme   he yafe hem withe his hondes 599, 3.
Speke it not,   for it shalle not betide. 604, 6.
In a chambre   next to his ioynyng. 605, 2.
Than we shulden   ay to-gider dwelle. 614, 1.
And as they hem beden   so they dede. 621, 4.
Smerted me   and do me hevynesse 624, 4.

Nach der Cäsur:

Her hous as he   did his owen hous. 600, 2.
And they felt   his expenses swage, 601, 3,

hier an beiden Stellen;

Unto his chest,   which thre lokkes hadde, 606, 6.
Wold god that ye   were of our assent; 613, 7.
By every key   writen ben the weyes 619, 3.

Im Ganzen sind etwa 1½ Dutzend Fälle von fehlendem Auftakt in den von Skeat mitgetheilten 272 Versen anzutreffen;
also eine viel grössere Zahl, als bei Chaucer.

Nicht minder oft macht sich die entgegengesetzte Erscheinung, die mehrfache Senkung bemerkbar, sowohl als
Auftakt, als auch im Innern des Verses.

Doppelter Auftakt:

Of his goode passyngly,   and they suche chere 599, 4.
What so euer it be,   koth the fader, now, 615, 6.

And I kan or may, I shalle it telle yow. 615, 7.
And to karmes fifty; tarye not, I you prey. 618, 7.
Hier zugleich doppelte Senkung im Innern des Verses.

Sonstige Fälle der Art:
And bagged hem and cofred hem at the laste; 609, 7.
And opened his dore, and doun goth his wey. 610, 1.
Not purpose I to make other testament. 618, 1.

Taktumstellungen scheinen, wie gesagt, nach der uns vorliegenden Probe zu schliessen, bei Occleve selten zu sein, doch kommen sie vereinzelt auch vor und sind dann nicht unwirksam:

Loued fulle wele, and hade hem leef and dere; 599, 2.
Thankyng hym ofte of his kyndenesse; 612, 5.
Fader, koth they, this is your owen housholde; 613, 4.
Sones and doughters, koth he, sothe to telle, 614. 3.
Thurste and desire, and eke your soules helthe. 628, 7.

Im Innern des Verses:
Til alle his goode was wasted and gone; 601, 2.
And so did I neuer yit in my live. 626, 6.

In diesem letzten Vers ist übrigens wohl eher silbenzählende, schwebende Scansion anzunehmen, die ja gerade für Occleves Versbau besonders charakteristisch ist, sowohl im Innern des Verses, als auch namentlich im Reime, und demselben vielfach einen so unbeholfenen, schleppenden Klang verleiht.

Man beachte nur Verse wie:
A riche man, and two doughters hade he, 598, 4.
For after hade he cherisshyng none; 601, 5.
At his day; this was done, the somme he hent, 602, 6.
His sones bothe, and his doughters also. 603, 2.

Aehnliche Fälle im Innern kommen noch vor 604, 3; 605, 3; 605, 7; 606, 6; 607, 6; 609, 6; 611, 6; 617, 1.

Nicht minder häufig gestattet er sich derartige schwebende Betonungen im Reime, wo sie wo möglich noch schleppender wirken, so:

Vnto vs done; hir vengeable duresse
Dispoiled hath this londe of the swetnesse 298, 4, 5.

Alle that they axed   haden they redy,
And they euer were on hym gredy. 600, 6, 7.

Aehnlich reimt er *husbondes: hondes* 599, 1, 3; *ioynyng: ma-kyng: chynnyng* 605, 2, 4, 5; *housholde: holde* 613, 4, 5; *dying: endyng: departyng* 617, 2, 4, 5.

Dagegen befleissigt sich Occleve bezüglich der Cäsur einer fast pedantischen Regelmässigkeit. Vereinzelte Fälle von epischer Cäsur nach dem zweiten Takte kommen vor, so z. B.:

And of goode   they were ay desirous; 600, 5.
O dethe, thou didest   not harme singuler 282, 1.
He shope his sones   and doughtres to begile. 608, 3.

Ebenso kommt die männliche Cäsur nach dem dritten Takte einige Male vor, so z. B.:

Mirrour of fructuous   entendement, 281, 3.
Of his goode passyngly,   and they suche chere 599, 4.
And to his sones hous,   whan he hade etc. 612, 7.
How shuld I merier be?   not wote I how, 614, 5.
Vnto her fader spake,   and thus they seide, 615, 4.

Dieser letzte Vers könnte aber auch als ein Vers mit lyrischer Cäsur nach der zweiten Hebung angesehen werden, in gleicher Weise wie etwa der Vers:

And to her fader now wole I me dresse 612, 2.

Dieser Art der Cäsur und der männlichen Cäsur nach der zweiten Hebung, die beide den streng gleichmässigen, zehn-silbigen Rhythmus des Verses zu fördern geeignet sind, bedient sich Occleve fast ausschliesslich und daher nicht zum Vortheile seines Metrums. Einige Strophen seines Gedichtes, die dem Andenken Chaucers gewidmet sind, mögen als Probe seines Versbaues dienen:

|- *O maister dere   and fader reuerent,*   281
|- *My maister Chaucer,   floure of eloquence,*
|| *Mirrour of fructuous   entendement,*
|+ *O vniversal fader   in science,*
Allas! that thou   thyne excellent prudence
|- *In thy bedde mortalle   myghtest not bequethe;*
What eyled dethe,   allas! why wold he sle the?[1]

---

1) Man beachte diesen für die Hörbarkeit des infinitivischen End-*e* wichtigen Reim.

⊤ *O dethe, thou didest not harme singuler*   282
   In slaughtre of hym, but alle this londe it smerteth.
   But natheles yit hast thow no power
   His name to slee, his hye vertu asterteth
   Vnslayn fro the, which ay vs lyfly herteth
⌣^ *With bookes of his ornat endityng,*
   That is to alle this land enlumynyng.

   . . . .

⊢ *Allas! my worthy maister honorable,*   829
⊢ *This londes verray tresour and richesse,*
   Dethe by thy dethe hath harme irreperable
   Vnto vs done; hir vengeable duresse
‖ *Dispoiled hath this londe of the swetnesse*
   Of Rethorik; fro vs to Tullius
‖ *Was neuer man so like amonges us.*

   . . . .

⊢ *She myght han taryed hir vengeaunce a while,*   301
   Til that som man hade egalle to the be.
   Nay, lete be that! she knewe wele that this yle
⌣^ *May neuer man forth brynge like to the,*
⊢ *And hir office nedes do mote she;*
   God bade hir so, I truste as for the beste,
⊢ *O maister, maister, god thy soule reste!*

§ 196. In Beziehung auf Lydgates Versbau ist es
schwer, den allgemeinen Charakter desselben zu bestimmen.
Auch ist es kaum zu verwundern, dass ein Dichter von seiner
Fruchtbarkeit sich ebenso wenig in Bezug auf die Sorgfalt
der Versification, wie hinsichtlich des ästhetischen Werthes
seiner Dichtungen durchweg gleich bleibt.

Im Ganzen kann man sagen, dass die strophisch geschriebenen Gedichte Lydgates, dessen Werke der ersten
Hälfte des fünfzehnten Jahrhunderts angehören, einen regelmässigeren Versbau zeigen, als die in *heroic verse* geschriebene
Storie of Thebes. Besonders auffallend ist in dieser namentlich
das häufige Fehlen des Auftaktes, sowohl zu Anfang
des Verses, als auch nach der Cäsur.

So zu Anfang:

Fro the kyng   he gan his face tourne, 1068.
Vpon which   he wil auenged be 1086.
Charchyng hym   fast[e] for to hye. 1090.
Secrely,   that no man hem espie, 1103.
Toward Eue,   he gan taken hede; 1120.
þoght he saugh,   ageyn þe mone shyne, 1122.
Sheldes fresshe   and plates borned bright, 1123.
And the first   platly that he mette 1133. etc.

Das häufige Vorkommen derartiger Verse, in denen bei männlicher Cäsur der Auftakt fehlt, lässt es ganz unzweifelhaft
erscheinen, dass auch Verse mit weiblicher, lyrischer und
epischer Cäsur so anzusehen und nicht etwa silbenzählend
zu scandieren sind, so z. B.:

Nat astonned,   nor in his hert afferde, 1069.
But ful proudly   leyde hond on his swerde, 1070.
In his herte   wroth and euel apayd 1081.
Of the wordes   that Tydeus had said 1082.
And of knyghtes   fyfty weren in nombre, 1097.

Der Rhythmus ist in diesen und ähnlichen Versen ganz derselbe, wie in anderen, entsprechend gebauten Versen mit vorhandenem Auftakte, so z. B.:

Among his lordes   furious and wood, 1080.
The theban knyghtes   in compas rounde aboute 1177.

Sehr häufig ist auch das Fehlen des Auftaktes nach der
Cäsur, so:

But Tydeus,   thorgh his hegh renoun, 1138.
Now her, now ther,   as they fille dede, 1158.
So mercyles,   in his cruelte, 1160.
An huge stoon,   large rounde, and squar; 1165.
And sodeynly,   er that thei wer war, 1166.
Hem everychoon,   Tydeus, as blyve, 1173.
That non but on   left of ham alyue; 1174.
Hymrsilf yhurt,   and ywounded kene, 1175.
Thurgh his harneys   bledyng on the grene; 1176.

Unter den hundert ersten und den hundert letzten Versen
des von Skeat mitgetheilten Abschnittes dieses Gedichtes sind

ungefähr die Hälfte mit fehlendem Auftakte, entweder zu Anfang oder nach der Cäsur gebaut. In den strophischen Gedichten ist, wie gesagt, diese dem natürlichen Fluss des Rhythmus doch eher nachtheilige, als förderliche Eigenthümlichkeit viel seltener anzutreffen; in den ersten 16 Strophen (oder 132 Versen) des Gedichtes *Pur le Roy, Minor Poems,* p. 2 kommen nur ein Dutzend derartiger Verse vor, nicht mehr in den 15 achtzeiligen Strophen des Gedichtes *On the mutability of human affairs* (*Min. Poems,* p. 22). In noch geringerer Zahl sind sie anzutreffen in *Guy of Warwick,* woselbst nur aus den ersten 25 Strophen oder 200 Versen fast die gleiche Zahl beizubringen ist (2, 8; 4, 7; 10, 1, 2; 11, 5; 13, 1, 2; 16, 4; 20, 6; 23, 3; 25, 7).

Auch **Fehlen der Senkung** im **Innern** des Verses ist in einzelnen Fällen nachzuweisen, so *Min. Poems*:

Ther nóble Kýng   were glád tó resseýve. p. 3, 14.
Ensámple tóke,   and chiéf maýster wás, p. 84, 17.
Of hárd márble   they díde anóther máke, p. 85, 24.
Agénst wáter   stróngly fór to endúre, p. 85, 25.

Aus *Guy of Warwick* könnte citiert werden:
By gráce of gód   i deéme tréwlý 38, 1
of high prudénce   képt hym sílff clós 40, 6,

obwohl es sehr gut denkbar ist, dass hier, wie in den meisten vorher citierten Fällen der regelmässige Rhythmus ursprünglich mittelst eines organischen oder unorganischen -e hergestellt war. Jedenfalls dürfte das Fehlen einer Senkung im Innern des Verses bei Lydgate nur sehr selten mit Sicherheit zu constatieren sein. In dem von Skeat gedruckten Abschnitt aus der *Storie of Thebes* ist es selten, und in dem Gedichte *Min. Poems* p. 22 kommt es gar nicht vor.

Hinsichtlich der entgegengesetzten Erscheinung, der **mehrfachen Senkungen** nämlich, ist das umgekehrte Verhältniss zu constatieren, wie beim fehlenden Auftakt: Dieselben kommen in den *heroic verses* der *Storie of Thebes* nur vereinzelt vor, öfters dagegen in den strophisch geschriebenen Gedichten. So z. B. *Storie of Thebes* nur in dem vom Herausgeber emendierten Verse 1178:

In the vale lay slayne alle the hoole route,

dagegen *Minor Poems*:

For the VIte Herry, roote of her gladnes, p. 2, 10.
Made his komyng the wedyr to be so ffayre. p. 2, 14.
Ther clothing whas of colour fulle covenable; p. 3, 15.
In sondery devise embroudered richely. p. 3, 28.
And for to remembre of other alyens, p. 4, 1.
Withe the grace of God, att the entryng of the brygge. p. 5, 28.
Of worldly support; *for all cometh of Jhesu —* p. 22 v. 10.
Of whiche the reporte of both is thus reserved, p. 84, 6.
The cheldren of Seth in story ye may se, p. 85, 1.

Aus *Guy of Warwick* hat schon Zupitza eine Anzahl doppelter Auftakte und Senkungen citiert, die noch leicht zu vermehren wären.

Taktumstellungen lässt Lydgate in beträchtlicher Anzahl zu, viel seltener jedoch in der *Storie of Thebes*, als in den strophischen Gedichten, was aus dem häufigen Fehlen des Auftaktes in seinem *heroic verse* erklärlich ist.

Zu Anfang des Verses sind sie natürlich dort noch am häufigsten anzutreffen, so: *Armed echon* 1099; *Vnder an hille* 1109; *Sool by hymsilf* 1117: *Havyng no man* 1118; *Wrought by the kyng* 1126; *Sworn and assured* 1206; *Trusteth right wel* 1321; *Byddyng in hast* 1335; *Makyng her wymmen* 1359.

Nach der Cäsur kommt Taktumstellung dort nur zweimal vor, nämlich:

And liche a boor stondyng at his diffence, 1154.
And he, ful paal only for lak of blood, 1221.

Viel öfter ist diese Licenz in Lydgates strophischen Gedichten anzutreffen, so z. B. *Min. Poems*, p. 22, wo der fast in allen Strophen gleichmässig wiederkehrende Refrain:

All stant in chaunge like a mydsomer rose,

zu Anfang und nach der Cäsur diesen Rhythmus aufweist, in dem ersten Gliede des Verses freilich kräftiger, als in dem zweiten, wo fast silbenzählender Rhythmus eintritt. Dieselbe Erscheinung findet sich ausserdem in den 120 Versen des Gedichtes noch etwa 25mal, darunter zweimal nach der Cäsur:

The thorne is sharp kevered with fresshe colours; p. 22, 18.
At whos uprist mounteyns be maade so feyre, p. 24, 11.

Sehr häufig sind solche Taktumstellungen in *Guy of Warwick* anzutreffen, so z. B. zu Anfang *tweynty and sevene* 1, 2; *reignyng that tyme* 1, 4; *Mars and Mercurie* 3, 7; *lordis wer pensiff* 6, 5; *oon of thes tirauntys* 6, 6; ferner 7, 2, 3; 8, 5; 9, 5; 12, 8; 13, 3; 14, 5; 15, 2, durchschnittlich einmal in jeder Strophe; zuweilen auch nach der Cäsur:

hath chastysed many a greet cyte 8, 2.
pryncys, barouns, bysshopis and prelatys 13, 5.

Finden sich derartige Incongruenzen an andern Stellen des Verses, so veranlassen sie schwebende Betonungen, die indessen bei Lydgate verhältnissmässig selten anzutreffen sind, so in *Guy of Warwick*:

In this brennyng and ffurious cruelte 3, 1.
Agenst water strongly for to endure, Min. Po. 85, 25.
Nor the gadryng about hym and the pres, St. of Th. 1388.

In diesem letzteren Falle könnte übrigens, da eigentlich zwei derartige Incongruenzen auf einander folgen (*Nór the gádryng*), Fehlen des Auftaktes angenommen werden, was in der Regel in solchen Versen der Fall ist. Recht deutlich zeigt sich das in den Versen *Guy of Warw.* 11, 1—5:

The sunne is hatter after sharpe schour[i]s,
the glade morwe ffolweth the dirke nyght,
affter wynter cometh may with fresshe flour[i]s,
und affter mystys Phebus schyneth bright,
affter trouble hertys be maade lyght;

dass hier in den Versen 3 und 5 die ersten Versglieder nicht mit schwebender, sondern mit trochäischer Betonung zu lesen sind, und dass wir also Fehlen des Auftaktes anzunehmen haben, geht aus dem Rhythmus von v. 1 und 4 deutlich hervor. Genau so ist auch zu scandieren:

Duryng also the persecucyoune 1, 5.
Spared non ther, 2, 1. *Cruell Danys*, 10, 1.
Worldly gladnes is melled with affray: Min. Po. 23, 11.

Auch im Reime sind schwebende Betonungen bei Lydgate nicht häufig. In der *Storie of Thebes* kommt nur vor: *housholde: bolde* 1091, 1092; im *Guy of Warw: accordyng: ffastyng* 20, 1, 4; *tarying: wepyng* 20, 5, 7; *kyng: levyng*; *thyng: ta-*

kyng 40, 2, 4, 5, 7; *ryng*: *deying* 65, 6, 8; *kynges*: *writynges*
72, 6, 8. Auch in den lyrischen Gedichten kommen derartige
Reime sehr selten vor, in dem sorgfältig ausgearbeiteten
Gedichte *On the Mutability of Human Affairs* (p. 22), z. B.
nur einmal: *kyng* : *kunning*, p. 24, 33, 34; in dem bedeutend
längeren, freilich auch weniger sorgfältig gefeilten, beschreibenden Gelegenheitsgedichte *Pur le Roy* (81 siebenzeilige
Strophen) kommen c. 20 derartige Reime vor, die aber fast
alle durch das Wort *kyng* veranlasst sind. In einem anderen,
noch längeren Gedicht: *Advice to an old gentleman who wished
for a young wife* (p. 27) kommen nur drei solche Reime vor.
Wir dürfen daher wohl annehmen, dass Lydgate als gewandter
und geübter Reimer zu derartigen Reimen nur im Nothfall,
oder wenn er sich nicht besondere Mühe gab, seine Zuflucht
nahm.

Die C ä s u r behandelt Lydgate in ganz eigenthümlicher
Weise. Noch strenger, als Occleve hält er sich an die Regel,
dass die Cäsur stets hinter der zweiten Hebung einzutreten habe. Nur in ganz vereinzelten Ausnahmefällen begegnet sie nach der dritten Hebung, wie in dem Verse:

And where is Alexander,   that conquerid all, Min. Po. 25, 9.

Im Gegensatze zu jenem Zeitgenossen aber giebt er keiner
der drei Arten der Cäsur in entschiedener Weise den Vorzug, wenigstens nicht in den strophischen Gedichten, während in der epischen Dichtung *The Storie of Thebes* die männliche Cäsur und die lyrische vor der epischen den Vorrang
einnehmen. In den ersten 200 Versen des von Skeat gedruckten Abschnittes haben 136 Verse männliche Cäsur, 50
Verse weibliche, lyrische Cäsur und nur 14 weibliche, epische
Cäsur. Das starke Vorwiegen der lyrischen Cäsur hängt mit
dem häufigen Fehlen des Auftaktes in diesem Gedichte zusammen, da beide Erscheinungen in 12 Versen zusammentreffen. In den strophischen Gedichten ist das Verhältniss
ein wesentlich anderes, da hier gerade umgekehrt die lyrische
Cäsur hinter der epischen zurücktritt, ein Beweis, dass sich
der ursprüngliche Unterschied im Gebrauche beider Arten allmählich ganz vermischt hatte. Von den 120 Versen des Gedichtes *On the Mutability of Human Affairs* haben 54 Verse

32

männliche Cäsur, 37 epische Cäsur (darunter einmal nach dem dritten Takte in dem vorhin citierten Verse), und 26 lyrische Cäsur. Ganz ähnlich ist das Verhältniss in den 200 ersten Versen des *Guy of Warwick:* 140 Verse haben männliche Cäsur, 36 Verse haben epische Cäsur, 24 lyrische Cäsur. Die letzteren sind von besonderem Interesse für die Aussprache des auslautenden *e* und zeigen, dass Zupitzas Behauptung: „Auslautendes unbetontes *e* in mehrsilbigen Wörtern muss in der Regel als stumm gelten" (a. a. O. p. 27) doch sehr einzuschränken ist.

Unzweifelhaft stumm und als eine überflüssige Zuthat des Schreibers ist es allerdings in Wörtern wie *persecucyoune* im Reime auf *excepcioun, oppressioun* anzusehen, oder in dem Worte *mortalle* des Verses

> *and in ther mortalle persecucyoun* 2, 7;

doch nicht, wie aus dem Rhythmus hervorgeht, in Versen, wie:

> *with suerd and flawme   troubled al this londe.* 7, 8;

es ist tönend in *flawme*, stumm aber in *londe* im Reim auf *hond*; vgl. ferner:

> *the glade morwe   ffolweth the dirke nyght,* 11, 2.
> *in outher wise   lyst nat be tretable,* 18, 3.
> *hir yonge sone   Raynborne to succede* 23, 2,
> *of hih prudence   kept hym silff[e] clos:* 40, 6.
> *in his dyffence   that he wyll nat ffayll[e]* 44, 6.

Dass das *e* in *ffaylle* (und den folgenden romanischen Reimwörtern), welches hier und in anderen Strophen (so in Str. 33 u. 49) öfters fehlt, herzustellen ist, nach Analogie von Strophe 36, ist meines Erachtens ganz unzweifelhaft.

Für die Aussprache des End-*e* werden zu Lydgates Zeit im Ganzen noch dieselben Gesetze Gültigkeit gehabt haben, wie in den Tagen Chaucers. Es wird daher der Vers 4, 1

> *By froward force   to take hem to the fflyght*

gerade so gut als ein Vers mit epischer Cäsur anzusehen und zu lesen sein, wie die beiden folgenden Verse derselben Strophe:

> *thes danyssh pryncis   ageyn hem wer so wood:*
> *on hih[e] hilles   ther ffyres gaff suych lyght,*

während in dem nächsten Verse:

fortune of werre in suych disjoynt tho stood,

das *e* in *werre* vor dem folgenden Vocal elidiert werden k a n n, nicht nothwendig m u s s, da die Pause es schützt.

Bemerkenswerth ist noch, dass bei Lydgate bisweilen epische Cäsuren mit zwei Silben nach der Hebung (vgl. p. 463) vorkommen, so *Guy of Warw.*:

record Jerusalem   record on Nynyvee; ⁻8, 4.
thouh kyng Éthelstan   was a manly knyght, 9, 8.
sit, in crónycle   at leyser who lyst[e] reede, 10, 3.
and alle the provyncis,   that stoode faste by, 22, 4.

Einige Proben aus den Werken dieses ungemein productiven Dichters mögen den Charakter seines Versbaues im Zusammenhange deutlicher veranschaulichen.

The Storie of Thebes; Pars Secunda.
(Skeat, Specimens of English Literature, III, p. 28).

	Whan Tydeus hadde his message saide,	1065
~	⊢ *Lik to the charge that was on hym laide,*	
	As he that list no lenger ther soiourne,	
—	*Fro the kyng he gan his face tourne,*	
—	⊤ *Nat astonned, nor in his hert afferde,*	
—	⊢ *But ful proudly leyde hond on his swerde,*	1070
	And in despit, who that was lief or loth,	
⊣	*A sterne pas thorgh the halle he goth,*	
	Thorgh-out the courte, and manly took his stede,	
⊢	*And oute of Thebes fast[e] gan hym spede,*	
⊣	*Enhastyng hym til he was at large,*	1075
.	*And sped hym forth touard the londe of arge.*	
⊣	*Thus leue I hym ride forth a while,*	
~	*Whilys that I retourne ageyn my style*	
	Vnto the kyng, which in the halle stood,	
⊢	*Among his lordes furious and wood,*	1080
—	⊢ *In his herte wroth .and euel apayd*	
—	⊤ *Of the wordes that Tydeus had said,*	
—	*Specialy hauyng remembrance*	
—	⊤ *On the proude dispitous diffiance,*	

~   *Whilys that he   sat in his Royal See,*   1085
—   *Vpon which   he wil auenged be*
        Ful cruelly,   what euere that befalle,
   |-   *And in his Irc   he gan to hym calle*
— |-   *Chief constable   of hys Chyualrye,*
— —| *Charchyng hym   fast[e] for to hye.*   1090
~^ |-   *With al the worthy   Chooce of his housholde,*
   ⊤   *Which as he knewe   most manful and most bolde,*
— —| *In al hast   Tydcus to swe*
        To-forn ar he   out of his lond remwe,
        Vp peyn of lyf   and lesyng of her hede,   1095
   ⊤   *With-oute mercy   anon that he be dede.*
— |-   *And of knyghtes   fyfty weren in nombre,*
        Myn autour seith,   vnwarly hym tencombre,
~   *Armed echon   in mayle and thik stiel,*
        And ther-with-al   yhorsed wonder wicl.   1100

The lyff off Guy of Warwick.

(Zur Literaturgeschichte des Guy von Warwick.   Von Julius
Zupitza.   Wien, K. Gerolds Sohn, 1873, p. 27, 28.)

   ⊤   *Fro Cristis birthe   complet nync hundred ycer*
~ ⊤   *Twenty and scvene   by computacioun,*
        Kyng Ethelstan,   as seith the cronycleer,
~   *Regnyng that tyme   in Brutys Albioun,*
~· ⊤   *Duryng also   the persecucyoune*
   |-   *Of them of Denmark,   wich with myhty honde*
        Rod, brente and slouh,   made noon excepcioun,
   |-   *By cruel force   thorugh out al this lond[e]; —*   8
— |-   *Spared non ther,   hih nor louh degre,*
~~~⊤ *Chirchis, collegis,   but that they bete hém doun,*
~ ⊤   *Myhty castellis   and every greet cyte.*
— ⊤   *In ther ffuric,   by ffals oppressioun,*
   |-   *On to the boundys   of Wynchestre toun*
~~~   *With suerd and fecr   they madyn al wast and wylde*
   |-   *And in ther mortalle   persecucyoun*
— —| *Spared nat   women greet with chylde.*   16
~^   *In this brennyng   and ffurious cruelte*

⊢ *To Denmark pryncis   pompous and elat*
⊢ *Lyk woode lyouns   void of alle pite*
⌣⌃ *Did no favour   to louh nor hih estaat.*
Allas, this lond   stood so dysconsolaat!
— ⊤ *Froward Fortune   hath at hem so dysdeyned,*
∼ ⊤ *Mars and Mercurie   wer with hem at debaat,*
⊤ *That bothe þe kyng   and pryncis wer distreyned* 24
⊤ *By froward force   to take hem to the fflyght.*
⊤ *Thes danyssh pryncis   ageyn hem wer so wood:*
⊤ *On hih[e] hilles   ther ffyres gaff suych lyght*
∼ *(Fortune of werre   in suych disjoynt tho stood),*
⊤ *The peple robbed   and spoiled of ther good,*
For verray dreed   of colour ded and pale,
— ⊤ *Whan the stremys   ran doun of red[e] blood*
∼ ⊤ *Lyk a gret ryver   fro mounteyns to þe vale,* 32
⊢ *Peraventure   for sum olde trespace,*
⊢ *As is remembrid of antyquyte,*
∼ ⊢ *Of o persone   hap, ffortune and grace*
⁓⁓ ⊤ *Myhte be withdrawe: in cronycles ye may see,*
⊢ *Reed, how þe myhty   ffamous Josue*
Was put a bak   thre dayes in batayll e;
⊤ *The theffte of Nachor   made Israelle to ffle*
∼ *Out of the ffeld   and in ther conquest faile.* 40
Thus by the pryde   and veyn ambycioun
⊢ *And cruel ffurie   of thes pryncis tweyne*
⌣⌃ *This rewm almost   brouht to destruccyoun*
⁓⁓ ⊤ *(The swerd of* Bellona *gan at hem so disdeyne)*
∼ ⊤ *Lordis wer pensiff,   þe porail gan compleyne.*
∼ ∼ ⊤ *Oon of thes tirauntys   callid Anclaphus*
⊤ *And, as myn auctour   remembreth in serteyn[e],*
∼ *The tother was   named Genaphelus.* 48

§ 197. Zu Anfang des sechszehnten Jahrhunderts sind
als die wichtigsten südenglischen Repräsentanten der noch
immer mit Vorliebe in *rhyme royal* sich bewegenden Kunstdichtung zu nennen: Stephen Hawes, der nach dem Vorbilde der strophischen Dichtungen Lydgates um etwa 1506
sein allegorisches Gedicht *The Passetyme of Pleasure* dichtete,
und Alexander Barclay, der eine im Jahre 1508 von ihm

vollendete, gleichfalls in *rhyme royal* geschriebene [1]) Uebersetzung und Bearbeitung des Narrenschiffs von Se-
bastian Brand unter dem Titel *The Ship of Fools* veröffentlichte, welche neuerdings (1874) wieder von T. H. Jamieson zu Edinburgh bei W. Paterson herausgegeben worden
ist. So verschieden beide Dichtungen ihrem Inhalte nach
sind, so augenfällige Verschiedenheiten zeigen sie auch hinsichtlich des Metrums, so weit dies der für das erstere Werk
uns zu Gebote stehende, kurze Abschnitt in Skeats *Specimens*
(III, p. 118—125) erkennen lässt, der indess für eine allgemeine Charakteristik ausreichend ist. Beide Dichtungen zeigen
ferner nicht unerhebliche, zum Theil übereinstimmende Abweichungen von dem Verbau Lydgates.

Auffallend ist zunächst bei beiden Dichtern das häufigere
Vorkommen mehrsilbiger Senkungen, sowohl im Auftakt,
als im Innern des Verses; bei Barclay zuweilen an beiden
Stellen zugleich. Bei letzterem macht sich noch weiter das
accentuierende Princip in entschiedener Weise bemerkbar durch
das ausserordentlich häufige Eintreten weiblicher epischer
Cäsur, namentlich, wie es scheint, in seinen in *heroic verse*
geschriebenen Eclogen [2]), wo diese Art der Cäsur fast die
Regel zu sein scheint.

Fehlen des Auftaktes dagegen kommt bei Barclay
jedenfalls nicht häufig vor, da auch in den von Warton mitgetheilten Versen kein Fall anzutreffen ist.

In Stephen Hawes' Versen ist dagegen das öftere
Vorkommen des Fehlens der Senkung zu Anfang des
Verses oder nach der Cäsur nicht zu verkennen, obgleich
sich diese Licenz viel seltener, als in Lydgates *Storie of
Thebes* findet:

---

1) Zuweilen ist ein anderes Metrum gewählt. So finden sich in
vol. I, p. 290 der von uns benutzten, oben citierten Ausgabe sieben-
resp. achtzeilige Strophen aus viertaktigen (eine aus sechstaktigen)
Versen mit Binnenreimen. Auch die Unterschriften unter den Holz-
schnitten bestehen öfters aus Strophen von viertaktigen Versen. Die
fünftaktigen Verse der *Envoys* reimen stets *ababcbc*.

2) Warton hat in seiner *History of English Poetry* Proben derselben mitgetheilt.

With his frosty berd, in Ianuary; I, 4.
And the popyngayes in the tre toppes; II, 5.
Where was wrytten, with letters of the best, VIII, 3.
There was written: My name is Perjury; XII, 2.
That we have sayd is of very trouth; XIV, 1.

In zahlreichen Fällen jedoch dürfte bei einer kritischen Herstellung des Textes durch Berücksichtigung des zwar leicht der Syncope, Elision, etc. zugänglichen und thatsächlich oftmals davon betroffenen, gleichwohl aber noch immer nicht völlig verstummten, organischen oder unorganischen End-*e*, sowie des flexivischen *e* die fehlende Senkung zu ergänzen sein, so:

My neyghbours good[e]s for to make them myne: VIII, 5.
But as he faught[e] he had a vauntage, XVIII, 1.
Tyll at the last[e], with lusty courage, XVIII, 3.

Taktumstellungen kommen bei beiden Dichtern in gewöhnlicher Weise vor; silbenzählende, schwebende Messung scheint sich jedoch nur Stephen Hawes bisweilen zu gestatten, sowohl im Innern des Verses, als auch im Reime (*cuttyng : discharginge*, XVI, 6/7), wie denn auch das recht häufige Eintreten lyrischer Cäsur seinen Versen einen regelmässigeren Klang verleiht, als denjenigen Barclays eigen ist.

Am besten werden indess die metrischen Eigenthümlichkeiten beider wieder durch einige Proben veranschaulicht werden[1]). Wir geben zunächst die Anfangsstrophen des bei Skeat aus Stephen Hawes' *Passetyme of Pleasure* gedruckten Abschnittes:

     ⊢   *Whan golden Phebus in the Capricorne*
⌣⌢   *Gan to ascend fast unto Aquary,*
    ⊤   *And Janus Bifrons the crowne had[de] worne,*
—   ‖ *With his frosty berd, in January;*
∿   ⊤ *Whan clere Diana joyned with Mercury,*

---

1) Aus den metrischen Zeichen, resp. aus dem Fehlen derselben (namentlich der Zeichen ⊤, ⊢ und ∾) geht hervor, in welchen Fällen m. E. Vollmessung oder Elision angenommen werden muss, wofür es indess noch schwerer sein dürfte, in dieser Periode der Sprache bestimmte Regeln aufzustellen, als in den vorhergehenden Zeiträumen, wo in dieser Hinsicht ja schon vielfach Willkür herrschte.

The cristall ayre   and assure firmament
Were all depured,   without encumbrement.
     Forth than I rode,   at myne owne adventure,
Over the mountaynes   and the craggy rockes;
To beholde the countrees   I had great pleasure,
Where corall growed   by right hye flockes;
And the popyngayes   in the tre toppes;
Than as I rode,   I sawe me beforne
Besyde a welle   hange both a shelde and horne.
     Whan I came there,   adowne my stede I lyght,
And the fayre bugle   I ryght well behelde;
Blasynge the armes   as well as I myghte
That was so graven   upon the goodly shelde;
Fyrst all of sylver   dyd appere the felde,
With a rampynge lyon   of fyne golde so pure,
And under the shelde   there was this scrypture:
     ,Yf ony knyght   that is aduenturous
Of his great pride   dare the bugle blowe,
There is a gyaunte   bothe fyerce and rygorous
That wyth his might   shall hym soune overthrowe.
This is the waye,   as ye shall nowe knowe
To La Belle Pucell,   but withouten fayle
The sturdy gyaunte   wyll geve you batayle.'
     Whan I the scripture   ones or twyes hadde redde,
And knewe therof   all the hole effecte,
I blewe the horne   without ony drede,
And toke good herte   all feare to abjecte,
Makynge me redy,   for I dyde suspecte
That the great gyaunte   unto me wolde hast,
Whan he had herde   me blowe so loude a blast.
     I alyght anone   upon my gentyll stede,
Aboute the well   then I rode to and fro,
And thought ryght well   upon the joyfull mede
That I shoulde have   after my payne and wo;
And on my lady   I dyd thynke also:
Tyll at the last   my varlet dyd me tell,
,Take hede', quod he, ,here is a fende of hell'.
     My greyhoundes leped   and my stede did sterte,
My spere I toke,   and I did loke aboute;

|- *Wyth hardy courage   I did arme my herte;*
  At last I saw   a sturdy giaunt stoute,
  Twelve fote of length,   to fere a great route,
|- *Thre hedes he had[de],   and he armed was,*
|- *Both hedes and body,   all about with bras.*

Einen viel bewegteren Gang haben, wie gesagt, die Verse
Alexander Barclays, aus dessen *Ship of Fools* hier zunächst
die auf ihn selbst bezügliche Stelle, zu Anfang des Gedichtes,
nach Jamiesons Ausgabe p. 20—21 (mit hinzugefügter Inter-
punction), mitgetheilt werden möge:

        That in this shyp   the chefe place I gouerne,
        By this wyde see   with folys wanderynge,
        The cause is playne   and easy to dyscerne;
  |- *Styll am I besy   bookes assemblynge,*
    ⊤ *For to haue plenty   it is a plesaunt thynge,*
     In my conceyt and to haue them ay in honde;
    ⊤ *But what they mene   do I nat understonde.*
    |-   *But yet I haue them   in great reuerence*
  ‖ *And honoure, sauyng them   from fylth and ordure;*
  |- *By often brusshynge   and moche dylygence,*
    Full goodly bounde   in pleasaunt couerture
    ⊤ *Of domas, satyn,   or els of veluet pure:*
  I keep them sure   ferynge lyst they sholde be lost,
  |- *For in them is the connynge   wherein I me boast.*
    ⊤   *But if it fortune   that any lernyd men*
  |- *Within my house   fall to disputacion,*
    ⊤ *I drawe the curtyns   to shewe my bokes then,*
  |- *That they of my cunnynge   sholde make probacion:*
    I kepe nat   to fall in altercacion:
    ⊤ *And whyle they comen,   my bookes I turne and wynde;*
    For all is in them,   and nothynge in my mynde.
  |-   *Tholomeus the riche   causyd longe agone*
    Ouer all the worlde   good bokes to be sought.
    Done was his   commaundement anone;
    These bokes he had   and in his stody brought,
  ‖- *Whiche passyd all erthly treasoure,   as he thought.*
    But neuertheles   he dyd hym nat aply
    ⊤ *Unto theyr doctryne,   but lyued unhappely.*

Lo, *in lyke wyse* of bokys I haue store,
But few I rede, and fewer understande;
I folowe nat theyr doctryne, nor theyr lore,
It is ynoughe to bere a booke in hande:
It were to moche to be it soche a bande,
For to be bounde to loke within the boke,
I am content on the fayre *coverynge* to loke.

Why sholde I stody to hurt my wyt therby
Or trouble my mynde with stody excessyue,
Sythe many ar whiche stody right besely
And yet therby shall they neuer thryue?
The fruyt of wysdom can they nat contryue,
And many to stody so moche are inclynde,
That utterly they fall out of theyr mynde.

Eche is nat lettred that nowe is made a lorde,
Nor eche a clerke that hath a benefyce;
They are nat all lawyers that plees do recorde,
All that are promotyd are not fully wise;
On suche chance nowe fortune throwys her dyce:
That thoughe one knowe but the yresshe game,
Yet wolde he haue a gentyllmannys name.

So in lykewyse, I am in suche a case,
Thoughe I nought can I wolde be callyd wise;
Also I may set another in my place
Whiche may for me my bokes exercyse;
Or else I shall ensue the common gyse,
And say concedo to every argument,
Lyst by moche speche my Latin sholde be spent.

Auch von seinen *heroic complets* möge eine kurze Probe hier
noch aus Wartons *History of English Poetry* (*London Reprint*,
1870, p. 487) mitgetheilt werden, wo aber die Schreibung
modernisiert ist; gleichwohl ist in derselben das entschiedene
Vorwiegen epischer Cäsur unverkennbar.

Some men deliteth beholding men to fight,
Or goodly knyghtes in pleasaunt apparayle,
Or sturdie souldiers in bright harnes and male. —
Some glad is to see these ladies beauteous,
Goodly appoynted in clothing sumpteous:

⏜ | A number of people appoynted in like wise
∽ | In costly clothing, after the newest gise:
∿ | Sportes, disgising, fayre coursers mount and praunce,
  | Or goodly ladies and knightes sing and daunce:
⌣∧ | To see fayre houses, and curious picture,
⌣∧ | Or pleasaunt hanging, or sumpteous vesture,
  | Of silke, of purpure, or golde moste orient,
  | And other clothing divers and excellent:
  | Hye curious buildinges, or palaces royall,
∿ | Or chapels, temples, fayre and substantiall,
∿ | Images graven, or vaultes curious;
∿ | Gardeyns, and meadowes, or places delicious,
∿ | Forests and parkes well furnished with dere,
  | Cold pleasaunt streames, or welles fayre and clere, etc.

Der Rhythmus dieser *heroic couplets* ist jedenfalls wohllautender, als derjenige der *rhyme royal* Barclays und auch Stephen Hawes'.

Im Ganzen zeigen beide Dichter nicht mehr Talent und Geschick im Bau ihrer strophischen Verse, als in der inhaltlichen Ausführung ihrer Dichtungen. Doch scheint es fast, dass die Sprache in diesem eigentlichen Uebergangsstadium aus dem altenglischen, noch immerhin mehr flectierten Zustande in den nahezu flexionslosen, neuenglischen einer harmonischen metrischen Behandlung ganz aussergewöhnliche Schwierigkeit bereitet habe.

§ 198. Einen viel regelmässigeren Charakter, als die Verse Lydgates, Stephen Hawes' und Al. Barclays, zeigen die Dichtungen der gleichzeitigen schottischen Dichter, welche auf dem von John Barbour und Andrew of Wyntown eingeschlagenen Wege (vgl. § 119) beharren und das silbenzählende Princip mit dem accentuierenden in Einklang zu bringen suchen. Auch gelingt dies den hervorragenderen unter ihnen im Ganzen recht wohl. Am geschicktesten, freilich aber auch am einförmigsten, sind in dieser Hinsicht vielleicht die beiden ältesten Dichter dieses Zeitraumes gewesen: Robert Henrisoun und King James I. Ueber die Dichtungen des ersteren ist es uns leider nur möglich, ein Urtheil zu fällen nach den kurzen Proben in Irvings *History of Scotish Poetry*

213—231; von dem Gedichte des letzteren, betitelt *The Kingis Quhair*, findet sich ein Abschnitt von 22 siebenzeilige Strophen in Skeats *Specimens of English Literature*, III, p. 42—47. Charakteristisch ist es, wie es scheint, für den kunstmässigen Versbau beider, dass das Fehlen des Auftaktes gar nicht, oder nur höchst selten vorkommt. Auch im Innern des Verses dürfte das Fehlen einer Senkung nicht leicht zu constatieren sein; doppelte Senkungen sind gleichfalls nur vereinzelt anzutreffen, so K. Q. 163, 4, und selbst Taktumstellungen gehören, wie es scheint, zu den Seltenheiten, wogegen silbenzählende Scansion öfters anzunehmen ist, die jedoch häufiger im Innern des Verses, als im Reime hervortritt. Bezüglich der Cäsur ist zu bemerken, dass Henrysoun hauptsächlich die männliche Cäsur anwendet, nicht selten auch die lyrische und ganz vereinzelt nur die epische, sowie die männliche Cäsur nach dem dritten Fusse, wogegen in *The Kingis Quhair* in Beziehung auf die Cäsur etwas grössere Mannigfaltigkeit herrscht, und auch die beiden letzteren Arten neben den allerdings auch dort hauptsächlich bevorzugten, ersteren-Arten etwas häufiger vorkommen. Einen lebhafteren Rhythmus haben die Reimpaare, in denen Blind Harry den schottischen Nationalhelden Wm. Wallace besang, nur dass Taktumstellungen und mehrfache Senkungen öfters vorkommen, wie es für das losere Gefüge der *heroic complets* natürlich ist. Es wird ausreichen, kürzere Proben aus den Dichtungen dieser beiden zuletztgenannten, hervorragenderen Vertreter altschottischer Poesie aus der ersten Hälfte des fünfzehnten Jahrhunderts mitzutheilen. Wir wählen für King James die drei letzten Strophen des von Skeat a. a. O. gedruckten Abschnittes:

> And therwith-all   vnto the quhele In hye   171
> Sche hath me led,   and bad me lere to clymbe,
> Vpon the quhich   1 steppit sudaynly;
> |– „Now halde thy grippis,"   quod sche, „for thy tyme,
> Ane houre and more   It rynnis ouer prime;
> To count the hole,   the half is nere away,
> Spend wele therefore   the remanant of the day.

> |– „Ensample," quod sche,   „tak of this tofore   172
> That fro my quhele be rollit as a ball;

For the nature of It is euermore,
~ After ane hicht, to vale and geue a fall,
⊢ Thus, quhen me likith, vp or dounc to fall.
Fare wele,“ quod sche, and by the ere me toke
So ernestly, that therwithall I woke.

O besy goste, ay flikering to and fro, 173
That neuer art In quiet nor In rest
‖⊢ Till thou cum to that place that thou cam fro,
Quhich is thy first and verray proper nest;
From day to day so sore here artow drest,
That with thy flesche ay walking art In trouble,
And sleping eke; of pyne so has thou double.

Aus Henry the Minstrel's *Wallace. Book* I, v. 181—
302 (Skeat, *Spec.* III, p. 58):

— ⊺ Willʒham wallace, or he was man of armys,
Gret pitte thocht that scotland tuk sic harmys.
~ Mekill dolour it did hym in his mynd,
For he was wyss, rycht worthy, wicht, and kynd:
In gowry duelt still with this worthy man.
⊺ As he encressyt, and witt haboundyt than,
In-till hys hart he had full mekill cayr,
⊢ He saw the sothroun multipliand mayr;
And to hym-self offt wald he mak his mayne.
⊺ Off his gud kyne thai had slane mony ane.
—⊣ ʒhit he was than semly, stark, and bauld
᠊᠊ ⊺ And he of age was bot auchtene ʒer auld.
~ Wapynnys he bur, outhir gud suerd or knyff;
~ For he with thaim hapnyt richt offt in stryff,
᠊᠊᠊ Quhar he fand ane, withoutyn othir presance
~ ⊺ Eftir to scottis that did no mor grewance;
To cut his throit, or steik hym sodanlye
He wayndyt nocht, fand he thaim fawely.
— ⊺ Syndry wayntyt, bot nane wyst be quhat way;
For all to him thar couth na man thaim say.
᠊᠊᠊ ‖ Sad of contenance he was, bathe auld and ʒing,
~ Litill of spech, wyss, curtass, and benyng.

§ 199. Unter allen Dichtern dieses Zeitraumes ist
William Dunbar (c. 1465 bis c. 1520) derjenige, welcher

dem grossen Meister und Vorbilde Geoffrey Chaucer an dichterischer Begabung und auch technischer Virtuosität am nächsten kommt. In letzterer Hinsicht steht er jenem sogar in keiner Weise nach. Im Gegentheil, was die strophischen Formen anbelangt, zeigt sich bei Dunbar sogar, wie die früheren Ausführungen gezeigt haben, grössere Mannigfaltigkeit, und gerade der schwierigeren Strophenformen, die bei Chaucer nur in einzelnen Fällen vorkommen, bedient er sich mit besonderer Vorliebe. Der grössere Theil derselben besteht aus fünftaktigen Versen, die er, wie auch die kürzeren Rhythmen, mit vollendeter, man könnte sagen souverainer Virtuosität handhabt.

Fehlen des Auftaktes oder gar einer Senkung im Innern des Verses kommt bei ihm, ähnlich wie bei Chaucer, kaum vor, zum wenigsten nicht in den aus fünftaktigen Versen gebildeten Strophen, die er stets zur Behandlung ernster Themata didaktischen oder allegorischen Inhalts wählt. Die beiden schönen, umfangreichen Gedichte, *The Thrissill and the Rois* und *The Golden Targe*, gewähren kein einziges Beispiel dieser Art von Versen, eben so wenig andere, kleinere, satirische Gedichte, wie *The Visitation of St. Francis* und *The Birth of Antichrist*. Nur das einzige in *heroic verse* geschriebene Gedicht Dunbars, *In Prais of Wemen*, I, 95, beginnt mit einem Verse, in welchem der Auftakt fehlt:

Now of Wemen   this I say for me.

In dem Dunbar zugeschriebenen Gedichte, *The Freiris of Berwik*, kommen mehrere Fälle von fehlendem Auftakt vor, sowohl zu Anfang des Verses, als auch nach der Pause, so:

Freir Allane,   and Freir Robert the uder: v. 33.
Him haill and sound   in to his travaill: v. 65.
Rycht wondir weill   plesit thai all wyffis, v. 35.

Im viertaktigen Verse ist das Fehlen des Auftaktes auch in dieser Zeit noch häufiger anzutreffen, so in Dunbars *Remonstrance to the King* vol. I, p. 145:

Kirkmen, courtmen, and craftismen fyne; v. 3.
Men of armes, and vailyeand knychtis, v. 7.
Masounis, lyand upon the land, v. 13.

ferner v. 15, 16, 39, 40, 41, 45 etc. Das viertaktige Reimpaar war eben das Versmaass der leichteren, zwanglosen
Diction; der *heroic verse* erfordert schon eine strengere Ein-
haltung des Rhythmus und noch mehr die *rhyme royal* oder
ähnliche Strophen. Aus demselben Grunde kommen in den
letzteren doppelte Senkungen ebenfalls nur selten vor,
und in der Regel sind es nur solche Silben, die leicht zu
verschleifen sind, so *Thriss. and Rois:*

> *Quhyll all the house illumynit of hir lemys.* 21.
> *Bot in the yok go peciable him besyd.* 112.
> *Their observance rycht hevynly was to here;* Gold. Targe, 132.
> *Be this the lord of Wyndis wyth wodenes,* 229 (cp. Cäs.).
> *Bot thame to weir it nevir come in my mynd;* Visit. Fr. 19.
> *Ma sanctis of bischoppis, nor freiris be sic sevin;* ib. 22.
> *Be epistillis, sermonis, and relationis,* ib. 27.

im Reim auf *supplicationis* und *excusationis*, ferner v. 31, 48.

Taktumstellungen begegnen auch bei Dunbar in
erheblicher Anzahl und an denselben Stellen des Verses, wie
bei Chaucer, d. h. zu Anfang und nach der Pause, oft in
wirksamer Unterstützung des rhetorischen Effects, so *Thriss.
and Rois:*

> *Slugird, scho said, awalk annone for schame,* 22.
> *Sangis to mak undir the levis grene.* 28.
> *Persing of luke, and stout of countenance,* 93.
> *Lusty of schaip, lycht of deliverance,* 95.
> *Reid of his cullour, as is the ruby glance;* 96.
> *For gife thow dois, hurt is thyne honesty;* 143.
> *Crying attonis, ,Haill be thow richest Rois!* 159.
> *Up sprang the goldyn candill matutyne,* Gold. Targe 4.
> *Glading the mery foulis in thair nest;* 6.
> *Wyth merse of gold, brycht as the stern of day;* 52.
> *Auful and sterne, strong and corpolent;* 113.
> *Ladyes to dance full soberly assayit,* 130.
> *Thik was the schote of grundyn dartis kene;* 199.
> *Undir Saturnus fyrie regioun* Birth of Antichr. 31.
> *Sleipand and walkand wes frustrat my desyre.* 40.
> *Lyk to ane man that with a gaist wes marrit:* Visit. Fr. 7.
> *Cleith the thairin, for weir it thow most neid;* 12.

In allen diesen Fällen und vielen anderen, die aus Dunbars
Gedichten citiert werden könnten, wird der jambische Rhythmus des Verses durch die Umstellung des Taktes in kräftiger
und wirksamer Weise unterbrochen. Ja, selbst wenn an anderer Stelle des Verses eine derartige Unterbrechung des
Rhythmus eintritt, macht sie sich zuweilen als wirkliche
Taktumstellung geltend, so:

Awalk, luvaris, out of your slomering, Thriss. and Rois 13.

Es würde der Wirkung des Verses Abbruch thun, wenn man
hier silbenzählende, schwebende Betonung annehmen
wollte, die überhaupt bei einem Dichter von Dunbars technischer Virtuosität nur selten anzutreffen ist, so in *Thriss.
and Rois* nur v. 151:

Fro the stock ryell rysing fresche and ying;

in *The Goldyn Targe:*

Thetes, Pallas, and prudent Minerva, v. 78.
In cloke of grene, this court usit no sable. v. 126.
And Fair Callyng that wele a flayn coud schute, v. 188;

in *The Visitation of St. Francis* nur v. 34:

Off all Yngland, from Berwick to Kalice.

Besonders charakteristisch für die Mustergültigkeit von Dunbars Versbau ist es, dass auch schwebende Betonung im
Reime nur ganz vereinzelt vorkommt. In *Thriss. and Rois*
und *Birth of Antichr.* begegnet kein Beispiel; in *Goldyn
Targe* nur *sueving : syng* 244, 5; in *Visit. of St. Francis:
hand : servand* 3, 4. In *Merle and Nightingale* finden sich
having : inclynnyng : king : making 50, 52, 53, 55. Hinsichtlich
der Cäsur hat ebenfalls der Dunbar'sche Versbau mit demjenigen Chaucers die grösste Aehnlichkeit. Auch bei ihm
ist die männliche Cäsur nach dem zweiten Takte das Gewöhnliche; daneben bevorzugt er namentlich die der Gleichmässigkeit des Rhythmus ebensowenig widerstrebende, lyrische Cäsur, die unter den 189 Versen des Gedichtes *The
Thrissill and the Rois* circa fünfzigmal vorkommt, wogegen
epische Cäsur nur in 20 Versen und männliche Cäsur nach
dem dritten Takt nur in zwei Versen anzutreffen ist:

Atonis cryit, lawd,   Vive le Roy, 115.
And sen thow art a King,   thow be discreit; 134.

In *The Goldyn Targe* sind einige weitere und unzweifelhafte Cäsuren nach dem dritten Takte anzutreffen, so:

Within thair courtyns grene,   in to thair bouris, 11.
Apparalit quhite and red,   wyth blomes suete; 12.
Nor yit thou ,Tullius'   quhois lippis suete 69.
And schortly for to speke,   be Lufis Quene 136.
And than as drunkyn man   he all forwayit : 204.
In twynkling of ane eye   to schip thay went, 235.

Auch epische und lyrische Cäsuren kommen öfters vor, so u. a. in den vielcitierten Schlussversen des Gedichtes, die auch hier mit metrischer Analyse als Probe folgen mögen:

|–   *O reverend Chaucere   rose of rethoris all,*
    As in oure tong   ane flour imperiall,
|| *That raise in Britane evir,   quho redis rycht,*
|– *Thou beris of Makaris   the tryumph riall;*
|– *Thy fresch anamalit   termes celicall*
    This matir coud illumynit have full brycht:
||– *Was thou noucht of oure Inglisch   all the lycht,*
|| *Surmounting eviry tong   terrestriall,*
||– *Alls fer as Mayes morow   dois mydnycht.*
| *O morall Gower,   and Lydgate laureate,*
| *Your sugurit lippis   and tongis aureate,*
|– *Bene to oure eris   cause of grete delyte;*
|– *Your angel mouthis   most mellifluate*
    Our rude langage   has clere illumynate,
    And faire oure gilt   our speche, that imperfyte
||– *Stude, or your goldyn pennis   schupe to write;*
|| *This Ile before was bare,   and desolate*
    Off rethorike,   or lusty fresch endyte.
      Thou lytill Quair,   be ever obedient,
~ *Humble, subject,   and symple of entent,*
    Before the face   of every connyng wicht:
    I knaw quhat thou   of rethorike hes spent;
|– *Off all hir lusty   rosis redolent*
||– *Is none in to thy gerland   sett on hicht;*
    Eschame thar of,   and draw thé out of sicht!

33

   ~   *Rude is thy wede, disteynit, bare, and rent,*
   ~ ||– *Wele aucht thou be aferit of the licht.*

Das folgende, scherzhafte Gedicht *The Visitation of St. Francis*
möge zeigen, wie vortrefflich der geniale Dichter es verstand,
dem veränderten Tone der Diction auch eine etwas losere
Behandlung des Rhythmus anzupassen:

        This [hindir] nycht befoir the dawing cleir
  |– *Me thocht Sanct Francis did to me appeir,*
  ||– *With ane religiouse abbeit in his hand,*
~^ ||– *And said „In this go cleith thé my servand,*
      Refuiss the warld, for thow mon be a Freir".   5
  ||–   *With him and with his abbeit bayth I skarrit,*
  ~ *Lyk to ane man that with a gaist wes marrit:*
      Me thocht on bed he layid it me abone;
      But on the flure delyverly and sone
      I lap thair fra, and nevir wald cum nar it.   10
  ||–   *Quoth he, „quhy skarris thow with this holy weid?*
  ~ *Cleith the thairin, for weir it thow most neid;*
  ~ |– *Thow, that hes lang done Venus lawis teiche,*
      Sall now be freir, and in this abbeit preiche;
      Delay it nocht, it mon be done, but dreid."   15
  |–   *Quoth I, „Sanct Francis, loving be thé till,*
  || *And thankit mot thow be of thy gude will*
  ||– *To me, that of thy claithis are so kynd;*
~~~ *Bot thame to weir it nevir come in my mynd;*
      Sweit confessour, thow tak it nocht in ill.   20
  |–   *In haly legendis haif I hard allevin,*
~~~T *Ma sanctis of bischoppis nor freiris, be sic sevin;*
  T *Off ful few freiris that hes bene sanctis I reid;*
  || *Quhairfoir ga bring to me ane bischoppis weid,*
      Gife evir thow wald my saule yeid unto hevin.   25
~~~   *„My brethir oft hes maid the supplicationis,*
~~~|– *Be epistillis, sermonis, and relationis,*
  |– *To tak this abbeit; bot thow did postpone;*
  T *But furder process, cum on thairfoir anone,*
~~~|| *All circumstance put by and excusationis.*   30
~~~|| *„Gif evir my fortoun wes to be a freir,*
      The dait thairof is past full mony a yeir;

> For into every lusty toun and place,
> Off all Yngland, from Berwick to Kalice,
> I haif into thy habeit maid god cheir.   35
>   In freiris weid full fairly haif I fleichit,
> In it haif I in pulpet gone and preichit
> In Derntoun kirk, and eik in Canterberry;
> In it I past at Dover oure the ferry;
> Throw Piccardy, and thair the peple teichit.   40
>   Als lang as I did beir the freiris style,
> In me, God wait, wes mony wrink and wyle;
> In me wes falset with every wicht to flatter,
> Quhilk mycht be flemit with na haly watter;
> I wes ay reddy all men to begyle.“   45
>   The freir, that did Sanct Francis thair appeir,
> Ane feind he wes in liknes of ane freir;
> He vaneist away with stynk and fyrrie smowk;
> With him me thocht all the house-end he towk,
> And I awoik as wy that wes in weir.   50

§ 200. Mit Dunbar hatte auch die Sprache des Nordens, ähnlich oder noch mehr, wie diejenige des Südens und Mittellandes mit Chaucer, eine derartige Biegsamkeit und Gefügigkeit für metrische Behandlung erlangt, dass ein Fortschritt in dieser Hinsicht kaum noch möglich war. Auch ist ein solcher in den Dichtungen der beiden hervorragenden schottischen Dichter dieses Zeitraums, die noch zu berücksichtigen sind, nicht zu constatieren. Es sind dies Gawin Douglas (1474 oder 1475—1522), der mit seiner in *heroic verse* geschriebenen Uebersetzung der Aeneide Virgils unzweifelhaft einen bedeutenden Einfluss auf die Literatur, wie auch auf die poetische Diction seiner Zeit ausübte, und Sir David Lyndesay (c. 1490 — c. 1557), der zwar, was seine Lebenszeit anlangt, schon in die moderne Zeit hineinragt und den Earl of Surrey († 1547) den ersten, hervorragenden und einflussreichen neuenglischen Dichter, um ca. 10 Jahre überlebte. gleichwohl aber, was Inhalt, Diction und Form seiner Werke betrifft, entschieden als ein Schüler und Nachfolger von Chaucer, King James I. und Dunbar anzusehen ist.

Für Douglas ist zunächst hervorzuheben, dass auch seine *heroic couplets*, wie es der allgemeinen Erscheinung entspricht,

freier gebaut sind, als seine strophisch gegliederten Verse,
so weit dies die von Irving in seiner *History of Scotish Poetry*
aus Douglas' *Palice of Honour* und *King Hart* mitgetheilten
Proben erkennen lassen.

Während in diesen das **Fehlen des Auftaktes** (oder
vollends einer Senkung im Innern) gar nicht vorkommt, hat
sich der Dichter im *heroic verse* öfters gestattet, die erste
Senkung zu Anfang des Verses und nach der Cäsur auszu-
lassen, so:

Abuf the sey   lyftis furth hys hed, Aeneid, 26.
Sa fast pheton   with the quhyp hym quhyrlys, 30.
Swannys swouchis   throw-owt the rysp and redis, 152.
Kyddis skippand   throw ronnys eftir rays; 182.

In den beiden letzten Versen könnte vielleicht auch silbenzählende, schwebende Betonung des ersten Versgliedes angenommen werden, um die Regelmässigkeit herzustellen.
Indess eine derartige Scansion ergiebt sich als die unwahr-
scheinliche Auffassung unter Berücksichtigung folgender rhythmisch bewegten Stelle, v. 251—266:

⊢	*And al smail fowlys syngis on the spray:*	251
∾ ‖	*„Welcum the lord of lycht, and lamp of day,*	
— ⊤	*Welcum fostyr of tendir herbys grene,*	
— ⊤	*Welcum quyknar of floryst flowris scheyn,*	
∾	*Welcum support of euery rute and vayn,*	255
— ⊤	*Welcum confort of alkynd fruyt and grayn,*	
∾ ⊤	*Welcum the byrdis beild apon the brer,*	
— ⊤	*Welcum master and rewlar of the ꝫer,*	
— ⊤	*Welcum weilfar of husbandis at the plewys,*	
∾ ⊤	*Welcum reparar of woddis, treis, and bewys,*	260
∾ ⊢	*Welcum depayntar of the blomyt medis,*	
∾	*Welcum the lyfe of euery thyng that spredis,*	
— ⊤	*Welcum storour of alkynd bestiall,*	
∾ ‖⊢	*Welcum be thy brycht bemys, gladyng all,*	
∾ ‖⊢	*Welcum celestial myrrour and aspy,*	265
	Attechyng all that hantis sluggardy!"	

Da das zu Anfang jeder Zeile wiederkehrende *Welcum*
unzweifelhaft stets mit derselben Betonung zu lesen ist und
aus dem Bau der Verse 252, 255, 257, 260, 261, 262, 264, 265

sich ergiebt, dass wir in denselben die auch sonst bei Douglas
sehr oft vorkommende (vgl. v. 20, 23, 64, 66, 69, 81, 86, 92,
99, 127, 128, 143, 164, 178, 203, 213 etc.) Taktumstellung an
erster Stelle anzunehmen haben, so müssen wir die übrigen
Verse (mit Ausnahme des ersten und letzten des Passus) nothwendigerweise unter Berücksichtigung ihres sonstigen Baues
mit fehlendem Auftakte und nicht mit schwebender Betonung
lesen.

Uebrigens spricht dafür auch das öftere Vorkommen mehrfacher Senkungen in Douglas' *heroic couplets*, so z. B.:

Behynd the circulat warld of Jupiter ; 10.
Crysp haris, brycht as chrisolyte or topace, 37.
Apon the plane grund, by thar awyn vmbrage: 72.
Aromatik gummys, or ony fyne potioun, 147.
In Ryveris, fludis, and on euery laik: 287.

Die beiden letzten Verse veranschaulichen zugleich sehr gut
die Behandlung der Flexionsendungen bei Douglas, die nach
Bedürfniss entweder vollgemessen oder verschleift werden,
ersteres namentlich nach der zweiten Hebung, wodurch die
vielen Fälle lyrischer Cäsur veranlasst werden. Dieselbe
kommt in den 312 Versen nach meiner Scansion und Zählung
nicht weniger als 123mal vor nach dem zweiten Takte, und
zweimal (215, 219) nach dem dritten; epische Cäsur nach dem
zweiten Takte ist 43mal anzutreffen, nach dem dritten Takte
gar nicht, wohl aber öfters männliche Cäsur an dieser Stelle, so :

Ischit of hir safron bed and evir hows, 14.
The lowne illumynat ayr, and fyrth ameyn; 54.
Apon the plane grund by thar awyn vmbrage. 72.

ferner 88, 167, 220, 221, 223, 227, 252, 302. Die gewöhnliche, männliche Cäsur nach dem zweiten Takte ist etwa
in gleicher Anzahl vertreten, wie die lyrische (131 Verse). Es
ist leicht erklärlich, dass in Folge dieser grossen Mannigfaltigkeit in der Behandlung der Cäsur, sowie der nicht selten
vorkommenden, vorhin erwähnten Licenzen schwebende
Betonung in Douglas' *heroic couplets* nur selten vorkommt;
doch aber ist sie in einzelnen Fällen nicht zu verkennen, so:

Mysty vapour vpspryngand, sweit as sens, 44.
Kest up his taill, a provd plesand quheill-rym, 162.

Ane sang, „the schyp salys our the salt faym, 197.
Goldspynk and lyntquhite fordynnand the lyft; 240.
I knew it was past four houris of day, 279.

Bemerkenswerth ist, dass keine schwebenden Betonungen im
Reime vorkommen. Auch in den kurzen, uns vorliegenden
Proben aus Douglas' strophischen Dichtungen kommen derartige unschöne Reime nicht vor, wenn auch silbenzählende
Behandlung des Verses sonst wegen des regelmässigeren,
weniger bewegten Verlaufes desselben nicht selten anzutreffen
ist. Dem verfeinerten Ohre dieser späteren Kunstdichter erschienen solche Reime als ein Verstoss gegen den guten
Geschmack, da dieselben die gewöhnliche Betonung des Wortes
durch das Gewicht des Gleichklanges zu sehr beeinträchtigten,
während sie sich ähnliche, silbenzählende, schwebende Betonung im Innern des Verses doch manchmal nothgedrungen
erlaubten. Ein Anlass mehr, dass man sich hüten sollte, aus
den Reimen der etwas früher lebenden, weniger sorgsamen
Dichter voreilige Schlüsse für die Betonungsgesetze abzuleiten.
Für die *heroic couplets* des Gawin Douglas werden die citierten
Verse ausreichen. Ein kurzer Abschnitt seines *Palice of
Honour* (Irving, *Scot. Poetry* p. 273) möge seine strophische
Dichtungsweise veranschaulichen.

       Uprais the greit Virgillius anone,
      And playit the sportis   of Daphnis and Corydone;
      Sine Terence come; and playit the comedy
      Of Parmeno, Thrason, and wise Gnatone.
      Iuuenall, like ane mowar him allone,
      Stude scornand euerie man as they yeid by.
      Martial was cuik, till roist, seith, farce and fry,
      And Poggius stude with mony girne and grone,
      On Laurence Valla spittand, and cryand fy!
      With mirthis thus and meitis delicate
      Thir ladyis feistit according thair estait,
      Uprais at last, commandand till tranoynt.
      Retreit was blawin loude, and than God wait,
      Men micht have sene swift horsis haldin hait,
      Schynand for sweit, as they had bene anoynt.
      Of all that rout was neuer a prik disjoynt,

┬ *For all our tary; and I furth with my mait,*
∿ *Mountit on hors, raid samin in gude point.*
⌇ ‖ *Ouir mony gudlie plane we raid bedene,*
├ *The vaill of Hebron, the camp Damascene,*
Throw Josaphat, and throw the lustie vaill,
⌇ *Ouir waters wan, throw worthie woddis grene;*
And swa at last, on lifting up our ene,
‖ *We se the final end of our trauaill,*
Amid ane plane a plesand roche to waill,
And euerie wicht, fra we that sicht had sene,
∿ *Thankand greit God, thair heidis law deuaill.*

├ *With singing, lauching, merines and play,*
Unto this roche we ryden furth the way —
∿ *Now mair to write for feir trimblis my pen:*
⌇ *The hart may not think, nor mannis toung[e] say,*
The eir nocht heir, nor yet the eye se may,
It may not be imaginit with men,
⌇ *The heuinlie blis, the perfite joy to ken,*
Quhilk now I saw: the hundredth part all day
I micht not schaw, thocht I had toungis ten.

├ *Thocht all my members toungis war on raw,*
┬ *I war not able the thousand fauld to schaw,*
Quhairfoir I feir oht farther mair to write:
⌇ *For quhidder I this in saull or bodie saw,*
That wait I nocht; bot he that all dois knaw,
The greit God wait, in euerie thing perfite.
Eik gif I wald this auisioun indite,
∿ ‖ *Ianglaris suld it backbite, and stand nane aw*
┬ *Cry out on dremis quhilks are not worth an mite.*

Wie man sieht, macht der Dichter von Taktumstellungen (selbst im Innern des Verses) und Verschleifungen häufigen, aber nicht ungeschickten Gebrauch, und in der Cäsur zeigt sich grosse Mannigfaltigkeit. Fehlen des Auftaktes aber kommt nicht vor, und wenn auch einige Verse, wie namentlich die in der ersten Strophe angemerkten, eine entschieden silbenzählende Scansion erfordern und daher einen wenig harmonischen Klang haben, so giebt sich Gawin Douglas doch auch in dieser kurzen Probe strophischer Poesie als einen Dichter von grossem technischen Geschick zu erkennen.

§ 201. Wie sehr übrigens doch die Sprache einer bestimmten Epoche in ihrer rhythmischen Erscheinung abhängig ist von der poetischen Begabung und Individualität des einzelnen Dichters, in dessen Werken sie uns entgegentritt, und wie sehr man sich daher hüten muss, aus einzelnen Denkmälern Schlüsse zu ziehen auf den Charakter der Sprache derselben Zeit im Allgemeinen, das zeigen wieder recht deutlich einige untergeordnete Dichtungen und Dichter, die Irving als ziemlich gleichzeitig mit Dunbar und Douglas in kürzeren Proben vorführt.

Während die von Laing im zweiten Bande von Dunbars Werken gedruckte scherzhafte Erzählung *The Freiris of Berwik*, welche Dunbar zugeschrieben wurde, aber nicht von ihm herrührt, in der Form alle rhythmischen Licenzen und Vorzüge der Dichtungen Dunbars oder auch der *Canterbury Tales* aufweist: Mannigfaltigkeit in der Cäsur, Taktumstellungen, leichte Verschleifungen, hin und wieder Fehlen des Auftaktes, selten silbenzählende, schwebende Betonung, ist ein anderes, moralisierendes Gedicht eines gleichfalls unbekannten Verfassers, betitelt *The thrie Tailes of the thrie Priests of Peblis* in sehr einförmigen, oft silbenzählenden Rhythmen geschrieben, ähnlich wie die Dichtungen des gleichzeitigen Dr. Bellenden, der bekannter ist als Uebersetzer der *History of Scotland* des Hector Boyce, eines Werkes, welches von einem Reimer derselben Zeit auch in fünftaktige Reimpaare übertragen wurde. Diese umfangreiche, ca. 70,000 Verse umfassende Uebersetzung ist bisher ungedruckt geblieben, was nach der von Irving mitgetheilten Probe nicht zu beklagen ist. In metrischer Hinsicht ist dieselbe nur deshalb von Interesse, weil sie zeigt, wie unbeholfen und schwerfällig dieselbe Sprache in der Darstellung eines talentlosen Dichters klingt, welche in den Versen eines King James I und Dunbar des grössten Wohllautes fähig war und sich zu den mannigfachsten Nüancen der Darstellung geschickt zeigte. Möge aus diesem Grunde, um den Unterschied zu zeigen, auch hiervon eine Stelle mitgetheilt werden (aus Irving *Scot. Poetry*, p. 319, 320):

        This king Robert than had ane dochter deir,
        Eufamea, of pulchritude but peir
⊢ *Of ony vther that I hard of tell,*

Bot gif it war fair Cresseid hir awin sell:
Hir plesand prent, hir perfit portrature, 5
Exceidit far all vther creatur.
Of hir wes said, as my author me tald,
Wes nane that doucht hir bewtie to behald,
Without that he richt sone with luifis dart
War woundit soir at the ruitis of his hart. 10
This ilk lady, than saikles of all blame,
Than quhen scho hard of this ilk Douglas fame,
Of him that tyme scho had so grit desyre,
That in hir breist the heit of luifis fyre
Ay moir and moir bownit with sic ane blast, 15
With sic desyre, that scho micht nocht tak rest.
The king hir father, quhilk that knew full weill
All hir desyre, quhairof he had ane feill,
Kennand hir mynd wes set to him so far,
Or dreid efter rycht sone it sould be war, 20
Of siclike dour as efferit to haif,
With this ladie in matrimony he gaif,
This ladie, quhilk of fairnes had no peir
Of pulchritude withoutin ony feir.
As previt weill, as scho had than sic chance 25
Be gude Charlis the nobill king of France:
Quhilk that he hard of this ladie the name,
Of grit bewtie, of sic fairnes and fame,
Ane paynter sent, quhilk wes ane perfite man,
To counterfit, als craftie as he can, 30
Of this lady the prent and pulchritude:
And so he did than, schortlie to conclude,
With sic perfectioun and speciositie,
That wonder wes till ony man to se
Sic mycht be done with manlie governance; 35
Syne had it hame onto the king of France,
And schew to him that pictour, so perfyte,
Quhairof he tuke sic plesur and delyte,
That he had levar had this ladie brycht,
Nor all the gold, the riches, and the mycht, 40
Into Ewrope and all the landis neist,
The fyre of lufe so brynt into his breist.

Quhairfoir richte sone in Scotland he hes send
∪‿   *To king Robert, his mynd for to mak kend,*
∪‿   *For this ladie, wes of sic tender age,*   45
Desyrand hir as quene in mariage.
And on this send, come fra the king of France,
In Scotland come of adventure ane chance,
As I haif said, bot schort quhile than gone by,
∪‿   *The young Douglas had weddit that lady.*   50

Wären wir nur auf dieses Denkmal angewiesen, um uns
über die Rhythmik dieser Zeit ein Urtheil zu bilden und um
daraus die Betonungsgesetze zu abstrahieren, so könnten wir
nur zu der Ansicht gelangen, dass im Versbau noch die
grösste Monotonie herrschte, dass namentlich die Cäsur fast
nur als männliche oder lyrische Cäsur stets nach dem zweiten
Takte einzutreten habe, und dass die Sprache hinsichtlich der
Betonung sich noch in einem Zustande augenfälligen Schwan-
kens befinde. Wie wenig dies alles der Fall ist, haben uns
die formvollendeten Dichtungen der vorangegangenen Decennien gezeigt.

§ 202. Dies geht gleichfalls hervor aus den Werken
des letzten, hervorragenden, schottischen Dichters dieser Epoche
Sir David Lyndesay (ca. 1490 — ca. 1557), wenn sich auch
in seinen Dichtungen [1]) in höherem Grade, als in denen seiner
grossen Vorgänger, das Streben nach Gleichmässigkeit in der
Structur des Verses kund giebt. Uebrigens tritt dasselbe nicht
überall in gleicher Weise zu Tage, und wie Lyndesay sich
für seine verschiedenen Gedichte je nach dem Gegenstande
derselben verschiedenartiger Formen bedient: viertaktiger
Reimpaare, Schweifreimstrophen, fünftaktiger Verse in verschiedenen Strophenformen oder in Reimpaaren, und wie er im
Verlauf der Dichtungen selber, namentlich in den grösseren,
wie *The Monarche* und mehr noch in seiner *Pleasant Satyre
of the thrie Estaitis* [2]), je nach dem für den Gegenstand oder

---

1) Dieselben sind herausgegeben worden von Fitzedward Hall in
der *E. E. T. S.* 11, 19, 35, 37, 47, London 1866—1871.

2) Wenn wir diese Dichtung Lyndesays im Folgenden weniger
berücksichtigen, so erklärt sich dies dadurch, weil es zweckmässig er-

für die Situation erforderlichen Tone der Darstellung mit denselben wechselt, so variiert er gleichfalls und aus den nämlichen Motiven, öfters vielleicht auch unabsichtlich, den Bau des Verses selber.

Charakteristisch ist es zunächst für Lyndesay und für den mittelalterlichen Klang der Sprache dieses eigentlich schon in der neuenglischen Zeit lebenden Dichters, dass die Betonungsverhältnisse, auf die es zweckmässig ist, hier zum Beschlusse dieser Periode noch einmal in Kürze zurückzukommen, noch ganz ähnliche sind, wie bei Chaucer.

Das End-*e* und das *e*, resp. *i* der Flexionsendungen ist noch keineswegs verstummt, wie zunächst aus einigen gebrochenen Reimen zur Evidenz hervorgeht, so *Monarche*:

Hell in myd Centir   of the Elementis.
That heuinlye Muse to seik   my hole intent is, 247/8.
Quha taks office,   and syne thay can nocht vs it,
Giuer and taker,   I say, ar baith abusit Satyre 2897/8.

ähnlich v. 2928, 2929 *excusit*: *to vs it*; 3416, 3417 *fournuickit*: *and luik it*. In anderen Fällen geht ebenso unzweifelhaft aus den Reimen hervor, dass das End-*e* oder der Vocal der Flexionsendung verstummt, so:

Now haue I tauld ʒow, sir,   on my best ways (vgl. 3447: *wayis*),
How that I haue   exercit my office. Sat. 3370/71.
With Pharao,   king of Egiptians:
With him, in hell,   salbe ʒour recompence. ibid. 4208/9.

Dass übrigens in den meisten Fällen der Vocal der Flexionsendung metrisch berücksichtigt wurde, geht aus den vielen Fällen, in denen er die lyrische Cäsur bewirkt, und aus sonstigem häufigen Vorkommen als Senkung (zuweilen auch in Wörtern mit schwebender Betonung) hinlänglich hervor, so *Monarche*:

---

schien, die in den dramatischen Dichtungen dieser Zeit vereinzelt zur Verwendung gelangten fünftaktigen Verse von der Darstellung der Entwickelungsgeschichte dieses Metrums in der mehr kunstmässigen Verwendung, welche es in der Lyrik, in der erzählenden und allegorischen Dichtung erfuhr, auszuschliessen.

Quhov I' ressáuit cónfort náturáll 132.
Lyke aúrient peírles ón the twistis háng; 136.
Quhose brýcht and búriall bémes résplendént 142.
Howbeit that stérris háue nonc íthir lýcht 170.
With blómes bréckand ón the ténder béwis; 183.
The mýrthfull Máues maid gret mélodie; 189.
That mén on fár mycht heír the birdis soúnde, 186 etc.

In andern Fällen ist mit Wahrscheinlichkeit Verschleifung
oder Verstummen des Flexionsvocals anzunehmen, namentlich
in zwei- und mehrsilbigen Wörtern, wobei wahrscheinlich
euphonische Rücksichten in erster Linie massgebend sein
dürften, so z. B.:

That, for the brekyng of the Lordis command, 47.
Off Princis, Prelatis, with mony ane man and wyue. 69.
As did the Poetis of lang tyme ago, 227.

In manchen Fällen ist das *e* (*i*) auch schon in der Schrift
ausgefallen:

Abone Archangels, virtus, potestatis, Papyngo, 260.
Traist weil, my freinds, follow ʒow mon ʒour feris: ib. 406.

Wenn also in derselben Wendung und an derselben Versstelle
v. 619 das Wort *freindis* mit voller Endung geschrieben ist,
so darf man wohl annehmen, dass der Vocal in der Aussprache
an der Stelle verstummte, obwohl kein zwingender Grund dazu
vorhanden ist, da epische Cäsur oft genug vorkommt.

Jedenfalls darf man aus den zahlreichen Fällen von
Apocope, Elision und aus den noch zahlreicheren Fällen unbetonter Messung des Vocals der Flexionsendungen (oder Ableitungssilben) mit Sicherheit den Schluss ziehen, wenn dies
überhaupt noch eines Beweises bedürftig wäre, dass wir in
denjenigen Fällen, in denen solche Silben nach dem regelmässigen, jambischen Rhythmus des Verses in der Hebung
stehen würden, und in denen entschiedene Taktumstellung anzunehmen nicht wahrscheinlich ist, schwebende, silbenzählende
Messung und nicht etwa Tonversetzung zu constatieren haben.
Das ist in der Regel der Fall an zweiter und vierter Stelle,
oder richtiger in denjenigen Takten, die nicht den Vers beginnen oder unmittelbar auf die Cäsur folgen, so:

And far langar or that зoung tender flour Mon. 15.

And salt teris distellyng frome myne Eine, Pap. 186.

And his Brother, our Spirituall Gouernour Mon. 27.

Quhare thov conuertit cauld watter in wyne, ib. 296.

Aehnliche silbenzählende Messungen einzelner Wörter und ganzer Verse bestätigen dies noch weiter, so:

Nochtwithstanding, ye straucht way sal you wende
Mon. 23.

Efter Reuerend Recommendatioun, ib. 29.

Did proceid frome the tender fragrant flouris; ib. 138.

Or quhov Phebus, that king etheriall, ib. 139, 175.

The gay Goldspink; the Merll rycht myrralye; ib. 192.

Sick Vnfrutful and vaine discriptioun, ib. 203.

With continuall cairfull calamiteis, ib. 208.

To Minerua or to Melpominee: ib. 217.

For I did neuer sleip on Pernaso,

As did the Poetis of lang tyme ago, ib. 226/7.

Aehnlich wie bei dem Worte *Pernaso* des vorletzten Beispiels, welches, obwohl im Reime stehend, bezüglich der Betonung sich gerade so verhält, wie das Wort *Minerua* des vorhergehenden, kommt schwebende Betonung auch bei französischen und germanischen Wörtern im Reime manchmal vor. Doch sind es nicht, so weit meine Beobachtung reicht, und wie auch aus den obigen Bemerkungen bezüglich der Elision etc. erklärlich ist, die leichteren Flexionsendungen *es, is, er, est* etc., welche so gebraucht werden, sondern nur die volleren Endungen *ing, and* und die französischen auf *oun, our, ence, ent, ance, al* etc. Dass auch unserem Dichter und seinen Lesern die Participial-Endungen *ing, and* in gewöhnlicher Rede unbetont galten, kann natürlich keinem Zweifel unterliegen, und ist zum Ueberfluss ohne die geringste Mühe zu beweisen aus den ausserordentlich zahlreichen Fällen, in denen sie mit natürlicher Betonung im Innern des Verses als Senkungen vorkommen. So in den 299 Versen der Vorrede und des Prologs zu *The Monarche* in folgenden Fällen, wobei Taktumstellungen eingeklammert sind: v. 3, 20, (22), 40, 43, 47, 61, (76), (77), 79, 98, (118), 118, 121, 125, (134), 141, 144, 161, 167, 168, 182, 183, 188, (191), 195, 198, 206, 209, 212, 214,

235, (237), 240, 243, 253, 258, 283, 298. Dagegen kommen nur folgende Fälle schwebender Betonung im Reim in demselben Abschnitt vor: *Maye mornyng : vperysing* 126—128; *no thyng : louyng* 289—290.

> *Quhilkis bene to plesand Poetis conforting.* 223.
> *1 do desyre of thame no supporting.* 225.

Auch kommen klingende Betonungen dieser Endungen, welche selbst in dem letzten Beispiele bei anderer Scansion möglich wären, wenn auch nicht wahrscheinlich, mehrfach im Reime vor, in kürzeren Versen, wie in fünftaktigen, z. B. :

> *For I wes werye for walking.*
> *Than we began to fall in talking :* ib. 317.
> *In heiryng, seyng, gustyng, smellyng,*
> *Induryng thare delytesum dwellyng :* ib. 825/6.
> *This daye, at morne, my forme and feddrem fair*
> *Abufe the prude Pacoke war precellande;*
> *And now, one catyue carioun, full of cair,*
> *Baithand in blude doun from my hart distelland!*
> *And in myne eir the bell of deith bene knelland.* Pap. 206—210.

Interessant ist eine Stelle in der *Satyre* pag. 541, wo das Wort *preiching* auf derselben Seite im Reime zweimal mit klingender und einmal mit schwebender Betonung gebraucht wird:

> *Our néw Bischóps hes maíd ane preíching;* 4432.
> *Bot thoú heard néver sic pleásant teíching,* 4433.
> *Quhy, Fólie ? Wáld thou mák ane preíching ?* 4455—7.
> *ʒea, thát I wáld, sir, — bé the Rúde! —*
> *But eýther fláttering or fleíching.*

ähnlich *teíching : kitching* 4468—4460; und *The Dreme* 191, 193, 194; dagegen *Satyre,* v. 4444—4445:

> *Sen ás is, thát ʒon nóbill King*
> *Will mák men Bischops fór preiching,*

Aehnlich wie diese germanischen Participial-Endungen verhalten sich, wenn sie auch im Ganzen der schwebenden, silbenzählenden Betonung leichter zugänglich sind, die vorhin citierten, französischen Endungen. Dass in prosaischer Rede die Betonung solcher Wörter eine der heutigen Redeweise im

Ganzen entsprechende oder wenigstens ähnliche war, geht
aus den vielen Fällen hervor, in denen sie mit moderner
Betonung im Verse gebraucht werden, so *The Monarche:*
délicat 4; *ámorous* 5; *sénsuall* 9; *spiritúall* 27; *réuerence* 36;
miserie 41; *térrabyll* 51; *scrípture* 57, 63, *fórnicátioun* 68;
prélatis 69; *ypócrisie* 76; *sénsuall* 124; *cónfort* 132; *aúrient*
136; *búriall* 142; *véstiment* 146; *mántyll* 147; *régioun* 148;
óccident 150; *pályce* 150; *hábyte* 151; *sóuerane* 155, 258; *si-*
tuate 166; *chárdot* 176; *nátural* 184; 191, 199; *melódious* 195;
répercússioun 201; *máter* 212; *póetis* 223, 227, 230; *órnate*
228; *pérfyte* 230; *mellífluus* 232; *fámous* 232; *púrpose* 234;
súperstítioun 242; *sápience* 249; *prúdent* 251; *vírgin* 260; *pró-*
*phicie*261; *crcúell* 265; *fóntane* 279; *rédolent* 280; *chrístall* 281;
auch einmal in diesem Abschnitte im Reime:

> *And óf pure Péter   maid ane prúdent précheour;* 251.
> *Off crcúell Paule   he maid ane cúnnyng técheour.* 253.

Auch aus dem weiteren Verlauf des Gedichtes mögen noch
einige andere Beispiele der Art beigebracht werden, die ja
gerade für die Betonung von besonderer Wichtigkeit sind, so
Monarche 552—554:

> *Thocht euery Commoun   may nocht be one Clerk,*
> *Nor hes no Leid   except thare toung maternall,*
> *Quhy suld of god   the maruellous heuinly werk*
> *Be hid frome thame? I thynk it nocht fraternall.*
> *The father of heuin, quhilk wes and is Eternall,*
> *To Moyses gaif the Law, etc.*

dagegen gleich v. 569/70:

> *Bot ín thare móst ōrnáte toung mátērnáll,*
> *Quhose fáme and náme doith rýng perpétuáll,*

ferner:

> *Christ thócht no scháme to bé ane Précheour,* 4489.
> *And týll all péple of tréwth ane técheour.* 4490,

dagegen 5898—9:

> *Nocht with Mārtýris nor Cónfēssoúris,*
> *The quhílkis to Christ wer tréw prēchoúris:*

ferner *The Dreme*, 562/4:

> *Colláterall coúnsalouris in his cónsistóryc,*
> *War Cápitánis on tó the Kýng of Glóryc;*

auch in den viertaktigen Versen der Schweifreimstrophe:

Bróther, heir zé zon próclanútioun? Sat. 1508.
I dreid full sair of réformátioun : 1509.

Im Ganzen begegnen derartige, der gewöhnlichen Betonung
dieser Wörter entsprechende Reime selten, doch nur in Folge
ihrer grösseren Schwierigkeit. Umgekehrt werden alle die
oben citierten, romanischen Wörter unvergleichlich viel häufiger mit betonter Endsilbe im Reime gebraucht, so in den
ersten 299 Versen von *The Monarche:*

Héretoúr : flour : : góuernoúr 12, 15, 16; *aduánce : góuer-*
nánce : círcumstánce 21, 24, 25; *prótēctoúr : góuernoúr* 26, 27;
nátioún : recómmendátioún : súpplicátioún : narrátioún 28, 29,
31, 32; *spirituáll : témporáll : memóriall : thrall* 37, 38, 40, 41;
tradítioún : institútioún 44, 45; *flágellátioún : trȳbulátioún : nar-*
rátioún 48, 51, 52; *méntioún : offéntioún* 57, 60; *miserie : pó-*
uertié 64; 65; *góuernánce : auánce : dissimulánce : ballánce* 73,
74, 76, 77; *institútioún : punȳssioún : condítioún* 75, 78, 79; *of-*
fence: rēpēnténce : lycénce 84, 87, 88; *ésperánce: aduánce : France :*
órdinánce 91, 92, 94, 95; *obédiént : négligént* 96, 97; *váriá-*
tioún : narrátioún : indignátioún 102, 105, 106; *Pharisiénce :*
vēngénce 107, 108; *expériénce : récompánce : páciénce* 111, 114,
115; *miserie : instabílitie* 118, 120; *cóuatȳce : vyce* 123, 124;
plēsúre : nātúre 130, 131; *náturáll : médicináll* 132, 134; *odoúris :*
floúris 137, 138; *ethériáll: impériall* 139, 141; *óriént: rēsplēndént*
140, 142; *creāture : nātúre* 144, 145; *nóctúrnáll : aūrōráll* 146,
148; *glórioús : précioús* 151, 152; *ámoroús : Mercúriús* 158,
159; *all : septéntrionáll* 165, 166; *celéstiáll : trȳūmpháll* 174,
176; *tápestrie: cúriouslíe* 179, 180; *mélodie : cráftelȳe :* 189, 191;
ármonȳe: mélodȳe 195, 197; *trance : óbseruánce* 198, 199; *discríp-*
tioún : edíficátioún : inténtioún 203, 205, 206; *misereís : calá-*
miteís 207, 208; *inuocátioún : súpplicátioún* 216, 218; *sóuerúne :*
fōntáne 230, 232; *éloquénce : réuerénce : obédiénce* 231, 233, 234;
málmontrȳc : póetrȳe 235, 236; *órnaméntis : éleméntis* 245, 247;
déiteé : máiestie 252, 255; *pássioún : saluátioún* 263, 264; *Bá-*
lyáll : Impériáll 266, 269; *fōntáne : refráne* 275, 276; *éxcellénce :*
éloquénce 284, 285; *máiestie : gálclée* 293, 295.

Trotz des beträchtlichen Ueberwiegens der volltönigen
Endungen im Vergleiche zu den vorhin angeführten Fällen von

zusammengezogener, tonloser, verklingender, neuenglischer
Behandlung der Endsilbe romanischer Wörter darf man doch
nicht etwa annehmen, dass die volltönige Endung die der
gewöhnlichen Aussprache entsprechende gewesen sei. Das
geht zunächst daraus hervor, dass derartige Vollmessungen
und durch den Rhythmus hervorgebrachte Incongruenzen mit
der gewöhnlichen Betonung im Innern des Verses nur
sehr selten vorkommen; vgl. ausser den p. 525 citierten Beispielen noch folgende:

> *Sodom, Gomor, with thare Regioun and Roye; 58.*
> *The Sinceir word of God for tyll Auance 74.*
> *Be juste jugement, for our greuous offence, 84.*
> *Bot tyll his heych honour and loude louyng; 290.*
> *Tyll his plesure, gude workis, word, nor thocht. 292.*
> *As thov did schaw thy heych power Diuyne 294.*

Während also im Innern des Verses die germanische, accentuierende Betonung französischer Wörter die Regel ist, ist
die silbenzählende, schwebende Betonung derselben dort die
Ausnahme, zu welcher der Dichter nur selten seine Zuflucht zu
nehmen sich genöthigt sah. Für den Reim dagegen kamen
ihm die vielen gleichen, romanischen Endungen ausserordentlich zu Statten, zumal da er ohnehin keine grosse Leichtigkeit
im Reimen besass und im Nothfall sogar sich nicht scheute,
ein Wort zu entstellen, um einen Reim herzustellen, so *Monarche*:

> *This was his promys and menyng,*
> *That the Immaculat Virgyng 1023/4.*
> *Dene Peter, dene Paull, and dene Robart.*
> *With Christ thay tak ane painfull part, 4673/4.*

Durch die vielen romanischen Endungen auf *our, ance, oun,
ence, ent* etc. wurde solcher Reimnoth auf bequemste
Weise abgeholfen. Sollte z. B. das Wort *traditioun* mit gewöhnlicher Aussprache (*traditioun*) im Reime verwendet werden,
so war die Auswahl der Wörter mit reimfähiger betonter
und gleicher tonloser Endsilbe nur gering, wie die vorhin
aufgeführte kleine Zahl solcher klingenden Reime veranschaulicht; war es dagegen gestattet, die Endsilbe als Reimsilbe zu verwerthen, so bot sich sofort ein ganzes Heer fran-

zösischer Wörter mit dieser Endung dar, zu denen die sprach-
verschönernden Dichter der Zeit, namentlich Lyndesay, —
doch auch Dunbar, Douglas, King James I. sind davon nicht
freizusprechen, selbst Chaucer nicht ganz, der dazu den Anstoss gab —, noch eine beträchtliche Anzahl anderer aus
dem reichen Schatz lateinischer Substantive auf -o, *onis* (wie
auch auf *or, oris* etc.) hinzu erfanden. Namentlich diese und
ähnliche drei- oder mehrsilbige Substantive liessen sich um
so leichter mit volltönender Reimendung verwenden, als dadurch die gewöhnliche Betonung des Wortes im Wesentlichen
nicht alteriert wurde, sondern nur die ursprünglich hochtonige, mit einem Nebenaccent versehene Endsilbe in Folge
des Reimes einen etwas volleren Klang erhielt, als ihr in gewöhnlicher, prosaischer Rede zukam, vgl. Wörter wie *góver-*
nour 16; *góuernánce : círcumstánce* 24, 25 *recómmendátioún,*
súpplicátioún 29, 31 und überhaupt die sämmtlichen, vorhin
citierten, nur mit Accenten versehenen Fälle, in denen die
germanische Betonung im Wesentlichen unverändert bleibt
und die weitaus die Mehrzahl bilden. Viel seltener dagegen
sind solche Fälle, in denen bei zweisilbigen Wörtern die
Endsilbe den Reim trägt, wie *plēsúre : nātúre*, oder auch solche,
in denen in Folge einer Incongruenz mit der französischen
oder lateinischen Accentuation des Wortes silbenzählende
Messung und schwebende Betonung eintritt, wie *cóntínuáll* ib.
203; *Mínēruá* ib. 217, und in denen daher die einzelnen Silben
mit dem Zeichen gleichmässiger Länge versehen wurden [1]).
    Fremde Eigennamen werden von dem Dichter (wie auch
von seinen Vorgängern) besonders gern mit solcher Freiheit
behandelt, so z. B. *Phēbús* 139, 175; (*Phébus* 161, 171); *Vēnús*
158; *Mínēruá* 217; und im Reime: *Ápóllô : Iūnó* 221, 222;
Pérnasô : agó 226, 227. Das sind Reime, die genau so anzusehen sind, wie die Reime *land : thousand* 3117/8; *ryng : con-*
quessyng 3652/3; *Ingland : Yrland* 3024/5; *sickirlye : thre and*
fyftye 5300/1. Der Dichter wird, wie alle Welt, in gewöhnlicher Rede *thoúsand, cónquessing, Íngland, Ýrland, fýftye* gesprochen haben, ebenso wie er gewusst haben wird, dass die
Wörter *Phoebus, Venus, Minerva, Apollo, Iuno* etc. sämmtlich

---

1) Vgl. hierzu die Bemerkungen in § 184.

auf der *paenultima* betont wurden und daher in einem correct, fliessend und wohllautend gebauten Verse nur mit solcher Betonung dem Rhythmus sich einfügen konnten. Aber er behalf sich für seine Verse und Reime damit so gut oder schlecht, wie es eben gieng, und überliess dem Leser die Sorge für eine einigermassen leidliche Scansion derselben[1]). Dieselbe Ansicht von solchen Reimen vertritt übrigens auch Guest, der sie, wie schon p. 303, Anm. 2 bemerkt wurde, mit den unaccentuierten Reimen zusammenstellt und bei der Scansion solcher Reimwörter, wie seine Accentzeichen erkennen lassen, von der natürlichen Betonung derselben in keiner Weise abgeht. Wyat war, wie er hervorhebt, unter den hervorragenderen englischen Dichtern derjenige, *who most sinned in this way.* Talentvollere und sorgfältigere Dichter, wie Dunbar und Douglas, waren, wie früher ausgeführt wurde, viel seltener in der Lage, zu derartigen Nothbehelfen ihre Zuflucht nehmen zu müssen, und ihre Verse und Reime sind daher viel mehr in Uebereinstimmung mit den neuenglischen Betonungsgesetzen.

§ 203. Nach diesen allgemeinen Bemerkungen über die Wortbetonung und Silbenmessung in Lyndesays Versbau können die übrigen charakteristischen Eigenthümlichkeiten desselben schneller abgehandelt werden.

Das französische, silbenzählende Princip macht zunächst in entschiedener Weise darin seinen Einfluss geltend, dass der Vers in der Regel nicht um den Auftakt, geschweige denn um eine Senkung im Innern verkürzt werden darf. Aus den verschiedenen, umfangreichen Abschnitten der ein-

---

1) Diese, durch die ganze bisherige Entwickelung der englischen Reimkunst gestützte Auffassung jener Erscheinung, auf die es daher rathsam war, wiederholt zurückzukommen, wird am ehesten auf die Zustimmung Derer rechnen dürfen, für die es nicht, wie für den jugendlichen Verfasser einer in der Anglia (vgl. Bd. IV, p. 4, Anm.) veröffentlichten Erstlingsarbeit bereits „feststeht, dass für den Englischen vers im anfange des 16. jhs. dieselbe scandierende (nicht etwa blos silbenzählende) versmessung ohne rücksicht auf die wortbetonung zu gelten hat, die u. a. E. Höpfner für den deutschen vers dieser und der etwas späteren zeit erwiesen hat."

zelnen Versformen, die zu dem Behufe eingehender untersucht wurden, selbst aus den in Schweifreimstrophen geschriebenen Abschnitten der *Satyre* p. 422—424, 428, 429,
432, 433, geht dies **Princip** der Versbildung mit·Sicherheit
hervor. Diesem Grundsatz, welcher ihm als das erste Gesetz
gilt, muss sich die Betonung, resp. Messung des Wortes accom-
modieren, und es braucht daher nicht etwa der vorhin (p. 525)
citierte Vers, *Monarche* 208:

    With continuall cairful calamiteis

mit fehlendem Auftakte und weiblicher Cäsur gelesen zu
werden, um die gewöhnliche Betonung *continuall* (vgl. *The
Dreme*, v. 19) statt *cóntinuáll* zu ermöglichen. Gleichwohl darf
nicht unerwähnt bleiben, dass der Dichter sich doch in vereinzelten Fällen diese Freiheit gestattet. So ist es nicht
möglich, in der Dedicationsepistel zu *The Dreme* den vierund-
vierzigsten Vers anders zu scandieren, als mit fehlendem
Auftakte:

    Ańd of móny úther plésand stórye

wegen des entsprechenden Reimverses:

    Confórtand thé, quhen thát I sáwe the sórye.

Auch v. 177 und 180 desselben Gedichtes werden so zu
lesen sein:

    Priouris, Abbottis, and fals flattrand freris, —
    Curious clerkis, and preistis seculeris.

In anderen Fällen mag, wo dem Anscheine nach der Auftakt
fehlt, ein Verderbniss in der Ueberlieferung des Textes anzunehmen sein; so scheint z. B. die erste Senkung ausgefallen
zu sein, *Satyre*, v. 1426 in dem Passus:

    But, gif it be the pleasour of ʒour grace   1424
    That I remaine into ʒour company,
    — *This woman richt haistelie gar chase,*
    That scho na mair be sene in this cuntry.   1427

Jedenfalls wird durch derartige, vereinzelte Ausnahmen
das allgemeine Princip, welches sich in dieser Hinsicht in
Lyndesays Versbau erkennen lässt, nicht beeinträchtigt. Im
Gegensatz hierzu macht sich das accentuierende, germanische
Princip des Versbaues in verschiedenen anderen Punkten
nicht minder deutlich bemerkbar, so zunächst in dem häufigen
Vorkommen der allen Gesetzen französischer Metrik entgegen-

stehenden mehrfachen Senkungen (resp. Verschleifungen)
im Auftakte, wie noch häufiger im Innern des Verses, wovon
die zahlreichen p. 527 citierten Beispiele dreisilbiger, französischer Wörter mit moderner Betonung Zeugniss geben.

Beispiele von doppeltem Auftakte sind viel seltener:
Quhilkis bene to plesand Poetis cónforting. Monarche, 223.
In his awin souerane signe of virginee. Papingo, 121.
With ane buirdin of béneficcs on his back; Satyre, 2866.

Im Ganzen also wird der jambische Rhythmus des Verses in
möglichster Regelmässigheit eingehalten. Daher kommen
denn auch entschiedene Taktumstellungen nur verhältnissmässig selten vor, und zwar werden dieselben meistens
veranlasst durch die ohnehin silbenzählender Messung sich
zuneigenden Participialformen auf *ing* und *and*. Die sieben
derartigen Fälle aus den ersten 299 Versen der Dichtung
The Monarche sind schon (p. 525/6) bezeichnet worden. Einige
andere Fälle mögen noch citiert werden, so:
Brychtar nor gold or stonis precious. 152.
Wrocht be dame Nature quent, and curiouslie. 180
Glaid of the rysing of thare royall Roye, 182.
To Dauid grace, strenth to þe strang Sampsone, 250.
Swyftlie I sall go seik my Souerane: 273.
Lowsit we wer frome bandis of Balyall; ib. 266.

Auch in anderen Lyndesay'schen Dichtungen sind Taktumstellungen nicht häufiger anzutreffen, so in den ersten 226
Versen seines *Papyngo* nur v. 39, 124, 128, 140, 151, 172,
182, 195, 209, von denen die meisten nicht einmal als ent-
schiedene Taktumstellungen anzusehen sind. Betreffs der
kurzen, viertaktigen Reimpaare verhält es sich etwas anders,
da dort Taktumstellungen häufiger sind. In dem Abschnitte
Monarche v. 685—856 kommen folgende Fälle vor:
Quhirling about with merie sound, 690.
Juste in his Lyne Eclipticall, 692.
All Kynd of fysches in the seis, 700, 701, 706.
Nocht of the Lille, nor the Rose, 711.
Nother of gold, nor precious stonis; 713.
Brathand in hym ane lyflie spreit. 721.
Dotit with gyfteis of Nature 725.

Ferner 733, 753, 768, 678, 792, 804, 810, 827, 828, 829, 831.
In den Schweifreimstrophen dagegen, die im Ganzen sehr
regelmässig gebaut sind, ist diese Licenz wieder viel seltener
anzutreffen, doch kommt sie vereinzelt vor:

> *Welcum, be him that maid the Mone!* Sat. 1284.
> *Tell me how ꝫe haue done debait* ib. 1389.
> *Brother, heir ꝫe ꝫon proclamatioun?* ib. 1508.

Am stärksten noch macht sich die germanische Eigenart des
Versbaues, so sehr auch Lyndesay sich derselben in anderer
Hinsicht zu entziehen trachtet, in der Behandlung der Cäsur
bemerkbar, da er in diesem ausserordentlich wichtigen Punkte
in keiner Weise von dem Brauche seiner Vorgänger abweicht.
Die Wandelbarkeit der Cäsur ist auch in seinem fünftaktigen
Verse eine durchaus gebräuchliche Erscheinung. Das Gewöhnliche ist natürlich auch bei ihm die Cäsur nach dem
zweiten Takte, und zwar namentlich die männliche Cäsur, doch
kommen auch männliche und lyrische Cäsur nach dem dritten
Takte bei ihm oft genug vor. In den ersten 299 Versen der
Dichtung *The Monarche* ist das Zahlenverhältniss der verschiedenen Cäsurarten das folgende: Nach dem zweiten
Takte: 1) männliche Cäsur: 201; 2) lyrische weibliche Cäsur:
75; 3) epische weibliche Cäsur: 14 (v. 38, 69, 93, 95, 97, 110,
123, 167, 179, 214, 215, 220, 239, 267); nach dem dritten
Takte: 1) männliche Cäsur: 6 (v. 72, 125, 130, 202, 221, 243);
2) lyrische weibliche Cäsur 3 (v. 169, 235, 242); 3) epische
weibliche Cäsur: 1 (v. 161). In den andern Dichtungen ist
das Verhältniss ein ähnliches, wenn auch in einzelnen Stellen
neben gewöhnlicher, männlicher Cäsur lyrische Cäsur vorwiegt, so z. B. im Prolog zum *Papyngo*, in anderen epische
Cäsur häufiger vorkommt, wie in der vom Dichter seinem Gedichte *The Dreme* vorangestellten Dedicationsepistel an den
König, die hier als Probe seines Versbaues mitgetheilt werden
möge:

> ᵙᵙ *Rycht Potent Prince, of hie Imperial blude,*
> *Onto thy grace I traist it be weill knawin,*
> *My seruyce done onto thy Celsitude,*
> *Quhilk nedis nocht at lenth for to be schawin;*   4
> ├ *And, thocht my ꝫouthed now be neir ouer blawin,*

|- *Excerst in seruyce of thyne Excellence,*
~ *Hope hes me hecht ane gudlie recompence.*
 Quhen thow wes ʒoung, I bure þe in myne arme, 8
Full tenderlie, tyll thow begouth to gang,
And in thy bed oft happit the full warme;
With lute in hand, syne, sweitlie to the sang:
~ |- *Sumtyme, in dansing, feiralie I flang;* 12
|- *And, sumtyme, playand fairsis on the flure;*
||- *And, sumtyme, on myne office takkand cure;*
|| *And, sumtyme, lyke ane feind, transfegurate;*
And, sumtyme, lyke the greislie gaist of gye; 16
~ T *In diuers formis, oft tymes, disfigurate;*
|| *And, sumtyme, dissagyist full plesandlye.*
So, sen thy birth, I haue continewalye
ᴗ^ T *Bene occupyit, and aye to thy plesoure;* 20
ᴗ^ |- *And, sumtyme, seware, Coppare, and Caruoure,*
ᴗ^ *Thy purs maister and secreit Thesaurare,*
Thy Yschare, aye sen thy Natyuitie,
|- *And of thy chalmer cheiffe Cubiculare,* 24
Quhilk, to this houre, hes keipit my lawtie.
~ *Louyng be to the blyssit Trynitie,*
|- *That sic ane wracheit worme hes maid so habyll*
|- *Tyll sic ane Prince to be so greabyll!* 28
~~ *Bot, now, thou arte, be Influence naturall,*
Hie of Ingyne, and rycht Inquisityue
T *Off antique storeis and dedis marciall.*
~~ *More plesandlie the tyme for tyll ouerdryue,* 32
I haue, at lenth, the storeis done discryue
T *Off Hectour, Arthour, and gentyll Julyus,*
T *Off Alexander, and worthy Pompeyus,*
||- *Off Jasone, and Media, all at lenth,* 36
Off Hercules the actis honorabyll,
ᴗ^ *And of Sampsone the supernaturall strenth,*
|- *And of leill Luffaris storeis amiabyll;*
|- *And oft tymes haue I feinʒeit mony fabyll, —* 40
Off Troylus the sorrow and the Joye,
ᴗ^ *And Seigis all, of Tyir, Thebes, and Troye.*
 The Prophiseis of Rymour, Beid, and Marlyng,
— |- *And of mony vther plesand storye, —* 44

⊢ *Off the reid Etin,   and the gyir carlyng, —*
Confortand the,   quhen that I sawe the sorye.
‿⌢ ⊢ *Now, with the supporte   of the king of glorye,*
I sall the schaw   ane storye of the new,   48
The quhilk affore   I neuer to the schew.
Bot humilie I   beseik thyne Excellence,
T *With ornate termes   thocht I can nocht expres*
T *This sempyll mater,   for laik of Eloquence,*   52
⊢ *ȝit, nochtwithstandyng   all my besynes,*
With hart and hand   my mynd I sall addres,
As I best can,   and moste compendious.
Now I begyn: the mater hapnit thus.   56

Man sieht, der Dichter hat sich hier in dieser sorgfältig
ausgearbeiteten Widmung bemüht, den natürlichen Rhythmus der Rede demjenigen des Metrums anzupassen, und
daher tritt hier silbenzählende Messung nur in einzelnen
Versen zu Tage, während im Ganzen die regelmässige, accentuierende Scansion dem Rhythmus der Strophen entspricht.
An manchen anderen Stellen ist es Lindesay aber viel
weniger gelungen, die beiden verschiedenen Principien der
Metrik, das accentuierende und das silbenzählende mit einander
einigermassen in Einklang zu bringen, und es kommt nicht
selten vor, dass ganze Strophen ein wesentlich silbenzählendes
Gepräge zeigen, während die unmittelbar vorhergehenden oder
nachfolgenden einen accentuierenden Klang haben, so z. B.
sind in folgender Stelle des Prologs zu dem Gedichte *The
Monarche* Strophe 1, 3. 6 entschieden accentuierend, Strophe
2, 4, 5 vorwiegend silbenzählend gebaut:

  Contempling this   melodious armonye,
∽ *Quhov euerilke bird   drest thame for tyl aduance,* 196
⊢ *To saluss Nature   with thare melodye,*
⊢ *That I stude gasing,   halflingis in ane trance,*
⌒⌒⌒ *To heir thame mak   thare naturall obseruance*
  So royallie that all   the roches rang   200
⌒⌒⌒ ⊢ *Throuch repercussioun   of thare suggurit sang.*
‖ *I lose my tyme, allace!   for to rehers*
‿⌢ *Sick vnfrutful   and vaine discriptioun,*
  Or wrytt, in to my   raggit rurall vers,   204
‿⌢ *Mater without   edificatioun;*

Consydering quhov   that myne intentioun
Bene tyll deplore   the mortall misereis,
    With c o n t i n u a l l   cairfull calamiteis,   208
      Consisting in this wracheit vaill of sorrow.
Bot sad sentence   sulde haue ane sad indyte;
So termes brycht I lyste nocht for to borrow.
|– Off murnyng mater   men hes no delyte: 212
|– With roustye termes,   tharefor, wyl I wryte,
⏉ With sorrowful seychis   ascending frome þe splene,
⏉ And bitter teris   distellyng frome myne eine;
      Withoute o n y vaine inuocatioun   216
      To M i n e r u a   or to Melpominee:
      Nor ʒitt wyll I mak supplicatioun,
|– For help, to Cleo   nor Caliopee:
⏉ Sick marde Musis   may mak me no supplee.   220
‖ Proserpyne I refuse,   and A p o l l o,
|– And rycht so E w t e r p,   Iupiter, and I u n o,
|– Quhilkis bene to plesand   Poetis c o n f o r t i n g.
      Quharefor, because   I am nocht one of tho,   224
      I do desyre   of thame no supporting.
|– For I did neuer   sleip on P e r n a s o,
|– As did the Poetis   of lang tyme ago,
      And speciallie,   the ornate Ennius;
|– Nor drank I neuer,   with Hysiodus, —   228
|– Off Grece the perfyte   poet souerane, —
      Off Hylicon,   the sors of Eloquence,
|– Off that mellifluus,   famous, fresche f o n t a n e: 232
      Quharefor I awe   to thame no reuerence.
      I purpose nocht   to mak obedience
      To sic mischeand Musis   nor malmontrye
|– Afore tyme vsit   in to poetryc.   236

Fast erscheint es hier bei der Verschiedenartigkeit der einzelnen Strophen als ein Vorzug, dass dieselben mehrmals
durch *enjambement* verknüpft sind, während sonst das öftere
Vorkommen dieser Licenz kaum als eine Schönheit in Lyndesays
Versbau anzusehen ist.

§. 204. Ueberblicken wir zum Schlusse noch einmal die
Entwickelungsgeschichte des fünftaktigen Verses in dem durch-

messenen Zeitraume, so muss zunächst constatiert werden, dass die Veränderungen, die er erlitt, im Grossen und Ganzen unbedeutender Art waren, dass aber dennoch, trotz des wesentlichen Einflusses, den natürlich die Individualität des Dichters, die grössere oder geringere Begabung und Kunstfertigkeit desselben, in jedem einzelnen Falle ausübt, ein allmählicher Fortschritt zur Consolidierung des regelmässigen, aufsteigenden, fünftaktigen Metrums unter steter Einwirkung germanischer Principien des Rhythmus zu erkennen ist.

Von Chaucer war dieses Versmass, welches vor ihm allerdings schon in der Lyrik als eine ziemlich genaue Nachbildung des französischen Zehnsilblers auftauchte, in echt künstlerischer Behandlung, sowohl in strophischen Formen, als auch in Reimpaaren, wenn auch nicht in die Literatur eingeführt, so doch als eigentliches Metrum der Kunstdichtung in derselben durch seine Autorität proclamiert worden. Sein Vers unterscheidet sich vor allem durch eine freiere Behandlung der Cäsur von den frühesten, vereinzelten Proben dieses Metrums und wird dadurch nicht nur für die lyrische, sondern auch für die epische Dichtung besonders geeignet.

Auch der formgewandte Gower erkannte es durch seine Verwendung zu lyrischen Dichtungen als eine neue, wichtige Form der Kunstdichtung an. Beide Dichter waren sich in erster Linie entschieden der Kunstmässigkeit dieses Metrums und des für eine derartige Verwendung desselben erforderlichen Grades von Regelmässigkeit klar bewusst. Sie hüteten sich daher sehr, den gewöhnlichen, aufsteigenden Rhythmus des fünftaktigen Verses durch öftere Fortlassung des Auftaktes oder einer Senkung im Innern zu beeinträchtigen, während sie andererseits doch, und Chaucer noch besser als Gower, es wohl verstanden, durch Beibehaltung der im englischen Alexandriner, Septenar und viertaktigen Verse von jeher gestatteten Taktumstellungen, wie auch der leicht verschleifbaren, doppelten Senkungen, vor allem aber durch die von ihnen durchgeführte Mannigfaltigkeit in der Behandlung der Cäsur dem germanischen, accentuierenden Charakter des Metrums Rechnung zu tragen und sich der durch den Zustand der Sprache zwar nicht gebotenen, aber doch gestatteten, silbenzählenden Messung und gleichmässigen, schwebenden Be-

tonung romanischer Wörter und gewisser germanischer Endungen nur bedienten, um die Schwierigkeiten des Metrums,
namentlich des Reims zu überwinden.

Da dieser letztere Punkt den weniger begabten Nachfolgern Chaucers und Gowers, Occleve und Lydgate,
grössere Schwierigkeiten bereitete, so sehen wir, wie sie
wieder zu der dem kunstmässigen Charakter dieses Metrums
widerstrebenden Fortlassung des Auftaktes, sowie auch einer
Senkung im Innern ihre Zuflucht nehmen, oder mit silbenzählender Messung und schwebender Betonung sich behelfen,
um den Rhythmus des Verses einigermassen mit dem der
Sprache in Einklang zu bringen, während sie vergeblich durch
schematische Regelmässigkeit in der Behandlung der Cäsur,
die bei Lydgate zum Gesetz geworden zu sein scheint, dem
Verse seinen kunstmässigen Charakter zu erhalten suchen.
Mehr in Chaucers Bahnen wandeln die talentvolleren schottischen Dichter, vor allem King James I, Dunbar und
Douglas, mit denen die Entwickelung des fünftaktigen, jambischen Verses im Norden ihren Höhepunkt erreichte. Der
romanischen Nothbehelfe des Metrums sind sie selten bedürftig, die germanischen Freiheiten desselben wissen sie
sich in virtuoser Weise zu Nutze zu machen, so weit diese
den Rhythmus nicht beeinträchtigen, weswegen Fehlen des
Auftaktes oder einer Senkung im Innern nur ganz vereinzelt
bei ihnen anzutreffen ist. Die Unzulässigkeit dieser Licenz
setzt sich mehr und mehr fest, sowohl im Süden, wie die
Dichtungen des sonst seinem Vorbilde Lydgate nacheifernden
Stephen Hawes und die ebenfalls in der Form wenig kunstmässigen zu sehr durch die entgegengesetzte Freiheit beeinträchtigten Verse Alexander Barclays beweisen, als auch
mit gleicher Bestimmtheit im Norden, wie sich aus den sonst
gleichfalls oft wenig formvollendeten Dichtungen Lyndesays
erkennen lässt, der es nicht immer verstand, in ähnlicher Weise
wie seine begabteren Vorgänger, dem obersten Gesetz der Verskunst gerecht zu werden: den Rhythmus des Metrums mit der
Wort- und Satzbetonung in harmonische Uebereinstimmung zu
bringen.

Register.

A.

47 s. Stab, Vertheilung. Qualität der Allit. 50 f.; Verhältniss zu den Wortarten und zur Wortstellung 51 ff.: Cäsur und Versschluss 55; Hebung 56; Senkung 57; Allit. bei Älfric 61 ff.; im Reimliede 67 ff.; *Be dômes dæge* 73; im poet. Stück der Sachsenchronik (v. 1036) 75; zwei Hauptarten der weiteren Entwickelung 76; Allit. als Schmuck allit. strophisch gebundener Langzeilen 212 ff. und gleichtaktiger Rhythmen 223; Nachwirkungen 224; hört auf eine charakteristische Eigenthümlichkeit des vierhebigen Verses zu sein 231. Vgl. die nächsten vier Artikel.

Alliterationsstab s. Stab.

alliterierende Dichtungen des 13.—15. Jahrhunderts, besonders des 14. Jahrh. Wortbetonung 201 ff.; zweihebiger Charakter d. Halbzeile 203 f.; Häufung des Stabreims 205; Senkung an dems. theilnehmend 205; gleicher Stabreim in mehreren benachbarten Versen 206; Qualität des Stabreims 206 f. Vgl. Alliteration, allit. Langzeile, allit.-reimende Dichtungen.

alliterierende Langzeile, ags. 39 ff. s. Alliteration.

alliterierende Langzeile, altengl. freier Richtung 76, 146 f. (Layamon, Sprüche Älfreds s. d.), freier Richtung in Verbindung mit d. Septenar und d. französischen Metren 162 ff. (*On god ureisun* 163, *A lutel soth sermun* 169, *Bestiary* 171, *Christ on the Cross* 179), freier Richtung in kurzzeilig aufgelöster Gestalt (*King Horn*) 180 f.; strenger Richtung (76) des 13.—15. Jahrhunderts 195 ff., zu Reimpaaren und Strophen gebunden 213 ff., 371, 375, 387 ff. Vgl. Alliteration, alliterierende und alliterierend-reimende Dichtungen.

alliterierend-reimende strophisch gebundene Dichtungen des 15. u. 16. Jahrhunderts 212 ff.; Häufung u. Fehlen des Stabreimes 214 f.; Qualität desselb. 215; Durchreimung durch mehrere Verse 216; daktylischer u. anapästischer Rhythmus 217 f.; durch Einfluss französischer Rhythmik 218; Alexandrinern (218) oder viertaktigen Versen sich nähernd 221; Auflösung der Langzeile zu Halbzeilen und Verstheilen, strophische Bindung derselb. 218; Verschwimmen vierhebiger u. viertaktiger Verse 222; Alliteration als Schmuck der letzteren 223; Nachwirkungen 224. Vgl. die drei vorhergehenden Artikel, ferner

Altenglisches Drama s. Towneley, Coventry Mysteries, Magnyfycence Skeltons, Dodsley.

Amis and Amiloun 283, 285 ff.

an s. *on*.

Anapaest 29.

anapästischer Rhythmus in d. alliterierend-reimenden strophisch gebundenen Dichtungen 217 f.

Anreim s. Alliteration.

Apocope des flexivischen *e* s. *e* auslautendes, flexivisches.

Arsis, Begriff 9; Einfluss einer langen Silbe in ders. auf einen Versfuss 23 f.

Assonanz, Wesen derselben 33.

Audeley John: zweitheil. ungleichgliedr. Strophe 395.

Aufgesang 321 f.

Auftakt, ein- resp. mehrsilbiger und fehlender, in der ags. Langzeile
58 ff., bei Älfric 66, in der altengl. Langzeile strenger Richtung 201,
211; freier Richtung 192, im altengl. Drama 233 ff., im jambischen
Vers 80 f., in mittellat. Dichtungen 90, im altengl. Septenar 92, 95,
169, 245 f., 251, im kurzen Reimpaar 109, 110, 261 f., 263, 270 f.,
274 f., 288 f., in der Schweifreimstrophe 284 f., im Alexandriner 116,
117, 252, 254; im fünftaktigen, jambischen Vers 440, 442, bei Chaucer 462, 464, bei Occleve 489, Lydgate 492, 494; Hawes 502, Barclay
502, 505, Blind Harry 509, Dunbar 510, Douglas 516, 517, Lyndesay
531, 533. Umstellung des Auftaktes s. Taktumstellung.

B.

Balladendichtung 351 f.

Barbour John, Dichter des Bruce, regelmässiges kurzes Reimpaar 267.

Barclay Alexander, in fünftaktigem, jambischem Verse *The Ship of
Fools* (*rhyme royal*) 502 ff. und *heroic couplets* 506 f., mehrfacher
Auftakt und mehrfache Senkung 502, Taktumstellung 503.

Barlaam u. Josaphat, Septenar und Alexandriner gemischt 247.

Battle of Otterburn 350 f.

Be dômes dæge 67; Reim neben Alliteration 72 f., ohne Alliteration
72, Verse ohne Reim und Alliteration 73 f., Stellung und Qualität
des Stabreimes 73, Wortbetonung 73.

Beaumont and Fletscher's *Bloody Brother* 415.

Dr. Bellenden, Uebersetzer d. *History of Scotland* des Hector Boyce 520 f.

Berners Juliana, *Treatise on Hunting* 385.

Bestiarius 171 ff., alliterierende und alliterierend-reimende Langzeile
mit Septenar und kurzem Reimpaar vermischt 171 f., Vertheilung
dieser Versarten 173 f., alliterierende Langzeile 174, alliterierend-
reimende Langzeile 174 f., zweihebiger Charakter der Langzeile 175,
Reim 175, kurzes viertaktiges Reimpaar 176, 177; Septenare halb-
zeilig gekreuzt reimend 176 f. paarweise reimend 177, in Gemeinschaft mit der allit. Langzeile 178.

Betonung, Hauptgesetz 15, zusammengesetzter Wörter 15, 41 ff. germanischer Wörter: zweisilbiger 15 f., dreisilbiger 16 f., viersilbiger 17,
logisches Princip 16, rhythmisches oder euphonisches 17 f., französisches Gesetz 17, Einfluss desselb. 18, — französischer (resp. lateinischer)
zwei-, drei-, vier- und mehrsilbiger Wörter 19, im Ags. 41, 65, 73,
im Altenglischen (12. u. 13. Jahrhundert) zweisilbiger Wörter 121 ff.,
201 ff., 247; dreisilbiger 141 ff., viersilbiger 145 f., bei Chaucer 244 ff.,
bei Lyndesay 523 ff.; schwebende Betonung in mittellat. Dichtungen

91, im altenglischen Septenar 97, 103, 120, 143, 249, 250, im kurzen Reimpaar 111, 144, 266, 267, im Alexandriner 120, 144, 249 f., in *King Horn* 194, in altengl. allit. Dichtungen 160 f., 201; im fünftaktigen jambischen Verse bei Chaucer 443, 446 f., Gower 485, Occleve 490, Lydgate 496, Hawes 503, Dunbar 512, Douglas 516, 517, untergeordn. schott. Dichter 520, Lyndesay 523 ff.

Beugungssilben, der Hebung fähig 57.

bi, *be* in Partikelcompositionen 43 C III b u. 45 D I.

bî, *big* in Partikelcompositionen 43 C III a.

bildende Künste s. Künste.

Bildungssilben, der Hebung fähig 57.

Binnenreim s. Reim.

blank verse 434.

Blind Harry s. Henry the Minstrel.

bob, eintaktiger Vers 293, in der zweitheilig ungleichgliederigen, ungleichmetrischen 384 ff., 387 f., und in der dreitheilig ungleichmetrischen Strophe 406 f. s. Refrain.

bobwheel in der Schweifreimstrophe 361 s. Refrain.

Brooke Arthur, Dichter von Romeus and Juliet 257.

Bruce s. Barbour.

Brunne s. Mannyng.

Brut s. Layamon.

burthen s. Refrain.

Byrhtnoths Tod 72; Reim neben Alliteration 72.

C.

Cäsur (Pause) Begriff ders. 30, 82 f.; in der ags. Langz. 55 f., im Septenar 96, 245, im Alexandriner 114; Arten: stumpfe oder männliche, klingende oder weibliche 115, im kurzen Reimpaare 258 ff., im fünftaktigen Verse der Strophen 439, feste Cäsur im fünftaktigen jambischen Verse 437; 3 Hauptarten 438: Männliche oder gewöhnliche, weibliche epische, weibliche lyrische bewegliche Cäsur bei Chaucer 450; Hauptarten je nach dem zweiten Takte 451 ff. u. nach dem dritten Takte 454 ff. Cäsur nach dem ersten Takte (durch *enjambement* veranlasst) 456, nach dem vierten Takte 457, verwischte 457, Nebencäsur 457, auslautendes *e* durch Cäsur geschützt 452, Trennbarkeit der einzelnen Satztheile durch die Cäs. 458, Cäs. bei Gower 486 f., Occleve 491, Lydgate 497, Henrisoun 507, James 508, Dunbar 512 f., Douglas 517, Lyndesay 534, weibliche im Septenar 245.

Carmina burana 90 f., Reimpaare in der Schweifreimstrophe kürzer, als die Schweifverse 366, einreimige Strophe 369, zweitheilig gleichgliedrige 344, zweitheilig gleichgliedrige, ungleichmetrische 349, siebenzeilige dreitheilige, gleichmetrische Strophe 416.

cauda oder Abgesang 319 f.; in der zweitheilig ungleichgliedrigen Strophe 374 ff.

D.

Daktylus 29.

daktylischer u. anapästischer Rhythmus in der alliterierend-reimenden Langzeile der alliter.-reimenden strophisch gebundenen Dichtungen 217 f., in den *lays* 283 f.

Dante: *De vulgari eloquentia* 318 f.

Death: Gedicht in einreimiger Strophe 370.

Delonay Thomas: *Flodden Field*, Ballade in zweitheiliger, gleichglied-riger, ungleichmetrischer Strophe 352.

Dichtungen, alliterierende des 13.—15. Jahrhund. 195; alliterierend-reimende, strophisch gebundene 213 ff.; s. alliterierende Dichtungen.

Dichtungen in kurzem Reimpaare 258 ff., 274 ff.

Dichtungen, septenarische, s. Septenar.

Diphtonge in der Arsis 25 f.

Dipodie 82.

Dômes dæge s. *Be dômes dæge*.

Dodsley's *Collection of Old English Plays* 231 f.; Langvers da-selbst in den *Moral Plays*, in *Magnyfycence* von Skelton 232 ff.; Auftakt: vorhanden oder fehlend 233 ff., mehrfache Senkung 236; vierhebige Langzeile in zwei Kurzzeilen aufgelöst (Skelton'sche Rhyth-men) 239 f.; *World and the Child* 238 f.; vierhebige und septenar-alexandrin. Rhythmen gemischt in *Jacob and Esau* 255 f.; Anfänge des *poulter's measure* in *Marriage of Wit and Science* 256 f.; kurzes Reimpaar in *Every man* 290; in Heywoods *Interludes* 291 f.; *rime couée* in *Four Elements* 291.

Doomsday: Gedicht in einreimiger Strophe 370.

Douglas Gawin: Uebersetzung von Vergils Aeneis in *heroic verse* und strophische Dichtungen 515 ff.; Charakteristik 515, fehlender Auftakt 516, schwebende Betonung 516, 517 f., mehrfache Senkung 517, Cä-sur 517, *Palice of Honour* 518 f.

Drama, altenglisches s. *Towneley, Coventry, Chester, Magnyfycence* u. Dodsley.

dreihebige Verse im *King Horn* s. d.

dreitaktige Verse in der zweitheiligen, gleichgliedrigen Strophe 347 f., in der Schweifreimstrophe 362, mit viertaktigen Versen gemischt s. viertaktig.

The Dreme s. Lyndesay.

Dunbar: *Golden Targe*, Dichtung mit Geleit 335; *Lament for the Ma-karis, Welcome to the Lord Treasurer*: zweitheilige gleichgliedrige Strophe mit Refrain 345; *The dance of the sevin deidly Synnis, The Justis betuix the Tailyeour and the Sowtar*: zwölfzeilige Schweifreim-strophe 359; *Of the fenyeit Freir of Tungland*, achtzeilige Schweif-reimstrophe 360; *Of the Ladyis Solistaris at Court*: Reimpaare in der Schweifreimstrophe kürzer, als die Schweifverse 366; untheilbare

Strophe 373 f.; *Petition of the Gray Horse Auld Dunbar, Luve Erdly and Divine:* sechszeilige, gleichmetrische, zweitheilige, ungleichgliedrige Strophe aus viertakt. Versen 376 f.; *On his heid-ake, The Devills Inquest:* fünfzeilige desgl. 377 f.; *Aganis Treason, Epitaph for Donald Owre, Dirige to the king at Stirling, To the Merchantis of Edinburgh:* sechszeilige, zweitheilige, ungleichgliedrige, ungleichmetrische Strophe 382 ff.; *Ballad of kind Kittock:* zweitheilige, ungleichgliedr. Strophe mit alliterierender Langzeile in der *frons* 396; dreitheilige, gleichmetrische Strophen: siebenzeilig, aus viertaktigen Versen 417; achtzeilig, desgl. 420; fünfzeilige, aus fünftaktigen Versen 425, siebenzeilige 428, achtzeilige 429, neunzeilige 431. — fünftaktiger, jambischer Vers 509 ff. Charakteristik 510, fehlender Auftakt 510, mehrfache Senkung 511, Taktumstellung 511, schwebende Betonung 512, Cäsur 512 f., *Golden Targe, Thrissil and the Rois* 510 ff., *Visitation of St. Francis* 514 f., *The twa maryit weman* s. Twa.

E.

e auslautendes oder End-*e*, tonlos, rhythmische Behandlung im Septenar 94, 104, 129, 135, im kurzen Reimpaare 109, 135, im Alexandriner, im fünftaktigen, jambischen Verse 452, 473 ff., bei Gower 486, Lydgate 498, Lyndesay 523 s. Elision, Apocope, Verschleifung.

e flexivisches, im Septenar 93, 104, 127, 135, 139, im kurzen Reimpaare 109, 136, 275, im fünftakt. jamb. Verse 470 ff. s. Verschleifung, Syncope.

e slurred over 94, s. Verschleifung.

e tonloses s. *e* auslautendes, flexivisches.

Early English Psalter s. Psalter.

ed, en, es, est, eth, Behandlung des *e* dieser Endungen im fünftaktigen jambischen Verse 470, s. Verschleifung, *e* flexivisches.

einhebige Verse 292.

Elene, Dichtung von Cynewulf s. d.

Eleven pains of hell, Gedicht in kurzen Reimpaaren 272; Gedicht in dreizehnzeiligen, dreitheiligen, gleichmetrischen Strophen aus viertakt. Versen 423.

Elision des flexivischen *e* s. *e* flexivisches.

empirische Betrachtungsweise der Metrik 7.

en s. *ed.*

End-*e* s. *e* auslautendes.

Endreim, Wesen 33 f., s. Reim.

Enjambement 311, bei Gower 487.

Envoi s. Geleit, Epistel poetische, auch Chaucer.

epische Cäsur 438 s. Cäsur.

Epistel, poetische 336.

es, est, eth s. *ed.*

F.

f mit *v* oder *w* alliterierend 207.

Fair Margaret and Sweet William: Ballade in zweitheiliger, gleich-gliedriger, ungleichmetrischer Strophe 352.

Flexions-Endungen s. *e* auslautendes, flexivisches.

Flexionssilben, wie oben.

französische Lyrik: Einfluss auf die altengl. Strophenformen 294 ff.

französische Metra 89.

französische Rhythmik: Einfluss auf die alliterierend-reimenden, strophisch gebundenen Dichtungen 218 f.

Freiris of Berwik: Gedicht in fünftaktigem, jambischen Verse 520.

frons oder Stirn s. d.

fünftaktiger jambischer Vers, in der vierzeiligen Strophe 424, in der dreitheiligen, gleichmetrischen Strophe 424 ff., Bedeutung desselb. in der engl. Literatur 434 mit und ohne Reim 434 f. Erstes Auf-treten 436, Entstehung 437 nebst Anm., dem französischen Zehn-silbler nachgeahmt 439 ff., Cäsur und Versschluss 438, 439, Fehlen des Auftaktes im ersten Versgliede 439, nach der Cäsur 441, mehr-fache Auftakte und Senkungen 442, Verschleifungen 442, Taktum-stellung 442.

— jambischer Vers bei Chaucer 442 ff., Betonung romanischer zwei-, drei-, vier- (mit jambischem oder trochäischem Tonfall) und fünf- (mit jambischem Tonfall) silbiger Wörter 444 ff., schwebende Beton-ung 446 f., natürlicher Accent mit dem rhythmischen in Widerstreit 447 f., silbenzählende Verse 448 f., Cäsur 449 ff. s. d., Versausgang 459, Taktumstellung s. d., fehlender Auftakt 462 f., in Folge rheto-richen Nachdrucks 462, nach der Cäsur 463, fehlende und mehrfache Senkung 463 f., mehrfacher Auftakt 464 f., Silbenverschleifungen 465 f. s. Verschleifung, Hiatus 467, Syncope 468, rhythmische Behandlung des flexivischen *e* 470 f., des auslautenden *e* 473 ff., Zerdehnung 480.

— jambischer Vers nach Chaucer bei Gower 483 ff., Occleve 488 ff., Lydgate 492 ff., Hawes 501 ff., Barclay 502 ff., Henrisoun 507 f., James I. 508 f.. Henry the Minstrel 508 f., Dunbar 509 ff., Douglas 515 ff., Dr. Bellenden u. A. 520 f., Lyndesay 522 ff.

— s. Reimpaar, *heroic couplet*, heroic verse 434 f.

Fuss s. Versfuss.

G.

Gallo-romanische Lyrik: Einfluss auf die altenglischen Strophen-formen 295 ff.

Gawain, Sir, and the Green Knight 196, 220.

Gawane and Golagras 316.

Gawane, Sir, and Sir Galuron 316.

gekreuzter Stabreim s. Stab.

Rime couée nachgeahmt von Mannyng 252; mit kurzem Reimpaar vermischt in den *lays* 282 f.; im altenglischen Drama 291; s. auch Reim u. Schweifreimstrophe; — *croisée, entrelacée, plate* s. Reim.

Roman versificierter mit kurzem Reimpaar 274;

Rondel oder Roundel 431 ff.; Ursprung 431; Beschaffenheit 432; bei Lydgate 432, Chaucer 433.

Rosenthal: Die alliterierende englische Langzeile im 14. Jahrhundert 123 f.

Ross Sir Richard: *La belle dame sauz merci,* Dichtung mit Geleit 336; Runhenda 67.

S.

s mit *sch* resp. *sh* alliterierend 207, mit *þ* bei Älfric 64.

Sachsenchronik: poetische Stücke: vom Jahre 1036 u. 1087 74 f.; Reim neben Alliteration 74 f.; Reim allein 75; Alliteration allein 75; Stellung des Stabreimes 75; Qualität des Voll- u. Stabreimes 75; —vom Jahre 1065, 76;

Sackville *Mirror for Magistrates* siebenzeilige, dreitheilige, gleichmetrische Strophe aus fünftaktigen Versen 428;

Samariterin: 114, 118; Alexandriner und Septenare, metrische Licenzen 118;

Sayne John the Evanngelist, strophische (zweitheil. ungleichgl.) Dichtung in allit. Langzeilen 213, 220, 397;

sc nur mit sich selbst alliterierend 50; mit *s* beim Uebersetzer der Psalmen 51; mit *s* u. *s*- Verbindungen bei Älfric 65;

schwebende Betonung s. Betonung.

Schweifreim s. Reim 398 ff.;

Schweifreimstrophe (*rime couée, tailverse*) 353 ff.; Gestalt 354; vier- u. dreitaktige Verse 354; Ursprung 355 f.; *versus tripertiti caudati* 365 f.; zwölfzeilige 358; 6- u. zwölfzeilige in den *lays* 359; im altenglischen Drama 360; Weiterbildungen: 360 ff.; achtzeilige 360 f.; mit *bob-wheel* verbunden 361; im Drama beliebt 361 f; 6- u. zwölfzeilige dreitaktige gleichmetrische 362; auch achtzeilig 363; achtzeilige zweitaktige gleichmetrische 363; sechszeilige, 2- u. eintaktige ungleichmetrische 363 f.; das *virelay* 364 f.; Hauptreimpaare kürzer als die Schweifverse 365 f.; Verschränkte Schweifreimstrophe, daher zweitheilige, ungleichgliedrige Strophe 379; Schweifreimstrophe als Theil der dreitheiligen ungleichmetrischen Str. 402, 407;

Schweifreimverse, Bau und Rhythmus derselb. 284 ff.; s. Schweifreimstrophe.

Senkung 12 f.; in der alliterierenden Langzeile 75 ff. 66; am Stabreim nicht theilnehmend in der angs. Langzeile 49, wohl aber in den alliterierenden Dichtungen des 13.—15. Jahrhunderts 201, 205 f., 210; im *King Horn* 194; im altengl. Drama 236; mehrfache, resp. fehlende Senkung im Septenar 93, 98, 245 f.; im kurzen Reimpaare

sche Strophen: siebenzeilig vier- u. zweitaktige Verse 417; siebenzeilig
fünftaktige 428;

Song in praise of Sir Penny: Dichtung in zweitheiliger, ungleichgliedriger Strophe 377;

Song of Love-Longing: Dichtung in achtzeiliger, dreitheiliger, gleichmetrischer Strophe, aus dreitaktigen Versen 420;

Song on an inconstant Mistress: Dichtung in fünfzeiliger, zweitheiliger
ungleichgliedriger, ungleichmetrischer Strophe 379;

sp nur mit sich selbst alliterierend 50; mit *s* u. *s*-Verbindungen bei
Älfric 65.

Sprüche Älfreds 147 ff.; alliterierende Langzeile 150; reimende Langzeile 154; alliterierend-reimende Langzeile 154 f; nicht alliterierend
noch reimend 158; modificierte Betonung 160 f.; Einwirkung des kurzen Reimpaars 160 f.; vgl. Layamon.

st nur mit sich selbst alliterierend 50; mit *s* u. *s*-Verbindungen bei
Älfric 65;

Stab 32, 47; Hauptstab 32 47; Vertheilung d. Stäbe 47 ff.; gekreuzter u.
umschliessender Stabreim 48; Stabreimstellung bei Älfric 61 f.; im *Rhym.
Poem* 70; *Be dômes dæge* 71; Sachsenchronik 75; Layamon, Spr. Alfreds
(paralleler) 150; *King Horn* 189 f.; allit. Dichtungen des 13.—15.
Jahrh. 205; Häufung des Stabreims, gleicher Stabreim in mehreren
Versen 63, 76, 189, 201, 205, 206, 209, 213, 228, 231; Qualität des
Stabreimes 50 f.; bei Älfric 64; *Be dômes daege* 73; *Rhym. Poem* 70;
Sachsenchronik 75; Layamon 158; allit. Dicht. des 13.—15. Jahrh.
206 ff.;

Stabreim s. Alliteration u. Stab.

Stabsilbe s. Stab.

Stabwort s. Stab.

Stimmreim s. Assonanz.

Stirn oder frons der Strophe 319 f; in der zweitheiligen, ungleichgliedrigen Strophe 319 f., 374 ff.; in der dreitheiligen 403 f.;

Stollen 32, 47; in der Strophe 319 f.; in der dreitheiligen Strophe
402 f. 404;

Story of Genesis and Exodus s. Genesis.

Story of Thebes s. Lydgate.

Strophe: Begriff 83 f., 309; Verknüpfung durch den Reim 309;
in der provenzalisch alt-französischen Lyrik 310 ff.; enjambement
311; Zahl und Länge der Verse und Strophen 312 f.; Vertheilung
des Reimes 313; Körner 314 f.; völlig ungebundene Verse 314 f.;
entsprechende Reime in allen — 315; Verkettung der Strophen, einzelner Theile derselben (Iteration) einzelner Verse 316 f.; Gliederung 318 ff.; Eintheilung 341;

zweitheilige gleichgliedrige 320, 342 ff.; vierzeilig in kurzem
Reimpaar 342; in viertaktigen Versen 343 f.; mit Refrain 344 f.;

Tetrameter katalektischer s. Septenar.

Tetrapodie 82; in lyrischen Dichtungen beliebt 84;

Thesis: Begriff 9;

This world is false and vain: formell geleitartige Schlussstrophe 338;

Thopas Sir von Chaucer s. d.

Thrie Tailes of the thrie Priests of Peblis: Dichtung in fünftaktigem, jambischen Vers 520;

Thrissil and the Rois s. Dunbar.

Titus Andronicus, Compleynt: Dichtung in vierzeiliger, fünftaktiger Strophe aus fünftaktigen Versen 424;

tó in Partikel-Compositionen: 44 C u. 45 D I.

Ton: Begriff 11; — verstärkung u. — abschwächung 12 f.; Hochton u. Tiefton oder Haupt- u. Nebenton 13;

Tonfall 22 f.;

tonloses *e* im Poema Morale 96 f.;

tonlose Endsilben in der Cäsur in Passion of our Lord 137 f.; im Versschluss im Poema Morale 135 f.; Pater Noster 135; Passion 135; bei Orm 133; s. *e* auslautendes, flexivisches.

tonlose Vorsilben bei Älfric zum Stabreim benutzt 65;

Tonlosigkeit 13; — der Flexions- u. Ableitungssilben 138 ff.; — der dritten Silbe 144; s. *e* auslautendes, flexivisches.

tornada s. Geleit.

Towneley Mysteries 227 ff.; Langzeile 227; Stabreim 228 f.; Häufung des — 229; kurzes Reimpaar 287 f.; Schweifreimstrophe 360; ungleichmetrische, sechszeilige, zweitheilige, ungleichgliedrige 380 f.; u. zweitheilige ungleichgliedrige Strophe in vierhebiger Langzeile mit eingeflochtenem Reim 390 f.; zu Ende kreuzweis reimende alliterierende Langzeilen als *frons* 393; ungleichmetrischer *lay* 400 f.; dreitheilige, ungleichmetrische Strophe 407 f., 410; *Mactatio Abel* 288; *Conspiratio et Capcio* 289;

Trautmann: Ueber den Vers Layamons 123 f.;

Tripodie 82;

Tristrem-Romanze: Dichtung in zweitheiliger, ungleichgliedriger Strophe 387;

Trochaeus 29, 80;

trochäischer Vers 80; im *Poema Morale* 92 f.; vgl. Versarten.

Turnament of Tottenham: Dichtung in zweitheiliger, ungleichgliedriger Strophe mit vierzeiliger alliterierender Langzeile als frons u. fünfzeiliger gleichmetrischer cauda 389 u. 392 f.;

Twa maryit weman and the wedo: alliterierende Dichtung von Dunbar (u. Morte Arthur) 209 ff.; Häufung der Alliteration 209 f.; Halbverse einer Langzeile mit den vorhergehenden oder folgenden alliterierend 210; Senkung am Stabreim theilnehmend 210; mehrfache Auftakte u. Senkungen 211;

Twelve letters that shall save merry England: Dichtung mit formell
geleitartigem Schluss 338, 340;

U.

Uebergangsformen der angelsächsischen zur altenglischen Zeit 67 ff.;
umschliessender Reim, — Stabreim, s. Reim Stab.
un in Partikel-Compositionen 44 C VII.
under in Partikel-Compositionen 44 C VIII.
Ungrateful Knight and Fair Flower of Northumerland: zweitheilige
gleichgliedrige Strophe mit Refrain 327, 345;

V.

v mit *w* reimend 207;
Verbal-Composition: 42 f.;
Verkettung s. *concatenatio* u. *Iteration.*
Vers s. Reihe; Zahl u. Länge in Strophen (312); völlig ungebunden
(314 f.); Verkettung (316 f.) in der Strophe s. d.
Versarten in der Strophenbildung 339 ff.; vierhebige u. viertaktige
Verse 339 f.; gleichtaktige vier Hauptarten 79; sieben-, sechs-, vier-
dreitaktige, zuweilen ein- u. zweitaktige, später fünftaktige 341;
Verschleifung tonloser Silben, im Septenar, kurzen Reimpaar, Alex-
andriner s. Senkung mehrfache; im fünftaktigen Vers 442, bei Chaucer 465 ff.; vocalische Contractionen 465; consonantische 468; der
Flexionsendungen 470 ff., 473 ff.; bei Occleve 489; Lydgate 494; Hawes, Barclay 502; K. James, Bl. Harry 508; Dunbar 510; Douglas
517; Lyndesay 527, 533;
Versfuss 8 Anmerk.
Vershälften einer Langzeile mit der vorhergehenden oder folgenden
allit. bei Älfric 63; in der späteren Langzeile 200, 210;
Versmass 29 f.;
Versschluss od. Versausgang 55 f.; — und Satzpause 56; im fünftaktigen jambischen Vers 459;
versus caudati 306; *interlaqueati* 306; *leonini* 306; *tripertiti caudati* 356 f.;
Verszeile 30;
vermischte Cäsur s. Cäsur.
vierhebiger Vers im altenglischen Drama 232 f., 239 f.; in der Strophe 339 s. d. mit Septenar u. Alexandriner gemischt s. Septenar; in
zwei Kurzzeilen aufgelöst im ae. Drama 239 f.; vgl. alliterierende
Langzeile altengl.
Vierhebungstheorie 40 u. 46 A. Widerlegung derselben 125.
viertaktiger Vers in der Strophe 339 f.; in der zweitheiligen gleich-
u. ungleichgliedrigen, einreimigen, untheilbaren, dreitheiligen gleichmetrischen Strophe s. d. vgl. Reimpaar kurzes.
virelay Verwandtschaft mit der Schweifreimstrophe 364 f.; Analogon
zum Skeltonschen Vers 241;

Druckfehler und nachträgliche Correcturen.

Seite 6 Zeile 17 v. o. ist § 3 zu tilgen.

„ 9 „   7 „   „ l. Orchestik statt Orchestrik.

„ 25 „ 12 „   „ l. im Verse statt in Verse.

„ 25—27 passim l. Vocal statt Vokal.

„ 27 Zeile 1 v. u. ist der letzte Satz in § 18 zu streichen.

„ 32 „ 18 „ o. l. eine statt einer.

„ 47 „   7 „ u. ist m. E. zu scandieren:
þǽt we mótun hér meróu.

„ 56 „ 19 „ u. l. entstehen statt einstehen.

„ 61 „ 10 „ o. l. wenigstens statt wenigtens.

„ 63 „ 19 „ u. l. den statt dem.

„ 64 „   4 „ o. l. § 35 statt § 36.

„ 71 „ 12 „   „ l. dass statt das.

„ 72 „ 17 „   „ l. Reim statt Binnenreim.

„ 76 „ 18, ferner S. 177, Z. 16 und S. 187, Z. 12, 13 l. cinge-
flochtenen(m) Reim statt Binnenreim, resp.
parallelem Binnenreim.

„ 83 „ 17/16 v. u. l. Urgestalt statt Ungestalt.

„ 87 „ 15 v. o. l. die Anfangsverse des XI. Gesanges
statt die Anfangsverse.

„ 87 „ 17 „   „ l. 'Tis statt This und mountains st. montains.

„ 114 „   8 „   „ l. of our statt our.

„ 114 „   9 „ u. § 54 zu tilgen.

„ 114 „   3 „   „ l. viererlei statt vielerlei.

„ 118   Anmerk. Statt des dort angeführten Beispiels in regelmässiger Folge paarweise gebundener Septenare und
Alexandriner ist auf p. 256, 257 zu verweisen.

„ 138 „   8 v. o. l. isoúht statt isouht.

„ 154 „ 21 „   „ l. 89/90 statt 88/9.

„ 159 „ 19 „   „ l. to mowen statt mowen.

„ 178 „   8 „   „ l. Abschnitte statt Abschitte.

„ 182 „   5 „   „ l. to statt lo.

„ 203 „   1 „   „ l. zweihebig statt zweisilbig; Z. 2 ist hinter „Hebungen" einzufügen im Halbverse.

S. 213 Z. 15 v. u. l. *Religious* statt *Religions*.

„ 224 „ 9 „ „ l. Manieriertes statt Maniriertes.

„ 242 „ 5 „ o. l. *To* statt *Fo*.

„ 247 „ 16 „ „ l. Septenare statt Septenar.

„ 251 „ 8 „ „ l. 8 statt 82.

„ 253 „ 10 „ u. l. eingeflochtene Reime st. Mittelreime; ähnlich S. 258, Z. 22 v. o., S. 343 in d. Anm. Z. 3 v. o.

„ 254 „ 2 „ o. l. Septenare statt Septenere.

„ 254 „ 23 „ „ l. *not* statt *uot*.

„ 257 „ 6 „ „ l. in den zwei letzten Verspaaren des p. 256 unten statt in dem letzten Verspaare des oben.

„ 260 „ 6 „ „ l. betreffs statt bei, Z. 2 v. u. l. Bd st. Bel.

„ 263 „ 1 „ u. war *for twa* mit gewöhnlichen Lettern, das *o* in *to* dagegen klein zu drucken.

„ 268 „ 7 „ o. l. *begouth* statt *begauth* und Zeile 16 v. o. l. *forrow* und *gañe* statt *foñow* und *gare*.

„ 270 „ 15 „ „ l. *Morris* statt *Marris*.

„ 271 „ 8 „ u. l. und der statt und.

„ 272 „ 1 und 18 v. o. l. in statt im.

„ 282 „ 14 v. u. l. vorwiegend statt verwiegend.

„ 295 „ 3 „ o. l. den statt dem.

„ 296 „ 7 „ u. ist der Gedankenstrich vor „da⁻ zu setzen.

„ 304 „ 5 „ „ l. *hundred* statt *huudreth*.

„ 306 „ 3 „ „ l. desselben statt derselben.

„ 312 „ 11 12 „ „ l. unveränderter statt unverändeter.

„ 327 „ 9 „ „ l. *of* statt *af*.

„ 335 „ 13 „ „ l. *Compleynt* statt *Comgleynt*.

„ 339 „ 15 „ „ l. allmählich statt ällmählich.

„ 348 „ 9 „ „ l. zweitheiligen statt dreitheiligen.

„ 381 „ 3 „ o. l. 221—223 statt 321—323.

„ 415 „ 3 „ „ l. *Surtees* statt *Surtes*.

„ 479 „ 15 „ „ l. Reime statt Räume.

„ 506 „ 10 „ „ l. *couplets* statt *complets*, dsgl. Seite 508, Zeile 15 v. o.